Journal of the Institute for Chinese Classics Studies
Nanjing University

古典文獻研究

第二十六輯　上

CSSCI來源集刊

程章燦 主編　　南京大學古典文獻研究所 主辦

國家"雙一流"建設學科"南京大學中國語言文學藝術"資助項目
江蘇省2011協同創新中心"中國文學與東亞文明"資助項目

鳳凰出版社

圖書在版編目（CIP）數據

古典文獻研究. 第二十六輯. 上 / 程章燦主編. --
南京：鳳凰出版社，2023.5
ISBN 978-7-5506-3946-1

Ⅰ. ①古… Ⅱ. ①程… Ⅲ. ①古文獻學－中國－叢刊
Ⅳ. ①G256.1-55

中國國家版本館CIP數據核字（2023）第086373號

書　　　名	古典文獻研究（第二十六輯上）
主　　　編	程章燦
責 任 編 輯	許　勇
特 約 編 輯	姜　好
裝 幀 設 計	徐　慧
責 任 監 製	程明嬌
出 版 發 行	鳳凰出版社（原江蘇古籍出版社） 發行部電話 025-83223462
出版社地址	江蘇省南京市中央路165號,郵編:210009
照　　　排	南京凱建文化發展有限公司
印　　　刷	江蘇鳳凰數碼印務有限公司 江蘇省南京市栖霞區堯新大道399號,郵編:210038
開　　　本	787毫米×1092毫米　1/16
印　　　張	23.75
字　　　數	489千字
版　　　次	2023年5月第1版
印　　　次	2023年5月第1次印刷
標 準 書 號	ISBN 978-7-5506-3946-1
定　　　價	130.00圓

（本書凡印裝錯誤可向承印廠調換，電話:025-57718474）

主　　　編　程章燦
副 主 編　趙　益

編輯委員會　（按姓名音序排列）
　　　　　　曹　虹　陳尚君　陳正宏
　　　　　　程章燦　叢文俊　杜澤遜
　　　　　　郭英德　姜小青　劉玉才
　　　　　　劉躍進　武秀成　徐　俊
　　　　　　徐雁平　徐有富　張涌泉
　　　　　　趙　益　趙生群

執 行 編 輯　張宗友

目　次

•文獻文化史研究•

書生的舊業
　　——《三魚堂書目》抄本與陸隴其的書籍世界 … 劉　昊（ 1 ）
文獻傳承史研究的視角、方法、實績及其他
　　——讀《治亂交替中的文獻傳承》……………… 孫振田（ 23 ）

•經學及經學文獻學研究•

鄭玄注《易》改字考 ………………………………… 王　妮（ 31 ）
歷代《儀禮》刊本經文圈號考 ……………………… 杜以恒（ 43 ）
林堯叟《左傳句讀直解》版本考論 ………………… 朱秋虹（ 64 ）
國家圖書館藏宋刻本《爾雅疏》考論 ……………… 瞿林江（ 86 ）
衰變與融合：宋代讖緯消亡的歷史面相 …………… 譚　磊（ 99 ）

•文學及文學文獻學研究•

"賦統"論
　　——關於中國賦學的建統與歸統問題 ………… 王思豪（110）
六朝佛門駢文在政教關係中的運用與效應
　　——以釋真觀《與徐僕射書》爲中心的考察 …… 薛芸秀（142）
杜詩"故武衛將軍"考論 ……………………………… 馮　乾（155）
洛陽十五年
　　——司馬光詩歌裏的退居生活及其他 ………… 林　岩（166）
論宋代程式化啓文的雷同、删節與合并 …………… 李盛堯（196）
《唐詩品彙》的東傳與江户漢文學 ………………… 陳鴻喆（208）
删棄與修改：總集與别集對比下的王昶文學研究 …… 劉　馳（224）

清代律賦神韻論 …………………………………… 潘務正(240)
駢文選本的生成與變格:南圖藏稿本《駢文博鈔》考論 …………
………………………………………………………… 楊　珂(257)

•文史新研•
《史記•傅靳蒯成列傳》不亡考論 ………………… 方發亮(273)
《朝野僉載》史源爲開元唐國史考 ………………… 趙庶洋(292)
唐德宗時期對外政策李泌決定説辨正 ……………… 王　東(304)
《永樂大典》引《莊子》考校 ……………………… 鄷子翔(314)
古代私家收藏整理類書謏論 ………………… 周生傑　袁春楊(330)
"想象"的概念史析論 ………………………………… 王鑫羽(342)

•許結教授榮休紀念特稿•
學術自述 ……………………………………………… 許　結(360)

書生的舊業

——《三魚堂書目》抄本與陸隴其的書籍世界*

劉　昊

引　言

　　私家書目一直是文獻學、目錄學研究的對象，它能夠呈現某個藏書家所處時代的目錄學思想、出版、藏書及聚散狀況，同時也能體現藏者的個人閱讀史與治學觀念。但是傳統的清代目錄學研究相對重視大藏書家及其書目，例如清初的藏書大家錢謙益、黃虞稷、徐乾學等學者及其書目，一些稀見書目未受充分重視。

　　近年來，清代私家目錄研究的對象和視野逐漸擴展，更多稀見私家目錄進入了研究視野[1]。清初著名理學家陸隴其的《三魚堂書目》即衆多稀見書目之一，周少川較早提到了《三魚堂書目》[2]，2017 年出版的《國家圖書館藏稀見書目書志叢刊》所收的 70 種私家書目中也有該書[3]。總體而言，《三魚堂書目》仍然是一部受關注較少的目錄。表面上看，它收有四百三十五部書，數量少於同時代的大藏書家書目，而且它沒有明確的分類體系，也沒有特別注重版本，但是不意味着這本稀見書目就沒有關注價值。

　　在文獻學、目錄學研究以外，過去的陸隴其研究更多從宋明理學或中國哲學領域開展，這些研究主張陸隴其是清初朱子學的代表，在清初由王返朱、由虛轉實的轉變中具有重要地位。理學研究通常注重語錄、文集等，因而也未注意到這一書目[4]。2020 年出版的《陸隴其全集》也未收此書，但在整理説明中

---

* 本文係上海市浦江人才項目"中西匯通視野下的近代上海儒學研究"（22PJC112）、同濟大學文科高水準科研培育項目"陸隴其與近代上海的江南儒學變遷研究"（22120220310）階段性成果。
[1] 侯印國《清代稀見私家藏書目録研究》，南京大學出版社，2020 年。
[2] 周少川、劉薔《清代私藏目録知見録》，載《書目季刊》2000 年第 4 期，第 118 頁。
[3] 陳紅彥主編《國家圖書館藏稀見書目書志叢刊》第二冊，國家圖書館出版社，2017 年。
[4] 吴旺海《近 40 年來陸隴其研究的取徑及反思》，《嘉興學院學報》2019 年第 2 期，第 17—23 頁。

简要提及《書目》(以下或簡稱"《書目》")現藏於中國國家圖書館①。

事實上,這部《書目》一方面是陸隴其的藏書目録,另一方面也是在一定觀念指引下形成的讀書指南,它的構成與陸隴其晚年生活與思想密切相關。解讀和分析這部《書目》,同時有助於我們了解清初理學士人的書籍從何而來、讀什麽書、如何讀等在理學研究中并不受重視的閲讀史和書籍史問題,由此重建陸隴其的書籍世界及其抄書、藏書、刊書等與書籍有關的活動。最近幾十年的中國書籍史、閲讀史研究在西方書籍史研究的刺激下方興未艾,爲我們研究中國書籍史和閲讀史提供了新視角。書目在西方書籍史、閲讀史研究中也是重點材料之一,尤以年鑒學派爲代表,例如馬爾坦利用各類書目研究各個社會階層的閲讀興趣等;但是這種統計學的分析方法也有弊端,戴聯斌在反思書籍史和閲讀史的研究方法時,將年鑒學派的局限稱爲"目録學謬誤"②,不過馬爾坦也曾提醒研究者要注意"藏書清册所未説的"③。這種研究方式後來得到了進一步反省與擴展,夏蒂埃的研究不僅重視書目統計,更重視讀者對讀物的主動使用和閲讀。所以閲讀史的研究對象不僅關乎客觀的物質文本和藏書清單或目録,還關心人們如何閲讀(包括讀者在閲讀中所扮演的角色,讀者的閲讀方式、閲讀心態、閲讀習慣等方式的變化等)④,即閲讀之於人的意義。而且,閲讀行爲及其連帶着的創作、刊印等活動也與思想生産與傳播緊密相連。受此啓發,我們也能揭示中國古代士人的豐富閲讀興趣和行爲與思想之間的互動。

陸隴其留下了大量閲讀書籍的記録和材料,《三魚堂書目》雖是其中之一,但不是解讀陸氏閲讀生活的唯一材料。如果從《書目》出發,將其與《三魚堂日記》《文集》《一隅集》以及陸隴其及其弟子主持刊印的著作結合,就可以更完整地呈現陸隴其的書籍世界。他晚年時多次向師友表達"整理書生舊業"總是他餘生的追求,這表明他從未放棄的閲讀,以及連帶着借抄、隨記、刊刻等和書籍有關的活動。這些行爲構成了他的思想活動,顯示出其書生本性。利用這部《書目》及陸隴其的其他現存閲讀記録材料,可以展現清初理學士人的閲讀生態和讀書之道。

一 "未完成"的《三魚堂書目》

《三魚堂書目》以抄本形式流傳,在清代就不爲人所知。清末《陸子全書》的編者許仁沐也未曾見過該書,他在《景陸稡編》中提到"《三魚堂書目》一卷。

---

① 《整理説明》,見張天傑主編《陸隴其全集》第一册,中華書局,2020年,第33頁;〔清〕陸隴其《三魚堂書目》,中國國家圖書館藏抄本,善本書號02820。本文所用版本來自中國國家圖書館"中華古籍資源庫"。
② 戴聯斌《從書籍史到閲讀史:閲讀史研究理論與方法》,新星出版社,2017年,第89—90頁。
③ 秦曼儀《書籍史方法論的反省與實踐——馬爾坦和夏提埃對於書籍、閲讀及書寫文化史的研究》,《臺大歷史學報》第41期,2008年,第270頁。
④ 張仲民《出版與文化政治》,上海書店出版社,2009年,第17—18頁。

寫本。佚。《平湖縣志》云：'前目後録、各書得失均有論述。向藏魯氏西皋丙舍。'"①可見《三魚堂書目》在清代已不易得。本文提及的"國圖本"是清末著名藏書家劉喜海的藏本，書首頁有"燕庭藏書"的白文方印，燕庭即劉喜海。劉喜海的味經書屋抄有大量書目，但《三魚堂書目》不是出自該書屋的抄本。劉氏的跋記録了他獲得《書目》的經過，"道光己卯孟春，自浙北上，道出金閶，尋於經鉏堂書肆，乃惠定宇紅豆山房藏本"②。"道光"無己卯年，劉喜海的記録有誤，不過從"自浙北上，道出金閶"大略可知此書應得於劉喜海出任汀州之後（1832）。金閶位於蘇州，聚集了不少明清書坊，今人所撰的《劉喜海年譜》多次提到此後劉喜海"過吳""道出金閶"的經歷③。《書目》首頁有"惠棟之印"白文方印和"定宇"朱文方印，定宇即惠棟，所以劉喜海的藏本原為惠棟藏書。劉氏將所藏的《三魚堂書目》與道光六至七年間所抄朱彝尊《曝書亭書目》合并，封面題為《三魚堂書目》和《曝書亭書目》④。

劉喜海的跋没有交代《三魚堂書目》的編纂背景，《書目》也没有其他序跋，首頁便直接列舉書目的名稱，并附有簡要的題録。而且《書目》也未嚴格按照經史子集分門別類。由此而言，陸氏的《書目》幾乎就是一部普通的私家藏書目録。在明清之際，為藏書編寫書目是藏書家的常事，這些藏書家的藏書往往有數萬卷之多，甚至擁有藏書樓。陸隴其一生清苦，既没有雄厚的家底，亦無足夠財力購訪大量書籍，因此陸氏撰寫此書的動機和目的不只是滿足他作為一個藏書者的好書之癖，而是有關他的晚年生活。

在明清時代，延請弟子或友人代編書目是常有之事，但此書乃陸氏本人所撰。《三魚堂書目》首頁題有"當湖陸隴其稼書先生親筆原本，後學張忠寶墨堂録"⑤。可見"國圖本"《書目》非陸隴其的稿本，而是其後學張忠抄録的版本，不過他經眼的是陸氏原稿本。另外，書目撰寫的時間下限正是陸隴其生命的最後一年，即康熙三十一年壬申（1692）。《書目》天頭處的若干題録可以佐證，例如《鄭世子曆書》的題録説："壬申在虞山買之。"⑥汲古閣本《十七史》的眉批載："壬申春，在朱家角見書船上有東萊《十七史詳節》。"⑦這裏講述的購書事，其主語當為陸氏本人。其次，陸氏的《書目》不僅著録其藏書和版本，還記録了其個人的求書、借書、購書的歷程。例如著録的若干理學書特別標注了"借抄"於何處，這與陸氏《日記》可以互相印證，這些具體事實難以由他人代筆⑧。據此可以確定《書目》為陸氏本人撰寫，成書時間當在其去世前不久。陸隴其當

---

① 〔清〕許仁沐《景陸稡編》卷四，見《陸隴其全集》第十四册，第251頁。
② 〔清〕陸隴其《三魚堂書目》封首。
③ 胡昌健《劉喜海年譜》，《文獻》2000年第2期，第137—138頁。
④ 〔清〕朱彝尊《曝書亭書目》，中國國家圖書館藏劉喜海味經書屋清道光六至七年抄本，善本書號02821。書中有劉喜海跋。
⑤ 〔清〕陸隴其《三魚堂書目》，第1頁。
⑥ 〔清〕陸隴其《三魚堂書目》，第61頁。
⑦ 〔清〕陸隴其《三魚堂書目》，第5頁。
⑧ 關於理學書的借抄，詳見下文。

然無法料及生命會在這一年結束,事實上,這部《書目》甚至帶有重新開始書生生涯的意味。清點過去宦游所收之書,明確還將訪求哪些書,陸隴其旨在重操書生舊業。

陸隴其的爲官生涯并不順利,雖然當世與後世都對其爲官清廉有溢美之詞,但他本人在官場并不如意,晚年重操書生舊業,繼續講學和著述總是他心中所有的寄托,《三魚堂書目》撰寫於生命的最後一年。康熙三十年夏(1691),陸隴其得旨改補,九月遂與友人李光地告別回鄉。此次回鄉本應是待旨,先前的嘉定罷職已讓他心灰意冷,改任靈壽前的1683年,陸隴其抵京後本欲改教職,但未能如願。這也注定了他在靈壽任上的失落,靈壽的貧瘠更加劇了陸隴其對回歸著述、講學以及歸鄉的渴望。在靈壽七年,陸隴其類似這樣的家信并不鮮見,例如"然靈壽景象,吾叔必已知其大概矣"①。在這些書信中,他寄給女婿曹星佑的信最爲直白,康熙二十八年(1689),他寫道:"不佞久處荒城,無一善狀……看來此道到底難行,惟書生舊業,更覺津津有味。"②久處荒城即指在頗爲荒凉簡陋的靈壽已多年,無善事可陳。陸隴其深感爲官之難,惟有重回書生的本業,總覺得有意義。

"書生舊業"一詞,數次見於陸隴其晚年的書信和序文。他多次提到重回書生,不復問當世事的願望:

  今已行年六十,頭鬚盡白,將來退老當湖之濱,整理書生舊業,不敢復問當世事矣。③

  今年已六旬,頭鬚半白,行當歸尋三徑,一了書生未完之事,不能久鹿鹿簿書矣。④

  自汩没簿書以來,益復鹵莽,常思乞身歸田,整理書生舊業,與同志之士講求討論,或可追隨先儒之萬一,而一官羈絆,尚未得遂。⑤

上述三書均作於康熙二十九年(1690)左右,即陸隴其在靈壽的最後一年。他分別向徐乾學、谷應泰致信,表明自己年已六旬,頭髮半白,希望能回歸鄉里,整理書生舊業,完成他作爲書生的最後心願。陸隴其多年被繁雜的爲官之事困擾,無法完全致力於講學、著述。在他心中,念兹在兹的便是"整理書生舊業"。

在靈壽任上,陸隴其其實已積極講學、著述與刻書,但真正有時間回到舊業則要等到康熙三十年(1691)冬抵家之後。據《日記》記載,這一年十一月十

---

① 陸隴其在此信中又説:"此邑接連山右,幸不當衝,錢糧亦少而易完,但地瘠民貧,在真郡三十州縣中,最爲貧苦。又連年荒旱,憔悴不堪,又有協濟鄰郡之苦。"〔清〕陸隴其《三魚堂文集》卷七《與叔元旂翁(又)》,《陸隴其全集》第二册,第226頁。
② 〔清〕陸隴其《寄曹星佑婿》,《三魚堂文集》卷七,《陸隴其全集》第二册,第219頁。
③ 〔清〕陸隴其《答徐健庵先生書》,《三魚堂文集》卷五,《陸隴其全集》第一册,第120頁。
④ 〔清〕陸隴其《又復谷老師霖蒼先生》,《三魚堂文集》卷七,《陸隴其全集》第二册,第217頁。
⑤ 〔清〕陸隴其《松陽講義序》,《三魚堂文集》卷八,《陸隴其全集》第二册,第243頁。

八,在抵家後半個月,常熟席氏前來訂下來年的講學之約①。陸隴其先前已在常熟席家(即後來著名的掃葉山房)擔任塾師多年,此番訂約是繼續前業。此時席家已遷往青浦朱家角②,距陸隴其所在的平湖更近。此外,《日記》還記載了這年冬天不少弟子前來執贄。除了講學,著述也是書生的重心所在,次年十二月初六,陸隴其開始考慮《四書困勉錄》的體例,他在《日記》中寫道:"采宋元諸儒之言,是謂'學';采明興以來及近年諸儒之言,是謂'問'。"③陸隴其自早年以來,不論進京或任官,都用《日記》記錄了他每到一地必訪求書籍,特別是宋元明理學書籍。在收集了大量著作之後,他渴望在晚年刻成這部書。當月,他曾對族人陸公鏐説:"余年來欲刻《大全》及所纂《講義》,蓋一生心血盡在於此。"④月底(此時已1693年),陸隴其匆匆過世,未能完成他的諸多心願,其諸多著作後來由他的弟子和家人刊刻而成。撰寫《三魚堂書目》同樣也在陸隴其去世前這一年,此時陸隴其剛剛返家,帶回了從京師和靈壽獲得的書籍,補充了他的藏書,爲編撰《書目》提供了條件。

在此背景下,《書目》旨在厘清陸氏的藏書情況,確定那些還未獲得的待訪求之書,以待將來訪問。在《書目》的題録和眉批中,陸隴其留下了多處"當訪求""當更訪求善本""應訪求參考"的文字,例如《章楓山集》的眉批是"楓山尚有《語録》,當訪求"⑤。這些待訪求的書籍大體上包括同一作者的其他著作、同類型體裁的注釋,以及同一書籍的其他版本,例如"善本"和"舊本"。陸隴其顯然不滿足已擁有的書籍,讀書貫穿其一生,所以《書目》中的"待訪求"表明陸隴其期待能夠在將來尋訪到這些書,繼續他的書生生活。這些"待訪求"是一種指向内心的自我警醒和要求,他的閲讀具有相對明確的計劃,而非盡可能窮盡各類書籍。在這個意義上,《書目》不是一部完成之作,而是處在未完成的狀態之中,這種未完成意味着陸隴其始終將訪書與閲讀視爲生命中的重要部分。遺憾的是,他在撰寫這部《書目》後不久便已謝世,未能補充他的藏書以及繼續過着以閲讀、教書爲業的生活。

二　從《一隅集》到《分年日程》:《書目》的構成與形成

古代書目向來有提示讀書之法、問學門徑的用途。一部書目不僅是藏書的記録,也關乎一套讀書方法,《三魚堂書目》亦不例外。眉批中的"待訪求"可以證明《書目》的私人屬性,同時也證明其具有指示讀書之法的意義。

陸隴其在《書目》中并未具體交待撰寫的意圖,不過他在所藏的焦竑《國史

---

① 有關席家的情況,見馬學强《江南席家與掃葉山房》,《史林》2009年第6期,第11—22頁。
② 參〔清〕陸禮徵、陸宸徵初本,周梁訂《長泖陸子年譜》,見諸家偉、張文玲點校《陸隴其年譜》,中華書局,1993年,第316頁。
③ 〔清〕陸隴其撰,楊春俏點校《三魚堂日記》卷十"壬申",中華書局,2016年,第282頁。
④ 〔清〕陸公鏐《序四書講義困勉録》,《陸隴其全集》第十四册,第224頁。
⑤ 〔清〕陸隴其《三魚堂書目》,第21頁。

經籍志》的題錄中寫道:"此係陸翼王所贈,其指示之意甚切。"①《國史經籍志》是晚明的重要書目之一。陸翼王即陸元輔,嘉定人,著有《經籍考》等。據《日記》記載,陸隴其在嘉定任職的末期結識陸翼王,從陸翼王那得到了不少理學書籍,不過《日記》并未記載陸翼王贈送《國史經籍志》給陸隴其一事。陸隴其認爲陸翼王贈送《國史經籍志》旨在提示學問門徑,這表明他也認同書目的作用在於指示。事實上,陸隴其在撰寫《書目》時,《國史經籍志》是重要參照之一,如果某部書在《經籍志》中闕如,陸隴其便在眉批標注"焦氏《經籍志》無此書"②,例如朱子門人熊節編撰的《性理群書》。除了《國史經籍志》,陸隴其還援引了兩部重要書目③。總之,這三本書目并非陸隴其編寫書目的仿照對象,而是在查找書籍時與這些書目對照,明確尚待尋訪的書。

　　《三魚堂書目》蘊含的閱讀觀念與書目的排序和結構有一定關係。從體例上看,《書目》并無明確的分類體系和層次,也沒有標注獲得某書的時間,所以它沒有展示陸隴其訪書、藏書的動態歷程,而是呈現了陸隴其晚年的藏書情況。不過,陸隴其在編寫時其實有順序觀念,而這個觀念總體上仍然堅持經史爲先的觀點。

　　依陸氏,讀書者應當先經後史,然後熟讀那些貫穿經史的類書,接着進入理學書籍,尤其是朱子學傳統的典籍。在《書目》中,置於首位的是常熟毛氏汲古閣本《十三經》和《十七史》,然後是其他各類史書,這一做法表明經史在其閱讀觀念中具有至關重要的地位。他在《十三經》的題錄中引用了錢謙益的序文:"漢儒謂之講經,而今世謂之講道。聖人之經,即聖人之道也。"④漢儒所謂講經就是宋明時代的講道,聖人之經即彰顯了聖人之道。錢謙益進而認爲不能離經而講道,陸隴其對此深表贊同。但是他不滿意錢謙益將離經講道歸之於程朱,他認爲離經而講道的是陸王而非程朱。通過陸隴其對錢氏序文的引用,可以看出陸隴其主張理學的講道不能離開經典,經典纔是道的根源。這一觀點在明清之際并不鮮見,顧炎武也有"經學即理學"的觀念,這些學者在反省宋明理學時往往也強調經典的重要意義。

　　在《十七史》的題錄中,又載錢謙益的另兩段序言:"讀書者,當先經後史,經經緯史"⑤,"讀史者當讀全史,東萊之《詳節》璅而不要,毗陵之《左編》博而不詳。"⑥前者強調讀書過程中的經史先後順序,後者強調讀書需讀全本,而非《十七史詳節》之類的節選本,陸隴其對其觀點高度評價。緊隨汲古閣本《十七史》的是同樣屬於史部的斷代史書(包括正史的單行本)、通鑒類和屬於子部的

---

　　① 〔清〕陸隴其《三魚堂書目》,第18頁。
　　② 〔清〕陸隴其《三魚堂書目》,第45頁。
　　③ 其中之一是黃虞稷的《徵刻秘本書目》,康熙十八年戊午(1678)九月二十日,陸隴其獲得"博學鴻儒"科推薦時在京師由黃氏本人贈與。見〔清〕陸隴其《三魚堂日記》卷五"戊午",第140頁。另一部是徐乾學的《書目》,任職靈壽前(1683),在京師由嘉定人張雲章借閱。見〔清〕陸隴其《三魚堂日記》卷八"癸亥",第199頁。
　　④ 〔清〕陸隴其《三魚堂書目》,第3頁。
　　⑤⑥ 〔清〕陸隴其《三魚堂書目》,第5頁。

類書,包括《舊唐書》《宋史新編》《元史》《資治通鑒》《資治通鑒綱目》《玉海》《杜氏通典》《文獻通考》等。類書雖屬子部,但類書海納百川,其内容兼包經史子集,故尤其受到陸隴其重視。

在上述書之後,《書目》記載了陸氏所藏的大量理學書籍,但是在其中穿插了史書、小學、類書、文集等,没有嚴格將理學書目完全歸類在一起。在這之後,陸隴其的《書目》排列稍顯混亂和隨意,只在有限程度内將同一作者的書或同一類書歸到一起,如《家禮》《家禮儀節》《家禮銓補》,《唐文鑒》《宋文粹》《文章正宗》。總之,《書目》從經史到理學的脉絡是清晰的。直到《書目》之末,陸隴其又列舉了其藏書中的副本,《資治通鑒》副本的題録爲"姓氏、卷數見陳明卿刻本,但此本無注,又《考异》另自爲一書"①。《史記》副本的題録爲"卷數與汲古閣刻本同"②。這裏提到的"陳明卿本"和"汲古閣本"皆是《書目》已記載過的藏書,因此就産生了對照。自《資治通鑒》的副本開始是陸隴其藏書的其他副本。在副本目録之中,陸隴其又補充了編寫《書目》過程中遺漏的其他藏書。

《書目》雖然存在先經史後理學的觀念,存在指示之意,但是其中略顯混亂的編排部分又該如何解釋?這或許與陸氏對藏書空間的整理與布置有關,編寫一部書目同時也意味着整理藏書,例如陸氏很明確哪些書是作爲副本而出現的。當然,很難說陸氏用一套系統的理念和秩序編寫書目。不過,陸氏整理藏書和編寫書目,可能也需要在書架前重新清點各類書籍,而書架的擺放至少存在一些歸類意識,將同一類書籍歸類在一個架格上,所以總會出現既存在有限歸類而又稍顯混亂的狀况。

從《書目》揭示陸隴其的讀書方法和觀念,其實還涉及書籍史、閱讀史研究中的材料局限問題。陸隴其在編寫《書目》時試圖將經史置於前,理學置於經史之後,但是中間竄入的各類書籍的順序無法完全體現其讀書觀念。厘清《書目》的構成,還需藉助《書目》以外的材料。陸隴其的讀書觀念是其一生思想的重點之一,它形成於甲寅年(1674)課長子陸定徵,成熟於在靈壽(1685—1689)刊行《一隅集》以及《程氏讀書分年日程》。這兩部書較爲完整地呈現了陸隴其的讀書觀念與方法,與後來撰寫的《三魚堂書目》相映成趣,由此纔能解讀最終反映在《書目》中的藏書構成情況。

《一隅集》是陸隴其爲了長子陸定徵而編寫的經義集,現藏於日本内閣文庫,陳維昭已對該書有詳盡研究③。康熙十三年(1674),陸隴其選取了八十八篇制義用來引導陸定徵學習八股文,此後該書長期用於家庭授課,直到康熙二十四年(1685),距陸定徵不幸過世已三年,陸隴其纔在靈壽任上開始考慮刊印此書。康熙二十七年(1688)七月廿六日,《一隅集》刊成④。陸氏編寫《一隅

---

①② 〔清〕陸隴其《三魚堂書目》,第48頁。
③ 陳維昭《日藏稀見八股文集〈一隅集〉考論》,《復旦學報(社會科學版)》2017年第5期,第56—63頁。
④ 〔清〕陸隴其《三魚堂日記》卷十"戊辰",第257頁。

集》旨在引導長子以及家人、弟子快速通過八股文這一關,然後用力於經史。他在序言中説"吾見人家子弟殫精弊神于時文中,積案盈箱,矻矻窮年。而一切經史皆不暇讀,讀亦不暇精"①。《一隅集》的真正目的在於使士子在時文上節省時間,以便將這些時間用於"讀天下應讀之書,得從容講究聖賢全學"②。陸隴其在意的仍然是讀那些應讀的經史之書,這是走上聖賢之學的根基,爲此他將爲陸定徵制定的讀書方法稱爲"吾法":

> 長兒如吾法,漸通文義。《四書》本經之外,以次讀《詩》《春秋》《三禮》,《國語》《國策》《史記》《漢書》,韓、柳、歐、蘇之文。涉獵《通鑒》《綱目》《性理》,漸知聖賢門路。③

陸氏的讀書之法首先強調通曉文義,其次讀《四書》,然後是《十三經》中的"《詩》《春秋》《三禮》",隨後是史書和韓、柳、歐、蘇之文,此外還需涉獵《資治通鑒》和《綱目》等書。通過上述閱讀,士子纔能漸漸進入聖賢門路。他雖然將這一聖賢門路定義爲"吾法",但這個"吾法"并不是他的發明創造,而是來自元代程端禮制定的《程氏家塾讀書分年日程》,其根源在於朱子的讀書法。陸隴其在《一隅集·凡例》中"敦實學"一節中批評了今人看經只知看講章和作時文,而忽略了經史本身。因此他呼籲求聖學之道不能忽略經史,更爲重要的則是"宜取《程氏分年讀書日程》,依其節目循序漸進"④。此外,陸隴其也多次在給長子陸定徵的家信中提醒他要時常將《分年日程》置於案頭,并以此爲讀書指南。

根據《分年日程》,"前自八歲約用六七年之功,則十五歲前,《小學書》、《四書》諸經正文,可以盡畢"⑤。陸隴其所説的"漸通文義"和《四書》本經",即指八歲以前的這一階段,例如"漸通文義"這一環節在《分年日程》有關讀《小學書》的指引中有明確規定,訓解字義需從每字、每句、每段入手,"久之纔覺文義粗通"⑥。這是十五歲以前的讀書次第。十五歲後,《讀書分年日程》規定"前自十五歲讀《四書》經、注、《或問》,本經傳、注,性理諸書"⑦。隨後,"《四書》、本經既明之後,自此日看史。……爲學之法,自合接續明經。今以其學文,不可過遲。遂次讀史,次讀韓文,次讀《離騷》,次學作文"⑧。從這兩段看,陸隴其的"吾法"基本可以與《分年日程》的讀書之法吻合,在《四書》本經之後,繼續讀六經及史書,讀韓文(以及歐、柳、蘇之文),以及性理諸書。《分年日程》規定讀史"看《通鑒》及參《綱目》"⑨,正與陸隴其在《一隅集》序言的説法一致。《一隅集》雖刊於靈壽,但是陸隴其以《分年日程》爲讀書方法早已形成。

---

① ② ③ 〔清〕陸隴其《一隅集》,見陳維昭編校《稀見明清科舉文獻十五種》中册,復旦大學出版社,2019年,第920頁。

④ 〔清〕陸隴其《一隅集》,見陳維昭編校《稀見明清科舉文獻十五種》中册,第923頁。

⑤ 〔元〕程端禮撰,姜漢椿校注《程氏家塾讀書分年日程》,黄山書社,1992年,第40頁。

⑥ 〔元〕程端禮撰,姜漢椿校注《程氏家塾讀書分年日程》,第30頁。

⑦ 〔元〕程端禮撰,姜漢椿校注《程氏家塾讀書分年日程》,第44頁。

⑧ 〔元〕程端禮撰,姜漢椿校注《程氏家塾讀書分年日程》,第50頁。

⑨ 〔元〕程端禮撰,姜漢椿校注《程氏家塾讀書分年日程》,第50頁。

在靈壽任職期間，陸隴其決定將《分年日程》再度刊行於世，試圖推廣朱子學的讀書之法和爲學之道。在靈壽末期，他親自從中年寫作的《問學錄》和平日的《隨記》（即《三魚堂日記》）中摘取了一些語錄、筆記，編成《松陽鈔存》（康熙二十六年，1687），他在其中一條中強調的也是《分年日程》的讀書之法：

> 必窮《十三經》，必閱《注疏》《大全》，必究《性理》，必覽《朱子文集》《語類》，必觀《通鑒》《綱目》《文獻通考》，必讀《文章正宗》，得無詩人所謂"田甫田"乎，曰：此學者之本務也，非甫田也，但亦當循序而漸進，《易》曰"寬以居之"，《程氏分年讀書日程》一編真可爲學者准繩。①

這條語錄規定的進學之路仍然來自《分年日程》，首先需窮盡《十三經》，必讀相關的《注疏》，以及《四書大全》《性理大全》《五經大全》和性理諸書，又必須讀朱子的《文集》和《語類》，在完成了《四書》、本經和經注後，次讀三部史書，次讀《文章正宗》，熟悉作文之法。陸隴其再度強調讀書應當"循序而漸進"，《程氏讀書分年日程》是學者成就聖賢之學的標准方法。

隨後不久，康熙二十八年正月初一（1689），陸隴其決定刊刻《讀書分年日程》，并將《一隅集》和《分年日程》頒於直隸學院，旨在幫助士子快速通過時文，方纔有時間用力於經史②。陸隴其共贈送直隸學院四部③，又分別寄送房師趙耐孺二部、趙魚裳三部、魏荔彤一部、吳爕臣一部④，并告知女婿曹星佑⑤。在寄給其弟子趙魚裳的信中，陸隴其説："新春又刻得《讀書分年日程》，因較對閒，細閱其工夫次序，真可爲學者法。今奉到三部，其一部煩寄我園。因驢背不能多帶，鎮上相知，未能遍及，俟下次續奉也。"⑥"新春"即指康熙二十八年新春，陸隴其在較對中又詳讀了其中的工夫次序，希望告訴友人、弟子以此爲讀書指南，但是由於寄送書籍不能携帶很多書，未能將此書帶給家鄉的其他人，陸隴其期待下次再寄送。陸氏刊印《分年日程》意在將這部讀書指南從陸氏家庭或私塾的授受之法推廣至士人。後來在清代的各類書院規程中，《分年日程》也是通行的讀書法則⑦。無論是《一隅集》的理念，還是在《松陽鈔存》的讀書法，陸隴其皆試圖在其中推行以《分年日程》爲核心的讀書次第，并將其用於講學和家教，這一思想也充分體現在後來的《三魚堂書目》中。

除了前面已提到的經史之書，陸隴其的《書目》中有大量小學類書籍，例如《説文解字》《古今韵會》《群經音辨》《韵補》《廣韵》《干禄字書》等，其中《説文解

---

① 〔清〕陸隴其《松陽鈔存》，《陸隴其全集》第十册，第293頁。
② 〔清〕陸隴其《申直隸學院文（又）》，《三魚堂外集》卷之五，《陸隴其全集》第二册，第504頁。
③ 上海圖書館藏陸隴其康熙二十八年（1689）《程氏家塾讀書分年日程》三卷刻本，書首有《三魚堂外集》所載的《申直隸學院文》，不過文末多"計中送《讀書分年日程》四部"一句。
④ 徐雁平也提到了這一點，但數目略有出入。見徐雁平《〈讀書分年日程〉與清代的書院》，《南京曉莊學院學報》2006年第3期，第114頁。
⑤ 〔清〕陸隴其《寄曹星佑婿》，《三魚堂文集》卷之七，《陸隴其全集》第二册，第219頁。
⑥ 〔清〕陸隴其《寄趙生魚裳旂公》，《三魚堂文集》卷之七，《陸隴其全集》第二册，第213頁。
⑦ 見徐雁平《〈讀書分年日程〉與清代的書院》。

字》《古今韵會》《群經音辨》《韵補》皆見於《分年日程》。又如《分年日程》主張學文當讀韓文,應先抄讀西山《文章正宗》,并強調"大率近世文章視古漸弱,其運意則縝密于前。但于《文選》《文粹》《文鑒》觀之便見"①。其中提到的《文章正宗》《文粹》《文鑒》在《書目》中列於一處,《文選》也見於《書目》之中。《分年日程》又主張"韓文畢,次讀《楚辭》"②,與此相應,《書目》中有《楚辭》類書籍五部,其中《楚辭集注》有兩部。

儘管《書目》的構成來源於《分年日程》的指引,但《三魚堂書目》不是《分年日程》的翻版。《分年日程》所列書籍與《三魚堂書目》中的構成存在重要區別,體現在兩個方面:一是讀經史書的要求;二是陸隴其《書目》收集了大量元人以後的理學、史學著作,且十分看重理學著作。陸隴其在《跋〈讀書分年日程〉後》中提示了這兩點。首先,他再度強調讀經典注疏、《朱子文集》、《朱子語類》和理學家的性理諸書不可被明代的三部《大全》(《四書大全》《五經大全》《性理大全》)替代。同理,讀《通鑒》《綱目》類著作也不可替代讀正史。這一呼籲旨在針對明代以來士人讀《大全》和《通鑒》方便於舉業的普遍現象。明代中期以後,圖書市場中大量流行《綱鑒》類書籍,這些書籍可以幫助士子更快地掌握古今歷史來應付考試。但在陸隴其看來,如果士人爲了應舉只讀《大全》和通史,那麼就會導致本末倒置,諸家之史是《通鑒》和《綱目》的根源,《朱子文集》和《語類》是《大全》的來源,古注疏的解釋同樣也是程朱之學的根基,如陸隴其所言:"然非鄭康成、孔穎達之流闡發於前,程、朱亦豈能鑿空創造耶?"③程、朱不可能憑空創造,其學術根源亦來自鄭注、孔疏。由於陸隴其只是刊印《分年日程》,不是該書的作者,他雖然深受該書影響,但是無法改變其內容本身。《分年日程》對讀史的要求爲"看《通鑒》,及參《綱目》,兩漢以上,參看《史記》《漢書》,唐參《唐書》、范氏《唐鑒》"④。《通鑒》和《綱目》位於正史之前。而在《三魚堂書目》,陸隴其提出了回到經史原典的觀念,《書目》將《十三經》和《十七史》列於首,通史類的著作列於後。《朱子文集》和《語類》《年譜》以及《二程全書》的順序也在《大全》之前。這一做法繼承了《跋〈讀書分年日程〉後》的觀點,進一步將讀經史的要求擴展至整個《十三經》和《十七史》。

其次,由於《讀書分年日程》是元代著作,其中所收書籍止於元代,所以前面提到的《日程》與《三魚堂書目》較爲吻合的部分只是元以前的著作。而在元代以後至清初的時段,陸隴其主張作爲讀書指南的"日程"應當不斷擴充,其中包括三類著作:一、辨學術得失的四部著作,包括"薛文清之《讀書錄》,胡敬齋之《居業錄》,羅整庵之《困知記》,陳清瀾之《學蔀通辨》"⑤,此類辨學術得失的

---

① 〔元〕程端禮撰,姜漢椿校注《程氏家塾讀書分年日程》,第55頁。
② 〔元〕程端禮,姜漢椿校注《程氏家塾讀書分年日程》,第52頁。
③ 〔清〕陸隴其《跋〈讀書分年日程〉後》,《三魚堂文集》卷之四,《陸隴其全集》第一冊,第102—103頁。
④ 〔元〕程端禮,姜漢椿校注《程氏家塾讀書分年日程》,第50頁。
⑤ 〔清〕陸隴其《跋〈讀書分年日程〉後》,《三魚堂文集》卷之四,《陸隴其全集》第一冊,第103頁。

著作本質上是朱子學著作,是陸隴其的經史藏書之外的重中之重。二、明政事之源委的丘濬《大學衍義補》。三、陸氏說:"宋、元以來之治亂,則有若成化之《續綱目》,薛方山之《續通鑒》。有明一代,未有成書,而其時政得失,雜見於諸家之記載者,亦不可不知也。"①這裏包括了明代的兩部續編《通鑒》以及明代的史書。以上著作除了一百六十卷的《大學衍義補》,皆見於《三魚堂書目》。另外,在元代以前的著作中,陸隴其認爲還應有所補充,如:"先秦之時,若《國語》《戰國策》以至老、莊之道德,荀卿之言學,管、韓之論治,孫、吳、司馬之談兵,雖皆駁而不純,儒者亦當知其梗概。漢以後,若揚雄、董生、王通之書,雖未及洛、閩之精,而亦往往爲先儒所取,固當擇而讀也。"②囊括了《國語》《戰國策》以及諸子百家之説,漢儒以及漢代以後的著作。若檢考《三魚堂書目》,其中便有吴勉學校正本《國語戰國策合刻》,子學類著作有《子匯》《六子合刻》,漢儒著作有《漢魏二十一名家集》。

《跋語》的這些説明既是《分年日程》的補充,也是陸隴其較爲嚴苛的讀書觀念的體現,這些觀念充分呈現於具有個人色彩的《三魚堂書目》。雖然陸隴其一再強調《分年日程》的讀書次第十分重要,但是他本人通過《三魚堂書目》表明經史先於通史,理學家的著作先於《大全》,由此纔能改變心粗氣浮的讀書風氣,進入聖賢之學正路。此外,他的個人閱讀指南相比於《分年日程》更強調博覽,而且主張閱讀內容應該隨着時間推移不斷擴展。但是這種理念並不意味着陸隴其對《分年日程》的態度發生了轉變,而是基於《分年日程》確立了更爲廣泛的閱讀指南。這一要求導致《分年日程》和《書目》的讀書次第規定產生了"緊張",只有將兩者結合,纔能解讀陸隴其讀書觀念的複雜性和動態變化性。

三 《三魚堂書目》中的"借抄":理學書的閱讀與刊行

《分年日程》只是《書目》構成的一部分,它雖然體現在《書目》中,但是不能代表《書目》的全部。人們以往熟知的陸隴其形象是清初理學名臣,是"由王返朱"思潮中的朱子學者,這一點無疑也表現在《書目》之中。《書目》中有大量由宋到清初的朱子學書籍,當然也有少量陽明學書籍。

陸隴其自早年便十分重視收集理學書籍,尤其是元代以後的著作,但是這個歷程頗爲艱辛,貫穿其大半生。在收集理學書的同時,他相對完整地記錄了獲得書籍的過程和閱讀理學書籍的方式,這些材料在以往宋明理學研究中關注不多。通過這些材料解讀陸隴其的理學閱讀史,一方面有助於了解陸隴其理學閱讀的動態過程,另一方面也能夠由此揭開清初的思想環境中理學經典和書籍的傳播特點。

在《三魚堂書目》中,陸隴其没有嚴格記録所有書的來源,但在部分書籍中明確標記了"借抄"或"抄",而這些借抄所得的書籍大部分恰恰是理學書籍。

---

①② 〔清〕陸隴其《跋〈讀書分年日程〉後》,《三魚堂文集》卷之四,《陸隴其全集》第一册,第103頁。

"借抄"在明清時代的士人群體中并不鮮見,在印本大規模流行之後,抄書及抄本仍然廣泛存在。清代文人間存在廣泛的互抄群體,互抄是書籍生產、流動中的重要環節,尤以江浙地區爲主,互借互抄成爲了書籍流通的途徑①。陸隴其的藏書主要以刻本構成,借抄的書籍只占其藏書的一部分,但是借抄而得的本子仍然是一種特殊的形態,陸隴其選擇借抄理學書,表明這些書在他心中具有獨特地位。爲什麽需要借抄大量理學書籍?主要有以下三方面原因:一是清初兵燹以後的書荒;二是商業出版并不流行理學書籍,導致元明時代理學書在清初難以獲得;三是這些書對陸隴其的確十分重要。

前文曾提到,陸隴其早年致力於《四書》,希望編成一部涵蓋元明以後理學家《四書》解釋的著作,所以理學書是他完成這項工作的重要依托。他在早年閱讀《四書大全》的過程中"采《蒙引》《存疑》《淺説》之要者,附於其間"②,康熙二年(1662),他完成了《增訂四書大全》與《四書講義》二書。但未滿足於此,他意識到閱讀《四書大全》還需要盡可能搜羅其他解釋,正如他在《舊本四書大全序》中提到:"然是時,雖粗知讀書之門户,而程、朱之《語録》《文集》,皆未之見,敬軒、敬齋諸君子之書皆未知求;嘉、隆以後,陽儒陰釋之徒,改頭换面、似是而非者,猶未盡燭其蔀。自庚戌以來,乃始悉求諸家之書觀之,然後知向之去取未能盡當。"③陸隴其在閱讀《大全》時只是粗略地知道讀書門户,程、朱、薛瑄、胡居仁的理學書皆未知求,"陽儒陰釋之徒"指晚明的陽明學者,當時也未能深入了解。據《年譜》記載,陸隴其於康熙十年(1671)開始編纂《四書講義續編》,該書采納了友人吕留良、仇滄柱以及同時代的熊伯甘、刁蒙吉等人的著作,未及元明的理學家④。因此他在《序》中説的"自庚戌(1670)以來,乃始悉求諸家之書觀之",與開始編纂《四書講義續編》的時間基本相吻合。同樣在這一年,陸隴其中進士,告別了舉業這個現實目標,從而有餘力踏上讀書求道的聖學事業。陸隴其的求書歷程長達二十多年,占據了其生命的一半時光。直到去世前不久,他仍然未完成基於《續編》的《四書講義困勉録》——此書後來由其弟子和家人完成。

得書的困難首先來自明末清初亂兵洗劫後的家道衰落。陸隴其本來家境殷實,他在《先府君壙記》中指出"府君少時,家道殷盛"⑤,後來"及遭喪亂,家業盡落,徒四壁立,亦不以爲意"⑥。喪亂後的家道衰落導致陸家絀於財力,無力支撐購買大量書籍,再加上順治十四年(1657)陸隴其家中遭遇搶劫,書籍被洗劫一空,藏書事業因此雪上加霜。《日記》"九月廿四"記載,"侍大人歸泖上,則游兵尚絡繹不絶,家中一空。雖原憲環堵,本無長物,然鄴架萬卷,盡被奴輩所竊"⑦。"鄴架萬卷"證明陸家原有大量藏書,然因亂兵而全然喪失。《書目》

---

① 可參看徐雁平《抄書與書籍生產及流動》,收於氏著《清代的書籍流傳與社會文化》,南京大學出版社,2021年,第152—161頁。
②③ 〔清〕陸隴其《舊本四書大全序》,《三魚堂文集》卷之八,《陸隴其全集》第二册,第241頁。
④ 〔清〕陸禮徵、陸宸徵初本,周梁訂《長泖陸子年譜》,《陸隴其年譜》,第233頁。
⑤⑥ 〔清〕陸隴其《先府君壙記》,《三魚堂文集》卷之十一,《陸隴其全集》第二册,第349頁。
⑦ 〔清〕陸隴其《三魚堂日記》卷一"丁酉",第2頁。

中也記載了陸隴其家中藏書散落的情況,他在《兩漢紀》的題録中説:"此書余家舊有藏本,久已失去,先府君每用嘆息。"①明清之際的亂局削弱了陸家的實力,他不得不長期以塾師爲業,以獲得日常生計所需。兵亂又直接導致家藏書籍的喪失,顯然加大了陸隴其獲得書籍的難度。

價貴和書荒以及理學書在商業出版中不流行也是陸氏訪書的幾項難處。考中進士後的康熙十四年(1675),陸隴其前往京師候選,在《日記》中始有記録訪書、購書之事,他前往京城各大書坊,三月初九在琉璃廠,以九十錢買得時下最新的理學家魏裔介所著《聖學知統録》二本、《格物致知解》一本。不過要買到明代及以前的著作則没那麽容易。六天後在報國寺街,《日記》又載"見有陳選《小學集注》、羅念庵《輿地圖》,因價貴,未及買"②。兩本書皆爲明人著作,前者爲朱子學著作,後者爲史地著作,因價貴而未購買。關於明清書籍價格問題,學界一直存在不同説法③,但書價其實相對於不同的人來説意義不同,對陸隴其來説,清貧的生活顯然使他無力購買大量書籍。獲得元明時期理學書的困難不僅源於價格高,更是因爲一書難求。四月初九,在前門書坊,陸氏《日記》記載:

> 愚以一紙寫理學諸書,如《讀書録》《居業録》《困知記》《木鐘集》及敬軒、敬齋、康齋、整庵、魯齋、草廬之集,遍問前門諸坊,無有也。④

陸隴其帶着一紙理學書單在前門的衆多書坊一無所獲,這些著作包括宋元明時代的理學語録和理學家文集,涉及陳埴、許衡、吴澄、薛瑄、吴與弼、胡居仁、羅欽順七位朱子學者,尤以元明兩代爲主。此時距離陸隴其開始收集各家之書編撰《四書講義續編》已有四五年,他仍然未能獲得這些急需的書籍。可見清初之時,宋元人的文集已不易得,像這些理學家的文集,可能大多都藏於藏書家之手,很難從書坊中尋覓。即使再版與重印也大多由明清時的理學家,或理學家原籍所在地的地方官及其後人出資刊行,其流通并不廣,所以在京城的書坊自然很難獲得宋元理學家的文集。

理學書難求也受到了商業出版讀物的衝擊。近年來的中國書籍史、閱讀史研究已充分揭示,商業圖書出版在明代中葉以來蔚爲大觀,這些書籍包括制舉用書、戲曲、小説、日用類書籍等類型⑤,而理學類書籍不屬於商業出版的熱門讀物。雖然朱子理學是舉業的核心内容之一,但是舉業所需的制舉類理學書與理學家的理學語録、文集、文録并不是一回事。理學家的語録、思想著作往往體現其義理上的追求,但制舉類涉及用書則基本以三部《大全》以及圍繞《四書集注》的輔助讀物爲主。制舉類用書的目的是幫助士子通過科舉考試,

---

① 〔清〕陸隴其《三魚堂書目》,第 9 頁。
② 〔清〕陸隴其《三魚堂日記》卷三"乙卯",第 58 頁。
③ 周啓榮《明清印刷書籍成本、價格及其商品價值的研究》,《浙江大學學報(人文社會科學版)》2010 年第 1 期,第 5—17 頁。
④ 〔清〕陸隴其《三魚堂日記》卷三"乙卯",第 63 頁。
⑤ 可參考〔美〕包筠雅著,劉永華等譯《文化貿易:清代至民國時期四堡的書籍交易》,北京大學出版社,2015 年,第 228—286 頁。

而理學家的著作則以辨析學術、闡發義理,進入聖賢之道爲旨趣。真正從事理學著述的學者在士人群體中并不占主流,製印理學書籍無法帶來很好的商業效益,所以商業出版中不流行理學著作也是情理之中。在這樣的情況下,陸隴其想要在清初之時購買到元明時代的理學書更是難上加難。

康熙十六年(1677),已經47歲的陸隴其首次出仕,落職離家不遠的蘇州府嘉定縣。蘇州是明代刊書、藏書的主要地區之一,有大量藏書家和藏書樓,便於陸隴其訪書。陸氏在此結識蘇州藏書家,并且向他們借抄理學書籍,這成了他最重要的得書途徑。例如,陸氏拜訪陸翼王後特別提到"如《儀禮》、《經傳通解》、金仁山、許白雲、真西山、魏鶴山文集及《西山讀書記》,其家多有"①。陸隴其的關注重點是理學書籍,但是由於缺書過多,只能先挑最重要的借抄。嘉定期間的《日記》詳細記載了陸隴其借閱的理學書,不僅與前門的"一紙書目"相符,而且大部分與《書目》所載相吻合。

表1　陸隴其在康熙十六年(1677)借閱、借抄理學書簡表

《日記》時間	借書對象	《日記》	《書目》
康熙十六年(1677),十一月初五	陸元輔(翼王)	從翼王家借《道命錄》及《胡敬齋集》。《敬齋集》止三卷,然目錄自第五葉後缺,疑其書尚不止此。	《道命錄》:康熙丁巳(1677)從陸翼王處借抄。
康熙十六年(1677),十一月廿四	李玉如(李寶)	復借《讀書錄》《居業錄》《因知記》三書去。	
康熙十六年(1677),十一月廿六	陸元輔(翼王)	翼王來會,以胡致堂《崇正辨》示我,抄本也。	《崇正辨》:計三卷抄,余從嘉定陸翼王所借抄。
康熙十六年(1677),十一月廿六	陸元輔(翼王)	(陸翼王)云有《曹月川集》,因留濟,未曾帶歸。《夜行燭》一書亦在集內。又云有《許魯齋集》,爲葛瑞五借去。	

《日記》中只提到陸隴其向陸翼王和李玉如借書,借的目的不只是閱讀,還在於抄寫副本,《書目》的記載可以還原這一情況。陸隴其的抄寫行爲并不只是藏書或者一種文人雅趣,因抄本可以隨身携帶,有需要時便可隨手翻出,既有利於寫札記和辨析學術,也方便於爲編寫《四書講義續編》收集資料。不過陸隴其在嘉定的借抄并非順利,陸翼王藏書雖多,但理學書頗爲緊俏。一方面,陸翼王出仕時帶走一部分書未歸;另一方面,士人中的借書風氣較爲常見,有的書已爲他人借走而未回。陸隴其想借的理學書《曹月川集》和《許魯齋集》便遇此狀況。另外,通常一位藏書家收藏的書籍版本也不完全盡如人意,還需要不斷訪求別的版本,這一過程更是艱辛而漫長。在隨後的讀書生涯中,想方設法獲得理學書籍依然是陸隴其爲官和讀書生活中的重要之事。

---

① 〔清〕陸隴其《三魚堂日記》卷三"丁巳",第76—77頁。

離開嘉定後，陸隴其居家并在虞山度過了講學歲月，其間也數次進京，在京師尋訪理學書籍，補充了在嘉定期間未能如願獲得的書籍。康熙十七年（1678），博學鴻儒科開科，陸隴其本受推薦，而且也抵達了京師准備考試，但因父喪而歸。二十二年（1683），經由魏象樞推薦，陸隴其復出待命於京師。他在顛沛流離之中收獲了大量理學書籍。見下表所示：

表2　陸隴其在康熙十七年—二十二年（1678—1683）借閱、借抄理學書簡表

《日記》時間	借書對象	《日記》	《書目》	《文集》
康熙十七年（1678），正月十二	周好生（周梁）	周好生來，出《莊渠遺書》相示。余在嘉定時，得《莊渠遺書》，止有《大學指歸》等雜著，并無奏議、書牘，蓋止其後集，好生所得乃其全也。	《莊渠遺書》：内八本十卷係雜著，又抄五本十六卷係文集，總名曰《遺書》。	
康熙十七年（1678），六月廿三	柯寓匏（柯崇樸）	會寓匏，借張幹臣所刻《困知記》。其首二卷，余所未見者。	《困知記》：康熙戊申江西張貞生刻，首二卷缺，係戊午（1678）在京師借抄。	
康熙十七年（1678），八月初九		方太翁來會，言滎陽署中，北望太行甚近。……《曹月川集》，滎陽署已有。		《答同年顧蒼岩表叔》：《月川先生集》謹已拜登，此書求之十餘年不可得，一朝獲之，何啻百朋之錫耶？
康熙十九年（1680），五月初二	趙慎徽	旂公（趙慎徽）以所借《吳康齋集》寄閱。	《吳康齋集》：計十三卷抄。	
康熙二十一年（1682），正月朔。		閱徐鴻洲《信古餘論》。	《信古餘論》：康熙壬戌（1682）從雲間借抄。	
康熙二十二年（1683）		七月廿八，往會湯潛庵，言《魯齋遺書》因修史，懷慶府送至故史館，中有此書，想彼處尚有板也。九月廿一。張武承（名烈）……其書齋中有《許魯齋全書》，因借以歸。十一月初八。因陳端伯，又借得史館中《魯齋遺書》。	《魯齋遺書》：計七卷抄。歲癸亥（1683），予在京師，從張武承借得嘉靖本，缺其後二卷，復從史館借得萬曆本，因撿前所缺抄錄附後，仍將萬曆本序目并附，庶見兩本之同异，云其《學庸直解》二卷，亦嘉靖本所無，則以文多不及錄。	

從《日記》和《書目》《文集》的記載看,除了顧嵩來寄贈的《曹月川遺書》,其他書籍皆由借抄而得。而在嘉定時未獲的《魯齋遺書》,直到六年後纔在京師借抄而得,陸隴其從湯斌處聽聞《魯齋遺書》在史館,後來見張烈時,先借閱了張氏所藏的嘉靖本,但由於此本不全,陸隴其又從史館所藏的萬曆本繼續抄錄,《學庸直解》則因文字太多未及抄。陸隴其獲得《魯齋遺書》的經過與《日記》和《書目》的記載完全一致。而在嘉定時已得的《困知記》和《莊渠遺書》也不完整,陸隴其後來發現全本後進行抄補,纔得到了兩書的全本。此外,《日記》和《書目》也可互相印證陸隴其抄錄了借閱而來的《吳康齋集》和《信古餘論》。

對於這些理學書籍,陸隴其在《日記》中大多只記載了借,而《書目》中明確記載了借抄,如果只依賴《日記》,則無法了解借這一行爲和抄往往是一體的關係。不過也有部分書籍在《書目》中未記載借,但在《日記》中記載了抄。例如理學家張貞生的文集《唾居存錄》,陸隴其在《書目》中未記載是借抄而得,但是在戊午年(1678)十月十一的《日記》中記載"將瑤山之《唾居存錄》發兩僕抄。其書頗有發明,故全錄之"①。《日記》中透露了借抄的細節,即陸隴其沒有親自抄寫該書,而是令僕人抄寫。借連帶抄表明客觀上已經難以獲得這些書籍,只能通過抄錄的方式獲得副本。另一方面,抄錄本身也是一種重要的閱讀方式,但只是閱讀的初始,因爲明清士人對借書有明確規定,有借有還、抄畢奉還是必須遵守的規定,這導致抄錄必須盡快完成,因此這一階段的閱讀不可能是深度閱讀。陸隴其在向理學家刁包之子刁再濂借書時說:"聞尚有《斯文正統》及《潛室札記》《易酌》《辨道錄》諸書,謹專人走請。其已刻者,幸將來紙刷印賜教;其未刻者,乞將原本借抄,抄畢即當專人奉歸記室,斷不敢遺失,亦不敢污損。想高明諒其求教之誠,必不吝也。"②陸隴其向刁再濂打聽其父刁包的書,煩請他寄來刻本。如果是未刻之書,他希望能夠借抄,抄完後便派專人返還書籍,不敢遺失,也不敢損壞。借書這一行爲受制於人,士人對藏書十分珍重,但又不得不出借於人,對借者而言,快速抄錄後原本歸還是當務之急。這種制約也決定了陸隴其無法抄盡所有想獲得的書,因而只能抄錄他最看重的理學書籍。除了上述已經提到的理學書籍,《書目》中還記載了其他借抄而得的書籍,兹見下表:

表3　陸隴其《三魚堂書目》中的其他借抄書籍表

書　名	作者	獲取方式,見於《三魚堂書目》的記載
《周易孔義》	高攀龍	景逸尚有《周易孔義》,余曾在史館中借抄,適因顛沛未及完。
《朱子學的》	丘濬	計二卷抄。

---

① 〔清〕陸隴其《三魚堂日記》卷五"戊午下",第155頁。
② 〔清〕陸隴其《與刁再濂》,《三魚堂文集》卷之七,《陸隴其全集》第二册,第214頁。

續表

書　名	作　者	獲取方式，見於《三魚堂書目》的記載
《學蔀通辨》	陳　建	計十二卷抄，此書後編、終編係余自抄，前編、續編則係先府君抄，顧嵩來刻於滎陽者，則又從此抄也，其原本則係内黄黄氏所刊。
《小辨齋集》	顧允成	計八卷，附《事定録》三卷，俱抄。
《木鍾集》	陳　埴	計十一卷，係抄弘治辛酉温州刻本。
《群經音辨》	賈昌朝	計七卷，在虞山借抄(見於《日記》)。
《楊龜山集》	楊　時	計四十二卷，外附《通紀》一本抄。
《小四書》	方逢辰	計共五卷抄。
《禮經會元》	葉　時	計四卷抄，此書已刻於昆山《經解》中。
《小學集解》	吴　訥	計六卷抄。

在這些書中，僅有《禮經會元》和《群經音辨》非理學書，其他書籍皆爲宋元明時期的理學著作。抄録的最終目的之一是實現書籍和思想的再生產，在抄録的這些書籍中，陸隴其幫助或主持刊刻了四部，即《學蔀通辨》《小四書》和《小學集解》《禮經會元》。陸隴其將這幾部書的抄本轉化爲刊本，旨在擴大思想的流通。抄本雖然也在士人之間流通，但是它的流轉須通過借閲和借抄，其傳播規模受制於人，無法具有公共性，刊本則不再具有私人屬性，能够傳播至更多的人群。這幾部書雖然不是陸隴其本人的著作，但是陸氏助力刊印也與他的思想觀念密切相關。《學蔀通辨》是一部從朱子學角度辨析朱陸异同的力作，清初士人重視該書批評陸王的立場，而陸隴其是維護朱子學的中堅力量。他最初在陸翼王家獲知此書，而且得知該書爲多人借抄，陸隴其在《日記》中記載"孫北海亦從翼王借得，韓元少、徐彦和皆從借抄"①。可見該書在清初常以抄本形式流傳，陸隴其本人的藏本亦爲接續其父的抄本。但是陸隴其不僅抄録該書，而且希望擴大它的傳播。康熙戊午年(1678)五月，陸隴其的表叔顧天挺(崧來)將陸氏的抄本與萬曆三十三年(1605)内黄黄吉士的刊本校對後在滎陽刊行②。同年八月初九，陸隴其在《日記》中大贊此舉最爲有益③。陸隴其在京師收到該本後隨身携帶，時常在書信中問及學友是否聽聞，意在推廣《學蔀通辨》此書④。友人吕留良在聽聞此本《學蔀通辨》印行後，認爲"則購求亦甚易也"⑤。

---

① 〔清〕陸隴其《三魚堂日記》卷三"丁巳"，第 77 頁。
② 顧天挺的序文最後署有"康熙十七年歲在戊午皋月吉旦，當湖後學顧天挺蒼岩甫敬題於滎陽公署。"見陳建撰，黎業明點校《陳建著作二種》，上海古籍出版社，2015 年，第 281 頁。
③ 陸隴其説："嵩來將《學蔀通辨》刻成，此舉最爲有益。"陸隴其《三魚堂日記》卷五"戊午中"，第 120—121 頁。
④ 〔清〕陸隴其《答山西范彪西進士書》，《三魚堂文集》卷之五，《陸隴其全集》第一册，第 124 頁。
⑤ 〔清〕吕留良《與柯寓匏書》，俞國林編《吕留良全集》第 1 册，中華書局，2015 年，第 127 頁。

陸隴其抄録并試圖刊行《小四書》和《小學集解》，與在靈壽任上刊刻《讀書分年日程》密切相關。前面已指出，陸隴其刊行《日程》旨在推崇朱子理學傳統的讀書之方，而《日程》規定八歲未入學之前當先讀《性理字訓》，《性理字訓》即《小四書》的其中一書，八歲入學以後再讀《小學》。所以這是陸隴其刊刻《讀書分年日程》後，通過刊行推廣蒙學和小學類書籍，希望士子在童蒙階段便走上正路。陸隴其一直十分重視《小學》，尤其在家教和私塾中，他甚至認爲《小學》一書不僅適用於童蒙階段，而是人生中不可離手的書。他對弟子曾説："《小學》不止是教童子之書。人生自少至老，不可須臾離。"①又説讀《小學》一書，才能"正其根脚"②。《小學》承載了陸隴其晚年的思想寄託，這種寄託旨在幫助童子自少開始遵循基本規矩，修習灑掃應對這些做人之道，恪守朱子家法，避免被陽明學的"高論"吸引。陸隴其在《王學考序》中強調："以陽明之天資豪邁，向使自幼涵養熏陶於《小學》中，加之以良師友磨礱砥礪，如二程之有濂溪，朱子之有延平，何至放言高論如此哉？"③在陸隴其看來，《小學》的熏陶再加以師友的切磋，便不會産生陽明良知學這些高論。因此，陸隴其堅守朱子學，反對王學最終落實到小學工夫，他認爲唯有沿着《讀書日程》的指引，從《小學》入手，纔能進入聖學正路。可惜的是，陸隴其還未來得及真正主持刊刻這兩部書便匆匆離世，其弟子趙氏兄弟和次子陸宸徵共同完成了刊刻工作，後又有若干重刊本④。

與刊刻小學、蒙學書相比，陸隴其主持刊刻朱子學者的著作遇到不少困難，但是他的弟子在其過世後延續了老師的刊刻事業。現藏於上海圖書館的康熙四十年(1701)序刊本《居業録》扉頁天頭處題爲"當湖陸稼書先生校正"，該書爲陸隴其校正本《居業録》，但是實際主持刊刻的是其弟子顔綸和俞倩，由"咏圅堂"刊行。顔綸得到《居業録》後拜訪陸氏族人陸公鏐，聽聞陸隴其頗重視此書，因而想獲得一些陸隴其平日表彰《居業録》的言論。陸公鏐將這些相關言論記録在《重刻〈居業録〉序》中，陸隴其説："是書也，余於老友周好生處借録之，與文清諸書服膺弗失，欲嘗取四子書合刻之，以爲聖學之的。簡帙浩繁，苦無同志共襄其事，誠一憾也。"⑤由此可知陸隴其借周梁(好生)藏本《居業録》抄録，并且試圖將四子書合刻，但是无人能夠一起完成此事，實屬遺憾。陸隴其的弟子俞倩、顔綸最終將其刊印，完成了陸隴其未了的心願。該本扉頁左列上方還題有"《困知記》即出"，表明陸隴其弟子有刊行另一本借抄來的《困知記》的願望。儘管陸隴其未能親自刊刻這些書籍，但是他對這些書的推崇乃至

---

① 〔清〕陸隴其《答席生漢翼漢廷》，《三魚堂文集》卷之七，《陸隴其全集》第二册，第190頁。
② 〔清〕陸隴其《寄曹星佑婿》，《三魚堂文集》卷之七，《陸隴其全集》第二册，第222頁。
③ 〔清〕陸隴其《王學考序》，《三魚堂文集》卷之八，《陸隴其全集》第二册，第258頁。
④ 陸隴其校録本《小學集解》，有同治八年(1869)江蘇書局重刊本；陸隴其校訂本《小四書》，有哈佛大學燕京圖書館藏有雍正十一年(1733)無錫鄒氏恒德堂重刊本。
⑤ 〔清〕陸公鏐《重刻〈居業録〉序》，見胡居仁《居業録》，清康熙四十年(1701)顔綸刊本，上海圖書館藏。

他的藏本或校正本,仍然在理學思想傳播的過程中發揮了作用。

　　陸隴其以理學著稱,但是對他這樣一位清貧書生而言,獲得理學書籍從而深入閱讀,其實并不容易。他只能通過不斷借抄的方式獲得理學書籍,纔能完成早年的夙願。《書目》中的"借抄"或"抄"這樣的簡單文字背後是陸隴其多年的心血,閱讀與借抄、摘抄在他生命中構成了聯動的閱讀行爲,最終指向陸隴其本人的思想表達。這種表達并不是產生獨創性思想,而是根據陸氏的朱子學立場爲士子傳遞朱子學的四書解釋,並將理學書籍視爲士子通向聖學的必備之書。另一種模式是閱讀、借抄與刊刻的聯動,陸隴其及其弟子將陸氏借抄的幾部書成功刊行。這也提示了抄本與刊本之間的關係,陸氏借抄理學書籍和小學書籍的刊本,這些書籍又因陸氏的抄寫而刊行,實現了書籍的再生產和流通。刊印這些不是自己的著作,陸氏意在推行書中的思想觀點,表達希望天下的士人遵守程朱理學的讀書門徑,從《性理字訓》《小學》入手,然後配合陸隴其重刊的《讀書分年日程》,最終走上爲學的正路。對陸氏而言,閱讀連接着的借抄、編書、刊刻,事關重建學術風氣,陸氏滿懷爲士子讀書提供指南的士人理想。

四　理學之外仍是書生:陸隴其的多元閱讀興趣

　　陸隴其的主要閱讀興趣在經史和理學,但他的閱讀面其實十分多元,涉獵遠不止於此。歷代名家文集、詩文與筆記,也見於《書目》,例如《范文正集》《歸震川集》《宋學士集》等。這一點不足爲奇,能爲詩文本來就是士人的基本素養,理學家雖然不工詩文,但是作詩、文、賦也是社會交往和應舉必備的基本能力。閱讀大量詩文,對陸隴其這樣的士人來説再正常不過。筆記在四部分類中屬於子部,其中含有大量史料,涉及歷代制度、經史、人物等多方面,它雖然不像類書那樣專業,但也符合陸隴其的博覽需求。

　　《書目》幾乎可以等同於陸隴其的閱讀書目和藏書,但是陸隴其在記錄其藏書時其實存在有意識的取捨,并沒有記錄他的所有藏書,其中最爲特殊而重要的是陸隴其獲贈以及購得的西學書籍沒有見於《書目》。陸隴其是接觸西學的清初傳統士人之一,他與西方傳教士存在大量直接交往,獲得了不少西學書籍,過去的研究已經指出了這一點。綜合這些研究以及《三魚堂日記》,陸隴其在康熙十四年(1675)至康熙十七年(1678),先後與利類思、南懷仁有過多次來往,獲贈和購買了十餘部西學書籍[①]。康熙十四年(1675)三月十九,《日記》記載了赴部謁選之際,陸隴其與利類思共游天主堂,利氏送書三種,包括《主教要旨》《御覽西方要紀》《不得已辨》等。康熙十七年(1678)三月初三,陸隴其兑得舊板《伊洛淵源録》《西洋天問略》,此事也記載於《日記》。他同時獲得這兩部書,"舊板《伊洛淵源録》"記載於《書目》,《西洋天問略》却不見於書目。事實上,陸隴其對於同時得到的書有明確意識,在《書目》中的《程篁墩集》的題録,

---

① 徐海松《清初士人與西學》,東方出版社,2000 年,第 230 頁。

陸隴其記載了"此與《舊唐書》《東都事略》《天源發微》同得"①。據此,他不太可能遺忘《西洋天問略》。如果檢視同時代的其他私家書目,"西學"類書籍皆有著錄②,可見士人的書目沒有排斥西學。雖然清初的康熙年間圍繞西學的曆法之爭曾產生過"反教案"的事件,但是不少理學家對西曆和西方科學仍持有寬容態度。

　　《書目》之所以缺失西學書籍,恐怕另有原因。前面的分析已經指出,雖然《書目》具有清點藏書性質,但是也含有一套讀書觀念,其根源在於《讀書分年日程》,核心是經史、理學、文章,而西學書籍雖然在當時的士人間流傳較廣,但西方的科學、曆法等知識此時還不是士子讀書成聖的必備基礎。因此,陸隴其在《日記》中如實記載了他與西學士人的交往以及購書的經歷,但是當他編纂《書目》時,也許考慮到《書目》的性質,便沒有收入西學書籍③。

　　另一類無法從《書目》中完全了解的閱讀興趣是輿地和水利,尤其是關於河濟、水利的書籍,這是陸隴其一生的閱讀重點之一。在明末以來經世之風的影響下,輿地和水利之學頗爲發達,水利方面有歸有光《三吴水利錄》,輿地之書則有顧祖禹的《讀史方輿紀要》和顧炎武的《天下郡國利病書》等名作。陸隴其反省明代陽明學的玄虛之風,一方面回到朱子學,另一方面也因時代的經世之風,頗留心實務。陸隴其雖然沒有留下山川河濟方面的鴻篇巨著,但是他也關注輿地。《書目》中僅記載了部分書籍,例如《水經注》《山海經廣注》《漕河便覽》《常熟水利全書》《山水考》《禹貢匯疏》《禹貢合注》《禹貢廣覽》。此外,陸隴其在《書目》的眉批中標注了兩本待訪求的書,一是孫承澤的《河紀》,記於《山水考》的眉批中④。二是《三吴水利全書》,記於徐光啓《農政全書》條目的題錄中⑤。與《書目》的簡單記載對照,可以發現《日記》中留下了大量陸隴其究心水利,閱讀河渠、水利方面書籍的記錄,這些書大多借閱獲得或由友人贈送。康熙戊午年(1678)在京師,五月初一《日記》載:"借得卓易庵(名永錫)《淮海水利略》。係王鐵山子明德(字亮士,住高郵)所著。前所云吴煒《河工條議》,即本於此。亮士之論,條析最爲明白。"⑥八月廿七《日記》又載:"義山以靳總河《疏略》來示。"⑦九月十九《日記》載:"閱孫北海《河紀》。"⑧陸隴其在這一年借得《淮海水利略》,獲贈《禹貢山水考》,閱讀《疏略》與《河紀》,這些書籍皆有關河道、水利之書。又由於陸氏長期在常熟席家講學,他也關注所到之地的情況,康熙癸亥(1683)三月,陸隴其在常熟獲贈《常熟水利全書》,他在《日記》中稱該書爲"最有用之書"⑨,"最有用"一詞的評價很高,這對於陸隴其而言究竟

---

① ⑤　〔清〕陸隴其《三魚堂書目》,第 21 頁。
②　見徐海松《清初士人與西學》,第 74—75 頁。
③　也有可能是《書目》的鈔錄者刪除了一些書。
④　〔清〕陸隴其《三魚堂書目》,第 44 頁。
⑥　〔清〕陸隴其《三魚堂日記》卷四"戊午上",第 108 頁。
⑦　〔清〕陸隴其《三魚堂日記》卷五"戊午中",第 124 頁。
⑧　〔清〕陸隴其《三魚堂日記》卷五"戊午中",第 138 頁。
⑨　〔清〕陸隴其《三魚堂日記》卷七"辛酉",第 181 頁。

是一種什麼樣的"有用"？是"有用"於聖賢之學？還是"有用"於經濟？這是了解陸隴其之所以閱讀水利書籍的關鍵所在。陸隴其在爲官生涯中兩任縣令，沒有專任河防、治水等官職，但是一直十分關心水利，治水也是其本職工作之一。不過陸氏將關心水利、河道這一興趣解釋爲"書生舊習"，他在給任山東河防的朱又韓的信中指出：

> 《河漕志》，不識可惠教否？簿書俗吏，不應越俎而問司空之事。不過書生舊習，欲一窺河濟源流，爲讀《禹貢》地耳。①

陸隴其向朱又韓借閱《河漕志》，并謙稱自己區區一個從事雜事、俗事的官員，不應該超越職權範圍，過問河漕之事。但是陸氏爲自己辯護，"司空"即指水利之事，不過是書生的舊傳統，只是想了解河濟的源流，意在輔助閱讀《禹貢》。實際上，陸隴其雖然自謙，認爲不應越俎而問，但同時又特別想深入研讀水利之事，所以總會藉用"司空"爲書生舊習爲理由，強調這沒有什麼特殊之處。陸隴其閱讀這類書籍出自一直以來對輿地、水利的關心，這也反映了陸隴其留心經世的一面。《三魚堂日記》的早年部分也有日常行紀，細致地記載了沿水路所到之處的路程，也記載了水道的源流以及名勝古迹，這一點繼承了明人各種水路日程指南書籍的特點。但這些對陸隴其來説仍不滿足，他一直在訪求各類地理、水利書籍，并且在實際的路程中印證書中的記載。甚至在閱讀《左傳注疏》時，他的關心重點仍然在於輿地。陸隴其將這樣的興趣和閱讀定義爲"書生舊習"，表明他閱讀水利、輿地書籍首先是出於一個書生的興趣，而書生的内涵其實包括了經世之用，這即是陸隴其所謂的"有用"。"有用"的實質内涵在於能夠成就一位書生留心典籍，推崇經世致用的自我認同。無論經史、理學、文章，還是水利、河運，皆服從於"書生"這一舊業。

結　語

《三魚堂書目》在清初的諸多私家書目中并不爲人所知，無論從藏書質量還是數量上來看，陸隴其的藏書與大藏書家的藏書存在不小的差距。不過這不是判定《書目》的價值標準，站在版本學或目錄學的學術標准看待《書目》，固然是學術界的主流取向，但是如果從陸隴其本人的閱讀史角度出發，通過閱讀史、書籍史的視野來分析《書目》，我們能夠獲得別樣的意義。再者，從理學史角度研究陸隴其是思想研究的主要進路，得出的主要結論在於陸隴其是清初"由王返朱"的朱子學代表，而之前的理學研究幾乎沒有注意到《三魚堂書目》。

編寫《三魚堂書目》是陸隴其晚年回歸"書生舊業"的重要一環，他不想被繁雜的爲官之事埋没，并早已厭倦官場，重新"整理書生舊業"總是他的最大願望。《三魚堂書目》就誕生於陸隴其生命的最後一年。從《書目》的形成與結構出發，可以試圖解讀陸隴其的書籍世界，進而揭示陸隴其的晚年生活。《書目》

---

① 〔清〕陸隴其《候山東河防朱又韓》，《三魚堂文集》卷七，《陸隴其全集》第二册，第 212 頁。

表面上没有分類和結構,但是實際上反映了陸隴其非常倚重的《讀書分年日程》的讀書指南觀念,他以《讀書分年日程》作爲教育家人、弟子以及士子們的讀書指導,但是他并没有將《讀書分年日程》提到的書目次序照搬至《書目》。《書目》確立的有關經史和理學的讀書次序强調讀原著和原典在先,而非後人編纂的各類《大全》,顯示陸隴其是一位純粹書生。從《讀書分年日程》到《三魚堂書目》的形成,體現了陸隴其讀書觀念的複雜性和動態變化性。

理學書籍是陸隴其的閲讀重點,但是想要獲得理學著作,對於陸隴其并不容易。理學書在商業出版中不占主流,除了程、朱等人的著作,歷代理學著作在清初很少見於書坊,借閲和借抄成爲士人閲讀理學著作的主要方法。《三魚堂書目》記載了陸隴其借抄衆多理學著作的事實,這些"借抄"行爲與《三魚堂日記》的記載相映成趣,揭開了陸隴其借書與抄書一體的閲讀方式。陸隴其雖然在考取功名後總體上屬於士人的精英階層,但是他仍將眼光朝向下層,希望士子們能够通過努力,致力於課業,早日告别舉業,走上聖人之學的正路。因此,他的"借抄"不只爲了閲讀,還在於通過刊行書籍進而推廣和傳播,閲讀、借抄、刊刻是一體聯動的行爲。陸隴其主持或幫助借抄來的若干理學書籍刊刻發行,旨在推廣朱子學以及蒙學讀物。他的意圖在於重建學術之風,破除陽明學爲士人提供的捷徑之路,希望士子從蒙學階段開始便走上朱子學的讀書次第,并由此立志成爲一位真正的儒者。

無論是將經史、理學和文章作爲治學重點,還是對水利與西學的興趣,陸隴其展現的都是一位純粹書生的形象。他在爲官生涯晚期數次提到"整理書生舊業",心中期盼早日衣錦還鄉,繼續讀書講學的生活。編成於生命最後一年的《三魚堂書目》,既是陸隴其整理藏書的行動,也旨在試圖確立一套嚴苛的讀書指南,同時也象徵着他重新回到一名純粹書生的生活。一部《三魚堂書目》的背後,呈現的是陸隴其鮮活的閲讀生命。

(作者單位:同濟大學人文學院)

文獻傳承史研究的視角、方法、實績及其他
——讀《治亂交替中的文獻傳承》

孫振田

文獻學是一門非常重要的學問。那麽，文獻學究竟又該研究些什麽？對此，前輩學者有着自己的定義。舉例言之，如鄭鶴聲、鄭鶴春兄弟有論云："……結集、翻譯、編撰諸端，謂之文；審訂、講習、印刻諸端謂之獻。叙而述之，故曰文獻學。"①顯然，在鄭氏兄弟看來，文獻學主要應研究文獻的形成（"結集、翻譯、編撰"）、內容及出版等。文獻學大家張舜徽先生亦有論云："使雜亂的資料條理化、系統化；古奧的文字通俗化、明朗化。并且進一步去粗取精，去僞存真，條別源流，甄論得失，替研究工作者們提供方便，節省時間，在研究、整理歷史文獻方面，做出有益的貢獻，這是文獻學的基本要求和任務。"②可知，在張先生看來，文獻學主要應研究文獻的整理、真僞，及對其所承載的學術的源流進行考辨等。張先生論"校讎學"時又稱："目録、版本、校勘，皆校讎家事也。但舉校讎，自足該之。"③"校讎家"說到底就是文獻家，則所稱的"校讎學"實質上仍是文獻學，亦即張先生又認爲文獻學主要應研究目録、版本、校勘等。另一位文獻學大家程千帆先生亦有論云："若乃文字肇端，書契即著；金石可鏤，竹素代興，則版本之學宜首及者一也。流布既廣，异本滋多。不正脱訛，何由籀讀？則校勘之學宜次及者二也。篇目旨意，既條既撮，爰定部類，以見源流，則目録之學宜又次者三也。收藏不謹，斯易流亡；流通不周，又傷錮蔽，則典藏之學宜再次者四也。蓋由版本而校勘，由校勘而目録，由目録而典藏，條理始終，囊括珠貫，斯乃向、歆以來治書之通例，足爲吾輩今兹研討之準繩。而名義紛紜，當加厘定，則'校讎'二字，歷祀最久，無妨即以爲治書諸學之共名。"④所謂的"校讎（學）"，與文獻學大致也可以等同，故可知，在程先生看來，

---

① 鄭鶴聲、鄭鶴春《中國文獻學概要·例言》，上海古籍出版社，2001年，第1頁。
② 張舜徽《中國文獻學》，上海古籍出版社，2005年，第3—4頁。
③ 張舜徽《廣校讎略·校讎學名義及封域論》，華中師範大學出版社，2004年，第8頁。
④ 程千帆《校讎廣義叙録》，載程千帆、徐有富《校讎廣義·目録編》，齊魯書社，2001年，第6頁。

文獻學所要研究的主要就是目録、版本、校勘、典藏四個方面的問題。要之,傳統的文獻學研究主要聚焦於文獻自身,以文獻自身諸要素爲核心展開研究工作。

2010年,以程章燦先生爲首席專家的研究團隊成功申請到了國家社科基金重大課題"中國古代文獻文化史"。其中,"文獻文化"概念的提出,意味着文獻學的研究對象發生了變化。何爲"文獻文化"？程章燦先生有解釋:"從文化史的角度來看,文獻既是文化的重要載體,也是突出的文化現象,具有重要的文化史研究價值……文獻是思想知識的載體,其根本屬性是'精神'與'物質'的結合。文獻的這一屬性决定了它本身也是一種重要的文化現象,不僅以自身的内容記載傳承文化,而且以自身的物質形式嵌入廣義的文化史架構之中。""環繞着文獻的製作、生産、衍生、閲讀、聚散、流通、使用等過程,各種社會群體與歷史力量參與其間,縱横交錯,在文化與文獻之間形成無數交叉聯結之點。經由這些聯結點,既可以看到被文化史所塑造的文獻現象,也可以看到文獻史所凸顯的文化特性。"①故此,所謂的"文獻文化"大致可以包括這樣兩個方面的内容:一、文獻本身是一種文化現象,是文化的産物與組成部分,具有文化屬性;二、文獻并非一個孤立、純粹的存在,而是與其他相關的文化有着密切的關係,與相關文化又構成了一個大的文化現象。顯然,在程章燦先生看來,文獻學研究應調整思路,拓寬研究領域,不僅基於文化的視角,將文獻視爲一種文化現象加以研究,且要更加關注文獻的周邊,舉凡與文獻相聯接的文化都應納入研究的視野,且作爲重要的研究對象予以對待。那麽,以"文獻文化"爲理據,具體的研究又應包括哪些内容呢？這點,可藉程章燦先生論書籍史的研究對象進行説明:"書的製作情形如何？由誰製作？爲誰製作？撰著者與出版商之間的關係爲何？國家意識形態如何影響書籍的出版？思想理念又如何通過書籍而傳播？書的價格與書的貿易情況如何？書籍的傳播與接受的社會效果如何？讀者的閲讀能力與參與性怎樣？國家文化當局的權威及其影響力如何？等等。"②概之,"文獻文化"概念的提出,爲文獻學的研究提供了一個新的理論參照,也對文獻學的研究提出了新的要求。

作爲"中國古代文獻文化史"結題成果之一種,張宗友教授《治亂交替中的文獻傳承》(南京大學出版社2021年7月版,全書46.6萬字。以下稱《傳承》)即爲專門討論"文獻文化"中的文獻傳承問題而撰③。全書計八章:第一章,

---

① 程章燦《中國古代文獻文化史·總序》,載張宗友《治亂交替中的文獻傳承》,南京大學出版社,2021年,第2頁。
② 程章燦《中國古代文獻文化史·總序》,載張宗友《治亂交替中的文獻傳承》,第3頁。
③ "中國古代文獻文化史"結題成果爲十卷本《中國古代文獻文化史》,十卷分别爲:第一卷,《中國古代文獻:歷史、社會與文化》(趙益著);第二卷,《早期經典的形成與文化自覺》(徐興無著);第三卷,《中古時期的歷史文獻與知識傳播》(於溯著);第四卷,《宋代文獻編纂與文化變革》(鞏本棟著);第五卷,《明代書籍生産與文化生活》(俞士玲著);第六卷,《清代的書籍流轉與社會文化》(徐雁平著);第七卷,《治亂交替中的文獻傳承》(張宗友著);第八卷,《作爲物質文化的石刻文獻》(程章燦著);第九卷,《漢籍東傳與東亞漢文化圈》(金程宇著);第十卷,《中國古代文獻文化史史料輯要》(程章燦、許勇編著)。

"中國古代文獻傳承的内在理路";第二章,"劉向、歆父子與文獻傳承";第三章,"中古時期目錄類典籍的體制與傳承";第四章,"《隋書·經籍志》與古代文獻傳承";第五章,"'四書'的形成與四書類文獻的勃興";第六章,"曹溶、朱彝尊、周篔與清初文獻傳承";第七章,"清代前期的文化方略與文獻纂修";第八章,"晚清官書局與近代文獻傳承"。通讀全書,就其宏觀視角、研究方法、所取得的實績等,不難發現,《傳承》足稱文獻傳承史研究的成功之作。説如下:

其一,宏觀視角上,以時間先後爲序,使全書具有了文獻傳承史的特點——《傳承》當然是一部文獻傳承史之作;同時又選擇最能反映文獻傳承的規律、特點的歷史時段爲切入,具體即選擇治世、亂世及治亂交替之際的文獻傳承爲研究對象展開研究工作。關於前者,《傳承》有稱云:"從'治亂交替'的角度來研究古代文獻的傳承,實際上意味着長時段的歷時性考察。"(《傳承》,頁2。以下只注明頁碼)所謂"長時段的歷時性考察",就是以縱向的時間先後爲序,展開具體的研究工作。關於後者,《傳承》亦有交代:"研究古代文獻的傳承問題,具有從多種維度進行探討的可能性。從治亂交替的角度加以審視,無疑是其中最具歷史意藴的研究視角。"(頁1—2)所謂"從治亂交替的角度加以審視",就是以治亂交替——治世、亂世、治亂交替之際——的歷史時段爲參照,選擇研究對象展開具體的研究工作。所謂的"歷史意藴",《傳承》亦有相關論述,主要有兩個方面:一、中國歷史客觀上是治與亂交替進行:"從歷史上看,古代中國治世與亂世交替,統一與分裂相間,呈現出所謂'天下大勢,合久必分,分久必合'的規律性特點。"(頁1—2)二、中國歷史治與亂的交替進行深度影響了文獻的傳承:"每當易代之際(原注:尤其是東漢末葉、南北宋之交、宋元之間、明清之際等),存世文獻通常罹受大規模的焚毁之厄;新朝建立,傳世典籍又往往因政治需要而被重新'發現'與整理,成爲構建新朝文化方略的思想資源與文獻基礎。"(頁171)易代之際,文獻的傳承受到影響,治世與亂世,文獻的傳承當然也會受到影響。換言之,以時間先後爲序,選擇治世、亂世及治亂交替之際的文獻傳承爲研究對象,可謂抓住了關鍵,尤能反映出文獻傳承與歷史發展及社會環境之間的關係,有利於揭示文獻傳承的規律、特點,有利於文獻傳承史的建構。以時間先後爲序,選擇治世、亂世及治亂交替之際的文獻傳承爲研究對象,是宗友教授深思熟慮的結果,所謂"具有從多種維度進行探討的可能性"云云,清楚地表明了這一點。

其二,研究方法上,精心選擇治世、亂世及治亂交替之際的文獻傳承的代表性事件、著作、人物或機構爲個案展開專題研究,以展示文獻傳承的方式、方法、過程,揭示文獻傳承的規律、特點等。治世,選擇西漢後期的劉向、劉歆父子的圖書整理及目錄編撰、《隋書·經籍志》(下稱《隋志》)與古代文獻傳承、清代前期的文化方略與文獻纂修爲對象(第二章、第四章、第七章)。亂世,選擇中古時期的目錄類典籍、晚清官書局與近代文獻傳承爲研究對象(第三章、第八章)。治亂之際,選擇清初的曹溶、朱彝尊、周篔爲研究對象(第六章)。又突破治世、亂世及治亂之際的框限,"以長時段作爲觀察的視角"(頁138),選擇

"四書"及四書類文獻爲對象進行論述。這些個案均具有鮮明的特點及高度的代表性:劉向、劉歆父子的圖書整理活動及目録編撰,"有其深遠的歷史、文化背景……文化貢獻極爲突出,影響極爲深遠"(頁24);中古時期的目録類典籍,"是考察中古時期學術分類、思想流變的基礎","同時具有考察此期文獻傳承演進路徑的樣本意義"(頁54);《隋志》,"繼承并鞏固了以經部、史部、子部、集部爲主要架構的四部分類法……在古典文獻傳承史上影響極爲深遠,具有重要的學術史、文化史意義"(頁115);"四書"及四書類文獻,是"學術本身的演進與發展"的産物,在反映學術"影響古典文獻得以不斷産生與傳承"(頁138)上具有標志性意義;清初曹溶、朱彝尊、周篔三位文士,可藉以考見"此際文獻傳承的不同面向",且可藉以考察"易代之際地方文人群體活動"(頁173);清前期的文化方略與文獻纂修,因"清代是古代中國最後一個大一統王朝,是帝王權力最爲集中的朝代之一,也是古代學術大總結、大發展的時期",故而"在討論帝王與文獻傳承的論題上,具有代表性"(頁248);晚清官書局,"爲恢復、振興封建文教而刊刻了大量傳統典籍,且以質精價低的優勢,使圖書得以廣泛傳播與流通,從而爲近代中國教育、自强及改良運動,奠定了傳統思想文化的文獻基礎,并因此成爲近代文獻傳承的主要承擔者,足稱保存傳統文化典籍的功臣"(頁489—490)。概之,以劉向、劉歆父子的圖書整理及目録編撰,《隋志》與古代文獻傳承等爲對象展開研究,能夠更好地、多層面地折射出文獻傳承的規律與特點。以劉向、劉歆父子的圖書整理,《隋志》與古代文獻傳承等爲研究對象,當然也是宗友教授深思熟慮的結果。

　　精心選擇治世、亂世及治亂交替之際的文獻傳承的代表性事件等爲個案展開專題研究的同時,還將文獻傳承的普遍規律、特點與相應的專題研究緊密結合,以前者統攝後者,以後者闡釋、證明前者,且個案研究也非常注重進一步總結、歸納文獻傳承的規律與特點。舉例言之,如第一章"中國古代文獻傳承的内在理路",指出中國古代文獻傳承的内在理路"首先在於藴植於文獻的文化内驅力,其次在於歷代帝王出於維護統治需要而建立的文獻校理、纂修傳統,其次在於知識群體傳承、生産文獻的使命自覺","文獻載體的更新、印刷技術的發明,使書籍更易産生複本,也極大地促進了古代文獻的流播與傳承"(頁22),實爲全書之總綱。第二章"劉向、劉歆父子與文獻傳承",開篇即論治世的文獻整理於文獻傳承之意義:"承平之際的大規模的文獻整理,不僅有利於文化遺産的清理,也有利於傳世文獻官方定本的出現,并藉助行政與學術的力量,得以更加順利的承傳"(頁23),之後再就劉向、劉歆父子的圖書整理及目録編撰等進行深入的討論,末尾再從形而上的高度指出:"向、歆父子之校書及其成就生動地説明,帝王之意志與支持、傑出學者之組織與努力,是古代文獻得以大規模整理、恢復與傳承的兩大關鍵性因素。"(頁52)再如第三章"中古時期目録類典籍的體制與傳承",開篇即論目録類著作傳承文獻的特點:"目録類典籍是一類特殊的古代文獻,具有學術史、思想史等多重意義","目録類典籍以著録書籍爲職志,因此,群書目録能夠反映特定時期、地域内文化典籍的基本面貌。"(頁53)之後再就中古時期的目録類典籍,特别是荀勗《晋中經簿》一一進行考述、討論,末尾再從形而上的高度指出:"目録作爲記録之學、辨章之學的性質,決定了此類典籍不僅對相應時段的文化典籍進行客觀的記録,而且通過著録、分類、解題等目録學的手段,對學術源流進行總結性的構建與書寫,從而具有學術史的意義。"(頁113—114)第四章"《隋書·經籍志》與古代文獻傳承",對《隋志》進行了深入討論後總結指出:"新朝建立之初的文獻整理與史書修纂,能够將此前數代文化典籍的概貌,通過《經籍志》(原注:或《藝文志》)的書寫凝固下來,并且通過在著録系統方面的總結、承襲與創新,對典籍脉絡及其學術意義進行構建、解讀與發揮,從而成爲古代文獻傳承與學術史書寫中非常重要的一環。"(頁137)其餘第五章"'四書'的形成與四書類文獻的勃興"、第六章"曹溶、朱彝尊、周篔與清初文獻傳承"、第七章"清代前期的文化方略與文獻纂修"、第八章"晚清官書局與近代文獻傳承",研究思路亦均爲如此。無疑,將文獻傳承的普遍規律、特點與個案研究緊密結合,以前者統攝後者,以後者闡釋、證明前者,能够使前者得到更爲有效的闡釋與證明,後者的研究也有了新的内涵與旨趣,文獻傳承的歷史也得以更好地建構完成。個案研究注重進一步總結、歸納文獻傳承的規律、特點,也使研究對象的特點、在文獻傳承史上的意義等進一步得到凸顯。

其三,研究實績上,在揭示文獻傳承的規律與特點,展示文獻傳承的過程、方式、方法,構建文獻傳承的歷史的同時,個案研究還全面推進了相關的研究工作。第二章"劉向、歆父子與文獻傳承"的"獨尊儒術,構建帝國需要的文獻體系"一節,指出劉向、劉歆整理圖書、編撰目録的目的是構建與漢帝國相適應的文獻體系,能够從大處着眼,越出於僅僅從圖書整理、目録編撰,包括"辨章學術,考鏡源流"的角度進行研究的做法,即對劉向、歆父子圖書整理與目録編撰研究的推進。第三章"中古時期目録類典籍的體制與傳承"的"輯佚與重構:中古時期書目體制新探——以《晋中經簿》解題問題爲例"一節,針對《晋中經簿》有無解題及其體制等問題,在全面回顧已有研究的基礎上,多種研究方法并用,袪疑辨惑,最終得出《晋中經簿》有解題也就是《晋中經簿》爲解題目録的結論,可視爲對《晋中經簿》研究的深入推進。第四章"《隋書·經籍志》與古代文獻傳承",通過全面的分析與論述,得出了"通過三級類序,《隋志》對以實際藏書爲基礎的學術脉絡,做了詳盡的梳理,并且在内容上有所拓展、新創與超越,對後世書目編纂與學術史書寫,提供了寶貴的資源與經驗"(頁136—137)的結論,推進了《隋志》的研究工作。第五章"'四書'的形成與四書類文獻的勃興",詳細考述了《論語》《孟子》的經典化歷程、儒學演進與"四書"的形成、四書類文獻的勃興與傳承等,推進了"四書"及四書類文獻的研究。第六章"曹溶、朱彝尊、周篔與清初文獻傳承",詳細考述了曹溶、朱彝尊、周篔三位文士於明清易代之際對文獻的收集、編纂及保存所做出的巨大貢獻,推進了曹溶、朱彝尊、周篔的研究工作。第七章"清代前期的文化方略與文獻纂修",計分爲"清初御定經解的經典化與學術取向""清高宗弘曆構建極權帝國文獻體系的歷史背景與制度設計""寓禁於征,寓毀於修:清高宗弘曆纂修《四庫全書》的禁毀策略""《四庫全書》與文獻傳承"四個大的章節,四個大的章節之下又分爲"清初御定經解之編纂""尊奉程朱,經筵日講:清初編纂御定經解之歷史背景""新經典:御定經解之歷史使命""清初御定經解之學術影響""清高宗弘曆其人及其時代""弘曆發動纂修《四庫全書》的歷史背景""弘曆纂修《四庫全書》之制度設計""禁毀策略一:先征後禁,步步誘進""禁毀策略二:突出重點,以點帶面""禁毀策略三:掌控内容,維護綱常""禁毀策略四:纂修新著,建構信史""《四庫全書》是一筆巨大的文獻遺存與豐厚的文化遺產""《四庫全書》構建了清帝國的文獻體系,促進了國家認同""《四庫全書》纂修中的禁毀行爲,造成傳世文獻的巨大浩劫"十四個章節,全景式地展示了清代前期的文化方略與文獻纂修,極大地推進了清前期的文化方略與文獻纂修的研究工作。該章篇幅宏大,論述充分,完全可以獨立成書。第八章"晚清官書局與近代文獻傳承",詳細論述了晚清官書局興起的時代背景,早期官書局的創辦與中興名臣恢復文教、傳承文獻的關係,晚清官書局的廣泛設立及其對傳統文獻的刊印等,推進了晚清官書局的研究等。將相關個案的研究工作全面向前推進,使《傳承》具有了高度的學術性與多方面的價值。

此外,尤須指出的是,研究態度上,包括第一章"中國古代文獻傳承的内在理路"及之後全部的個案研究在内,均一絲不苟,傾心盡力,務求扎實細密而又兼具深度與廣度,這使《傳承》的學術質量得到了高度的保證。

客觀言之,由於中國文獻傳承的歷史極爲悠久,文獻傳承的過程極爲複雜,文獻傳承的主體、方式、方法又具有多樣性等,對文獻傳承問題進行討論,建構文獻傳承的歷史,殊非易事。顯然,《傳承》出色地完成了這一工作,是"文獻文化"理念的成功實踐,具有不可忽略的示範意義。《傳承》表明,以"文獻文化"的理念爲參照,文獻學的研究一定是大有可爲的,也一定能夠大有創獲。

當然,不可避免,就具體的細節而言,《傳承》個別地方也還有着可以商討的餘地。略陳之於下,并就教於宗友教授:

其一,關於《漢書·藝文志》總序的解讀。《漢志》總序:

> 昔仲尼没而微言絶,七十子喪而大義乖。故《春秋》分爲五,《詩》分爲四,《易》有數家之傳。戰國從衡,真偽分争;諸子之言,紛然殽亂。至秦患之,乃燔滅文章,以愚黔首。漢興,改秦之敗,大收篇籍,廣開獻書之路。迄孝武世,書缺簡脱,禮壞樂崩。聖上喟然而稱曰:"朕甚閔焉!"於是建藏書之策,置寫書之官,下及諸子傳說,皆充秘府。至成帝時,以書頗散亡,使謁者陳農求遺書於天下,詔光禄大夫劉向校經傳、諸子、詩賦,步兵校尉任宏校兵書,太史令尹咸校數術,侍醫李柱國校方技。①

《傳承》據總序發論云:"《漢志序》勾勒了向、歆父子校書的遠景、中景與近景,

---

① 〔漢〕班固《漢書》,中華書局,1962年,第1701頁。

并將其歷史文化遠景,直接上溯到孔子及其七十子後學,的確具有恢弘的歷史眼光,也體現了向、歆父子尊崇儒家學説的文化立場。實際上,當歷史邁入春秋時期,周王室走向衰微,不復能約束諸侯;王官之學已經開始分散,諸子因之興起於民間,開創了中國思想史上百家争鳴的黄金時代。孔子在破除巫覡'絶地天通'、壟斷文獻編纂與解釋權,并倡言'仁''禮'、以六經教授弟子等方面,確能得風氣之先,厥功至偉。但不能忽略的是,由孔子大張其幟的儒家只是先秦諸子之一,同稱顯學的還有墨家等;將諸子視爲七十子身後'真僞分争''紛然殽亂'者,不盡符合學術思想發展的實際。因此,周室衰微、官學下流、諸子興起、百家争鳴,纔是向、歆父子校書更爲深遠的文化背景。在此背景下,諸子學説與著作,同六經一起,都是向、歆父子需要面對的文化遺産。""劉向、歆父子校書的中景,是秦始皇'燔滅文章,以愚黔首'政策導致的文獻匱乏。"(頁024—025)顯然,《傳承》將總序所謂的"戰國從衡……紛然殽亂"理解爲是指諸子學術互争真僞(如《韓非子·顯學》中所稱的儒家、墨家的真僞分争)、互相争鳴;將總序所謂的"至秦患之……以愚黔首"理解爲了通常意義上的焚毀書籍——所焚書籍包括各種學術類型。這與其真實含義或不相符合。筆者認爲:"戰國從衡……紛然殽亂",是説戰國時期諸侯崇尚戰争,欺騙詐僞之術大行於世,對先王之道的保存、傳播造成了影響,諸子之學也對先王之道的保存、傳播造成了影響;"至秦患之……以愚黔首",是説秦焚毀經書——"燔滅文章"是指焚毀經書,所焚不包括其他學術類型的書籍——對先王之道造成了嚴重的損失(劉歆《移讓太常博士書》稱"陵夷至於暴秦,燔經書,殺術士,設挾書之法,行是古之罪,道術由是遂滅")。其餘"昔仲尼没而微言絶……《易》有數家之傳",是説經書中所保存的先王之道因"微言絶""大義乖"而導致不同的理解,與孔子當初編訂經書時所保存的先王之道不再一致;"漢興……詔光禄大夫劉向校經傳",所説爲漢興以來對經書進行收集、整理等,目的是探求先王之道;"(劉向校)諸子、詩賦……侍醫李柱國校方技",是説劉向等從國家治理的高度(劉向校經傳探求先王之道的目的正是爲了國家治理)對諸子等學術進行清理、總結與評價①。

其二,關於《隋書·經籍志》總序的解讀。《隋志》總序:

> 夫經籍也者,機神之妙旨,聖哲之能事,所以經天地,緯陰陽,正綱紀,弘道德,顯仁足以利物,藏用足以獨善。學之者將殖焉,不學者將落焉。大業崇之,則成欽明之德,匹夫克念,則有王公之重。其王者之所以樹風聲,流顯號,美教化,移風俗,何莫由夫斯道? 故曰:"其爲人也,温柔敦厚,《詩》教也;疏通知遠,《書》教也;廣博易良,《樂》教也;絜静精微,《易》教也;恭儉莊静,《禮》教也;屬辭比事,《春秋》教也。"遭時制宜,質文迭用,應之以通變,通變之以中庸。中庸則可久,通變則可大,其教有適,其用無

---

① 關於《漢志》總序的意涵,筆者已撰《〈漢書·藝文志〉總序意涵疏理——以劉歆〈移書讓太常博士〉爲證明》一文予以詳細考疏,載《傳統中國研究集刊》第二十七、二十八合輯。

窮,實仁義之陶鈞,道德之橐籥也。其爲用大矣,隨時之義深矣,言無得而稱焉。故曰:"不疾而速,不行而至。"今之所以知古,後之所以知今,其斯之謂也。①

《傳承》根據這段序文論云:"《隋志序》將文獻(原注:'經籍')上升爲'神機之妙旨,聖哲之能事',具有'經天地,緯陰陽,正綱紀,弘道德'的功能,是統治者(原注:'王者')'樹風聲,流顯號,美教化,移風俗'的憑藉。可以説,《隋志序》將文獻的作用提高到無以復加的地步,從而强化了纂修《經籍志》的政治正確性。"(頁118)顯然,《傳承》將"經籍"等同爲了"文獻",也就是認爲"經籍"包含了所有學術類型的書籍,序文"機神之妙旨,聖哲之能事"云云是針對所有學術類型的書籍而言的。這一解讀或失之準確。筆者認爲,這裏的"經籍"只包括經書在內,而不包括其他學術類型的書籍,序文"機神之妙旨,聖哲之能事"云云也只針對經書而言,并不針對經書之外其他學術類型的書籍。理由主要有三:一、僅就這段序文而言,所論明顯只關乎經書,與其他學術類型的書籍并無關係。二、核之《隋志序》,"夫經籍也者……其斯之謂也",總述經書的作用、價值;"是以大道方行……經籍於是興焉",述文字的出現是經書產生的客觀前提;"夫經籍也者……隳紊舊章",表面上是述史籍產生的過程,實際爲述經書之產生,因爲史籍中的魯《春秋》是作爲經書的《春秋經》的"前身",故述史籍之產生即爲述《春秋經》之產生,也就是述經書之產生(因爲之前有"史官既立,經籍於是興焉"之述,且史籍與史官的關係又最爲密切,故這裏只述及史籍之產生);"孔子以大聖之才……咸得其所",述孔子根據經書之"前身"編訂完成經書;"自哲人萎而微言絶……口以傳説"②,述孔子之後先王之道(保存於經書之中)及經書之遭際。三、經書之外,《隋志序》於史部、子部、集部書籍均不展開論述。根據這三點,就可以説,"經籍"只包括經書在內,序文"機神之妙旨,聖哲之能事"云云只針對經書而言,不針對其他學術類型的書籍。退一步説,即便上引序文"夫經籍也者"之"經籍"所指并不止於經書一類,而是包括了全部學術類型的書籍,"機神之妙旨,聖哲之能事"云云也只是針對經書而論的,并不針對經書之外其他學術類型的書籍③。

(作者單位:西安工業大學文學院)

---

① 〔唐〕魏徵等《隋書》,中華書局,1973年,第903頁。
② 〔唐〕魏徵等《隋書》,第903—905頁。
③ 司馬朝軍、黃聿龍二位先生也認爲序文所云之"經籍"指的是經書:"就狹義來看,'經籍'則特指經部典籍。如《隋書·經籍志序》云……從《隋書·經籍志序》的'經籍'來看,皆特指經部典籍,故有'經天地''緯陰陽''正紀綱''弘道德'等語;其他書籍不過經部典籍之輔助,故云'諸子爲經籍之鼓吹,文章乃政化之黼黻'。"詳參司馬朝軍、黃聿龍《論史志目錄的書寫方式及其學術價值——兼評〈二十五史藝文經籍志考補續編〉》,《東方論壇》2017年第2期,第47—48頁。

鄭玄注《易》改字考

王　妮

一　問題的提出

鄭玄(127—200)係漢末大儒,會通今古文而遍注羣經,其治經成就深受後人推重,研究者衆。其《周易注》亡於南北宋之際,宋末學者王應麟(1223—1296)遍徵羣籍,輯成《周易鄭康成注》一種。王氏注意到鄭氏注《易》有改字之例,并認爲"其説近乎鑿,學者盍謹擇焉。厭常喜新,其不爲茨兹者幾希"①。晚年於所撰《困學紀聞》内申論云:

> 鄭康成《詩箋》多改字,其注《易》亦然。如"包蒙",謂"包"當作"彪","文也";《泰》"包荒",謂"荒"讀爲"康","虚也";《大畜》"豶豕之牙",謂"牙"讀爲"互";《大過》"枯楊生荑",謂"枯"音"姑","无姑,山榆";《晋》"錫馬蕃庶",讀爲"藩遮",謂"蕃遮,禽也";《解》"百果草木皆甲宅","皆"讀如"解","解謂坼呼,皮曰甲,根曰宅";《困》"劓刖"當作"倪仉";《萃》"一握爲笑","握"讀爲"夫三爲屋"之"屋";《繫辭》"道濟天下","道"當作"導","言天下之至賾","賾"當爲"動";《説卦》"爲乾卦","乾"當作"幹"。其説多鑿。鄭學今亡傳,《釋文》及《正義》閒見之。②

王應麟此段話引出兩個問題,一個是鄭玄注《易》改字是否存在的問題,另一個是對鄭玄注《易》改字評價的問題。後來學人(尤其是清儒)討論鄭玄注《易》改字存否的問題,大多否認鄭玄注《易》改字,僅有屠繼序、翁元圻在箋注《困學紀聞》時對王氏所舉字例有所質疑③。以下試作簡要回顧。

---

① 〔宋〕王應麟輯《周易鄭康成注》序,元後至元六年(1340)慶元路儒學刻元明遞修本。
② 〔宋〕王應麟撰《元本困學紀聞》卷一,影國家圖書館藏元刻本,國家圖書館出版社,2017年,第17頁。
③ 〔清〕閻百詩、全謝山、程易田、何義門、方楳山校《五家注困學紀聞》卷一,清嘉慶丁卯年(十二年,1807)金閶友益齋刻本。〔宋〕王應麟著,〔清〕翁元圻輯注《困學紀聞注》,孫通海點校,中華書局,2016年,第36頁。

惠棟(1697—1758)和牟庭相(1759—1832)否認鄭玄注《易》改字。惠棟所理解的改字行爲與王應麟所言不同,王應麟所言爲注釋改字,而惠棟却將其歸爲修改經文,認爲王氏所舉字例恰恰説明鄭玄不輕改經文:"凡經字誤者,當仍其舊,作某字讀若某,所以尊經也。漢時惟鄭康成不輕改經文,後儒無及之者。"①牟庭相認爲鄭玄箋《詩》與注《易》都不是改字,而是博取衆家,擇善而從之,之所以未如注《周禮》《儀禮》《論語》等標明各家出處,是因爲其所依據之三家《詩》與諸《易》列在學官,天下習誦,不需要標明出處,"從諸家《易》改費字,非改《易》字也"②。

朱彝尊(1629—1709)承認鄭玄改字,《經義考》"鄭氏(玄)《周易注》"引用《〈周易鄭康成注〉序》,加案語指出鄭氏《易》與王弼本不同者甚多,并舉例説明,其文例則將底本不同與注釋改字混一。翁方綱(1733—1818)《經義考補正》以注釋否認鄭玄改字③。

杭辛齋(1869—1924)認爲輯本所錄字例皆非鄭玄改字之例,并將其分爲四種情况:其一,"《釋文》所載某字鄭作某者,其傳本異也"。其二,"或曰'讀爲',或曰'讀如',皆別音求義,非改字取義也"。其三,"或曰'當作',或曰'當爲',亦別字爲義,非改字從義也"。其四,"'枯楊生荑'爲用別解,'錫馬蕃庶'爲別字,亦非改字比也"。總而論之,杭辛齋認爲"古人傳經,尚賴師説。師説不同,文字遂異。即同一師説,傳寫之間,亦不能無少差別。此古經所以多異文也。鄭氏初習京《易》,後更習費《易》,此其文同而讀異者,或即京、費傳本之差別也"④。杭辛齋的四種情况,有了底本和注釋的區別,與王應麟輯錄過程中對陸德明《經典釋文》所錄鄭玄《周易注》的處理相同,王應麟所説之注釋改字是指杭辛齋的第二、三、四種情况,杭辛齋根據訓詁術語的不同做了區分,顯然受漢讀理論的影響。杭辛齋將別音、別字歸因於師説傳寫所形成的傳本差異,杭辛齋承認師説傳寫產生異文,但不認同其爲改字,認爲師説異文并非改字。

綜上可知,學者們都不否認鄭玄注解中存在易字作訓的現象,分歧之處在於闡釋意義上的易字作訓是否應該算作改字。惠棟、翁方綱認爲只有文獻意義上的改動經文爲改字,牟庭相的"非改《易》字"、杭辛齋的"文同而讀異"等觀點背後似乎有一個固定的《易經》版本存在,所以認爲闡釋意義上的易字作訓并不能影響原文本,采納不同經師讀本的異文并不能算作改字(事實上今所能見者也僅僅是不同經師讀本的後輯本,其背後假定存在的文本無法探求),其觀點表明他們不認同王應麟對鄭玄注《易》改字的評價。總之,諸家都注意到鄭玄注《易》過程中存在易字作訓的現象,王應麟所提的鄭玄注《易》改字行爲確實存在。而要弄清鄭玄注釋改字應該從分析漢讀理論開始。

---

① 〔清〕惠棟《九經古義》卷二《周易下》,清《皇清經解》本。
② 〔清〕牟庭相《雪泥書屋雜志》卷四,清咸豐安吉官署刻本。
③ 〔清〕朱彝尊撰,林慶彰等主編《經義考新校》,上海古籍出版社,2010年,第114—115頁。
④ 杭辛齋著《杭氏易學七種·周易杭氏學下》,九州出版社,2005年,第813—814頁。

二 從漢讀理論認識注釋改字

　　注釋改字一般被認爲是訓詁破字，但是漢讀理論的發展表明漢代的注釋改字不限於訓詁改字，是一種綜合性的經典解讀方式。漢讀是理解漢代經師解讀經典的重要理論，是訓詁學理論的重要組成。所謂漢讀，自宋以後一千年來向指漢代經師詮釋經典所用之術語，其詞義應含括所有漢代經師所用術語，而實際則多指鄭康成《三禮注》所用經注術語，尤以《周禮注》爲典型①。其術語有"讀爲""讀曰""讀當爲""讀如""讀若""讀作""讀爲某某之某""讀與某同""讀某爲某""當爲""當作""或爲""或作"等，這些術語爲後世學人所繼承，逐漸固化爲重要的訓詁用語。

　　賈昌朝(998—1065)在《群經音辨序》言"先儒稱'當作''當爲'者，皆謂字誤，則所不取；其'讀曰''讀爲''讀如'之類，則是借音，固當具載"②，賈氏以"讀"字區分術語，將"讀"字術語作爲辨音依據，以"當作""當爲"謂指明字誤，有改字之嫌。段玉裁(1735—1815)《周禮漢讀考序》進一步區分，分爲三組，"讀如""讀若"一組爲別音，"讀爲""讀曰"一組爲易字，"當爲"一組爲正字誤聲誤。段氏從"音"出發，注意到音義之間的關係，將賈之"借音"分爲別音和易字，"'讀爲''讀曰'者，易其字也，易之以音相近之字，故爲變化之詞"③，則據段氏所言，"讀爲"組與"當爲"組都存在改字行爲。段玉裁的三分界定理論受到清代大多數學者的肯定，并得到民國學者劉師培的認同，進而繼續影響民國訓詁學者，成爲民國以來訓詁論著裏漢讀術語的標準。

　　但是，段玉裁的漢讀理論在實際檢驗中出現許多不合規範的情況，因此，受到了李雲光、洪誠、楊天宇等學者的質疑。李雲光發現"讀如""讀爲""當爲"等段氏所分三組術語運用混雜，漢讀術語"皆所以注音，或因以見義者，其間并無差异"④。洪誠先生留意到段玉裁所定用例是根據多數用法確定的，缺少具體問題具體分析，認爲段玉裁"忘記了《周禮注》的體例是'集注'，這些術語不是使用於一人，不是產生於一時；他沒有按照術語的使用者和這些使用者的時代先後，對這些術語的用法進行分析比較。他對於這個問題的研究，缺乏歷史發展的觀點，缺乏歷史分析的方法，所以得出錯誤的判斷，以致大量武斷改字"⑤。楊天宇對段玉裁所分三組分别考辨，認爲"讀爲""讀曰"運用并無大誤，而對另兩組的考辨則完全證明了漢讀術語運用的複雜性，認爲段玉裁的分

---

① 虞萬里《兩漢經師傳授文本尋踪——由鄭玄〈周禮注〉引起的思考》，《文史》2018年第4期，第21—66頁。
② 〔宋〕賈昌朝《群書音辨序》，《群經音辨》卷首，《四部叢刊續編》本。
③ 〔清〕段玉裁《漢讀考周禮六卷序》，影印經韵樓版，見《段玉裁全書》編委會編《段玉裁全書》第2册，江蘇人民出版社，2015年，第7頁。
④ 李雲光《三禮鄭氏學發凡》，華東師範大學出版社，2012年，第341頁。
⑤ 洪誠《訓詁學》，見洪誠《洪誠文集》，江蘇古籍出版社，2008年，第174—178頁。

組界定理論有强爲界定之嫌,片面而武斷①。

漢讀術語界定在文字、音韵、訓詁範圍内無法解决術語指屬問題,虞萬里嘗試從文本學角度來理解和詮釋漢讀術語,他先從"讀"字的産生及涵義入手,發現"讀"字除表層之意指一般誦讀或諷誦,還有深層之意,此深層之"讀"指爲使用古文書寫的經典文義連貫通順而易以意義相應的文字而讀之。而漢讀就是漢代經師用易字改詞方法釋讀或識讀經典。虞萬里結合《周禮注》中故書、今書的异同,分析鄭玄《周禮注》所存漢代諸經師的文本綫索,得知西漢、東漢之交的經師在故書傳授中未必都是步趨師説、不易一字,推斷西漢初期,直至王莽攝政,乃至東漢初年杜子春、鄭興等傳經,爲讀通而易字改詞,是識讀、解讀經典之一途②。故而可知,在鄭玄注釋之前,漢代經師傳授本就存在改字易詞,鄭玄在注釋過程中大量引用杜子春、鄭興、鄭衆、賈徽、賈逵等漢儒解讀經典内容,將此一解讀方式記録下來,并在經典解讀過程中加以實際運用。所以注釋改字和經文改字一脉相承。

總而言之,雖然不同學者對漢讀的理解不同,但都注意到漢注中存在改易字詞的情况。伴隨着漢讀這一訓詁理論的豐富和發展,漢讀闡釋突破了訓詁範疇,成爲綜合性的經典解讀方式,同時我們對鄭注中"讀爲""讀如""當爲"三組術語的認識更加清晰:鄭玄時期并未對此三組術語作嚴格區分,三組皆有改字釋義的例證,是否改字需要具體文例具體分析。鄭注中的改字,不僅僅是訓詁意義上的改字,還有文本不同的影響。漢讀經師傳本在文本形成過程中本就存在爲讀通經文而易字改詞的行爲,這些改字易詞有可能是訓詁改字,所以有些經師傳本的不同與訓詁釋字相契合,文字的發展也影響不同經師采用不同的字形。鄭玄將這些不同文字以注釋的方式加以記録,并選擇合適的文字來闡明己意。所以鄭玄的注釋改字應是一種綜合的解讀方式。具體到注《易》上,改字是鄭玄解讀《易》經文意的方式,其因由複雜,應具體文例具體分析。

三 鄭玄注《易》改字文例分析

鄭玄《周易注》亡於南北宋之間,僅有輯本流傳。王應麟所輯《周易鄭康成注》中有關經文文字不同的内容主要來自陸德明《經典釋文》,序文中有所提及,但未一一指出。惠棟增補《鄭氏周易》③則對王氏所輯各條之來源予以標明。王應麟對《經典釋文》中所録鄭玄《周易注》的文字做了兩類不同處理:一類"鄭作某""鄭本作某"或"鄭依某",王應麟輯録"鄭作某字"的"某"作爲《周易》經傳内容,這些文字便是鄭玄《周易注》所用經傳底本與其他漢魏易學家所用《周易》底本文字不同的地方。另一類"鄭讀爲某""鄭讀如某""鄭讀如某某

---

① 楊天宇《鄭玄三禮注研究》,天津人民出版社,2007年,第591—723頁。
② 虞萬里《兩漢經師傳授文本尋踪——由鄭玄〈周禮注〉引起的思考》,《文史》2018年第4期,第21—66頁。
③ 〔漢〕鄭玄撰,〔宋〕王應麟輯,〔清〕惠棟增補《鄭氏周易》三卷,影印清乾隆二十一年(1756)刻《雅雨堂叢書》本,《中國易學文獻集成》第4册,國家圖書館出版社,2013年。

之某""鄭當作某""鄭當爲某"等,王應麟將此類作爲鄭注内容,以注釋的形式輯録,即《周易》經傳原文并未修改,而附注釋説明。對比《周易鄭康成注》與《困學紀聞》一書中王應麟所列鄭玄注《易》改字文例可知,王應麟所舉例文出自鄭注内容,含有"讀爲""讀如""當作"術語,但未作區分。

王應麟輯録《周易鄭康成注》之後,明代姚士粦,清代惠棟、孫堂、臧庸、丁杰、張惠言、陳春、孔廣林、袁鈞、黄奭等諸學者又對王輯本進行校勘補正①。今存鄭玄《周易注》輯本中有"讀爲""讀如""當作"等術語的注釋改字文例有24例(其中20例出自王應麟輯本,惠棟注其出處爲陸德明《經典釋文》者,下文省略出處。另有2例出自王輯本,而其出處非《經典釋文》,1例出自丁杰、張惠言本,1例出自惠棟本,均在各文例處標明),另有1例,用"音"字術語,與此相類似,即前引《困學紀聞》所列字例中的《大過》"枯楊生荑",鄭注爲:枯(音姑),謂无姑,山榆。《爾雅·釋木》有"无姑其實夷"。《周禮》卷十《秋官司寇下》"壺涿氏……則以牡橭午貫象齒而沉之",鄭玄注:故書橭爲梓,午爲五。杜子春云:"梓當爲橭,橭讀爲枯。枯,榆木名。書或爲樗。"②則杜子春已將"枯"釋爲榆木,鄭注或有其他來源,非僅爲訓詁破字。

鄭玄的注釋改字文例中有5例,大多數學者將其歸爲訓詁破字,即通假字。如《屯》(《象》)"而不寧",鄭注:讀"而"曰"能",能,猶安也。《蒙》(六五《象》)"順以巽也",鄭注:"巽"當作"遜"。《需》鄭注:"需"讀爲"秀",陽氣秀而不直前者,畏上坎也。《晉》"康侯用錫馬蕃庶,晝日三接",丁杰、張惠言本:《音訓》云:"庶"鄭讀爲"遮"(即呂祖謙《古易音訓》)。《繫辭》"道濟天下",鄭注:"道"當作"導"。這5例目前尚無法找到來自文本影響的證據。另外還有1例即《晉》(初六)"摧如",鄭注:讀如"南山崔崔"之"崔"。因資料太少,無法判斷其依據。其餘18例雖然因爲鄭玄《周易注》已散佚,文本保留不全,無法做出準確判斷,但仍然反映出鄭玄改字依據的複雜性,透露出不同經師解讀文本影響的特點,具體情況如下:

1.《坤》(初六)履霜

"履"讀爲"禮"。

臧庸云:"鄭本經文當作'禮',鄭注之云'禮讀爲履',後人依注改經,又依經改注。"③此條鄭玄所引《周易》經文在《宋本周易》④所載《經典釋文》及王應麟輯本中皆作"履",京房、王弼、孔穎達注本皆作"履"。清劉毓崧有《〈周易〉履霜履讀爲禮解》上、下,專論鄭玄之釋,認爲"履霜"之"履"釋爲"禮",不僅要從《序卦傳》《禮記·祭義》《爾雅·釋言》等"禮""履"互釋中理解"禮""履"二字音近而通假,而且要从鄭玄用"禮"字本義"事神致福"釋"履"的意義選擇上理解,

---

① 許繼起《鄭玄〈周易注〉流變考》,湖北大學碩士學位論文,1999年,第18—34頁。
② 〔漢〕鄭玄注,〔唐〕陸德明音義《周禮》卷十,《四部叢刊初編》影明翻宋岳氏本。
③ 〔漢〕鄭玄撰,〔宋〕王應麟輯,〔清〕丁杰後定,〔清〕張惠言訂正《周易鄭注》卷十二,影印清嘉慶二十四年(1819)刻《湖海樓叢書》本,《中國易學文獻集成》第4册。
④ 〔三國魏〕王弼、〔晉〕韓康伯注,〔唐〕陸德明釋文《宋本周易》,國家圖書館出版社,2017年。

這個意義選擇區別於鄭箋《詩·魏風·葛屨》《小雅·大東》"履霜"釋"履"爲"踐行"義①。而今本《周易》《履》卦在帛書《周易》中作《禮》卦,帛書《周易》《川》卦初六爲:"禮霜,堅冰至。"劉毓崧的解讀提供了注釋改字的闡釋依據,帛書《周易》爲鄭注改字提供了版本依據。

2.《坤》(《文言》)嫌於无陽

"嫌"讀如"群公慊"之"慊"。古書篆作立心,與水相近,讀者失之,故作溓。溓,雜也。陰謂此上六也,陽謂今消息用事乾也。上六爲蛇,得乾氣雜似龍(《釋文》云鄭作"謙")(惠棟稱出自《詩·采薇》正義)。

王應麟輯本《文言》附經,未依鄭玄原本經傳順序。惠棟本以《經典釋文》所引爲訛,并改傳文"嫌"字作"慊",去"无"字,故作"爲其慊於陽也",而所輯鄭注爲:"'慊'讀如'群公溓'之'溓'。古書篆作立心,與水相近,讀者失之,故作慊。溓,雜也。"(《詩·采薇》正義)丁杰張惠言本采用惠棟本文字,同時注意到鄭讀與鄭本的不同,而黃奭本則不同,傳文用"溓"字,鄭注改爲"慊",其依據爲明何楷《古周易訂詁》。林忠軍以"慊""嗛""溓""兼""嫌"通假辯之,其所載鄭注用"溓"字②。"溓""慊"字形相近,易混,鄭玄注曾指出,則漢時經師讀本"溓""慊"應皆有,鄭玄保存其釋義。

3.《蒙》九二包蒙

"包"當作"彪"。彪,文也。

惠棟本、丁杰張惠言本、黃奭本"包"字爲"苞",作"苞當作彪"。"包""彪"音近通假,而孟喜、京房、陸績本"包"作"彪"(見《晁氏易》)③。故鄭注影響并不單一,不同經師解讀形成不同文字的版本影響同樣存在。

4.《泰》九二包荒

"荒"讀爲"康",虛也。

丁杰張惠言本:晁氏《易》云:"鄭讀爲'康',大也。"臧在東云:"《詩·召旻》箋云:'荒,虛也。'《正義》云:'荒,虛。《釋詁》文。'假使當訓'虛',則正可云:'荒,虛也。'何必改讀从'康'?晁氏所見《釋文》北宋本作'大也',爲是。今本誤也。"屠繼序、翁元圻在爲《困學紀聞》作箋注時也對鄭玄此處以"康"注"荒"而釋爲"虛"提出質疑。鄭玄箋《詩》"康""荒"皆釋爲"虛","康""荒"同義通假爲清儒王念孫、王引之、馬瑞辰、孫詒讓等所注釋。晁氏所言"康"釋爲"大",仍然面臨此問題,"荒"亦有釋"大"者,《詩經·大雅·公劉》"度其夕陽,幽居允荒",毛傳:"荒,大也。"曹元弼以意義遠近來判斷"康"字的含義,解釋牽強,其文云:"訓'虛'與'荒蕪'本義近,訓'大'則'忼'字'幠'字,'康'字之假借,鄭轉'荒'爲'康',似晁氏所見《釋文》作'大',爲是。鄭不讀'荒'爲'忼'者,蓋所傳師讀與虞異,義則通也。"④帛書《周易》作"枹妄"。"妄"意爲虛,則鄭注之來源

---

① 〔清〕劉毓崧《通義堂集》卷一,清光緒十六年(1890)思賢講舍刻本。
② 林忠軍《周易鄭氏學闡微》,上海古籍出版社,2005年,第238—239頁。
③ 屈萬里撰,黃沛榮整理《讀易三種》,上海辭書出版社,2017年,第30頁。
④ 曹元弼《周易鄭氏注箋釋》卷二上,民國十五年丙寅(1926)刊本。

或爲其他經師解讀本。

5.《大有》(九四《象》)明辯遰也

讀如"明星皙皙"。

"遰"字,諸本不同,虞翻作"折",陸績作"逝",王廙作"晣",王弼作"晢"。"明星皙皙"出自《詩經·陳風·東門之楊》。鄭玄注引《詩經》之語不僅爲釋音,或許有以之釋義的意味,輯本輯録内容不全,無法判斷。但從諸家所用文字不同,可推知鄭玄此注或爲個人解讀,或采不同經師解讀本,或兩者皆有。

6.《謙》六四撝謙

讀爲"宣"。

現有鄭輯本皆無鄭玄進一步解釋,宋翔鳳認爲"宣"字誤,當爲"宜",其云:"'宣'當作'宜'。'撝'从手爲聲,'爲'字古音同'訛','宜'字从多省聲,古韵與'峩'協,音亦同'訛'。鄭所讀或以形或以聲,'宣'與'撝'形聲俱不近,'宜'與'无不利'之義亦合。義者,宜也,利物足以和義。"①李富孫稱鄭讀爲"宣",當取顯著之義②。曹元弼認爲注讀"撝"爲"宣",蓋以"撝"爲"宣"之聲轉假借字③。李鏡池認爲鄭讀爲"宣",即"揎",義同"撝"④。高亨認爲《釋文》"撝鄭讀爲宣"蓋合於《傳》意,宣,明也,智也⑤。林忠軍認爲"撝""宣"是轉借字⑥。帛書《周易》《嗛》作"訛嗛",楚竹書《周易》《㦗》卦濮茅左隸定爲"𢝺㦗"⑦。此爲通假或鄭玄根據個人理解釋義,現有證據無法判斷。

7.《豫》上六冥豫

"冥"讀爲"鳴"。

現有鄭輯本皆無鄭玄進一步解釋,曹元弼、黄慶萱皆以鄭注爲誤,曹元弼認爲鄭玄以"冥"爲"鳴"之誤是沿用《謙》二上皆言"鳴謙"的文例,但"鳴謙"爲是,"鳴豫"則爲非,并結合《象》來闡釋"鳴豫"之不當,"上體震爲善鳴,鳴豫凶道也,在上而鳴豫,樂極則反,憂必及之,《象》曰何可長也。初鳴豫凶,上不言凶者,初失位,窮志極樂,故戒以凶。上得位,有能正之義,應在三,三當變正,以正應正,不終溺於豫,則無咎"⑧。黄慶萱認爲鄭玄"冥讀爲鳴",與《豫》初六"鳴豫"重複,疑涉《謙》上六"鳴謙"、《豫》初六"鳴豫"諸"鳴"字而誤讀⑨。林忠軍又以《豫》初六"鳴豫"、《謙》上六"鳴謙"證鄭玄讀"冥"爲"鳴"之正確⑩。輯

---

① 〔清〕宋翔鳳《周易考异》卷一,《皇清經解續編》本。
② 〔清〕李富孫撰,吴辛丑整理《易經异文釋》二,中山大學出版社,2020年,第44頁。
③⑧ 曹元弼《周易鄭氏注箋釋》卷二,民國十五年丙寅(1926)刊本。
④ 李鏡池《周易校釋(1970)》,見李鏡池著,李銘建整理《李鏡池周易著作全集》,中華書局,2019年,第889頁。
⑤ 高亨《周易大傳今注》,齊魯書社,1979年,第184頁。
⑥ 林忠軍《周易鄭氏學闡微》,上海古籍出版社,2005年,第263頁。
⑦ 濮茅左《楚竹書〈周易〉研究——兼述先秦兩漢出土與傳世易學文獻資料》,上海古籍出版社,2006年,第97頁。
⑨ 黄慶萱《魏晋南北朝易學考佚》,幼獅文化事業公司,1975年,第506頁。
⑩ 林忠軍《周易鄭氏學闡微》,上海古籍出版社,2005年,第267頁。

本鄭玄的不完整導致學者的不同解讀,同時也無確切證據來判斷是否鄭玄誤讀。另王弼本《周易》作"冥豫",帛書《周易》《餘》卦作"冥餘",楚竹書《周易》《余》卦作"呆余",帛書與楚竹書版字形與"日"相關,都偏向"冥"字,現有證據顯示文本影響較少,鄭玄個人解讀的可能性較大。

8.《大畜》六五豶豕之牙

"牙"讀爲"互"。

現有鄭輯本皆無鄭玄進一步解釋,陸佃《埤雅·釋獸·豕》云:"牙者所以畜豶豕之杙也。今東齊海岱之間以杙繫豕謂之牙,賦曰置牙擺牲是也。"① 何楷《古周易訂詁》引之并稱"童牛豶豕是的對,牛牿豕牙又是的對"。黄奭本引用何楷所言并不認同何氏所解"牙"字,認爲"牙"字爲後人傳寫的誤字,其本字應爲"牙",即互字,黄奭先引《周禮·地官·牛人》"凡祭祀供其牛牲之互"注"互者楅衡之屬",以及《秋官·修閭氏》"掌比國中宿互樣者"注"互謂行馬所以障互禁止人也",認爲二義均是畜豕之杙切證。并舉牙誤牙之例证:"《唐韵正》:《周禮·牛人》"共牛牲之互",徐音牙。'可據《中山詩詁》云:'古稱駔儈,今謂牙,非也。劉道原云:本稱互郎主互市,唐人書互爲牙,牙似牙字,因訛爲牙耳。'"所以黄奭的結論是"古本《易經》當是'豶豕之牙',後人傳寫誤作牙字。'豶豕之牙'與上文'童牛牛(似衍牛字,原文如此)之牿'正是一義,舊解作牙齒之牙,又謂'豕去勢曰豶',誤矣。"② 程千帆《釋"交牙"》也多舉"牙"誤爲"牙"之例證,認爲"牙"應爲"互"③。徐芹庭贊同孫堂從"牙""互"字形相近來説明鄭玄的"牙"讀爲"互"④,暗含鄭玄此處有改牙爲互之意。胡自逢亦持此意,認爲"牙""互"二字形近,經傳每相易,此處鄭玄易"牙"爲"互"⑤。林忠軍有字形之辯,以黄奭和高亨等人以"豶豕之牙"與上句"童牛之牿"對舉,證明此"牙"當作"互",古"牙""互"通⑥。楊向奎認爲"六四童牛之牿"的"牿"應爲"特","六五豶豕之牙"的"牙"應釋爲"牡","豶豕之牙"爲"幼豕中的牙豬",高亨教授補充爲:"牙"即"豭"⑦。帛書《周易》《泰蓄》作"哭豨之牙",楚竹書《周易》《大坙》卦作"芬豕之䦆"⑧。從楚竹書《周易》所載"䦆"判斷則此處字形應爲"牙"。"牙""互"相通無,論是從字形上還是從釋義上皆可解釋,但無法排除不同經師解讀的影響。

9.《習坎》九五衹既平

"衹"當爲"坻",小丘也。

---

① 〔宋〕陸佃《埤雅》卷五《釋獸·豕》,明成化刻嘉靖重修本。
② 〔漢〕鄭玄撰,〔清〕黄奭輯《周易注》,影印民國二十三年(1934)江都朱長圻補刻《黄氏逸書考》本,《中國易學文獻集成》第4册。
③ 程千帆著,鞏本棟編《儉腹抄》,上海文藝出版社,1998年,第19—20頁。
④ 徐芹庭《漢易闡微》,中國書店,2010年,第390—391頁。
⑤ 胡自逢《周易鄭氏學》,嘉新水泥公司文化基金會,1969年,第264頁。
⑥ 林忠軍《周易鄭氏學闡微》,上海古籍出版社,2005年,第289—290頁。
⑦ 楊向奎《釋"童牛之牿""豶豕之牙"》,《文史》第二輯,1963年,第283—286頁。
⑧ 濮茅左《楚竹書〈周易〉研究——兼述先秦兩漢出土與傳世易學文獻資料》,上海古籍出版社,2006年,第123頁。

"衹",京房本作"禔"。王鳴盛《蛾術編》卷十九《説字》有考證,王鳴盛、连鶴壽皆以爲"禔""衹"相假借爲是,而鄭玄改"衹"爲"坻"非,與"氏"不得相假借①。李富孫、林忠軍用"衹"字,故其文爲"衹當爲坻",以"坻"釋"衹"爲假借②。小丘爲"坻"之釋義,則鄭玄注爲改字釋義,其改爲"坻"字的依據并不確定,其文爲"衹"字,則假借可通;其文爲"祇"字,則其改字或來自不同經師的解讀版本,或後人傳寫致誤,因"衹""祇"形近易混,難下定論。

10.《解》(《彖》)百果草木皆甲宅

木實曰果,"皆"讀如人倦之"解",解謂圻呼(呼,火亞反),皮曰甲,根曰宅,宅,居也(惠棟稱出自《文選·蜀都賦》注)。

此句完整作"天地解而雷雨作,雷雨作而百果草木皆甲宅",惠棟本因而改鄭注"皆"爲"解",則爲"解讀如人倦之解",改爲釋前一句"天地解"之"解",但遭到丁杰、張惠言的反對,黄奭本亦不從。徐芹庭采用惠棟觀點,并進一步推論"解謂懈也"③。胡自逢、林忠軍與王輯本同。諸儒對鄭玄所注之字的理解雖有不同,但都注意到其釋義,則鄭玄此注個人解讀的意味明顯。

11.《萃》初六一握

"握"當讀爲"夫三爲屋"之"屋"。

"夫三爲屋"出自《司馬法》,鄭玄引以注釋《周禮·地官·小司徒》。帛書《周易》作"屋",楚竹書《周易》作"斛"。鄭玄進一步的解釋失傳,《經典釋文》載之,後有"蜀才同",即蜀才認同鄭玄解釋。後代學者贊成以"屋"釋"握"者,大多從"夫三爲屋"的意思出發,而非僅僅作爲"握"之讀音。如朱熹《周易本義》訓"握"爲"衆"④,高亨認爲此處"握"借爲"屋",一屋猶云一室,謂一室之人也⑤。廖名春在"一屋之人"基礎上,從《莊子·胠篋》"治邑屋州閭鄉曲者","屋""邑"并列運用上對屋進一步解釋,認爲"屋"當爲一行政區域,故"一握(屋)"相當於整個地方的人⑥。張惠言用禮闡鄭《易》,認爲"萃用大牲天子將有征討,此當言軍賦之法","若號一屋爲笑者,言王將有事征討,簡除戎器,令於夫屋,民皆歡笑,則可以萃衆治亂也"⑦。則鄭玄以"屋"釋"握"有其他經師解讀的依據(帛書本爲"屋"),引用"夫三爲屋"應是加入了鄭玄自己的解讀,即此處"握"之義與"夫三爲屋"之義同。

12.《困》九五劓刖

當爲"倪仉"。

---

① 〔清〕王鳴盛《蛾術編》卷十九《説字五》,見陳文和主編《嘉定王鳴盛全集》第七册,中華書局,2010 年,第 398 頁。
② 林忠軍《周易鄭氏學闡微》,上海古籍出版社,2005 年,第 295 頁。
③ 徐芹庭《漢易闡微》,中國書店,2010 年,第 401 頁。
④ 〔宋〕朱熹《周易本義》,朱傑人、嚴佐之、劉永翔主編《朱子全書》2 版(修訂本),上海古籍出版社、安徽教育出版社,2010 年,第 71 頁。
⑤ 高亨《周易古經今注》,上海書店出版社,第 154 頁。
⑥ 廖名春《從新出簡帛釋〈周易·萃〉卦初六爻辭》,見氏著《〈周易〉經傳與易學史續論:出土簡帛與傳世文獻的互證》,中國財政出版社,2012 年,第 152—153 頁。
⑦ 〔清〕張惠言《周易鄭荀義》卷中《禮象》,清道光元年(1821)合河康氏刻本。

《經典釋文》:"荀、王肅本'劓刖'作'臲卼',云不安貌,陸同。""京作'劓劊'。"黃奭本言出處時稱元吴澄《易纂言》引晁氏曰:"倪仉即臲卼之省。"李心傳《丙子學易編》引晁氏語作"案象數當作臲卼,古文作倪仉"①。惠棟稱:"'劓刖'當爲'倪仉',從鄭讀也。荀、陸、王肅本皆作'臲卼',云不安貌。倪與臲,仉與卼,古今字。故云倪仉不安也。九五人君,不當有劓刖之象,故從鄭讀爲倪仉也……五无據无應,故倪仉不安。"②李富孫認爲"臲卼、倪仉皆音聲相近,即《書》'阢陧'之倒文,與上爻義同"③。宋翔鳳認爲鄭注所云"倪仉"當是"陧阢"之誤④。帛書《周易》作"貳橡"。鄭玄此注保留不全,漢魏《易》各本文字不同,鄭玄此處或爲記録漢代不同經師的解讀,據惠棟之分析,也有可能是鄭玄個人的解讀。

13.《繫辭》言天下之至賾
"賾"當爲"動"。

惠棟本"賾"作"嘖"。王應麟輯本僅爲"言天下之至賾",其餘各本均將"言天下之至賾"帶入第二句,即"言天下之至賾而不可亂也",故而鄭玄本《繫辭》文便爲"言天下之至賾而不可惡也,言天下之至賾而不可亂也",鄭玄之注"賾當爲動"解釋在第二句,即成爲王弼本的"言天下之動而不可亂也"。《經典釋文》稱:"'言天下之至動',衆家本并然,鄭本作'至賾',云'賾當爲動'。九家亦作'冊'。"晁説之曰:"按虞作'動',舊誤作'賾'。"⑤俞樾否定鄭玄改字釋義行爲,認爲此處"古人行文不避繁複例","不可惡,不可亂"專承"天下之至賾"而言,後文的"擬之而後言,議之而後動"纔是覆説"動"字⑥。從闡釋上看,鄭玄此處注釋改字不是訓詁改字,而是根據上下文意所作的判斷,或許有其他經師解讀版本的影響。

14.《繫辭》有功而不置
"置"當作"德"。

《經典釋文》:"鄭、陸、蜀才作'置',鄭云'置當作德'。"則鄭玄、陸績、蜀才所據版本作"置",帛書《周易》作"德",錢大昕《聲類》云"置,德也",即舉此以爲文例⑦。李富孫云:"案古道德字作'悳',與'置'字形似,亦易相亂。盧氏曰'置德古通'。"⑧"置""德"形聲皆相似,又有帛書《周易》的版本爲證,則鄭玄此處改字釋義既可能是訓詁改字,也有可能是根據其他經師解讀版本改字,因所存資料有限無法準確判斷。

---

① 〔宋〕李心傳《丙子學易編》,清《通志堂經解》本。
② 〔清〕惠棟《周易述》卷七,清《皇清經解》本。
③ 〔清〕李富孫撰,吴辛丑整理《易經異文釋》四,第108頁。
④ 〔清〕宋翔鳳《周易考異》卷二,清《皇清經解續編》本。
⑤ 〔元〕董真卿《周易會通》卷十二,清文淵閣《四庫全書》本。
⑥ 李敖主編《古書疑義舉例國故論衡飲冰室合集》,天津古籍出版社,2016年,第23頁。
⑦ 〔清〕錢大昕《聲類》卷一《釋言》,見陳文和主編《嘉定錢大昕全集(增訂本)》第1冊,鳳凰出版社,2016年,第396頁。
⑧ 〔清〕李富孫撰,吴辛丑整理《易經異文釋》五,第141頁。

15.《繫辭》研機

"機"當作"幾"。幾,微也。

"機""幾"通假。皮錫瑞認爲"機""幾"不同是今古經文的不同,今文爲"機",古文爲"幾",其文爲:"今本作'幾',蓋從鄭義,用古文説。漢人從今文,作'機'字。《老子銘》'見機而作',《劉寬碑》《漢書·百官公卿表》《王嘉傳》、班固《典引》注引《書》'萬幾',皆作'萬機'。"①漢碑《廬江太守范式碑》《太傅安樂鄉文恭侯胡公碑》采《繫辭》語皆作"機",此爲皮錫瑞說之例證。"微"爲"幾"字的釋義,則鄭玄改字注釋或如其學《易》經歷據古文《易》改今文《易》。

16.《繫辭》因貳以濟民行

"貳"當爲"式"(弌)。

王應麟輯本作"式",惠棟本、丁杰張惠言本、黃奭本皆以王本爲誤,應爲"弌"。"式"與"弌"字體相近易誤。"弌",《説文解字》釋文爲"古文二"。"貳""弌"同音同義,鄭玄注釋或爲據古文《易》改今文《易》。

17.《説卦》爲乾卦

"乾"當爲"幹",陽在外,能幹正也。

《經典釋文》:"董作幹。"則董遇本爲"幹"。"乾""幹"義有相通之處,董遇是否采用鄭玄注無法判斷,也有可能鄭玄與董遇皆見以"幹"爲字形的另一版本,董遇采用,而鄭玄將其作爲注釋改字之依據。

18. 惠棟本:《説卦》震爲雷,爲龍

"龍"讀爲"尨",取日出時色雜也(《漢上易》)。

"日出時色雜"是"尨"之引申義,則鄭玄此注是以音易字釋義。"龍"與"尨"在鄭玄注釋中多通用,黃奭本有解釋:"《周禮·秋官》'大人用駹可也'注云:故書'駹'作'龍',鄭司農云'龍'讀爲'駹',謂不純色也。《地官·牧人》'用龙可也'注云:故書'龙'作'尨',杜子春云'尨'當作'龙',謂雜色不純。是'龙''駹'義同,古'駹'字多作'龙'。虞、干本經文'龍'改爲'駹',古'龙'字亦通'駹'。《集韵》引《詩·長發》篇'爲下國駿尨',《齊詩》作'駿駹'。又案《周禮·春官·巾車》'龍勒'注:龍,駹也,雜色爲勒。又'駹車'注:故書'駹'作'龍',杜子春云'龍'讀爲'駹'。則'龍'與'駹''尨',古皆通用。"從《周禮》鄭注可以看出,"龍"與"尨"的不同,有古、今版本的不同,也有經師解釋的不同,而此鄭玄《周易注》與《周禮注》相比,信息較少,僅可見鄭玄選擇後的結果,不可知其判斷來源,因鄭玄《周易注》爲輯本,信息不全,故不可妄斷其依據。

通過對鄭玄注釋改字文例的分析,發現現存注釋改字文例依據具有多元化的特點,既有漢代不同經師解讀所形成不同文本的影響,也有破字改字的訓詁闡釋,并且夾雜鄭玄本人對《周易》經傳文的闡釋,是一種綜合性的解讀方式。如"賾"與"動"没有音義上的相通之處,以"動"改"賾"是鄭玄對《繫辭》上

————————
① 〔清〕皮錫瑞《漢碑引經考》卷一《易》,見吳仰湘編《皮錫瑞全集》第 7 册,中華書局,2015 年,第 237 頁。

下文意理解的選擇,或許有其他經師解讀版本的影響,但絕非是訓詁改字。總之,鄭玄《周易注》的注釋中確實存在改字行爲,其改字依據雖然多元,且大多數據現有證據無法確切判斷,但絕非隨意附會。

四　結語

底本不同與注釋改字在王應麟輯録《周易鄭康成注》時已做出區分,王應麟將《經典釋文》所引"鄭作某""鄭本作某"或"鄭依某"的輯録内容作爲底本不同來處理,直接采録到鄭玄《周易注》的經傳文字内,體現爲鄭玄《周易注》所用《易經》底本的版本特徵。而將"鄭讀爲某""鄭讀如某""鄭讀如某某之某""鄭當作某""鄭當爲某"等《經典釋文》輯録内容作爲注釋改字來處理,成爲鄭玄《周易注》的注釋部分。王應麟在輯録注釋文例的基礎上提出了鄭玄注《易》改字的問題。

以往注釋改字大多被認爲是訓詁改字,即訓詁學上的破字、通假字,但是隨着漢讀理論的發展,改字文例的複雜性得到呈現,注釋改字的文本性影響得以揭示,我們發現注釋改字不再限於訓詁改字,不同經師解讀傳本的文本影響和個人闡釋都會在注釋中通過改字體現。通過分析鄭玄《周易注》現存 25 條注釋文例可以看出,鄭玄改字依據雖不固定,但絕非隨意附會,王應麟對鄭玄改字多附會的判斷過於武斷,并不準確。

(作者單位:山東大學儒學高等研究院,山東省圖書館)

歷代《儀禮》刊本經文圈號考

杜以恒

自五代國子監刊刻監本《九經》以來，刊本逐漸代替寫本成爲經書主流物質形態。刊本時代流行的經注本、注疏本經書實際上是由多部著作重組而成，包括經、注、釋文、疏等不同的文本層次。對不同文本層次加以區隔，無疑是經書編刻者必須考慮的問題。兩宋以來的經書刊本，通常以大字刻經文，以雙行小字刻經文以外的內容。雙行小字中若仍含有多個文本層次，則多以圈號（"〇"）進行區隔。如較爲通行的宋元十行本《十三經注疏》中，注文與釋文之間、疏文起訖語與疏文正文之間多有圈號，使同樣以雙行小字形式出現的注文、釋文、疏文仍然可以有效地分層。這種雙行小字中不同文本類型間的圈號屬於經書刊刻中的技術處理，較少涉及對經書內容的理解。

經文以大字刊刻，與注文、釋文、疏文等雙行小字內容存在天然區隔，因此歷代經書刊本中經文大多没有圈號。然而《儀禮》歷代刊本經文內部却廣泛存在圈號①，在十三經中較爲特殊。經筆者調查，現存《儀禮》刊本中經文部分存在圈號的版本多達 11 種，分別是：明正德陳鳳梧刻經注本、明嘉靖陳鳳梧刻注疏本、明嘉靖汪文盛刻注疏本、明嘉靖聞人詮刻注疏本、明嘉靖李元陽刻注疏本、明萬曆北京國子監刻注疏本、明萬曆吳勉學刻白文本、明崇禎毛氏汲古閣刻注疏本、清乾隆武英殿刻注疏本、清道光稽古樓刻經注本、清光緒桂垣書局刻經注本。以上各本經文中圈號數量不盡相同，其中陳鳳梧經注本全經圈號 207 個，陳鳳梧注疏本、汪文盛本、聞人詮本圈號均爲 104 個，李元陽本、北監本、毛本圈號均爲 103 個，吳勉學本圈號 14 個，武英殿本、桂垣書局本圈號 870 個，稽古樓本 13 個。衆多經文圈號遍布《儀禮》各篇，各篇經文圈號的數量及所出位置均有較大差異。

對於歷代《儀禮》刊本中普遍存在的經文圈號，諸本序言跋語及相關史料

---

① 刊本時代之前，武威漢簡本《儀禮》、熹平石經本《儀禮》經文間亦有圈號，其情況較爲複雜。限於篇幅，本文專論刊本，簡本、石本經文圈號請參杜以恒《武威漢簡〈儀禮〉經學價值發覆——從簡本〈儀禮〉的符號談起》，待刊稿。

中并未交待其含義。前人雖有涉及,但亦無系統研究。因此,我們至今還不能確定這些經文圈號究竟是什麽意思,不同版本間的圈號是否存在聯繫,也無從利用這些經文圈號考察不同版本的編校質量、版本價值,更無法理解爲何十三經刊本中《儀禮》是少數存在經文圈號的經書①。筆者對歷代《儀禮》刊本經文圈號進行了全面考察,發現這些圈號的用途不盡相同,多涉及對《儀禮》經文的理解,與經書刊本雙行小字中圈號的使用情況完全不同。通過考察《儀禮》刊本中經文圈號的流變,我們可以從一個全新的視角窺見衆多《儀禮》刊本的源流遞變、編刻質量,進而推動經書刊刻史及經學史研究。下文先介紹前人對《儀禮》刊本經文圈號的認識及其局限,再以版本刊刻時間爲序依次討論諸本經文圈號。

一 前人對《儀禮》刊本經文圈號的認識及其局限

在歷代包含經文圈號的《儀禮》刊本中,明嘉靖李元陽本、明萬曆北監本、明崇禎毛氏汲古閣本是非常通行的版本,因此研治《儀禮》者很容易注意到《儀禮》刊本中經文圈號的問題。清初《儀禮》大家張爾岐就曾提及經文圈號,其《儀禮監本正誤·燕禮》云:"'降奠于篚,易觶洗。''篚''易'二字之間誤用圈隔。"②"降奠于篚,易觶洗"是《燕禮》中一句連貫的經文,北監本於"易觶洗"上加經文圈號,割裂文氣,張爾岐認爲此處北監本不應隔斷,甚是。但張爾岐對於經文圈號的討論僅此一處,尚不全面。

清人金曰追對北監本經文圈號亦有辨正,其《儀禮經注疏正訛·有司徹》云:"'其獻'至'如儐','其薦脀皆如儐'當著一圈,而中分其節,方與前疏標題相應,亦與監刻全經體例相符。"③北監本《儀禮注疏·有司徹》經文"其獻祝與二佐食,其位、其薦脀皆如儐"與"主婦其洗獻于尸,亦如儐"連文而刻,中間無圈號隔斷,而這兩句經文所述内容基本不相關。第一句經文述説主人獻祝及佐食之禮,第二句經文則開始述説主婦亞獻之禮。金曰追敏鋭地認識到兩句經文之間應當加圈分節,纔能與北監本全經體例相符。此條校記説明金曰追已知北監本經文圈號是有一定體例的系統行爲,且這些圈號的作用是根據經義爲經文劃分儀節。

清人盧文弨則對通行注疏本經文圈號進行了較多辨析,如其《儀禮注疏詳校》卷五云:"'賓、主人、大夫若皆與射',此别一節,上當有圈。"④盧文弨認爲"賓、主人、大夫若皆與射"以下所述禮節已與上文不同,當是另一儀節,因此應以圈號隔斷。此條校記説明盧文弨與金曰追一樣,均認識到經文圈號有劃分

---

① 除《儀禮》,十三經中《春秋》三傳、《禮記》的部分版本亦有經文圈號,如宋余仁仲本《公羊傳》《穀梁傳》、日本静嘉堂文庫藏宋纂圖互注本《禮記》、元十行本《春秋》三傳及《禮記》經文部分有圈號。
② 〔清〕張爾岐《儀禮監本正誤》卷六,影印上海圖書館藏清乾隆八年(1743)濟陽高廷樞和衷堂刊《儀禮鄭注句讀》本,廣西師範大學出版社,2021年,第三葉。
③ 〔清〕金曰追《儀禮經注疏正訛》卷十七,《續修四庫全書》影印復旦大學圖書館藏清乾隆五十三年(1788)張式慎刻本,上海古籍出版社,2002年,第十六葉。
④ 〔清〕盧文弨《儀禮注疏詳校》卷五,《續修四庫全書》影印浙江圖書館藏清乾隆六十年(1795)盧氏抱經堂刻本,第十三葉。以下所舉《詳校》條目較多,不再一一贅列卷葉。

儀節的功能。盧文弨以儀節爲依據,勘正通行本經文圈號的條目衆多,如《詳校》卷五"'司射遂適西階西'上當有圈以隔之"、卷五"'卒受者以觶降奠于篚'下當有圈隔"、卷六"'公與客燕'上當補一圈"、卷七"'司射猶挟一个',此句上當有圈隔,今置下'司射與司馬交于階前'之上誤"、卷十七"'衆賓長升,拜受爵'句上不當圈隔"、卷十七"'宰夫洗觶以升'句上當圈隔"、卷十七"'尸作三獻之爵'句上當圈隔"、卷十七"'酌獻侑'句上當圈隔"、卷十七"'祝酌授尸'上當加一圈隔"、卷十七"'尸作止爵'句上當圈隔"。此外,盧文弨《詳校》中還有不少條目專門揭示武英殿本經文圈號與舊本之别,如卷十五"'主婦出反于房',官本圈在此下"、卷十七"'司馬縮奠俎於羊湆',李、楊、敖皆云'湆'字衍,石經有,官不去,而加圈以别之"、卷十七"'受爵',官移圈於此下",可見盧文弨已經意識到殿本經文圈號與通行注疏本有較大差别。總的來説,盧文弨對具體經文圈號辨析最多,所論多切中要害,頗有卓識。

阮元《儀禮注疏校勘記》在金曰追、盧文弨基礎上,又對經文圈號研究做出了新貢獻。首先,阮元指出除了劃分儀節的經文圈號,《儀禮》刊本中還存在一種位於諸篇經文首句下的特殊經文圈號,其作用是突顯一篇經文首句的發首句作用,阮元《校勘記·士冠禮》云:"'士冠禮。筮于廟門。''禮'下今本俱有一圈。案:分段用圈非古也,石經、徐本皆無之,施于此處尤非所宜。蓋'士冠禮'三字乃發首之句,猶言'文王之爲世子也''子贛見師乙而問焉',與《尚書》篇題不同。"①此外,阮元又指出劃分儀節的經文圈號可能與朱熹《儀禮經傳通解》的儀節劃分有關,阮元《校勘記·聘禮》云:"今本'遂入門左'上有一圈,蓋因《通解》分節而誤。"②阮元這兩條校記所云皆是,體現了阮元對經文圈號的理解更進一步。胡培翬《儀禮正義》在相應經文下分别引用以上兩條阮元校記③,足見胡氏亦贊同阮説。

廖明飛先生亦已注意到經文圈號的問題,他以《士冠禮》"爲期"節爲例,認爲"陳鳳梧參考《通解》分節","下標○以爲儀節劃分之提示"④,其認識與清人基本一致。

總而言之,前人對《儀禮》刊本中經文圈號的作用有了基本認識,即這些圈號是用於劃分儀節的,可能與朱熹《通解》分節有淵源關係;除了劃分儀節的經文圈號,還有一種位於諸篇經文首句下的圈號,起到劃分諸篇發首句的作用。前人的這些認識無疑是十分正確的,但尚不全面,有很多問題仍舊難以解釋。如《儀禮》刊本經文圈號雖多與《通解》分節相同,但有不少《通解》分節處刊本并未加圈號;《儀禮》刊本經文圈號中,還有一些圈號明顯不是劃分儀節或

---

① 〔清〕阮元《儀禮注疏校勘記》卷一,《江蘇文庫·文獻編》影印華東師範大學圖書館藏文選樓刻本,第三葉。
② 〔清〕阮元《儀禮注疏校勘記》卷十,第八葉。
③ 〔清〕胡培翬《儀禮正義》卷一,《續修四庫全書》影印南京圖書館藏清木犀香館刻本,第四葉;〔清〕胡培翬《儀禮正義》卷二十,第二十七葉。
④ 廖明飛《〈儀禮〉注疏合刻考》,《文史》2014 年第 1 輯,第 190、191 頁。

劃分發首句的,其用途尚不明朗。此外,前人研究大多針對一個或幾個《儀禮》刊本,對於歷史上諸本經文圈號間的聯繫缺乏考察,這種不成體系的研究自然會帶來諸多疏漏。如對北監本經文圈號的諸多批評,實際上是不成立的,因爲北監本的全部圈號都是淵源有自的,其圈號之是非與北監本編刻者無關。總之,我們尚未解決有關《儀禮》刊本經文圈號的疑難問題,也未能理清經文圈號的源流正變及其背後的版本問題、學術問題,歷代《儀禮》刊本經文圈號的全面研究仍有開展的必要。

二　明正德陳鳳梧經注本經文圈號考

陳鳳梧經注本於明正德十六年(1521)刊成於開封府,由陳鳳梧親自抄校編定,包括經文、注文、釋文,是現存《儀禮》經注本中刊刻時間最早的版本。陳鳳梧經注本傳本不多,其中國家圖書館藏本(善本書號 09730)已於官網公布書影,較易獲觀,本文所論即以國圖本爲據。

陳鳳梧經注本是目前可知最早的經文中含有圈號的《儀禮》刊本,對後世諸本經文圈號產生了深遠影響,是《儀禮》刊本經文圈號研究的重點。陳鳳梧經注本共有圈號 207 個,各篇經文中均有分布。這 207 個經文圈號的用意并不相同,可分爲篇題性經文劃分圈號、儀節劃分圈號、經傳記劃分圈號三類,茲分説如下。

(一) 篇題性經文劃分圈號

據廖明飛先生研究,陳鳳梧經注本是自朱熹《儀禮經傳通解》抽編經、注、釋文而成①,但廖先生并未明確説明陳鳳梧所據《通解》的具體版本。筆者在校勘《儀禮》時,曾發現陳鳳梧經注本《儀禮·大射儀》篇存在連續注文脱文,其脱文始於"卿後大夫",終於"席自房來",脱文範圍恰好與宋南康道院本《儀禮經傳通解》卷二十一《大射之儀》第二十七葉所含《儀禮》鄭注完全重合,這説明陳鳳梧編刻經注本所用的《通解》就是宋南康道院本,只不過陳鳳梧所據宋本恰好缺一葉,導致該葉所涉注文在陳鳳梧經注本中全部缺失②。

探究陳鳳梧經注本中的經文圈號,自然要從其底本宋本《通解》入手。《儀禮經傳通解》分正編、續編,其中正編涉及吉禮、賓禮、嘉禮,包括《儀禮》十七篇中的前十篇,由朱熹親自編定。續編涉及喪禮、祭禮,包括《儀禮》十七篇中的後七篇,由朱熹高足黃榦續成,其中祭禮部分最終由楊復編定。今檢北京大學出版社 2012 年影印宋南康道院本《儀禮經傳通解正續編》,發現宋本《通解》中《儀禮》經文亦有圈號,共 10 個,均位於《通解》正編所含《儀禮》前十篇經文首句之下,如《士冠禮》前兩句經文"士冠禮○筮于庿門"。《儀禮》最遲於戰國中

---

① 廖明飛《〈儀禮〉注疏合刻考》,第 190—193 頁。
② 《儀禮·大射儀》大段注疏脱文情況,可參杜以恒《明清陳鳳梧系統〈儀禮注疏〉考論》,南京師範大學《古文獻研究》第九輯待刊稿。

晚期編定成書①，最初以單篇形式流傳，因此如"士冠禮"之類的諸篇經文首句往往兼有篇題的作用。阮元已對經文首句下圈號的特殊作用有初步認識，但認爲以圈號隔斷經文首句是因爲經文首句具有發首作用，則不夠準確。沈文倬先生明確指出《儀禮》諸篇"首句指明某禮，既是其篇正文，又具題名性質"，并從四個方面展開論證，完密可信②。《通解》正編所含《儀禮》前十篇經文首句與其餘經文間加圈號，是對經文首句篇題效果的一種體現，是一種創新。

《通解》續編喪禮部分雖無經文圈號，但以更直接的形式突顯各篇經文首句的篇題作用。續編喪禮部分内含《喪服》《士喪禮》《既夕禮》《士虞禮》四篇，其中《喪服》《士喪禮》《士虞禮》首句經文"喪服""士喪禮""士虞禮"之下另起一行，題"右篇目"，直接説明了首句經文的篇題作用。這一處理使篇題文字更爲明晰，是黄榦在正編經文圈號基礎上的改進。《既夕禮》是《士喪禮》之下篇，其經文首句"既夕哭"嚴格來説只是《士喪禮》篇中的一句，并非篇題，因此"既夕哭"之下没有特殊標識。

《通解》續編祭禮部分亦無經文圈號，但其經文首句的處理與續編喪禮部分不同。續編祭禮内含《特牲饋食禮》《少牢饋食禮》《有司徹》三篇，其中《有司徹》是《少牢饋食禮》下篇，經文首句無任何特殊標識實屬正常。但《特牲饋食禮》《少牢饋食禮》兩篇經文首句"特牲饋食之禮""少牢饋食之禮"下并未如喪禮之例提行另起標"右篇目"。出現這一差異的原因，有可能是楊復在編定續編祭禮部分時對經文首句的篇題作用有不同看法，也有可能是楊復編定時的疏漏。

陳鳳梧經注本《儀禮》十七篇中，十四篇經文首句下有圈號，《既夕禮》《少牢饋食禮》《有司徹》三篇經文首句下無圈號。陳鳳梧經注本前十篇經文首句圈號當是直接取自《通解》正編，《喪服》《士喪禮》《士虞禮》三篇經文首句圈號則是自《通解》續編喪禮"右篇目"轉化而來。《通解》續編祭禮部分《特牲饋食禮》經文首句本無特殊標識，陳鳳梧經注本該篇首句圈號當是據之前諸篇體例新增。没有經文首句圈號的三篇中，《既夕禮》《有司徹》分别是《士喪禮》《少牢饋食禮》的下篇，本非獨立篇目，其經文首句原本即没有篇題屬性，因此《通解》續編、陳鳳梧經注本未加任何特殊標志。但《少牢饋食禮》與《特牲饋食禮》的性質相近，其經文首句句式完全相同（"特牲饋食之禮""少牢饋食之禮"），《特牲饋食禮》經文首句新增圈號而《少牢饋食禮》經文首句不加圈號，無疑是陳鳳梧經注本的疏失。然就整體而論，陳鳳梧較爲準確地理解了朱熹、黄榦對諸篇經文首句的理解，并在繼承朱熹《通解》正編經文圈號之餘，參照正編體例對喪禮、祭禮諸篇亦加經文圈號，使得諸篇經文首句處理體例一致，值得稱道。

---

① 關於《儀禮》編定成書的時間，當代學者主要有春秋末期説、戰國中晚期説、秦漢之際説，筆者認爲沈文倬、錢玄、楊寬、王鍔等先生所持戰國中晚期説較爲可信，詳參王鍔《〈儀禮〉的書名、作者及其成書年代》，《國學茶座》第 11 期，山東人民出版社，2016 年，第 41—49 頁。

② 沈文倬《〈禮〉漢簡異文釋》，見氏著《宗周禮樂文明考論》，浙江大學出版社，1999 年，第 247 頁。

(二) 儀節劃分圈號

陳鳳梧經注本共有經文圈號207個，除14個諸篇經文首句圈號，尚有圈號193個。193個圈號中，《士昏禮》中的1個圈號及《喪服》篇88個圈號屬於經傳記劃分圈號，情況較爲特殊，留待下文專門討論。其餘104個經文圈號均是對《儀禮》儀節的劃分符號，兹集中討論。

上文論及金曰追、盧文弨、阮元、廖明飛已經明確意識到《儀禮》刊本中經文圈號與儀節劃分有關，而阮元、廖明飛更進一步指出這些儀節劃分來自朱熹《通解》。陳鳳梧經注本中的圈號確實多與《通解》分節相關，但并非《通解》所有分節處陳鳳梧經注本均加圈號。如朱熹《通解》將《燕禮》劃分爲28個儀節，陳鳳梧經注本《燕禮》篇除一個經文首句圈號，只有5個儀節劃分圈號。更有甚者，《通解》《鄉飲酒禮》篇劃分儀節23個，陳鳳梧經注本《鄉飲酒禮》篇却僅有1個經文首句圈號，没有任何儀節劃分圈號。可見陳鳳梧經注本儀節劃分圈號與《通解》分節間存在較大差異。要想理清這種差異出現的原因，還要從《通解》分節及陳鳳梧經注本自《通解》抽編經、注、釋文談起。

《通解》的一大優長，在於劃分儀節。其劃分儀節的體現方式是"分段標目"，即在一節經文結束時另起一行標題儀節名稱，再新起一段，開始下一儀節①。陳鳳梧對朱熹之學推崇備至②，更以《通解》爲經注本底本，對於《通解》分節之優長，陳鳳梧當有深刻理解。然而陳鳳梧經注本自《通解》中抽取經、注、釋文，諸篇連文編刻，不再分段標目，這就導致有些《通解》中不屬同一儀節的經文黏連在一起。如《士冠禮》"夙興"之上爲"爲期"節，之下則是"陳器服"節，若不加隔斷，則兩節經文就會黏連不分，完全失去朱子分節之意，因此陳鳳梧經注本就在"夙興"之上加圈號隔斷，以示此處是兩個儀節分界之處（見圖1）。至於在《通解》中分節而在陳鳳梧經注本中并無圈號隔斷的儀節，則是由於陳鳳梧抽編經注本之後，有些儀節經文間有雙行注文區隔，并不直接黏連，如《士冠禮》第一節"筮日"與第二節"戒賓"之間，"筮日"節最後一句經文"宗人告事畢"下有注文"宗人，有司主禮者也"八字，這八個雙行小字將"宗人告事畢"與"戒賓"節首句經文"主人戒賓，賓禮辭許"區隔開來（見圖2）。對於這種情

圖1　陳本"夙興"上圈號

圖2　陳本注文自然區隔"筮日""戒賓"二節

---

① 朱熹《儀禮經傳通解》分節情況，可參杜以恒《朱熹〈儀禮經傳通解〉分節探析》，《孔子研究》2020年第5期，第47—56頁。

② 詳參陳鳳梧經注本前自序《重刻〈儀禮〉序》及臺北"國家圖書館"藏明嘉靖六年（1527）陳鳳梧刻白文本《六經》前自序《重刻〈六經〉序》。

況,陳鳳梧經注本一概不加圈號。也就是説,陳鳳梧經注本中的儀節圈號總是位於經文内部,至於被雙行注文自然區隔的儀節,則不再加圈號。陳鳳梧經注本的這一編纂原則,是其用於儀節劃分的經文圈號大大少於《通解》所分儀節數量的主要原因。

陳鳳梧經注本對《儀禮》儀節的劃分多取自《通解》,因此其經文儀節圈號大多位於《通解》劃分儀節之處,但陳鳳梧儀節圈號并非完全比照《通解》施加。今檢陳鳳梧經注本104個儀節圈號,發現其中64個經文圈號位於《通解》分節處,可以基本確定承襲自《通解》,但亦有40個圈號位置不在《通解》分節處。陳鳳梧之前對《儀禮》進行系統分節的有朱熹《通解》、楊復《儀禮圖》、敖繼公《儀禮集説》三家,且據廖明飛先生研究,陳鳳梧經注本編刻曾參考《儀禮圖》與《儀禮集説》,則這40個儀節圈號有可能是陳鳳梧據楊復、敖繼公分節所作改動。筆者取40個儀節圈號與楊復、敖繼公分節進行比較,發現其中2個圈號與楊復分節獨同①,6個圈號與敖繼公分節獨同②,5個圈號與楊復、敖繼公相同而與朱熹不同③。其餘27個圈號則與朱熹、楊復、敖繼公分節均不同,當是陳鳳梧新作的儀節劃分。

陳鳳梧經注本新增的27個儀節圈號中,16個位於經文部分,11個位於記文部分。其中經文部分新增16個儀節圈號中8個圈號不合禮義。如《士冠禮》經文"若孤子,則父兄戒、宿"至"若殺,則舉鼎陳于門外,直東塾,北面",講述在被加冠者父親去世的情况下冠禮如何進行,朱熹《通解》、楊復《儀禮圖》、敖繼公《儀禮集説》、張爾岐《儀禮鄭注句讀》、姚際恒《儀禮通論》、江永《禮書綱目》、姜兆錫《儀禮經傳内編》、王文清《儀禮分節句讀》、蔡德晋《禮經本義》、盛世佐《儀禮集編》、王士讓《儀禮紃解》、《欽定儀禮義疏》、吴廷華《儀禮章句》、秦蕙田《五禮通考》、胡培翬《儀禮正義》等包含系統《儀禮》分節的《儀禮》經解,均將該段劃分爲一個儀節④,命名爲"孤子冠"或"孤子冠法""孤子"⑤,唯有陳鳳梧經注本在該儀節末句"若殺,則舉鼎陳于門外,直東塾,北面"前加儀節圈號隔斷。"若殺"句述説在孤子冠的情况下,如何舉行殺牲之禮,若以該句作爲新儀節之始,則"若殺"句與前文所述孤子冠禮割裂,有違禮義。又如《鄉射禮》經文"反升,就席",述説主人在完成樂賓儀節之後轉身升堂,回到堂上固定席位

---

① 與楊復分節獨同的經文圈號位於《鄉射禮》"司馬適堂西,不决、遂,袒,執弓"、《既夕禮》"遂適殯宫,皆如啓位,拾踊三"之上。

② 與敖繼公分節獨同的經文圈號位於《特牲饋食禮》"主人降,洗,酌,致爵于主婦"及《有司徹》"酌,獻侑。侑拜受,三獻北面答拜""尸作止爵,祭酒,卒爵""獻祝及二佐食""洗,致爵于主人""卒,乃羞于賓、兄弟、内賓及私人辯"之上。

③ 與楊復、敖繼公分節均同而與朱熹不同的經文圈號位於《聘禮》"士介四人,皆饩大牢"及《有司徹》"酌,獻侑。侑拜受爵""酌以致于主人""乃羞。宰夫羞房中之羞于尸、侑、主人、主婦,皆右之""主婦我洗獻于尸,亦如償"之上。

④ 所舉十五家經解是歷史上較有代表性的對《儀禮》進行通篇分節的經解。十五家之外,唐賈公彦《儀禮疏》、明郝敬《儀禮節解》亦有通篇分節,然精細度不如所列十五家,爲免徒增疑竇,兹不贅述。

⑤ 十五家經解中十三家此節名爲"孤子冠",張爾岐《句讀》此節名爲"孤子冠法",姜兆錫《内編》此節名爲"孤子",其義略同。

安坐。歷代《儀禮》經解均將此句歸於"樂賓"儀節之末①,唯陳鳳梧經注本在此句前加儀節圈號隔斷,殊謬。《燕禮》"易觶洗"、《大射儀》"若賓、諸公、卿、大夫不勝,則不降"、《聘禮》"歸,介復命,柩止于門外"、《既夕禮》"贈者將命"、《少牢饋食禮》"主婦獻下佐食亦如之"、《有司徹》"酌以醋,戶內北面拜"前圈號與此二例情況類似,此不贅述。

  陳鳳梧經注本新增16個經文儀節圈號中,8個可取。如《士喪禮》"朔月,奠用特豚、魚、腊,陳三鼎如初"至"其設于外,如於室",論述朔月奠及薦新之禮,歷代《儀禮》經解多將其視作一個儀節,唯清人姜兆錫《儀禮經傳內編》將"月半不殷奠"以上分爲"朔月奠"節,以下分爲"薦新"節,更爲細密。然這一劃分并非姜兆錫首創,陳鳳梧經注本已在"月半不殷奠"前加儀節圈號隔斷,首次對"朔月奠""薦新"兩個儀節進行了明確切分。又如《特牲饋食禮》"筵祝,南面"至"升,入復位",論述主人獻祝、獻佐食之禮,歷代《儀禮》經解多將其視作一個儀節,唯清人張爾岐《儀禮鄭注句讀》將"酌,獻佐食"以上分爲"主人獻祝"節,以下分爲"主人獻佐食"節,更爲細密。然張爾岐此處分節亦非首創,陳鳳梧經注本已在"酌,獻佐食"前加儀節圈號隔斷,首次實現了對主人獻祝、獻佐食兩個儀節的明確切分。此外,《少牢饋食禮》"易爵,洗,酌,授尸"前圈號首次實現了"主婦獻尸""尸酢主婦"兩個儀節的切分,《有司徹》"衆賓長升,拜受爵,主人答拜"前圈號首次實現了主人"獻長賓""獻衆賓"兩個儀節的切分,《有司徹》"主人以酬侑于西楹西"及"乃升長賓"前圈號首次實現了"尸酬主人""主人酬侑""侑酬長賓"三個儀節的切分,《有司徹》"酌,致爵于主婦"及"易爵于篚,洗,酌"前圈號首次實現了主人"賓致爵主人""賓致爵主婦""賓自酢"三個儀節的切分,亦是分節細密準確之處,此不詳述。

  陳鳳梧之前朱熹、楊復、敖繼公對《儀禮》記文均不分節,陳鳳梧經注本中則出現了11個劃分記文儀節的圈號,其中《士昏禮》3個、《鄉射禮》1個、《士虞禮》2個、《特牲饋食禮》5個。然而陳鳳梧經注本對記文儀節的劃分尚顯粗疏,以記文儀節圈號最密集的《特牲饋食禮》爲例,有些應當施加儀節圈號之處陳鳳梧未能正確施加,如記文"宗人、獻與旅齒於衆賓。佐食,於旅齒於兄弟"記述宗人及佐食獻、旅之次序,此下記文"尊兩壺于房中西墉下,南上"則記述設內尊之事,二者所述不是一個儀節。陳鳳梧經注本中二句黏連,依陳鳳梧經注本記文儀節劃分體例,當在"尊兩壺于房中西墉下"上加儀節圈號區隔,但此處陳鳳梧經注本并無圈號隔斷;有些不必要施加圈號之處,陳鳳梧反而施加,如"阼俎""主婦俎""賓,骼"前3個圈號區隔出的四個儀節,屬於雜記諸俎牲體名數的內容,視作一節即可,再加細分反而容易導致歧義。

  簡言之,陳鳳梧經注本經文儀節圈號總體取自朱熹、黃榦《儀禮經傳通解》正續編,偶有參酌楊復《儀禮圖》、敖繼公《儀禮集說》處,在此基礎上陳鳳梧對經文、記文儀節的劃分進行了創新。對經文的創新是非參半,然其非者皆是有

---

① "歷代《儀禮》經解"代指上文所列十五家,此不贅舉,下同。

違經義,絶不可取;其是者則均屬分節細密,改進有限。而對記文儀節的劃分雖有填補前人空白之功,可惜較爲粗疏,難以信從。

(三)經傳記劃分圈號

《儀禮》經文有廣義、狹義之分。廣義的經文包括經、記、傳,是相對於注文、釋文、疏文的概念。而狹義的經文,就不包括記、傳。陳鳳梧經注本中經文與記文、經文與傳文間有時并無雙行注文區隔,爲避免不同文本層次的經文直接黏連,陳鳳梧經注本會在其間施加圈號,加以區隔。此外,《喪服》篇專述喪葬制度,是《儀禮》中僅有的不述説禮儀程序的篇目。陳鳳梧經注本《喪服》篇經文間有時亦施加圈號,其用意在區分《喪服》經文内部文本層次。我們將以上用於區分《儀禮》經傳記文本層次及區分《喪服》經文内部文本層次的經文圈號稱作"經傳記劃分圈號"。該類圈號在陳鳳梧經注本中共有89個,其中1個位於《士昏禮》,88個位於《喪服》篇。

《儀禮》十七篇中《士相見禮》《大射儀》《士喪禮》《少牢饋食禮》《有司徹》五篇無記文,其餘十二篇均有記文。兼有經、記的篇目,記文首句之前有一"記"字,以與經文區隔。陳鳳梧經注本中大多數篇目的經文與記文間都有雙行小字注文隔斷,唯有《士昏禮》篇記文之上經文恰好無注文、釋文,陳鳳梧經注本便施加圈號隔斷,以劃分經文、記文層次(兩種情況對比可參圖3)。

《喪服》篇是《儀禮》中唯一含有傳文的篇目,傳文分附所釋經文之下,其基本結構是"經+傳曰+經+傳曰……"。陳鳳梧經注本中有些經文與傳文間并無雙行注文自然隔斷,若不加圈號則會導致經、傳黏連,如《喪服》:"父。傳曰:爲父何以斬衰也?父至尊也。諸侯爲天子。傳曰:天子至尊也。君。傳曰:君至尊也。"此段《喪服》經文中"父""諸侯爲天子""君"是經文,其餘皆是傳文,但這三句經文、三句傳文之間并無任何注文自然隔斷,陳鳳梧經注本便於經、傳文間頻繁施加圈號,實現了不同文本層次的有序展現(可參圖4)。《喪服》篇88個經傳記劃分圈號中,此類劃分經、傳的圈號有69個。

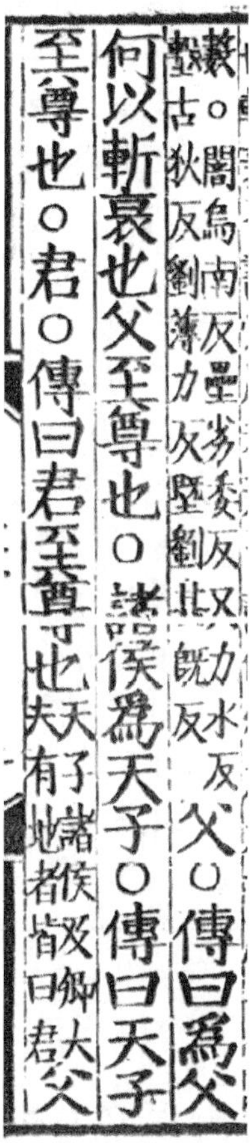

《喪服》篇88個經傳記劃分圈號中,有19個位於《喪服》篇經文内部,以劃分經文内部文本層次。這些經文内部圈號多有不當之處,如陳鳳梧經注本《喪服》"叔父之下殤○適孫之下殤○昆弟之下殤○大夫庶子爲適昆弟之下殤○爲

圖3 陳本《鄉射禮》《士昏禮》記文前圈號有無對照

圖4 陳本《喪服》經傳間圈號隔斷例

姑、姊妹、女子子之下殤○爲人後者爲其昆弟、從父昆弟之長殤○傳曰：問者曰：中殤何以不見也？大功之殤，中從上，小功之殤，中從下"，其中"傳曰"前圈號屬於區隔經、傳文圈號，其餘5個圈號是經文間圈號，將此段經文劃分爲六節。然而此句中的傳文是對上述經文中未出現中殤的原因進行統一解釋，陳鳳梧經注本施加經文間圈號容易讓讀者誤以爲此處傳文只是針對"爲人後者爲其昆弟、從父昆弟之長殤"而發，頗傷經傳配合之義。與此類似的經文間圈號，還有"君爲姑、姊妹、女子子嫁於國君者""夫之諸祖父母，報""昆弟之孫之長殤""爲夫之從父昆弟之妻"前圈號。然而有些施加經文内部圈號的經文段落下并無傳文，不會造成傳文指向的歧義，如述説總麻三月適用人群時云"族曾祖父母○族祖父母○族父母○族昆弟"，此下并無傳文，陳鳳梧經注本在不同親緣關係之間施加圈號不會造成誤解，還有利於劃分經文層次，方便理解。與此類似的經文間圈號，還有"爲侄、庶孫丈夫婦人之長殤""大夫、公之昆弟""從祖父、從祖昆弟之長殤""夫之叔父之中殤、下殤""庶子爲父後者爲其母""宗子孤爲殤""凡衰，外削幅"前圈號。陳鳳梧經注本《喪服》19個經文内部圈號中，9個不當，10個可取，是非參半。不過，所謂圈號影響經傳配合的不當之處，只是技術層面的疏漏，并非陳鳳梧不明傳文所指，讀者亦可據經義了解陳鳳梧圈號之用心。

總之，陳鳳梧經注本中的經文圈號作用皆是劃分文本層次，依照劃分層級高低可分爲篇題性經文劃分圈號、經傳記劃分圈號、儀節劃分圈號三類（詳情可參表1）。其中前兩類圈號施加失誤較少、效果良好，體現出陳鳳梧編刻之用心。然而在對經文理解要求較高的儀節劃分圈號上，陳鳳梧却不甘心全從朱熹《通解》分節，而是多有創造；其創造之處多不可取，這又體現出陳鳳梧禮學水平有限、改動較爲武斷的局限。且從體例上看，無論是哪個層級的文本劃分，陳鳳梧經注本只是對經文黏連之處施加圈號，而對被雙行注文自然區隔的文本層次則不加圈號，這大大損害了陳鳳梧經注本以經文圈號劃分文本層次的體系性。這種體例上的混亂，本質是在《通解》分段標目式及古本經注連文式這兩種截然不同的文本結構中强行取得平衡。這非但不能完整、清晰地體現《通解》分節之精良，反而會使讀者疑竇叢生。可以説，陳鳳梧經注本對經文圈號的使用缺乏審慎考量，從總體上看是弊大於利的。而陳鳳梧這種《通解》與古本的折中思想，貫穿其校刊《儀禮》活動終始，使陳鳳梧編刻的多種《儀禮》刊本均或多或少地存在文本風格雜糅的情況。

表1　陳鳳梧經注本各篇經文各類圈號數量統計表

篇次	篇目	經文首句篇題圈號	儀節劃分圈號			經傳記劃分圈號			總計
			源出《通解》	源出楊復、敖繼公	陳鳳梧新增儀節	經記圈號	經傳圈號	經文間圈號	
一	士冠禮	1	3	×	1	×	×	×	5
二	士昏禮	1	×	×	3	1	×	×	5

續表

篇次	篇目	經文首句篇題圈號	儀節劃分圈號			經傳記劃分圈號			總計
			源出《通解》	源出楊復、敖繼公	陳鳳梧新增儀節	經記圈號	經傳圈號	經文間圈號	
三	士相見禮	1	2	×	×	×	×	×	3
四	鄉飲酒禮	1	×	×	×	×	×	×	1
五	鄉射禮	1	12	1	2	×	×	×	16
六	燕禮	1	4	×	1	×	×	×	6
七	大射儀	1	13	×	1	×	×	×	15
八	聘禮	1	6	1	1	×	×	×	9
九	公食大夫禮	1	1	×	×	×	×	×	2
十	覲禮	1	×	×	×	×	×	×	1
十一	喪服	1	×	×	×	×	69	19	89
十二	士喪禮	1	4	×	1	×	×	×	6
十三	既夕禮	×	3	1	1	×	×	×	5
十四	士虞禮	1	2	×	2	×	×	×	5
十五	特牲饋食禮	1	5	1	6	×	×	×	13
十六	少牢饋食禮	×	×	×	2	×	×	×	2
十七	有司徹	×	9	9	6	×	×	×	24
	總計	14	64	13	27	1	69	19	207

三　明嘉靖陳鳳梧注疏本及其明代衍生本經文圈號考

(一) 明嘉靖陳鳳梧注疏本之經文圈號

明嘉靖元年(1522)或二年,陳鳳梧以其經注本爲基礎,附入單疏本疏文,首次完成了《儀禮》的注疏合刻①。陳鳳梧注疏本在繼承經注本經文、注文、釋文的同時,也將經注本的經文圈號一并繼承下來;但陳鳳梧注疏本的經文圈號與經注本的經文圈號已有較大不同,最明顯的就是圈號數量的大幅下降。陳鳳梧經注本共有經文圈號207個,而陳鳳梧注疏本經文圈號僅有104個,數量幾乎减半。而圈號數量大幅减少的直接原因,就是疏文以雙行小字的形式附入經文。因陳鳳梧經注本的經文圈號,無論其作用如何,只在經文黏連時纔使用,而陳鳳梧注疏本將疏文附入經、注文之下後,有不少在陳鳳梧經注本中原

---

① 陳鳳梧注疏本編刻時間取李開升先生説,見李開升《〈儀禮注疏〉陳鳳梧本、汪文盛本補考》,《文史》2015年第2輯,第277、278頁;陳鳳梧注疏本底本及其編校過程取廖明飛先生説,見廖明飛《〈儀禮〉注疏合刻考》,《文史》2014年第1輯,第195—202頁。

本黏連的經文,被雙行小字疏文區隔開來,於是,陳鳳梧注疏本即仿照經注本圈號之例,不再施加經文圈號。如《士冠禮》"擯者告期于賓之家"是"爲期"儀節末句,其後"夙興"句是"冠日陳設"儀節之首句,兩句在陳鳳梧經注本中無注文區隔,於是在其間加儀節劃分圈號區隔。但在陳鳳梧注疏本中,兩句經文被新附入的"擯者告期于賓之家"句疏文自然區隔,此處便無須再加儀節劃分圈號(可參圖5)。此類因加入疏文産生自然區隔而删省經文圈號的情況,在陳鳳梧注疏本中共有91處。

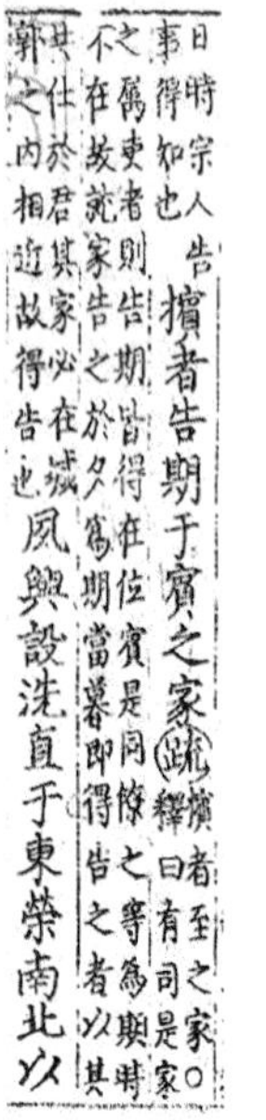
日時宗人告事得知也擯者告期于賓之家疏擯者至之家○釋曰有司是家
之屬吏者則告期皆得在位賓是同僚之寮爲與時不在故就家告之於夕爲期當暮即得告之者以其
其仕於君其家必在城郭之內相近故得告也夙興設洗直于東榮南北以

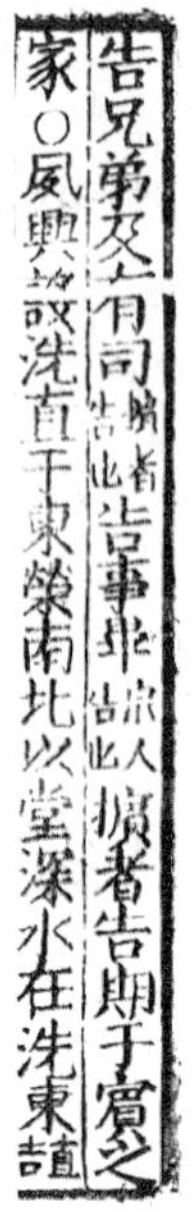
告兄弟及有司擯者告也告事畢宗人告也擯者告期于賓之
家○夙興設洗直于東榮南北以堂深水在洗東

圖5　兩部陳本《士冠禮》"夙興"前圈號有無對比

此外,還有24個經文圈號并没有因爲疏文附入而産生自然區隔,却也被注疏本删省。24個圈號中,有3個圈號的删省屬於陳鳳梧注疏本對存在問題的經注本經文圈號進行調整。如陳鳳梧經注本《特牲饋食禮》經文首句有篇題性經文劃分圈號而《少牢饋食禮》經文首句没有,陳鳳梧注疏本則删除《特牲》經文首句下圈號,以與《少牢》相配;又如《少牢饋食禮》"主婦獻下佐食亦如之"句講述主婦獻下佐食及復東房原位之事,本屬"主婦亞獻"儀節,陳鳳梧經注本誤在此句前加儀節圈號隔斷,陳鳳梧注疏本則删省該圈號,當是有意改正。《有司徹》"酌以醋,户内北面拜"前圈號之删省情況與《少牢》此例亦同。

注疏本所删24個圈號中,21個圈號實際上是不當删或不必删的。如《喪服》篇經文、傳文間區隔圈號,"妻""傳曰"與"昆弟之子""傳曰"間經注本圈號注疏本保留,而"妻爲夫""傳曰"與"妾爲君""傳曰"及"爲夫之君""傳曰"間經注本圈號注疏本却予删除,是自亂其例;又如經注本《喪服》經文間文本劃分圈號注疏本有的保留,但同樣性質的"爲侄、庶孫丈夫婦人之長殤""大夫、公之昆弟、大夫之子爲其昆弟、庶子、姑、姊妹、女子子之長殤""從祖父、從祖昆弟之長殤""夫之叔父之中殤、下殤""昆弟之孫之長殤""爲夫之從父昆弟之妻"六句經文前圈號注疏本却予删除,自相牴牾。此外,《士喪禮》"主人奉尸斂于棺",《特牲饋食禮》"酌,獻佐食""主人降,洗,酌,致爵于主婦",《少牢饋食禮》"易爵,洗,酌,授尸",《有司徹》"酌,獻侑。侑拜受爵""酌以致于主人""乃羞""酌,獻侑。侑拜受""主人以酬侑于西楹西""乃升長賓""主婦其洗獻于尸""尸作止爵,祭酒"前,共12個圈號,亦是不當删或不必删。

陳鳳梧注疏本删除經注本圈號之餘,還在經注本之外新增了12個經文圈號,这些新增圈號中7個屬於陳鳳梧注疏本在經注本基礎上所作改進,如《特牲饋食禮》記文"尊兩壺于房中西墉下,南上"以下記述設内尊與内兄弟面位、旅酬、贊薦諸儀節,與上文記文已不屬同一個儀節,經注本在此并未隔斷,注疏本則在"尊"前加儀節圈號隔斷。《燕禮》"主人盥洗,升,媵觚于賓"、《大射儀》"更爵洗,升酌散以降"、《公食大夫禮》"賓北面自間坐"、《覲禮》"遂入門左,北面立"、《喪服》"庶子爲後者"、《有司徹》"受爵,酢以致于主人"前所增儀節圈號與《特牲》此例情況類似。12個新增經文圈號中有5個并不妥當,如《特牲饋食禮》"主婦出,反于房"講述主婦完成致爵于主人并自酢的儀節,回到堂上東房原位。在《儀禮》中,行禮者離開、返回固定位置往往意味着儀節的開始與結束,"主婦出,反于房"無疑標志着"主婦致爵于主人并自酢"儀節的結束,陳鳳梧經注本將儀節圈號置於"房"之後,與以下儀節進行了正確切分,而注疏本却將"房"後圈號改到"主婦"之前,有違禮義。《鄉射禮》"主人拜洗,賓答拜,興"前圈號與《特牲》此例同。而《士昏禮》"對曰:某固敬具以須""宗子無父,母命之",《鄉飲酒禮》"既旅,士不入"前新增圈號,於禮義雖可通,但新增圈號處已有雙行小字自然隔斷,依全書體例實不當加。

简言之,陳鳳梧注疏本除删去了被新附入之雙行小字疏文自然區隔的文本層次間的圈號,基本全盤繼承了陳鳳梧經注本的經文圈號。至於注疏本在經注本基礎上對經文圈號進行的少量調整,則非多於是,可見陳鳳梧注疏本編刻質量不佳。

(二) 明汪文盛本、聞人詮本、李元陽本、北監本、毛本之經文圈號

陳鳳梧注疏本作爲首個《儀禮》注疏本,產生了衆多衍生本。明嘉靖汪文盛本據陳鳳梧注疏本翻刻,明嘉靖聞人詮本據陳鳳梧注疏本重刻,李元陽本據汪文盛本重刻[1],北監本據李元陽本重刻,毛本又據北監本重刻。這些明代注疏本均含有經文圈號,其中汪文盛本、聞人詮本均含經文圈號104個,數量及所出位置與陳鳳梧注疏本完全一致。李元陽本、北監本、毛本經文圈號數量則是103個,較陳鳳梧注疏本、汪文盛本、聞人詮本減少《士昏禮》"對曰:某固敬具以須"前圈號,此外的103個圈號所出位置與陳鳳梧注疏本、汪文盛本、聞人詮本全同。而《士昏禮》減少的一個圈號,當是李元陽本據汪文盛本重刻時的偶然疏失,并延及之後的北監本、毛本。簡言之,陳鳳梧注疏本的經文圈號通過版本傳刻鏈條完整投射到所有明代《儀禮》注疏本中,對明代注疏本面貌產生了很大影響。

(三) 明吳勉學白文本之經文圈號

《儀禮》白文本一般連文而下,每篇經文并無任何圈號隔斷[2]。然而明萬曆間吳勉學在徽州編刻的白文《十三經》本《儀禮》却含有經文圈號,共計14個,其中《公食大夫禮》1個、《覲禮》1個、《士虞禮》1個、《特牲饋食禮》11個。

---

[1] 學界均認同李元陽本出於陳鳳梧注疏本,但李元陽本、陳鳳梧注疏本間其實還有汪文盛本作爲中間環節,并非直接衍生關係。王鍔先生根據汪文盛本、李元陽本刊刻地均在福建,而陳鳳梧注疏本刻於山東,聞人詮本刻於常州,敏銳地推斷李元陽本可能據汪文盛本重刻。筆者則在大規模校勘的基礎上,發現汪文盛本、李元陽本有不少獨同的誤字,進一步證實了王鍔先生的推斷,詳參王鍔《李元陽本〈十三經注疏〉考略——以〈禮記注疏〉〈儀禮注疏〉爲例》,《中國典籍與文化》2018年第4期,第84頁;杜以恒《明清陳鳳梧本系統〈儀禮注疏〉考論》,南京師範大學《古文獻研究》第九輯待刊稿。

[2] 明吳勉學本之前現存的《儀禮》白文刻本有元十行本《儀禮圖》附刻白文本、元崇化余志安勤有堂本《儀禮圖》附刻白文本、明嘉靖四年至六年(1525—1527)陳鳳梧刻篆文《六經》本、明嘉靖六年陳鳳梧刻楷書《六經》本四種,皆無圈號。

據虞萬里先生研究，"歙縣吳肖愚勉學所刻十三經白文，即抱取李元陽閩本《十三經注疏》之經文重刻"①，而吳勉學本的底本李元陽本就是含有大量經文圈號的注疏本，我們不得不懷疑吳勉學在白文本中加入經文圈號的反常行爲與李元陽本有關。

今取李元陽本 103 個經文圈號與吳勉學本 14 個經文圈號對比，發現吳勉學本 14 個經文圈號均見於李元陽本相應位置，且在特定篇目中，吳勉學本經文圈號與李元陽本高度相似。如《特牲饋食禮》吳勉學本、李元陽本經文圈號數量均爲 11 個，均是儀節圈號，所出位置亦完全相同。而《公食大夫禮》《覲禮》《士虞禮》三篇，李元陽本每篇均有經文圈號 2 個，其中經文首句篇題性圈號 1 個，儀節圈號 1 個。吳勉學本這三篇均含有經文圈號 1 個，其位置與李元陽本三篇相應的 1 個儀節圈號位置相同。吳勉學本將各篇經文首句提行另起，已與經文正文割裂，無法再施加經文首句圈號。總之，吳勉學本《公食大夫禮》《覲禮》《士虞禮》《特牲饋食禮》四篇經文圈號與李元陽本相應四篇中的經文儀節圈號完全一致。然而吳勉學爲什麼唯獨保留這四篇經文的經文圈號，却將其他十三篇經文的經文圈號全部删削呢？唯一合理的解釋，是吳勉學本編刻者在抽取李元陽本四篇經文時，忘記删除底本固有的經文圈號。吳勉學本中殘留的 14 個經文圈號屬於技術失誤，當非吳勉學本意。

四　清乾隆武英殿本及其餘清代刊本經文圈號考

清乾隆十二年(1747)武英殿本《儀禮注疏》刊成，殿本以北監本爲底本，亦含有經文圈號。然而殿本的經文圈號與包括北監本在內的衆本有根本性不同，從數量上看，陳鳳梧經注本全經圈號 207 個，陳鳳梧注疏本、汪文盛本、閩人詮本圈號 104 個，李元陽本、北監本、毛本圈號 103 個，吳勉學本圈號 14 個，武英殿本圈號則多達 870 個；從所出位置上看，殿本經文圈號與北監本等諸本亦有較大差異。筆者對殿本所有經文圈號逐一考察，發現殿本經文圈號是一個全新的經文圈號系統，已完全脫離陳鳳梧經注本以來的舊有經文圈號體系。今仍從篇題性經文劃分圈號、儀節劃分圈號、經傳劃分圈號三方面加以討論。

（一）殿本篇題性經文劃分圈號

殿本在十五篇經文首句之下施加篇題性經文劃分圈號，作爲下篇的《既夕禮》《有司徹》經文首句不加。而其底本北監本則延續始於陳鳳梧注疏本的圈號體系，《特牲饋食禮》《少牢饋食禮》經文首句圈號缺失。從篇題性經文劃分圈號看，殿本所加 15 個圈號是歷代《儀禮》刊本中第一個完整準確的版本。

---

① 虞萬里《影印吳勉學精刻白文十三經序》，見《明吳勉學精刻白文十三經》，上海大學出版社，2017 年，第 2 頁。

（二）殿本儀節劃分圈號

《喪服》篇之外，殿本十六篇中除篇題性經文圈號，其餘經文圈號均爲儀節劃分圈號，全經共有 715 個。殿本儀節圈號與之前諸本最大的不同，就是完全放棄注文、釋文、疏文等雙行小字對儀節的自然隔斷作用①，完全按照儀節劃分的需要施加圈號。如《士冠禮》第一個儀節"筮日"、第二個儀節"戒賓"之間，所有《儀禮》經注本、注疏本均有雙行小字隔開，陳鳳梧經注本、注疏本等明代諸本在此不加圈號，殿本却仍在雙行小字疏文之下、"戒賓"節首句經文之上施加儀節圈號（對比見圖 6，從左往右分別爲陳鳳梧經注本、注疏本、殿本）。殿本在體例上的這一改進，是殿本儀節圈號數量較之前諸本大幅增加的根本原因。

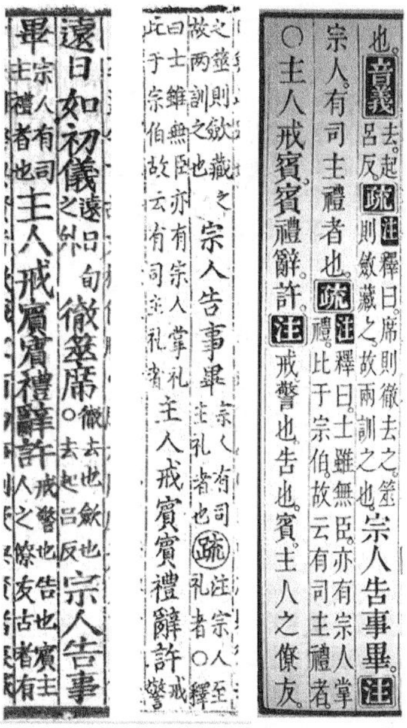

殿本以前諸本儀節圈號的主要來源是朱熹《通解》所分儀節，而殿本的儀節劃分却没有遵循明代諸本之軌範。殿本編刻於乾隆四年至十二年，可能參考的包含《儀禮》系統分節的經解有朱熹《通解》、楊復《儀禮圖》、敖繼公《儀禮集説》、張爾岐《儀禮鄭注句讀》、姚際恒《儀禮通論》、江永《禮書綱目》、姜兆錫《儀禮經傳內編》、王文清《儀禮分節句讀》、蔡德晋《禮經本義》、盛世佐《儀禮集編》、王士讓《儀禮紃解》、《欽定儀禮義疏》。其中《儀禮紃解》《欽定儀禮義疏》於乾隆十三年正式成書，但二書皆出三禮館館臣之手，殿本編刻時或有參用其稿本的可能。今將以上 12 家經解與殿本相較，發現殿本《儀禮》分節與敖繼公《儀禮集説》高度相似。以《公食大夫禮》爲例，殿本之前諸家所分該篇儀節數量爲：朱熹 17 個、楊復 18 個、敖繼公 21 個、張爾岐 18 個、姚際恒 19 個、江永 17 個、姜兆錫 17 個、王文清 18 個、蔡德晋 16 個、盛世佐 18 個、王士讓 18 個、《欽定儀禮義疏》20 個。而殿本本篇中記文外的經文儀節圈號共有 20 個，區隔出儀節 21 個，數量獨與敖繼公《集説》同，且二者儀節切分點亦完全一致。就《儀禮》全經而論，除《喪服》篇及諸篇記文，殿本共有經文儀節圈號 499 個，其中 422 個圈號與敖繼公《集説》儀節劃分處吻合。無論從單篇還是全經來看，敖繼公《集説》均爲殿本儀節劃分圈號的主要來源。敖繼公《集説》是歷代《儀禮》分節中較好的一部，殿本選擇《集説》分節作爲其經文儀節劃分的主要參考，洵有卓識。

殿本經文儀節圈號主要參考敖繼公《儀禮集説》，然殿本全經 499 個圈號

圖 6 《士冠禮》"戒賓"節首句經文前圈號有無對比

---

① 李元陽本、北監本、毛本爲更好地體現文本層次，已不使用雙行小字刻注文，其中李元陽本、毛本注文中字單行，北監本注文小字單行靠右。然無論形式如何改變，李元陽本、北監本、毛本注文仍有自然區隔經文的作用。

中亦有 77 個圈號與敖繼公分節不合,其中有不少是殿本對敖繼公分節的改進,如《有司徹》經文"主人就筵",述説主人完成"獻私人"的禮節返回堂上原位,安坐於其筵席上。"主人就筵"標志着"獻私人"儀節的結束,自然當歸於"獻私人"節,然而敖繼公却誤將此句歸於下一儀節"尸作止爵"。殿本之前此處唯有姜兆錫《儀禮經傳内編》誤從敖繼公分節,包括黄榦《通解續》、楊復《儀禮圖》、張爾岐《句讀》等在内的其餘經解皆不誤。殿本此處儀節圈號在"主人就筵"之下,不從敖繼公之誤。也有個别不同之處是殿本之失,如《士冠禮》經文"冠者奠觶於薦東",義爲冠者把賓醴冠者所用觶放在席位左前方。根據禮例,凡放下酒杯,若不再舉則放到席位左方,若後續禮節還要使用此杯,則放在席位右方,所謂"凡奠者于左,將舉者于右"(《鄉射禮》記文)是也。冠者將酒杯放在席位左側(冠者坐北朝南,席位東側即其左側),意味着此杯不再舉,"賓醴冠者"儀節結束。此處殿本在"冠者"前加儀節圈號,誤將"冠者奠觶於薦東"歸入下節,而敖繼公《集説》不誤。

  殿本中記文全部分節,而敖繼公《集説》只分經文儀節而不分記文儀節,不可能成爲殿本記文分節的參考。殿本之前對《儀禮》諸篇記文劃分儀節的經解很少,只有張爾岐《儀禮鄭注句讀》、盛世佐《儀禮集編》以及與殿本同時編纂的《欽定儀禮義疏》。經過比勘,筆者發現殿本記文與張爾岐、盛世佐、《義疏》記文儀節劃分均不相同。以《士虞禮》爲例,張爾岐、盛世佐、《義疏》、殿本雖均將記文劃分爲 12 個儀節,但其各節所屬記文範圍却大相徑庭。爲化繁爲簡,今將《士虞禮》記文諸家分節繪爲對比表。表中上下單元格對齊則代表相應儀節所屬記文完全一致,若不對齊則代表不一致。

表 2　殿本與諸家《士虞禮》記文儀節劃分對比表

	節號	1	2	3	4	5	6	
張爾岐《句讀》	節名	記沐浴陳牲及舉事之期	記牲殺體數鼎俎陳設之法	記沃尸面位	記宗人佐食面位	記鉶芼與豆籩之實	記虞尸儀服與侍尸之儀爲尸之人	
	節號	1	2	3	4	5	6	
盛世佐《集編》	節名	記沐浴陳牲及舉事之期	記牲殺體數鼎俎陳設之法	記沃尸面位	記宗人佐食面位	記鉶芼與豆籩之實	記尸之出入儀服	
	節號	1		2		3	4	5
《義疏》	節名	記牲鼎俎實		記執事者面位		記鉶豆籩	記祝相尸之節	記尸服及爲尸者
殿本	節號	1	2	3	4	5	6	7

續表

張爾岐《句讀》	節號	7	8	9	10	11	12
	節名	虞祭無尸者陰厭之儀	記三虞卒哭用日不同及祝辭之异者	記卒哭祭畢餞尸與無尸可餞者送神之禮	記卒哭祭告祔於神之辭與饗尸之辭	記祔祭之禮與告祔之辭	記小祥大祥禫祭吉祭之節與祝辭之异
盛世佐《集編》	節號	7	8	9	10	11	12
	節名	無尸饗祭之禮	虞卒哭禮辭之异同	記卒哭餞尸禮	卒哭祭告祔之辭與饗辭	記祔祭之禮	記小祥大祥禫祭吉祭之節
《義疏》	節號	6	7	9	10	11	12
	節名	記無尸	記祭日與祝辭	記卒哭祭後餞尸	記無尸不餞之法	記祔	記祥禫
殿本	節號	8	9	10		11	12

　　從上表可知,諸家雖然記文儀節節數相同,但實際劃分差异較大。殿本所分 12 節中,唯有第 5、8、9、12 四個儀節,諸家分節範圍全同。不同的 8 節中,殿本第 6、7、11 三節與《義疏》同,第 3、4、10 三節與張爾岐、盛世佐同,第 1、2 節兩節則與三家均不同。《士虞禮》之外,其餘諸篇記文分節的情況也呈現出同樣的特點。由此可見殿本對記文儀節的劃分自成一體、獨具特色,并非源出某家之分節,當是殿本編刻者自作。需要指出的是,殿本對記文儀節的劃分總體細密精審,以《士虞禮》殿本記文分節不同於前人的第 1、2 節爲例,第 1、2 節對應記文"虞,沐浴"至"陳于階間,敦東",《義疏》總分爲一節,略顯粗疏,張爾岐、盛世佐雖細分爲兩節,然其劃分點在"殺于廟門西"之前。"殺"即殺牲之禮,所殺之牲即"殺于廟門西"上句"陳牲于廟門外"之"牲"。以經義而論,"陳牲于廟門外"句與"殺于廟門西"不當割裂。殿本在"陳牲"前施加儀節圈號,將陳牲與殺牲并入一節,勝於前人。當然,殿本記文儀節劃分亦偶有可商之處,如殿本將《鄉射禮》記文"歌《騶虞》若《采蘋》,皆五終。射無算"分爲一節,然而歌與射是不同的儀節,不應歸入一節,"射無算"前當施加儀節圈號。

　　需要特別指出的是,殿本儀節劃分似與三禮館纂修《欽定儀禮義疏》有一定關聯。三禮館於乾隆元年開館,乾隆十三年完成《欽定三禮義疏》定稿①。

---

① 張濤《乾隆三禮館史論》,上海人民出版社,2015 年,第 8—82 頁。

殿本《十三經注疏》於乾隆四年開雕，乾隆十二年刻竣。二者編刻時間大致重合，均由乾隆帝親自督辦、武英殿刊刻。而三禮館所修《欽定儀禮義疏》以及三禮館館臣在館期間私撰的姜兆錫《儀禮經傳内編》、王文清《儀禮分節句讀》、蔡德晋《禮經本義》、王士讓《儀禮紃解》、吴廷華《儀禮章句》均是對《儀禮》通篇分節的經解①，由此可見三禮館館臣十分重視《儀禮》分節。經過比勘，我們發現敖繼公《集説》、殿本及三禮館著述在一些較難切分的儀節劃分上多有相同之處，如殿本於《鄉飲酒禮》"乃羞。無算爵"、《聘禮》"君使士請事""卿爲上擯""遂行，舍于郊"、《公食大夫禮》"大夫立于東夾南""賓降辭公如初"、《既夕禮》"徹者入，踊如初""行器，茵、苞、器序從"、《特牲饋食禮》"衆賓升，拜受爵"之上加圈號，殿本之前經解中唯敖繼公、《義疏》在此分節；於《士昏禮》"贊者徹尊冪""贊洗爵，酌醋主人"、《鄉射禮》"乃羞"、《士喪禮》"掘肂見衽""陳三鼎于門外"之上加圈號，唯敖繼公、《義疏》、王士讓在此分節；於《鄉射禮》"賓北面坐，取俎西之觶，興"之上加圈號，唯敖繼公、《義疏》、蔡德晋、王士讓、吴廷華在此分節；於《覲禮》"出，自屏南適門西"之上加圈號，唯敖繼公、《義疏》、王文清在此分節；於《特牲饋食禮》"尸即席坐，主人拜妥尸"之上加圈號，唯敖繼公、《義疏》、蔡德晋在此分節；於《少牢饋食禮》"尸升筵""主婦洗，酌，獻祝"之上加圈號，唯敖繼公、蔡德晋在此分節。三禮館館臣在分節上與殿本有如此多的共識，當然不是巧合。又檢殿本《儀禮注疏》書後校刊銜名，發現其中翰林院編修吴紱、編修李龍官、原任編修杭世駿、檢討程恂均曾兼任三禮館纂修官②，可知三禮館、殿本《儀禮注疏》編纂成員多有重合。綜合《欽定儀禮義疏》與殿本《儀禮注疏》在纂修性質、時間、人員、儀節劃分等方面的共性，我們幾乎可以確定殿本儀節圈號的施加受到三禮館纂修《義疏》的影響。

（三）殿本《喪服》經文劃分圈號

殿本將諸篇記文首句經文"記"字外加墨圍，以使經、記分明，因此殿本經記間不需要使用圈號區隔。而對於《喪服》篇中的傳文，殿本亦不以圈號加以區隔。因此殿本中已經不存在前代諸本普遍存在的"經傳記劃分圈號"。

然而《喪服》篇内容龐雜，且是《儀禮》中唯一一個禮制專篇，爲其劃分文本層次是不可或缺的工作。殿本對於《喪服》篇文本層次的劃分仍完全放棄了雙行小字的區隔作用，并采取了細分經文、以經統傳的分節原則。具體來説，就是盡可能細分《喪服》經文，與經配合的傳文則不分節，自然係於經文之後，以此實現經、傳層次的自然區分。因此殿本《喪服》141個經文圈號中，除區分篇題性經文的首句下圈號外，其餘140個圈號均施加於經文（包含記文）之間。

殿本對《喪服》篇的這一處理不同於以往的《儀禮》刊本，是《喪服》文本劃分的新嘗試。這種新方法的優點是《喪服》經文間、經傳間層次清晰，缺點則是

---

① 以上諸儒在三禮館任職史實請參張濤《乾隆三禮館史論》，第295—297、303、304、316—319、322、323頁。
② 以上諸儒在三禮館任職史實請參張濤《乾隆三禮館史論》，第297—299、301、307、321、322頁。

當一條傳文對應多條經文時，容易使人誤認爲這條傳文只是針對多條經文中的最後一條而發。

綜上所論，殿本除 15 個篇題性經文圈號，其餘圈號均爲儀節劃分圈號或《喪服》篇經文内部分節圈號。其中儀節劃分圈號中經文圈號以敖繼公《集説》分節爲主要參考，記文則是殿本自作。今將殿本各篇經文圈號詳情總列如下：

表 3　殿本各篇經文各類圈號數量統計表

篇次	篇目	經文首句篇題圈號	經文儀節劃分圈號		記文儀節劃分圈號	《喪服》經、記文分節圈號	總計
			與敖繼公同	與敖繼公不同			
一	士冠禮	1	18	2	3	×	24
二	士昏禮	1	17	2	13	×	33
三	士相見禮	1	13	2	×	×	16
四	鄉飲酒禮	1	20	3	23	×	47
五	鄉射禮	1	37	14	48	×	100
六	燕禮	1	28	1	13	×	43
七	大射儀	1	48	7	×	×	56
八	聘禮	1	44	11	42	×	98
九	公食大夫禮	1	20	0	8	×	29
十	覲禮	1	10	2	2	×	15
十一	喪服	1	×	×	×	140	141
十二	士喪禮	1	35	5	×	×	41
十三	既夕禮	×	18	7	32	×	57
十四	士虞禮	1	9	7	11	×	28
十五	特牲饋食禮	1	34	5	21	×	61
十六	少牢饋食禮	1	18	4	×	×	23
十七	有司徹	×	52	6	×	×	58
總計		15	421	78	216	140	870

（四）殿本之後清代《儀禮》刊本中的經文圈號

清道光年間江西稽古樓刊刻了一套《袖珍十三經注》，中有《儀禮》，内含經文圈號 13 個。稽古樓本經注文取自毛本，又參照朱熹《通解》進行分節，其經文圈號的數量、位置與《通解》完全一致，可以確定是自《通解》移録。清光緒十九年(1893)廣西官書局桂垣書局刊刻了一部《儀禮》經注本，内含經文圈號 870 個，數量、位置與殿本相同。稽古樓本、桂垣書局本之經文圈號皆無新意，且二本亦不甚流行，兹不詳述①。

從《儀禮》主幹版本的興替來看，殿本之後，清嘉慶十一年（1806）張敦仁、顧廣圻以宋嚴州本、宋單疏本爲基礎重新編刻《儀禮》注疏本，嘉慶二十一年阮元又翻刻張敦仁本，自此以後阮元本成爲通行本，北監本、毛本、殿本逐漸退出主流《儀禮》刊本序列。而阮本承嚴州本舊式，經文中不加圈號。因此殿本之後，經文圈號逐漸淡出《儀禮》研讀者的視野。

五　結論

自明正德陳鳳梧所刻經注本始，《儀禮》刊本經文間開始出現大量圈號。陳鳳梧經注本經文圈號共有207個，其作用是劃分全經不同層級的文本層次，按照層級大小可分爲篇題性經文劃分圈號、經傳記劃分圈號、儀節劃分圈號三種。其中篇題性經文劃分圈號將各篇帶有篇題作用的經文首句與其餘經文分隔開來，經傳記劃分圈號將經文與記文、《喪服》經文與傳文、《喪服》中指向不同的經文分隔開來，儀節劃分圈號則將《喪服》篇之外諸篇中帶有相對獨立性的禮儀程序分隔開來。陳鳳梧經注本爲經文施加圈號的靈感來自朱熹《通解》中諸篇經文首句下的圈號，其儀節圈號更是直接以朱熹《通解》中對《儀禮》儀節的劃分爲依據。

《儀禮》是十三經之中經文内部層級最複雜的經書，對《儀禮》經文進行系統的儀節劃分是十分必要的。陳鳳梧經注本的經文圈號雖然多有施加不妥之處，然其經文圈號開啓了在《儀禮》刊本經文中大量施加文本層次劃分圈號的先河，其用心洵可稱道。可惜的是，陳鳳梧經注本中經文圈號只在不同文本層次的經文黏連在一起，没有被雙行小字自然區隔開的情況下使用，這大大破壞了陳鳳梧經注本經文圈號的系統性，使人難以探明其經文圈號真正含義，反而降低了版本的實用性。

陳鳳梧注疏本總體延續了陳鳳梧經注本的經文圈號，但刪除了因附入雙行小字疏文而被自然區隔開的經文的内部圈號，同時又對經注本原有的圈號進行了個别調整，圈號數量由207個降至104個。然而注疏本并未革除經注本圈號缺乏系統性的弊端，且所作調整多不可取，其經文圈號的系統性、實用性進一步下降。此後汪文盛本、閩人詮本、李元陽本、北監本、毛本等直接或間接源出陳本的注疏本，繼承了祖本的經文圈號，未作任何改進。明萬曆吳勉學白文本中存有14個經文圈號，是吳勉學自李元陽本抽編經文時未將某些篇目經文圈號删盡所致。

清乾隆武英殿本完全抛棄了前代刊本用雙行小字自然區隔文本層次的做法，完全從劃分文本層次的實際需要出發，爲《儀禮》全經施加870個經文圈號，對篇題性經文、諸篇儀節、《喪服》經文層次進行了系統完密的劃分。其中

---

① 本文所用稽古樓本爲國家圖書館藏本，桂垣書局本爲北京師範大學圖書館藏本。限於篇幅，二本詳情留待另文探討。

經文儀節的劃分以分節水平較高的敖繼公《集説》爲主要參考，兼以己意，記文儀節則全是新作。全經儀節劃分完密準確，體現了殿本編刻者較高的禮學水平。而殿本與同時纂修的《欽定儀禮義疏》存在纂修人員的交叉，在不少疑難儀節劃分上殿本與《義疏》及三禮館館臣在館期間私撰之經解完全一致，可知殿本儀節劃分得到了三禮館館臣的支持。殿本之後，清代尚有兩種《儀禮》經注本包含經文圈號，其中稽古樓本圈號全取《通解》，桂垣書局本圈號全取殿本，并無新意，影響較小。

　　縱觀《儀禮》刊本經文圈號之流變，我們得以從另一個角度再次印證陳鳳梧注疏本系統間的版本源流，同時可以直觀感受到明代諸本編刻之劣與殿本編刻之精，甚至可以從不同版本圈號的是非優劣中體會一時《儀禮》學之興衰。隨着張敦仁本、阮元本的刊行，帶有經文圈號的《儀禮》刊本早已湮没無聞。但這些圈號背後藴含的文本分層研究理念、字斟句酌的治學精神，仍然值得我們深入挖掘、發揚光大。

（作者單位：北京大學中文系）

林堯叟《左傳句讀直解》版本考論

朱秋虹

南宋學者林堯叟（字唐翁，梅溪人）①所著《左傳句讀直解》是《左傳》學名作，影響深遠。明儒閔光德云："夫説《春秋》者，莫良于左氏，俎豆而詁藟之者夥矣，總之，則杜元凱爲之赤幟，林唐翁其亞旅與？"②將林注與杜注相提并論。四庫館臣亦言林注"補苴其義，使淺顯易明，於讀者亦不無所益"③。

關於《左傳句讀直解》的版本流傳情況，學界已有關注與研究。顧永新梳理國内刻本的大致種類及館藏，于昊甬關注到朝鮮半島與日本等地的域外刻本、寫本④，然二氏對部分版本未能親見，主要采用書目、圖録等相關記載，與實際情況難免有所出入。本文以前賢研究爲基礎，全面梳理《左傳句讀直解》版本源流，考定年代與刊刻系統，俾便學界取用。《左傳句讀直解》傳世之本主要分爲《春秋經左氏傳句解》與《音注全文春秋括例始末左傳句讀直解》兩個系統，正文卷首、卷尾題"春秋經左氏傳句解"者，歸爲《春秋經左氏傳句解》系統（以下簡稱"《句解》系統"）；題"音注全文春秋括例始末左傳句讀直解"者，或間有"音注全文春秋括例始末左傳句讀直解"與"春秋經左氏傳句解""春秋經傳句解"等稱者，歸爲《音注全文春秋括例始末左傳句讀直解》系統（以下簡稱"《直解》系統"）。

顧永新指出："林堯叟《春秋左傳句解》在宋元之際已開始傳刻、流行，版本

---

① 林堯叟生平行歷，宋代典籍未有見載，其名姓、里籍、表字皆隨《左傳句讀直解》一書傳世。朱彝尊《經義考》卷一九一載宋林堯叟《春秋左傳句解》四十卷，引鄭玥之言曰："堯叟，字唐翁，崇禎中，杭州書坊取其書，合杜注行之。"（〔清〕朱彝尊撰，林慶彰、蔣秋華、楊晉龍等主編《經義考新校》，上海古籍出版社，2010 年，第 3491 頁。）

② 〔晋〕杜預、〔宋〕林堯叟注《春秋左傳杜林合注·凡例》，明萬曆二十二年（1594）吳興閔夢得、閔光德輯本，第三葉 A 面。

③ 〔清〕永瑢等《欽定四庫全書總目》卷二十八，《景印文淵閣四庫全書》第 1 册，臺灣"商務印書館"，1983 年，第 580 頁。

④ 顧永新《林堯叟〈春秋左傳句解〉傳刻考論》，《中國經學》2011 年第八輯，第 151—173 頁。于昊甬《林堯叟〈春秋經左氏傳句解〉研究》，華東師範大學碩士學位論文，2021 年。

衆多,源流、系統複雜。最早的刊本當爲《春秋經左氏傳句解》七十卷。"①《句解》系統存世者主要有十行本與十四行本兩類,卷首所載綱目有標注《春秋左氏傳括例始末句解綱目》者,有標注《春秋經左氏傳句解綱目》者,題署"林堯叟注"。十行本者,七十卷,行二十二字,注文小字雙行同,左右雙邊,版心大黑口,雙魚尾,中間記書名、卷次(春秋卷幾、春秋卷之幾),附記葉次,間避宋諱。現可考共六部,分藏於北京大學圖書館、臺灣"中央圖書館"、重慶市圖書館、上海圖書館等處。十四行本者,七十卷,行二十四至二十五字,雙行小字同,左右雙邊,黑口,雙魚尾,版心記"左幾",附記葉次。現存共兩部,分別藏於日本國立公文書館、臺北"故宫博物院"。

《直解》系統存世者版本較多,卷首所載綱目有標注《春秋正經全文左氏傳括例始末句解綱目》者,有標注《音點春秋左傳括例始末句解綱目》者,即在《句解》本綱目名稱基礎上增入"正經全文""音點"等字眼,以突出該書特徵。題署或稱"梅溪林堯叟唐翁",或稱"林堯叟注",或稱"後學梅溪林堯叟唐翁",亦有未署名者。該系統自宋代以來坊間傳刻不斷,又東傳至朝鮮、日本,形成諸多版本,數量頗衆,情況複雜,可分爲本土刻本與海外刻本兩類。

本土刻本主要有十二行本與十三行本兩種,由於沒有牌記、刻工等信息,僅通過文字、旁注等細節進行鑒定,部分版本所屬年代問題難以定論。其中十二行本者,七十卷,半頁十二行,行二十二字,小字雙行二十二至二十四字,四周單邊,雙魚尾,黑口。現可考共計六部,分藏於臺灣"中央圖書館"、臺北"故宫博物院"、日本靜嘉堂文庫三地,海源閣、藝風堂曾分別舊藏一部,現存佚不詳。十三行本者,七十卷,主體部分半頁十三行,行二十四至二十五字,小字雙行同,細黑口,四周單邊,間雙邊,版心記卷第、頁次,左上欄外有書耳,記某公某年。由於遞修情況複雜,十三行本自身版式、行款多樣。該版現存數量最多,共計十一部,分藏於國家圖書館、上海圖書館、北京大學圖書館、北京師範大學圖書館、浙江圖書館、吉林大學圖書館、臺灣"中央圖書館"、臺北"故宫博物院"等地。美國國會圖書館藏《春秋左傳》三十卷,實爲林著《直解》系統之翻刻本。

海外刻本可考者有朝鮮世宗十三年(1431)錦山元版覆刻本、朝鮮端宗二年(1454)錦山郡金連枝刻本、朝鮮中宗至明宗年間(1506—1567)癸未字覆刻本、朝鮮仁祖十三年(1635)揚州回籠寺癸未字覆刻本、朝鮮仁祖二十四年(1646)揚州回籠寺修繕本、日本寬文元年(1661)上村次郎右衛門刻本、日本寬文十三年(1673)上村次郎同版後印本、日本大坂志多森善兵衛寬政五年(1793)音注評林本凡八種,共計百餘部。

一 《句解》系統版刻源流考

林著《句解》系統有十行本與十四行本兩類,阿部隆一認爲十四行本是元

---

① 顧永新《林堯叟〈春秋左傳句解〉傳刻考論》,第152頁。

建刊本,而十行本是明代前期刊本。顧永新則認爲:"十行本行格疏朗,字畫嚴整,而十四行本筆意草率,簡易局促,從版式、行款上看,十行本應該早於十四行本。"①由於現存十行本、十四行本中均存在宋諱字缺筆的情况,無論是覆刻於什麽年代,都不能完全推翻其祖本爲宋刻本的可能性。字樣、行款亦不能斷言兩個版本之間的源流關係,具體情况還要從文本入手。

通過對臺灣"中央圖書館"所藏十行本與日本國立公文書館所藏十四行本之對校,可以發現:

其一,十行本與十四行本在版式上有所不同。施以墨圈是十行本的顯著特徵,但其用法并不嚴謹,部分音注字無墨圈,部分有關"括例始末"的内容亦無墨圈,而十四行本於上述地方均補以黑底陰文。這種變化表明十四行本可能晚出,并對十行本相關版式進行了規範。

其二,十行本除較十四行本筆劃舒展清晰、行格舒朗悦目外,其寫刻亦更爲精雅。二本之异體字,十行本作"嚴"者,十四行本多作"岩";十行本作"處"者,十四行本多作"処";十行本作"盡"者,十四行本多作"尽";十行本作"稱"者,十四行本多作"称";十行本作"禮"者,十四行本多作"礼"等。相較而言,十行本字形更加規範,十四行本則多用俗體。十行本開本、版框均大於十四行本,或與十四行本晚出有關。林書多傳刻於坊間,俗字更貼合大衆的閲讀習慣,刻寫起來亦更加便捷,開本、版框的縮小亦可減省刊刻成本,便利發行。

其三,十行本與十四行本内容上各有優劣。十行本中存在的部分倒文、訛字、缺字的現象,十四行本不誤。如:

1. 卷一卷首"吴"注文

十行本:"自大伯祚吴。"十四行本:"自大伯作吴。"

按:《説文》:"祚,福也。從示。""作,起也。從人從乍。"兩字并不相通。《史記·吴太伯世家》:"自太伯作吴,五世而武王克殷。"②

2. 卷一隱公元年《傳》"大都"注文

十行本:"大邑有宗廟,先君之王者。"十四行本:"大邑有宗廟,先君之主者。"

按:《左傳·莊公二十八年》:"凡邑,有宗廟先君之主曰都。"大都,即言宗廟之邑。

3. 卷七莊公二十八年經"冬築郿"注文

十行本:"眉,音郿。"十四行本:"郿,音眉。"

按:林注此處意在解釋經文中"郿"字的讀音。

4. 卷七莊公二十八年《傳》"生秦穆夫人"注文

十行本:"齊姜所生之女嫁于秦,爲秦夫人。"十四行本:"齊姜所生之女嫁于秦,爲秦穆夫人。"

---

① 顧永新《林堯叟〈春秋左傳句解〉傳刻考論》,第153頁。
② 〔漢〕司馬遷撰,〔宋〕裴駰集解,〔唐〕司馬貞索隱,〔唐〕張守節正義《史記》卷三十一,中華書局,2013年,第1742頁。

按：《左傳·僖公十五年》："秦穆姬屬賈君焉。"杜預曰："穆姬，申生姊秦穆夫人。"①秦穆夫人又稱秦姬、伯姬，未有"秦夫人"之稱。

十四行本中亦有不少十行本所無之失，如：

1. 卷一卷首"蔡"注文

十行本："蔡仲率德改行。"十四行本："蔡仲率德毀行。"

按：《尚書·周書·蔡仲之命》："惟爾率德改行，克慎厥猷。"孔安國疏："言汝循祖之德，改父之行。"②此處意在言明蔡仲能遵循前人之德，修正其父蔡叔叛亂之過，故成王復封於蔡。

2. 卷七莊公二十七年《傳》"卿非君命不越竟"注文

十行本："諸侯之卿大夫，非將其君之命則不越出其國之境土。"十四行本作："諸侯之卿大夫，非將其君之命則有所出其國之境土。"

按：十四行本此處於文意不通。

3. 卷七莊公二十八年《傳》"楚令尹子元欲蠱文大人"注文

十行本："子元，楚文王弟，爲令尹。"十四行本："子元，楚文王弟，爲令尹。"

按：令尹，官名。《漢書·高帝紀上》："懷王并呂臣、項羽軍自將之。以沛公爲碭郡長，封武安侯，將碭郡兵。以羽爲魯公，封長安侯。呂臣爲司徒，其父呂青爲令尹。"臣瓚曰："諸侯之卿，唯楚稱令尹，其餘國稱相。"③子元，芈姓，是時爲楚令尹。十四行本此處當是形近而訛。

以上各例表明，十行本與十四行本各有刊印之誤。

其四，針對十行本中上下文同字的情况，十四行本中後一個字多用重文符號表示。如卷十五僖公二十八年《傳》"重耳敢再拜稽首"注文，十行本作"重耳敢再拜稽首。稽首，首至地也"，十四行本作"重耳敢再拜稽首。稽首，＝至地也"。又如卷十九文公十三年《經》"公還自晉鄭伯會公于棐"注文，十行本作"衛侯會公，公還自晉"，十四行本作"衛侯會公，＝還自晉"。又如卷十九文公十五年《傳》"於是有齊難"注文，十行本作"於是魯國方有齊難。難，去聲"，十四行本作"於是魯國方有齊難。＝去聲"。

綜上可知，林著《句解》系統十四行本較十行本晚出。但二本均有錯誤，校勘不夠精細。這些錯誤，部分在《直解》系統中得到了修正。《直解》系統晚出於《句解》系統，一方面延續了十四行本《句解》黑底陰文的版式，一方面又參以十行本《句解》，對十四行本中訛、脱、衍、倒之處予以厘正。

二　《直解》系統若干問題考

《直解》系統情形複雜，其中以日本静嘉堂文庫藏本配補情况、十二行本版

---

① 〔晉〕杜預《春秋經傳集解》卷五，上海古籍出版社，1988年，第292頁。
② 〔漢〕孔安國傳，〔唐〕孔穎達正義，黃懷信整理《尚書正義》卷十六，上海古籍出版社，2007年，第661頁。
③ 〔漢〕班固《漢書》卷一，中華書局，1962年，第16頁。

本源流及刊刻年代問題、美國國會圖書館藏《春秋左傳》三十卷本考原等最爲重大,一直困擾學界,現專門予以考查。

(一)日本静嘉堂文庫藏元刻《直解》配補考

日本静嘉堂文庫藏林著《直解》七十卷本(以下簡稱"静嘉堂本"),著録爲元建安刊本、巾箱本,二十四册。該本行款不一,卷一、卷二爲十一行二十一字,卷二十二、卷二十七爲十二行二十三字,其餘諸卷爲十二行二十二字。阿部隆一認爲該本由三種版本拼合而成:十一行本爲宋末元初本,十二行二十二字本爲宋末刊本的元代覆刻本,十二行二十三字本爲明前期本①。顧永新根據中國國圖書館藏十三行本《直解》(以下簡稱"國圖本"),認爲《直解》系統之原刻本及翻刻本卷一、二較後面諸卷每半葉行書均少一行,即十三行本卷一、卷二作十二行,而十二行本卷一、卷二作十一行,這并非由三種本子拼合造成。同時,卷一、二與其他各卷(除卷二十二、卷二十七之外)字樣、刀法相近,行款相同,當爲宋末同一次刊版,卷二十二、卷二十七係補版②。

根據私人所藏十二行本《直解》與國圖本,可知《直解》系統確實存在前後行款并不統一的特徵,并且這種不統一又是有規律的。十二行本卷一、卷二均作十一行,十三行本卷一、卷二(除修補内容外)均作十二行,即《直解》系統各本卷一、卷二半頁的行數,均較後面各卷少一行。通過比較前後行款,并不能證明該本是由不同版本拼合而成。静嘉堂本卷一、卷二與卷二十二、卷二十七之外其他諸卷,其版刻樣式確有相似之處,在没有更多證據的情況下,視爲同一次刊版較爲妥當。

經目驗,此本卷二十二、卷二十七是以元代朱申所撰《音點春秋左傳詳節句解》(以下簡稱《音點》)中卷二十二與卷二十七配補,確非原《直解》本所有。除此二卷外,卷二十四末頁亦取自《音點》。

静嘉堂本卷二十二首題"音點春秋左傳詳節句解卷之二十二",次行"魯襄公七"。據臺灣"中央圖書館"藏同版《直解》可知:十二行本卷二十二應題曰"音注全文春秋括例始末左傳句讀直解卷之二十二",次行"魯宣公一",署"梅溪林堯叟唐翁",記宣公四年至宣公十一年經、《傳》文,以及林堯叟注文。静嘉堂本此處錯以《音點》卷二十二配補,記襄公三十年至襄公三十一年部分《傳》文,以及朱申注文,與《直解》上下卷均不銜接。

静嘉堂本卷二十四末頁尾題"音點春秋左傳詳節句解卷之二十四",據臺灣"中央圖書館"藏本可知:十二行本卷二十四記宣公十三年至十五年《經》《傳》文,以及林堯叟注文,末頁頁首雙行小字"治命",後接《傳》文"余是以報"等。静嘉堂本此頁誤以《音點》卷二十四末頁配補,頁首雙行小字"事者不改其所立之法",後接《傳》文"故能有濟"等,實爲《音點》昭公四年部分《傳》文以及朱申注文。

---

① 〔日〕阿部隆一《阿部隆一遺稿集》第一卷,第335、336頁。轉引自于昊甬《林堯叟〈春秋經左氏傳句解〉研究》,第19頁。

② 顧永新《林堯叟〈春秋左傳句解〉傳刻考論》,第155、156頁。

對比可知,静嘉堂本卷二十二(全卷)與卷二十四末頁的版式、字體與中國國家圖書館藏明初刻本《音點》①非常接近,内容完全相同,可能存在同源或覆刻關係。

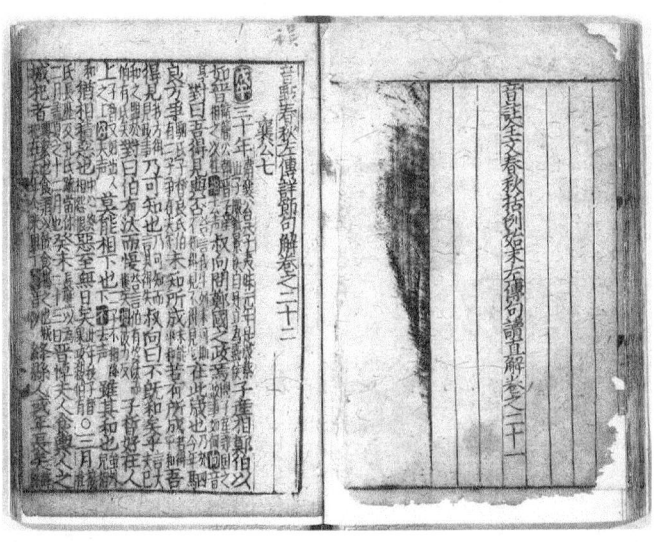

圖1　日本静嘉堂文庫藏元刻十二行本《音注全文春秋括例始末左傳句讀直解》

圖2　中國國家圖書館藏明初刻本《音點春秋左傳詳節句解》

静嘉堂本卷二十七首題"音訓春秋左傳詳節句解卷之二十七",次行"昭公五"。由於臺灣"中央圖書館"、臺北"故宫博物院"二處所藏同版《直解》均缺此卷,十二行本《直解》卷二十七的原貌暫不可知。但根據上下卷以及國圖本,可推測其應題曰"音注全文春秋括例始末左傳句讀直解卷之二十七",次行"魯成

―――――――
①　善本書號:18413。

公二",署"梅溪林堯叟唐翁",記成公三年至成公七年《經》《傳》文,以及林堯叟注文。静嘉堂本此處錯以《音點》卷二十七配補,記昭公十三年至昭公十四年部分《傳》文,以及朱申注文,與《直解》上下卷完全割裂。對比可知,静嘉堂本卷二十七與國圖《音點》行款相同,字體相近,但内容上存在部分差异,所出陰文亦有所不同,當另有底本。

此外,顧永新言静嘉堂本"卷一首五葉缺"①。據查,此五頁實由手抄版配補,版心僅記葉次,左上欄外書耳記有"魯隱公""魯隱公元年""隱公元年",諸國國名以及"經""傳"二字着墨圈,其餘未有標記,應爲後補。除此五頁外,亦有卷二十第六頁係手抄,無版框,無書耳,無墨圈、陰文等標記。將其字迹與卷一首五頁對比,當非出自一人之手,暫不知爲何人所補。

(二)十二行本《直解》版本源流與刊刻年代考

目前可考十二行本《直解》共計六部,臺灣"中央圖書館"館藏一部(殘本),臺北"故宫博物院"館藏一部(殘本),日本静嘉堂文庫館藏兩部,私人收藏一部,海源閣、藝風堂各舊藏一部(殘本),現存佚不詳。關於此系統的刊刻年代,諸本著録有宋刊本、元刊本和明刊本。除去私人收藏的宋本、静嘉堂文庫所藏明本以及海源閣、藝風堂舊藏元本暫未得見,目前可見的版本資源主要有臺灣"中央圖書館"所藏宋末建刊本(以下簡稱"臺'央圖'本"),臺北"故宫博物院"館藏宋末建刊本(以下簡稱"臺'故宫'本"),以及静嘉堂文庫館藏元刊本,三者均爲巾箱本。關於這三個本子之間的關係,學界目前未有定論。阿部隆一認爲臺"央圖"本、臺"故宫"本是由静嘉堂本覆刻而來。顧永新則認爲此三者之間不存在同版、覆刻的關係,臺"央圖"本、臺"故宫"本應是由静嘉堂本翻刻而成。可知二位先生都注意到了這三個本子在内容、版式、字體,包括旁注都非常接近的情况,并統一認爲静嘉堂本應先於其他二本而出。

可以肯定的是,臺"央圖"本與臺"故宫"本確爲同版,二者在版刻、内容上高度一致,有待考辨的是此二本與静嘉堂本的關係。由於臺"故宫"本缺卷較多,故主要選取臺"央圖"本與静嘉堂本進行比勘。

首先,關於阿部隆一所言臺"央圖"本是由静嘉堂本覆刻而來,此説法有待商榷。通過對比可以發現,除異體字外,臺"央圖"本與静嘉堂本在内容上也是有出入的。如卷十四僖公二十六年《傳》"桓公之子七人"注文,臺"央圖"本作"桓公之諸子",而静嘉堂本作"桓公有子七人";卷十六僖公二十九年《傳》"罪之也"注文,臺"央圖"本作"諸侯大夫上敵公侯以傷祖教",而静嘉堂本作"諸侯大夫上敵公侯以傷礼教";卷十六僖公二十九年《傳》"復來朝"注文,臺"央圖"本作"復,去声",而静嘉堂本作"復,音服";卷十八文公八年《傳》"八年春晋侯使解揚歸匡戚之田于衛"注文,臺"央圖"本作"今晋立令鄭還衛及取戚田",而静嘉堂本作"今晋立令鄭還衛及取戚匡"。雖然在覆刻過程中確有改字的情况,但更改注釋内容或是注音方式并非常見,覆刻的説法可能并不成立。

---

① 顧永新《林堯叟〈春秋左傳句解〉傳刻考論》,第155頁。

其次,顧永新先生通過二者版式相同、行款不同的情況,認爲臺"央圖"本是由静嘉堂本翻刻而來,此推論亦有值得商榷之處。顧氏言静嘉堂本"首行頂格大題,次行低十或十一格署梅溪林堯叟唐翁,三行低三格題魯×公幾;'臺"央圖"A'(即指臺"央圖"本)十二行本次行低三格題魯×公幾,空五格署梅溪林堯叟唐翁"①。然而静嘉堂本此行款僅出現於前五卷及卷十五,其餘諸卷卷首行款均作"首行頂格大題,次行低二或三格題魯×公幾,署梅溪林堯叟唐翁或後學梅溪林堯叟唐翁"。臺"央圖"本首五卷均缺,卷十五與静嘉堂本行款一致,餘卷亦同,無法由此斷定二者之間存在行款變化的情況。

通過臺"央圖"本與静嘉堂本之對校,發現有以下幾個方面的差異:

其一,臺"央圖"本卷首、尾題名多有不同,具體情況統計如下:

表1

卷次	首題	尾題
七至九、十三至十五、十七至二十四、二十八至三十二、三十五至三十九、四十一、四十三、四十四、四十六、四十七、五十九、六十一至六十六、六十八至七十	音注全文春秋括例始末左傳句讀直解卷之幾	音注全文春秋括例始末左傳句讀直解卷之幾
十六、三十四	音點全文春秋括例始末左傳句讀直解卷之幾	音注全文春秋括例始末左傳句讀直解卷之幾
三十三、四十、四十五、六十、六十七	音注全文春秋括例始末左傳句讀直解卷之幾	幾卷終、卷終
四十二	音注全文春秋括例始末左傳句讀直解卷之幾	春秋句解卷之幾
五十八	音注全文春秋括例始末左傳句讀直解卷之幾	春秋經傳句解幾卷終

静嘉堂本卷首、尾題名情況與臺"央圖"本大體相同,除去臺"央圖"本所缺卷次,以及静嘉堂本中以朱申《音點》配補的部分,二者之間的區別僅在於卷十四與卷十五的卷尾題名。由此可見,這兩個本子在版本源流關係上確實是非常接近的,但是并不能依此判斷二者之間存在覆刻與翻刻的關係。加之上文提及臺"央圖"本與静嘉堂本在文字内容上亦存在差異,可見二者屬於同源關係的可能性似乎更大一點。

其二,阿部隆一與顧永新二位先生認爲静嘉堂本應早於臺"央圖"本所出,主要依據在於静嘉堂本的字口更加清晰。但是將二者之間的异文,與《句解》系統(包括十行本與十四行本)相對比,發現臺"央圖"本與《句解》在内容上更加一致。在已經認爲《句解》系統先出於《直解》系統的情況下,臺"央圖"本不應晚出於静嘉堂本,更不可能是由静嘉堂本翻刻或覆刻而來。

其三,静嘉堂本卷三十八尾題中"三十"與臺"央圖"本相同,寫作合文

---

① 顧永新《林堯叟〈春秋左傳句解〉傳刻考論》,第155頁。

"卅",但卷三十九首題中已改寫作"三十"。由於"廿""卅"等合文在宋代以後多改爲"二十""三十","卅"字寫法可能是此本底本爲宋末刊本的殘留痕迹。若把臺"央圖"本看做由静嘉堂本翻刻而來,則出現將"三十"倒退刻成"卅"的情况,可能性不大。反之,若猜測臺"央圖"本先於静嘉堂本所出似乎更有説服力,不過此類證據數量不够充足,此處僅作參考。

其四,静嘉堂本中存在部分墨丁,查其并非避諱字,可能由於底本不清導致在刻印的過程中選擇以墨色方塊代替,而臺"央圖"本中相關位置的字印刷非常清晰。若是以静嘉堂本底本翻刻臺"央圖"本,爲補齊此類文字,則需選取另一本完整的《直解》本作爲參考。根據現存的臺本,并未發現有選用他本《直解》的痕迹,二者首尾題的混用情况十分相近,若有他本《直解》作爲參照,則不該出現此類情况。反之,若静嘉堂本翻刻自臺"央圖"本,亦於此處存在悖論。

其五,在臺"央圖"本中,"經""傳"二字及干支記年所出陰文多作全黑底處理,例如:"經""傳",而在静嘉堂本中,黑底的上下邊緣外多各有一條墨色曲綫,例如:"經""傳"。縱檢全書,二種陰文樣式在這兩個本子中似乎是通用的,臺"央圖"本亦有帶曲綫者,静嘉堂本中亦有作全黑者,但二者并非完全對應,亦無規律可循。這種帶有曲綫的陰文在元建本中是十分常見的,上文提到阿部隆一認爲静嘉堂本行款作十二行二十二字部分,字樣風格表現出元末明初的特徵,應該是宋末刊本的元代覆刻本,亦與此樣式陰文的通行年代對應①。

綜上可知,臺"央圖"本與静嘉堂本可能翻刻自同一底本,故二者版式、内容、字樣非常相近,但亦存在個别不同,此處姑且將其定爲元翻宋末巾箱版。至於二者所據底本目前尚未得見,從年代信息來看,確有一部爲私人所藏《直解》本著録爲宋刻本,但是根據此本部分書影,發現其似與静嘉堂本《直解》更加接近。由於可獲得的資源不够充分,尚待後續考證。

(三) 美國國會圖書館藏《春秋左傳》考

美國國會圖書館藏《春秋左傳》三十卷(以下簡稱"國會本"),内容實爲林堯叟《直解》本。美國《國會圖書館藏中國善本書録》著録爲明嘉靖間刻本,十册,署杜預、林堯叟注。該版將《直解》七十卷本壓縮爲三十卷,内容大體不變。卷端載《重刊春秋左傳綱目》,内容與《春秋左氏傳括例始末句解綱目》同,綱目後原有牌記,已剷去。次《四凶圖》《十二國戰國圖》,

圖3 美國國會圖書館藏《春秋左傳》

---

① 〔日〕阿部隆一《阿部隆一遺稿集》第一卷,汲古書院,1993年,第335—336頁。轉引自于昊甬《林堯叟〈春秋經左氏傳句解〉研究》,第19頁。

次《春秋左傳目録》,署"梅溪林堯叟唐翁注"。次《春秋左傳序》,署"杜預元凱序,林堯叟唐翁解"。本文卷首題《春秋左傳卷之一》,次行低十格題"附林堯叟音注括例始末",卷尾題同。書末有"巡按四川監察御史朱廷立案行/成都府知府楊銓校勘"牌記。

牌記中所稱之朱廷立(?—1566),明湖廣通山人,字子禮,號兩崖,嘉靖二年(1523)進士,嘉靖十年(1531)出任四川督撫。著有《鹽志》《馬政志》《家禮節要》《兩崖集》等。楊銓,生卒年不詳,明江西豐城人,字仲衡,明正德九年(1514)進士,曾任襄陽令、河南按察使、廣東布政使、成都知府。《中國古籍版刻辭典》記其"嘉靖間刻印過元陳澔《禮記集說》10卷,晋杜預《春秋左傳》30卷(半頁10行,行21字),楊起輯《簡便單方俗論》2卷(10行23字)"①。此《春秋左傳》與美國國會圖書館藏《春秋左傳》題名、行款均一致,刊刻年代也吻合,應指同一部。

前人多誤將國會本當作《左傳杜林合注》。王重民《美國國會圖書館藏中國善本書録》載明嘉靖間刻本《春秋左傳》三十卷,云:"今以是書證之,殆不始於道焜也。"②將此本視作《左傳杜林合注》并非始於王道焜的實證。然而根據對國會本具體內容的考證,可知是本并非《左傳杜林合注》本,而應屬於林著《直解》系統的一種翻刻本。前人誤判可能有以下兩方面原因:其一,國會本書前所附《春秋左傳序》署杜預元凱序、林堯叟唐翁解,二名并列易令人產生先入爲主之判斷。自《左傳杜林合注》刊行,廣受士子青睞,而林書單行本流傳漸稀,知之者漸少。當前《春秋》學史著作中,對林堯叟《左傳句讀直解》亦多未提及或語焉不詳。其實據《四庫全書》所收《左傳杜林合注》可知,合注本書前所附爲《春秋左傳原序》,僅有杜序,未録林解,與林書書前序解差異明顯。其二,朱廷立與楊銓在刊刻之時,恐也誤以此爲《杜林合注》本,故國會本正文卷首首題"春秋左傳卷之一",次行題"附林堯叟音注括例始末",強調了此書附載林說之情況。結合朱、楊二氏在翻刻過程中對《直解》進行的增改,知二氏其在擇取底本時,已有誤失。

需要說明的是,之所以認爲國會本屬於《直解》系統的翻刻本,而非源自《句解》系統,是因爲其與《直解》系統的相似度更高。現以國會本爲底本,以日本國立公文書館内閣文庫藏十四行本《句解》(以下簡稱"内閣文庫本")與中國國家圖書館藏十三行本《直解》(以下簡稱"國圖本")爲對校本,擇取前三卷部分異文,列表如下:

---

① 瞿冕良《中國古籍版刻辭典》,蘇州大學出版社,2009年,第299頁。
② 王重民輯録,袁同禮重校《美國國會圖書館藏中國善本書録》,廣西師範大學出版社,2014年,第26頁。

表 2

序次	卷次	美國國會圖書館藏《春秋左傳》	日本國立公文書館藏《春秋經左氏傳句解》	中國國家圖書館藏《音注全文春秋括例始末左傳句讀直解》
1	卷一	隱公元年《傳》："非公命也。"注：君舉必書，今不書城郎以知其非君命者也。	隱公元年《傳》："非公命也。"注：君舉必書，今不書城郎以知其非君命故也。	隱公元年《傳》："非公命也。"注：君舉必書，今不書城郎以知其非君命者也。
2		隱公元年《傳》："無使滋蔓。"注：不使叔段之惡如草之滋長蔓延。	隱公元年《傳》："無使滋蔓。"注：無使叔段之惡如草之滋長蔓延。	隱公元年《傳》："無使滋蔓。"注：不使叔段之惡如草之滋長蔓延。
3		隱公元年《傳》："穎考叔。"注：呼其名而美之。	隱公元年《傳》："穎考叔。"注：稱其名而美之。	隱公元年《傳》："穎考叔。"注：呼其名而美之。
4		隱公元年《傳》："緩。"注：惠公葬在春秋前，故曰緩。	隱公元年《傳》："緩。"注：惠公葬在春秋前，故曰緩。	隱公元年《傳》："緩。"注：惠公葬在春秋眉，故曰緩。
5		隱公元年《傳》："同盟至。"注：同方岳之盟其地漸近……	隱公元年《傳》："同盟至。"注：同方岳之名其地漸近……	隱公元年《傳》："同盟至。"注：同方岳之盟其地漸近……
6		隱公元年《傳》："公不與小斂。"注：……斂，廉去。	隱公元年《傳》："公不與小斂。"注：……斂，廉去聲。	隱公元年《傳》："公不與小斂。"注：……斂，廉去。
7		隱公三年《傳》："少陵長。"注：以卑少而陵犯尊。	隱公三年《傳》："少陵長。"注：以卑少而陵犯尊長。	隱公三年《傳》："少陵長。"注：以卑少而陵犯尊。
8		隱公八年《經》："經八年丙寅宋公衛侯遇于垂。"注：……特相遇不書……	隱公八年《經》："經八年丙寅宋公衛侯遇于垂。"注：……時相遇不書……	隱公八年《經》："經八年丙寅宋公衛侯遇于垂。"注：……特相遇不書……
9		隱公九年《傳》："曰彼徒。"注：徒，走兵。言此戎皆步兵。	隱公九年《傳》："曰彼徒。"注：徒，步兵。言此戎皆步兵。	隱公九年《傳》："曰彼徒。"注：徒，走兵。言此戎皆步兵。
10	卷二	隱公十一年《傳》："言天其以禮悔過於許。"注：言天其以禮悔禍于許，不以亂也。	隱公十一年《傳》："言天其以禮悔過於許。"注：其天其以禮悔禍于許，不以亂也。	隱公十一年《傳》："言天其以禮悔過於許。"注：言天其以禮悔禍于許，不以亂也。
11		隱公十一年《傳》："利後嗣者也。"注：爲後嗣而世無疆之利者也。	隱公十一年《傳》："利後嗣者也。"注：爲後嗣萬世無強之利者也。	隱公十一年《傳》："利後嗣者也。"注：爲後嗣萬世無疆之利者也。
12		隱公十一年《傳》："許無。"注：法。《經》："邢而伐之。"	隱公十一年《傳》："利無邢而伐之。"	隱公十一年《傳》："許無邢而伐之。"

續表

序次	卷次	美國國會圖書館藏《春秋左傳》	日本國立公文書館藏《春秋經左氏傳句解》	中國國家圖書館藏《音注全文春秋括例始末左傳句讀直解》
13	卷三	卷首"蔡"注：魯桓公十七年，桓侯子衰侯獻舞立。	卷首"蔡"注：魯桓公十七年，桓侯卒，子衰侯獻舞立。	卷首"蔡"注：魯桓公十七年，桓侯子衰侯獻舞立。
14		桓公二年《傳》："非禮也。"注：言以弑逆者之賂器而納于大廟……	桓公二年《傳》："非禮也。"注：言受弑逆者之賂器而納于大廟……	桓公二年《傳》："非禮也。"注：言以弑逆者之賂器而納于大廟……
15		桓公二年《傳》："藻率鞞鞛。"注：……鞛，有孔反。	桓公二年《傳》："藻率鞞鞛。"注：……鞛，在孔反。	桓公二年《傳》："藻率鞞鞛。"注：……鞛，有孔反。
16		桓公二年《傳》："而況將昭違亂之賂器於大廟。"注：而況昭明受亂人賂器納之大廟。	桓公二年《傳》："而況將昭違亂之賂器於大廟。"注：而況昭明受亂人賄器納之大廟。	桓公二年《傳》："而況將昭違亂之賂器於大廟。"注：而況昭明受亂人賂器納之大廟。
17		桓公二年《傳》："告於廟也。"	桓公二年《傳》："告於宗廟。"	桓公二年《傳》："告於廟也。"
18		桓公二年《傳》："异哉。"注：言其怪异非常。	桓公二年《傳》："异哉。"注：言其怪异非常。	桓公二年《傳》："异异。"注：言其怪异非常。
19		桓公二年《傳》："卿置側室。"注：卿位又卑，只得立此側室之官。	桓公二年《傳》："卿置側室。"注：卿位又卑，只得立此側室一官。	桓公二年《傳》："卿置側室。"注：卿位又卑，只得立此側室之官。
20		桓公五年《傳》："遂不復。"注：因出朝曹遂不復歸其國。	桓公五年《傳》："遂不復。"注：因出朝曹遂不復歸于國。	桓公五年《傳》："遂不復。"注：因出朝曹遂不復歸其國。

  由上表可知，國會本與其餘二本均有差異之處。從异文數量來看，與内閣文庫本的區别較國圖本爲多。不難看出《春秋左傳》本與《直解》系統更爲接近，將其看做《直解》系統的翻刻本應該更爲妥當。同時，异文中確實存在《春秋左傳》本與《句解》本相同的情況（例4、12、18）。以例4爲例。國圖本注："惠公葬在春秋贈，故曰緩。"内閣文庫本作"惠公葬在春秋前，故曰緩。"按《説文》："賵，贈死者。"《儀禮·既夕禮》："公賵，玄纁束，馬兩。"鄭玄注："賵，所以助主人送葬也。"①國圖本此注於文義不暢。此句意在解釋《傳》文言"緩"的原因在於惠公已葬，周之賵者方至。國會本亦作"前"字，國圖本此處應爲涉上句傳文"秋七月天王使宰咺來歸惠公仲子之賵"而誤。由此可見《春秋左傳》本在翻刻的過程中，對《直解》本部分訛誤予以修正，至於是否曾参考《句解》系統，目前尚無直接證據證明。

  又國會本附《四凶圖》《十二國戰國圖》，亦是其翻刻自《直解》系統的證明。

---

① 《儀禮注疏》卷三十九，北京大學出版社，2000年，第859頁。

顧永新指出："經傳句解本但稱《春秋經左氏傳句解》，卷首止有序解、《春秋左氏傳括例始末句解綱目》，而音注全文本……卷首除了序解、《綱目》之外還附入纂圖、目錄等內容。"① 從現存版本來看，《句解》系統似乎均未附序解，但可以確定的是，纂圖及目錄僅見於《直解》系統。根據上文對《句解》系統版本情況梳理，可知臺灣"中央圖書館"藏鄒奕孝鈔補十行本《春秋經左氏傳句解》（以下簡稱"鄒氏鈔補本"）載有《春秋經左氏傳句解目錄》，然其內容與《直解》本目錄有所不同。以首卷爲例，將其與國圖本所附《春秋正經全文左傳目錄》對比可知：

《春秋經左氏傳句解目錄》：卷一　隱公一　元年至五年
《春秋正經全文左傳目錄》：卷之一　魯隱公一　起己未盡癸亥凡五年

《春秋經左氏傳句解目錄》直記"某公幾"與卷載內容的起訖年份，而《春秋正經全文左傳目錄》強調"魯某公幾"，并根據林注中干支紀年的部分，將本卷所載年份、共計幾年一一交代清楚，從樣式、字體的角度看與後鄒奕孝鈔補部分相似，應爲鄒氏增入。故此書雖附目錄，但不能以此駁倒《句解》本卷首無纂圖、目錄一説。

朱廷立、楊銓在翻刻國會本的過程中，將《直解》系統的七十卷本壓縮爲三十卷，正文內容大體保持不變，體例上有所調整：

其一，更改部分題名及內容。國會本卷首綱目題曰《重刊春秋左傳綱目》，內容與《句解》《直解》系統所附綱目無二。次《四凶圖》《十二國戰國圖》，次《春秋左傳目錄》，署"梅溪林堯叟唐翁注"，目錄根據卷次壓縮相應修改。次《春秋左傳序》，署"杜預元凱序，林堯叟唐翁解"。本文卷首題《春秋左傳卷之一》，次行低十格題"附林堯叟音注括例始末"。正文卷首、卷尾題名均作"春秋左傳卷之幾""春秋左傳幾卷"，部分出陰文。

其二，增入部分音注。國會本於卷首周王紀年及列國紀年的注文中，增入部分文字注音，并以黑底陰文"音注"二字爲標，置於該句注文末端。如國會本卷一卷首"鄭"注末端增入"音注：鄢，音偃"；卷一卷首"滕"注末端增入"音注：見，去聲，下同"；卷十三卷首"晉"注末端增入"音注：獳，乃猴反"；等。

其三，調整部分注文順序。國會本將林注中有關干支紀年的內容，提取放置於每年經文之首，外凸於版框之上。如隱公元年經文，國圖本作"經元年己未春王正月"，國會本作雙行小字"己未"，下"經元年春王正月"；桓公元年經文，國圖本作"經元年庚午春王正月公即位"，國會本作雙行小字"庚午"，下"經元年春王正月公即位"；莊公十年經文，國圖本作"經十年丁酉春王正月公敗齊師于長勺"，國會本作雙行小字"丁酉"，下"經十年春王正月公敗齊師于長勺"。同時，國會本將正文中部分有關音注的內容，調整放置於該段注文首端，多數

---

① 顧永新《林堯叟〈春秋左傳句解〉傳刻考論》，第157頁。

以黑底陰文"音注"二字爲標,以示突出。如桓公元年《傳》"卒易祊田"注文,國圖本作"終成以許田易祊之約。祊,音崩"。國會本作"音注:祊,音崩。終成以許田易祊之約"。莊公十年《傳》"公與之乘"注文,國圖本作"乘,共載也。公喜其言,與劌共戰。乘,去聲"。國會本作"乘,去聲。乘,共載也。公喜其言,與劌共戰"。

三 《左傳句讀直解》諸本優劣考

如前所述,林堯叟《左傳句讀直解》刻本現有《句解》與《直解》兩個系統,《句解》系統有十行本與十四行本兩類,《直解》系統有十二行本與十三行本兩類,現取各類卷帙完整者加以比較,以定優劣。筆者經眼者有臺灣"中央圖書館"藏元刊十行本《句解》(以下簡稱"臺'央圖'A")、臺灣"中央圖書館"藏元刊清乾隆間鄒奕孝鈔補十行本《句解》(以下簡稱"臺'央圖'B")、日本國立公文書館藏元刊十四行本《句解》(以下簡稱"内閣文庫本")、臺北"故宮博物院"藏元刊配補元建刊音注全文直解十四行本《句解》(以下簡稱"臺'故宮'本")、日本静嘉堂文庫藏元翻宋版十二行本《直解》(以下簡稱"静嘉堂本")、中國國家圖書館藏元刻明修十三行本《直解》(以下簡稱"國圖本"),凡六部。

從配補情況來看,臺"央圖"A、内閣文庫本和國圖本三部係完本,未有闕。而臺"央圖"B卷三十八至四十三、卷五十九、卷六十凡八卷,爲鄒氏鈔配;臺"故宮"本卷六十四至卷七十,以元建刊《直解》本配補,卷三末六頁、卷十四首四頁字跡不清,卷十九第三、第四頁缺失,影印時均以十行本《句解》補配①;静嘉堂本卷二十二、卷二十七及卷二十四末頁以朱申《音點春秋左傳詳節句解》配補,均非該系統原貌,難稱足本。

從體例樣式來看,十行本《句解》系統(即臺"央圖"A、臺"央圖"B)之於林注重要内容多施加墨圈,意在便易初學;而相關文字在十四行本《句解》系統(即内閣文庫本、臺"故宮"本)、十二行本《直解》系統(即静嘉堂本)以及十三行本《直解》系統(即國圖本)中,均以黑底陰文之形式呈現,且各系統間所出陰文略有出入。在肯定十行本《句解》是《左傳句讀直解》最早刊本的前提下,可知部分符號存在後人增入之可能,故所出陰文的情況恐難作爲判斷版本刊刻質量之依據,具體内容需從文本入手。

國圖本作爲現今較爲通行的《左傳句讀直解》版本,影印收録於《續修四庫全書》及《中華再造善本》中,爲學界取用最多。今以其爲底本,以臺"央圖"A、臺"央圖"B、内閣文庫本、臺"故宮"本與静嘉堂本爲對校本,擇取卷五,彙校異文如下:

---

① 該本影印收録於《原國立北平圖書館甲庫善本叢書》第二二册,卷三末六頁字跡不清,影印本以十行本《春秋經左氏傳句解》補配,左下欄外有小字:"以下至卷尾原膠卷虛,用明刻本補。"卷十四首四頁情況相同,左下欄外小字:"原膠卷不清,用明刻本補。"卷十九第三、第四頁缺失,亦以十行本《句解》補配,左下欄外有小字:"原書缺頁,用明刻本補配。"

1. 莊公元年《經》："王使榮叔來錫桓公命。"林注："無傳。榮叔,周大夫。錫,賜也。蓋追賜桓公命,若昭七年王追命衛襄之比。"(5/2/A/5—6)

按："衛襄之比",臺"央圖"A、臺"央圖"B、静嘉堂本同,内閣文庫本、臺"故宫"本"襄"作"侯",非。

2. 莊公元年《經》："王姬歸于齊。"林注："無傳。不書逆,公不與接也。"(5/2/A/7)

按："公不與接也",静嘉堂本同,内閣文庫本、臺"故宫"本同,臺"央圖"A、臺"央圖"B脱"也"字。

3. 莊公元年《經》："齊師遷紀郱、鄑、郚。"林注："無傳。此遷邑之始。齊欲滅紀,故遷其三邑之民而取其地。郱,音萍。鄑,音兹。郚,音吾。"(5/2/A/7—8)

按："郚,音吾",静嘉堂本同,内閣文庫本、臺"故宫"本同,臺"央圖"A、臺"央圖"B"音"作"一",非。

4. 莊公元年《傳》："文姜出故也。"林注："文姜與桓俱行,而桓爲齊所殺,故不敢還。莊公父殺母出,故不忍行即位之禮。據文姜未還。故傳廟文姜出故也。姜於是感公意而還,不書,不告廟。"(5/2/A/9—10)

按："傳廟",臺"央圖"A、臺"央圖"B、内閣文庫本、臺"故宫"本、静嘉堂本"廟"作"稱",是。

5. 莊公元年《傳》："絶,不爲親。"林注："文姜之義宜與齊絶,而復奔齊,故於其奔,去姜氏,絶不使之爲親。"(5/2/A/11—12)

按："文姜之義",臺"央圖"A、臺"央圖"B、内閣文庫本、臺"故宫"本同,静嘉堂本"義"作"又",非。

6. 莊公元年《傳》："爲外,禮也。"林注："得禮之變也。穀梁傳云:築之外,變之正也。仇讎之人非所以接昏姻也,衰麻非所以接弁冕也。不使齊侯得與吾爲禮也。"(5/2/A/13—5/2/B/1)

按："衰麻",臺"央圖"A、臺"央圖"B同,内閣文庫本、臺"故宫"本、静嘉堂本"衰"作"襄",非。

7. 莊公四年《傳》："曰:'王禄盡矣。'"林注："言楚王享天之禄盡此矣。"(5/2/A/11—12)

按："盡",静嘉堂本同,臺"央圖"A、臺"央圖"B、内閣文庫本、臺"故宫"本作"止"。

8. 莊公四年《傳》："盈而蕩。"林注："言志意盈滿而心始蕩散。按楚世家:楚僭王號雖始於熊繹,其後畏厲王暴虐,又去其王號。"(5/3/A/11—12)

按："雖始於",臺"央圖"A、臺"央圖"B、内閣文庫本、臺"故宫"本、静嘉堂本"雖"作"蓋",是。

9. 莊公四年《傳》："天之道也。"林注："虧盈益謙,此天道自然也。"(5/3/B/1)

按："天道",臺"央圖"A、臺"央圖"B、内閣文庫本、臺"故宫"本、静嘉堂本

10. 莊公四年《傳》:"卒於檞木之下。"林注:"檞木,木名。果如鄧曼之言。檞,音浪,又閂、瞞,三音。"(5/3/B/4)

按:"音浪",臺"央圖"A、臺"央圖"B、內閣文庫本、臺"故宮"本、靜嘉堂本"浪"作"朗"。

11. 莊公四年《傳》:"除道梁溠。"林注:"鬭祁、屈重遂祕王喪,爲奇兵除治直道,梁橋溠水,出隨之不意。溠,詐義,平聲。"(5/3/B/5—6)

按:"溠,詐義,平聲",臺"央圖"A、臺"央圖"B、內閣文庫本、臺"故宮"本、靜嘉堂本作"溠,音詐,又平聲",是。

12. 莊公六年《經》:"冬,齊人來歸衛俘。"林注:"左氏、公羊、穀梁皆言衛寶,唯經言俘,疑終誤。俘,囚也。"(5/4/A/4)

按:"疑終誤",臺"央圖"A、臺"央圖"B、內閣文庫本、臺"故宮"本、靜嘉堂本"終"作"經",是。

13. 莊公六年《傳》:"夏,衛侯入。"林注:"諸侯杭王師而納惠公也。"(5/4/A/5)

按:"杭",臺"央圖"A、臺"央圖"B、內閣文庫本、臺"故宮"本、靜嘉堂本作"抗",是。

14. 莊公六年《傳》:"放甯跪于秦。"林注:"甯跪,衛大夫,黔牟黨。宥之以遠曰放。甯,音佞。跪,其毀反。"(5/4/A/6)

按:"跪,其毀反",臺"央圖"A、臺"央圖"B、內閣文庫本、臺"故宮"本、靜嘉堂本"跪"作"跽",是。

15. 莊公六年《傳》:"楚文王伐申。"林注:"申,小國。"(5/4/A/13)

按:"申",臺"央圖"A、臺"央圖"B、內閣文庫本、臺"故宮"本、靜嘉堂本作"申",是。

16. 莊公六年《傳》:"止而享之。"林注:"上楚文王於鄧而宴享之。"(5/4/B/1)

按:"上",臺"央圖"A、臺"央圖"B、內閣文庫本、臺"故宮"本、靜嘉堂本作"止",是。

17. 莊公六年《傳》:"後君噬齊。"林注:"後君思欲殺之若噬腹臍,喻不可及。噬齊,上筮下臍。"(5/4/B/4)

按:"噬齊",內閣文庫本、臺"故宮"本、靜嘉堂本同,臺"央圖"A、臺"央圖"B"噬"作"筮",非。

18. 莊公六年《傳》:"弗從。"林注:"鄧侯弗從三甥之言。"(5/4/B/8)

按:"弗",靜嘉堂本同,臺"央圖"A、臺"央圖"B、內閣文庫本、臺"故宮"本作"不"。

19. 莊公七年《經》:"夜中,星隕如雨。"林注:"如,而也。夜半乃有雲,星落而且雨,其數多,皆記異也。日光不匿,恒星不見,而云夜中者,以水漏知之。中,去,又如字。"

按:"去",静嘉堂本同,臺"央圖"A、臺"央圖"B、内閣文庫本、臺"故宫"本"去"下有"聲",是。(5/4/B/11—12)

20. 莊公八年《經》:"夏,師及齊師圍郕,郕降于齊師。"林注:"三國同討,而齊獨納郕。"(5/5/A/7—8)

按:"三",臺"央圖"A、臺"央圖"B、内閣文庫本、臺"故宫"本、静嘉堂本作"二",是。

21. 莊公八年《經》:"冬十有一月癸未,齊無知弑其君諸兒。"林注:"稱臣,臣之罪也。"(5/5/A/9)

按:"臣之罪",臺"央圖"A、臺"央圖"B、静嘉堂本同,内閣文庫本、臺"故宫"本"臣"作"人",非。

22. 莊公八年《經》:"皋陶邁種德。"林注:"言皋陶能勉種其德。陶,音遥。"(5/5/A/13—5/5/B/1)

按:"遥",静嘉堂本同,内閣文庫本、臺"故宫"本作"傜",臺"央圖"A、臺"央圖"B作"摇"。

23. 莊公八年《傳》:"及瓜而代。"林注:"明年及瓜熟之時則遣戍。"(5/5/B/4—5)

按:"戍",臺"央圖"A、臺"央圖"B、内閣文庫本、臺"故宫"本、静嘉堂本作"代",是。

24. 莊公八年《傳》:"生公孫無知。"林注:"夷仲年之子,襄公兄弟也。"(5/5/B/7)

按:"襄公兄弟也",臺"央圖"A、臺"央圖"B同,内閣文庫本、臺"故宫"本、静嘉堂本作"襄公叔父也。生公孫無知。夷仲年之子,襄公之兄弟",非。

25. 莊公八年《傳》:"豕人立而啼。"林注:"所見之豕怒作人立而啼哭。"(5/6/A/2)

按:"怒",臺"央圖"A、臺"央圖"B、内閣文庫本、臺"故宫"本、静嘉堂本作"忽",是。

26. 莊公八年《傳》:"誅屨於徒人費。"林注:"音祕,下同。"(5/6/A/3—4)

按:"音祕",臺"央圖"A、臺"央圖"B、内閣文庫本、臺"故宫"本、静嘉堂本"音"上有"費",是。

27. 莊公八年《傳》:"鞭之見血。"林注:"忍而鞭費見血。"(5/6/A/4)

按:"忍",臺"央圖"A、臺"央圖"B、内閣文庫本、臺"故宫"本、静嘉堂本作"怒",是。

28. 莊公八年《傳》:"我奚御哉?"林注:"我何嘗以禦汝曹爲事哉。御,去聲。"(5/6/A/5—6)

按:"去聲",臺"央圖"A、臺"央圖"B、内閣文庫本、臺"故宫"本、静嘉堂本"去"作"上",是。

29. 莊公八年《傳》:"不類。"林注:"面貌不似襄。"(5/6/A/9—10)

按:"不似襄",臺"央圖"A、臺"央圖"B、内閣文庫本、臺"故宫"本、静嘉堂本"襄"下有"公",是。

30. 莊公八年《傳》:"遂弑之。"林注:"遂殺襄公。"(5/6/A/10)

按:"殺",臺"央圖"A、臺"央圖"B、內閣文庫本、臺"故宮"本、靜嘉堂本作"弑",是。

31. 莊公八年《傳》:"君使民慢。"林注:"言襄公之使民有慢易之心。如葵丘期戍,公問不至,請代弗許,是有慢易之心也。語曰:以逸道使民,雖勞不怨。古之使民豈敢慢哉。"(5/6/A/12—13)

按:"請代",臺"央圖"A、臺"央圖"B、靜嘉堂本同,內閣文庫本、臺"故宮"本"代"作"伐",非。"古之使民",臺"央圖"A、臺"央圖"B、內閣文庫本、臺"故宮"本、靜嘉堂本"之"作"人"。

32. 莊公八年《傳》:"管夷吾、召忽奉公子糾來奔。"林注:"管夷君、召忽,子糾之傳,故奉公子糾來奔。"(5/6/B/1—2)

按:"管夷君",臺"央圖"A、臺"央圖"B、內閣文庫本、臺"故宮"本、靜嘉堂本"君"作"吾",是。"子糾之傳",臺"央圖"A、臺"央圖"B、內閣文庫本、臺"故宮"本、靜嘉堂本"傳"作"傅",是。

33. 莊公九年《經》:"冬,浚洙。"林注:"無傳。洙,水名。浚深之爲齊備。浚,音峻。洙,音侏。"(5/6/B/10)

按:"峻",內閣文庫本、臺"故宮"本、靜嘉堂本同,臺"央圖"A、臺"央圖"B作"浚",非。"侏",臺"央圖"A、臺"央圖"B、內閣文庫本、臺"故宮"本、靜嘉堂本作"殊",是。

34. 莊公九年《傳》:"夏,公伐齊,納子糾。"林注:"子糾,桓公庶兄。"(5/6/B/12)

按:"庶兄",臺"央圖"A、臺"央圖"B、內閣文庫本、臺"故宮"本、靜嘉堂本"兄"作"弟",非。

35. 莊公九年《傳》:"秦子、梁子以公旗辟于下道。"林注:"秦子、梁子,莊公之御及戎右也。公既敗,師大其戎車,恐爲齊禽,故二子以公旗辟于下道,以誤齊師。"(5/7/A/1—2)

按:"大其戎車",臺"央圖"A、臺"央圖"B、內閣文庫本、臺"故宮"本、靜嘉堂本"大"作"失",是。

36. 莊公九年《傳》:"子糾親也。"林注:"言子糾乃齊相公之親也。"(5/7/A/4)

按:"齊相公",臺"央圖"A、臺"央圖"B、內閣文庫本、臺"故宮"本、靜嘉堂本"相"作"桓",是。

37. 莊公九年《傳》:"曰:'管夷吾治於高傒。'"林注:"管夷吾,即管仲。高傒,即齊卿高敬仲。言管仲治理政事之才多於高敬仲。傒,兮。"(5/7/A/8—9)

按:"傒,兮",內閣文庫本、臺"故宮"本、靜嘉堂本"兮"上有"音"。臺"央圖"A、臺"央圖"B"兮"上有"音","兮"下有"字"。

38. 莊公九年《傳》:"使相可也。'"林注:"使管仲相齊可也。"(5/7/A/10)

按:"可也",臺"央圖"A、臺"央圖"B、内閣文庫本、臺"故宫"本、静嘉堂本下有"相,去聲",是。

39. 莊公十年《經》:"經十年丁酉春王正月,公敗齊師于長勺。"林注:"長勺,魯地。勺,音灼。"(5/7/A/11)

按:"音灼",臺"央圖"A、臺"央圖"B、内閣文庫本、臺"故宫"本、静嘉堂本"灼"作"杓",是。

40. 莊公十年《經》:"夏六月,齊師、宋師次于郎。"林注:"其言次,何以?桓公圖伯而未集也。"(5/7/A/12—13)

按:"圖伯",内閣文庫本、臺"故宫"本作"圖霸",非;臺"央圖"A、臺"央圖"B、静嘉堂本作"圖霸",是。

41. 莊公十年《經》:"以蔡侯獻舞歸。"林注:"此書荆之始,亦荆猾夏之始,亦荆專執諸侯之始。此夷夏之丈變也。荆敗蔡師于莘,是猾夏之始也。吳敗頓、胡、沈、蔡、陳、許之師于雞父,則諸侯之不亡者寡矣。是故書荆自此始,而春秋以吳終焉。"(5/7/B/2—3)

按:"丈變",臺"央圖"A、臺"央圖"B、内閣文庫本、臺"故宫"本、静嘉堂本"丈"作"大",是。"于雞父",臺"央圖"A、臺"央圖"B同,内閣文庫本、臺"故宫"本、静嘉堂本"于"作"上",非。

42. 莊公十年《傳》:"又何間焉。"林注:"間,猶厠也。又何必厠其間。"(5/7/B/7)

按:"猶厠""厠其間",臺"央圖"A、臺"央圖"B同,内閣文庫本、臺"故宫"本、静嘉堂本二"厠"均作"則",非。

43. 莊公十年《傳》:"忠之屬也。"林注:"上思利民,忠也。故言莊公以情察獄爲忠之一端。"(5/8/A/2)

按:"以情察獄",臺"央圖"A、臺"央圖"B、静嘉堂本同,内閣文庫本、臺"故宫"本"獄"作"獻",非。

44. 莊公十年《傳》:"公將鼓之,劌曰未可。"林注:"劌言不可鳴鼓進兵。"(5/8/A/4—5)

按:"不可",臺"央圖"A、臺"央圖"B、内閣文庫本、臺"故宫"本、静嘉堂本"不"作"未"。

45. 莊公十年《傳》:"公將馳之。"林注:"莊公將馳車以追齊之奔。"(5/8/A/6)

按:"將",静嘉堂本同,臺"央圖"A、臺"央圖"B、内閣文庫本、臺"故宫"本作"欲"。

46. 莊公十年《傳》:"遂逐齊師。"林注:"遂逐齊師之奔。"(5/8/A/7—8)

按:"逐",臺"央圖"A、臺"央圖"B、内閣文庫本、臺"故宫"本、静嘉堂本作"追"。

47. 莊公十年《傳》:"故逐之。"林注:"見其怖遽之甚,故逐其師而克。"(5/

8/A/13)

按："怖遽"，臺"央圖"A、臺"央圖"B、静嘉堂本同，内閣文庫本、臺"故宫"本"怖"作"不"，非。

48. 莊公十年《傳》："齊必還。"林注："齊見未敗必失勢而歸。"(5/8/B/2)

按："未"，臺"央圖"A、臺"央圖"B、内閣文庫本、臺"故宫"本、静嘉堂本作"宋"，是。"歸"，静嘉堂本同，臺"央圖"A、臺"央圖"B、内閣文庫本、臺"故宫"本作"還"。

49. 莊公十年《傳》："請伐之。"(5/8/B/2)

按："伐"，臺"央圖"A、臺"央圖"B、内閣文庫本、臺"故宫"本、静嘉堂本作"擊"，是。

50. 莊公十年《傳》："自雩門竊出。"林注："雩門，魯南城門。公子偃又請自雩門僭師竊出。"(5/8/B/3)

按："僭"，臺"央圖"A、臺"央圖"B、内閣文庫本、臺"故宫"本、静嘉堂本作"潛"。

51. 莊公十年《傳》："蒙皋比而先犯之。"林注："皋比，虎皮也。蓋以虎皮蒙馬，而先犯宋師。胥臣蒙馬以虎皮亦此術。比，皮。"(5/8/B/3—4)

按："亦此術"，内閣文庫本、臺"故宫"本、静嘉堂本同，臺"央圖"A、臺"央圖"B"亦"作"以"，非。"比，皮"，臺"央圖"A、臺"央圖"B、内閣文庫本、臺"故宫"本、静嘉堂本"皮"上有"音"。

52. 莊公十年《傳》："吾求救於蔡，而伐之。"林注："而共伐蔡師。"(5/8/B/8—9)

按："蔡師"，静嘉堂本同，臺"央圖"A、臺"央圖"B、内閣文庫本、臺"故宫"本"蔡"作"楚"，非。

53. 莊公十年《傳》："秋九月，楚敗蔡師于莘，以蔡侯獻舞歸。"林注："敗蔡而執其君。經不言執蔡侯以歸，蓋蔡自是服於楚也。"(5/8/B/9—10)

按："服於楚也"，臺"央圖"A、臺"央圖"B、内閣文庫本、臺"故宫"本、静嘉堂本"服"上有"而"，是。

54. 莊公十年《傳》："齊侯之出也。"林注："桓公爲公子出奔莒之時。"(5/8/B/10—11)

按："出奔"，静嘉堂本同，臺"央圖"A、臺"央圖"B、内閣文庫本、臺"故宫"本"出"作"而"，

55. 莊公十年《傳》："同盟故也。"林注："譚言譚不能及遠，所以亡。"(5/8/B/13)

按："譚言"，臺"央圖"A、臺"央圖"B、内閣文庫本、臺"故宫"本、静嘉堂本"譚"作"傳"，是。

上列五十五條中，第 31、32、33、41、48、51 條各含兩處异文，第 7、9、10、18、22、37、44、45、46、50、54 以及第 31 條第二處、第 48 條第二處、第 51 條第二處异文兩通，可不計入，故諸本异文實有四十七條，如下表所示：

表 3

版本	正確條目	正確數量	錯誤條目	錯誤數量	正確率
臺"央圖"A	1、4、5、6、8、11—16、19—21、23—30、31(1)、32(1)、32(2)、33(2)、35、36、38—40、41(1)、41(2)、42、43、47、48(1)、49、53、55	40	2、3、17、33(1)、34、51(1)、52	7	約爲85%
臺"央圖"B	同上	40	同上	7	約爲85%
内閣文庫本	2—5、8、11—17、19、20、23、25—30、32(1)、32(2)、33(1)、33(2)、35、36、38、39、41(1)、48(1)、49、51(1)、53、55	35	1、6、21、24、31(1)、34、40、41(2)、42、43、47、52	12	74%
臺"故宫"本	同上	36	同上	12	74%
静嘉堂本	1—4、8、11—17、20、21、23、25—30、31(1)、32(1)、32(2)、33(1)、33(2)、35、36、38、39、41(1)、43、47、48(1)、49、51(1)、52、53、55	39	5、6、19、24、34、40、41(2)、42、	8	約爲83%
國圖本	1—3、5、6、17、21、31(1)、33(1)、34、41(2)、42、43、47、51(1)、52、	16	4、8、11—16、19、20、23—30、32(1)、32(2)、33(2)、35、36、38—40、41(1)、48(1)、49、51(2)、53、55	32	約爲33%

據上表可知：

其一，根據對校，進一步證明臺"央圖"A 與臺"央圖"B 爲同版，内閣文庫本與臺"故宫"本爲同版。同版兩本間，無論對錯，文字内容完全一致。

其二，十二行本《直解》刊刻之時，參考十行本《句解》與十四行本《句解》。在上述 55 條异文中（包括兩通者），無論對錯，静嘉堂本與臺"央圖"A、臺"央圖"B 相同者共計 41 處，與内閣文庫本、臺"故宫"本相同者共計 42 處，各有正誤，應是以着黑底陰文之十四行本《句解》爲底本，依據十行本《句解》進行過校勘。

其三，十三行本《直解》源於十二行本《直解》。在上述 55 條异文中（包括兩通者），國圖本與静嘉堂本相比，無論對錯，相同者有 18 處，其中不乏僅二本相同而皆异於他本的情形，可見國圖本對静嘉堂本中部分錯誤確有沿襲。

其四，按照正確率排序，諸本順序依次爲臺"央圖"A、臺"央圖"B、静嘉堂本、内閣文庫本、臺"故宫"本、國圖本，可見國圖本雖流傳較廣，其經注文字校勘錯訛最多。結合配補情况來看，臺"央圖"A 存卷完整，版面舒朗，字口清晰，經注文字最優，且作爲《左傳句讀直解》最早之刊本，亦應最接近林書之原貌，可稱最善。

四 結語

通過上述詳考,知林堯叟《左傳句讀直解》分爲《春秋經左氏傳句解》與《音注全文春秋括例始末左傳句讀直解》兩個系統。《句解》系統有十行本、十四行本兩類,《直解》系統有本土刻本與海外版本兩類,其中本土刻本有十二行本、十三行本兩種,海外刻本凡八種,流傳甚廣。《句解》系統當早出於《直解》系統,十行本《句解》早出於十四行本《句解》。《直解》系統是在綜合十行本《句解》與十四行本《句解》版式、內容的基礎上,擇其優長刊刻而成。十二行本《直解》早出於十三行本《直解》。静嘉堂文庫藏十二行本《直解》部分內容以朱申《音點春秋左傳詳節句解》配補,并非宋末巾箱本原本,應與臺灣"中央圖書館"、臺北"故宫博物院"所藏十二行本《直解》翻刻自同一底本,即宋末巾箱本,該本目前存佚不詳。美國國會圖書館藏《春秋左傳》三十卷本是《直解》系統的一種翻刻本,而非《左傳杜林合注》。在現存卷帙完全且易於觀覽的版本中,臺灣"中央圖書館"所藏十行本《句解》刊刻質量最優,可作爲點校底本使用。關於各版本間刊刻源流的大致關係,試作示意圖如下:

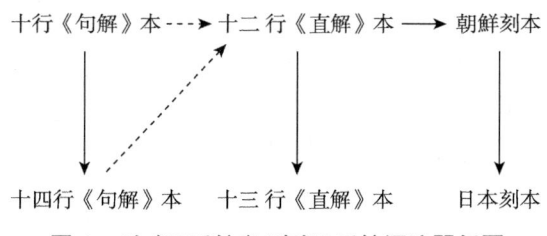

圖 6 《句解》系統與《直解》系統源流關係圖

(注:圖中實綫代表具有推理依據的傳承關係,虛綫代表蠡測的關係。)

(作者單位:南京師範大學文學院)

國家圖書館藏宋刻本《爾雅疏》考論*

瞿林江

北宋邢昺所撰《爾雅疏》，是郭璞《爾雅注》之後至關重要的一部雅學著作，而其宋刊本傳世極少。乾嘉以降，可考者僅有一部殘本、三部全本。殘本係劉啓瑞所藏，今已不知所踪①。第一部全本係顧懷芳所藏，是阮元校刻《十三經注疏》内《爾雅注疏》之疏文底本，後亡失於兵燹；第二部係唐翰題所藏，後爲陸心源所有，今藏於日本静嘉堂文庫；第三部藏於國家圖書館（以下簡稱"國圖"）。作爲國内現存惟一部宋刻本，國圖所藏《爾雅疏》迭經學者題跋，但關於其遞藏歷程、版本來源、體例與校勘價值等問題，學界尚缺乏專論之作。本文即針對前揭諸問題，試加析論，求正於方家。

一　國圖藏《爾雅疏》遞藏與版本特徵

清乾嘉時，蘇州著名藏書家黄丕烈（1763—1825）曾先後收有兩部《爾雅疏》。黄氏云："余始見一本，出於顧懷芳家，五硯樓主人得之。既而懷芳伯父五癡亦有是書，已抄一至三卷，第四卷起俱宋刻（八卷十一葉缺），卷首有'文淵閣印'一，蓋猶是明内府物也。後訪得香嚴書屋適有殘本三卷在，索觀之，雖非全帙，却亦宋刻，特印本爲洪武時，其紙背字迹可驗。遂去抄存刻，居然完璧矣。"②顧懷芳所藏本，即後爲袁廷檮（五硯樓主人）、黄氏所得者，今已不可見。而經驗查，國圖藏本即此周錫瓚（號香嚴）、顧應昌（號五癡）配補本。周錫瓚所藏前三卷"用公牘紙，屢見'洪武二年'字，則爲明時印本矣"③，"印紙爲洪武二

---

*　本文係國家社科基金後期資助項目"《爾雅注疏》彙校"（17FZW002）階段性成果。
①　傅增湘於庚申（1920）四月曾見，云："存卷五至七，計三卷。宋刊本，十五行三十字，白口，左右雙闌。版心上記字數，下記刊工姓名，魚尾下記'雅疏'二字。與蔣孟蘋藏本同。"（《藏園群書經眼録》卷二，中華書局，2009 年，第 102 頁）。"蔣孟蘋"即蔣汝藻，其所藏即國圖本。
②　〔清〕黄丕烈撰，余鳴鴻、占旭東點校《黄丕烈藏書題跋集·百宋一廛書録》"爾雅疏"條，上海古籍出版社，2015 年，第 979、980 頁。文字據《續修四庫全書》本有所校正。
③　王國維撰，王亮整理《傳書堂藏書志》卷一"《爾雅疏》十卷"條，上海古籍出版社，2014 年，第 81 頁。

年(1369)公牘,多蕭山、山陰二縣之事,是必在杭州印造"①,而顧應昌後七卷無相關公文,則二者刷印用紙所源非一。此外,卷四、卷八首頁均有"文淵閣印"(方朱),而前三卷却無。所謂"文淵閣印"當指南京明故宮文淵閣,正統十四年(1449)毁於大火,所藏之書也多半被毁,此本當在此之前流出,輾轉在江南一帶遞藏,入清後輾轉到顧應昌家中。今觀此印只出現在卷四、卷八首頁,且卷四之後背紙并無公文印記,以此推斷,原書當只有三册。楊士奇所編《文淵閣書目》收録《爾雅疏》有"一部二册完全"者,亦有"一部五册闕"者,可見彼時裝訂後每部分册并不一致。國圖藏本自涵芬樓收購後至今一直著録爲"五册"狀態,當是黄丕烈取得配補本後重裝拼湊而成。

　　黄丕烈獲得此本後并未在書中鈐有藏書印,不久又因得顧懷芳所藏全本,於是又將此本轉賣給了海寧人陳鱣。陳鱣(1753—1817)客居蘇州時與黄氏往來密切,此本中"仲魚圖象"(繪有半身小影,方朱)、"得此書費辛苦後之人其鑒我"(長白)、"鱣讀"(長白)、"陳鱣收藏"(方朱)均爲其藏書印。陳氏得此本後"别有校記",今雖未見,但可詳見其珍視之意。但陳氏得到的配補本後"凡六册"②,并非我們現在所看到的國圖收藏之五册本。筆者推測當爲《求古居宋本書目》(此書爲黄氏自藏書目稿本,國圖藏)中著録的兩部《爾雅疏》"一册"與"五册"之和。"一册"即黄氏"去抄存刻"中的顧應昌所抄之一册。黄氏一并售予陳鱣,後來散佚。《藝芸書舍宋元本書目》中著録有"《爾雅》單疏十卷",説明此本其後落入汪士鐘(1786—?)之手,各卷的"閬源真賞"(方朱)、"汪士鐘印"(方白)都是其藏書印。咸豐初,汪氏藏書又散出,此本輾轉流散到揚州,咸豐三年(1853)太平軍占據江南,被泰州人劉漢臣(字麓樵)收購③。此本所鈐"泰州劉麓樵購于揚州癸丑兵火之後"(方白),出自儀徵人吴熙載(1799—1870,字讓之,自稱"讓翁")之手。卷四、卷八首頁之"焦訢印"(方白)雖無考,但風格與前者相似,疑亦爲吴氏爲劉漢臣所刻。

　　1916年,此宋刊《爾雅疏》被烏程人蔣汝藻收購後,方廣爲學界所知。王國維1919年9月爲蔣氏編目、撰寫《傳書堂藏書志》時,便留下了三篇相關文稿④。王氏還據此撰寫了《宋刊本爾雅疏跋》(《觀堂集林》中收録),這都爲我們探尋王氏《爾雅疏》研究歷程提供了原始材料。此外,傅增湘於戊午(1918)觀此書後寫下題跋⑤,張元濟於壬戌(1922)冬日從蔣氏借來此書,影印後收入

---

①　張元濟《涵芬樓燼餘録》"《爾雅疏》十卷"條,見《張元濟古籍書目序跋彙編》中册,商務印書館,2003年,第429頁。
②　〔清〕陳鱣《經籍跋文》,清《涉聞梓舊》本,第30頁A面。
③　關於劉氏獲得此書的經過及最後歸宿,鎮江丹徒人陳邦懷(1897—1986)《一得集》(齊魯書社,1989年,第349—350頁)有詳細的叙述,可參閲。
④　初稿現藏於國家圖書館,2010年國家圖書館影印出版;修改稿是在初稿的基礎上加以修訂,被陳乃乾收入《觀堂遺墨》中;定稿即1924年7月送至蔣氏的最終謄清稿,1974年臺灣藝文印書館據之影印,2010年《王國維全集》本《傳書堂藏善本書志》以之爲底本。現存定稿中有兩份,筆迹相差很大,前者有《附校記》,後者無。詳見陳力《王國維〈傳書堂藏善本書志〉略述》,《文獻》2010年第1期。
⑤　傅增湘《藏園群書經眼録》卷二"爾雅疏十卷"條,第102頁。

《續古逸叢書》。蔣氏破產後，藏書抵押浙江商業銀行。張元濟力排衆議，最終於 1926 年 1 月將此本購入上海商務印書館"涵芬樓"中，1934 年又重加影印，收入《四部叢刊續編》中。此宋刊《爾雅疏》後轉歸北京圖書館，即今國家圖書館。《續修四庫全書》《中華再造善本》《國學基本典籍叢刊》等均據入藏國圖後之本影印。

通過影印本，我們發現此國圖藏本每卷多有補版，版心上偶記字數，其下記刻工姓名，然磨滅甚多，襯紙處間有描補。今參考前人相關研究，可查考出殘存刻工信息者有王恭、楊昌、張斌、吳津①、陳浩②、方中吳③、李仲、劉廷、張明、范堅、嚴忠④、徐友山、孫開一⑤、毛端⑥、李祥、陶士中⑦、謝成、陶嵩⑧、章忠、徐榮、俞聲、施昌、李寶、陳邦卿等 24 位，均活動於宋元時期的杭州地區。其中王恭、嚴忠、毛端都是南宋初期的名工，王恭與張斌、陳浩、方中吳、張明一起刊刻過紹興八行本《尚書正義》；范堅、毛端刊刻過紹興八行本《周易注疏》；李祥、徐榮均參與過紹興八行本《周禮注疏》的刊刻；劉廷刊刻過贛州本《文選注》；施昌、章忠均刊刻過淳熙間耿秉本《史記集解索隱》；楊昌、吳津均刊刻過慶元六年八行本《春秋左傳正義》；李仲刊刻過乾道八年《資治通鑑綱目》等，此 16 位大概屬於南宋早中期。而李寶(元初)、陳邦卿(大德間)、孫開一、徐友山、俞聲(均至元間)、謝成、陶士中(均至正間)、陶嵩等 8 位，他們均曾爲包括《爾雅疏》在內的衆多南宋刊刻修補過版片，陶士中甚至活到了明初，洪武三年(1370)曾刻過《元史》。這就足以説明此本確爲南宋初年杭州地區刊刻，後又經南宋中後期、元、明三個時期遞修之本。

此本避諱字中涉及北宋的主要有"匡""敬""警""驚""弘""胤""殷""慇""玄""炫""弦""鉉""恒""烜""楨""桓"等，而涉及南宋的只有"稱""慎"二字。王國維説"高宗嫌名'媾'字，皆闕一筆"⑨，"書中欽宗嫌名'烜'字，高宗諱'構'字皆闕末筆"⑩，然全書未見"媾"字，主諱"構"以及嫌諱"遘""溝""覯""觳"等

---

① 王肇文編《古籍宋元刊工姓名索引》(上海古籍出版社，2012 年，第 313 頁)云日藏本作"吳世"，非。

② 李致忠先生認爲："陳浩可能是北宋末、南宋初期的刻工，他參與過北宋刊遞修本《史記》的鏤板工作，而且還是原板刻工，還參與過北宋本《漢書》的鏤板工作。"(《宋版書叙録》，北京圖書館出版社，1994 年，第 257 頁)。但實際上陳浩還刻過慶元六年(1200)八行本《左傳》，前後相差七十餘年，有同名異人之嫌，阿部隆一已表示懷疑，見《阿部隆一遺稿集》(東京汲古書院，1993 年，第 1 卷，第 364 頁)。

③ 《涵芬樓燼餘録》《古籍宋元刊工姓名索引》《中華再造善本總目提要》(國家圖書館出版社，2013 年，第 116 頁)作"方中呈"，非。

④ 見卷三頁一二，《涵芬樓燼餘録》《中華再造善本總目提要》有"張忠"者，疑指此，然無考；李霖《宋本群經義疏的編校與刊印》(中華書局，2019 年，第 70 頁)釋讀爲"嚴忠"。

⑤ 《古籍宋元刊工姓名索引》云日藏本作"孫開"，非。

⑥ 卷五頁一六原作"毛"，《古籍宋元刊工姓名索引》《中華再造善本總目提要》作"毛端"。

⑦ 原作"士中"，據《古籍宋元刊工姓名索引》，疑即"陶士中"。

⑧ 見卷七頁一七，此人雖無考，然此頁當爲元代補刊。

⑨ 王國維《王國維手定觀堂集林》卷一七《宋刊本爾雅疏跋》，浙江教育出版社，2014 年，第 434 頁。

⑩ 《傳書堂藏書志》卷一"爾雅疏十卷"條，第 81 頁。

也皆不闕筆,當是王氏誤記,《涵芬樓燼餘録》《中國版刻圖録》等因之。然即便"稱""慎"二字,整部書避諱也極不嚴謹,"慎"字只有卷四頁一一Ａ面第十四行"叔作朮許慎曰"、頁一一Ｂ面第二行"孫順也許慎云從子從系"、頁一二Ｂ面第二行"大者也可無慎乎"三處缺末筆,他處則不缺;"稱"字只有卷七頁六Ｂ面第三行"揔稱故題云野"一處,他處并未見。李致忠先生説:"這種有缺有不缺的避諱現象,可能是原刻避諱不嚴謹所致,也可能是原刻與補版時間不同造成的。但無論是何種原因,'慎'字出現闕筆,當可説明其刊刻或早於孝宗,或即刊刻於孝宗時。"①李霖推測覆刻年代在"孝宗隆興、乾道間"②。我們認爲這種高宗不諱、孝宗諱的現象只能説明卷四頁一一、一二,卷七頁六爲孝宗時補刊,也説明此本或許存在較高宗更早的頁面,故此本是初刊於北宋,還是兩宋之際、南宋初期,目前已難以辨别,張元濟説"非與《毛詩》《尚書》同時開雕,即就北宋本修補也"③,統以"宋刊本"目之,尚屬準確。

全書的字形基本以歐體爲主,字畫謹飭,乃杭州地區刊刻書籍的常用書體。卷七全卷不過十八頁,然頁四、七至一八,共十三頁,因字形與前後迥異,且有刻工供參考,故可以基本推定爲入元後補刊。王國維説此本"又多元、明補刊之葉,乃南渡後重刊北宋監本,又經元、明修補者也""此本用洪武中公牘紙印,又有明初補板,乃明南雍印本可知"④,"宋南渡後重刊北宋監本,中有元、明補刊之葉","故每卷中皆有元明補刊之葉,卷七一卷補葉殆居其半"⑤,蓋皆以字形立説。筆者不敢妄斷何頁爲明代補刊,設若有,則當以卷三頁三、卷九頁一五可能性最大,因其字形拙劣爲全書中僅見,且訛誤極多。

總而言之,通過刻工、避諱字、字形、補版頁等多方考察,此本可定爲"宋刻元明遞修本"。王國維最初認爲此本爲"北宋咸平四年刊,自南宋迄元明間遞有修補"(《四部叢刊續編》本書末引《觀堂遺墨》跋文),後又修正爲"宋南渡後重刊北宋監本,中有元、明補刊之葉",今姑且從後者。

二　宋刻本《爾雅疏》版本來源

北宋淳化五年(994),孔穎達《五經正義》刊版甫成,判國子監李至請命别纂、刊刻包括《爾雅疏》在内的《七經義疏》,獲準。咸平三年(1000)三月,國子監祭酒邢昺(932—1010)等人取孫炎、高璉舊疏,約而修之,成《爾雅疏》十卷⑥,"四年九月丁亥以獻,賜宴國子監,進秩有差。十月九日,命杭州刻板",

---

① 《中華再造善本總目提要》,第116頁。
② 《宋本群經義疏的編校與刊印》,第72頁。
③ 《涵芬樓燼餘録》,第429頁。
④ 《王國維手定觀堂集林》卷一七《宋刊本爾雅疏跋》,第434頁。
⑤ 《傳書堂藏書志》卷一"《爾雅疏》十卷"條,第80—81頁。
⑥ 據《爾雅疏叙》,當時與邢昺共相討論、爲之疏釋者共八人,即杜鎬、舒雅、李維、孫奭、李慕清、王焕、崔偓佺、劉士玄。又朱彝尊《經義考》引程敏政之説,以爲此《叙》在舒雅集中,題曰"代邢昺作",見《經義考新校》卷二三八"邢氏(昺)《爾雅疏》"條,上海古籍出版社,2010年,第9册,第4283頁。

具體刊刻工作則由王煥負責。但刊成、頒行的具體時間,史書并未記載,結合景德二年(1005)"六月庚寅,國子監上新刻《公》《穀傳》《周禮》《儀禮正義》印板。……十月甲申,賜輔臣親王《周禮》《儀禮》《公》《穀傳疏》"①的史實,張麗娟則判斷《爾雅疏》在此之後刊成②,而顧永新認爲在此之前已雕造完成③,未知孰是,但想必距離景德二年(1005)不遠。這是目前關於北宋邢昺等人編纂《爾雅疏》的全部史料。問題是邢昺等人所據之郭璞《爾雅注》爲何版本,探明這一點,對我們梳理《爾雅》版本源流意義重大,而史料以及前輩學者并未提及。筆者通過相關材料及文字對比,認爲是彼時尚通行的五代國子監刊本,原因有三:

首先,十行本版本來源晚於宋監本。今傳宋刻本《爾雅注》主要有兩種:一是南宋孝宗時國子監刻本,半頁八行,簡稱宋監本,今藏臺北"故宮博物院";二是南宋紹興年間浙東地區刻本,附《音釋》,半頁十行,簡稱十行本,今藏國家圖書館。雖然十行本刊刻時間要早於宋監本,但整體而言,十行本版本來源晚於宋監本,這一是因爲完整保留五代監本形式的宋監本,其經文本自唐"開成石經","唐石十二經"的總字數即記於《爾雅》書末,宋監本的總字數也在書末,可見在書末記載總字數是唐末、五代以來的慣例,而於各卷卷末分刻字數則是後來的形式,十行本正是於每卷卷末分別記載字數。二是因爲《音釋》乃五代後蜀毋昭裔所作的《爾雅音略》的改編本④,反映的是五代末、宋初的《爾雅》讀音,故其版應該是在五代國子監本的基礎上加工而成的;且目前尚無確鑿證據說明十行本在北宋時期已經刊刻完成,筆者認爲它更可能是在南宋整合諸經經注、釋文爲一體、從而方便讀者這樣的大背景下的產物。

其次,彼時北宋國子監尚未翻刻《爾雅注》。關於這一點,曾任職故宮博物院的張允亮有過詳細的考證,今摘錄如下:

> 考《玉海》載後唐長興三年二月,令國子監校正《九經》,以西京石經本鈔寫刻板頒天下;四月命馬縞、陳觀、田敏詳勘;周廣順三年六月,十一經及《爾雅》《五經文字》《九經字樣》板成,判監田敏上之。其下注"四門博士李鶚書,惟《公羊》,前三禮郭嶬書"。更參之《舊五代史》《五代會要》《冊府元龜》《資治通鑑》及宋人各家之説,此舉出於中書門下奏請,其時宰相爲馮道、李愚,發端則吳蜀印板文字也,歷四朝八帝,凡二十二年,而全書告成。北宋初年,尚仍其舊,是爲諸經鏤板之始,亦即胄監刻書之始。《玉海》又載景德二年九月,國子監言《尚書》《孝經》《論語》《爾雅》四經字體訛缺,請以李鶚本別雕,命杜鎬、孫奭校勘,又命邢昺與兩制詳定刊正之,是

---

① 〔宋〕王應麟《玉海》卷四一、四二,江蘇古籍出版社,1987年,第779、803頁。
② 張麗娟《宋代經書注疏刊刻研究》,北京大學出版社,2013年,第263頁。
③ 顧永新《經學文獻的衍生和通俗化》,北京大學出版社,2014年,第62頁。
④ 松崎復《〈爾雅〉校訛》説:"按晁公武《讀書志》曰'《爾雅》[舊]有釋知騫及陸[元]朗《釋文》,毋昭裔以一字有兩音或三音,後[學]生疑於呼讀,[今]釋其義最明者爲定',有《爾雅音略》三卷。今此《音釋》雖零星數紙,亦分爲三卷,或係《音略》舊本歟?"(見羽澤石經山房刻《景宋本爾雅》書後)

爲北宋胄監重刊經籍之始。①

景德二年(1005)九月是北宋國子監翻刻五代《爾雅注》之始，彼時邢昺等人所編纂的《爾雅疏》早已完成，故邢昺等人所據《爾雅注》只能是當時尚在通行的五代國子監《爾雅注》，只是已經"字體訛缺"罷了。

再次，异文相合。今存宋監本《爾雅注》翻刻自北宋國子監本，而北宋本又經過"邢昺與兩制詳定刊正之"，輾轉翻刻，加上國圖所藏《爾雅疏》又是遞修本，二者在文字上難免有所不同，然即便如此，與十行本相比，二者還是有异文高度相合者。今以《爾雅》前三篇爲例，舉證如下：

1.《釋詁》"胎，始也"郭注："胚胎未成，亦物之始也。"十行本②同，宋監本③、單疏本"胚"作"肧"。案：作"肧"與《說文》合，阮校云是。

2.《釋詁》："席，大也。"十行本同，唐石經④、宋監本、單疏本"席"作"蓆"。案：《說文》"蓆，廣多也""席，藉也"，"廣多"有"大"義，作"蓆"是。

3.《釋詁》"摧，至也"郭注引《詩》云："先祖于摧。"十行本同，宋監本、單疏本"于"作"於"。阮校云郭注引《詩》皆作"於"，不作"于"。

4.《釋詁》"齯齒，壽也"郭注云："齒墮更生細者。"十行本同，宋監本、單疏本"墮"作"隋"，與宋刊《釋文》合。王樹枏云："陸氏依郭本爲正，則郭本經注作'隋'，不作'墮'。'隋'者，'墮'之正字。"⑤則作"隋"是。

5.《釋詁》"儀，匹也"郭注引《國語》云："丹朱憑身以儀之。"十行本同，宋監本、單疏本"憑身以"作"馮身"。作"馮"與《國語》、宋刊《釋文》合，阮校云是，加"忄"爲俗字。

6.《釋詁》："尰癩，病也。"十行本同，唐石經、宋監本、單疏本"癩"作"瘯"。阮校云作"瘯"是，"癩"乃俗字。

7.《釋詁》："頻，視也。"十行本同，唐石經、宋監本、單疏本"頻"作"顐"。案：《說文》"顐，視也""頻，低頭也"，義別，作"顐"是。

8.《釋詁》："底，止也。"十行本同，唐石經、宋監本、單疏本"底"作"底"。案：《說文》云"底，山居也，从广氐聲"，阮校云是，"底"乃訛體。

9.《釋詁》："豫、射，厭也。"十行本同，唐石經、宋監本、單疏本"厭"作"猒"。案：《說文》"猒，飽也""厭，笮也"，義別，作"猒"是。

10.《釋詁》"刷，清也"郭注："掃刷。"十行本同，宋監本、單疏本"掃"作"埽"。案：《說文》有"埽"無"掃"，作"埽"是。

11.《釋言》："棄，忘也。"十行本同，唐石經、宋監本、單疏本"棄"作"弃"。案：《說文》"弃，古文棄"，唐代避諱多用"弃"。

12.《釋訓》"韹韹，樂也"郭注云："鐘鼓音。"十行本同，宋監本、單疏本

---

① 張允亮《故宮善本書志·爾雅三卷》，《故宮周刊》1929年第113期第七版，署名"庚樓"。
② 〔晋〕郭璞注《宋刊爾雅》，中國書店影印本，2021年。
③ 〔晋〕郭璞注《監本爾雅郭注》，故宮博物院影印《天禄琳琅叢書》第一集，1932年。
④ 《景刊唐開成石經》，中華書局，1997年。
⑤ 〔清〕王樹枏《爾雅郭注佚存補訂》卷八，《續修四庫全書》本，第64頁。

"鐘"作"鍾"。案：《説文》"鐘，樂鐘也"段注云："經傳多作'鍾'，叚借酒器字。"①二字古通用。

13.《釋訓》"噰噰、喈喈，民協服也"郭注云："鳳凰應德鳴相和。"十行本同，宋監本、單疏本"凰"作"皇"。案"凰"是俗字，當作"皇"。

14.《釋訓》"骭瘍爲微"郭注："瘍，瘡也。"十行本同，宋監本、單疏本"瘡"作"創"。阮校云"瘡"乃"創"俗字，作"創"是。

而與之對應的是，單疏本亦有與十行本相合而與宋監本相左者，只是數量相對要少得多，今略舉幾例：

1.《爾雅序》："豹鼠既辯，其業亦顯。"唐石經、宋監本同，十行本、單疏本"辯"作"辨"。前文"辯同實而殊號者也"，各本同，則作"辯"是。

2.《釋言》："洵，龕也。"唐石經、宋監本同，十行本、單疏本"龕"作"龕"。案："龕"从今聲，阮校云作"龕"是。

3.《釋訓》："蓁蓁、孼孼，戴也。"宋監本同，十行本、單疏本"孼孼"作"孽孽"。案："孽"爲俗字，作"孼"是。

4.《釋訓》"如琢如磨，自脩也"郭注："玉石之被彫磨。"宋監本同，十行本、單疏本"彫"作"雕"。阮校云"雕""彫"一字。

5.《釋訓》"凡曲者爲罶"郭注云："凡以薄爲魚笱者。"宋監本同，十行本、單疏本"薄"作"簿"。案：《説文》"薄，林薄也，一曰蠶薄"，阮校云是。

從上文所列諸例不難看出，單疏本與唐石經、宋監本相合者甚多，且多半正確；而與十行本相合者甚少，且多半訛誤，因此宋刻本《爾雅疏》的版本來源更加靠近唐石經、宋監本。又按年代考察，知邢昺等人所據之《爾雅注》當爲五代國子監本。

三　宋刻本《爾雅疏》體例價值

國圖藏宋刻本《爾雅疏》共十卷、一百五十二頁，因卷八第十一頁缺失，故實際共存一百五十一頁。原書版框高二十一·一厘米，寬十五厘米②。每半頁十五行，每行二十九至三十一字不等。"此亦六朝以來義疏舊式"，"宋初刊經疏用小字，皆仍唐人卷子舊式也"，白口，左右雙闌，"猶是咸平舊式"③。首頁首列《爾雅疏叙》，次列"翰林侍讀學士朝請大夫守國子祭酒上柱國賜紫金魚袋臣邢昺等奉勅校定"名銜，"勅"字提行。《叙》中"今既奉勅校定"之"勅"與下文"睿旨"又提行。後接"爾雅疏卷第一"，次"爾雅序"，次"釋曰"起。卷一頁五A面第十四行乃"爾雅卷上""郭璞注"，B面第三行方爲"釋詁第一"。書中雖多有補版，但"行款一仍舊疏，字畫亦頗謹飭，蓋即用舊印本景刊，初印既不可

---

① 〔清〕段玉裁撰，許惟賢整理《説文解字注》第一四篇上，鳳凰出版社，2007年，第1233頁上欄。
② 北京圖書館編《中國版刻圖録》云"匡高二〇·九厘米，廣一四·三厘米"（文物出版社，1990年，第1册，第13頁），蓋爲測量誤差。
③ 《王國維手定觀堂集林》，第434頁。

見,則修補本亦足寶矣"①。元刊本《爾雅注疏》疏文部分即源於單疏本,然由於元刊本刊刻有欠精審,故導致其後以之爲祖本的明閩本、監本、毛本以及清武英殿本、《四庫全書》本等均不同程度出現訛脱衍倒的現象。我們以《中華再造善本》影印的元刻九行本《十三經注疏·爾雅注疏》校之,發現宋刊《爾雅疏》在體例上的價值主要體現在以下幾個方面:

其一,單疏本標爲"十卷",而元刊本以下皆作"十一卷"。《爾雅疏叙》云"共相討論,爲之疏釋,凡一十卷",可見邢昺等人書成時共十卷。南宋鄭樵所撰《通志·藝文略第一》著録有《爾雅兼義》十卷,今雖不存,但通過據之翻刻的元刊本"釋詁第一"前的"爾雅兼義一卷上"等標題,可知其分卷與單疏本不同。元刊本又分爲十一卷,前五卷當與《兼義》同,第六、七卷乃拆分《兼義》第六卷而成,導致第八、九、十、十一卷分别對應《兼義》第七、八、九、十卷,產生錯位。三者分卷標目情況見表1。

表1

經注本	爾雅序	卷上			卷中						卷下				
		釋詁第一	釋言第二	釋訓第三	釋親第四	釋宮第五	釋器第六	釋樂第七	釋天第八	釋地第九	釋丘第十	釋山第十一	釋水第十二	釋草第十三	釋木第十四	釋蟲第十五	釋魚第十六	釋鳥第十七	釋獸第十八	釋畜第十九
單疏本	爾雅疏叙	卷一卷二	卷三	卷四	卷五	卷六	卷七	卷八	卷九	卷十
兼義本		卷一	卷二	卷三	卷四	卷五	卷六	卷七	卷八	卷九	卷十
元刊本	爾雅注疏序	卷一	卷二	卷三	卷四	卷五	卷六	卷七	卷八	卷九	卷十	卷十一

單疏本卷一頁五A面第十四行云"上者,對'中''下'生名。直以簡編重多,分爲上、中、下三卷,無義例也"之"上""中""下",其實是針對經注本"爾雅卷上""爾雅卷中""爾雅卷下"而言,但元刊本、閩本誤附在"爾雅兼義一卷上"標題之下,因此誤分出"一卷中""一卷下""二卷下""三卷下"等次標題,全書準此;殿本、《四庫》本則由於打亂體例,無處安設此段文字,故直接删除此節疏文。不僅如此,元刊本還删除《爾雅疏叙》中"凡一十卷"四字以自圓其説,明清以來的注疏本皆因之。不管是《兼義》,還是《注疏》,如此草率的分卷與標目,

---

① 《王國維手定觀堂集林》,第 434 頁;《傳書堂藏書志》,第 80—81 頁;《四部叢刊續編》影印本書末引《觀堂遺墨》跋文。阮刻所據袁本,其"校勘記序""宋槧《爾雅疏》十卷"下云"此當脱胎北宋本,中有明人刊補者,最劣"(《十三經注疏·爾雅注疏》,中華書局,1980 年,第 2566 頁)。

均爲建陽地區的書賈率性而爲無疑。若没有此單疏本,那麽邢昺等人所撰之本的卷次與標目將無從查考。

其二,單疏本經注或載全文,或標起止,下空一格方有"釋曰"二字,元刊本以下要麼整體删除,要麼改標起止。如上文提及的"上者,對'中''下'生名"一節,單疏本上尚有"爾雅卷上""郭璞注""釋曰"九字,然元刊本至殿本、《四庫》本皆删除,阮本甚至將此節疏文割裂成兩段,分别列於大字"爾雅卷上"與"郭璞注"下。又如單疏本卷一頁六第五、六行"初哉首基肇祖元胎俶落權輿始也釋曰",是一段比較完整的《釋詁》經文,然元刊本至殿本、《四庫》本皆删除,阮本改成"初哉至始也釋曰";同頁第八行"注尚書至殊語釋曰",元刊本删作"〇",閩本、監本、毛本删作"注",以〇圈之,殿本則删作"注",阮校統以"注疏本删下八字"校之。如此等處,設若没有單疏本,那麽即使是重組單疏本的阮本,也無法完全還原邢昺所撰之書的原有面貌。

其三,邢昺等人校訂、編纂《七經義疏》前後耗時一年半,速度之快,令人咋舌。今觀《爾雅疏》,多取孔穎達《五經正義》之文[1],於《正義》無對應《爾雅》經注之文字者則多省略,甚至直接照録郭注敷衍搪塞,如單疏本卷八頁一五Ａ面第九行"郭云釋言云華皇也今俗呼草木華初生者爲芛蘥猶敷蘥亦華之貌"、卷十頁二Ａ面第五行"郭云似鳧脚高毛冠江東人家養之以厭火災"、卷十頁二Ｂ面第一行"郭云鸐鷚也江南呼之爲鷚善捉雀因名云"等,元刊本於此等處常删除不録,而單疏本却保留完整,這爲我們校勘郭注提供了參考。如"蘥猶敷蘥",阮本郭注脱上"蘥"字;"江南呼之爲鷚",元刊本以下至殿本、《四庫》本"南"皆誤改"東"等,其校勘價值是不容忽略的。

其四,單疏本中的音釋原爲雙行小字,而元刊本以下多改爲單行大字,不僅與疏文無别,還打斷了語句,如卷一頁八Ａ面第六、七行引《方言》云"徦(音駕)袼(古格字)懷摧詹戻艘(古屆字)至也","音駕""古格字""古屆字"單疏本爲雙行小字,但元刊本至毛本皆改作大字,殿本、《四庫》本甚至移至疏末作大字"徦音駕""袼古格字""艘古屆字"。有時甚至造成疏文的嚴重錯簡,如卷五頁七Ａ面第四行引《方言》"瓨(音岡)𦉥(都感切)甌(音武)㽀(音由)甀(音鄭)甕(仕江切)甁(度睡切)瓮瓴甀(瓴音部)(甀落口切)㽅(牛志切)"諸字,單疏本大小字間錯,容易識别,元刊本以下至殿本、《四庫》本均改爲大字并整體移於疏末,且删除"瓮瓴甀"三字,"睡"誤作"睡","牛"誤作"年";不僅如此,閩本、監本、毛本、殿本"甌"還誤作"甌",殿本"仕"誤作"胙",可謂離《方言》原文甚遠。

四　宋刻本《爾雅疏》校勘價值

前面已提及單疏本的經注文多與唐石經、宋監本相合,且正確者居多,但當我們深入校勘後發現,單疏本的校勘價值遠不止此。比如《爾雅疏》中常引

---

[1] 〔日〕野間文史著,楊柳譯《邢昺〈爾雅疏〉研究》,見《中國經學》第一七輯,廣西師範大學出版社,2015年,第1—14頁。

用三國時期陸機所撰《毛詩草木蟲魚鳥獸疏》之説，此書開《毛詩》名物研究之先河，爲世所重，然陸德明《經典釋文》、晁公武《郡齋讀書志》、陳振孫《直齋書録解題》、紀昀《四庫全書總目提要》等均作"陸璣"。錢大昕跋單行本《爾雅疏》時説"自李濟翁强作解事，謂元恪名當從玉旁，晁氏《讀書志》承其説，以或題'陸機'者爲非，自後經史刊本遇元恪名輒改從玉旁。予謂考古者但當定《草木疏》爲元恪作，非士衡作，若其名則皆從木旁"①，阮元《十三經注疏校勘記》、余嘉錫《四庫提要辨證》皆承其説，可謂撥千古之疑雲。雖然元刊本、閩本、監本等也作"機"，但無疑皆承襲單疏本而來，毛本、殿本改從"璣"，當是受到唐李濟翁《資暇集》、宋晁公武《讀書志》影響。陳鱣不無感慨地説云："書以宋版爲貴，即此一字，已屬信而有徵，又况全經之足資考證也乎？"②

阮元校刻《十三經注疏》時，因家無"宋十行注疏"本《爾雅注疏》，故用顧廣圻翻刻的明吴元恭本後印的剜改本與單疏本加以重構③。阮本的通行，使得元明以來的《爾雅注疏》嚴重的文字脱訛現象得到一定改善。但阮本也并非無瑕，其中可用單疏本校正者甚多，其中僅前三卷就至少有110處，今擇其重要者，結合前人校勘成果，略述幾例如下：

1. 卷一頁三A面第六、七行"《易》之謙謙，一謙而四益"，阮本"謙謙"作"嗛嗛"。阮校云："'嗛嗛'與《漢書》合。按《易釋文》'謙，《子夏傳》作"嗛"，云"嗛，謙也"'，言'嗛'爲'謙'之假借字也。《班志》所用，正韓嬰《易》。此本舊亦描改爲'謙'，今訂正。"④王國維云："案此本此葉係原刻，正作'謙謙'，并非描改，阮《記》誤。"⑤

2. 卷一頁八B面第七行"《大雅·文王》云'厥猶翼翼'"，阮本"猶"作"猷"。劉光蕡云："此經文作'猷'，《詩》作'猶'，故下言'"猷""猶"音義同'以申明之，作'猶'字是。"⑥

3. 卷一頁一三A面第八行"《商書》篇名也"，阮本"書"作"頌"。劉光蕡云："'西伯戡黎'乃《商書》篇名，作'書'是，此誤。"⑦

4. 卷二頁二B面第十、十一行"申重、加增、弼輔"，阮本"增"作"弼"。劉光蕡云："案《説文》'加者，語相增加也'，鄭氏《鄉射禮》注云'增故曰加'，邢疏以'增'釋經'加'字，此及各本作'弼'誤矣。"⑧

---

① 〔清〕錢大昕《潛研堂文集》卷二七《跋爾雅疏單行本》，見陳文和主編《嘉定錢大昕全集》第9册，鳳凰出版社，2016年，第425頁。
② 《經籍跋文》，第31頁A面。
③ 明吴元恭本原無《音釋》，顧廣圻翻刻時據別本附入，此亦是阮本《音釋》之來源。前人認爲阮本所據爲明吴元恭本原本，非也。詳見瞿林江《〈爾雅〉版本源流考》，漆永祥、王鍔主編《斯文不墜在人間·李慶善教授誕辰百周年紀念文集》，北京聯合出版公司，2017年，第348—361頁。
④ 《十三經注疏·爾雅注疏》，第2571頁上欄。
⑤ 《傳書堂藏書志》，第82頁。
⑥ 〔清〕劉光蕡《爾雅注疏校勘札記》，《爾雅詁林》影印本，湖北教育出版社，2014年，第150頁下欄。
⑦ 《爾雅注疏校勘札記》，《爾雅詁林》影印本，第314頁下欄。
⑧ 《爾雅注疏校勘札記》，《爾雅詁林》影印本，第387頁下欄、388頁上欄。

5. 卷二頁四B面第二行"皆謂憂愁也",阮本"謂"作"言"。劉光蕡云:"邢疏前後皆作'謂',此獨作'言',疑誤。"①

6. 卷二頁四B面第九行"愉,今字或作窳,同",阮本"窳"作"窬"。阮校云:"承慶云:'懶人不能自起,瓜瓠在地,不能自立,故字從瓜;又懶人恒在室中,故從宀。'今《釋文》亦誤作'窬',蓋因《說文》脱'窳'字,故諸書誤以穴部字當之。"②

7. 卷二頁一二A面第六、七行"汱、渾、隕,墜也",阮本"汱"作"汱"。邵晉涵云:"汱,當作'汱'。"③今案:《說文》"汱,淅澗也。从水大聲",段注云:"《士喪禮》'祝淅米於堂'注'淅,汱也',《釋詁》曰'汱,墜也',汱之則沙礫去矣,故曰墜也。"④作"汱"是。

8. 卷二頁一三A面第三行"《穀梁傳》曰'諸侯不享覲'者,僖五年文",阮本"僖"作"隱"。劉光蕡云:"《穀梁傳》昭公三十二年'諸侯不享覲',此作'隱五年'誤。"⑤今案:僖五年、昭三十二年有三處出現"諸侯不享覲",然范注於僖五年下注云"享,獻也",則作"僖"是。

9. 卷二頁一三A面第十一行"故云'美惡不嫌同名'",阮本"云"作"稱"。劉光蕡云:"'故云'者,邢疏發明郭注之詞也,作'稱'誤。"⑥

10. 卷二頁一三A面第十五行"枿,槁木之餘也",阮本"餘"作"遺"。劉光蕡云:"《書·盤庚》'若顛木之有由蘖'正義引《釋詁》曰'枿,餘也'李巡曰'枿,槁木餘也',馬國翰輯本引此亦作'餘',此'遺'字誤。"⑦

11. 卷二頁一四B面第六行"故《尚書》堯曰'殂落'",阮本"殂"作"徂"。阮校云:"按《尚書》作'殂落',《說文》'殂,往死也',《虞書》曰'放勛乃殂',足證孔氏古文作'殂'。"⑧今案:宋監本、十行本亦作"殂"。

12. 卷三頁四A面第九行"《小雅·常棣》云'外禦其務'",阮本"常"作"棠"。劉光蕡云:"邢疏前後如'務,侮也''飫,私也'下引《詩·常棣》俱作'常',則此處不宜獨作'棠',作'常'是。"⑨

13. 卷三頁六A面第十行"彊,暴也",阮本"彊"作"強"。阮校云:"按注云'彊梁,凌暴',疏引《詩序》'彊暴之男',則字當從'彊'。上文'競、逐,彊也'疏云'馳逐者,亦彊梁',可互證。"⑩今案:《說文》"強,蚚也""彊,弓有力也",義別,作"強"是。

14. 卷三頁八B面第七行"耊,老也",阮本"耊"作"耋"。張宗泰云:"今本

---

① 《爾雅注疏校勘札記》,《爾雅詁林》影印本,第465頁下欄。
② 《十三經注疏·爾雅注疏》,第2578頁下欄。
③ 〔清〕邵晉涵《爾雅正義》卷二,中華書局,2017年,第147頁。
④ 《説文解字注》第一二篇二,第976頁上欄。
⑤ 《爾雅注疏校勘札記》,《爾雅詁林》影印本,第787頁下欄。
⑥ 《爾雅注疏校勘札記》,《爾雅詁林》影印本,第795頁上欄。
⑦ 《爾雅注疏校勘札記》,《爾雅詁林》影印本,第801頁下欄。
⑧ 《十三經注疏·爾雅注疏》,第2580頁下欄。
⑨ 《爾雅注疏校勘札記》,《爾雅詁林》影印本,第982頁上欄。
⑩ 《十三經注疏·爾雅注疏》,第2586頁下欄、2587頁上欄。

誤作'老'下'至',按《説文》'耋,从老省、从至',於文不當有'匕'也。"①今案:《説文》段注云:"小篆既从'老'省矣。今人或不省,非也。"②

15. 卷三頁一三 A 面第十行"孫炎曰'皆擇菜也'",阮本"擇"作"釋"。劉光蕡云:"《廣雅》云'芼,搴取也',《説文》'芼'作'覒'云'擇也'。《詩·關雎》云'左右芼之',疏引孫炎曰'皆擇菜也',即邢所本,此作'釋'誤。"③

王國維《觀堂遺墨》跋文云:"昔阮文達刊《爾雅注疏》,其疏文全據此本,然因與經注合刊,故於單疏中複舉經注之文多所刊落,又往往改疏字以就經注本,故與所撰《校勘記》多不合,而校記亦多漏略,阮本新生之訛奪抑又倍之。"可見王氏早已看出阮本問題之所在,值得我們留意。

與此同時,我們也要看到今國圖藏《爾雅疏》不僅是配補本,且非完帙,卷八第十一頁有浮簽云"此是卷一之第十葉,重出又重裝",我們不知書寫者是誰,但將之比對卷一第十頁之後,我們發現二者在文字上完全一致,但後者版心保留完整,而卷八第十一頁却有明顯的磨損後描補的痕迹。又卷六第十三頁有浮簽"弟十二葉後弟一行弟一字""位原印模糊描者誤仁""十三葉前末行首字冬誤描春許瀚恭校"三行字。許瀚(1797—1866),字印林,山東日照人,曾問學於王引之,是道咸間著名學者,校書南北,爲龔自珍所稱道。臧庸也曾云:"間有模糊不清處,書賈率臆描改,如序疏'若繭之抽緒'改'緒'爲'縮',《釋詁》第一疏'則但指篇目而已'改'目'爲'自',《釋詁》'那,於也'疏《左傳》曰'棄甲則那'"改'那'爲'郡',此類讀者審其墨迹,無爲所惑。"④雖然所據乃袁廷檮本,今觀此本除"目"外,餘皆未描改,但這都提醒我們,此本《爾雅疏》多有描補,且訛誤率很高。

此外,單疏本的訛脱現象也普遍存在,今略舉卷三中幾例,見表2。

表 2

序	卷頁行	單疏本	校記	序	卷頁行	單疏本	校記
1	三 1A15⑤	成是南其	其當作箕	2	三 1B3	左傳	左當作毛
3	三 1B4	駈遽轉也	轉當作傳	4	三 1B12	畛底致也	底當作厎
5	三 2A9	子必不享	子當作予	6	三 2A12	敖撫傲也	撫當作憮
7	三 2A12	彼云□令	□當作魯	8	三 2A12	撫母教母	教當作敦
9	三 2A13	幼鞠離也	離當作稚	10	三 2B4	皆爲也	爲下當有止
11	三 2B7	廣雅去	去當作云	12	三 2B8	抱在貿絲	在當作布
13	三 2B12	王子出征	子當作于	14	三 3A4	挑作光	挑當作桃

---

① 《爾雅注疏本正誤》,《續修四庫全書》本,第 322 頁上欄。
② 《説文解字注》第八篇上,第 696 頁下欄。
③ 《爾雅注疏校勘札記》,《爾雅詁林》影印本,第 1357 頁下欄。
④ 〔清〕臧庸《校宋槧板爾雅疏書後》,見丁喜霞著《臧庸及"拜經堂文集"整理研究》點校篇《拜經堂文集》弟二,中國社會科學出版社,第 118 頁。
⑤ "三 1A15"即卷三頁一 A 面第十五行,後仿此。

續表

序	卷頁行	單疏本	校記	序	卷頁行	單疏本	校記
15	三 3A8	天雅瞻卬	天當作大	16	三 3A8	云鞠人忮	鞠當作鞫
17	三 3A12	大雅洞	洞當作泂	18	三 3B4	或曰粘	粘當作鮎
19	三 3B5	迺裏餱糧	裏當作裹	20	三 3B6	滷矜鹹苦	矜當作矜
21	三 3B7	矜憐者	矜當作矜	22	三 3B10	周南關雎	雎當作雎
23	三 3B10	流是覃也	衍是	24	三 7A2	洵龕也	龕當作龕
25	三 7A3	菀彼桑柔	菀當作苑	26	三 7A5	是不非也	衍也
27	三 7B3	不能目安	目當作自	28	三 7B15	周頌戴芟	戴當作載
29	三 7B15	毛傳去	去當作云	30	三 8A7	寐而覺之	寐當作寐
31	三 9A3	郤頓而倒	郤當作却	32	三 9B5	前郤顛倒	郤當作却
33	三 9B5	猶言爲	當作爲言猶	34	三 10B14	靡□夷屆	□當作有
35	三 10B15	言□覆同	□當作弃	36	三 11A10	方言云堁	堁當作堁
37	三 13A1	□衣裘	□當作禰	38	三 13A1	邅子馮	邅當作邅
39	三 13A5	翻囊也	翻當作翾	40	三 13A12	□□	當作之也
41	三 13A13	也□	□當作法	42	三 13B1	介嫉妎	介當作多
43	三 13B6	蒲騷	騷當作騷	44	三 13B13	□□	當作盍請
45	三 13B14	謂之綸	綸當作綸	46	三 13B14	説曰維終伊緌將	當作詩曰維絲伊緌者
47	三 13B14	何彼媺矣	媺當作禮	48	三 13B15	壯沫鰲	當作吐沫鰲
49	三 13B15	涎沫	當作涎沫	50	三 13B15	裹人之神	裹當作裛
51	三 14A6	□名皇	□當作一				

從中,我們發現卷三中第二頁、第三頁、第七頁、第十三頁之劣遠勝於他頁。阮校説第七頁"係明人補刻,不足據"[1]、第十三頁"自'禰'字起以下補刻,極劣"[2]。以此推之,卷四第九頁,卷五第六頁(阮校云補刻,多誤)、第十五頁,卷七第四頁、第十二頁、第十三頁,卷八第四頁、第六頁,卷九第六頁(阮校云補刻)、十五頁,卷十第九頁、第十一頁、第十二頁、第十六頁等頁面,訛誤也極多,爲補版無疑,皆"出坊本下,難與原刻短長也"[3]。儘管如此,瑕不掩瑜,宋刻本《爾雅疏》文字精準者還是占大多數的。因此,當下如果整理《爾雅注疏》,利用單疏本重加校勘是十分有必要的。

(作者單位:陝西師範大學文學院)

---

[1] 《十三經注疏·爾雅注疏》,第 2587 頁上欄。
[2] 《十三經注疏·爾雅注疏》,第 2588 頁下欄。
[3] 《校宋槧板爾雅疏書後》,《臧庸及"拜經堂文集"整理研究》點校篇《拜經堂文集》弟二,第 118 頁。

衰變與融合：宋代讖緯消亡的歷史面相

譚 磊

讖緯作爲興盛一時的思想資源，一般認爲它自漢代極盛之後逐漸衰落，至宋代徹底消亡，此後成爲絕學。歐陽修則向來被認爲是宋代反對讖緯的代表人物，他的《論刪去九經正義中讖緯劄子》也一向被視爲宋代討伐讖緯的檄文，似乎有標志着讖緯至此正式退出宋代思想舞臺的重要意義。但需要指出的是，讖緯在宋代的消亡并非突然到來，歐公之奏議的創作動機與實際内涵也仍有待發之覆。本文擬從對以上問題的考察出發，探討讖緯於宋代消亡的原因，并進一步探索其背後學術思潮的嬗變。

一 宋前讖緯的式微

從宋以後人的視角來看，讖緯的消亡似乎很是突然。但若細加分疏，其中的階段性過程仍皎然可辨。而對這一過程的梳理與溯源，正是探究宋代讖緯"突然"消亡的必要前提[1]。

讖緯經歷了兩漢的極盛時期之後，至魏晋南北朝已開始出現式微的迹象。《隋書·經籍志》大致梳理了前代官方禁讖的情況：

> 至宋大明中，始禁圖讖，梁天監已後，又重其制。及高祖受禪，禁之踰切。煬帝即位，乃發使四出，搜天下書籍與讖緯相涉者，皆焚之，爲吏所糾者至死。自是無復其學，祕府之内，亦多散亡。[2]

可見時至隋代，經歷魏晋南北朝多年動蕩局面以及歷代官方的打擊，讖緯文獻的保存遭到了相當程度的破壞，不僅嚴禁民間私有，官方庋藏也遭波及。《隋志》所云"無復其學"，未必完全屬實，朝廷經師仍可稱引讖緯，但讖緯之學在思

---

[1] 關於讖緯研究的一些基本問題，參見陳槃《古讖緯研討及其書録解題》（上海古籍出版社，2010年）、徐興無《讖緯文獻與漢代文化構建》（中華書局，2003年）、曹建國《張衡反讖思想析論——兼論讖緯研究中的泛化問題》（《哲學研究》2019年第8期）。

[2] 〔唐〕魏徵等《隋書》卷三二，中華書局，2019年，第1063頁。

想領域降爲附庸地位,不復東漢之盛是可以肯定的。隋代官方對讖緯的管控可謂極其嚴格,文帝曾"制私家不得隱藏緯候圖讖"①,不過"禁之逾切",也只是針對不利於統治的成分,并未全面否定。開皇十四年(594),蕭吉上書,引樂緯之說論證隋文帝受命於天,文帝"覽之大悦"②,欣然接受。讖緯文獻的著録首見於齊王儉《七志》,惜其書已佚③。梁阮孝緒纂《七録》,其所録讖緯仍可見者附於《隋志》。從《隋志》本身著録及所附《七録》著録篇目來看,雖疑有部分道教文獻掺入,但讖緯文獻的基本格局尚在④。

到了唐代,讖緯的地位相對於魏晋南北朝又進一步的下降,但依然在意識形態領域有重要的影響,唐代諸多政治事件都有與讖緯相關的思想背景。從文獻著録情況來看,兩《唐志》均以唐毋煚《古今書録》爲依據,讖緯類目著録均不過鄭玄、宋均二家注九部八十四卷,規模雖已大不如前⑤,但在《文選》李善注、《漢書》顔師古注、《後漢書》李賢注等重要文獻中,仍有大量與讖緯相關的内容。李善注《文選》,大量引用讖緯,尤其是東漢及之後的篇目,如干寶《晋紀總論》"至於世祖,遂享皇極"句,善注曰:"《尚書考靈耀》曰:'建用皇極。'"⑥"皇極"於先秦兩漢文獻中頗爲常見,李善所見出處,應以《尚書·洪範》爲最早,他却轉而引讖緯。顔師古《漢書》注情況相類,如《王莽傳》注釋"九錫"⑦,本可徑引《禮記·王制》,顔氏却選擇引《禮含文嘉》。《後漢書》李賢注也與上述二者相似,特别是《樊英傳》注,還難得地記録了"七緯"的詳目⑧,爲後世研究提供了重要參考。

除史書、文集外,甚至《五經正義》這樣與科考選官乃至國家意識形態直接相關的重要典籍,也將讖緯視作闡述經義的重要參考,如《詩經·周頌·思文》:"貽我來牟,帝命率育,無此疆爾界,陳常于時夏。"鄭箋曰:"武王渡孟津,白魚躍入于舟,出涘以燎,後五日,火流爲烏,五至,以穀俱來,此謂遺我來牟。……《書》説:'烏以穀俱來,云穀,紀后稷之德。'"《正義》疏鄭箋曰:"'武王渡孟津'至'以穀俱來',皆《尚書》文。……'烏以穀俱來,云穀,以記后稷之德'

---

① 〔唐〕魏徵等《隋書》卷二《高祖紀下》,第 42 頁。
② 〔唐〕魏徵等《隋書》卷七八《蕭吉傳》,第 1994 頁。
③ 《隋志》曰:"(王)儉又别撰《七志》……五曰《陰陽志》,紀陰陽圖緯。"《七志》原貌已無從得見,但據《隋志》記載可知它是目前可知最早明確著録讖緯文獻的目録。參見〔唐〕魏徵等《隋書》卷三二,第 1026—1027 頁。
④ 〔唐〕魏徵等《隋書》卷三二,第 1061—1062 頁。詳參徐興無《讖緯文獻與漢代文化構建》,第 4—5 頁。
⑤ 〔後晋〕劉昫等《舊唐書》卷四六《經籍志上》,中華書局,1975 年,第 1982 頁。〔宋〕歐陽修、宋祁《新唐書》卷五七《藝文志一》,中華書局,1975 年,第 1444—1445 頁。《舊唐志》所謂"經緯九家",去除其他成分後,與《新唐志》并無本質差别。
⑥ 〔梁〕蕭統編,〔唐〕李善注《文選》卷四九,上海古籍出版社,1986 年,第 2177 頁。關於李善注與讖緯的關係,詳參徐興無《〈文選〉李善注引緯考論——兼及讖緯與漢魏六朝文學的關係》(《西北師大學報》2013 年第 7 期)。
⑦ 〔漢〕班固撰,〔唐〕顔師古注《漢書》卷九九上,中華書局,1962 年,第 4072—4073 頁。
⑧ 〔南朝宋〕范曄撰,〔唐〕李賢注《後漢書》卷八二上,中華書局,1965 年,第 2721—2722 頁。

者,《尚書旋機鈐》及《合符后》皆有此文。"① 可見讖緯在政治上仍然具有相當的活躍性,但同時需要指出的是,這種活躍是以部分犧牲讖緯自身的整體性爲代價的。在讖緯極盛的漢代,它可以滲透經學闡釋的方方面面。相較於漢代,唐代的讖緯明顯失去了"内學"的崇高地位,回歸輔經的定位。如上所述,《五經正義》中引用讖緯實際是以其闡述經義,鮮少發明,且往往只是引用讖緯中的文字,或僅提及篇名,以文獻典故的形式附着於經注。因所選注本不同,各經之間引用讖緯的比例還有明顯差别,這更説明了讖緯的輔助地位②。

典籍注釋的大量引用使讖緯的文獻形態得以零碎化地被保存。在實際流傳層面,官方對經文、經義的強力一統,也使讖緯很難再獨立產生影響。此外值得注意的是,這一時期讖緯頻繁地與佛道牽合,從皇室行爲到民間活動皆可看出這種新動向。從漢代起就開始流傳,綿延至隋唐時代的一系列關於漢家興亡的讖言,恰好與此一動向桴鼓相應③。到魏晉南北朝時期,類似的讖言一再重現,但已經開始與佛道產生聯繫。至於唐代,雖然當政權出現波動時,"劉氏再興"的理論仍會被提起,但傳統讖緯學説已不再是政治思想領域的權威話語。李唐立國之初便藉助了道教"老君當治,李弘應出"的宗教政治預言。武則天掌權時期,反對勢力以"卯金刀"的讖言攻擊武氏,也須結合當時流行的佛教彌勒信仰進行宣傳,增強説服力。而武則天的反制措施同樣是利用佛教,將自己塑造成爲下生之彌勒,確立統治合法性④。這都反映出讖緯在思想界的實際影響力下降,甚至在與佛道的互動中逐漸淪爲附庸。

由此可見,讖緯在漢代極盛之後,於現實影響、文獻留存等方面經歷了持續的式微。究其原因,除政治力量的影響與選擇之外,還有讖緯自身的學術因素。它在兩漢特殊的政治文化環境中迅速崛起,但本就駁雜的成分也導致它在失去最合適的環境之後適應能力較差,由統治階層、知識階層傳入民間之後,更放大了這一缺點,兼之佛道的影響和衝擊,難免衰落。這是宋代讖緯延續的背景,也預示了其終將消亡的命運。

---

① 《毛詩正義》卷一九,〔清〕阮元校刻《十三經注疏》,中華書局,2009 年,第 1271—1272 頁。
② 張寶三認爲《五經正義》對讖緯的基本態度是"取緯説之可信者,而不全信緯書"。詳參氏著《五經正義研究》,華東師範大學出版社,2010 年,第 795—822 頁。
③ 西漢時便已有"赤厄三七"之類的讖言,《漢書·路温舒傳》曰:"温舒從祖父受曆數天文,以爲漢厄三七之間,上封事以豫戒。成帝時,谷永亦言如此。及王莽篡位,欲章代漢之符,著其語焉。"(〔漢〕班固撰,〔唐〕顔師古注《漢書》卷五一,第 2372 頁)各方勢力懷着各自目的傳播這種讖言,最終王莽引之以爲篡漢依據。東漢光武篤信讖緯,起事過程中就利用過《赤伏符》,其文曰:"劉秀發兵捕不道,四夷雲集龍鬥野,四七之際火爲主。"(〔南朝宋〕范曄撰,〔唐〕李賢等注《後漢書》卷一上《光武帝紀上》,第 21 頁)即位的祝文又引讖記云:"劉秀發兵捕不道,卯金修德爲天子。"(〔南朝宋〕范曄撰,〔唐〕李賢等注《後漢書》卷一上《光武帝紀上》,第 22 頁)除了延續所謂火德代興、逢"七"之運,又加入"卯金刀"指向劉氏再興的新元素。
④ 關於北齊及唐代相關讖言流傳的情况,詳參姜望來《謡讖與北朝政治研究》(天津古籍出版社,2011 年)、孫英剛《神文時代:讖緯、術數與中古政治研究》(上海古籍出版社,2015 年)。

二　歐陽修《論删去九經正義中讖緯札子》與北宋科舉改革

　　時至北宋，情況又有了進一步變化。曾經在魏晉隋唐時期，尚能於政治思想領域占一隅之地的讖緯，到北宋中期忽然銷聲匿迹。論及這一現象，學者往往以歐陽修的名篇《論删去九經正義中讖緯札子》爲關注點，并從整個經學史的視角考察，認爲正是歐公這篇奏議"纔真正敲響了讖緯的喪鐘"①。然而值得注意的是，呂希哲記述此次上書的反響曰："仁宗命國子學官取諸經及正義所引讖緯之説，逐旋寫録奏上，時執政者不甚主張之。"②歐陽修的提議得到皇帝一定程度的回應，但最終還是不了了之，甚至他自己也未再申訴此事。那麽這樣一篇并未直接造成實質性影響的奏議，是否可遽視作讖緯的"喪鐘"呢？對此，仍有必要對歐公之説重加審視：

　　　　臣伏見國家近年以來，更定貢舉之科，以爲取士之法，建立學校，而勤養士之方。然士子文章未純，節行未篤，不稱朝廷勵賢興善之意，所以化民成俗之風。臣愚以謂士之所本，在乎六經。而自暴秦焚書，聖道中絶。漢興，收拾亡逸，所存無幾，或殘編斷簡出於屋壁，而餘齡昏眊得其口傳。去聖既遠，莫可考證，偏學异説，因自名家，然而授受相傳，尚有師法。暨晉、宋而下，師道漸亡，章句之篇，家藏私畜，其後各爲箋傳，附著經文。其説存亡，以時好惡，學者茫昧，莫知所歸。至唐太宗時，始詔名儒撰定九經之疏，號爲正義，凡數百篇。自爾以來，著爲定論，凡不本正義者謂之异端，則學者之宗師，百世之取信也。然其所載既博，所擇不精，多引讖緯之書，以相雜亂，怪奇詭僻，所謂非聖之書，异乎正義之名也。臣欲乞特詔名儒學官，悉取九經之疏，删去讖緯之文，使學者不爲怪异之言惑亂，然後經義純一，無所駁雜。其用功至少，其爲益則多。臣愚以謂欲使士子學古勵行而不本六經，欲學六經而不去其詭异駁雜，欲望功化之成，不可得也。伏望聖慈下臣之言，付外詳議。今取進止。③

此札力陳讖緯之虚妄，認爲其"怪奇詭僻，所謂非聖之書，异乎正義之名"，如繼續保存在九經注疏之中，未免"雜亂"，故希望朝廷將其從注疏中剔除，使經義純一，以便士子尊經學古，養成良好風氣。從文本來看，其反對讖緯的立場顯而易見，但細繹其文，仍有待發之覆。

　　從意識形態角度來説，歐陽修這一批判，不涉及讖緯歷來最受關注的致命問題，即對當前政權的潛在威脅。而這一問題實際上在五代宋初仍具有一定的影響力。岳珂《桯史》曰：

---

　① 徐興無《讖緯文獻與漢代文化構建》，第301頁。
　② 〔宋〕呂希哲撰，夏廣興整理《呂氏雜記》卷下，朱易安、傅璇琮等主編《全宋筆記》第一編十，大象出版社，2003年，第287頁。
　③ 〔宋〕歐陽修撰，李逸安點校《歐陽修全集》卷一一二，中華書局，2001年，第1707頁。

唐李淳風作《推背圖》，五季之亂，王侯崛起，人有倖心，故其學益熾。開口張弓之讖，吳越至以遍名其子，而不知兆昭武基命之烈也。宋興受命之符，尤爲著明。藝祖即位，始詔禁讖書，懼其惑民志以繁刑辟。然圖傳已數百年，民間多有藏本，不復可收拾，有司患之。一日，趙韓王以開封具獄奏，因言犯者至衆，不可勝誅。上曰："不必多禁，正當混之耳。"乃命取舊本，自已驗之外，皆紊其次而雜書之，凡爲百本，使與存者并行。於是傳者懵其先後，莫知其孰訛；間有存者，不復驗，亦弃弗藏矣。《國朝會要》太平興國元年十一月，諸州解到習天文人，以能者補靈臺，謬者悉黥流海島，蓋亦障其流，不得不然也。①

宋之建立，伴隨着"點檢作天子"之類的讖言，太祖即位後也重視讖書的影響，對自己有利者保留，不利者則使之淆亂，這也是前代多數帝王對此類事物的態度。正如錢鍾書所説："乃祖固信圖讖者，其孫禁之，亦恐'人有倖心'爾，而禁之嚴適由於其信之深焉。"②然而太祖、太宗皆頗爲警惕的讖緯，到了仁宗朝，歐陽修却只是批評其"駁雜"、妨害經義，札子全文并未提及它最爲帝王忌諱的政權合法性等問題。皇帝不反對歐陽修的提議，做了一些初步安排，但也未再過問。宰輔對此事也不甚在意，蓋政務繁雜，既非軍政大事，又無皇帝特別督辦，自然就擱置了。可見漢以後讖緯在政治上的作用及與經義的闡發漸行漸遠的趨勢一直延續到了此時，太祖從讖緯文本及製造文本的人兩方面很有效地施加控制，這種意識形態也就逐漸失去對現實的指導作用，僅以注疏文本的形式留存在經典文獻中。到北宋中期，趙宋的政權合法性已爲不爭的事實，經過數十年崇文抑武政策的洗禮，政權內部的不穩定因素也被基本清除，讖緯更進一步喪失了用武之地，已不再受當權者重視。這一點從士人風尚的轉變便可看出。宋代中期，以歐陽修爲代表的士大夫以道德相尚，經學取向上推尊經書本身，這與漢儒好言陰陽讖緯的風氣大不相同。在政權合法性的問題上，差异尤其明顯，歐陽修以《正統論》引領一時風氣，他以"正統有時而絶"的理論擺脫與讖緯密切相關的五德終始説的束縛，直接否定了王朝之間德運轉移的神話，將朝代更替視作取决於能否"居天下之正"的政治倫理問題，特別強調道德方面的評判標準。讖緯對政權合法性的建構作用，確已漸失。

從《札子》的實際關注對象來看，歐陽修反復申論讖緯的缺陷，始終都是在科舉的語境下。諸經注疏作爲科舉考試的指定教材，自唐代編定《五經正義》以來"著爲定論"。宋初的相關政策"篤守古義，無取新奇"③，因多革少，大體仍沿唐制。在科舉領域就表現爲包括考試內容上的因襲，官方的導向使得舉子不加選擇地接受《五經正義》爲代表的舊注疏，這些舊注疏中便包括了部分讖緯內容。歐陽修批評這些官定的"教材"亦非完全否定注疏的價值，對經本身當然也

---

① 〔宋〕岳珂撰，吳企明點校《桯史》卷一"藝祖禁讖書"條，中華書局，1981年，第2—3頁。
② 錢鍾書《管錐編》，生活·讀書·新知三聯書店，2011年，第1083頁。
③ 〔清〕皮錫瑞撰，周予同注釋《經學歷史》，中華書局，2008年，第220頁。

仍持尊崇的態度,主要針對的是其在文獻層面"所載既博,所擇不精"之弊。相對於前代以及北宋初年的官方禁讖行爲,持論頗有幾分無關痛癢之感。

作爲士大夫中的佼佼者,歐陽修對讖緯早已式微的現實情況絕無不瞭解的可能。他反而應比多數人有更清醒的認識。但以天下爲己任、積極參與慶曆新政并堅信作文須有爲言之的他,似乎也不應無緣無故向皇帝作如此建言。他究竟爲何要寫這樣一篇札子、提這樣一些意見來攻擊已經邊緣化了的讖緯?

對於這一疑難,其實歐陽修在開篇就透露出了綫索:"國家近年以來,更定貢舉之科。"此札作於至和二年(1055)①,是時慶曆新政已經失敗,革新夭折後,科舉也隨之回到原有的路綫。但革新的潛流仍在涌動,嘉祐二年(1057),歐陽修權知貢舉,終於發動并主導了轟動一時且影響深遠的變革,其中針對"太學體"堅決而强力的排抑是這次事件中引人注目的焦點。在歐陽修看來,"太學體"的罪過是"險怪奇澀"②,而這一點正與他對讖緯的抨擊有相通之處。劉勰對讖緯的價值已有判斷:"事豐奇偉,辭富膏腴,無益經典,而有助文章。"③既然"無益經典",則所謂"有助"就是就形式上的作用而言。爲文辭藻豐富、風格怪奇,且在這一方向上過於用力,這正是"太學體"的弊病。讖緯"怪奇詭僻"的特點恰好與"太學體"的險怪契合,能夠起到推波助瀾的作用。歐陽修排抑"太學體"的行爲顯然并非一時興起,而是早就有了準確的把握。他當然無法預知兩年將獲得後知貢舉的機會,但早在慶曆四年(1044)就有所表露,《論更改貢舉事件札子》云:

> 今貢舉之失者,患在有司取人先詩賦而後策論,使學者不根經術,不本道理,但能誦詩賦,節抄《六帖》《初學記》之類者,便可剽盜偶儷,以應試格。④

宋代類書頗爲興盛,這與科舉有密切的關係⑤。廣受士子歡迎的類書裏保存了很多讖緯的內容,即以歐陽修提到的《初學記》爲例,其"禮"部下多個條目引用讖緯,如"社稷"條:"《孝經緯》曰:'社,土地之主也。土地闊不可盡敬,故封土爲社,以報功也。稷,五穀之長也。穀重不可遍祭,故立稷神以祭之。'"⑥這顯然是受漢唐注疏引讖緯以證禮制的影響。士子所"剽盜"以資"偶儷"的材料就不免包含很多讖緯成分,如景祐元年(1034)殿試詩賦題目分別爲《和氣致祥詩》與《房心爲明堂賦》⑦,兩道題目顯然都需要用到讖緯相關的知識。裴湘在

---

① 參見劉德清《歐陽修紀年録》,上海古籍出版社,2006年,第274頁。
② 〔元〕脱脱等《宋史》卷三一九《歐陽修傳》,中華書局,1977年,第10378頁。
③ 〔南朝梁〕劉勰著,黄淑琳注,李詳補注,楊明照校注拾遺《增訂文心雕龍校注》卷一《正緯第四》,中華書局,2012年,第41頁。
④ 〔宋〕歐陽修撰,李逸安點校《歐陽修全集》卷一〇四,第1590頁。
⑤ 參見張滌華《類書流別》,商務印書館,1985年,第27—30頁。
⑥ 〔唐〕徐堅等《初學記》卷一三,中華書局,2004年,第325頁。
⑦ 劉琳、刁忠民、舒大剛、尹波等校點《宋會要輯稿》,上海古籍出版社,2014年,第5396頁。

此場殿試中的詩作留存至今,其詩曰:"君德承天道,冲融協太和。卿雲呈瑞早,高澤應時多。煦集連枝木,嘉扶异穎禾。五星還聚井,丹鳳更巢阿。藪澤無遺士,邊防久息戈。黔黎逢至化,稽首載賡歌。"①此詩稱頌聖德,思想内容上實無甚可取之處,但裴湘在辭藻方面吸收了很多讖緯的成分,這是很明顯的。要改變士子"不根經術"的弊病,就應提倡尊經,而讖緯妨礙了經義純一,就必然要摒棄。從這篇札子上呈的時間來看,便可知歐陽修一直没有放弃革新的打算,并試圖以科舉爲切入點做努力嘗試。考察歐公具體的措辭,"怪奇詭僻""詭异駁雜"這樣針對讖緯的批評,幾乎可以照搬到對"太學體"的批判中來②。

　　歐陽修排抑"太學體"的做法在當時引起極大的争議,且關於此事的評價,至今學界仍有争論。朱剛認爲從思想史層面考察,以歐陽修爲代表的一代人對義理的闡釋還較粗淺,在北宋儒學發展的過程中,太學生們的觀點其實有比歐公學説更爲深入的思考③。一般認爲歐陽修對"太學體"的不滿,主要集中於其怪奇詭异的文風修辭。但不可否認的是,這其中也有一部分政治思想層面的間接影響。宋代初年,以漢唐注疏爲本的舊思想體系仍然占據主導地位。真宗在位期間上演了一系列與讖緯、道教等思想密切相關的鬧劇,如祥符五年(1012)他聲稱夢到聖祖降臨:"天尊至,冠服如元始天尊。……天尊曰:'吾人皇九人中一人也,是趙之始祖。'"④觀聖祖的裝扮,儼然道教神仙。但他自稱人皇九人之一,這又是出自讖緯文獻,如《春秋命曆序》中屢見類似"人皇兄弟九人,别長九州"的説法⑤。這些可視作宋初這一階段思想傾向的典型表現⑥。真宗曾依據讖緯宣告本朝已經"致太平",雖然荒謬,卻一度成爲當時的政治共識。而這種所謂的"太平",在真宗去世後越來越難以得到承認,終於在仁宗朝革新浪潮的衝擊下被徹底否定。歐陽修於仁宗天聖(1023—1032)年間甫入仕途,并未參與真宗時期那些政治實踐,但顯然受到了它們的影響,故懷着强烈的不滿投入革新。當慶曆三年(1043),澧州有人進獻帶有"太平之道"字樣的瑞木,歐陽修直斥其非曰:"臣謂前世號太平者,須是四海晏然,萬物得所。……以臣視之,乃是四海騷然,萬物失所,實未見太平之象。"⑦由此可以推測,當他讀到太學生所作的"周公伻圖,禹操畚锸,傅説負版築,來築太平之基"⑧後,所思所想注定與太學生們大爲不同。雖然這位作者於此未必有何深意,但周公、禹的形

---

① 〔宋〕吴處厚撰,李裕民點校《青箱雜記》卷十,中華書局,1985年,第110頁。
② 歐陽修排抑"太學體"出於多方面考慮,關於讖緯之外其他層面的原因,參見謝琰《歐陽修排抑"太學體"發覆》,《安慶師範學院學報》2008年第10期。
③ 朱剛《唐宋古文運動與士大夫文學》,復旦大學出版社,2013年,第61—62頁。
④ 〔宋〕李燾《續資治通鑒長編》卷七九,中華書局,1995年,第1798頁。
⑤ 〔日〕安居香山、中村璋八輯《緯書集成》,河北人民出版社,1994年,第876頁。
⑥ 關於真宗時期的一系列事件及其思想淵源,詳參張維玲《從天書時代到古文運動:北宋前期的政治過程》,臺大出版中心,2021年。
⑦ 〔宋〕李燾《續資治通鑒長編》卷一四五,第3516—3517頁。
⑧ 〔宋〕歐陽修撰,李逸安點校《歐陽修全集》附録卷二,第2637頁。按:此殘句爲歐陽修之子發於《先公事迹》中所記。"太學體"的作品後世鮮少流傳,以至今人可見僅寥寥數句。歐陽修對這類自己深惡痛絶的作品可能只記得隻言片語,歐陽發更是不會刻意記誦,故很可能是有某些文字記録作爲依據。

象以及太平的觀念,確是與讖緯密切相關的①。

由此可見,歐陽修上這篇札子,其本意在以删去注疏中讖緯成分的方式使經義純一,進而形成尊經明道的風氣,雖以討伐讖緯爲名,但其背後的真實用意在於推動科舉革新。

三 "陰用其説而陽避其名":讖緯在宋代的消亡

理清了歐陽修《論删去九經正義中讖緯札子》的真正意圖所在,便可知此札雖力斥讖緯,但并非以此爲目的,現實層面上也没有産生實質性的影響。要辨析它是否"敲響了讖緯的喪鐘",有必要將視角作一調整。

據上引岳珂的記載,太宗整頓的是通曉天文之人,但在他看來,這與太祖禁讖之事密切相關,是配套的措施,故將二者混淆。此外,殘存於官定注疏中的讖緯成分雖然已經支離破碎、失去活力,不再構成對現行政權的威脅,但諷刺的是這些内容反而在本質上更接近讖緯極盛時代與經義牽合的形態。而現實中能夠挑動帝王們敏感神經的"讖緯",早已在漫長的發展變化過程中與宗教等各種思想因素融合交織,依附於經的底色剥離殆盡。結合上文所作的溯源,不難發現這種現狀正是漢代以後讖緯發展軌跡延續的自然結果。

正如徐興無指出:"讖緯文獻由顯赫一時而銷聲匿迹,其主要原因不是歷代王朝的禁毁,而是經學自身的揚弃。"②讖緯在生成之初就融彙了古史、天文、曆法、地理、方術等多方面的知識體系,包含了豐富的思想文化内容。正因如此,儘管它曾依附於政治,但絶非一般的庸俗化理論,而是漢唐經學的有機組成部分。讖緯消亡的一個重要背景,是知識體系的變遷。

一方面,歷經打擊之後,讖緯文獻在保存及形態上産生了極大的變化。陳振孫《直齋書録解題》記述讖緯文獻的存佚情況曰:"考《唐志》猶存九部八十四卷,今其書皆亡。惟《易緯》僅存如此。"③可見宋代除《易緯》之外,其餘讖緯文獻已基本散佚殆盡,無有完本。唐代禁毁圖讖,但五經緯與《論語讖》"不在禁限"④,故《五經正義》等唐代文獻中留存的讖緯成分也是經過篩選的。但時至宋代,讖緯的影響力進一步衰弱,到了歐陽修這裏,就連這零散的成分也要被剔除出去。

另一方面,讖緯原有的國家意識形態的巔峰地位早已不復存在,它涵括多方面的强大凝聚力逐漸下降,原本被它吸收融合的諸多成分漸次析出,帶着它

---

① 按《周易正義》卷首論卦、爻辭之作者,所列兩説均以讖緯爲據(《周易正義》卷一,〔清〕阮元校刻《十三經注疏》,中華書局,2009年,第18頁)。《正義》所從之第二説,以"卦辭文王、爻辭周公"爲是,所據即禮緯《稽命徵》,這將周公與直接引入闡釋河圖洛書的聖人序列。"周公俯圖"出自《尚書·洛誥》周公營洛邑、獻地圖之事,雖然與所謂"河圖"并非直接相關,但考慮到經學闡釋在此時的僵化以及類書碎片化的影響,士子難免從中搗扯辭藻,甚或牽合其意以成説。

② 徐興無《讖緯文獻與漢代文化構建》,第301頁。

③ 〔宋〕陳振孫撰,徐小蠻、顧美華點校《直齋書録解題》卷三,上海古籍出版社,2015年,第80頁。

④ 劉俊文《唐律疏議箋解》卷九《職制》"私有玄象器物"條,中華書局,1996年,第763頁。

的印記散入其他的知識體系,在天文曆法等領域繼續產生影響。雖然這些領域都有相對完整而獨立的知識體系,但讖緯仍在很多方面與之融會,已經造成了深刻的影響。隋唐之際,讖緯雖然已不如漢代昌盛,却依然憑藉這種慣性影響了政治、社會的面貌,但這種變化只能説是無奈的妥協,無法長久地爲讖緯提供發展的動力。

綜合以上,讖緯在其鼎盛時代是一個囊括多方面内容的鮮活整體,是當時知識階層思想背景的組成部分。但在知識體系發生根本性的變動之後,讖緯無法再如以前一樣,滲入知識階層思想的方方面面。在新的體系下,它只能接受新眼光的審視,被後人拆分爲多個方面,失去活力。早期的正史中,《史記》有《天官書》《龜策列傳》等,《漢書》有《五行志》等,至歐陽修作《新五代史》,則放棄了自《漢書》以來歷代沿襲的《五行志》,僅設《司天考》,專記天象而不將人事與之比附,這就是知識體系變遷的體現。

歐陽修《論删去九經正義中讖緯札子》中的提議在當時并未真正引起重視,其原因也正在於此。由於讖緯在北宋中期現實政治中已經失去了實際作用,上至皇帝宰輔,下至一般士大夫官僚,對其基本持一種不甚以爲意的態度。而歐陽修作此札子的目的,原是爲了藉純一經義之名以行革新科舉之實,當他此後不久獲得了正式知貢舉的機會,可以主試官的身份直接推進科舉改革,便也未再繼續留意注疏中的讖緯。這篇《論删去九經正義中讖緯札子》與其説是"敲響了讖緯的喪鐘",毋寧説是預示了讖緯未來的命運。至南宋魏了翁撰《九經要義》,纔真正將讖緯之説清除殆盡①。但以歐陽修爲代表的宋儒的態度已經表達得十分清楚,并且此後宋儒在文獻層面之外的舉動更加值得注意。廖平認爲宋儒對讖緯"陰用其説而陽避其名"②,在批判的同時也選擇性地融合了讖緯的精華。宋儒對讖緯的接受,在易學方面尤爲顯著,《易緯》是諸緯中最具思想價值的部分,它援道入易,在宇宙觀念上對宋代易學家影響極大。全祖望認爲邵雍所作《皇極經世》"所以推步元會者,本緯學也"③,明顯受到讖緯的影響。宋代易學中廣泛使用的"九宫圖""五行説"及"天左旋""地右動"等均源於讖緯。這可能會使人生疑,爲何宋儒既輕視讖緯,又對它有所接納? 其實,"宋代理學對《易緯》是從哲學思辨的意義上吸收的,并非出於實際政治上的需要。理學家無須再將讖緯當作政治神話和巫術,因而這樣的吸收是對緯書中

---

① 元末明初人王禕曰:"孔穎達作《九經正義》,往往援引緯書之説。宋歐陽公嘗欲删而去之,以絶偽妄,使學者不爲其所亂惑,然後經義絶一,其言不行矣。迨鶴山魏氏作《九經要義》,始加黜削,而其言絶焉。"參見〔明〕王禕《青巖叢録》,《叢書集成新編》第 3 册,臺灣新文豐出版公司,1986 年,第 46—47 頁。《九經要義》已無全帙,參見李致忠《北京圖書館藏宋版書叙録(八)》,《文獻》1992 年第 3 期。今存部分基本符合王説。
② 廖平《群經總義講義》"讖緯"條,舒大剛、楊世平主編《廖平全書》,上海古籍出版社,2015 年,第 794 頁。
③ 〔清〕全祖望《鮚埼亭集集外編》卷三八《三家易學同源論》,朱鑄禹彙校集注《全祖望集彙校集注》,上海古籍出版社,2018 年,第 1536 頁。

的精華作有體系的改造，是一種學術思想意義上的融合"①，宋儒的"陰用其説"是去粗取精，從思想上吸收其合理成分。

值得注意的是，"陽避其名"則不止於簡單地批判其不合理之處，宋儒還有更深層次的考慮。宋儒將讖緯視作漢唐經學遺産中的駁雜成分，其中各種荒誕不經的内容，在失去了國家意識形態的加持之後，現出原形，這在推崇義理的宋儒眼中是不可接受的。在建構以義理爲核心的新思想文化體系時，他們與漢儒面對的情況大不相同。漢代的建構，面對的是先秦時期多樣化的文化遺産，首要任務是首次建立起統一的、海納百川的思想體系，實現從無到有，結果不免龐雜。而到了宋儒這裏，他們面對的是一個已經建立起來并發展、演變了千年的舊思想文化體系。因爲舊的知識架構、解經方式、政治意識形態等均發生了極大的變化，原有的體系已經無法滿足時代的需要，却依然强大并横亘在眼前，不破則無以立。四庫館臣總結這次轉變中宋儒的做法曰："洛閩繼起，道學大昌，擺落漢唐，獨研義理，凡經師舊説，俱排斥以爲不足信。"②極言其對義理的追求，但將舊傳統一概擯斥則既不現實更不合理。實際上，宋儒對漢唐經學傳統是在批判的前提下融合，將被批判的駁雜成分"博物館化"③，這其中便包括曾經盛極一時的讖緯學説。它就如同博物館中的歷史藏品，可供研究參考之用，但又已經失去活力，無法對現實産生實質性的影響。

宋儒對以陰陽五行學説爲基礎、與讖緯有着密切關聯的"五德終始説"，也使用了類似的應對方式。對"五德終始説"的消解，同樣是歐陽修導夫先路，他在《正統論》中提出的"絶統説"，以"居天下之正，合天下之一"的新標準擺脱了長久以來德運循環説的各種牽强附會，尤其重視道德層面的正與不正，如此則不必非要計算出一個結果來接續德運，從而徹底動摇了"五德終始"説的根基。此後，朱熹的"無統説"與歐陽修的理論一脉相承，更加鮮明地推崇道德標準。在這一問題上，宋儒又將五德終始的相關理論作爲自己哲學思辨層面上可資參考的材料，而其中駁雜的成分仍作爲反面典型④。

義理的優越性在於它的精微，在漢唐傳統中淺陋成分的襯托下，這一點尤爲突出。朱熹注"三綱五常"之義曰：

> 三綱五常，禮之大體，三代相繼，皆因之而不能變。其所損益，不過文章制度小過不及之間，而其已然之迹，今皆可見。則自今以往，或有繼周而王者，雖百世之遠，所因所革，亦不過此，豈但十世而已乎！聖人所以知

---

① 徐興無《讖緯文獻與漢代文化構建》，第71頁。
② 《欽定四庫全書總目》卷一，《景印文淵閣四庫全書》第1册，臺灣"商務印書館"，1982年，第325頁。
③ "博物館化"的説法出自列文森《儒教中國及其現代命運》。參見〔美〕列文森著，鄭大華、任菁譯《儒教中國及其現代命運》，廣西師範大學出版社，2009年，第319—325頁。
④ 關於"五德終始説"在宋代的終結及宋儒消解其説的詳情，參見劉浦江《"五德終始"説之終結——兼論宋代以降傳統政治文化的嬗變》，《正統與華夷：中國傳統政治文化研究》，中華書局，2017年，第61—87頁。

來者蓋如此,非若後世讖緯術數之學也。①

朱熹所謂"因之而不能變"的,即是天理,是倫常道德,而非讖緯術數一路的曲説。以讖緯爲代表的諸多舊傳統中的成分爲宋儒大力排斥,而其消亡最終却往往是以融合的方式。

從北宋的歐陽修到南宋的朱熹,從政治意識形態、科舉文風到學理思辨領域,從較直接的清理到以融合的方式消解,讖緯終於在宋代全方面地走向衰亡。

四 餘論

綜上可見,讖緯在宋代走向衰亡,被宋儒用"陰用其説而陽避其名"的方式從經學體系中徹底清除,不再具有主導地位。探究宋儒這一理論産生的原因,漢唐經學傳統的壓力是重要的因素。面對繞不開的"對手",策略的選擇會不可避免地受到影響,變得更有針對性,不同於漢儒建構體系時的開放性和包容性,宋儒呈現出的是追求思辨與精緻的特徵,因而前者促成了從無到有的建立,後者則在前者影響的焦慮中做出由粗轉精的努力。但不可忽視的是,讖緯在主流思想領域之外仍據有一席之地,經過下沉并與佛、道等其他受到排斥的思想融合,獲得了另類的新生。較爲典型的案例,即在歷代農民起義中,類似的理論仍然發揮着重要的作用。這種庸俗化之後的讖緯思想,恐怕連被理學家們駁斥的資格都不具備,但它接納、雜糅了各種宋儒建構體系過程中被淘汰的思想,倒是更具特色的"標靶"。

(作者單位:南京大學文學院)

---

① 〔宋〕朱熹《論語集注》卷一《爲政第二》,《四書章句集注》,中華書局,2018年,第59頁。

"賦統"論
——關於中國賦學的建統與歸統問題

王思豪

中國學術思想界歷來崇尚"建統"與"歸統",通常以倡復古道相號召(原道)、以列舉聖賢人物相推尊,將某一學術思想在歷代的傳承譜系化,從而歸結出一個持有相近觀念的人物統緒,建構起一個正宗的學統。在古代中國居於正統地位的學統,無疑是儒家"道統"①。"道統"概念雖由後世儒者提出,但它的建統與歸統實踐的由來已久,孔子即發出"周監於二代,郁郁乎文哉,吾從周"的感嘆,自覺"祖述堯舜,憲章文武";孟子謂"由堯舜至於湯,五百有餘歲,若禹、皋陶,則見而知之;若湯,則聞而知之。由湯至於文王,五百有餘歲,若伊尹、萊朱則見而知之;若文王,則聞而知之。由文王至於孔子,五百有餘歲,若太公望、散宜生,則見而知之;若孔子,則聞而知之"②,已經勾勒出上至堯舜、下至周公孔子的治統與道統系譜。到"體大而慮周"的《文心雕龍》,劉勰開篇便以《原道》《徵聖》《宗經》爲核心綱領,在道統的叙述中,以《辨騷》《明詩》《詮賦》諸篇悄然構築中國的文脉統緒③。至唐代古文運動的領袖、"唐宋八大家"之首的韓愈,又撰寫《原道》《原人》等"五原"之篇,提出"斯吾所謂道也……堯以是傳之舜,舜以是傳之禹,禹以是傳之湯,湯以是傳之文武周公,文武周公傳之孔子,孔子傳之孟軻,軻之死,不得其傳焉。荀與揚也,擇焉而不精,語焉而

---

① 蔡方鹿先生認爲道統有狹義和廣義之分,狹義的道統是指關於儒家聖人之道的理論及其傳授系統,即指儒家聖人之道發展演變的系統:伏羲、神農、黄帝、堯、舜、禹、湯、文、武、周公、孔、孟、荀、揚雄、韓愈、二程、朱、陸、王等所承傳之道。廣義的道統是指在中國文化史上客觀存在的、以儒學道統論及其發展演變爲主要綫索,吸取容納中國文化各家各派思想而形成的中華道統思想(見氏著《中華道統思想發展史》,人民出版社,2019年,第2頁)。狹義的儒家道統較廣義道統思想居於主導地位,故本文取狹義之説。

② 〔南宋〕朱熹《四書章句集注》之《孟子集注》卷十四,中華書局,1983年,第376頁。

③ 參見鄧國光先生《〈文心雕龍〉文理研究》第一章《文以明道:劉勰對孔子的弘揚》(上海古籍出版社,2012年,第3—18頁)的相關論述。

不詳"①,將"醇乎醇者"的孟子納入"道統",而"大醇而小疵"的辭賦作家荀子、揚雄也被宋初人納入有"道統"傳承標志的孔廟從祀中②,在"道統"旗幟下建構唐宋古文運動的"文統"系譜。

　　落實到文學(詩詞曲賦)研究領域,學界又多有"詩統""詞統""曲統"之論③,但關於中國賦學的建統與歸統問題,目前却鮮有專論④。作爲在西方文學系統中難尋匹配、唯中國所獨有的文體⑤,賦統的建構理應更能彰顯出中國文脉的特性;作爲在中國早期文體中具有前導性的文類⑥,賦統的建構理應爲後世文體建統樹立典範;作爲在"獨尊儒術"的時代興起、在經學昌明時期發展成熟的文體,賦統的建構理應與"道統"具有天然的親和力,更有機會成爲載道的工具;作爲能鮮明反映"大漢繼周"治世意識、"炳焉與三代同風"的文學典型形態⑦,賦統的建構理應會爲後世"治統"的建構樹立範式。

　　那麼,中國賦統的建構究竟如何?我們需要回答五個問題:一是中國賦學究竟有没有"統"意識?二是中國賦學的"祖宗"觀點構建出了什麽問題?三是賦是否也可載道,在辭賦創作與批評層面,賦如何承載"道統"與"治統"?四是作爲在道統與文統中的樞紐型人物——揚雄,他的悔賦之言引來賦爲"小道"

---

　　①　〔唐〕韓愈撰,馬其昶校注,馬茂元整理《韓昌黎文集校注》,上海古籍出版社,1986年,第18頁。

　　②　按:宋神宗元豐七年孔廟從祀增入荀況、揚雄、韓愈。理由是三人"皆發明先聖之道,有益學者,久未配食,誠闕典也"。韓愈入祀因於宋初的"尊韓"之風,荀況、揚雄二人一并入祀則因於韓愈之故,因爲韓愈對三子極爲信服,曾謂"孟氏,醇乎醇者也;荀與揚,大醇而小疵"。

　　③　關於"詩統"論,明有永樂大典本《古今詩統》、清有黄叔琳撰《詩統說》,今人有伍曉蔓《詩統說的提出》(氏著《江西宗派研究》,巴蜀書社,2005年,第426—432頁)、李劍波《詩統立場》(氏著《清代詩學話語》,岳麓書社,2007年,第208—211頁)、李成文《方回的詩統論》(氏著《裂變與重生:宋元之際詩歌研究》,文化藝術出版社,2017年,第284—295頁)諸文。關於"詞統"論,明有卓人月編《古今詞統》,清有彭孫遹撰《詞統源流》,今人有張宏生《統序觀與明清詞學的遞嬗——從〈古今詞統〉到〈詞綜〉》(《文學遺産》2010年第1期,第86—93頁)、楊柏嶺《王國維接續詞統與追求詞境"高格"的新理據》(《中山大學學報》2020年第6期,第42—52頁)、沈松勤《明清之際的詞統建構及其詞學意義》(《文藝研究》2022年第6期,第52—64頁)諸文。關於"曲統"論,元鍾嗣成《録鬼簿》"其爲曲建'統'之意,可以説已經相當自覺了,而且其成績也是相當卓著",之後"燕南芝庵的《唱論》和周德清的《中原音韵》,則將重點放在了曲統内部結構的健全上"(敏澤主編《中國文學思想史》,湖南教育出版社,2004年,第247頁),今人有李舜華《魏良輔的曲統説與北宋末以來音聲的南北流變》(《文學評論》2016年第2期,第132—144頁)等文。

　　④　目前學術界,許結先生曾在《司馬相如"賦聖"説》(《四川師範大學學報》2014年第2期,第128—136頁)一文中正式提出"賦統"之説:"唐宋以來佛教宗派化而産生的'判教'對學術的影響,出現了因追踪'佛統'而産生儒門追踪'道統',并落實到文學(或賦學)即'文統'(或賦統)。"之後,又在《論清賦的正統觀及其嬗變》(《蘇州大學學報》2022年第1期,第124—136頁)一文中指出:"到了韓愈,其《原道》對佛教文化的糾正,恰是藉其'判教'方法追溯與梳理'道統',而元明因'辨體'而産生的'祖騷宗漢'正是對'賦統'的梳理與辯證。"

　　⑤　參見〔美〕康達維(David R. Knechtges)《論賦體的源流》,《文史哲》1988年第1期,第40—45頁。

　　⑥　參見王思豪《中國早期文學文本的對話:〈詩〉賦互文關係詮解》(《文學評論》2018年第3期,第203—211頁)一文相關論述。

　　⑦　王思豪《論漢賦文本中的"大漢繼周"意識書寫》(《孔子研究》2013年第1期,第52—60頁)有詳論,可參見。

之譏,這對賦統建構有什麼破壞,賦統如何走出"小道"？五是中國賦學的傳承譜系建立到什麼程度,學術界爲什麼沒有旗幟鮮明地豎起"賦統"大旗？本文試作芹獻。

一 賦烏乎統:"家屬"意識的譜系建構

"賦烏乎統",這是清代陽湖派作家張惠言在《七十家賦鈔》列舉"七十家"賦目之後的"目録序"中提出的問題。"家"意識是一個學統譜系建構的重要元素。漢代是一個"家"意識覺醒的時代,尤其在《漢書·藝文志》(以下簡稱《漢志》)中,"家"的意識進一步强化、凸顯。章學誠曾指出:"《漢志》最重學術源流,似有得於太史叙傳,及莊周《天下》篇、荀卿《非十二子》之意。此叙述著録,所以有關於明道之要,而非後世僅計部目者之所及也。"①就目前所知,學術史上,最早評述諸子學派的是《莊子·天下篇》,其中僅以"百家"概稱,沒有具體稱呼某一家,其評述的各家有:一爲鄒魯之士、搢紳先生,二爲墨翟、禽滑釐,三爲宋鈃、尹文,四爲彭蒙、田駢、慎到,五爲關尹聃,六爲莊周,七爲惠施與桓團、公孫龍等辯者之徒。此後,《荀子·非十二子篇》所非議的各家是:一爲它囂、魏牟,二爲陳仲、史鰌,三爲墨翟、宋鈃,四爲慎到、田駢,五爲惠施、鄧析,六爲子思、孟軻。莊、荀評述諸子,僅是歸類,未冠上具體"家"的名號。到漢代,司馬談《論六家要旨》謂"夫陰陽、儒、墨、名、法、道德,此務爲治者也。……嘗竊觀陰陽之術……儒者……墨者……法家……名家……道家……"②,開始依序論列陰陽、儒者、墨者、法家、名家、道家,以"者"與"家"並稱。至《漢志》明確"九流十家"之數,《漢志》總序有謂:"昔仲尼没而微言絶,七十子喪而大義乖。故《春秋》分爲五,《詩》分爲四,《易》有數家之傳。……迄孝武世,書缺簡脱,禮壞樂崩……於是建藏書之策,置寫書之官,下及諸子傳説,皆充秘府。至成帝時……詔光禄大夫劉向校經傳諸子詩賦……會向卒,哀帝復使向子侍中奉車都尉歆卒父業。歆於是總群書而奏其《七略》,故有《輯略》,有《六藝略》,有《諸子略》,有《詩賦略》,有《兵書略》,有《術數略》,有《方技略》。"③東周"官學"衰微,"私家之學"興起,"藝"四分五裂而成"家",故"六藝略"每一"藝"下分"家"。漢代經學闡釋"先有師法,而後能成一家之言。師法者,溯其源;家法者,衍其流"④,成一"家"之言後轉而"家法"相授,在以六藝統攝諸子的理論框架下,"家"意識覺醒。

與"六藝"分家一樣,"詩賦略"中的賦也以"家"爲名,發展出"家屬"意識:

　　屈原賦之屬……右賦二十家,三百六十一篇
　　陸賈賦之屬……右賦二十一家,二百七十四篇

---

① 〔清〕章學誠著,葉瑛校注《文史通義校注》,中華書局,1985年,第994頁。
② 〔西漢〕司馬遷《史記》卷一三〇《太史公自序》,中華書局,1982年,第3288—3289頁。
③ 〔東漢〕班固《漢書》卷三〇《藝文志》,中華書局,1962年,第1701頁。
④ 〔清〕皮錫瑞《經學歷史》之四《經學極盛時代》,中華書局,1959年,第136頁。

>荀卿賦之屬……右賦二十五家，百三十六篇
>
>雜賦……右雜賦十二家，二百三十三篇①

"詩賦略"分類譜系：略→家→篇，作賦之人以"家"屬之，如"屈原賦之屬"爲屈原、唐勒、宋玉、趙幽王、莊夫子、賈誼、枚乘、司馬相如、淮南王、淮南王群臣、孔臧、劉隁、吾丘壽王、蔡甲、漢武帝、兒寬、張子僑、劉德、劉向、王褒二十家。"陸賈賦之屬"爲陸賈、枚皋、朱建、莊忽奇、嚴助、朱買臣、劉辟彊、司馬遷、嬰齊、臣説、臣吾、蘇季、蕭望之、徐明、李息、淮陽憲王、揚雄、馮商、杜參、張豐、朱宇二十一家。這與揚雄"詩人之賦麗以則，辭人之賦麗以淫"句中"詩人""辭人"的分類不同②，《漢志》"以家名賦"重在突出"成家之學"以"明道之要"，誠如章學誠所謂："是以劉、班《詩賦》一略，區分五類，而屈原、陸賈、荀卿，定爲三家之學也。"③

從《七略》到《漢志》，漢人以"家"類賦，有了明確的譜系歸類意識，至於有没有品級統緒意識，還不好臆測，但鍾嶸《詩品序》有云："昔九品論人，《七略》裁士，校以賓實，誠多未值。"④除了目録學的歸類外，漢代確實開始對賦家進行歸類品裁，製作統緒。《漢志·詩賦略》序有謂：

>古者諸侯卿大夫交接鄰國，以微言相感，當揖讓之時，必稱《詩》以諭其志，蓋以别賢不肖而觀盛衰焉。……春秋之後，周道寖壞，聘問歌詠不行於列國，學《詩》之士逸在布衣，而賢人失志之賦作矣。大儒孫卿及楚臣屈原離讒憂國，皆作賦以風，咸有惻隱古詩之義。其後宋玉、唐勒，漢興枚乘、司馬相如，下及揚子雲，競爲侈麗閎衍之詞，没其風諭之義。⑤

這裏呈現出一個較爲清晰的賦學統緒：《詩》→荀子、屈原→宋玉、唐勒→枚乘、司馬相如→揚雄，且與《漢志》以"家"類賦譜系相對應。當然，《漢志》的統緒觀念或是來自於劉向、歆父子，但班固《兩都賦序》中也説：

>或曰："賦者，古詩之流也。"昔成康没而頌聲寢，王澤竭而詩不作。大漢初定，日不暇給，至於武、宣之世，乃崇禮官，考文章，内設金馬、石渠之署，外興樂府協律之事，以興廢繼絶，潤色鴻業。……故言語侍從之臣，若司馬相如、虞丘壽王、東方朔、枚皋、王褒、劉向之屬，朝夕論思，日月獻納。而公卿大臣御史大夫倪寬、太常孔臧、太中大夫董仲舒、宗正劉德、太子太傅蕭望之等，時時間作。或以抒下情而通諷諭，或以宣上德而盡忠孝，雍

---

① 〔東漢〕班固《漢書》卷三〇《藝文志》，第1755、1756頁。
② 按：舊題劉歆著《西京雜記》卷二引司馬相如語曰："合纂組以成文，列綿綉而爲質，一經一緯，一宫一商，此賦之迹也。賦家之心，苞括宇宙，總覽人物，斯乃得之於内，不可得而傳。"（向新陽等《西京雜記校注》，上海古籍出版社，1991年，第91頁）清人劉熙載《賦概》謂："詩爲賦心，賦爲詩體。詩言持，賦言鋪，持約而鋪博也。古詩人本合二義爲一，至西漢以來，詩賦始各有專家。"（見《藝概》，上海古籍出版社，1978年，第86頁）西漢即有"賦家"之稱。
③ 〔清〕章學誠著、葉瑛校注《文史通義校注》，第80頁。
④ 曹旭《詩品集注》，上海古籍出版社，1994年，第66頁。
⑤ 〔東漢〕班固《漢書》卷三〇《藝文志》，第1755—1756頁。

容揄揚,著於後嗣,抑亦雅頌之亞也。①

與《漢志·詩賦略》一致,將賦學的統緒溯源於《詩》,不同的是:一是直接從成、康時的"王澤竭"跳到武、宣之世的王道復興,大漢繼周,所以賦學統緒中的荀子、屈原以及宋玉之屬都不再提及。二是將漢代的賦學統緒歸爲兩類,有"雅之亞"的"言語侍從之臣":司馬相如、虞丘壽王、東方朔、枚皋、王褒、劉向;有"頌之亞"的"公卿大臣":倪寬、孔臧、董仲舒、劉德、蕭望之。他們的使命是"抒下情而通諷諭","宣上德而盡忠孝",這也直接開啟後世賦學"諷諫"與"頌德"的傳統②。

賦統源於《詩經》的觀念在漢代就已定型,至西晉皇甫謐《三都賦序》謂:

> 詩人之作,雜有賦體。子夏序《詩》曰:一曰風,二曰賦。故知賦者,古詩之流也。至於戰國,王道陵遲,風雅寖頓,於是賢人失志,辭賦作焉。是以孫卿、屈原之屬,遺文炳然,辭義可觀。存其所感,咸有古詩之意,皆因文以寄其心,托理以全其制,賦之首也。及宋玉之徒……逮漢賈誼,頗節之以禮。……其中高者,至如相如《上林》、楊雄《甘泉》、班固《兩都》、張衡《二京》、馬融《廣成》、王生《靈光》,初極宏侈之辭,終以約簡之制,煥乎有文,蔚爾鱗集,皆近代辭賦之偉也。③

構建的賦學統緒是:《詩》→荀子、屈原→宋玉之徒→賈誼→司馬相如、揚雄、班固、張衡、馬融、王延壽。皇甫謐不僅繼承《漢志》的"家屬"意識,還分別出"賦之首""高者""近代辭賦之偉"的層級之分。到劉勰《文心雕龍·詮賦》:

> 觀夫荀結隱語,事數自環;宋發巧談,實始淫麗;枚乘《兔園》,舉要以會新;相如《上林》,繁類以成艷;賈誼《鵩鳥》,致辨於情理;子淵《洞簫》,窮變於聲貌;孟堅《兩都》,明絢以雅贍;張衡《二京》,迅發以宏富;子雲《甘泉》,構深瑋之風;延壽《靈光》,含飛動之勢:凡此十家,并辭賦之英傑也。及仲宣靡密,發端必遒;偉長博通,時逢壯采;太冲、安仁,策勳於鴻規;士衡、子安,底績於流制;景純綺巧,縟理有餘;彥伯梗概,情韻不匱;亦魏晉之賦首也。④

將"受命於詩人,拓宇於《楚辭》"後的賦學統緒歸爲"辭賦之英傑"十家:荀子、宋玉、枚乘、司馬相如、賈誼、王褒、班固、張衡、揚雄、王延壽,屬戰國、兩漢賦家;之後又列出"魏晉之賦首"八家:王粲、徐幹、左思、潘岳、陸機、成公綏、郭璞、袁宏。至此,大致形成中國賦學的"十八家"統緒。唐人論賦也不出這個統

---

① 〔南朝梁〕蕭統編,〔唐〕李善注《文選》卷一,影胡刻本,中華書局,1977年,第21頁。
② 如嘯咸《讀漢賦》(《學藝》第15卷第2期,1936年3月,第38頁)謂:"競爲侈麗閎衍之詞,致沒古賦諷諭之義者,爲一派;反之,不爲侈麗閎衍之詞,尚存古賦諷諭之義者,爲又一派。……所傳之漢賦,惟此二派。每派之內,不能再分,必欲再分,即是強生區別。"
③ 〔南朝梁〕蕭統編,〔唐〕李善注《文選》卷四五,第641頁。
④ 〔南朝梁〕劉勰著,范文瀾注《文心雕龍注》卷二,人民文學出版社,1958年,第135、136頁。

緒,盧藏用評漢晉賦云:"漢興二百年,賈誼、馬遷爲之傑,憲章禮樂,有老成人之風。長卿、子雲之儔,瑰詭萬變,亦奇特之士也,惜其王公大人之言,溺於流辭而不顧。其後班、張、崔、蔡、曹、劉、潘、陸,隨波而作,雖大雅不足,其遺風餘烈,尚有典型。"①李白《大獵賦序》謂:"而相如、子雲競誇辭賦,歷代以爲文雄,莫敢詆訶。"②杜甫《進雕賦表》説:"臣之述作,雖不能鼓吹《六經》,先鳴數子,至於沉鬱頓挫,隨時敏捷,揚雄、枚皋之徒,庶可企及也。"③至白居易《賦賦》云"賦者,古詩之流也。始草創於荀宋,漸恢張於賈馬",開啓"以賦論賦史"的論述模式,賦學統緒的建構在《賦賦》的擬作中演進,如施補華《擬白香山〈賦賦〉》序曰:

> 古人作賦,莫不有所諷托。言在此意在彼,似美而實刺,似奪而實予,故能爲《三百篇》之苗裔。屈原、宋玉、司馬相如、揚雄之徒,皆識此意。……唐以賦取士,其制日工。而古人諷托之意,識之者蓋少。獨李白《明堂賦》,杜甫《三大禮賦》,韓愈《感二鳥賦》《復志賦》,杜牧《阿房宮賦》等篇,爲得諷托之意。④

大致是在賦學"十八家"後又加入李白、杜甫、韓愈和杜牧。又金長福《賦賦》云:

> 溯《騷》詞於蘅杜,《風》詩之變體斯徵;考駢語於《雲》《鼉》,古賦之成規始具。六朝繼夫兩漢,代有鴻篇;四傑冠乎三唐,創兹律賦。……若論律體之先聲,詞藻則并稱徐、庾。泊隋室開皇之歲,及太宗貞觀之時。……《明堂》而賦就青蓮,規模閎敞;《大禮》而獻由工部,典則昭垂。誦昌黎《明水》之篇,奇文共賞;論小杜《阿房》之制,逸響誰知。……王輔文《麟角》之編,短長中度;黄文江《御使》之集,高下咸宜。其餘王起、李程,悉研詞於幅尺;宋言、賈餗,皆争勝於毫厘。……又如啓《乙集》於樊南,猶存古調;問《叢書》於笠澤,兼仿騷辭。雖非制科之正軌,要能別調之堪師。⑤

自《詩經》《楚辭》及荀子一脉相承的"古賦"傳統外,歸納以徐陵、庾信爲先聲的隋唐賦學統緒:初唐四傑→李白、杜甫→韓愈、杜牧→王棨、黄滔→王起、李程→宋言、賈餗→李商隱、陸龜蒙。章棻《賦賦》云:"自唐設制科以取士,斯賦懸格律以爲規。黄滔賦《江》,戞宫商於寸楮;李程賦《日》,繩尺度於新詞。……惟是太白《明堂》,健骨在六朝以上;少陵《大禮》,宏謨猶兩漢之遺。若夫宋

---

① 〔唐〕盧藏用《右拾遺陳子昂文集序》,見〔唐〕陳子昂《陳子昂集》,上海古籍出版社,2013年,第5頁。
② 〔清〕王琦注《李太白全集》卷二五,中華書局,1977年,第57頁。
③ 〔清〕仇兆鰲注《杜詩詳注》卷二四,中華書局,1979年,第2172頁。
④ 馬積高主編《歷代辭賦總匯》,湖南文藝出版社,2014年,第18111頁。
⑤ 馬積高主編《歷代辭賦總匯》,第22664頁。

代……然而《赤壁》兩篇,體自近於柳泉韓海;《秋聲》一賦,格更高於任筆沈詩。"①在唐賦統緒之外,又歸納宋代賦學的文賦統緒:歐陽修→蘇軾。

除古賦統緒之外,律賦統緒也值得關注,元祝堯《古賦辨體》論"唐體"謂:"是以唐之一代,古賦之所以不古者,律之盛而古之衰也。就有爲古賦者,率以徐、庾爲宗,亦不過少异於律爾。"②尊徐陵、庾信爲律賦之"宗"。關於律賦統緒,清人湯稼堂《律賦衡裁例言》歸納最詳,謂:

> 唐初進士試,於考功尤重帖經試策,亦有易以箴論表贊,而不試詩賦之時,專攻律賦者尚少。大曆、貞元之際,風氣漸開。至太和八年,雜文專用詩賦,而專門名家之學,樊然競出矣。李程、王起,最擅時名;蔣防、謝觀,如驂之靳,大都以清新典雅爲宗。其旁騖别趣而不受羈束者,則元、白也。賈餗之工整,林滋之静細,王榮之鮮新,黄滔之生雋,皆能自竪一幟,踸踔文壇。而陸龜蒙以沉博絶麗之詞,獨開奥突,居然爲有唐一代之殿。下逮周繇、徐寅輩,刻酷鍛煉,真氣盡漓,而國祚亦移矣……斯律體之正宗,詞場之鴻寶也。③

唐代律賦統緒最盛,有李程、王起、蔣防、謝觀、元稹、白居易、賈餗、林滋、王榮、黄滔、陸龜蒙、周繇、徐寅諸家;至"宋人律賦篇什最富者,王元之、田表聖及文、范、歐陽三公……蘇文忠較多於諸公,山谷、太虚僅有存者。靖康、建炎之際,則李忠定一人而已",有王禹偁、田錫、文彦博、范仲淹、歐陽修、蘇軾、黄庭堅、秦觀、李綱諸家;至元代"觀楊廉夫集中所附試帖,元之賦體可知",有楊維楨一家,"律賦至元而中息矣";明代"八韵之作歇絶幾四百年"。清代律賦興起,有"四家"之説,景其濬編《四家賦鈔》,殷壽彭爲其序曰:"賦必原本漢魏六朝固已,若律賦乃賦中之一體,則尤以唐人爲宗主。唐賦凡三變,初以遒厚勝,繼以宏麗勝,至晚王起、王榮、黄滔、宋言諸公出,而格調愈細,音節益諧。……真律賦之極軌也。宋人步趨唐賢,不失尺寸,王、田、文、范、歐陽諸賦,揣摩精到,如埴在埏,如金受範,第用筆稍平易,而骨韵亦漸卑弱。至説理等題,則刻露淺顯,實亦唐人所不及焉。本朝館閣賦不乏宏篇鉅製……《有正味齋正集》《外集》諸賦,清而不浮,麗而不縟,其幽雋之思,雄邁之概,實爲律賦中獨辟之境。"④具體是錢塘吳錫麟《有正味齋賦稿》、長洲顧元熙《蘭修館賦稿》、蘄水陳沆秋《簡學齋賦鈔》、歙鮑桂星《覺生賦鈔》四種。

當然,將唐宋以後的律賦、文賦納入賦統,是不够純粹的賦統建構,張惠言主張建立的是唐以前古賦的統緒,他在發出"賦烏乎統"的疑問後,答曰:"統乎志。"又問:"志烏乎歸?"曰:"歸乎正。"他要歸納的是正宗的古賦統緒,追踪的

---

① 馬積高主編《歷代辭賦總彙》,第 23225 頁。
② 〔元〕祝堯《古賦辨體》卷七,見王冠輯《賦話廣聚》第 2 册,北京圖書館出版社,2006 年,第 354—355 頁。
③ 〔清〕湯稼堂編《律賦衡裁》例言,清乾隆年間石渠閣刻本。
④ 〔清〕景其濬編《四家賦鈔》卷首,清同治九年(1870)誦芬堂刻本。

是源自《詩經》的賢人所失之"志",正如《七十家賦鈔目錄序》謂:"其在六經則爲《詩》。《詩》之義六,曰風,曰賦,曰比,曰興,曰雅,曰頌。六者之體,主於一而用其五。……周澤衰,禮樂缺,《詩》終三百,文學之統熄。古聖人之美言、規矩之奧趣,鬱而不發,則有趙人荀卿、楚人屈原,引辭表旨,譬物連類,述三王之道,以譏切當世;振塵滓之澤,發芳香之邕;不謀同稱,并名爲賦。故知賦者,《詩》之體也。"賦繼承《詩》的"文學之統"而作。

那麼張惠言如何進行賦統的建構?我們來簡化一下《七十家賦鈔目錄序》的論述模式:

……此屈平之爲也。……及其徒宋玉、景差爲之……
……則荀卿之爲也。其原出於《禮經》……及孔臧、司馬遷爲之……
……則賈誼之爲也。其原出於屈平……
……則司馬相如之爲也。其原出於宋玉。揚雄恢之……張衡盱盱……及王延壽、張融爲之……
……則班固之爲也。其原出於相如……及左思爲之……
……則阮籍之爲也。其原出於莊周……
……則曹植之爲也。其端自宋玉……
……則陸機、潘岳之爲也。其原出於張衡、曹植……
……則謝莊、鮑昭之爲也。江淹爲最賢,其原出於屈平《九歌》……
……則庾信之爲也。其規步矱驟,則揚雄、班固之所引衡而控彎……①

可以看出,張惠言的論述仿照鍾嶸《詩品》中"原出於某某"的建統規範,大致遵循"則……之爲也……其原……及(其徒)爲之"的語言模式,將自屈原至庾信"凡賦七十家,二百六篇。通人碩士,先代所傳,奇辭奧旨,備於此矣",這是以家數分類之法。林頤山《重刻張編修〈七十家賦鈔〉叙》云:"武進張編修《七十家賦鈔》熟精各種家法,仿劉《略》舊例,條其家數、篇數,又益之以所重家數,例以《藝文志》。"②張惠言繼承《漢志》"以家分類"之法,又取"七十家"以內涵孔門"七十子"之意③,辨章學術,歸納出一個考鏡源流的古賦統緒。

二 孰爲賦聖:荀卿、屈原、宋玉或者司馬相如

但凡一個統緒的成立,需要構建一個遞相祖述的譜系,首先就要確立"聖人"之位、"祖宗"之制。張惠言賦統建構在這一方面不太明晰,他一方面在目

---

① 〔清〕張惠言《七十家賦鈔》卷首,清道光元年(1821)合河康紹鏞刻本。
② 〔清〕張惠言《七十家賦鈔》卷首,清光緒二十三年(1897)江蘇書局學古堂校讀本。平步青《霞外攟屑》卷六《玉樹廬芮錄》也説:"張皋文先生《七十家賦鈔叙》昉班書《藝文志》中所論列。"(民國六年印《香雪崦叢書》本,第30頁)
③ 潘務正認爲《賦鈔》之名'七十家',就包含着'微言奧義'。'七十家'即孔門'七十子'之意"。見《張惠言〈七十家賦鈔〉與常州學風》,《江蘇師範大學學報》2015年第1期,第58—63頁。

録安排上讓屈原領銜卷一,統宋玉、景差、淮南小山、東方朔、莊忌、劉向、揚雄、枚乘、曹植、張協諸家;讓荀子領銜卷二,統宋玉、賈誼、枚乘、鄒陽、公孫乘、漢武帝、司馬相如諸家。一方面又在《目録序》中説"趙人荀卿、楚人屈原……不謀同稱,并名爲賦",屈原、荀子、宋玉的次序模糊,誠如前揭林頤山《重刻張編修〈七十家賦鈔〉叙》所謂"微嫌宋玉《風賦》等九篇,次於荀子賦六篇之後,未免時代乖錯"。張惠言這種模糊的處理方式,源自賦學史上"孰爲賦聖"、以誰爲"祖"的争論。

首先,以屈原爲祖。司馬遷《史記·屈原賈生列傳》載:"屈原既死之後,楚有宋玉、唐勒、景差之徒者,皆好辭而以賦見稱;然皆祖屈原之從容辭令,終莫敢直諫。"①以賦見稱的宋玉、唐勒、景差等以屈原辭令爲"祖"。班固《漢書·地理志》謂"始楚賢臣屈原被讒放流,作《離騷》諸賦以自傷悼。後有宋玉、唐勒之屬慕而述之,皆以顯名"②,意同於司馬遷。又班固《離騷序》稱"今若屈原……其文弘博麗雅,爲辭賦宗。後世莫不斟酌其英華,則象其從容。自宋玉、唐勒、景差之徒,漢興,枚乘、司馬相如、劉向、揚雄,騁極文辭,好而悲之,自謂不能及也"③,不僅尊屈原爲"辭賦宗",而且還擴大其門徒範圍至漢人枚乘、司馬相如、劉向、揚雄。作爲漢朝的兩大史學家,班、馬皆以屈原爲辭賦之祖。至北宋,宋祁明確提出《離騷》爲辭賦祖④説,後世多有回應,元人陳櫟謂:"科目次場有賦,以古不以律,丕休哉!《離騷》賦之祖,降是舍漢何適矣?"⑤清儒朱彝尊引孫開《駢雅序》謂"屈原《離騷》思鬱以幽,文奇以崛,驚采絶艷,蔚爲詞賦之宗。自後司馬相如、揚雄、班固、張衡、左思之徒,皆博雅君子,其所爲賦罔不醖釀古今,錯綜名物,以文被質,度宫中商,麗句偉辭,駱驛奔會"⑥,進一步擴展以屈原爲"祖"的賦學統緒。

其次,以荀子爲宗。荀子作有《賦篇》五首(《禮》《智》《雲》《蠶》《箴》),皇甫謐《三都賦序》將荀子與屈原一起尊爲"賦之首也"。劉勰《文心雕龍·詮賦》認爲荀况《賦篇》"爰錫名號,與《詩》畫境,六義附庸,蔚成大國。遂客主以首引,極聲貌以窮文,斯蓋别詩之原始,命賦之厥初也"⑦,與宋玉賦一起肇始以"賦"名篇。於是,賦學界追溯荀子爲"宗",程恩澤《六義賦居一賦》云"荀况蔚爲詞宗,《禮》《智》於焉似續";錢宷《擬白居易〈賦賦〉》(以"賦者古詩之流"爲韵)謂"荀卿則溯其開宗"⑧;陸棻《歷朝賦格》凡例謂"前乎騷而爲賦者,荀卿也。獨

---

① 〔西漢〕司馬遷《史記》卷八四,第 2491 頁。
② 〔東漢〕班固《漢書》卷二八《地理志》,第 1668 頁。
③ 〔南宋〕洪興祖《楚辭補注》之《離騷經章句第一》,中華書局,1983 年,第 50—51 頁。
④ 〔元〕祝堯《古賦辨體》卷一,見王冠輯《賦話廣聚》第 2 册,第 27 頁。
⑤ 〔元〕陳櫟《陳定宇先生文集》卷一《兩都賦纂釋序》,《元人文集珍本叢刊》第 4 册,新文豐出版股份有限公司,1985 年,第 273 頁。
⑥ 〔清〕朱彝尊《經義考》卷二八〇,中華書局,1998 年,第 1431 頁。
⑦ 〔南朝梁〕劉勰著,范文瀾注《文心雕龍注》卷二,第 134 頁。
⑧ 馬積高主編《歷代辭賦總匯》,第 24056 頁。

出機杼,數篇如一,若元酒太羹,未離乎素,《風》《釣》諸篇,實從此出"①;沈鈞德《歷朝賦鈔前序》謂"荀、宋導其清源,馬、揚騁其絶軌,才人遞相祖述"②,形成以荀子爲"宗",宋、枚、馬、揚"遞相祖述"的賦學統緒。

其三,以宋玉爲祖。在"荀宋"并宗之外,亦有單獨尊宋玉爲"祖"者。南朝任昉《文章緣起》追溯賦之源謂"賦:楚大夫宋玉所作",至明陳第《屈宋古音義》稱宋玉賦爲"蓋楚辭之變體,漢賦之權輿"③,費經虞《雅倫》屢稱"賦,始見於宋玉""至宋始著賦名""宋玉爲賦之祖"④。清人趙維烈編《歷代賦鈔》選賦起自宋玉,《凡例》謂"兹選斷自宋玉,以其長於風諭,開後來賦家之祖,麗而可觀,則而可法,有合於古詩之流也"⑤,徑尊宋玉爲"賦家之祖"。程廷祚《騷賦論》謂"或曰騷作於屈原矣,賦何始乎? 曰:宋玉",不僅排除屈原的賦體始祖之位,而且還排除荀子的賦"宗"地位,謂"荀卿《禮》《智》二篇,純用隱語,雖始構賦名,君子略之。宋玉以瑰偉之才,崛起騷人之後,奮其雄誇,乃與《雅》《頌》抗衡,而分裂其土壤,由是詞人之賦興焉。《漢書・藝文志》稱其所著十六篇,今雖不盡傳,觀其《高唐》《神女》《風賦》等作,可謂窮造化之精神,盡萬類之變態,瑰麗窈冥,無可端倪,其賦家之聖乎? 後之視此,猶后夔之不能舍六律而正五音,公輸之不能捐規矩而成方圓矣"⑥,發出宋玉是"賦家之聖"的感嘆,將其與樂聖、匠祖并視。其後,何焯也稱揚宋玉賦説"鋪張揚廣,已爲賦家大暢宗風。詞尚風華,義歸諷諫。須知賦之本意,義本於《詩》,而體近於《騷》。故有屈之《離騷》,則有宋之賦。其時荀卿亦以賦著,而荀賦近質,宋賦多文,宜賦家之獨宗宋也",亦尊宋玉爲"賦宗",張惠言在《七十家賦鈔》中評點宋玉賦時也引用了這個觀點。

其四,以司馬相如爲聖。司馬相如首先是被班固、劉勰稱爲"辭宗"。班固《漢書・叙傳下》謂:"文艷用寡,子虚烏有,寓言淫麗,托風終始,多識博物,有可觀采,蔚爲辭宗,賦頌之首。"⑦劉勰《文心雕龍・才略》沿承班説,謂相如"洞入誇艷,致名辭宗"。常璩《華陽國志》亦稱頌相如"長卿彬彬,文爲世矩。……上《大人賦》以諷諫,製《封禪書》,爲漢辭宗"⑧。真正提出司馬相如"賦聖"説的是南宋理學家林光朝(號艾軒),朱熹引其語曰:"林艾軒云:司馬相如,賦之聖者。揚子雲、班孟堅只填得他腔子滿,如何得似他自在流出? 左太冲、張平子竭盡氣力,又更不及。"⑨追尊相如"賦聖"地位。元人傅自得《四詩類苑序》

---

① 〔清〕陸葇評選《歷朝賦格》凡例,《四庫全書存目叢書》第 399 册,齊魯書社,1997 年,第 273 頁。
② 〔清〕沈鈞德編《歷朝賦鈔》前序,清乾隆三十年(1765)然藜閣刻本。
③ 〔明〕陳第《屈宋古音義》卷三,中華書局,2008 年,第 246 頁。
④ 周維德集校《全明詩話》,齊魯書社,2005 年,第 4461、4512、4461 頁。
⑤ 〔清〕趙維烈編《歷代賦鈔》凡例,清康熙二十四年(1685)玉尺樓刻本。
⑥ 孫福軒、韓泉欣編《歷代賦論彙編》,人民文學出版社,2016 年,第 511 頁。
⑦ 〔東漢〕班固《漢書》卷一〇〇,第 4255 頁。
⑧ 〔東晉〕常璩《華陽國志校補圖注》卷一〇,上海古籍出版社,1987 年,第 534 頁。
⑨ 〔南宋〕黎靖德編《朱子語類》卷一三九,中華書局,1986 年,第 3300 頁。宋王應麟《漢藝文志考證》、祝穆《事文類聚》別集卷一〇、元祝堯《古賦辯體》卷三、明胡廣《性理大全書》卷五六等文獻皆引用林光朝此語。

謂："司馬相如賦《上林》,雄深博大,典麗雋偉。若萬間齊建,非不廣袤,而上堂下廡,具有次序。信矣,詞賦之祖乎!"①冠相如爲"詞賦之祖"。明人陳明卿云："賦之推漢,猶法書之推晉也；相如之在漢,猶右軍之在晉也。"②以王羲之"書聖"地位類比,視相如爲"賦聖"。至施重光《賦珍》卷八收錄司馬相如《大人賦》,徑稱"賦聖《大人賦》"。

　　賦域的"聖""祖""宗"之争,最需要解答的問題是屈、馬優劣之争。這一問題由來已久,漢人揚雄即有論曰："或問：'屈原、相如之賦孰愈?'曰：'原也過以浮,如也過以虛。'"③曹丕亦遇有同問："或問：'屈原、相如之賦孰愈?'曰：'優游按衍,屈原之尚也；浮沈漂淫,窮侈極妙,相如之長也。'"④揚雄是言其各短,曹丕是言其各長,至南朝裴子野謂"若悱惻芳芬,楚《騷》爲之祖；靡漫容與,相如和其音"⑤,繼承的是曹丕的思路。這些争論似乎都還算平靜,但自林光朝"司馬相如,賦之聖者"語一出,便争議紛起。朱熹一方面引用林氏之語,一方面又指摘相如賦不如《楚辭》,謂："相如之文能侈而不能約,能諂而不能諒。其《上林》《子虛》之作既以誇麗而不得入於《楚辭》。《大人》之於《遠游》,其漁獵又泰甚然,亦終歸於諛也。特《長門》《哀二世》二篇爲有諷諫之意。"⑥朱熹論屈、馬優劣選擇騷、賦兩條路徑申辯,這得到元明清賦論家的積極回應。明人王世貞謂"屈氏之《騷》,《騷》之聖也。長卿之賦,賦之聖也。一以風,一以頌,造體極玄,故自作者,毋輕優劣"⑦,屈、馬二人各自爲聖,不分優劣。單思恭又辟蹊徑,謂"後人服膺長卿者,專拾字句以爲師承,而屈、宋益邈矣。故徑爲之説曰：屈氏之響,續於宋玉,而絶於長卿,非過也。然則長卿之於聖,其猶未矣乎! 屈氏神,宋玉聖,長卿工,而六朝之有别調者巧"⑧,不認同相如"賦聖"之説,分封屈原爲"神",宋玉爲"聖",相如爲"工"。清初王之績論"古賦"云："我以屈原爲賦之聖,或以推司馬長卿,謬矣。……予謂若以長卿爲賦之聖,則後之作賦者第宗長卿可矣。今觀其賦,惟有《長門》以意勝。他若《子虛》《上林》,特靡麗無情之詞而已,聖於賦者顧如是乎? 林之所謂聖者,特以其不勞而就,

---

① 〔元〕劉壎《隱居通議》卷六傳自得《四詩類苑》題下,清潘仕成輯《海山仙館叢書》本。
② 踪凡編《司馬相如資料彙編》,中華書局,2008年,第271頁。
③ 揚雄語見沈休文《宋書・謝靈運傳論》李善注引,〔南朝〕蕭統編,〔唐〕李善注《文選》卷五〇,第702頁。
④ 〔唐〕虞世南編《北堂書鈔》卷一〇〇,中國書店,1989年,第380頁。
⑤ 〔南朝梁〕裴子野《雕蟲論》,見嚴可均輯《全上古三代秦漢三國六朝文》,中華書局,1958年,第3262頁。
⑥ 〔南宋〕王應麟《漢制考・漢藝文志考證》之"司馬相如賦二十九篇"條,中華書局,2011年,第252—253頁。
⑦ 羅仲鼎校注《藝苑卮言校注》,齊魯書社,1992年,第67頁。
⑧ 〔明〕單思恭《甜雪齋集》卷七,《四庫全書存目叢書》第190册,第339—340頁。明人之論還有：梅守箕《梅季豹居諸二集・西藏副草自叙》："屈宋爲騷原,馬卿其賦聖。"沈守正《雪堂集・廣騷序》云："後世知相如爲賦聖,而不知其本於騷。"

而餘子皆不能也。孰知稱聖亦別之於意而已。"①駁斥林艾軒之説,推屈原爲賦聖。"賦聖"之位争訟千年,難有定讞。

"賦聖"之争源自理學道統觀念盛行的南宋時期,緊接其後的元人的觀念其實非常值得關注。元初理學家袁桷提出了一個很好的問題:"問古賦當祖何賦,其體制理趣,何由高名?"答曰:

> 屈原爲騷,漢儒爲賦。賦者,實叙其事,體物多而情思少,登高能賦,皆指物喻意。漢賦如揚、馬、枚、鄒,皆實賦體。至後漢,雜騷辭而爲賦,若左太冲、班孟堅《兩都賦》,皆直賦體,如《幽通賦》,又近《楚辭》矣。晁無咎言變《離騷》續《楚辭》,其説甚詳。私謂賦有三變:自後漢之變爲初,柳子厚之賦爲第二,蘇、黃爲第三。②

只問"祖"而不論"聖",在古賦統緒之中,增入"三變"之説,從而代替屈、馬優劣争論,從體制理趣出發,闡釋騷與賦的分合問題。至江西祝堯分三步走策略,提出"祖騷宗漢"之説:第一步在《古賦辨體》一書開篇首句就引述宋祁《離騷》爲詞賦祖"之説,進一步闡明:"後人爲之,如至方不能加矩,至圓不能過規,則賦家可不祖楚《騷》乎!……自漢以來,賦家體制大抵皆祖原意,故能賦者要當復熟於此,以求古詩所賦之本義,則情形於辭,而其意思高遠;辭合於理,而其旨趣深長。"③漢賦家以屈原爲祖,重在協調賦之"情""辭"與"理"。第二步解決屈、荀賦"祖"問題,主要在荀卿《禮賦》題下曰:"純用賦體,無別義,後諸篇同。卿賦五篇,一律全是隱語,描形寫影,名狀形容,盡其工巧,自是賦家一體,要不可廢。然其辭既不先本於情之所發,又不盡本於理之所存,若視《風》《騷》所賦,則有間矣。吁!此楚《騷》所以爲百代詞賦之祖也歟!"④肯定荀賦是賦家一體,不可廢,但是在辭、情、理方面,不如楚辭處理妥帖,所以應該祖騷而不祖荀。第三步引述林光朝司馬相如"賦之聖者"之説,認爲"艾軒以爲聖者,則以其運意猶自然,而辭未失於太過",以相如賦"辭"之"太過"來消解其"賦聖"之名,取而代之的是以兩漢賦爲"宗",指出"古今言賦,自騷之外,咸以兩漢爲古,已非魏晋以還所及。心乎古賦者,誠當祖騷而宗漢,去其所以淫而取其所以則可也",明確提出"祖騷宗漢"之説。於實踐操作層面,主要在《子虚賦》題解中進一步申述:

> 賦之問答體,其原自《卜居》《漁父》篇來。厥後宋玉輩述之,至漢此體遂盛……其中間之賦以鋪張爲靡,而專於辭者則流爲齊梁唐初之俳體;其首尾之文以議論爲駛,而專於理者則流爲唐末及宋之文體。……須將此

---

① 〔清〕王之績《鐵立文起》之《前編》卷一〇,《續修四庫全書》第1714册,上海古籍出版社,2002年,第326頁。
② 〔元〕袁桷《清容居士集》卷四二,《叢書集成續編》第66册,新文豐出版公司,1988年,第726頁。
③ 〔元〕祝堯《古賦辨體》卷一,見王冠輯《賦話廣聚》第2册,第27—29頁。
④ 〔元〕祝堯《古賦辨體》卷二,見王冠輯《賦話廣聚》第2册,第129頁。

兩賦及揚子雲《甘泉》《河東》《羽獵》《長楊》、班孟堅《兩都》、潘安仁《藉田》、李太白《明堂》《大獵》、宋子京《圜丘》、張文潛《大禮慶成》等賦并看，又將《離騷》《遠游》諸篇贍麗奇偉處參看，一掃山林草野之氣習，全仿冠冕佩玉之步驟。①

以賦之問答一體爲例，闡述其如何祖述《離騷》，經宋玉到司馬相如，再由兩漢至齊梁、唐、宋的"變體"發展路徑。廣而大之，觀《古賦辨體》的賦體選文，也是由"楚辭體"（屈原、宋玉、荀卿）到"兩漢體"（賈誼、司馬相如、班婕妤、揚雄、班固、禰衡）、"三國六朝體"（王粲、陸機、張華、潘岳、成公綏、孫綽、顏延之、謝惠連、謝莊、鮑照、江淹、庾信），至"唐體"（駱賓王、李白、韓愈、柳宗元、杜牧）到"宋體"（宋祁、歐陽修、蘇軾、蘇轍、蘇叔黨、黃庭堅、秦觀、張耒、洪舜俞）的五體三十五家的古賦正體統緒。至理學家陳繹曾編選《文筌》，亦是分"楚辭體"，謂"屈原《離騷》爲楚賦祖，只熟觀屈原諸作，自然精古"；"漢賦體"，謂"宋玉、景差、司馬相如、枚乘、揚雄、班固之作，爲漢賦祖，見《文選》者，篇篇精粹可法，變化備矣"；"唐賦體"，謂"鮑照、陳子昂、宋之問、蕭穎士爲唐古賦之祖，江淹、庾信、王勃、盧照鄰、楊炯、駱賓王爲唐排賦之祖"②，在祝堯的基礎上列出分體祖制。

綜此，賦學的"祖騷宗漢"之説，是由宋元理學家構築起來的一套統緒。祝堯"祖騷宗漢"，遵循"情""理""辭"中和的賦學原則，誠如鄧國光先生所謂"這是在理學語境之下，才可能產生認識層次。祝堯運用程、朱理學及其學術，詮釋一套與時俱進的文論"③。而且，這套理論建構對後世賦論影響深遠，明人吳訥《文章辨體序説》引祝堯語"心乎古賦者，誠當祖騷而宗漢"④來申明自己的撰述旨趣，李春熙撰《道聽録》也謂"《離騷》古賦之祖，《長楊》《子虛》，古賦之宗，至唐體稍變"⑤；清人程廷祚《騷賦論》稱述"君子於賦，祖楚而宗漢"，四庫館臣盛贊《古賦辨體》"采摭頗爲賅備……於正變源流，亦言之最確"⑥。在理學語境下，在複歸古賦以建"正統"的思潮中，由祝堯等元儒建構起"一祖（屈原）多宗（漢賦家）"的賦學統緒，得到了元以後理論界的認可。

---

① 〔元〕祝堯《古賦辨體》卷三，見王冠輯《賦話廣聚》第 2 册，第 152—153 頁。
② 〔元〕陳繹曾《文筌》之《楚賦譜》《漢賦譜》《唐賦附説》，《續修四庫全書》第 1713 册，第 463—498 頁。
③ 鄧國光《文章體統》，上海古籍出版社，2013 年，第 570 頁。又，據統計，《古賦辨體》正集和外録共引用 30 家 80 餘條評論，其中主要是宋人之論，分別爲（按引文出現的先後次序）北宋：宋祁、黃庭堅、晁補之、呂本中、呂與叔、陳師道、王安石、潘淳、曾鞏、秦觀、尹洙；南宋：朱熹、洪邁、林之奇、蔡戡、林光朝、樓昉、呂祖謙、謝枋得等人的相關賦論和文論。可見理學家占據很大比重，朱熹的評論最多，達 28 條。
④ 〔明〕吳訥《文章辨體序説》之"古賦"，人民文學出版社，1962 年，第 21 頁。
⑤ 〔明〕李春熙輯《道聽録》卷三，清鈔本，國家圖書館藏。
⑥ 〔清〕永瑢等《四庫全書總目》卷一八八《集部·總集類三》，中華書局，1965 年，第 1708 頁。

三 賦以載道：賦域歸統與賦學批評的經術化

前揭提出司馬相如"賦之聖者"的宋儒林光朝，他有一段關於文、道關係的論述亦值得關注："道之污隆，存乎其人；文章之高下，存乎其時。唐虞三代至周而治極矣，故其文爲獨盛也。……其間號爲繼周者，易秦而漢，易隋而唐。漢至武宣之世，始議文章；唐自元和以後，漸復古雅。雖賈誼、陳子昂之徒一時特起，初若有意於發揮古文，潤色當代，而其風流醖藉，亦無傳焉者，以其獨立而未盛故也。班固賦《西都》，具述公卿侍從之臣，若司馬相如、劉向、董仲舒、蕭望之之徒，皆以文章稱之。"①道在於人，文在於時，他將同是"號爲繼周"的漢代武宣之世與唐元和以後對舉，前者恰是賦體創作興盛之時，後者正是古文運動勃興之始，前者興盛是後者勃興的源泉。再考慮文章緣起由道統、治統而文統，"古文運動"建構文統的必要條件是"文以載道"，那麼，"古賦運動"建構賦統亦需"賦以載道"，具體可體現在賦體創作與批評這兩個層面。

首先，追溯和還原賦文本創作中的"治統"與"道統"。道統之論，自羲、農以來，堯、舜、禹、湯、文、武皆"屬之君上"；自孔子之後"屬之儒生"，"儒而在上者爲治統，儒而在下者爲學統"②。賦體文學在宣揚道統、塑造治統方面功效顯著，清陳元龍編《歷代賦彙》立"治道"類，《正集》收錄六卷 158 篇，《補遺》收錄 8 篇，數量龐大。而就具體篇章來看，賦中追溯"治統"由來已久。荀子《賦篇》即體現出聖王意識，《禮賦》"匹夫隆之則爲聖人，諸侯隆之則一四海者與"、《知賦》"皇天隆物，以示下民，或厚或薄，帝不齊均。桀、紂以亂，湯、武以賢"、《雲賦》"大參天地，德厚堯禹"、《蠶賦》"功被天下，爲萬世文"、《箴賦》"以能合從，又善連衡。下覆百姓，上飾帝王。功業甚博，不見賢良"；《成相篇》更是"請成相，道聖王"③，列舉古聖賢之君：伏羲、堯、舜、禹、湯、周文王、周武王、秦穆公等。宋玉《釣賦》別"玄淵之釣"與"堯、舜、湯、禹之釣"，勸諫"王若建堯舜之洪竿，攄禹、湯之修綸……其爲大王之釣，不亦樂乎"，《禦賦》宣導"義禦"，謂"昔堯、舜、禹、湯之禦也……此義禦也。義禦者，大王之禦也"④。

至漢司馬相如《上林賦》勸武帝曰："修容乎《禮》園，翺翔乎《書》圃。述《易》道，放怪獸；登明堂，坐清廟；恣群臣，奏得失。四海之内，靡不受獲。……德隆於三王，功羡於五帝。"⑤將三王、五帝的治統與道統並舉。揚雄《甘泉賦》開篇謂"惟漢十世，將郊上玄，定泰時。雍神休，尊明號，同符三王，録功五帝，恤胤錫羨，拓迹開統"⑥，贊漢十世帝王繼承三皇五帝的治統；《河東賦》祭后土

---

① 曾棗莊、劉琳主編《全宋文》第 210 册，上海辭書出版社等，2006 年，第 63 頁。
② 〔清〕孫奇逢《四書近指》卷六，《文淵閣四庫全書》第 208 册，上海古籍出版社，1987 年，第 694 頁。
③ 〔清〕王先謙《荀子集解》卷一八，中華書局，1988 年，第 455—472 頁。
④ 〔戰國〕宋玉著，吳廣平編注《宋玉集》，岳麓書社，2001 年，第 125、130 頁。
⑤ 費振剛、仇仲謙、劉南平校注《全漢賦校注》，廣東教育出版社，2005 年，第 91 頁。
⑥ 費振剛、仇仲謙、劉南平校注《全漢賦校注》，第 230 頁。

"迹殷周之虛,眇然以思唐虞之風。……樂往昔之遺風兮,喜虞氏之所耕。瞰帝唐之嵩高兮,脉隆周之大寧。……以函夏之大漢兮,彼曾何足與比功。……敦衆神使式道兮,奮《六經》以攄頌。喻於穆之緝熙兮,過《清廟》之雝雝;軼五帝之遐迹兮,躡三皇之高踪"①,治統寓含道統之中;《羽獵賦》謂"以爲昔在二帝三王……昔者禹任益虞而上下和,中木茂;成湯好田而天下用足;文王囿百里,民以爲尚小"②,追憶二帝、三王之功業;《長楊賦》謂"於是上帝眷顧高祖。高祖奉命……逮至聖文,隨風乘流,方垂意於至寧。……聖武……今朝廷(漢成帝)純仁,遵道顯義……普天所覆,莫不沾濡。士有不談王道者則樵夫笑之。……亦所以奉太宗之烈,遵文武之度,複三王之田,反五帝之虞"③,漢代諸王繼承"治統",開創新局。

在漢代京都賦的論證中,"治統"論也是各方引證的重點。班固《東都賦》謂"且夫建武之元……斯乃虙羲氏之所以基皇德也……斯軒轅氏之所以開帝功也……斯乃湯武之所以昭王業也。遷都改邑,有殷宗中興之則焉。即土之中,有周成隆平之制焉。不階尺土一人之柄,同符乎高祖。克己複禮,以奉終始,允恭乎孝文,憲章稽古,封岱勒成,儀炳乎世宗(武帝)。案《六經》而校德,妙古昔而論功。仁聖之事既該,而帝王之道備矣",贊美光武帝遷都洛陽,"勛兼乎在昔,事勤乎三五"④。而力主遷都長安的杜篤,在《論都賦》中說"非夫大漢之盛,世藉雍土之饒,得禦外理内之術,孰能致功若斯!故創業於高祖,嗣傳於孝惠,德隆於太宗,財衍於孝景,威盛於聖武,政行於宣、元,侈極於成、哀,祚缺於孝平。傳世十一,歷載三百,德衰而複盈,道微而複章,皆莫能遷於雍州,而背於咸陽。宫室寢廟,山陵相望,高顯弘麗,可思可榮,羲、農已來,無兹著明"⑤,又在歷數長安諸王的"治統"聖業。張衡《東京賦》氣勢更爲磅礴,謂"且高既受命建家,造我區夏矣。文又躬自菲薄,治致升平之德。武有大啓土宇,紀禪肅然之功。宣重威以撫和戎狄,呼韓來享。……我世祖(光武)忿之,乃龍飛白水,鳳翔參墟。……既光厥武,仁洽道豐。登岱勒封,與黄比崇。……逮至顯宗(漢明帝),六合殷昌。……漢帝之德,侯其禕而。……德寓天覆,輝烈光燭。狹三王之趢趗,軼五帝之長驅。躧二帝之遐武,誰謂駕遲而不能屬?"⑥自高祖、文帝、武帝、宣帝、光武帝、明帝一起稱揚,且"狹三王""軼五帝",《文選》吕向注曰:"我即陋小三王,過越五帝,追繼二皇之遠迹,誰謂車遲而不及?言可與爭先也。"⑦從比擬三王武帝到超越三王五帝,宣揚漢帝"治統"隆盛。

至唐代,賦體寫作也常以今上比擬三王五帝。李白《明堂賦》云"伊皇唐之

---

① 費振剛、仇仲謙、劉南平校注《全漢賦校注》,第248頁。
② 費振剛、仇仲謙、劉南平校注《全漢賦校注》,第254頁。
③ 費振剛、仇仲謙、劉南平校注《全漢賦校注》,第274—275頁。
④ 費振剛、仇仲謙、劉南平校注《全漢賦校注》,第495—496頁。
⑤ 費振剛、仇仲謙、劉南平校注《全漢賦校注》,第387頁。
⑥ 費振剛、仇仲謙、劉南平校注《全漢賦校注》,第677—683頁。
⑦ 《日本足利學校藏宋刊明州本六臣注文選》卷三,人民文學出版社,2008年,第67頁。

革天創元也,我高祖乃仗大順,赫然雷發以首之。……欽若太宗,繼明重光。……若乃高宗紹興,祐統錫羨,神休旁臻,瑞物咸薦。……天后勤勞輔政兮,中宗以欽明克昌。遵先軌以繼作兮,揚列聖之耿光"①,歷叙唐高祖、太宗、高宗、武則天、中宗五代帝王的豐功偉績,繼軌先聖。杜甫《朝獻太清宫賦》謂"今王巨唐,帝之苗裔……起數得統,特立中央……至於易制取法,足以朝登五帝,夕宿三皇。信周武之多幸,存漢祖之自强"②,認爲唐承漢統;《有事於南郊賦》歷數以見唐統之正,"臣聞燧人氏已往……太昊氏繼天而王……洎虞夏殷周……秦失之於狼貪蠶食,漢綴之以蛇斷龍戰。中莽茫夫何從,聖蓄縮曾不下眷……伏惟陛下(唐玄宗)……爐以之仁義,鍛以之賢哲……而後睹數統從首,八音六律而惟新;日起算外,一字千金而不滅"③,認爲秦、漢有失統,魏晋以後無統,唐繼周立統;《封西嶽賦》謂"今聖主功格軒轅氏,業纂七十君……比歲,鴻生巨儒之徒,誦古史、引時義云:國家土德,與黄帝合;主上本命,與金天合"④,以唐玄宗功格與黄帝齊合。其他如唐開元時賦家張秀明《西郊迎秋賦》謂"實惟道映三五,何啻聲超百王而已哉"⑤,贊美皇帝有三王五帝之德,聲望遠超前代帝王;到顧况《高祖受命造唐賦》,有謂"斷自唐虞,洎乎周漢,帝王美稱,以文爲首。我唐文德,宜在三代之上;微臣賦頌,耻居數子之下。……初論隋氏顛覆,次論皇家開統,末論告厥成功"⑥,直接將唐德凌駕三代之上。

　　泰山封禪是宣示"天命",繼承"道統"與"治統"的一大突出表徵。《宋史》載"封禪。太宗即位之八年,泰山父老千餘人詣闕,請東封"⑦,時朝臣紛紛奏獻東封賦,王禹偁有作《請東封賦》。至宋真宗,爲挽回"澶淵之盟"的耻辱,想藉封禪泰山以安撫天下,故獻賦敦請封禪成爲風尚,范諷"獻《東封賦》,遷太常寺奉禮郎"⑧,田錫《泰山父老望登封賦》、夏竦《白雲起封中賦》、方大琮《孔子登泰山小天下賦》、李綱《有文事必有武備賦》等,都表達誠敬的封禪之心和廣被帝王盛德於天下的美好願望。至元初賦家楊維楨《封禪賦》,展開治國之道的思考,認爲封禪没有存在的必要,因爲治統乃源於道統,古之道統是堯、舜、禹、湯、文、武、周公、孔子;孔子之後,即孟子、濂、洛、周、程,"及乎中立楊氏,而吾道南矣。既而宋亦南渡矣,楊氏之傳,爲豫章羅氏、延平李氏,及於新安朱子。朱子没,而其傳及於我朝許文正公。此歷代道統之源委也。然則道統不在遼、金而在宋,在宋而後及於我朝,君子可以觀治統之所在矣"⑨,遼、金既非"正"也非"統",元繼宋朝"正統"。

---

① 〔唐〕李白著,瞿蜕園、朱金城校注《李白集校注》,上海古籍出版社,2016年,第37—40頁。
② 〔清〕仇兆鰲注《杜詩詳注》卷二四,第2118頁。
③ 〔清〕仇兆鰲注《杜詩詳注》卷二四,第2149—2152頁。
④ 〔清〕仇兆鰲注《杜詩詳注》卷二四,第2171頁。
⑤ 馬積高主編《歷代辭賦總彙》,第1354頁。
⑥ 〔北宋〕李昉等編《文苑英華》卷四一,中華書局,1966年,第183—184頁。
⑦ 〔元〕脱脱等《宋史》卷一〇四,中華書局,1977年,第2527頁。
⑧ 〔元〕脱脱等《宋史》卷三〇四,第10061頁。
⑨ 〔元〕楊維楨《正統辨》,見李修生主編《全元文》第42册,江蘇古籍出版社,1998年,第490頁。

終宋一朝并未實現疆域一統,而元代是歷史上一個由非漢族政權實現一統的王朝,"大一統"①主題成爲"體國經野,義尚光大"的賦作書寫對象,元世祖至元年間,陳孚便以布衣身份上《大一統賦》。明代有金幼孜、楊榮、胡啓先、吳溥等賦家同題《皇都大一統賦》;又有劉三吾、周啓、莫旦等《大明一統賦》,劉賦作於建文元年,謂"觀其得國遠過於漢唐,行師名正於湯武"②,凌明德於漢唐之上;莫賦爲四卷長篇,開頭云"臣聞《詩》有六義,賦其一焉,所以敷布其義而宣揚其事也,故曰:'詩人之賦麗以則。'竊觀古人於國家德業之盛,必托諸賦以鋪張之,以昭映於無窮。……求其以天下一統爲賦,而包括無遺者,則未之聞也……我聖朝啓運開天,堂堂一統,功德隆盛,曠古所無"③,賦是宣揚大明一統之功德的最佳載體。清代以"大一統"爲題的辭賦,有阮葵生《皇輿一統圖賦》,高賜禮、趙新、倪文蔚同題《皇都大一統賦》,王者瑞《太平一統賦》等,地理、京都與大一統的主題結合,既是對漢唐地理、京都賦題材的吸納,也是將道統與治統思想融貫其中,在賦域中歸統,展現"一統"的榮光。

其次,賦學批評領域重載道之論,呈現經術化傾向,主要體現在四個方面:一是賦源於經論。首先是"賦者,古詩之流"説,自班固《兩都賦序》首引以後,知音不斷,晋皇甫謐《三都賦序》"子夏序《詩》曰:'一曰風,二曰賦。'故知賦者,古詩之流也"④;摯虞《文章流别論》"賦者,敷陳之稱,古詩之流也。……故有賦焉,所以假像盡辭,敷陳其志"⑤;劉勰《文心雕龍·詮賦》"詩有六義,其二曰賦……與詩畫境,六義附庸,蔚成大國";白居易《賦賦》(以"賦者古詩之流也"爲韵)"賦者,古詩之流也……況賦者,《雅》之列,《頌》之儔"⑥。於是後世并演繹出大量擬《賦賦》《六義賦居一賦》等同題之作⑦,都是在闡明賦源於詩之説。其次是賦體源於《禮》,《漢志》謂"傳曰:'不歌而誦謂之賦,登高能賦可以爲大夫'"⑧,登高孰謂? 章太炎《辨詩》謂:"《毛詩傳》曰:'登高能賦,可以爲大夫。'登高孰謂? 謂壇堂之上,揖讓之時。"⑨賦産生於祭祀登壇揖讓之禮辭,故袁棟《詩賦仿六經》云:"詩賦等文事略仿六經:……賦體恭儉莊敬似《禮》。"⑩

---

① 關於"大一統"概念,參見葛劍雄《統一與分裂——中國歷史的啓示》(中華書局,2008年)相關論述。
② 〔明〕劉三吾《劉三吾集》卷一,岳麓書社,2013年,第95頁。
③ 〔明〕莫旦《大明一統賦》(北京大學圖書館所藏明嘉靖間鄭普刻本),《四庫禁毁書叢刊》史部第21册,北京出版社,2000年,第1頁。
④ 〔南朝梁〕蕭統編,〔唐〕李善注《文選》卷四五,第641頁上。
⑤ 〔西晋〕摯虞《文章流别論》,見〔清〕嚴可均輯《全上古三代秦漢三國六朝文》,第1905頁。
⑥ 〔唐〕白居易《白居易集》,中華書局,1979年,第877頁。
⑦ 據馬積高先生主編《歷代辭賦總彙》統計《賦賦》約有21篇,作者分别爲:王晦、吳錫麒、符保森、趙新、張九鐔、吳省蘭、陳希曾、楊際春、田依渠、楊曾華、李宗瀚、姜城、吳慶同、金長茁、章末、潘繼李、孫纘、聶爾康、陶澍(題爲《擬白居易賦賦》)、錢寀(題爲《擬白居易賦賦》)、施補華(題爲《擬白香山賦賦》);《六義賦居一賦》3篇,作者分别爲:汪鋆、趙鏞、程恩澤。
⑧ 〔東漢〕班固《漢書》卷三○《藝文志》,第1755頁。
⑨ 〔清〕章太炎《國故論衡》,上海古籍出版社,2003年,第87頁。
⑩ 〔清〕袁棟《書隱叢説》卷一一,《續修四庫全書》第1137册,第545頁。

二是以經論賦,主要是以《詩經》論賦,尤其是"諷諫説"與"麗則説"。《史記·司馬相如列傳》載太史公曰:"相如雖多虛辭濫説,然其要歸引之節儉,此與《詩》之風諫何异?"①開啓賦之"諷諫説",繼承者如漢宣帝語"辭賦大者與古詩同義,小者辯麗可喜,譬如女工有綺縠,音樂有鄭衛,今世俗猶皆以此虞悦耳目,辭賦比之,尚有仁義諷諭,鳥獸草木多聞之觀,賢於倡優博弈遠矣"②;揚雄《法言·吾子》"詩人之賦麗以則,辭人之賦麗以淫"③,開啓賦之"麗則説",繼承者如祝堯《古賦辨體》評論《兩都賦》謂"此賦涉雅頌,猶有正與則之餘風"④。最有意思的是,賦之"諷諫説"引出多篇賦體寫作,如方大琮《詞賦與古詩同義賦》(以題爲韵)⑤,題目與韵脚藉用漢宣帝之語,以古詩統賦,贊賞賈誼、揚雄、屈原、宋玉的賦作繼承詩亡失之義,又肯定杜甫、韓愈諸賦延續諷諫的詩教傳統。賦之"麗則説"也引出諸多賦體寫作,如周如蘭《詩人之賦麗以則賦》首先點題"既鋪彩以摛文,尚秉經與酌雅。故《法言》稱麗則,太冲《序》亦引揚;而藝苑祖風騷,相如名還并賈也",指出"麗則"元素源於《詩經》,然後再解釋"其麗也""其則也",最後"是知升高能賦,衷諸詩而比興該;言志爲詩,陳以賦而雅頌緝。蘄於古而爲歸,得其門而後入"⑥,將賦統之源歸入詩統。武原曹三才《歷朝賦格序》曰:"賦非雕蟲之小技也,其旨微,其諫譎,其憂深而慮遠……其淳古淡泊,《易》之憂患,《詩》之怨刺,無以异也。"⑦在駁斥揚雄賦是"雕蟲篆刻"之論的同時,又將賦統納入經統。

三是賦與經學同在漢代達到鼎盛,漢賦廣泛用經。賦是有漢一代之文學,經學是漢一代之學術,漢賦廣泛引用五經文獻,誠如阮元所謂"洎乎賈生、枚叔,并轡漢初;相如、子雲,聯鑣西蜀。中興以後,文雅尤多,孟堅、季長之倫,平子、敬通之輩。綜兩京文賦之家,莫不洞穴經史,鑽研六書"⑧,漢賦造作達到"以賦傳經"之效果⑨。基於這樣的特徵,評論家們便給賦定義爲:"蓋賦者,《詩》之諷諫,《書》之反覆,《禮》之博奧,約而精之"(康紹鏞《七十家賦鈔序》);或稱賦是"風雅遺音,宫商協度,六籍之華,九經之庫"⑩;或謂賦"堪作五經鼓

---

① 〔西漢〕司馬遷《史記》卷一一七,第3073頁。
② 〔東漢〕班固《漢書》卷六四,第2829頁。
③ 汪榮寶《法言義疏》,中華書局,1987年,第49頁。
④ 〔元〕祝堯《古賦辨體》卷四,見王冠輯《賦話廣聚》第2册,第227—228頁。
⑤ 曾棗莊、吴洪澤主編《宋代辭賦全編》第4册,四川大學出版社,2008年,第1785頁。
⑥ 馬積高主編《歷代辭賦總彙》,第15172頁。
⑦ 〔清〕陸棻評選《歷朝賦格》卷首,《四庫全書存目叢書》第399册,第271—272頁。
⑧ 〔清〕阮元《四六叢話序》,見《揅經室集》之四集卷一,中華書局,1993年,第738頁。
⑨ 參見許結、王思豪撰《漢賦用經考》(《文史》2011年第2期,第5—48頁)、《漢賦用〈詩〉的文學傳統》(《中國社會科學》2011年第4期,第190—204頁)二文,此不贅論。據臺灣學者簡宗梧的考論,漢代賦家凡有"子書"傳世者,基本皆爲"儒家"(詳見簡宗梧《漢賦源流與價值之商榷》第三篇《漢代賦家與儒家之淵源》,文史哲出版社,1980年,第101—134頁),這亦可印證兩漢賦家創作辭賦與經學傳統的關聯。
⑩ 〔清〕錢寀《擬白居易賦賦》,馬積高主編《歷代辭賦總彙》,第24056頁。

吹,鏗爾球鍠;足爲六籍笙簧,鏘然韶護"①。賦爲五經鼓吹,《世說新語·文學》載晉孫綽語云:"《三都》《二京》,五經鼓吹。"②究其意,清人朱鳳墀《五經鼓吹賦》解釋道:"京二册而都三篇,於五經之餘得五。則且仿《易》之鳴豫以爲則,奉《書》之依永以爲型。采頌聲於《詩》什,考樂記於《禮》經……蓋其詞盡切今,論皆稽古。經以開賦之原,賦亦爲經之輔。"③經爲賦之原典,賦可與輔助解經的序、傳等而觀之。查閱《歷代辭賦總彙》,《五經鼓吹賦》同題之作有九篇,作者分別爲朱鳳墀、宋安元、保瑞、孫文川(二篇)、李宗昉、吴省蘭、張九鐔、王景模,由此可見一斑。

四是作賦本於經術,故賦常以經命題。以宋鄭起潛《聲律關鍵》爲例,卷首論"句法",引賦五十題,有近三十題就出自經籍,如《天下之勢如持衡》出自《毛詩傳》,《大有受之以謙》《易與天地准》《乾坤示人簡易》出自《周易》,《舜同律度量衡》《仁之爲器重》《天子以德爲車》出自《禮記》,《王者以民爲天》出自《周禮》,《子在齊聞韶》出自《論語》,等等。考經題賦之興起,當在於應制之賦,清人編《律賦經畬集》,其《凡例》謂"應制之賦以經命題,昉自有唐。如裴晉公《歲寒知松柏後凋賦》、韓文公《明水賦》、李供奉《明堂賦》、元僕射《鎮圭賦》、白尚書《性習相遠近賦》……其他不可枚舉,我朝經學昌明,星使掄材,悉取經語以覘古學",因此專門搜輯清代經題律賦一百二十三篇,"故是編專采五經,若《論》《孟》《學》《庸》《周官》《爾雅》,凡在十三經之目者,間亦采焉"④。而考經題賦之本原,當在於漢賦本於經術,阮亨爲《律賦經畬集》作序,即指出"古人九能,最重登高之作,固不敢以雕蟲小技忽之也。而熔鑄經典之範,翔集子史之術,則洞曉情變,曲昭文體,洵爲作賦之本原耳",賦約六經之旨,亦可作載道之文,故"取昌黎'文章豈不貴,經訓乃菑畬'之意,名曰'經畬集'"⑤。

總之,賦亦可以載道。唐李百藥作《贊道賦》以諷,謂賦"以正君臣,以篤父子,君臣之禮,父子之親。盡情義以兼極,諒宏道之在人"⑥,賦有"宏道"之任。宋范仲淹編《賦林衡鑒》謂"由有唐而複兩漢,由兩漢而複三代。斯文也,既格乎雅頌之致;斯樂也,亦達乎韶夏之和……於斯述也,委而不論,亦吾道之志歟"⑦,由唐賦溯源兩漢,由兩漢追溯三代,賦本於《詩》,合乎禮樂教化,可承載"吾道"。至清人王修玉編纂《歷朝賦楷》,在自序中指出"況夫賦者,古詩之流,相如有言:賦家之心,包括宇宙;班固亦云:或以抒下情而通諷諭,或以宣上德而盡忠孝。賦之爲道,豈云鮮乎"⑧,皆旨在弘揚"賦以載道"的精神。反過來,又有以賦寫"原道",劉勰《原道》篇謂"心生而言立,言立而文明,自然之道也",

---

① 〔清〕吴慶同《賦賦》,馬積高主編《歷代辭賦總彙》,第 22401 頁。
② 余嘉錫《世説新語箋疏》,中華書局,1983 年,第 260 頁。
③ 馬積高主編《歷代辭賦總彙》,第 22058 頁。
④ 〔清〕錢文佐等編《律賦經畬集》凡例,清道光十九年(1839)揚州二西堂巾箱本。
⑤ 〔清〕錢文佐等編《律賦經畬集》序。
⑥ 〔清〕董誥等編《全唐文》卷一四二,中華書局,1983 年,第 1437 頁。
⑦ 〔北宋〕范仲淹《范仲淹全集》,四川大學出版社,2007 年,第 509 頁。
⑧ 〔清〕王修玉編《歷朝賦楷》卷首,清康熙二十五年(1686)刻本。

賦家沈叔埏便以"言立文明自然之道"爲韵寫作《文心雕龍賦》,申述"原道"之旨;自周敦頤以來,"文以載道"説盛行,賦壇徑以此爲題,廣泛作賦,據《歷代辭賦總彙》統計有八篇《文以載道賦》,作者分别是蔡新、程炌、張雲望、李鴻章、李氏、彭湘懷、邱炃(二篇);另有王元梅、齊夢槐、羅修源、朱瀛亦作有《文以載道賦》①。這些賦的作賦之旨,誠如李鴻章《文以載道賦序》謂"夫六經爲載道之書,後世祖述爲文,因時遞變,而揆道則一。爰綜古今大要,約舉爲賦"②,皆以"原道"爲旨歸,在原道的同時,賦承載六經經義以"載道"。

四　走出小道:揚雄悔賦的賦統破壞

賦如詩、文,是君子載道的媒介,姚鼐《翰林論》云:"是故君子求乎道……君子之職以道……使世之君子,賦若相如、鄒、枚……詩若李、杜,文若韓、柳、歐、曾、蘇氏。"③將鄒陽、枚乘、司馬相如等賦家與詩家李杜、古文家韓柳等并舉,一并歸入"固有道焉"之列。賦又本於經術,故可以"因文見道",魏源《定庵文録叙》即説:"荀况氏、揚雄氏亦皆從詞賦入經術,因文見道,或毗於陽則駁於質,或毗於陰則憒於事,徒以去聖未遠,爲聖舌人,故至今其言猶立。"④荀子、揚雄等賦家因"去聖未遠",可以爲"聖舌人"。同時,荀子和揚雄又是道統建構中的主要人物,尤其是上接孔孟、下啓韓愈的揚雄⑤,他在道統與賦統建構中起到重要關聯性作用。

賦可以載道,但賦有淪爲"小道"之譏,揚雄《法言·吾子》云:"或問:'吾子少而好賦。'曰:'然。童子雕蟲篆刻。'俄而曰:'壯夫不爲也。'"⑥在揚雄視賦如"童子雕蟲篆刻""壯夫不爲"的基礎上,崔駰《七依》藉"非有先生"之言曰:"揚雄有言:童子雕蟲篆刻。俄而曰:壯夫不爲也。孔子疾小言破道,斯文之族,豈不謂義不足而辯有餘者乎?"⑦將作賦與"小言破道"比類。曹植《與楊德祖書》提出:"辭賦小道,固未足以揄揚大義,彰示來世也。昔楊子雲先朝執戟之臣耳,猶稱壯夫不爲也。"⑧一代賦家却視辭賦爲"小道",揚雄的悔賦之説,對賦統的建設具有破壞性。

自漢桓譚推崇揚雄不僅是"西道孔子",亦是"東道孔子"以來⑨,至唐代韓愈始將揚雄納入道統譜系,其《重答張籍書》云:"己之道乃夫子、孟軻、揚雄所

---

① 王賦載《本朝應制琳琅集》卷一,清乾隆十九年(1754)京都鴻遠堂精寫刻本;齊賦載其賦集《梅麓賦鈔》卷一,清道光二十五年(1845)刻本。羅賦,乙未科館課。
② 顧廷龍、戴逸主編《李鴻章全集》第37册《詩文》,安徽教育出版社,2008年,第5頁。
③ 〔清〕姚鼐《惜抱軒詩文集》之《文集》卷一,上海古籍出版社,1992年,第4—5頁。
④ 〔清〕龔自珍《龔自珍全集》卷首,中華書局,1959年,第632頁。
⑤ 按:趙德《昌黎文録序》:"昌黎公,聖人之徒歟?……所履之道,則堯、舜、禹、湯、文、武、周、孔、孟軻、揚雄所授受服行之實也,固已不雜。"見董誥等編《全唐文》卷六二二,第6276頁。
⑥ 汪榮寶《法言義疏》,第45頁。
⑦ 〔唐〕歐陽詢《藝文類聚》,中華書局,1999年,第1020頁。
⑧ 〔清〕嚴可均輯《全上古三代秦漢三國六朝文》,第2393頁。
⑨ 朱謙之校輯《新輯本桓譚新論》,中華書局,2009年,第62頁。

傳之道也。"①宋初柳開謂："吾之道，孔子、孟軻、揚雄、韓愈之道；吾之文，孔子、孟軻、揚雄、韓愈之文也。"②揚雄又入文統。但北宋中葉劉敞撰《雕蟲小技壯夫不爲賦》闡釋揚雄"童子雕蟲篆刻，壯夫不爲"賦學命題，認爲"原屈、宋而彌漫，下卿、雲而流宕。豈所謂言勝則道微，華盛而實喪者哉？……且《子虛》《大人》之文，無益於諷諫，《靈光》《景福》之作，不出乎斫雕。……是以子雲以無益而自悔，枚皋以類得而詆諆。……然無益於王道，終見譴於聖師"③，不僅揚雄，屈原、宋玉、賈誼、司馬相如、枚皋、王延壽等一衆漢賦名家都成爲批評的對象。蘇軾《與謝民師推官書》謂："揚雄好爲艱深之詞，以文淺易之説，若正言之，則人人知之矣，此正所謂雕蟲篆刻者。其《太玄》《法言》，皆是類也，而獨悔於賦何哉？終身雕蟲而獨變其音節，便謂之經，可乎！屈原作《離騷經》，蓋風雅之再變者，雖與日月爭光可也，可以其似賦而謂之雕蟲乎？使賈誼見孔子，升堂有餘矣，而乃以賦鄙之，至與司馬相如同科，雄之陋如此。"④貶低揚雄，批判揚雄視賦爲"小道"的主張，視揚雄爲自屈原、賈誼至司馬相如賦統譜系後的破壞者。鄧繹曾總結道：

> 兩漢之世專以大儒歸揚雄，經術盛而人知有易也。魏晉以來始以辭人視雄，至於盛唐遂以揚、馬并稱。"賦料揚雄敵，詩看子建親"，"斯文崔魏徒，以我似班揚"，"悠然想揚馬，繼起名律兀"，杜少陵亦云然矣。獨韓退之以荀、揚大醇追配孟子，爲起衰之特筆。然其論古文章，仍以司馬相如、揚雄爲一流，不能無狃於前人之説也。雕蟲小技，壯夫不爲，揚雄之所悔也。而後人乃津津樂道之，習非之勝是也久矣。⑤

揚雄兼具大儒和辭人身份，其"雕蟲小技"的悔賦之言，讓後儒開始輕賤詞賦之用"小"，視賦爲"小道"，并因此積久成習，破壞賦統建構。

如何走出"小道"？北齊顏之推斟酌揚雄悔賦之辭後，説："余竊非之曰：虞舜歌《南風》之詩，周公作《鴟鴞》之咏，吉甫、史克《雅》《頌》之美者，未聞皆在幼年累德也……揚雄安敢忽之也？若論'詩人之賦麗以則，辭人之賦麗以淫'，但知變之而已，又未知雄自爲壯夫何如也？著《劇秦美新》，妄投於閣，周章怖慴，不達天命，童子之爲耳。……其遺言餘行，孫卿、屈原之不及，安敢望大聖之清塵？"⑥認爲揚雄悔賦，不在於其"幼年"與"壯年"的區別，與賦本身無關。至北宋范仲淹《賦林衡鑒序》謂"子雲誚以雕蟲，蓋尊其六籍"，沈作喆則説"本朝以詞賦取士。雖曰雕蟲篆刻，而賦有極工者，往往寓意深遠，遣詞超詣，其得人亦多矣。"⑦一從賦含六經角度肯定古賦，一從"寓意深遠"角度肯定今賦，都在否

---

① 〔唐〕韓愈撰，馬其昶校注，馬茂元整理《韓昌黎文集校注》，第152頁。
② 〔北宋〕柳開《柳開集》卷一《應責》，中華書局，2015年，第12頁。
③ 曾棗莊、吳洪澤主編《宋代辭賦全編》第4册，四川大學出版社，2008年，第1778—1779頁。
④ 〔北宋〕蘇軾《蘇軾文集》，中華書局，1986年，第1419頁。
⑤ 吳文治編《韓愈資料彙編》第4册，中華書局，1983年，第301頁。
⑥ 王利器《顏氏家訓集解》，中華書局，1993年，第259—260頁。
⑦ 〔南宋〕沈作喆《寓簡》卷五，中華書局，1985年，第33頁。

決揚雄悔賦之言。又周必大《張文靖公文集序》謂:"德之盛者必有言,言之文則行也遠。肇自帝王之世,皋陶邁種德,尹躬享天心,即其人也。昔者孔子定《書》,舉'皋陶矢厥謨'於三謨之首,賡帝之歌至於一再,而《伊訓》、《咸有一德》、《太甲》上中下千有餘言,并載百篇之中,以其可爲萬世法也。揚雄,漢儒之傑然者,嘗賦《甘泉》,稱頌人主,搜述索耦,豈無他人?獨曰皋、伊之徒冠倫魁能,其深知聖人之意也歟!"①從《甘泉賦》一句旨意稱頌揚雄"深知聖人之意",這是舉例説明揚雄賦作的"寓意深遠"。明李鴻編《賦苑》序謂"賦者,古詩之流,六藝之一也。要之非大雅博聞,烏能像物比類;非殊才異致,烏能窮妍極精。自隋唐以還,《藝文志》無載,豈博覽家委於子雲雕蟲之悔,共相棄置與?嗚呼!才士用心焉,可憮也"②,選先秦至隋代的賦作 875 首,以編選辭賦總集的實際行動消解揚雄悔賦之辭的危害。明人還在策問中討論揚雄悔賦之言,謂:"雕蟲之技,壯夫不爲。夫使揚雄氏而果以雕蟲病也,何至《長楊》《羽獵》之作星斗覆而波濤流也。且雄嘗爲《玄》以擬《易》矣,君子譏其難深晦澀無裨於大道,則豈必《玄》之用大而賦之用小耶?今夫《三百篇》,詩之祖也,六儀(義)備焉:一曰風,二曰賦,三曰比,四曰興,五曰雅,六曰頌。"③賦兼六義,將《長楊賦》《羽獵賦》與擬《易》而成《太玄》相比,賦與《太玄》都是源於經術之作,誠如曹三才爲陸棻《歷朝賦格》作序所謂"經術之内,詞賦出焉;詞賦之内,經術存焉。學者分而爲二,至力不能兼,資有所近,遂以爲雕蟲小技,不足留意,是未窺賦之堂奧也"④,詞賦出自經術,詞賦也存有經術,所以我們讀賦要"窺賦之堂奧",而所謂"雕蟲小技"是因爲不能兼二者所長。乾隆朝山陽阮學濬更是直接謂:"傳曰:登高能賦,可以爲大夫。班孟堅謂:宣上德而盡忠孝,抒下情而通諷諭,雍容揄揚,雅頌之亞。賦之由來尚已。……抑嘗考之,張曲江獻《白羽扇賦》,明皇嘉其才理高妙;王沂公試禮部廷對皆第一,楊大年見其賦嘆曰:此王佐才也。公輔之器,具覘於賦,而揚子雲顧鄙爲雕蟲篆刻,壯夫不爲,豈不慎哉?"⑤賦之功用甚大,視揚雄之悔賦之辭是顛倒黑白的謬論。

　　對揚雄悔賦之辭規正分析最爲透徹的是清人黄承吉,他在《金雪舫文學賦鈔序》中説:"夫賦者六義所關,非可褻視。子雲雕篆之説,吾今方著書正之。"⑥準備專門寫一部書來駁斥揚雄"雕篆之説"。清儒劉文淇爲黄承吉《夢陔堂文説》作序謂:"先生以揚雄有'童子雕蟲篆刻,壯夫不爲'之語,而後世之輕視文辭者,輒祖述雄語,以爲口實。……因作《文説》正之,凡若干篇……以

---

① 曾棗莊、劉琳主編《全宋文》第 230 册,第 173 頁。
② 〔清〕李鴻編《賦苑》卷首,《四庫全書存目叢書》第 384 册,第 4 頁。
③ 〔明〕茅維輯《皇明策衡》卷一六《詞賦》,明萬曆刻本,北京大學圖書館藏。
④ 〔清〕曹三才《歷朝賦格序》,見〔清〕陸棻評選《歷朝賦格》卷首,《四庫全書存目叢書》第 399 册,第 273 頁。
⑤ 〔清〕阮學濬《本朝館閣賦序》,見〔清〕葉抱崧、程琰等編《本朝館閣賦》卷首,清乾隆二十九年(1764)困學齋刻本。
⑥ 〔清〕黄承吉《夢陔堂文集》,見《清代詩文集彙編》第 502 册,上海古籍出版社,2010 年,第 735 頁。

是書專爲辨雄而作也。"①黃承吉的《夢陔堂文説》從三個方面來規正揚説。

一是分析揚雄"雕蟲篆刻"之説的危害。凡後世詬病辭賦,必稱引揚雄此説,以明辭賦是"童子"所爲,"而雄乃故擬之以讒賦、貶賦,然猶不以鐫刻之工巧者許賦也。於是又加以'童子'二字,若曰雕篆雖童子亦可爲。……必如是,然後益見賦之可輕可賤,故曰壯年則不爲。觀其'童子壯夫'四字,可謂曲詆深文之至","雕蟲篆刻"本是鐫碑刻字者"形容工巧"之意,本身并無褒貶,但揚雄加上"童子"二字,便有輕賤味道。揚雄僅是將"雕蟲"之論與辭賦結緣,此後"'雕蟲'二字之與辭賦竟成固結莫解之勢","由是辭賦即'雕蟲'矣,'雕蟲'即辭賦矣",但揚雄并没有提到"小技",黃承吉分析道:

> 然而美"雕蟲"者絶少,薄"雕蟲"者至多,以雄之原辭本是薄而非美。以其薄也,於是後人又誤會而益以"小技",而不顧"小技"之原委本曰"蟲篆",而不曰"雕蟲";以其"小技"也,於是又牽連而概以文章,亦并不顧雄原辭之非謂文章,而專云"好賦",逐次誣連混搭,以致"雕蟲小技"相傳爲一切文章之口實久矣。②

"小技"本是説"蟲篆",不是指"雕蟲",以"雕蟲"爲"小技"是後人的誤會。這個誤會不僅危害辭賦,更危害到後世"一切文章","蓋自雄有此一言,而後世之辭賦、文章盡爲所陷蔽矣",認爲"後世爲文其塞乎口而不振也久矣,乃塞之者……塞於揚雄'雕蟲篆刻'之一語"③。

二是以揚雄"麗則""麗淫"之説來瓦解"壯夫不爲"之辭。黃承吉首先考證得出"雄賦皆是壯年所爲""皆作於四十以後",然後引出揚雄的"麗則""麗淫"之説。《法言·吾子》曰:"或問:'景差、唐勒、宋玉、枚乘之賦也,益乎?'曰:'必也淫。''淫則奈何?'曰:'詩人之賦麗以則,辭人之賦麗以淫。如孔氏之門用賦也,則賈誼升堂,相如入室矣。如其不用何?'"④黃承吉認爲"雄謂'詩人之賦麗以則',其言誠是也,而無如其立言之故,乃實爲下句導起'麗淫'以中相如之張本"⑤,揚雄將"麗則"與"麗淫"并稱,是爲中傷司馬相如張本。黃承吉認同賦源於《詩》之説,指出:"夫賦即六經中之《詩》,《詩》有貞淫,則即賦有貞淫。若鴻都門下之賦説,不問而知爲淫,至相如之賦則正雄所謂'詩人之賦麗以則'者,而雄偏處之以俳優之淫,反以'麗則'之語自爲之地。"⑥認爲司馬相如賦實"不淫",符合"麗則"要求,准乎詩教原則,但揚雄將其與鴻都門學"小技"并説,

---

① 〔清〕劉文淇《夢陔堂文説序》,見〔清〕黃承吉《夢陔堂文説》,《清代詩文集彙編》第503册,第1頁。又蔣寅有《黃承吉及其〈夢陔堂文説〉略述》一文,見《勵耕學刊》(文學卷),學苑出版社,2007年,第91—104頁。孫晶有《黃承吉"雕蟲篆刻"與正揚之微意論》(《文學評論》2021年第1期,第197—205頁)一文。
② 〔清〕黃承吉《夢陔堂文説》,見《清代詩文集彙編》第503册,第18頁。
③ 〔清〕黃承吉《夢陔堂文説》,見《清代詩文集彙編》第503册,第16頁。
④ 汪榮寶《法言義疏》,第49頁。
⑤ 〔清〕黃承吉《夢陔堂文説》,見《清代詩文集彙編》第503册,第20頁。
⑥ 〔清〕黃承吉《夢陔堂文説》,見《清代詩文集彙編》第503册,第44頁。

後人再污之於一切辭賦。"小技"并非指賦,揚雄之辭的出發點即有不妥之處:

> 夫從來君子小人之立言,大要別於邪正而已。夫子之説《詩》曰:"一言以蔽之,曰:思無邪。"賦亦如是,即凡文章亦如是。蓋凡文章無不可爲,就令涉趣操觚、隨情染翰,何莫非文? 亦何莫非有貞淫邪正之別? 要惟無邪而後乃爲文章,否則直謂之不得爲文章可也。道在分別於其文而已,何所謂"雕蟲篆刻"? 更何所謂"童少壯夫"?①

在黃承吉看來,"文者根乎天地之道,聖賢之學奈何有'雕蟲小技'之説流傳習熟於學士之口",作賦如文章一樣,"無不可爲",并没有貞淫邪正之別,也就無所謂是"雕蟲篆刻",還是童子、壯夫所爲了。

三是從文道關係糾偏揚説。一方面,黃承吉重文道關係,指出"文辭之爲道至大",認爲"夫文之在德者,道之體也,其爲象、爲事、爲禮、爲聲、爲辭者,道之用也。道之體用,天地之體用也"②,文德是道之"體",文辭是道之"用",文載天地之道。另一方面,黃承吉還原揚雄悔賦之辭的歷史語境:

> 且即如其此《吾子》篇之篇目所標"誕章乖離"等語,明明貌托於近正,而其開篇之首一句乃云"吾子少而好賦",試思安有興言周孔,尊聖明道之篇,而篇首先以"少而好賦"發端,其後遂貶賦不休者? 更安有即以其好賦之"吾子"二字率名其尊聖明道之篇者?③

《吾子》篇是揚雄《法言》首篇,是"興言周孔,尊聖明道"之篇,可篇首就是悔賦之辭,這是爲何? 最好的解釋就是揚雄藉悔賦之舉以提高《法言》"尊聖明道"之價值,"而雄所言之不足信,亦已明矣"。

黃承吉在《文説》中全方位駁斥揚雄悔賦之辭,稱揚辭賦之功,認爲辭賦"原即古者之詩,往古有詩而無賦者,時未至,境未辟也。及時至境辟之後,假令千百世仍皆效《三百篇》之體格,何以爲詩,即何以立言,何以見志? ……後世之文章辭賦,即後世之禮樂政刑,千古之事業"④,恢復辭賦"經國之大業,不朽之盛事"的崇高地位,誠如阮元贊《文説》是"凡此十一篇三十餘萬言,於是千古之誣枉始正,人心之是非始正,人心之忠奸始正,經史之是非、孔孟之指歸是非亦皆正"⑤。黃承吉對揚雄悔賦之辭的系統辨析澄清,讓賦走出雕蟲篆刻的"小道"之譏。

在前揭班固《兩都賦序》中所列"賦統":"言語侍從之臣,若司馬相如、虞丘壽王、東方朔、枚皋、王褒、劉向之屬",揚雄并不在其列;而在《漢志·詩賦略序》中,揚雄又被列入賦學譜系,這是一個矛盾的存在。一如在"道統"譜系建

---

① 〔清〕黃承吉《夢陔堂文説》,見《清代詩文集彙編》第 503 册,第 49 頁。
② 〔清〕黃承吉《夢陔堂文説》,見《清代詩文集彙編》第 503 册,第 6 頁。
③ 〔清〕黃承吉《夢陔堂文説》,見《清代詩文集彙編》第 503 册,第 53 頁。
④ 〔清〕黃承吉《夢陔堂文説》,見《清代詩文集彙編》第 503 册,第 22 頁。
⑤ 〔清〕阮元《夢陔堂文説序》,見〔清〕黃承吉《夢陔堂文説》,見《清代詩文集彙編》第 503 册,第 4 頁。

構中,揚雄也是一個具有爭議的人物:在唐代得到韓愈的推崇,進入道統譜系,宋元豐七年與荀況、韓愈一起被從祀孔廟,宋初柳開將其歸入文統譜系;但到蘇軾又稱揚雄"道不足",朱熹貶揚雄爲"莽大夫",至明洪武二十八年揚雄被清除孔廟。據此,揚雄有近四百年間是在"道統"之列,而且在唐前與明後,亦有不少崇揚之舉,這些都很好地維繫了他在文統與賦統中的地位。所以儘管直到黄承吉纔撥亂反正,助辭賦走出"小道"之譏,但揚雄在文統與賦統中的地位,總體上比較穩固,誠如明朱右《文統》在列出六經、孔、孟、左、莊、荀、屈、宋之後,又謂"漢興,賈誼、董仲舒、劉向窺見圖經,冀闡其道;相如、揚雄大昌厥辭,然皆有志於斯文者。……唐韓愈上窺姚、姒,馳騁馬、班,本經參史,制爲文章,追配古作,宋歐陽修又起而繼之,文統於是乎有在。其間柳宗元、王安石、曾鞏、蘇軾,亦皆遠追秦、漢,羽翼韓、歐"①,賦家荀、屈、宋、賈、董、馬、揚一起被列入文統之列。

五　融入文統:張惠言由辭賦轉向古文的治學啓示

張惠言編纂《七十家賦鈔》,試圖建構"賦統"。考張氏編纂《賦鈔》時間是乾隆五十七年(1792),時年三十二歲,在北京景山官學教習任上。再考張氏治學之經歷,嘉慶三年(1798),張惠言《送錢魯斯序》曰:

  余年十六七歲,時方治科舉業。……越十餘年,余學爲古辭賦。乾隆戊申,自歙州歸,過魯斯而示之,魯斯大喜,顧而謂余:"吾嘗受古文於桐城劉海峰先生,顧未暇以爲,子儻爲之乎?"余愧謝未能。已而余游京師,思魯斯言,乃盡屏置曩時所習詩賦若書不爲,而爲古文,三年乃稍稍得之。……今年夏……其(按:魯斯)言曰:"吾見子古文,與劉先生言合。今天下爲文,莫子若者。"②

張惠言當在二十六、七時開始學習古辭賦,在乾隆五十三年時,曾將所寫賦作請錢魯斯看。嘉慶五年,張惠言又在《文稿自序》中説:"其後好《文選》辭賦,爲之又如爲時文者三四年。余友王悔生,見余《黄山賦》而善之,勸余爲古文,語余以所受其師劉海峰者。爲之一二年,稍稍得規矩。"③張惠言學習辭賦以《文選》爲範本,學習了三四年時間,所以編纂《七十家賦鈔》,正是處在其學術興趣由辭賦轉向古文的時期。

翻閲《茗柯文編》,收録張惠言賦作《游黄山賦》《黄山賦》等22篇之多;而賦學聲譽,屠寄《國朝常州駢體文録·叙録》稱其"特善辭賦""揚、班之儔"④,《續修四庫全書總目提要》謂"惠言於賦,專家能事,殆無美不臻"⑤;其編纂的

---

① 〔明〕朱右《白雲稿》卷三《文統》,《景印文淵閣四庫全書》第1228册,第36頁。
② 〔清〕張惠言《茗柯文編》,上海古籍出版社,1984年,第69頁。
③ 〔清〕張惠言《茗柯文編》,第117—118頁。
④ 〔清〕屠寄輯《國朝常州駢體文録》卷首,清光緒十六年(1890)刻本。
⑤ 中科院圖書館整理《續修四庫全書總目提要》第10卷,齊魯書社,1996年,第543頁。

《七十家賦鈔》亦堪稱有清一代之最優秀古賦選本,曾國藩稱其"評量殿最,不失銖黍"①,張之洞譽其"最古雅有法"②,"學古體究源流者,宜《七十家賦鈔》,最高雅"③。張惠言從辭賦轉向古文的引路人是錢伯坰、王灼,二人皆是劉大櫆的門人。張惠言受劉氏古文法而有所成,被劉聲木以"宗師"之名列入《桐城文學淵源考》,歸入桐城派文統譜系④。

張惠言治學從辭賦轉向古文的時期,恰好也是桐城派古文選本興起之時。前乎此,有方苞編《古文約選》,於賦却一篇莫取。至姚鼐編《古文辭類纂》⑤,立辭賦類,收録屈原、宋玉、景差、賈誼、枚乘、漢武帝、淮南小山、東方朔、司馬相如、揚雄、班固、傅毅、張衡、王延壽、王粲、張華、潘岳、劉伶、陶淵明、鮑照、韓愈、蘇軾諸家賦作;將楚辭納入辭賦類,并增入《戰國策》文、七體及司馬相如《難蜀父老》、揚雄《解嘲》等類賦之文。之後,桐城後學如姚椿編《國朝文録》,立賦類,"是録依桐城姚先生《古文辭類纂》例"⑥。梅曾亮編《古文詞略》,亦規隨《古文詞類纂》。曾國藩編《經史百家雜鈔》立"詞賦"一類,以漢賦之體入古文,又將頌、贊、箴、銘諸體也納入到辭賦類中,賦體更加張而廣之;又編《評注古文四象》,分古文爲"太陽氣勢""少陽趣味""太陰識度""少陰情韻"四象,其中第一、二、四象均收有古賦⑦。黎庶昌《續古文辭類纂》悉尊姚旨,在古文選本中選録古賦。吴汝綸編《古文讀本》一依姚《纂》、曾《鈔》,録荀卿、屈原、宋玉、王褒、揚雄、王粲諸家賦作。林紓《選評〈古文辭類纂〉》縮姚《纂》十三類七百餘篇爲十一類一百八十七篇,存辭賦類,且評曰:"彦和稱當時英傑但有十家(荀卿、宋玉、枚乘、相如、賈誼、王褒、孟堅、平子、子雲、延壽也),太冲諸人不與焉。……當此風雅銷沉之後,能存此國粹,爲斯文一綫之延,亦幸事也。"⑧推崇十家英傑賦作爲"國粹"。桐城派古文家視辭與賦無别,將古文納入賦體的範疇,又將辭賦編入古文的選本中,藉賦家賦作來擴大古文之規模⑨。

一方面,古文選本大量選録賦作,將賦家納入文統譜系;另一方面,賦學選本也呈現出向古文選本學習的傾向。歙縣鮑桂星編有《賦則》一部,顯然題意取自揚雄"詩人之賦麗以則",其書《凡例》謂:"文章奧妙不外'神氣音節'四字,其實神止是氣,節止是音耳(此海峰先生之言),詩賦尤重音節。……行文選講字法,次句法,次章法,以意爲主,以詞爲輔,而以氣運之。詞不明不可以達意,

---

① 〔清〕曾國藩《茗柯文編序》,見〔清〕張惠言《茗柯文編》,第263頁。
② 范希曾編《書目答問補正》,江蘇古籍出版社,2000年,第273頁。
③ 〔清〕張之洞《輶軒語》,《叢書集成續編》第62册,中華書局,1985年,第528頁。
④ 劉聲木《桐城文學淵源撰述考》,黄山書社,1989年,第201頁。
⑤ 按:《古文辭類纂》雖成書於乾隆四十四年,但一直未付梓,僅以抄本流傳,未知張惠言是否見過。嘉慶末,姚鼐門人康紹鏞始刊刻此書,即流布海内,康氏也是《七十家賦鈔》的最早刊刻者。
⑥ 〔清〕姚椿《國朝文録序》,《國朝文録》卷首,清光緒庚子年(1900)上海掃葉山房刊本。
⑦ 〔清〕曾國藩《評注古文四象》,民國十三年(1924)有正書局鉛印本。
⑧ 〔清〕林紓《選評〈古文辭類纂〉》,浙江古籍出版社,1986年,第442頁。
⑨ 參見王思豪《論桐城派古文選本中的古賦思想》,《安徽大學學報》2011年第6期,第47—54頁。

氣不足不可以驅詞，凡文皆然，不獨賦也。……文章之道，周秦以下，江鮑以前，皆積字成句，不相延襲，是以昌黎論文自《易》、《詩》、《莊》、《騷》、史傳以逮子雲、相如，皆一以貫之。"許結先生謂鮑氏此選"得兼桐城'三祖'方（苞）、劉（大櫆）、姚（鼐）之'義法'與'神氣音節'的文論，并用以論賦，使其《賦則》成爲古文法則指導下的賦學批評"①，誠然也。究其原因，是因爲鮑桂星師有所承，鮑氏自叙謂"幼從先大父蘇亭府君學爲詩，稍長受業於同里吳澹泉先生，遂進而學賦。先生之教，桐城劉海峰之教也。兩先生皆深於古文，其論爲賦之法與古文不异"②，先師法吳定，從而間接師法劉大櫆，這與張惠言一樣。而且鮑桂星與張惠言還相交甚密，鮑氏《〈受經堂彙稿〉序》云："武進張編修皋文，吾畏友也，與余丙午己未同出朱文正夫子之門。"③而張惠言作有《望江南花賦》，鮑桂星作《望江南花詩三首》和之，序云："張子皋文庭有小草，高不盈尺，黃花五出，宵聶晝炕，殿秋而芳。客有言其名者，曰望江南花。張子爲之賦，余讀而感焉，作《望江南花》詩。"④二人是賦學同道。曾入曾國藩幕府的李元度（字次青），編選有《賦學正鵠》一部，唐文治《浣花廬賦鈔跋》謂："近李次青先生選《賦學正鵠》，分高古、神韵、氣勢、遒煉各門類，蓋隱師曾文正《古文四象》遺法。"⑤《賦學正鵠》賦學分類取法曾國藩《評注古文四象》。賦學選本以古文之法編選、評點賦作，賦法歸入古文法則。

  試想，如果張惠言繼續《七十家賦鈔》的構想，中國學術史上當會呈現出一個完整的"載道"的"賦統"觀，誠如其門人楊紹文稱惠言"爲文章自周秦兩漢而下至唐宋諸名家，皆悉其源流，辨其深淺醇雜而合之於道"⑥，賦學觀點亦如是。可惜張惠言在編纂完《賦鈔》後，創作與學術旨趣都轉向古文。

  賦統歸入文統，溯其源流，唐宋在進行"文統"觀的架構時，賦家就被納入文統之列。在韓愈之前，柳冕即有隱然的文統觀念，其《謝杜相公論房杜二相書》謂"至若荀、孟、賈生，明先王之道，盡天人之際，意不在文，而文自隨之，此真君子之文也"⑦，荀子、賈誼入文統。權德輿《唐故尚書比部郎中博陵崔君文集序》謂"荀況、孟軻，修道著書，本於仁義，經術之支派也……至漢廷賈誼、劉向、班固、揚雄、司馬遷、相如之倫，鬱然復興，有古風烈"⑧，推賈誼、劉向、班固、揚雄、司馬遷、司馬相如等人羽翼文統。至韓愈，最爲推重揚雄，前已揭明，又《送孟東野序》將司馬相如、揚雄列爲"善鳴者"之屬，《進學解》列子雲、相如入文統之中。柳宗元《與楊京兆憑書》云"博如莊周，哀如屈原，奧如孟軻，壯如

---

① 許結《鮑桂星〈賦則〉考論》，《南京大學學報》2010 年第 5 期，第 129—139 頁。
② 〔清〕鮑桂星《賦則》序，清道光二年（1822）歙縣鮑氏刻本。
③ 〔清〕張惠言《茗柯文編》，第 259 頁。
④ 〔清〕鮑桂星《覺生詩鈔》卷八，見《清代詩文集彙編》第 476 册，第 405 頁。
⑤ 唐文治《浣花廬賦鈔》跋，民國十七年（1928）太倉俞氏世德堂本。
⑥ 〔清〕楊紹文《受經堂彙稿序録》，見〔清〕張惠言《茗柯文編》，第 260 頁。
⑦ 〔清〕董誥等編《全唐文》卷五二七，第 5354 頁。
⑧ 〔唐〕權德輿《權德輿文集》卷二三，甘肅人民出版社，1999 年，第 317 頁。

李斯，峻如馬遷，富如相如，明如賈誼，專如揚雄"①，亦推重辭賦家屈原、賈誼、司馬相如、揚雄。到宋代，前揭柳開已將揚雄、韓愈納入道統和文統。柳開後，孔道輔繪孟子、荀子、揚雄、王通、韓愈五賢像於兗州孔廟。石介《送龔鼎臣序》云："《詩》《易》《書》《禮》《春秋》，言而爲中，動而爲法，不思而得也。孟、荀、揚、文中子、吏部，勉而爲中，制而爲法，思之而至也。"②五賢文承五經而來。歐陽修《代人上王樞密求先集序書》云："《詩》《書》《易》《春秋》，皆善載事而尤文者，故其傳尤遠。荀卿、孟軻之徒亦善爲言……其次楚有大夫者，善文其謳歌以傳。漢之盛時，有賈誼、董仲舒、司馬相如、揚雄，能文其文辭以傳。"③荀、屈、賈誼、董仲舒、司馬相如、揚雄之文皆可傳五經統緒。胡寅《零陵郡學策問》謂"自孟子而後，左氏、荀卿、太史公、司馬相如、揚雄、劉向、班固之流，各擅文章之譽，後世莫得班焉。如唐韓愈、柳宗元，皆竭力希慕，僅成一家"，將諸賦家與韓、柳并入文統，統稱"八九子"④。華鎮《上侍從書》謂繼六經、屈原後，"在六國則有若景差、唐勒、宋玉；在西漢則有若賈傅、董相、司馬遷、相如、揚子雲；在東京則有若班叔皮、孟堅、馬融、張衡、蔡中郎；在鄴下則有若曹氏父子、應、劉、陳、阮；在晉則有若機、雲、張華、左太冲；在唐則有若燕、許、李、杜、韓退之、柳子厚……可謂盛矣！"⑤自景差到柳宗元，賦家與文家綜合而爲一個統緒。

至林光朝，他在重複漢唐諸家統緒之論後，接着指出："國家開造之初，文章未備，作者往往仍其故習，及歐陽子以古學爲倡，而文章始一變矣。熙寧、元豐之後，學者皆祖於王氏，又其後蘇氏出焉。今之學者，不出於二家，其是非得失，互有所分也。"⑥歐陽修、蘇軾、王安石繼承文統。金人趙秉文《答李天英書》云："六經吾師也，可以一藝名之哉！賈誼、董仲舒、司馬遷、揚子雲、韓愈、歐陽、司馬温公，大儒之文也。"⑦司馬光進入文統。元人戴表元《紫陽方使君文集序》云："竊獨怪夫古之通儒碩人，凡以著述表見於世者，莫不皆有統緒。若曾、孟、周、邵、程、張之於道，屈、賈、司馬、班、揚、韓、柳、歐陽、蘇之於文……如此幾二千年，迨新安子朱子出，學者始復不敢雜道於文。"⑧從道統與文統分離角度，將諸賦家列在文統之中。明錢宰《臨安文集叙》云："文者道之寓也。……自吾聖人刪定之後，惟孟軻氏得其宗，荀卿、董仲舒、揚子雲、王通、韓愈之數子升其堂焉。彼楚《騷》泆蕩怪神過於中，蒙《莊》繆悠荒唐戾於道，固未暇論。若漢賈生、司馬相如、遷、固之於史，劉更生父子之於經，唐柳河東、宋歐陽廬陵、王臨川、曾南豐、蘇文安、東坡、穎濱皆以文章大家名世，而春陵、河南、

---

① 〔清〕董誥等編《全唐文》卷五七三，第5792頁。
② 曾棗莊、劉琳主編《全宋文》第29册，第278頁。
③ 〔北宋〕歐陽修著，洪本健校箋《歐陽修詩文集校箋》，上海古籍出版社，2009年，第1777—1778頁。
④ 〔南宋〕胡寅《斐然集》卷二九，岳麓書社，2009年，第596頁。
⑤ 曾棗莊、劉琳主編《全宋文》第122册，第296頁。
⑥ 曾棗莊、劉琳主編《全宋文》第210册，第63—64頁。
⑦ 〔金〕趙秉文《趙秉文集》，黑龍江大學出版社，2014年，第377頁。
⑧ 〔元〕戴表元《戴表元集》，浙江古籍出版社，2014年，第238頁。

横渠、新安五先生又深造於道焉。"①胡應麟繼續擴大統緒，云："以文章之士言之，春秋則檀楊左史、公、穀、荀卿、韓非、屈原、宋玉，漢則賈誼、董仲舒、司馬遷、相如、楊、班、枚、李，六朝則曹、劉、阮、陸、潘、左、陶、謝，唐則王勃、李白、杜甫、韓愈、陳子昂、柳宗元，宋則歐陽修、王安石、曾鞏、蘇洵、軾、轍、黄庭堅、陳師道，是皆卓乎以文章師百代者也。"②諸賦家與"唐宋八大家"一起同入文統。

  從賦家的角度而言，自唐以來，賦統多羽翼文統存在；而從文、賦關係來看，又可溯源於漢賦開文賦先河之説。如前引祝堯評價《子虚賦》《上林賦》曰："此兩賦及《兩都》《二京》《三都》等作皆然。蓋又別爲一體，首尾是文，中間乃賦……其首尾之文以議論爲駛，而專於理者則流爲唐末及宋之文體。"又在《長楊賦》題解中説："問答賦如《子虚》《上林》，首尾同是文，而其中猶是賦。至子雲此賦，則自首至尾純是文，賦之體鮮矣。厥後唐末宋時諸公以文爲賦，豈非濫觴於此。"③直接指出唐宋文賦源自揚雄《長楊賦》。明儒費經虞《雅倫》卷五收録揚雄《甘泉賦》《長楊賦》《逐貧賦》三篇，評《甘泉賦》曰"篇中有單句，有長句"；評《逐貧賦》曰"本於屈、宋，柳宗元取爲《乞巧文》體"；評《長楊賦》曰"純用散文"④。指出揚雄賦有散文化特色，并影響唐宋文賦。康熙間陸葇評選《歷朝賦格》將荀子作品歸入"文賦格"，《凡例》云"前乎騷而爲賦者，荀卿也。……《風》《釣》諸篇，實從此出，豈待宋人變律，始有文賦耶"，將"文賦"的起源從唐宋諸家前溯到荀子，又説"古賦之名始乎唐，所以别乎律也。猶之今人，以八股制義爲時文，以傳記詞賦爲古文也"⑤，詞賦亦可視爲古文之一種，直接將古賦體納入古文之中。

  可以看出，評論家們將古文溯源至古賦，主要關注的對象還是荀子、揚雄等道統中的人物。同樣道理，祝堯在《西都賦》題解中説："昌黎曰：'《詩》正而葩。'子雲曰：'詩人之賦麗以則。'愚謂：先正而後葩，此詩之所以爲詩；先麗而後則，此賦之所以爲賦。自漢以來，賦者多知賦之當麗，而少知賦之當則。苟有善賦者，以《詩》中之賦而爲賦，先以情而見乎辭，則有正與則之意爲骨；後以辭而達於理，則有葩與麗之辭爲肉，庶幾葩麗而不淫，正則而可尚，發乎情止乎禮義，是獨非詩人之賦歟！何詞人之賦足言也？"⑥以《詩經》爲準則，并援引韓愈、揚雄之語，以道統中人物的觀念來規範賦中的辭、理、情元素。賦統入文統，道統中的人物始終是關聯二者的重要媒介。李鴻章《文以載道賦》指出："苟非振古文之宗緒，闡道德之根株……抑文人屢變，而道有不變……劉董按節以争路，揚馬接迹以籋雲。何八代之顛蹶，忽昌黎之軼群。湜籍傳之而學

---

① 錢伯城等主編《全明文》第2册，上海古籍出版社，1994年，第163頁。
② 沈乃文主編《明別集叢刊》第4輯第36册，黄山書社，2015年，第326頁。
③ 〔元〕祝堯《古賦辨體》卷四，見王冠輯《賦話廣聚》第2册，第215頁。
④ 周維德集校《全明詩話》，第4530頁。
⑤ 〔清〕陸葇評選《歷朝賦格》凡例，《四庫全書存目叢書》第399册，第275頁。
⑥ 〔元〕祝堯《古賦辨體》卷四，見王冠輯《賦話廣聚》第2册，第227頁。

盛,歐蘇繼之而派分。若夫廉洛關閩,綴述獨勤。得考亭之厘訂,紹微而不紊。"①從漢代劉、董、揚、馬,到唐韓愈,再到宋歐、蘇,以及廉、洛、關、閩道統諸家,文體在變,文人亦在變,而道不變,賦統與文統一樣基於道統。

張惠言卒後,其友惲敬給道學家湯金釗寫信説:"皋文爲人,其始爲詞章,志欲如六朝諸人之所爲而止;已遷而爲昌黎、廬陵。"②也就是《清史稿》本傳所載:"惠言少爲詞賦,擬司馬相如、揚雄之文。及壯,又學韓愈、歐陽修。"③張惠言從辭賦到古文的轉向,其實是中國賦學從漢魏賦體轉向唐宋文賦體大環境的縮影。其習賦擬馬、揚,編《七十家賦鈔》"志欲如六朝諸人之所爲而止",這是繼承《漢志》"分家"之法,意在建立一種純粹的賦統觀,誠如張相《古今文綜》"辭賦類"指出:"賦之分類,約有兩塗,一曰分家,一曰分體。皋聞《七十家賦鈔》,源流本末,條舉件系,法劉向之《詩賦略》,此分家之爲也。昭明太子撰録《文選》,京都、效祀諸目,部居不雜,此分體之爲也。惜抱謂《文選》分體碎雜,立名多有可笑。"④張惠言編纂《七十家賦鈔》,本想建立一個"統乎志""歸乎正"的"賦統"。但這個賦統觀的建立,需要面對荀、揚賦作散文化,唐宋以來"以文爲賦"的文體觀考驗;更要面對同時代以古賦爲古文,賦入古文選本的理念衝擊,范當世在比較《七十家賦鈔》與《古文辭類纂》時就謂:"姚氏之意,以謂自《高唐》《神女》至於蘇氏之《赤壁》皆一物也,此則非先生之所及知,故其爲《賦鈔》至六朝而止矣。嗟乎!此先生之文所以猶未極其至也歟?然其限於此也,亦年爲之也。"⑤視《七十家賦鈔》選賦止於六朝,而不選唐宋八家之賦,是一種年齡與學識的局限,這或也是純粹"賦統"觀的局限。

六 結論

據此,我們可以形成如下幾點認識:

一是中國賦學有"統"的自覺。從《七略》到《漢志》以"家"類賦,漢人已有明確的譜系歸類意識,并與班固《兩都賦序》的二元統緒建構相呼應。至西晉皇甫謐,初步構建出"《詩》→荀子、屈原→宋玉之徒→賈誼→司馬相如、揚雄、班固、張衡、馬融、王延壽"這樣一個賦學統緒。到劉勰,歸納出先秦兩漢"辭賦之英傑"十家、"魏晉之賦首"八家的"十八家"統緒。其後,評論家們又加入隋唐、宋代的賦學統緒。至清人張惠言,他繼承《漢志》"以家分類"之法,秉持"歸乎正"的賦學傳承原則,編纂《七十家賦鈔》,列自屈原至庾信的"七十家"賦統,以實際行動回答了"賦烏乎統"的問題。

二是中國賦統的建構,在"祖宗"認同的問題上出現了多元化的傾向,有

---

① 顧廷龍、戴逸主編《李鴻章全集》第37册《詩文》,第5—6頁。
② 〔清〕惲敬《與湯編修書》,見《惲敬集》之《大雲山方文稿初集》卷三,上海古籍出版社,2013年,第145頁。
③ 〔清〕趙爾巽等《清史稿》之《列傳》卷二六九,中華書局,1977年,第13242頁。
④ 王水照編《歷代文話》,復旦大學出版社,2007年,第8867頁。
⑤ 〔清〕范當世《范伯子詩文集》,上海古籍出版社,2003年,第504頁。

"以屈原爲祖""以荀子爲宗""以宋玉爲祖""以相如爲聖"的争訟。尤其是南宋理學家林光朝"司馬相如,賦之聖者"語一出,引來了朱熹、王世貞、單思恭、王之績等宋、明、清人的激烈辯論,而這其中元儒的觀點尤爲值得關注。在宋元理學思潮與元初人"正統論"觀念的激盪下,元初理學家袁桷以"體制理趣"論述騷與賦分合;祝堯繼承宋祁"《離騷》爲詞賦祖"的説法,又將林光朝之説加以消解,代之以"兩漢賦爲宗"之論,提出"心乎古賦者,誠當祖騷而宗漢"之説;理學家陳繹曾又在祝堯的基礎上提出分體祖制之説。其後經過明人吴訥、李春熙,以及清人程廷祚等的一再確認,又加上《四庫全書總目》的推許,基本確立了"一祖(屈原)多宗(漢賦名家)"、遞相祖述的賦統譜系。

三是賦亦可以載道。就創作層面而言,賦體文學在宣揚道統、塑造治統方面尤爲積極,自荀子《賦篇》就彰顯鮮明的聖王意識,宋玉賦也以存聖王統緒爲高義。自漢至清,從京都苑獵、明堂大禮賦,到泰山封禪賦,再到賦寫"大一統",均將道統與治統思想融入賦中,在賦域中歸統。而在批評層面,賦學評論呈現經術化傾向,宣導賦源於《詩》《禮》,以經尊賦,形成中國文體尊體的典範,對後世文體尊體具有範式意義①;於是又以經義功能來衡量賦作,強調賦的"諷諫"功能和"麗則"要求,將賦統之源歸於"經統"。漢賦興起於經學鼎盛時代,漢賦文本受經學影響甚巨,賦作廣泛用經,甚至可謂在"以傳解經""以史傳經"之外,另闢"以賦傳經"之説,所以後來賦論家認爲賦"堪作五經鼓吹","經以開賦之原,賦亦爲經之輔",作賦本於經術。後世"經題賦"大量出現,其源亦在於漢賦本於經術,而"文以載道賦"的大量創製,又在賦體創作與以道論賦相綰合的視域下,弘揚"賦以載道"的精神。

四是荀子、揚雄爲"去聖未遠"的"聖舌人",是"從詞賦入經術,因文見道"的代表賦家,尤其是揚雄,被視爲道統中上接孔孟、下啓韓愈的樞紐型人物。但他的"童子雕蟲篆刻""壯夫不爲"的悔賦之辭,經崔駰、曹植等人的演繹,讓賦有淪爲"小道"之譏,這對賦統的建構具有破壞性。顔之推、范仲淹、沈作喆、周必大、李鴻、曹三才等人分析討論,尤其是黄承吉的糾偏返正之舉,幫助辭賦走出了"小道"。同時,我們也要考慮到揚雄在道統與文統上的突出地位,其在賦統中的地位非常穩固,并没有因其悔賦之辭受到影響,反而有助於其作爲賦學名家的代表,融入到文統之列。

五是中國的學術界并没有像"文統""詩統""詞統""曲統"那樣,旗幟鮮明地樹立起"賦統"的大旗。張惠言的"賦烏乎統"的賦統建構宏願,與其以《詞選》"特立一新系統"②,在董士錫、周濟等人的推波助瀾下"辨正變,建詞統"③

---

① 筆者在《漢賦尊體與〈詩〉之"六義"》(《南京大學學報》2015 年第 1 期,第 115—124 頁)、《漢賦尊體範式的形成與樹立》(《中國社會科學報》第 994 期文學版,2016 年 6 月 27 日)二文中有詳細論述,可參見。
② 龍榆生《選詞標準論》,見《龍榆生詞學論文集》,上海古籍出版社,1997 年,第 79 頁。按:此文原刊載於《詞學季刊》第 1 卷 2 號,1933 年 8 月。
③ 王運熙《中國文學批評通史》,上海古籍出版社,1996 年,第 729 頁。

不同,《七十家賦鈔》編纂完成後,賦統之説少人回應鼓吹,加上張惠言的治學趣味由辭賦轉向古文,賦統建構似乎悄然停止。表面上看,這是因爲張惠言個人治學路徑的轉移;而深一層次上,張惠言從辭賦轉向古文的時期,恰好也是桐城派古文選本大量興起之時,且古文選本大量選賦,是此一時的學術風尚,先秦漢魏古賦和唐宋文賦一起被納入古文的範疇,張惠言被吸引入桐城派的文統譜系中。與此相應的是,此時期的賦學選本也向古文選本學習,采納古文選本的衡文標準和評點方法,賦法歸入古文法。再做更深一層次的思考,賦統羽翼文統,究其源流論,唐宋人在進行"文統"觀念的建構時,賦家屈、荀、宋、賈、相如、揚雄等從一開始就逐漸被納入文統之列;而荀卿《賦篇》、宋玉諸賦、馬揚賦篇散體化即已被視爲開文賦之先河,成爲"古文運動"的重要資源庫,古文被溯源至古賦;同時,唐宋文家又以賦爲文,以文爲賦,文賦互爲,創製新文賦,已淡化文、賦的文體界限。張惠言《七十家賦鈔》選賦止於六朝,而不及唐宋律賦、文賦,這是一種建構純粹性"賦統"的美好理想,也是賦統會融入文統的必然性的體現。

總之,中國"賦統"的建構意識,早於"詩統""賦統""曲統"意識生成,是經《漢志》自覺、劉勰構建"十八家"譜系,至祝堯等元儒建立"祖宗"之制,再由張惠言以編選古賦選本的實踐正式提出"賦烏乎統"之説。賦體作爲中國較早出現的文類,原本於經術,以經尊賦,有範式意義;又取熔經典,以賦傳經,傳承聖王意識和聖賢思想,成爲載道工具,"經術之内,詞賦出焉;詞賦之内,經術存焉"①。"賦統"承載"道統"與"治統",又豐富"文統"内涵,擴大"文統"堂廡,在中國文學史、思想史上發揮着重要作用,在中華文脈的傳承史上具有舉足輕重的地位。

(作者單位:澳門大學人文學院)

---

① 〔清〕曹三才《歷朝賦格序》,見〔清〕陸葇評選《歷朝賦格》卷首,《四庫全書存目叢書》第399册,第273頁。

六朝佛門駢文在政教關係中的運用與效應
——以釋真觀《與徐僕射書》爲中心的考察

薛芸秀

引言　六朝佛門駢文的大量涌現及其運用場合

自東晉以後,佛教完全打破了"漢人皆不得出家"①的傳統,僧侶隊伍因之而迅速膨脹。當時士族子弟慕道出家者亦不在少數,甚至還成爲了寺院的實際領導者②。而且,大多數的佛徒在出家前或出家後都接受過良好的教育,具備一定的知識修養,故而"當時第一流學者多屬僧徒,且兼通經史;貴族平民皆尊仰之"③。他們之中也頗多能詩善文之輩,以至引得文士之流贊嘆折服,僧傳和史志目錄中就著録了不少僧人的文集④。不過,在詩僧隊伍尚未壯大的六朝時期,佛門文學之大宗乃是僧文,其作品數量和藝術水準皆爲後世所稱道。如四庫館臣評價云:"其時文士競以藻麗相高,即緇流亦具有詞采,故大抵吐屬嫺雅,論説亦皆根據經典,尤不類唐以後諸方語録,徒以俚語掉弄機鋒,即論其文章,亦不失爲斐然可觀也。"⑤而此一時期正值駢體文風靡之際,因此佛徒也爲時代風氣所浸染,所作之文"除了譯經以外,都是模仿中國文士的駢偶文體"⑥。他們運用這些帶有駢儷色彩的文章,或記述譯經始末,或贊頌諸佛菩薩,或同反佛者往復論辯,或與佛門同道、信佛士大夫以及帝王討論佛法、叙

---

① 〔梁〕釋慧皎撰,湯用彤校注《高僧傳》卷九《竺佛圖澄傳》,中華書局,1992年,第352頁。
② 〔荷〕許理和著,李四龍、裴勇等譯《佛教征服中國》,江蘇人民出版社,2017年,第11頁。
③ 嚴耕望《唐人習業山林寺院之風尚》,《嚴耕望史學論文集》,上海古籍出版社,2009年,第886頁。
④ 僧傳中的相關記載很多,不煩羅列,兹僅示《隋書·經籍志》中的著録情況:《晋沙門支遁集》八卷;《晋沙門支曇諦集》六卷;《晋沙門釋惠遠集》十二卷;《晋姚萇沙門釋僧肇集》一卷;《宋門釋惠琳集》五卷;《沙門釋智藏集》五卷;《後周沙門釋亡名集》十卷;《陳沙門釋標集》二卷;《陳沙門釋洪偃集》八卷;《陳沙門釋瑗集》六卷;《陳沙門釋靈裕集》四卷;《陳沙門策上人集》五卷;《陳沙門釋嵩集》六卷。
⑤ 〔清〕永瑢等《四庫全書總目》卷一八九《釋文紀》提要,中華書局,2003年,第1722—1723頁。
⑥ 胡適撰,駱玉明導讀《白話文學史》,上海古籍出版社,2019年,第151頁。

述交誼，或在佛門與王權發生衝突之時進行溝通交涉……可以説，無論是對於佛法在漢地的傳譯和流布，還是對於僧團利益和地位的發展與鞏固，佛門駢文都發揮了極爲重要的作用。

六朝佛門駢文的大量涌現及其在藝術審美上的獨特表現，也逐漸吸引了後世駢文選家的注意。如陳代釋真觀《與徐僕射領軍述役僧書》(以下簡稱《與徐僕射書》)，就入選了清人彭兆蓀所編輯的《南北朝文鈔》①。而作爲六朝時期惟一入選後世選本的僧人駢文，《與徐僕射書》正是在佛門與世俗政權關係緊張之時被創作出來的。真觀憑此十分有效地化解了政教之間的衝突，被唐道宣由衷地稱贊爲："非但梁柱佛法，亦乃明略佐時。"②此文也被道宣收在了其所編撰的護法著作《廣弘明集》中，因而在佛教史上也具有重要意義。由此，真觀《與徐僕射書》便爲我們提供了一個考察六朝時期佛門利用駢文來應對與世俗政權關係的極佳案例。而透過它，也可使我們更加清晰地看到佛教在中國化進程中的某些側面。

一　北伐失利，括僧補兵：《與徐僕射書》的寫作背景

真觀(537—611)是歷經梁、陳、隋三朝的著名高僧。他本出身於吴郡錢塘(今浙江杭州)的仕宦家庭，十六歲以後剪髮披緇，師從興皇寺法朗研習三論學，同時還精通佛門唱導，頗受僧俗敬重，被譽爲"錢塘有真觀，當天下一半"。真觀幼時即雅好文學，曾作詩和梁代文學大家庾肩吾，稍長便"暢懷文集"，令師友驚欣。陳代高僧洪偃稱美真觀具有"義、導、書、詩、辯、貌、聲、棋"八能，可見他是一位極具文學藝術才華的釋門精英③。真觀生前"著諸導文二十餘卷、詩賦碑集三十餘卷"④，可惜散佚嚴重，僅殘存《與徐僕射書》《安國寺碑》《夢賦》《愁賦》及《因緣無性論》五篇作品。

關於真觀《與徐僕射書》的寫作年代，元念常《佛祖歷代通載》繫於陳武帝(557—559在位)之世⑤；鎌田茂雄《中國佛教通史》繫於太建十四年(582)陳後主即位之初⑥，賴永海主編《中國佛教通史》同⑦；而明梅鼎祚《釋文紀》則繫於陳宣帝(569—582在位)太建十年⑧。事實上，道宣在《續高僧傳·真觀傳》中對此書的寫作背景有所記載：

　　于斯時也，征周失律，朝議括僧，無名者休道。觀乃傷迷，嘆曰："夫刹

---

① 〔清〕彭兆蓀《南北朝文鈔》卷下，《叢書集成初編》第1830册，商務印書館，1936年，第55—57頁。
② 〔唐〕道宣撰，郭紹林點校《續高僧傳》卷三一，中華書局，2014年，第1247頁。
③ 〔唐〕道宣撰，郭紹林點校《續高僧傳》卷三一，第1246頁。
④ 〔唐〕道宣撰，郭紹林點校《續高僧傳》卷三一，第1251頁。
⑤ 〔元〕念常《佛祖歷代通載》卷一〇，《大正藏》第49册，新文豐出版公司，1983年，第555頁上。
⑥ 〔日〕鎌田茂雄著，關世謙譯《中國佛教通史》第3卷，佛光出版社，1986年，第266頁。
⑦ 賴永海主編《中國佛教通史》第2卷，江蘇人民出版社，2010年，第55頁。
⑧ 〔明〕梅鼎祚《釋文紀》卷三一，《景印文淵閣四庫全書》第1401册，臺灣"商務印書館"，1986年，第416頁。

利居士,皆植福富强,黎庶斯小,造罪貧弱。欲茂枝葉,反剋根本,斯甚惑矣。人皆惜命偷生,我則亡身存法。"乃致書僕射徐陵,文見別集。陵封書合奏,帝懷然動容,括僧由寢。據斯以言,非但梁柱佛法,亦乃明略佐時矣。①

所謂"征周失律",是指陳宣帝太建十年北伐失敗,即當以梅鼎祚的系年爲是。

太建五年至七年,陳宣帝任命吴明徹(512—578)爲北討大都督,征伐北齊。此次北伐,陳軍方面準備充分,部署嚴密,并與周軍結成軍事同盟,而北齊"一與陳連兵,則恐周人乘釁而至",遂對淮南持"决棄"態度,消極應戰②。因此,吴明徹的大軍一路凱歌,盡復淮泗之地。在第一次北伐大獲全勝的利欲衝擊下,陳宣帝"遂忘其本來,而自謂兵力足恃"③,不顧毛喜、蔡景歷等人的勸諫,執意再次北伐,意圖進一步收復徐州地區。太建九年,吴明徹再任大都督,率軍北伐。同年二月,周武帝已平定了北齊。十月,吴明徹與周將梁士彦戰於吕梁(今江蘇徐州),陳軍獲勝。雖然陳軍首戰告捷,但戰局很快就發生了反轉。太建十年二月,陳周交争吕梁,陳軍敗績,周將王軌在清口(今江蘇淮陰西)切斷陳軍後方水路,致其撤退無由,"司空吴明徹及將卒已下,并爲周軍所獲"(《陳書·宣帝本紀》)。

第二次北伐的慘敗,不僅致使陳軍未能攻克彭城,還讓淮南危在旦夕,長江防禦亦直面威脅。周武帝雄才偉略,志在一統天下,其盟陳伐齊是想"利用陳王朝出兵淮南,牽制北齊一部分兵力,好達到它消滅北齊的目的,并非真的願意和陳中分天下"④,因此滅齊不久後便將兵鋒轉向了陳軍。此時周軍的戰鬥力已達到巔峰,陳朝君臣自然也意識到了局勢的危急,故在北伐失敗後就立即重新部署軍防:"(太建十年)三月辛未,震武庫。景子,分命衆軍以備周。"(《陳書·宣帝本紀》)

正是在第二次北伐慘敗的形勢下,陳朝爲了補充兵力以防備周軍,將目光投向了佛門。陳宣帝之所以想到括僧補兵,是因爲佛門中歷來隱匿着大量的納稅人口和勞動力。早在兩晉時期,度人爲僧、復除賦役、佛律自治、不拜君親等僧侣特權就已全面確立⑤。因此,除了接納有堅定信仰的僧徒外,佛門也收容了大量避役逃税的底層民衆,以致僧衆隊伍急速擴張,形成了與世俗政權相對立的局面。如東晉末期桓玄掌政後,批判佛門僞濫現象曰:"避役鍾於百里,逋逃盈於寺廟。乃至一縣數千,猥成屯落。邑聚游食之群,境積不羈之衆。"⑥佛門與政府争奪人口的現象,到了梁武帝時代愈發嚴重,以致朝臣郭祖深痛心疾呼:"都下佛寺五百餘所,窮極宏麗。僧尼十餘萬,資産豐沃。所在郡縣,不

---

① 〔唐〕道宣撰,郭紹林點校《續高僧傳》卷三一,第1247頁。
② 吕思勉《兩晋南北朝史》,華中科技大學出版社,2017年,第620頁。
③ 吕思勉《兩晋南北朝史》,第620頁。
④ 王仲犖《魏晋南北朝史》,中華書局,2007年,第464—465頁。
⑤ 謝重光《中古佛教僧官制度與社會生活》,商務印書館,2009年,第379頁。
⑥ 〔梁〕僧祐《弘明集》卷一二《桓玄輔政欲沙汰衆僧與僚屬教》,《大正藏》第52册,第85頁上。

可勝言。道人又有白徒,尼則皆畜養女,皆不貫人籍,天下户口幾亡其半。"(《南史·郭祖深傳》)侯景之亂後,江南佛教遭到重創,寺院和人口數量都急劇萎縮,但繼之而起的陳朝,又迅速對佛教進行了恢復。僅就陳宣帝而言,其在武帝和文帝的基礎上,又"修補故寺五十所,度僧尼萬人"①。所以,陳朝的僧團規模雖不及梁代,却也占據了國家不少的人口。

在佛教勢力急速膨脹的同時,世俗政權也意圖控制僧團規模和加強僧團管理。一方面實行了僧尼公度、禁止私度的政策②;另一方面又不斷嘗試將僧尼名籍簿册掌控於官府之手③,并建立起了一套僧官制度④。但這些行政手段所達到的效果并不十分理想,佛門的假冒偽濫現象依舊存在,且有日甚一日之勢,以致於桓玄、宋文帝、宋孝武帝、齊武帝等,都曾出於政治經濟的目的而對佛門進行沙汰和整肅。陳宣帝詔令"無名者休道","無名者"即没有在官府貫籍的出家人。真觀《與徐僕射書》云:"伏見今者皇華,奉宣嚴憲。凡是僧尼之類,不書名籍之者。并令捐兹法戒,就此黎民;去彼伽藍,歸其里閈。"⑤可見,陳代的佛門之中也隱匿了不少人口。陳宣帝打着整肅僧團的旗號,沙汰没有名籍的僧尼還俗,實則是爲了從中補充軍備以增强國家武力。這一思路,除了受前朝沙汰僧尼的傳統影響外,或許也有來自於周武帝征兵於僧衆的啓發。

周武帝即位後,面對北周臣民對佛教的狂熱,不斷地思考和權衡佛教與國家利益之間的關係。建德二年(574)十二月,周武帝集群臣及沙門、道士等,自升高座,"辨釋三教先後,以儒教爲先,道教爲次,佛教爲後";建德三年五月,"初斷佛、道二教,經像悉毀,罷沙門、道士,并令還民。并禁諸淫祀,禮典所不載者,盡除之"(《周書·武帝本紀》),正式滅佛。建德六年平齊後,下令在北齊境内亦行滅佛政策,還俗釋子,"皆復軍民,還歸編户"⑥。周武帝自稱:"自廢已來,民役稍希,租調年增,兵師日盛。東平齊國,西定妖戎。"⑦可見,毀佛確實在一定程度上提升了北周的軍事力量。

陳朝人口遠不及北周,兩次北伐已耗損了不少人丁,兵源大大減少⑧。然而此時周軍虎視江左,邊防危在旦夕,又迫使陳朝不得不抓緊時間增强防禦。

---

① 〔唐〕法琳《辯正論》卷三,《大正藏》第52册,第503頁下。
② 白文固、趙春娥《中國古代僧尼名籍制度》,青海人民出版社,2002年,第15頁。
③ 白文固、趙春娥《中國古代僧尼名籍制度》,第17—19頁。
④ 謝重光《中古佛教僧官制度與社會生活》,第1—50頁。
⑤ 〔唐〕道宣《廣弘明集》卷二四,《大正藏》第52册,第277頁上。本文所引真觀《與徐僕射書》均出自此版本第277頁上—278頁上,爲避繁瑣,以下不再出注。
⑥ 〔唐〕道宣《廣弘明集》卷一〇《周祖平齊召僧叙廢立抗拒事》,第153頁下。
⑦ 〔唐〕道宣《廣弘明集》卷一〇《周高祖巡鄴除殄佛法有前僧任道林上表請開法事》,第154頁下。
⑧ 據《通典》卷七《歷代盛衰户口》載:"(陳)宣帝勤卹人隱,時稱令主,閱其本史,户六十萬。而末年窮兵黷武,遠事經略,吳明徹全軍隻輪不返,鋭卒利器,從此殲焉。至後主滅亡之時,隋家所收户五十萬,口二百萬……(周)武帝誅戮權臣,方覽庶政,躬儉節用,考核名實,五六年内,平蕩燕齊。嗣子昏虐,亡不旋踵。按大象中,有户三百五十九萬,口九百九千七百六十四。"(〔唐〕杜佑撰,王文錦等點校《通典》,中華書局,1988年,第146—147頁)

在這樣的嚴峻形勢下，周武帝毀佛以擴大兵源的舉措給陳朝君臣提供了藉鑒。出於無奈，陳宣帝下令括僧補兵。當此之時，懷抱強烈宗教責任感與使命感的真觀挺身而出，致書徐陵請求朝廷撤銷此令，以護佑佛法根基。在《與徐僕射書》中，真觀就世俗政權對佛門僞濫現象的指責進行了仔細的分辯和申訴，同時也對強迫僧人充軍納税的弊害進行了痛切的分析和預測（詳後）。徐陵收到真觀的陳情書後，非常重視，將之嚴肅慎重地奏稟了宣帝。而宣帝則被真觀之言成功感化，下旨撤銷了括僧令，佛門遂得以免遭沙汰之難。

二　掌管軍要，敬信佛法：真觀致書徐陵的原因

真觀在陳代名重一時，與不少士大夫和皇室成員都有交往，他之所以選擇徐陵作爲求助對象，必是有着特殊的考量。《與徐僕射書》云："仰唯領軍檀越，外則探賾典墳，内則鈎深經論。才高帷幄，寄重鹽梅。必願降意芻蕘，留心正法。"可見真觀在選擇致書對象時，充分考慮到了地位和信仰兩方面的因素。

真觀選擇致書徐陵，首先是因爲徐陵在兩次北伐事件中都充當了極爲重要的政治角色。徐陵頗善品擢人物，曾極力舉薦周弘正和王勱等人，太建北伐的統帥吳明徹也正是他所保舉的。據《陳書·徐陵傳》載：

> 及朝議北伐，高宗曰："朕意已決，卿可舉元帥。"衆議咸以中權將軍淳于量位重，共署推之。陵獨曰："不然。吳明徹家在淮左，悉彼風俗，將略人才，當今亦無過者。"於是爭論累日不能決。都官尚書裴忌曰："臣同徐僕射。"陵應聲曰："非但明徹良將，裴忌即良副也。"是日，詔明徹爲大都督，令忌監軍事，遂克淮南數十州之地。高宗因置酒，舉杯屬陵曰："賞卿知人。"陵避席對曰："定策出自聖衷，非臣之力也。"①

真觀寫給徐陵的信，雖在《廣弘明集》中被題爲"與徐僕射領軍述役僧書"，但太建十年時，徐陵已經不擔任僕射一職。真觀本人在書信的抬頭和結尾處，則均只稱呼徐陵爲"領軍檀越"。據《陳書·宣帝本紀》，太建七年十二月，徐陵以國子祭酒身份任領軍將軍。其時吳明徹征伐北齊，大獲全勝，宣帝蓋爲獎勵徐陵的舉薦之功。《通典》卷二八《職官》云："（魏）文帝受漢禪，始置領軍將軍，主五校、中壘、武衛三營……宋置領軍將軍一人，掌内軍；護軍將軍一人，掌外軍。齊有領軍及中領軍……梁領軍將軍管天下兵要，謂之禁司，與左右僕射爲一流。中領軍與吏部尚書爲一流。陳因之。"②領軍將軍初爲禁衛軍最高統帥，梁陳時已掌管全國軍事，與尚書左、右僕射相當。太建十年正月，陳周戰事正酣，徐陵再次被任命爲領軍將軍。由此可見，陳宣帝欲括僧之時，徐陵正擔任着全國重要的軍事長官，有權過問擴軍方面的事務，故而真觀纔會選擇陳情於他。念常稱："真觀法師，釋門龍象也。時徐僕射領軍禦世，欲僧兵之，師馳

---

① 〔唐〕姚思廉《陳書》卷二六，中華書局，1972年，第333—334頁。
② 〔唐〕杜佑撰，王文錦等點校《通典》卷二八《職官》，第787—788頁。

書勉止。"①表明在後世佛門眼中,也認爲徐陵當時的這重身份是影響真觀選擇的重要因素。

真觀請求徐陵幫忙斡旋的另外一個原因,則是徐陵也崇奉佛教,能在情感上同情和維護佛門。徐陵家世奉佛,幼時就常被家人携往拜訪名僧②,故而對佛教十分親近。據《續高僧傳·慧因傳》載,慧因曾師從三論學名僧長干寺智辯法師,得其真傳,"陳僕射徐陵,高才通學,尚書毛喜,探幽洞微,時号知仁,咸歸導首"③。又《續高僧傳·智顗傳》載,智顗在金陵瓦官寺弘揚慧思禪法時,"僕射徐陵、尚書毛喜等,明時貴望,學統釋儒,并禀禪慧,俱傳香法,欣重頂戴,時所榮仰"④。徐陵晚年尤其崇敬智顗,與其有頻繁的書信往來⑤。

徐陵不僅禮敬名僧,而且精通佛理,其詩文創作與佛教經論之關係亦至爲密切⑥。在佛教經論方面,他最是潛心於其時盛行的《般若》、三論(《中論》《百論》《十二門論》)。《陳書》本傳謂徐陵"少而崇信釋教,經論多所精解。後主在東宫,令陵講《大品經》,義學名僧,自遠雲集,每講筵商較,四座莫能與抗"⑦。《大品經》即姚秦鳩摩羅什所譯《摩訶般若波羅蜜經》,曾風靡一時,東晋以後漸趨衰落,齊梁時又轉而復興。至陳,關中舊學再次在僧俗間掀起熱潮,并得到皇室推獎,"陳武帝偏好《大品》,尤敦三論。文、宣二帝,亦推重三論學僧"⑧。陳時在建康弘揚"龍樹之學"最有力者,即爲真觀之師法朗。法朗是梁武帝時三論學名僧攝山僧詮的高徒,其於"永定二年(558)十一月,奉敕入京,住興皇寺,鎮講相續"⑨,大爲時俗所重。而徐陵禮敬的高僧慧因以及其師智辯,亦出自攝山法系,均是當時在京弘揚三論學的中堅。

真觀受業於法朗,對《般若》和三論鑽研甚深,開善寺大忍法師贊嘆説:"龍樹之道,方興東矣。"法朗對真觀也抱有極大的期望,其隨始興王陳伯茂在浙東弘法時,他數番遣人敦諭曰:"吾大乘經論,略已弘通,而燕、趙、齊、秦,引領翹足,專學雖多,兼該者寡。宜速反東蕃,法門相寄。"將在北地弘傳三論學的宏願寄托在了真觀身上。後江夏王陳伯義出鎮浙東時,也敦請真觀同往,法朗吞咽良久,曰:"能住三年,講堂相委。"⑩可見,法朗始終視真觀爲能够傳承衣鉢的得意弟子。真觀既爲三論學名僧,則與徐陵在佛教義學上正相投契。雖然現存文獻中没有關於二人交往的其他記載,但他們此前即已相識的可能性極

---

① 〔元〕念常《佛祖歷代通載》卷一〇,第555頁上。
② 〔唐〕姚思廉《陳書》卷二六《徐陵傳》,第325頁。
③ 〔唐〕道宣撰,郭紹林點校《續高僧傳》卷一三,第432頁。
④ 〔唐〕道宣撰,郭紹林點校《續高僧傳》卷一七,第625頁。
⑤ 〔隋〕灌頂《國清百録》卷二《陳左僕射徐陵書》題下注云:"陵書最多,門人競持去,追尋,止得三紙并願書。"(《大正藏》第46册,第80頁上)
⑥ 何劍平《徐陵的詩文創作與佛教經論》,《文學遺産》2018年第5期。
⑦ 〔唐〕姚思廉《陳書》卷二六《徐陵傳》,第334頁。
⑧ 湯用彤《漢魏兩晋南北朝佛教史》,上海人民出版社,2016年,第515頁。
⑨ 〔唐〕道宣撰,郭紹林點校《續高僧傳》卷七《釋法朗傳》,第225頁。
⑩ 〔唐〕道宣撰,郭紹林點校《續高僧傳》卷三一《釋真觀傳》,第1246—1247頁。

大。是故,當佛門面臨法難之際,真觀纔想仰仗徐陵。

真觀在代表佛門表達對朝廷括僧令的抗議時,沒有直接向陳宣帝上表陳情,而是選擇通過徐陵這一中介,背後所傳遞出來的歷史信息,也頗值得玩味。衆所周知,佛教在漢地的興盛,很大程度上得益於士大夫階層的信仰和護持,而東晋南朝的世家大族中,奉佛者占了絕大部分①。嚴耀中指出:"在東晋南朝這樣(的)門閥社會裏,江南佛教的種種演變,包括帝王的信佛崇佛,都和高門勢族的動態分不開。……在以門閥政治爲特色的時代,帝王必須顧及士族的利益和興趣,因此帝王的崇佛也或多或少地包含着討好士族的成分。"②陳朝皇室出身寒微,爲了鞏固自身的統治,於是迎合士族門閥之所好,頻繁地開展大規模佛事活動,同時傾力復興《般若》、三論之學,令玄風再暢江東,"於當時精神意識領域裏樹立了自身的形象,從而在士人心目中贏得一重要地位,并與門閥勢族間找到了一個新的結合點"③。

真觀《與徐僕射書》起首云:"竊聞四依開士,匡正法於將穨;十地高人,秉玄文於已絕。"即是暗指徐陵爲"四依開士""十地高人",應當匡維正法,護持佛教。徐陵作爲當時全國重要的軍事長官,同時又是信佛的士大夫階層的代表,多重身份的疊加,必然會使陳宣帝在做決策時不得不考慮他的意見。雖然文獻對於徐陵如何爲佛門爭取利益并無記載,但可以想象,他也定會像庾冰執政時的何充、桓玄掌政時的王謐、宋文帝時的何尚之、齊武帝時的王儉那樣,在陳宣帝面前盡力爲佛教辯護,從而動摇其括僧補兵的决心。也就是説,真觀選擇徐陵作爲自己的"盟友",實際上是聯合信佛的士大夫階層一起向陳宣帝施壓,這就遠比佛門孤軍奮戰更有勝算。

三 抗之以理,動之以情:《與徐僕射書》的陳訴策略

真觀在致書對象的選擇上,已然表現出了心思的縝密,但成功説服徐陵、感動宣帝,則要歸功於他在《與徐僕射書》中高超而巧妙的陳訴策略。如前所論,佛教的迅猛發展不僅造成了與世俗政權爭搶人口的尷尬局面,也使得自身魚龍混雜、僧人品質良莠不齊,以致遭到了外界的嚴厲批評。所以,歷朝政府對佛門的沙汰和整頓,并非都毫無道理。而此時佛門所面臨的情况則更爲特殊——在周軍壓境的危急時刻,朝廷括僧補兵以解燃眉之急,似乎合情合理,無可辯駁。那麽,真觀是如何既照顧到國家危亡時刻的迫切需求,同時又確保佛門的利益不受損害的呢?

首先,面對朝廷迫使僧尼還俗的政令,真觀表示:"既普天之下,莫匪王臣,正當僶俛恭承,鞠躬祇奉。但愚情所謂,竊或疑焉。"真觀的這一態度頗值得注

---

① 詳參湯用彤《漢魏兩晋南北朝佛教史》,第 297—303 頁;嚴耀中《陳朝崇佛與般若三論的復興》,《歷史研究》1994 年第 4 期。
② 嚴耀中《江南佛教史》,上海人民出版社,2000 年,第 90—93 頁。
③ 嚴耀中《江南佛教史》,第 93 頁。

意,因爲"普天之下,莫匪王臣"的話術,此前通常是統治者一方對佛門使用的。如東晉前期執政者庾冰欲使沙門致敬王者,理由之一即是:"凡此等類,皆晉民也。"①其後支持桓玄令沙門致敬的卞嗣之、袁恪之也表示:"率土之民,莫非王臣。"②而以慧遠(334—416)爲代表的佛門,則并不承認世俗儒家的禮制,而是標舉"出家則是方外之賓,迹絶於物"③,以争取僧團的獨立自主地位。陳朝僧衆雖然依舊保持着不拜俗的傳統,但從真觀的措辭來看,他顯然已經放棄了抗禮王者的超越姿態。所以,在正式反駁朝廷的括僧令之前,他先着重强調了佛教對於世俗國家的利益。

真觀指出佛教盛行華夏已有數百年之久,受到了歷朝統治者的尊崇敬奉,"其爲福利,難可勝言;所現靈祥,聞諸史傳",并列舉了許多佛教高僧爲國家帶來福利和祥瑞的例子。他認爲縱使近年以來,世風日下,佛門澆漓,但佛法的根基尚在,若驟然强迫僧衆罷道還俗,則會極大地傷害佛門的感情:"忽復違其本志,奪彼前心。莫不仰高殿而酸傷,辭舊房而悽楚。依依法座,重反何期;戀戀禪門,再還無日。乃非歧路,而有分袂之悲;雖异河梁,遂結言離之痛。"由此可見,真觀在與世俗政權進行交涉時,其出發點已不在於出家人"求宗不順化"④的獨立精神追求,而是順應形勢,立足於王權,突出佛教對世俗國家的利益,以此來維護佛教信仰。

接着,真觀便從佛門和國家兩方的角度,對朝廷括僧之舉進行了詳盡的分析和駁斥。針對佛門,朝廷括僧的理由有二。

其一,"不繼名籍,爲其深罪",即佛門存在没有貫籍的僧尼。真觀認爲此罪可以原宥,因爲出家之人,不拘俗節,雲游四方,難以屬籍。其二"勝業不全,清禁多毀",即佛門存在戒行不潔的僧尼。這是歷朝統治者沙汰佛門最慣用的藉口。對此,真觀和他的前輩慧遠一樣,并不回避這一明顯的事實,而是在承認佛門穢雜的前提下,提醒統治者不應一概而論,草率括僧。而且,他認爲出家人"割愛辭親,披緇剪髮,既無僕使,永絶妻孥(孥)。或老病之年,單貧之士,皆憑子弟,還相養衛。如其一朝雨散,便溘死溝渠。遂有赴浚壑而投身,縊長繩而殞命。雖復汨羅之痛,匹此猶輕;荒谷之悲,方斯未重"。對於斷絶俗情、獨身求道的出家人來説,僧團就是他們賴以生存的社會土壤。倘若國家沙汰佛門,迫使僧衆離散,那麽孤老貧病的僧尼就難以善終,很可能會釀成十分悲慘的後果。此外,真觀又强調,後生晚秀乃是佛門的生力軍,佛教史上也不乏得戒揚名的弱齡之徒,如果皆令罷道還俗,則"恐此法門,便無紹繼。梵輪絶矣,精舍空焉"。這無疑是他對沙汰範圍無限擴大以致動摇佛法根基的深沉擔憂。陳朝皇室本就崇奉佛教,又以此作爲與士大夫階層的情感聯結,所以真觀

---

① 〔梁〕僧祐《弘明集》卷一二《尚書令何充奏沙門不應盡敬》,第79頁下。
② 〔梁〕僧祐《弘明集》卷一二《桓楚許道人不致禮詔》,第84頁下。
③ 〔梁〕僧祐《弘明集》卷一二《廬山慧遠法師答桓玄書沙門不應敬王者書》,第83頁下。
④ 參見《弘明集》卷一二《廬山慧遠法師答桓玄書沙門不應敬王者書》、卷五《沙門不敬王者論·求宗不順化第三》。

的這一"警告",多少會給陳宣帝造成心理壓力。

就國家角度而言,朝廷括僧的理由亦有二。其一"八陣未休,四郊多壘。前驅所寄,後殿斯憑",即時逢戰事,急需僧人補充兵力。這是陳宣帝括僧的直接原因,也是佛門所面臨的最爲棘手的問題。對此,真觀則明確表示僧人不宜充軍。他認爲若真有身强力壯、可堪從軍者,早就應征入伍了,仍然待在佛門的,顯然是"習勇心薄,樂道情深。若非衛玠之清羸,便同孟昶之浮怯。既不便弓馬,徒勞行陣。雖復身披甲冑,還想法衣;手執干戈,猶疑錫杖。必當遥聞戰鼓,色變心驚;遠望軍麾,魂飛氣懾。將恐有沮都護之威,無益二師之勇"。僧人日常以蔬素爲食、修道爲務,也從未受過軍事訓練,身體素質必然不堪行軍;而且佛教禁止殺生和爭鬥,宣揚慈悲和忍辱的精神,僧人長期浸潤在這樣的教義裏,勢必會對戰場斯殺產生排斥,甚至是恐懼心理。因此,以清羸浮怯的僧兵對壘敵軍,只會適得其反,極大影響三軍的志氣,實在是百弊而無一益。真觀的這一事實辯駁,可謂頗具説服力,故而也被唐初明概在駁斥傅奕令僧還俗强兵時所引用①。

其二,"不輸王課,靡助國儲。所以普使,收其賦斂",即僧尼不向國家繳納賦税。這也是自東晋以來,世俗政權不斷限制佛教的重要原因之一。對於這個問題,真觀的前輩們似乎尚未做出過充分的論證,而他自己則進行了一番合乎情理的辯解:"但浮游之屬,萍迸蓬飛;散誕之流,且貧終宴。鄉里既無田宅,京師又闕主人。納履則兩踵并穿,斂衿則雙肘皆現。觀董生之百結,尚覺輕華;見顔子之一簞,更疑豐飽。求朽壤以爲藥,寧識紫丸;服糞掃而爲衣,豈逢黄絹?貨財之禮,此則無從;懷璧之愆,信哉應免。若令其在道,猶可分衛自資;遂使還民,便是糇糧莫寄。"在真觀看來,佛門中多爲無依無靠之人,他們落魄貧窮,無田無宅,衣不蔽體,病來無藥,實在無力納税,若在佛門尚可乞食度日,還俗則無計生存。如果貿然將這些人從佛門中驅離,極有可能會導致嚴重的社會問題,從而加劇國家的財政負擔。從其所謂"浮游之屬""散誕之流"以及僧衆缺衣短食的生存狀態來看,佛門中必是收容了大量流離失所、窮苦病弱的底層民衆。此時距陳朝立國纔二十年,梁末戰亂帶給國計民生的沉重打擊尚未完全恢復。因此,真觀的這番辯解,其實也是在暗示統治者,不能僅從表面上指責佛門人口衆多,而忽視了其所承擔的社會救濟之責②,即佛門本質上是有益於世俗國家的。

而後,真觀又盛贊陳朝帝王的政治教化可與三皇五帝相比倫,獎佑佛教的功德也遠遠超過了漢明帝、晋孝武帝等前代帝王,可媲美印度的仙預王和阿育

---

① 〔唐〕道宣《廣弘明集》卷一二《決對傅奕廢佛法僧事(并表)》,第169頁下。
② 按,六朝時期佛門經常開展慈善活動,而且在佛教思想的影響下,還出現了由南齊太子蕭長懋和竟陵王蕭子良創設的專門收容窮民的"六疾館",以及梁武帝設立的"孤獨園"。到了隋唐時期,則出現了由寺院主導的"癘人坊""悲田養病坊"等專門的佛教醫療救助機構。可參全漢昇《中古佛教寺院的慈善事業》,何兹全主編《五十年來漢唐佛教寺院經濟研究》,北京師範大學出版社,1986年,第55—64頁。

王。所以，無論是從儒家思想還是佛教信仰出發，朝廷都應該對清虛高尚的方外之人網開一面。真觀也效仿慧遠，進一步提出了更爲嚴謹的沙汰標準，以期降低對佛門的影響。他指出，對於"已離法衣，無遵道業；或常居邸肆，恒處田園"這兩類名不副實的僧尼，可依照俗法驅使服役；而"禪誦知解，蔬素清虛；或宣唱有功，梵聲可録；或繕修塔廟，建造經書，救濟在心，聽習爲務；乃至羸老之屬，貧病之流"，則應允許仍留佛寺，屬名僧籍。如此，不僅國家可以補充一部分勞動力，也有利於佛門純潔自身隊伍，同時還可保障社會秩序的穩定。而且真觀認爲，僧衆雖然不能上陣殺敵，但會時刻爲國家和君王祈福。國家得到佛教護佑，必會政通人和，干戈自息，威名遠播，四方來服。最後，真觀表示："儻復彊場不虞，軍資有闕。薄須費計，伏聽徵求。"即佛門願意積極配合朝廷戰事，資助軍費所需。

若按照真觀以上的設想，則國家在兵力和軍資方面，就都得到了一定程度的補充，同時佛門所受影響的範圍也大大縮小了。换言之，真觀既考慮和照顧到了朝廷政令的事出有因和合情合理，又真誠而巧妙地申訴了佛門的情有可原和難以從命，以期達成雙方的相互理解和支持，從而化解這場突如其來的矛盾。道宣稱其"非但梁柱佛法，亦乃明略佐時"，誠非虛言。總而言之，真觀的陳訴不僅有理有節，進退有度，而且還充分調動了情感的力量，無怪乎陳宣帝讀後會"凛然動容"了。

四 時代思想與文風演變對佛門駢文運用於政教關係的影響

在《與徐僕射書》中，真觀對慧遠反駁桓玄沙汰僧衆時的思路多有藉鑒，但陳訴策略和行文風格却迥然不同。在真觀之後，也仍有運用於政教關係的佛門駢文被源源不斷地製作出來，然辯諍的策略和行文的風格則發生了更大的變化。究其原因，主要在於時代思想的變遷和駢文自身的發展規律。正因真觀身處六朝末期至隋唐的轉折點上，所以《與徐僕射書》極具考索價值和典型意義。

東晉時期，由於受當時盛行的玄學風氣的影響，本就以出家避世爲宗旨的佛徒，更加追求一種超脱自在的精神境界。隆安三年(399)，桓玄求索沙門名籍以圖約束佛門，京邑沙門聯名上書抗議道："沙門之於世也，猶虛舟之寄大壑耳。其來不以事，退亦乘閑。四海之内，竟自無宅。邦亂則振錫孤游，道洽則欣然俱萃。"[①]他們以玄學思想作爲理論支撐，對世俗政權的凌人之勢毫不畏懼，表現出了獨立而超越的人格姿態。在這樣的思想風氣的鼓蕩下，面對桓玄強勢料簡沙門的教令，佛門自然不會輕易屈服。慧遠所撰《與桓太尉論料簡沙門書》在表達了對僧團僞濫的痛心和憂慮之後，即直截了當地調整了桓玄的沙

---

① 〔梁〕僧祐《弘明集》卷一二《支道林法師與桓玄論州府求沙門名籍書》，第85頁下。

汰標準,并用委婉的言辭頗有深意地對之進行了"敲打"①。因此,儘管慧遠没有完全否定桓玄的教令,但字裏行間所流露出的態度却是頗爲嚴正的。之後,挾震主之威的桓玄又利用玄學思想爲據,迫使沙門禮敬王者,而慧遠則用更富理論深度的佛學思想予以反駁,有力地揭示了沙門抗禮王侯的合理性和必要性,爲僧團争取了獨立自主的地位②。

然而,隨着時代的更迭,佛門在與世俗政權的對抗中逐漸處於下風。如宋孝武帝以極其殘酷的手段,一度迫使僧衆禮拜致敬③;而齊武帝則强令僧衆稱名於帝王,部分達到了沙門禮敬王者的目的④。到了真觀所處的時代,僧衆雖然在形體上不必禮拜帝王,但内心已然默認了"王臣"的身份。正因時移世易,真觀已無法再像慧遠那般,以超越脱俗的姿態與統治者進行周旋,所以在以理相抗之外,又更多灌注了情感的力量。

與此同時,駢文從東晉至陳代也發生了顯著的變化。在東晉,由於道家思想的盛行,文學在急速駢儷化的軌道上稍有停滯,表現出了極度"尚理"的一面⑤。就佛門文學而言,儘管慧遠等人的文章頗有文采,也不乏整齊對仗的句式,但因爲更側重理論的表達,所以遠不如後世駢文那般工整和華麗,整體呈現出質樸而理性的特徵。而當理論的熱潮消退之後,駢文則在文字技巧方面精益求精,同時也更加重視情感,且尤其崇尚哀情。如梁元帝《金樓子·立言篇》云:"吟咏風謡,流連哀思者,謂之文。"⑥因此,六朝後期的駢文不僅綺麗曼妙,而且頗多"哀感頑艷"⑦之篇。

真觀《與徐僕射書》就誕生於駢文高度成熟的時代,所以通篇對仗工整,辭藻誇飾,情感濃郁。如慧遠《與桓太尉論料簡沙門書》在表達對沙汰僧衆會傷及無辜的擔憂時,言辭質直,情緒簡淡⑧。而真觀則云:"持犯難知,聖凡相濫。譬庵羅之果,生熟難分;雪山之藥,真僞難辯(辨)。忽使昆峰之上,玉石同焚;大澤之中,龍蛇等斃。何期惜也,吁可傷哉!"不僅比喻迭出,而且情緒飽滿,風格迥異於前者。通覽真觀全文,處處都重視情感的力量,極力渲染括僧補兵將會帶給佛門的沉重打擊和傷害,場面悲慘凄凉,言辭懇切傷痛,十分催人淚下。

---

① 〔梁〕僧祐《弘明集》卷一二《遠法師與桓太尉論料簡沙門書》,第85頁上。
② 相關文章見《弘明集》卷一二《桓玄與八座書論道人敬事》、《廬山慧遠法師答桓玄書沙門不應敬王者書》、卷五《沙門不敬王者論》。曹虹指出,桓玄與慧遠關於沙門禮敬王者的争論,多少含有玄佛較量的意味。(《從東晉後期沙門拜俗之争看玄佛關係的新態勢》,《傳統文化與現代化》1999年第3期;氏著《慧遠評傳》,南京大學出版社,2011年,第214—236頁)
③ 〔唐〕道宣《廣弘明集》卷六《宋世祖孝武皇帝沙汰僧徒并致敬事》,第125頁下—126頁上。
④ 李猛《論齊武帝蕭賾永明中後期對佛教的整頓》,《佛教史研究》2017年第1卷。
⑤ 蔣伯潛《駢文與散文》,上海書店,1997年,第24頁。
⑥ 〔梁〕蕭繹撰,許逸民校箋《金樓子校箋》卷四,中華書局,2011年,第966頁。
⑦ "哀感頑艷"最早出自漢末繁欽《與魏文帝箋》,本是形容音樂之悲的極强感染力,後世則用以概括整個六朝時期以悲爲美的文風。如鄭振鐸《中國文學史》云:"漢人每喜誇誕的漫談,其失也淺薄。六朝人却反了過來,專愛在傷感的情緒上着力,遂多'哀感頑艷''情不自禁'之作。"(江西教育出版社,2018年,第169頁)
⑧ 〔梁〕僧祐《弘明集》卷一二《遠法師與桓太尉論料簡沙門書》,第85頁中。

念常云"其言傷怛,足以發回向之心"①,實則即是"哀感頑艷"的宗教式表達。由此可見,真觀此書對情感的注重,既是陳訴策略的選擇,也是時代文風的反映。

周武帝大肆毁滅佛教時,北方的佛門中亦有僧人用駢文進行交涉。如曇積上《諫周祖沙汰僧表》,對周武帝責僧試藝課業以行沙汰的做法表示反對,認爲"入道多端,諒非一揆。依相驗人,有五理不足"②。他在文中詳論"五不足"時,非如真觀一般巧用比喻、誇張、想象、用典等各種修辭手段,使得文章麗藻紛呈、情感跌宕,而是直接地陳事説理,文辭質樸無華。如同樣是反對征僧爲兵,其云:"若他方异國,遠近聞知,疑謂求兵於僧衆之間,取地於塔廟之下,深誠可怪。但頑僧任役,未足加兵;寺地給民,豈能富國?"③而真觀則極盡形容之妙,將僧人在陣前六神無主、驚慌失措的窘迫情形,刻畫得生動傳神、惟妙惟肖,以此來突顯征僧爲兵的不可行性。所以,除時代文風的差异,南北文風的差异在佛門駢文中亦有反映。

隋唐以降,時代思想和文風變化日趨劇烈。如大業三年(607),隋煬帝下令"諸僧道士等有所啓請者,并先須致敬,然後陳理",彥琮"不忍其事,乃著《福田論》以抗之"④。在論的開篇,彥琮贊揚了慧遠抗議桓玄的故事,但却認爲《沙門不敬王者論》"緝詞隱密,援列(例)杳深,後學披覽,難見文意"⑤,遂以主客問答的方式重爲申叙。可見,脱胎於玄學氛圍中的政教關係理論,已經難以被後世所理解了。又如唐朝初期,先是武德四年(621)傅奕上疏排佛⑥,而後貞觀十一年(637)詔令道士女冠在僧尼之前⑦,再之後龍朔二年(662)敕令僧尼致拜君親⑧。這一系列事件發生後,佛門也製作了大量的駢體表啓書論,與統治階層進行周旋。然而,這些駢文中既少見具有理論深度的辨析,也缺乏真誠樸素的情感。尤其是因爲陷入了與道教的論爭,以致於文中充斥着大量出於宗教情感的意氣之辭。如明概《决對傅奕廢佛法僧事表》⑨、法琳《上秦王啓》⑩等。另一方面,此時的僧衆在與世俗政權進行交涉時,更加喪失了獨立的人格精神。如法琳《上太宗皇帝表》直言:"琳等雖預出家,仍在臣子之列。"⑪威秀等《上沙門不合拜俗表》亦稱:"如不陳請,有乖臣子之喻。"⑫由此可

---

① 〔元〕念常《佛祖歷代通載》卷一〇,第555頁上。
② 〔唐〕道宣《廣弘明集》卷二四,第279頁上。
③ 〔唐〕道宣《廣弘明集》卷二四,第279頁中。
④ 〔唐〕道宣《廣弘明集》卷二五,第280頁下。
⑤ 〔唐〕道宣《廣弘明集》卷二五,第281頁上。
⑥ 〔唐〕法琳《破邪論》卷一《太史令朝散大夫臣傅奕上减省寺塔廢僧尼事十有一條》,《大正藏》第52册,第475頁下—476頁中。
⑦ 〔唐〕道宣《廣弘明集》卷二五《令道士在僧前詔并表》,第283頁下—284頁上。
⑧ 〔唐〕道宣《廣弘明集》卷二五《今上制沙門等致拜君親敕》,第284頁上。
⑨ 〔唐〕道宣《廣弘明集》卷一二,第168頁中—169頁上。
⑩ 〔唐〕法琳《破邪論》卷一,第476頁中—477頁中。
⑪ 〔唐〕彥悰《唐護法沙門法琳別傳》卷中,《大正藏》第50册,第204頁上。
⑫ 〔唐〕道宣《廣弘明集》卷二五《大莊嚴寺僧威秀等上沙門不合拜俗表》,第284頁中。

見,儘管表面上僧衆仍在努力争取和維護佛教的傳統禮制,但實際上他們已經比真觀時代的沙門更加臣服於世俗皇權了。概言之,在皇權高度集中的隋唐時代,運用於政教關係的佛門駢文,既不能用理説服帝王,又不能以情感動人主,因此只能被迫聽任佛門利益與地位的逐日淪喪,甚至於出現了令人痛心的"法琳案"①。

　　綜上所論,在整個東晉、南北朝以至隋唐時期,都罕見像真觀《與徐僕射書》那樣情理兼具、情辭兼備,并且成功化解了政教衝突的佛門駢文。透過它,不僅可以看到時代思想在政教關係中的重要意義,也可感受到世俗文風對佛門文學的强烈吹拂。明代王志堅批評真觀《與徐僕射書》"滿紙齋飯酸餡氣"②,輕率地將其與兩宋禪僧所作的清寒之詩相比擬,實在有失客觀和嚴謹,也貶低了其價值和意義。好在清代彭兆蓀將此文選入了《南北朝文鈔》,并對王志堅的批評之語有所糾正,認爲"言之未免太過"③,從而在一定程度上昭示了其文學重要性。長久以來,有關六朝駢文的研究幾乎很少注意到釋子的表現,因此,若能以真觀《與徐僕射書》作爲突破口,來引起人們對這一特殊群體的重視,亦是本文寫作的意圖所在。

　　　　　　　　　　　　　　　　　　(作者單位:南京大學文學院)

---

①　按,貞觀十三年,道士秦世英誣陷法琳《辯正論》"謗訕皇宗,罪當罔上",即有意違逆貞觀十一年所頒布的《令道士在僧前詔》。唐太宗得知後勃然大怒,下令將法琳羈押入獄。之後,太宗派多名官員對法琳進行了審訊,又詔其在御前辯對,最終免其死罪,流放益州。然法琳未至四川,即在途中染疾而卒。詳見《續高僧傳》卷二五《釋法琳傳》及《唐護法沙門法琳别傳》卷中、下。

②　〔明〕王志堅《四六法海》卷二,《景印文淵閣四庫全書》第 1394 册,第 342 頁。按,王志堅此編并未選入真觀《與徐僕射書》,而是在虞通之《讓婚表》下評曰:"此篇頗爲一種俗調作俑,姑存以備一體。至於《役僧》一書,滿紙齋飯酸餡氣,大非雅士所賞也。"所謂"齋飯酸餡氣",又稱蔬筍氣、鉢盂氣等,是中國古代文學批評中的一個常見話語,通常被用來評價僧人所作的詩歌,且往往含有嘲諷輕視之意,其主要特點是意境清寒、題材狹窄、語言拘謹和作詩好苦吟。詳參周裕鍇《中國禪宗與詩歌》,復旦大學出版社,2017 年,第 51—55 頁。

③　〔清〕彭兆蓀《南北朝文鈔》卷下,第 57 頁。

杜詩"故武衛將軍"考論

馮　乾

　　杜甫《故武衛將軍挽詞三首》題中所挽"故武衛將軍"爲誰，王嗣奭在《杜臆》中提出這一問題。"合三詩觀之，橫行沙漠，匈奴喪氣，雖衛、霍不過如此，何以史無其名？"并引《資治通鑒》開元二年(714)玄宗遣薛訥將兵擊契丹事，認爲武衛將軍可能是開元年間的薛訥①。仇兆鰲《杜詩詳注》則引張希良之説，認爲是裴旻，因其戰績彪炳，擅劍舞，善射，與杜詩所挽之武衛將軍大抵相合。不過仇氏也指出裴氏任金吾將軍，非武衛將軍，故亦未能自信其説②。

　　曹慕樊提出故武衛將軍是王忠嗣，其《杜詩雜説》中引《舊唐書·王忠嗣傳》，認爲"總體來説，王忠嗣威震萬里邊防，使外族不敢進犯，邊境一度無戰，這在當時是好的統帥。及到玄宗要進攻吐蕃，忠嗣又冒生命危險，阻礙其事，可謂有遠識"。對於杜甫作詩之由，曹氏認爲"杜甫同情王忠嗣，痛恨李林甫，所以寫了這三首詩"③。

　　我認爲故武衛將軍爲王忠嗣之説可從，并據元載所撰《王忠嗣碑》對其作補證與考論。

一　王忠嗣説補證

　　王忠嗣(705—749)，《舊唐書》《新唐書》有傳，作爲一代名將，天寶元年(742)，因戰功授左武衛大將軍。天寶四載(745)任河西、隴右節度使，兼知朔方、河東節度事，與吐蕃、吐谷渾大戰，取得全勝。但在天寶六載(747)，他因反對進攻石堡忤唐玄宗，加上李林甫的讒害，遭三法司審訊，後由其部將哥舒翰力救獲免，貶爲漢陽刺史。天寶七載(748)，遷河東郡刺史，八載(749)暴卒。

　　唐代宗寶應元年(762)，王忠嗣獲得平反，其婿元載撰《唐故朔方河東河西

---

① 〔清〕王嗣奭《杜臆》卷一，上海古籍出版社，1983年，第14頁。
② 〔清〕仇兆鰲《杜詩詳注》卷二，中華書局，1979年，第98頁。
③ 曹慕樊《杜詩雜説全編》，生活·讀書·新知三聯書店，2019，第148頁。

隴右節度御史大夫贈兵部尚書太子太師清源公王府君神道碑銘并序》①(以下簡稱《王忠嗣碑》),敘其功績,表其德行。文中有與《故武衛將軍挽詞三首》相參之處,可以爲王忠嗣説補證。今先引原詩如下:

　　　　嚴警當寒夜,前軍落大星。壯夫思敢決,哀詔惜精靈。王者今無戰,書生已勒銘。封侯意疏闊,編簡爲誰青。
　　　　舞劍過人絶,鳴弓射獸能。銛鋒行惬順,猛噬失蹻騰。赤羽千夫膳,黄河十月冰。横行沙漠外,神速至今稱。
　　　　哀挽青門去,新阡絳水遥。路人紛雨泣,天意颯風飆②。部曲精仍鋭,匈奴氣不驕。無由睹雄略,大樹日蕭蕭。③

　　一、首篇哀王忠嗣之死。"前軍落大星",大星,應軍中主將。《三國志·諸葛亮傳》裴注引《晋陽秋》:"有星赤而芒角,自東北西南流,投於亮營,三投再還,往大還小。俄而亮卒。"④天寶元年(742),王忠嗣以戰功封左武衛大將軍,其後又兼任四地節度使、御史大夫,卒後杜甫以故武衛將軍稱之,如《八哀詩·故司徒李公光弼》例。朱鶴齡注云:"光弼已封王,贈太保,稱司徒者,以其功名著於司徒時。蓋從時人所稱耳。"⑤到天寶五載(746),王忠嗣的軍事位望達到頂峰:"河、隴以皇甫惟明敗衄之後,因忠嗣以持節充西平郡太守,判武威郡事,充河西、隴右節度使。其月,又權知朔方、河東節度使事。忠嗣佩四將印,控制萬里,勁兵重鎮,皆歸掌握,自國初已來,未之有也。"⑥王忠嗣作爲天寶初年抵禦外族的主將,戰功卓越,威望深重,故杜甫於其死,以"前軍落大星"稱之。"王者今無戰",此句暗寓作詩的時間,詳見下節的考證。"書生已勒銘",用班固爲大將軍竇憲撰《封燕然山銘》典故,寓王忠嗣覆滅後突厥事。《舊唐書·王忠嗣傳》載:"明年(天寶二年),又再破怒皆及突厥之衆。自是塞外晏然,虜不敢入。天寶三載,突厥九姓拔悉密葉護等竟攻殺烏蘇米施可汗,傳首京師。"⑦《王忠嗣碑》開篇即紀此事:"玄宗再受命,宅帝位三十有五載,兵加幽都,討平匈奴。大將軍戢戈弢弓,來朝獻功,天子勞旋告成,回慮西戎。乃制詔丞相御史:'咨爾朔方河東節度支度采訪使安北單于大都護御史大夫清源公王忠嗣,統我六師,萬方皆全,磔裂單于,封狼居山,歸馬漠南,列郡祁連,撫兹北荒,厥功茂焉。'"王忠嗣在河東、朔方節度使任上利用後突厥内亂,一舉將其覆滅,杜甫以其與東漢大將軍竇憲相比,是十分恰當的。

　　二、次篇狀王忠嗣之才藝及戰功。"赤羽千夫膳,黄河十月冰。横行沙漠

---

　　① 原立於陝西渭南縣鄉賢祠,今已毁,僅存拓本。此碑正文行楷相參,42行,行90字。本文所引釋文據徐偉、吴景山《〈王忠嗣碑〉校正》,《敦煌學輯刊》2015年第2期。後引此文不再注。
　　② 飆,一作飄。
　　③ 《杜詩詳注》卷二,第95—97頁。
　　④ 〔晋〕陳壽撰,〔南朝宋〕裴松之注《三國志》卷三五,中華書局,1959年,第926頁。
　　⑤ 〔清〕朱鶴齡《杜工部詩集輯注》卷一三,河北大學出版社,2009年,第555頁。
　　⑥ 〔後晋〕劉昫《舊唐書》卷一〇三《王忠嗣傳》,中華書局,1975年,第3199頁。
　　⑦ 《舊唐書》卷一〇三《王忠嗣傳》,第3198頁。

外,神速自今稱。"詩中所寫的戰爭,發生在天寶三載(744),時任河東、朔方節度使王忠嗣率軍閃電擊破後突厥左阿波達干十一部。天寶初年,後突厥發生内亂。對這一段歷史,《新唐書·突厥傳下》記載得較爲詳細:"天寶初,其大部回紇、葛邏禄、拔悉蜜并起攻葉護,殺之,尊拔悉蜜之長爲頡跌伊施可汗,於是回紇、葛邏禄自爲左右葉護,亦遣使者來告。國人奉判闕特勒子爲烏蘇米施可汗,以其子葛臘哆爲西殺。帝使使者諭令内附,烏蘇不聽,其下不與,拔悉蜜等三部共攻烏蘇米施,米施遁亡。其西葉護阿布思及葛臘哆率五千帳降,以葛臘哆爲懷恩王。三載,拔悉蜜等殺烏蘇米施,傳首京師,獻太廟。其弟白眉特勒鶻隴匐立,是爲白眉可汗。於是突厥大亂,國人推拔悉蜜酋爲可汗,詔朔方節度使王忠嗣以兵乘其亂,抵薩河内山,擊其左阿波達干十一部,破之,獨其右未下,而回紇、葛邏禄殺拔悉蜜可汗,奉回紇骨力裴羅定其國,是爲骨咄禄毗伽闕可汗。明年,殺白眉可汗,傳首獻。"①

　　王忠嗣在處理後突厥内亂的過程中展現出卓越的戰略智慧與軍事才能:"出疆之任,得守便宜";"全威持重,閉壁堅營";"設間以散其從,肆諜以離其約"(《王忠嗣碑》)。他先是通過軍事威懾與離間分化,使後突厥諸部互相攻殺,自取滅亡。而後在關鍵之時,又以雷霆之勢,一舉覆滅不受控制的左阿波達干十一部,嶄露唐王朝强大的武力。此戰詳情,備載於《王忠嗣碑》:"阿波達干持愛妾宵遁,乘六贏突圍。嘯聚東蕃,迫脅小種,立烏蘇爲君長,自尊任爲賢王,保薩河仞山,據丁零古塞。謂中國有磧西之限,官軍無可到之期,按甲休徒,擊鮮高會,思歸故地,卒復大名。間歲方暮,嚴冬仲月,公出白道誓衆,自單于北伐。俾僕固懷恩、阿布斯爲鄉導,覘視井泉;命王思禮、李光弼爲游軍,收羅服聽。顧萬里若俄頃,過山川如枕席,豈百舍之敢休,不再旬而履狄。夜驅胡馬,暗合戎圍,自丑至辰,頭驅面縛,乘無物故,士蓄餘怒,羈虜全國,永清朔土。告類上帝,薦功皇祖。"考其行軍路綫,當從單于都護府出發,沿白道,度陰山,通過磧口抵達蒙古高原②。單于都護府故址位於今内蒙古和林格爾西北土城子,其轄境北拒大漠,南抵黄河。碑文中復有"間歲方暮,嚴冬仲月"之句,與詩中"黄河十月冰"正合。而"顧萬里若俄頃,過山川如枕席,豈百舍之敢休,不再旬而履狄。夜驅胡馬,暗合戎圍,自丑至辰,頭驅面縛,乘無物故",正是詩中所稱的"神速"。

　　三、杜詩多處暗用李廣的典故影射王忠嗣。"封侯意疏闊",用李廣不得封侯典,惜王忠嗣未得善終;"鳴弓射獸能""猛噬失蹻騰",用李廣射虎的典故。李詳曰"'鳴弓射獸'即'鳴弓射虎',唐諱虎字,改作'獸'"③,其説甚是。《史記·李將軍列傳》:"廣所居郡聞有虎,嘗自射之。及居右北平射虎,虎騰傷廣,廣亦竟射殺之。"④"路人紛雨泣",《史記·李將軍列傳》:"廣軍士大夫一軍皆

---

① 〔宋〕歐陽修、宋祁《新唐書》卷二一五下,中華書局,1975年,第6054—6055頁。
② 參徐偉《王忠嗣研究》第三章第四節《滅後突厥行軍路綫考實》,蘭州大學碩士學位論文,2016年,第20—23頁。
③ 李詳《杜詩釋義》,見李稚甫編校《李審言文集》上册,江蘇古籍出版社,1989年,第377頁。
④ 〔漢〕司馬遷《史記》卷一〇九,中華書局,1959年,第2872頁。

哭。百姓聞之,知與不知,無老壯皆爲垂涕。"①李廣因爲行軍失道,不願下獄對吏,自剄而死,引起時人普遍哀悼。杜甫以此典故表達對王忠嗣遭受迫害死於貶所的同情。"天意颭風飄"亦暗寓李廣事。李廣被召時自嘆:"廣結髮與匈奴大小七十餘戰,今幸從大將軍出接單于兵,而大將軍又徙廣部行回遠,而又迷失道,豈非天哉!"此句實隱射唐玄宗與李林甫,"風飄",猶飄風。《墨子・尚同上》:"今若天飄風苦雨,溱溱而至者,此天之所以罰百姓之不上同於天者也。"②斥言王忠嗣之貶死爲逆玄宗之旨。又《小雅・何人斯》"彼何人斯,其爲飄風",毛傳曰:"飄風,暴起之風。"其詩小序又曰:"蘇公刺暴公也。暴公爲卿士,而譖蘇公焉,故蘇公作是詩以絕之。"《正義》曰:"何人斯者,蘇公所作,以刺暴公也。暴公爲王卿士,而於王所讒譖蘇公,令使獲譴焉。故蘇公作《何人斯》之詩以絕之。"《何人斯》卒章更云:"爲鬼爲蜮,則不可得。有靦面目,視人罔極。作此好歌,以極反側。"③皆藉以刺李林甫之讒毀王忠嗣。杜甫此句用典已臻渾化,前人皆失注,特爲揭出。

無獨有偶,不僅杜甫在詩中以李廣隱喻王忠嗣,《王忠嗣碑》在敘事中亦多次化用《史記・李將軍列傳》,可見當時人對王忠嗣軍事才能的認同及其含冤遭誣的不平,故以李廣這一悲劇人物相比擬。比勘如下:

《王忠嗣碑》	《史記・李將軍列傳》
上既知公有日碑之純固,加李廣之材氣,義形於主,確然秉志。少而侍中,慮不省事,乃試守代州別駕、大同軍戎副……涼秋八月,桑乾草腓,方佯白登外,馳突長城下。單戈指虜,輕騎犯胡,有向必摧,能當輒破。往往射雕者,居公掌握中,匈奴憚邊,不敢抵當。肅宗爲上泣曰:"王忠嗣負材敢戰,必恐亡之。"即日征還,守未央衛尉。	徙爲上谷太守,匈奴日以合戰。典屬國公孫昆邪爲上泣曰:"李廣才氣,天下無雙,自負其能,數與虜敵戰,恐亡之。"於是乃徙爲上郡太守。
乃候月乘風,卷旗鞭馬,精兵七百弩,深入鬱標川。遇贊普牙官,踐更角武,戈鋌山立,介馬雲屯。霧雨忽開,旌旗相接,將校失色,猶欲引馳。公謂:"一足未移,追射且盡,無敢妄動,觀我破之。"乃超乘貫羌,當前皆廢,吐蕃大將,臨高整旅。公陷胸走腹,曲折回旋,取白馬於衆中,舍大黃而益振。	後二歲,廣以郎中令將四千騎出右北平,博望侯張騫將萬騎與廣俱,異道。行可數百里,匈奴左賢王將四萬騎圍廣。廣軍士皆恐,廣乃使其子敢往馳之,敢獨與數十騎馳,直貫胡騎,出其左右而還,告廣曰:"胡虜易與耳。"軍士乃安。廣爲圜陳外向,胡急擊之,矢下如雨。漢兵死者過半,漢矢且盡。廣乃令士持滿毋發,而廣身自以大黃射其裨將,殺數人,胡虜益解。會日暮,吏士皆無人色,而廣意氣自如,益治軍。軍中自是服其勇也。

---

① 《史記》卷一○九,第 2876 頁。
② 〔清〕孫詒讓《墨子閒詁》卷三,中華書局,2001 年,第 77 頁。
③ 《毛詩正義》卷十二,阮元刻《十三經注疏》本,中華書局,2009 年,第 975—978 頁。

續表

《王忠嗣碑》	《史記·李將軍列傳》
道將世迍,器與時屯,折衝厭難之臣,旋踵及身,不淄不磷之堅,挫於刀筆之前。此慷慨義烈之士,所以掩泣而流漣。	大將軍使長史急責廣之幕府對簿。廣曰:"諸校尉無罪,乃我自失道。吾今自上簿。"至莫府,廣謂其麾下曰:"廣結髮與匈奴大小七十餘戰,今幸從大將軍出接單于兵,而大將軍又徙廣部行回遠,而又迷失道,豈非天哉!且廣年六十餘矣,終不能復對刀筆之吏。"遂引刀自剄。廣軍士大夫一軍皆哭。百姓聞之,知與不知,無老壯皆爲垂涕。

四、"部曲仍精銳。"王忠嗣麾下名將衆多,其著名者有李光弼(708—764)、李晟(727—793)、王思禮(?—761)、哥舒翰(?—757)、僕固懷恩(?—765)等人,兩《唐書》均有傳。他們或在王忠嗣之後被唐政府委以重任,或在安史之亂中力挽狂瀾,儘管人品有高有下,歷史評價有褒有貶,但在軍事上均稱得上"精銳"二字。

二 寫作時間考

關於杜甫這三首詩的寫作時間,黃鶴根據第二首"黃河十月冰"句,引《資治通鑒》"(天寶)八載冬,冰合",認爲武衛將軍卒於此年冬十月,而王氏葬年當後於此時,故定其作年爲天寶九載。但黃鶴的繫年并不可靠,因爲第二首詩并非描寫武衛將軍卒世的時令,而是述武衛軍將之功績,如上文所論,"赤羽千夫膳,黃河十月冰"二句所賦的是將軍率軍野宿與行軍的場景。

第三首中"哀挽青門去"句,青門,指長安東南門。《三輔黃圖·都城十二門》:"長安城東出南頭第一門曰霸城門。民見門色青,名曰青城門,或曰青門。"①可知此組詩作於天寶五載(746)杜甫入長安之後。復由三首詩中尚無安史之亂的描寫,推測當作於天寶十四載(755)十一月之前。再作細讀,可知第一首詩中"王者今無戰"一句包含了詩歌繫年的重要信息。檢《資治通鑒》,天寶年間唐軍與吐蕃、突厥、大食、南詔、契丹、奚之戰爭無歲無之,或一年一戰,或一年數戰,極爲頻繁。天寶年間所發生的戰爭的規模與影響都很大,杜甫居於長安,不當無所知聞。由此可見,"王者今無戰",絕非説唐王朝在這段時間未發生戰爭,而是別有所指。注家認爲此句化用鍾會《檄蜀文》"王者之師,有征無戰",似乎暗指唐政府與外族戰爭的正義性。唯有仇兆鰲所釋得此句詩真義,其言曰:"開元、天寶間,府兵罷,折沖停,民間挾兵器者有禁。"②認爲這句詩的背景是唐代府兵制的徹底消亡,完全被募兵制所取代。仇氏的觀點是正確的,但他將此詩繫於天寶六、七載間,則仍闕深考。關於唐天寶間"罷

---

① 何清谷校釋《三輔黃圖校釋》,中華書局,2005年,第73頁。
② 《杜詩詳注》卷二,第95頁。

府兵"一事,《唐會要》卷七二《軍雜録》載:

> 天寶末,天子以中原太平,修文教,廢武備,銷鋒鏑,以弱天下豪傑。於是挾軍器者有辟,蓄圖讖者有誅,習弓矢者有罪。不肖子弟爲武官者,父兄擯之不齒。惟邊州置重兵,中原乃包其戈甲,示不復用,人至老不聞戰聲。六軍諸衛之士,皆市人白徒。富者販繒綵,食粱肉,壯者角抵拔河,翹木扛鐵,日以寢鬥,有事乃股慄不能授甲。其後盜乘而反,非不幸也。①

《唐會要》認爲唐玄宗頒布詔令取消府兵制,導致唐朝軍事力量集中在邊境,民間武備完全廢弛,這指出了唐王朝由盛轉衰的關鍵。《唐會要》將此事的發生時間記爲"天寶末",不夠準確。谷霽光認爲,府兵制爲封建國家統治農民的重要工具,農民反抗兵役,便促成府兵制的崩潰,導致募兵制的興起②。而關鍵節點就在天寶八載五月李林甫奏停折衝府上下魚書。《資治通鑑》載:

> (天寶八載)五月,癸酉(九日),李林甫奏停折衝府上下魚書;是後府兵徒有官吏而已。其折衝、果毅,又歷年不遷,士大夫亦恥爲之。其曠騎之法,天寶以後,稍亦變廢,應募者皆市井負販、無賴子弟,未嘗習兵。時承平日久,議者多謂中國兵可銷,於是民間挾兵器者有禁;子弟爲武官,父兄擯不齒。猛將精兵,皆聚於西北,中國無武備矣。③

谷霽光認爲:"天寶八載(749)停止折衝府上下魚書,是法令上正式承認無兵可交、停止上番的事實,折衝府活動乃全部停止。"④也就是説,杜甫必然已經得知朝廷頒詔停止折衝府上下魚書,禁止民間挾帶兵器,練習弓矢,纔會在挽詩中寫下"王者今無戰"的句子。《舊唐書》記載王忠嗣於天寶八載(749)暴卒,具體時間不詳,但既言是暴卒,挽詩第一首又言其卒時天氣尚寒,則在此年年初的可能性較大,而非黃鶴所説的此年冬天。王忠嗣的靈柩當是先運回其長安本宅,然後再歸葬故塋。根據唐代殯葬禮俗,士族卒後到下葬時間一般在數月之內,則王氏出殯時間不早於天寶八載五月九日,遲不過年底,杜甫作詩的時間差不多也在這段時間之内。

《舊唐書》説王忠嗣爲太原祁人,這是言其籍貫,但據《王忠嗣碑》所敘世繫:"公本太原祁人。六代祖仕後魏爲青州刺史,北齊爲白道鎮將。五代祖隨周武帝入關,署馮翊掾,因徙家於鄭,今爲華陰人也。"則王氏一族徙居華陰已經五世,其家族葬地應該也在華陰。王忠嗣的神道碑後雖在新中國成立後被毀,但此碑原存於渭南鄉賢祠,亦可見王氏之墓在華陰。《王忠嗣碑》中説:"左掌太華,邪睨鴻門,刊銘路隅,庶慰精魂。"亦可作爲證明。不過,杜詩中説"新阡絳水遥",似言其歸葬之地在太原,或指其所葬之華陰新阡距祖籍之太原相

---

① 〔宋〕王溥《唐會要》卷七二《軍雜録》,中華書局,1955年,第1300頁。
② 谷霽光《府兵制度考釋》,上海人民出版社,1962年,第215—216頁。
③ 〔宋〕司馬光《資治通鑑》卷二一六,中華書局,1956年,第6895頁。
④ 《府兵制度考釋》,第231頁。

去甚遙,尚不能確定。

三 詩題姓名闕失之由

通過對杜詩詩題的考察,其中涉及的人物分爲書姓與不書姓兩類。書姓類:其極相熟者直書姓名,如李白、蘇端、鄭虔等;更常見的是在官職、行輩之前冠以其人之姓。茲各舉數例如下:(一)官職前冠姓,如劉九法曹、任城許主簿、房兵曹。(二)行輩前冠姓例,如李十二白、范十隱居、張四學士垍等。不書姓類:(一)皇帝與皇室成員則稱尊稱或爵位,如玄元皇帝、特進汝陽王、漢中王、隴西公。(二)親屬,或在名前冠輩分,如從弟亞、從孫濟。或在輩分前冠以官職如白水明府舅。(三)僧人,稱其法號兼尊稱,如巳上人、贊公。

以上所列兩種情形,可以定爲杜詩製題之通例。可見除皇室、親屬、僧人外,杜詩題中人物書名不可缺少的元素是其人之姓。這位"故武衛將軍",按例應當書作"故武衛將軍王公忠嗣",然而詩題中却姓名俱佚,成爲杜詩命題中僅有之特例。那麽,其人之姓名究竟是在傳鈔刊刻中佚失,還是杜甫有意如此製題呢?結合天寶年間的政治環境與杜甫困居長安的經歷及其心態,我認爲杜甫故意隱去王忠嗣姓名的可能性很大。

天寶五載(746),杜甫西入長安,參加於次年舉行的制科考試。這次考試,却成了杜甫人生中遭受的第一次重大打擊。根據《資治通鑒》記載:"(天寶六載)上欲廣求天下之士,命通一藝以上皆詣京師。李林甫恐草野之士對策斥言其奸惡,建言:'舉人多卑賤愚聵,恐有俚言污濁聖聽。'乃令郡縣長官精加試練,灼然超絶者,具名送省,委尚書覆試,御史中丞監之,取名實相副者聞奏。既而至者皆試以詩、賦、論,遂無一人及第者。林甫乃上表賀野無遺賢。"①《新唐書·李林甫傳》所載相似:"時帝詔天下士有一藝者得詣闕就選,林甫恐士對詔或斥己,即建言:'士皆草茅,未知禁忌,徒以狂言亂聖聽,請悉委尚書省長官試問。'使御史中丞監總,而無一中程者。林甫因賀上,以爲野無留才。"②也就是説,由於權相李林甫的打壓,使得此次制科試無一人錄取。也有學者認爲,司馬光與歐陽修的修史所據原始史料爲在此次制科試中落選的元結所撰《諭友》一文,並且對其作了有意的改寫,元結原文是"布衣之士無有第者",而非二書所寫"遂無一人及第""而無一中程者"。亦即,此次制科,除布衣之外,尚有一些已經取得科舉者參加,並且有人被錄取。可考據出的人員起碼有兩人,一是薛據,中"風雅古調科",二是張涉,中"日舉萬言科"③。

儘管如此,杜甫無疑是經歷了人生的重大失敗,其"奉儒守官""致君堯舜"的熱忱被澆了一瓢涼水,開始"從沉緬中清醒過來"④。天寶五載(746),進入

---

① 《資治通鑒》卷二一五,第6876頁。
② 《新唐書》卷二二三上,第6346頁。
③ 鍾志輝《李林甫與盛唐文士關係考辨》,《文藝研究》2018年第4期。
④ 程千帆《一個醒的和八個醉的》,《被開拓的詩世界》,上海古籍出版社,1990年,第134頁。

長安後不久,杜甫寫下了著名的《飲中八仙歌》,對賀知章、汝陽王李璡、李白、李適之、蘇晉、崔宗之、張旭、焦遂這八位或狂或狷的飲者作了客觀的歷史記錄,此詩也被視作杜甫詩歌現實主義的開篇。而現實中的權力遊戲與政治陰影已經波及他所相識或知聞的人。

對左相李適之的迫害是李林甫使用極端手段大規模清除异己事件中的一樁。在《飲中八仙歌》中罷相的李適之似乎只是一位失意的飲者,但歷史真相要殘酷得多。《舊唐書·李適之傳》載:"隴右節度皇甫惟明、刑部尚書韋堅、户部尚書裴寬、京兆尹韓朝宗,悉與適之善,林甫皆中傷之,構成其罪,相繼放逐。適之懼不自安,求爲散職。五載,罷知政事,守太子少保。遽命親故歡會,賦詩曰:'避賢初罷相,樂聖且銜杯。爲問門前客,今朝幾個來?'竟坐與韋堅等相善,貶宜春太守。後御史羅希奭奉使殺韋堅、盧幼臨、裴敦復、李邕等於貶所,州縣且聞希奭到,無不惶駭。希奭過宜春郡,適之聞其來,仰藥而死。"①李適之從罷相到貶謫再到驚悸自殺,前後不過數月,是天寶間由李林甫黨爭所引發的政治生態惡化的直接反映。杜甫的友人房琯撰《李適之墓志》云:"從此大獄連起,誣枉相繼,三五年內,人不聊生。'人之云亡,邦國殄瘁',其是之謂乎!"②

李邕,這位性格豪侈、才學富贍的長者對青年杜甫極爲賞識,"李邕求識面,王翰願卜鄰"(《奉贈韋左丞丈二十韵》)。天寶六載(747)春,李邕陷入李林甫針對太子李亨的陰謀,慘遭杖殺,這一事件無疑也給杜甫帶來了巨大的震撼。然而,當李邕負謗而死時,曾受其知遇的杜甫却保持沉默。這自然不是杜甫對長者李邕之死無所感觸,而是他已經意識到唐代上層政治集團之間鬥爭的血腥與殘酷,因此緘默不言。直到十六年後的唐代宗廣德元年(763),杜甫繞在《八哀歌》中,为李邕寫下沉痛悲慨的悼詞:"終悲洛陽獄,事近小臣敝。禍階初負謗,易力何深嚌。""坡陀青州血,蕪没汶陽瘞。"(《贈秘書監李公邕》)

王忠嗣之下獄并死於貶所,其背後的原因更加複雜,主要有三點:

一、王忠嗣對石堡戰爭的消極態度引起玄宗的不滿。開元、天寶之際,唐王朝國力達到鼎盛,對外戰爭多次取得勝利,這助長了唐玄宗以及許多人的虛驕之氣。但作爲長期在邊地指揮戰爭的主帥,王忠嗣對於戰爭的認識要比時人更加深刻與清醒。他認爲軍隊的任務在於安邊,如果輕率地對外族發動戰爭,對於唐帝國與百姓并無益處,因而主張持重安邊的策略。《舊唐書·王忠嗣傳》載:"忠嗣少以勇敢自負,及居節將,以持重安邊爲務。嘗謂人云:'國家升平之時,爲將者在撫其衆而已,吾不欲疲中國之力,以徼功名耳。'"③因此,當玄宗向其詢問進攻被吐蕃占據的石堡城的方略時,王忠嗣的奏對是:"石堡

---

① 《舊唐書》卷九九,第3102頁。
② 房琯《李適之墓志》,全名《唐故光禄大夫行宜春郡太守渭源縣開國公李府君墓志銘》,2004年11月出土於河南省洛陽市龍門鎮,拓片圖版見趙君平、趙文成編《河洛墓刻拾零》,北京圖書館出版社,2007年,第406頁。釋文參牛紅廣《唐李適之墓志疏證》,《洛陽師範學報》2009年第4期。
③ 《舊唐書》卷一〇三,第3199頁。

險固,吐蕃舉國而守之。若頓兵堅城之下,必死者數萬,然後事可圖也。臣恐所得不如所失,請休兵秣馬,觀釁而取之,計之上者。"①即不贊成用士卒的生命換取石堡,而是想等待合適的時機再行攻取。這引起了玄宗的不滿。天寶六載(747),董延光用兵石堡失敗,歸咎於王忠嗣支援不力,遂下王忠嗣於三法司推訊。

二、王忠嗣卷入了太子李亨集團與宰相李林甫集團的政治鬥爭。唐玄宗晚年昏庸,因相信寵妃武惠妃讒言而於開元二十五年(737)廢黜太子李瑛,同時殺其兄弟三人。但太子之位并未落入李林甫所支持的惠妃子壽王李瑁之手,而是由忠王李亨繼任。李林甫集團與李亨集團之間出現了不可調和的矛盾,因此李林甫千方百計加以謀害李亨。他先後興起大獄,剪除了太子妃兄韋堅以及曾任東宮僚屬的皇甫惟明。而王忠嗣手握重兵,且與李亨集團關係密切。開元二年(714),王忠嗣之父王海濱與吐蕃戰死,作爲孤兒的王忠嗣便由玄宗收養宮中,"養於禁中累年,肅宗在忠邸與之游處","每隨諸王問安否,獨與肅宗同臥起。至尊以子育,儲后以兄事"(《王忠嗣碑》)。因此,王忠嗣天然被視爲太子一黨而成爲李林甫集團必除而後快的目標。天寶六載,李林甫令曾任朔州刺史的魏林上告王忠嗣自言:"早與忠王同養宮中,我欲尊奉太子。"②雖然玄宗未信其言,但并未消除其對王忠嗣的不信任,將其貶爲漢陽刺史。事見《舊唐書·李林甫傳》。

三、王忠嗣與平盧節度使安禄山的軍事集團的矛盾。天寶四載(745),王忠嗣於邊境築城以禦外寇,安禄山包藏禍心,想趁機修築河東節度使與平盧節度使之間的飛狐塞要道,以扣留王忠嗣的兵員,并爲將來的起兵謀反做準備。但王忠嗣謀略深沉,洞察先機,敏銳地發覺了安禄山的野心,密疏玄宗加以防備。但玄宗彼時正對安禄山信任有加,王忠嗣的警告不但未達效果,反而引起安禄山集團的忌恨。此事《舊唐書》王忠嗣本傳未載,《新唐書》《資治通鑒》均據《王忠嗣碑》增入。

綜上所述,王忠嗣的悲劇由多重因素導致,他入獄後雖經其部將哥舒翰極力營救而獲免,但其政治與軍事生涯已告終結。天寶六載(747),王忠嗣被貶爲漢陽刺史,七載徙河東郡刺史,八載暴卒。"嚴警當寒夜,前軍落大星",一代名將,驟然殞落。王忠嗣之死,可謂大唐帝國自損長城。七年之後,安史之亂爆發,唐王朝從此中衰,誠如元載所嘆:"涸我横海鱗,年終四十五。羯胡得力并雲朔,荐禍幽燕。縱鳴鏑於兩都,投大艱於區宇。悲夫!"(《王忠嗣碑》)

對於王忠嗣之死,除杜甫這三首詩外,時人絶無挽作,主要原因即是懾於李林甫的威焰。《新唐書·李林甫傳》載:"林甫善刺上意,時帝春秋高,聽斷稍怠,厭繩檢,重接對大臣,及得林甫,任之不疑。林甫……性陰密,忍誅

---

① 《舊唐書》卷一〇三,第3199—3200頁。
② 《舊唐書》卷一〇三,第3200頁。

殺,不見喜怒。面柔令,初若可親,既崖阱深阻,卒不可得也。公卿不由其門而進,必被罪徙;附離者,雖小人且爲引重。同時相若九齡、李適之皆遭逐;至楊慎矜、張瑄、盧幼臨、柳升等緣坐數百人,并相繼誅。以王鉷、吉温、羅希奭爲爪牙,數興大獄,衣冠爲累息。適之子霅嘗盛具召賓客,畏林甫,乃終日無一人往者。"李林甫爲了專權,對不親附於已的官員進行了大規模的清洗,製造嚴酷恐怖的政治氣氛。王忠嗣之得罪貶死,幕後黑手主要是李林甫集團。在這種情況下,出於自我保護的原因,杜甫只能在詩題中隱去王氏姓名,單書"故武衛將軍"。

還要指出的是,從天寶五載(746)到十四載(755)十年間,杜甫困守長安,艱於一仕,"朝扣富兒門,暮隨肥馬塵。"在此過程中,他不得不違心地做些干謁之舉,這也是不必爲賢者諱的。即使李林甫這樣的大奸巨慝,杜甫也與其間接地有些聯繫。據孫微考證,天寶九載(750),處士崔昌獻"以土代火"説進行政治投機,其背後是李林甫、楊國忠兩大集團的政治博弈,而杜甫與崔昌有親戚關係,此時獻《三大禮賦》表明其與李林甫集團的政治立場具有一致性①。杜甫并非聖人,在"奉儒守官"家學傳統以及長期困守長安的現實處境的影響下也不免於熱衷仕途,希圖獲得入仕之階。但作爲一位個性正直、情感豐富的偉大詩人,他對王忠嗣的无辜貶死又深表同情與悲憫,因而寫下這三首挽詩来表達他對這位大唐名將的欽仰與哀悼。

對於杜詩學而言,杜甫天寶後期詩歌中關於戰爭的觀念,在某種程度上可能受到了王忠嗣的潛在影響。如作於天寶十載(751)左右的《前出塞》其六中的"殺人亦有限,列國自有疆。苟能制侵陵,豈在多殺傷",《兵車行》中的"邊庭流血成海水,武皇開邊意未已。君不聞漢家山東二百州,千村萬落生荆杞。縱有健婦把鋤犁,禾生隴畝無東西"。以往的研究皆從儒家思想的角度來闡釋其中的義戰思想乃至反戰思想,現在確定故武衛將軍爲王忠嗣之後,杜甫關於戰爭的思想就有了新的來源。因爲這兩首詩皆作於《故武衛將軍挽詞》之後不久,其中反對唐玄宗發動無意義戰爭與王忠嗣反對進攻石堡一脈相承。另外,杜甫在安史之亂爆發後所作《塞蘆子》一詩中所呈現的戰略眼光,也就不僅只是文人的紙上談兵了。領會這一點,對於全面理解杜甫的思想尤其重要。

四　結論

綜上所論,通過將石刻文獻與歷史文獻以及杜詩文本進行對讀,我認爲杜甫《故武衛將軍挽詞》是爲唐代名將王忠嗣而作。其寫作時間在天寶八載(749),具體作於五月九日李林甫奉停折衝府上下魚書之後。杜甫在詩題中不書王忠嗣之名,是杜詩詩題人物書名的特例,其故意隱去王忠嗣之名,主要原

---

① 參孫微《"以土代火"與"四星聚尾":杜甫獻〈三大禮賦〉的政治文化背景及相關問題考述》,《文史哲》2020年第3期。

因是迫於天寶年間唐代上層政治集團之間因殘酷鬥争而形成的險惡政治環境。同時,這三首詩也體現了杜甫的良知與勇氣,他以詩爲史,通過隱諱的春秋筆法書寫了一代名將王忠嗣的雄才大略、赫赫戰功與悲劇命運。在這個意義上,這首詩也可以視爲杜詩"詩史"的開端,因而具有重大的意義。

(作者單位:南京大學文學院)

洛陽十五年[*]
——司馬光詩歌裏的退居生活及其他

林 岩

熙寧四年(1071),無疑是司馬光人生中的一個轉折點。當年四月十九日,經他一再請求下,朝廷下達了判西京留司御史臺的任命,從此他淡出政治生活的公共舞臺,開始了在西京洛陽的退居生活。此後,迄於元豐八年(1085)五月二十七日,因神宗皇帝去世,朝廷局勢發生變化,他纔重返政治生活的中心,出任宰相一職,但一年半後,他即因病去世[①]。

從五十三歲到六十七歲,司馬光在洛陽整整居住了十五年。對他這一時期的隱退生活,人們儘管熟知他一直在編撰《資治通鑒》,但其他方面却不甚留意,或所知不多。然而,如果細讀他此一時期的詩歌,可相當清晰地還原出他日常生活的諸多細節,包括交游、宴飲以及心態。與此同時,我們也可一窺他身邊那些洛陽名流的生活情態[②]。

當然,更爲重要的是,在洛陽這個號稱"縉紳之淵藪"的地方,還聚集着一批熙寧變法的反對派官僚,而司馬光與他們過從甚密[③]。透過司馬光的詩歌,恰可呈現出這些持有异議的在野官僚,如何通過各種形式的交往,緊密地維繫在一起,同時又依憑西京獨特的人文底藴,構建出了一種特有的生活方式,甚至可以説,創造出了一種"退居文化"。

---

[*] 本文之完成,得到北京大學人文社會科學研究院之大力支持。

[①] 〔清〕顧棟高《司馬溫公年譜》,第167—213頁,見馮惠民點校《司馬光年譜》,中華書局,2006年。

[②] 就筆者聞見所及,采取與本文同樣角度,從退居生活的角度來考察司馬光文學活動的相關研究,僅有日本學者中尾健一郎的著作。〔日〕中尾健一郎《古都洛阳と唐宋文人》第九章《司馬光の洛陽退居生活とその文学活動》,汲古書院,2012年,第247—277頁。但本文所討論的問題,與中尾氏的論述有較大差异。

[③] 關於北宋時期居洛士大夫與朝堂政局之關係,比較系統而價值的研究成果,可參看肖紅兵《居洛士宦與北宋神哲朝政》,上海師範大學碩士學位論文,2011年。另可參看木田知生《北宋時代の洛陽と士人達——開封との對立のなかで—》,《东洋史研究》第38卷第1號,1979年,第51—85頁。此文較早涉及王安石變法中開封與洛陽對立的問題,至今仍具參考意義。

一　不合作的官僚——作爲"退居士大夫"的司馬光

司馬光之所以主動退出政治生活的舞臺,乃是他爲了表示堅決反對王安石的新法舉措,從而采取了不合作態度。早在熙寧三年(1070)二月,他就連上六七道奏章,堅決辭去了樞密副使一職,以此表示他拒加入執政團隊,與王安石共事①。同年八、九月間,他又兩次當面向神宗提出,請求到許州出任地方官,或到西京擔任閑職②。但隨後不久,他却被委任出知永興軍。

在知永興軍任上,他的兩位好友范鎮、吕誨先後主動退出官場,這顯然觸動了他,從而堅定了他退出政治生活的決心。熙寧三年十月,身爲翰林學士的范鎮因爲反對王安石的新法主張,連續上了四五道奏章,請求致仕,王安石爲此大怒,竟然取消了范鎮作爲退休官員應當享有的一般優待③。緊隨其後,同年十二月,因爲反對王安石變法,已經從御史中丞任上出任地方官的吕誨,再次乞任提舉崇福宫的閑職,然後又在熙寧四年五月,自請致仕④。這兩人爲司馬光的同僚和摯友,他們的這種決絶行爲,無疑影响到司馬光,促使他做出自己的選擇。

於是,熙寧四年二月,司馬光拒了朝廷將他調任許州的新任命,同時藉此機會向朝廷遞交奏章,請求到西京留司御史臺擔任閑職。在奏章中,他列舉了一連串反對王安石變法的人物,如吕誨、范純仁、程顥、蘇軾、孔文仲、范鎮等人,和他們相類比,以此來證明自己已不適合再繼續擔任官職。終於,在他的堅持之下,得到了判西京留司御史臺的任命⑤,從此開始了他十五年的居洛生活。

司馬光這一主動退出政治生活的舉動,顯然不是一次孤立的個人行爲,而是代表了一種普遍性的潮流,或者説一批士大夫的主動選擇。因爲,在司馬光之後,又有不少重量級的人物陸續退出了政治生活,或自請致仕,或乞任閑職。例如:曾任參知政事的歐陽修,於熙寧四年六月自請致仕⑥;曾任宰相的富弼,於熙寧四年九月請求回西京養疾,隨後於次年三月,自請致仕⑦;既是王安石的好友,同時與司馬光關係密切的翰林侍讀學士吕公著,也於熙寧五年(1072)八月乞任閑職,提舉崇福宫⑧。由此可見,在王安石執意推行新法的過程中,

---

① 孔凡禮點校《蘇軾文集》卷一六《司馬温公行狀》,中華書局,1996年,第487頁。
② 〔宋〕李燾《續資治通鑒長編》(以下簡稱《長編》)卷二一四"熙寧三年八月乙丑"條,中華書局,2004年,第5201頁;《長編》卷二一五"熙寧三年九月庚戌"條,第5243頁。
③ 《長編》卷二一六"熙寧三年十月己卯"條,第5263—5265頁。〔宋〕司馬光《范景仁傳》,載李文澤、雷紹暉校點《司馬光集》卷六七,四川大學出版社,2010年,第1388—1389頁。
④ 《長編》卷二一八"熙寧三年十二月辛酉"條,第5294頁;《長編》卷二二三"熙寧四年五月丙戌"條,第5416頁。《司馬光集》卷七七《右諫議大夫吕府君墓志銘》,第1570—1571頁。
⑤ 《長編》卷二二○"熙寧四年二月辛酉"條,第5339—5341頁。〔宋〕邵伯温《邵氏聞見録》卷一一,中華書局,1997年,第113—114頁。
⑥ 《長編》卷二二四"熙寧四年六月甲子"條,第5449頁。
⑦ 《長編》卷二二六"熙寧四年九月戊戌"條,第5514頁;《長編》卷二三一"熙寧五年三月丁酉"條,第5614頁。
⑧ 《長編》卷二三七"熙寧五年八月己卯"條,第5758頁。

相當一批頗具聲望的官僚士大夫採取了不合作的態度,他們以退出政治舞臺的方式,表明了自己的政治立場。儘管這樣的做法,被一些士人認爲并不可取,如邵雍就并不支持①。

針對此種現象,當時已有官員向神宗明確進言,希望能夠引起注意。如身爲御史中丞的楊繪,在歐陽修自請致仕後,曾進言説:

> 今舊臣告歸或屏於外者,悉未老。范鎮年六十三,吕誨五十八,歐陽修六十五而致仕,富弼六十八被劾引疾,司馬光、王陶皆五十而求閑散,陛下可不思其故耶?②

但是這樣的提醒,一心依賴王安石的神宗似乎并不接受。

司馬光居洛十五年,一直是擔任閑職,這確保他有一份穩定的俸祿,可以安心從事《資治通鑒》的編撰工作。至於他的任職情況,可用蘇軾的一句話來概括:"凡居洛十五年,再任留司御史臺,四任提舉崇福宮。"③具體而言,大體如表1所示:

表1 司馬光居洛時期官職一覽表

時　間	官　　職	出　處
熙寧四年	四月癸酉,詔許判西京留司御史臺。	《長編》卷二二〇
熙寧八年	閏四月丁酉,詔任提舉崇福宮。	《長編》卷二六三
元豐三年	三月戊子,詔許再任提舉崇福宮。	《長編》卷三〇三
元豐五年	九月乙未,從西京留守文彦博之請,詔許再任提舉崇福宮。	《長編》卷三二九
元豐八年	三月庚申,四任提舉崇福宮,已滿期。	《長編》卷三五三
	四月丁丑,詔知陳州。	《長編》卷三五四
	五月戊午,詔録門下侍郎。	《長編》卷三五六

然而必須指出,司馬光兩任留司御史臺、四任提舉崇福宮,這是宋代針對重要官員退出政治生活之後的一種制度性安排。官員擔任這些職位并不需要負責具體的事務,而主要是享受其待遇。對此,宋人有較明確的記述,如葉夢得説:"兩京留臺皆有公宇,亦榜曰御史臺。舊爲前執政重臣休老養疾之地,故例不事事。"④又如徐度説:"本朝三京,唯置御史臺、國子監。執政、侍從官迭居之,職事甚簡。御史臺則行香拜表日押班,國子監則出納錢糧而已。"⑤顯然,西京洛陽的御史臺、國子監主要是用於安置重要官員的閑職。至於宫觀提舉這一類職務,更是神宗時代,王安石用來安置反對派官僚的一種制度設計。

---

① 〔宋〕邵伯温《邵氏聞見録》卷二〇,第220頁。
② 《長編》卷二二四"熙寧四年六月甲子"條,第5449頁。
③ 《蘇軾文集》卷一六《司馬温公行狀》,第488頁。
④ 〔宋〕葉夢得《石林燕語》卷四,中華書局,1997年,第52頁。
⑤ 〔宋〕徐度《却掃編》卷上,見《全宋筆記》第三編第10册,大象出版社,2018年,第129頁。

對此,徐度也有明確的説明:

> 在外州府宫觀,舊惟西京崇福宫、南京鴻慶宫、舒州靈仙觀、鳳翔府上清太平宫、兖州仙源縣景靈宫、太極觀,皆有提舉管勾官。熙寧初,始詔杭州洞霄宫、永康軍丈人觀、亳州明道宫、華州雲臺觀、建州武夷觀、台州崇道觀、成都府玉局觀、建昌軍仙都觀、江州太平觀、洪州玉隆觀、五岳廟、太原府興安王廟皆置。又增判三京留司御史臺、國子監員,蓋以優士大夫之老疾不任職者,而王荆公亦欲以置異議之人也。①

在神宗時代,面對大批頗具聲望的官僚士大夫的反對,王安石有意識地通過一些制度安排來安頓自己的這些政治對手。而這種優待政敵的方式,恰好確保了那些昔日的重要官員在退出政治生活之後,也有一種相對穩定、安逸的生活。這種制度設計,對於宋代退居士大夫的出現,具有十分重要的意義。

至於這些昔日官僚隱退之後的生活狀態以及社會身份,如果要尋找一個合適的名詞來做界定,本文擬用"退居"一詞。在司馬光去世之後,蘇軾先後爲他撰寫了行狀與神道碑,文中在描述司馬光隱退之後的生活狀態時,常用的就是"退居"一詞。他在《司馬温公行狀》中説:

> 退居於洛,往來陝郊,陝、洛間皆化其德,師其學,法其儉。②

他又在《司馬温公神道碑》中兩次提及説:

> 當時士大夫不附安石,言新法不便者,皆倚公爲重。帝以公爲樞密副使,公以言不行,不受命。乃以爲端明殿學士,出知永興軍,遂以留司御史臺及提舉崇福宫,退居於洛十有五年。③

> 方其退居於洛,眇然如顔子之在陋巷,纍然如屈原之在陂澤,其與民相忘也久矣,而名震天下如雷霆,如河漢,如家至而日見之。④

此外,司馬光居洛時期,與之有過經常性接觸的邵雍之子邵伯温,也使用"退居"一詞來描述司馬光隱退之後的生活。他在《邵氏聞見録》中兩次提及:"方公退居於洛也,齊物我,一窮通,若將終身焉。""司馬温公自與王荆公論不合,不拜樞密副使,退居西洛,負天下重望十五年矣。"⑤又如曾從學於司馬光的劉安世,也使用"退居"一詞來描述自己老師隱退之後的生活。據馬永卿引述他的話説:"先生曰:老先生退居洛日,無三日不見之。"⑥

不僅與司馬光有直接交往的人物都共同使用"退居"一詞,來描述司馬光隱退之後的生活,而且可資印證的是,與司馬光大體同時退出官場的人們也經

---

① 〔宋〕徐度《却掃編》卷下,第166—167頁。
② 《蘇軾文集》卷一六《司馬温公行狀》,第491頁。
③ 《蘇軾文集》卷一七《司馬温公神道碑》,第514頁。
④ 《蘇軾文集》卷一七《司馬温公神道碑》,第512頁。
⑤ 〔宋〕邵伯温《邵氏聞見録》卷一一,第117、118頁。
⑥ 〔宋〕馬永卿《元城語録解》卷中,《景印文淵閣四庫全書》第863册,第372頁。

常使用"退居"一詞來指稱隱退生活。如司馬光本人給范鎮所寫的傳記中說："景仁既退居，有園第在京師，專以讀書賦詩自娱。客至無貴賤，皆野服見之，不復報謝。"①又如范純仁爲富弼所作的行狀中說他："退居西都十餘年，深居罕出。"②至於歐陽修，不僅描述自己的致仕生活爲"退居"，別人也同樣使用這個詞來描述指稱。如歐陽修在致仕之後，寫給韓琦的詩歌題目是：《退居述懷寄北京韓侍中二首》③，而且他在《六一詩話序》中也說："居士退居汝陰，而集以資閒談也。"④又如他的長子歐陽發所撰《先公事迹》中說："公雖退居於家，士論猶望以爲輕重。"⑤又如蘇轍描述歐陽修致仕之後的生活，也使用"退居"一詞："熙寧中，歐公退居潁上，轍往見之，閒言及此。"⑥

不憚繁瑣地舉出這些例證，意在說明：在北宋時期，對於這些退出官場的昔日官僚，人們似乎一般都使用"退居"一詞來描述其隱退之後的生活。當然，這裏也包含了兩種情形：一種是已經致仕的官員，他們徹底退出了官場；而另一種，則是擔任閒職的官員，他們似乎被當時人視爲近乎退出官場。因此，這兩類人物的隱退生活，都毫無區別地被稱爲"退居"。正是有鑒於此，我覺得這類退出政治生活舞臺的昔日官僚，如果稱之爲"退居(型)士大夫"，或許是一個合理的命名⑦。

二　詩歌裏的交游錄——司馬光居洛時期的人際網絡

司馬光居洛十五年，在這個號稱"縉紳之淵藪"的地方，他與周圍的士大夫形成了相當廣泛的交往。作爲當時文人社交的一種慣例，詩歌唱酬成爲表達彼此情誼的常用方式，因而保留下來的詩歌，在某種意義上也就具有了交游錄的性質。司馬光居洛時期所寫的詩歌就體現了這一點。恰巧這些詩歌(主要是律詩)基本是按照編年的方式被保存在別集中，從而也就爲考察司馬在居洛期間的人際網絡提供了許多極有價值的綫索。

經過反復研讀，本文傾向於將這些作品按照唱酬對象之身份、地域之不同，分成三種類型，藉以呈現司馬光居洛時期三個不同層面的社會交往。兹分析如下：

(一) 留司官員

西京洛陽作爲北宋的一座陪都，除了常規的官衙設置外，還有一些象徵性

---

① 《司馬光集》卷六七《范景仁傳》，第1389頁。
② 〔宋〕范純仁《范忠宣集》卷一七《富弼行狀》，《景印文淵閣四庫全書》第1104册，第728頁。
③ 洪本健《歐陽修詩文集校箋·外集》卷七，上海古籍出版社，2014年，第1514頁。
④ 〔宋〕歐陽修《六一詩話》，《歷代詩話》本，中華書局，1992年，第264頁。
⑤ 〔宋〕歐陽發《先公事迹》，見李逸安校點《歐陽修全集》附錄二，中華書局，2001年，第2640頁。
⑥ 〔宋〕蘇轍《龍川別志》卷下，中華書局，1997年，第91頁。
⑦ 按："退居型士大夫"是筆者近年嘗試提出的一個概念，用於界定那些退出官場的宋代官僚士大夫的社會身份，以及指稱其生活狀態。最初的提出，是源於陸游晚年詩歌的研究，後來逐漸上溯至北宋。相關論文，參見《晚年陸游的鄉居身份與自我意識——兼及南宋"退居型士大夫"的提出》，《華南師範大學學報》2016年第1期；《一個北宋退居士大夫的日常化寫作——以蘇轍晚年詩歌爲中心》，《華東師範大學學報》2017年第6期。

的官僚機構,用於安置朝中的重要官員,讓他們來這裏擔任閑職①。如西京留守司(同時兼任知河南府)、留司御史臺、西京國子監之類的機構皆具有此種性質。根據司馬光的詩歌,他與幾任西京留守(同時兼知河南府),如王拱辰、王陶、文彥博、韓絳都有着相當密切的交往②,并且他也與西京留司御史臺的鮮于侁、范純仁兩人交往十分頻繁。

表2　司馬光居洛時期交往之主要官員

人　物	官職任免	出　處
王拱辰,字君貺 (1012—1085)	熙寧四年,移河陽。	安燾《王拱辰墓志銘》,收入郭茂育、劉繼保編《宋代墓志輯釋》,第308—309頁
	熙寧五年,再留守西京。	
	熙寧八年,召還京城,兼中太一宮使。	
	元豐元年,公思歸洛,乞蒞閑局。始除檢校太尉,充宣徽南院使、西太一宮使。	
	元豐三年,再除留守北京。	
王陶,字樂道 (1020—1080)	大約元豐二年,知河南府。	《長編》卷三〇八
	元豐三年九月乙酉,移知汝州。	
文彥博, 字寬夫, 封潞國公 (1006—1097)	元豐三年九月丙戌,判河南府。	申利《文彥博年譜》,鄭州大學碩士學位論文,2006年
	元豐四年,洛人於資聖殿爲公建生祠,名"竚瞻堂"。	
	元豐五年正月,爲洛陽耆英會。	
	元豐六年十一月甲寅,致仕。	
	元豐七年二月五日,入觀神宗。	
范純仁,字堯夫 (1027—1101)	元豐四年,提舉西京留司御史臺。	江卉《范純仁行年考》,《湖北科技學院學報》2012年第11期
	元豐七年五月,權知河中府。	
鮮于侁,字子駿 (1018—1087)	元豐四年四月,罷主管西京御史臺。	《長編》卷三一二;《宋史》卷三四四《鮮于侁傳》
	元豐八年十一月,起用爲京東轉運使。	《長編》卷三六一
韓絳,字子華 (1012—1088)	元豐六年十一月乙卯,知河南府。	《長編》卷三四一
	元豐八年八月己巳,判大名府兼北京留守。	《長編》卷三五九

依據表2,結合司馬光居洛時期的詩歌,值得注意有以下幾點:

---

① 關於西京洛陽的官衙設置,可參看肖紅兵《居洛士宦與北宋神哲朝政》附表三《北宋時期洛陽官職(機構)設置情况表》。

② 按:從熙寧八年到元豐二年之間,知河南府的官員先後有:馮京、賈昌衡、蘇寀、吕公孺。但在司馬光的現存詩歌中,并無與這些人的唱和之作。參看肖紅兵《居洛士宦與北宋神哲朝政》附表四《北宋神哲時期西京河南府守臣任職情况表》。

1. 因爲這些官員在西京洛陽擔任閑職一段時間之後,往往又會出任他職,所以司馬光與他們的詩歌交往,都呈現出明顯的階段性,這在其現存詩歌的編排中體現得十分明顯。如他在洛陽的早期,與王拱辰的詩歌唱和較多,而到後期,則與范純仁、鮮于侁、韓絳的唱酬數量大增。

2. 司馬光交往的這些留司官員,基本上都是反對王安石變法的舊党官僚,正是他們對新法持堅決的反對態度,纔會到西京擔任閑職。但是因爲他們在政壇具有相當的聲望,所以不久又能得到起用。較爲特殊的是韓絳,他本是王安石新法的支持者,但是因爲後來與王安石發生矛盾,所以纔請求外任,一度在西京擔任閑職。但是,他顯然與司馬光有着較好的私人關係,據史傳説,他"好延接士大夫,數薦司馬光可用"①。由此可見,司馬光與新黨人物之間,也并不是涇渭分明,最主要的分歧點可能還是政見不同。

3. 元豐三年,文彥博到西京任職,顯然是一個重要的時間節點。他不僅在西京留司任上三年,致仕後又居住在洛陽,加之他地位崇高,又樂於交游,所以他在很大程度上成了洛陽士大夫的領袖,許多聚會活動都圍繞他發起、組織。接任他的韓絳,也喜歡宴游,配合着文彥博組織了許多集會活動。湊巧的是,鮮于侁、范純仁也先後到西京任職,他們與司馬光同屬舊黨,關係密切。正是這些與司馬光關係親密的人物聚集到了洛陽,故較之以往,司馬光在元豐三年之後參與了更多的宴游、集會活動,司馬光居洛後期的詩歌集中體現了這一點。

除了司馬光本人的詩歌,在范純仁現存的詩歌中,還有許多與司馬光同題共作、或者相互次韻的作品,這不僅可以勾勒出他們參與一同聚會的情形,而且也反映出他與司馬光之間的深厚情誼。與此同時,他們詩歌中反復出現的那些人物,恰可説明司馬光、范純仁、韓絳、鮮于侁、文彥博等人之間確實形成了一個相對緊密的交游圈子(參看表3)。

表3 司馬光與范純仁居洛時期之唱和②

時 間	司馬光	范純仁	形 式
元豐六年	卷一四《奉和大夫同年張兄會南園詩》	卷二《和張伯常會君實南園》	同題
	卷一四《和潞公真率會詩》	卷四《和文太師真率會》	同題
	卷一四《三月二十五日安之以詩二見招作真率會》	卷四《以府會阻赴王安之招集次安之韵二首》	同題
	卷一四《三月三十日微雨》	卷二《和君實微雨書懷韵》	次韵

---

① 脱脱等撰《宋史》卷三一五《韓絳傳》,中華書局,1990年,第10304頁。
② 按:本文所引用司馬光詩,均依據李文澤、雷紹暉校點《司馬光集》,四川大學出版社,2010年,以下不再注明;范純仁詩,依據《全宋詩》第11册卷六二一至六二五所收錄,北京大學出版社,1998年。又,李之亮《司馬温公集編年箋注》(巴蜀書社,2009年)雖然對於司馬光的詩歌做了編年,但與筆者依據詩中重要人物仕宦時間作出的詩歌繫年存在出入,所以本文并未采用李之亮的編年成果。

續表

時間	司馬光	范純仁	形式
元豐六年	卷一四《安之令子河陽官舍作蛙樂軒,安之有詩寄題,輒敢繼和》	卷一《王安之朝議蛙樂軒》	同題
	卷一四《和安之喜雨》	卷二《和安之喜雨》	同題
	卷一四《酬安之謝光兄弟見過》	卷二《和安之謝伯康君實見訪》	同題
	卷一四《酬王安之聞罷真率會》	卷二《酬王安之罷赴真率會》	同題
	卷一四《和潞公伏日燕府園示座客》	卷二《和文潞公席上》	同題
元豐七年	卷一五《和子華游君貺園》	卷四《和韓子華相公同游王君貺園二首》	同題
	卷五《南園飲罷留宿》	卷一《君實南園飲罷留宿二首》	次韻
	卷一五《和子駿約游一二園亭看花,遇雨而止》	卷二《子駿君實約游園遇雨而止》	次韻
	卷一五《又即事二首上呈》	卷四《和君實雨中即事二首》	
	卷一五《明日雨止,復招子駿堯夫游南園》	卷四《君實約游南園雨止》	
	卷一五《和子華應天院行香歸過洛川》	卷四《子華相公應天院行香歸洛川》	同題
	卷一五《寒食游南園獨飲》	卷四《和君實南園獨酌三首》	次韻
	卷一五《陪子華燕醮廳,酒半過趙令園》	卷二《子華相公同游趙令園》	同題
	卷一五《和子華喜潞公入覲歸》	卷四《和文潞公歸洛賞花》	同題
	卷一五《陪致政開府太師、留守相公、致政内翰燕集》	卷二《和君實陪潞公子華景仁宴集各一首》	次韻
	卷一五《伏蒙留守相公賜示陪太師潞公東田宴集詩,輒敢屬和》	卷四《和子華陪文潞公宴東田》	同題
	卷一五《效趙學士體成口號十章獻開府太師》	卷四《效宮體上文太師十》	同題
	卷五《和景仁緱氏別後見寄》	卷一《次韻景仁寄君實決樂議之作》	同題
	卷五《招子駿堯夫》	卷一《和子駿》	次韻
	卷五《病中子駿見招,不往》	卷一《和君實病中子駿招不至》	次韻
	卷五《和子駿秋意》	卷一《秋意》	次韻
	卷一五《送堯夫知河中府二首》		
	卷一五《和堯夫見寄》	卷二《寄君實》	次韻

一個具體的例子是:元豐七年(1084)二月,文彥博進京覲見神宗皇帝,歸來之後,韓絳等人爲之慶賀。元豐六年十一月十三日,已經七十八歲高齡的文

彥博告老致仕。次年正月四日，他呈遞奏章請求向神宗當面告別，獲得同意。於是，二月五日，他進京覲見了神宗皇帝。爲了表示恩寵，神宗皇帝一直挽留他到清明之後，臨行之前還舉行了歡送宴會，并賜給御詩①。對於當時的官員來說，這無疑是一件極其榮耀的事情。在文彥博返回洛陽之後，作爲西京留守的韓絳舉行了歡迎宴會，由於正值初春，同時也進行了賞花活動。在宴會中，大概韓絳先寫了詩歌，儘管已經亡佚，但我們却看到了文彥博的次韵答謝之作：

> 洛表蘺皋穀雨天，歸來景物尚鮮妍。喜隨使斾尋花圃，急趁賓簪赴綺筵。
>
> 酒撥嫩醅傾綠液，曲調新譜促朱弦。玉堂仙客應潛笑，强作風情學少年。
>
> ——《文彥博集校注》卷六《留守相公康國寵召同賞花歡飲兼示雅章次韵》

與此同時，司馬光也寫了次韵之作：

> 介圭成禮下中天，春物雖闌色尚妍。園吏望塵皆闢户，肩輿回步即開筵。
>
> 波濤凌亂靴旁錦，風雨縱橫撥底弦。洛邑衣冠陪後乘，尋花載酒願年年。
>
> ——《司馬光集》卷一五《和子華喜潞公入覲歸，置酒，游諸園賞牡丹》

同樣，范純仁也有同題次韵之作：

> 公從帝所享鈞天，歸及三春景物妍。洛鯉烹鮮隨玉饌，姚黄開晚待瓊筵。
>
> 身同五福居周分，心似南風助舜弦。花木只堪供暫賞，直須嵩少伴長年。
>
> ——《全宋詩》卷六二四《和文潞公歸洛賞花》

大概的唱酬情形是：韓絳首倡，文彥博次韵和作，司馬光、范純仁隨後加入唱和之列。如果仔細對勘司馬光、文彥博、范純仁現存的詩歌，就會發現，這種同題次韵的詩歌唱和形式往往是一再出現，幾乎成爲了這個交游圈子的寫作慣例。

（二）本地名流

除留司官員外，洛陽本地還有不少退休官員，以及相當數量的士人，他們中間的一部分與司馬光頗有交往；而且相較於留司官員的流動性，他們因久居於此，而與司馬光保持了更爲持久的友誼。根據司馬光現存的詩歌，可以大體梳理出他與之交往的洛陽本地士大夫（參看表4）。

---

① 參看申利《文彥博年譜》，鄭州大學碩士學位論文，2006年。

表 4　司馬光居洛時期與本地名流交往一覽表

人　物	社會身份	唱酬詩歌
王尚恭，字安之	致仕官員；耆英會成員；真率會成員	卷五：《酬安之謝藥栽二章》《雨中過王安之所居，不謁，以詩寄之》《送藥栽與安之》 卷一三：《和王少卿十日與留臺、國子監、崇福宮諸官赴王尹賞菊之會》《野軒》《汗亭》《藥軒》《晚暉亭》 卷一四：《和安之久雨》《和王安之題獨樂園》《和安之今春於鄭國相公及光處得綴珠蓮一本》《三月二十五日安之以詩二見招作真率會》《四月十三日立夏呈安之》《安之令子河陽官舍作蛙樂軒，安之有詩寄題，輒敢繼和》《和安之喜雨》 卷一五：《酬安之謝光兄弟見過》《酬安之聞罷真率會》《安之朝議哀辭二首》
楚建中，字正叔	提舉崇福宮；耆英會成員；真率會成員	卷五：《病中子駿見招，不往，兼呈正叔堯夫》 卷一四：《南園雨霽，景物粗佳，有懷正叔安之》 卷一五：《聞正叔與客過趙園歡飲，戲成小詩》
王慎言，字不疑	致仕官員；耆英會成員；真率會成員	卷一四：《二十八會不疑家席上紀實》
席汝言，字君從	致仕官員；耆英會成員；真率會成員	卷一五：《席君從於洛城種金橘》
趙丙，字南正	致仕官員；耆英會成員	卷五：《酬趙少卿藥園見贈》
劉幾，字伯壽	致仕官員；耆英會成員	卷五：《暮春同劉伯壽史誠之飲宋叔達園》《用前韻再呈》 卷一四：《和劉伯壽陪潞公禊飲》
史誠之		卷一三：《和史誠之謝送張明叔梅臺三種梅花》
任　遽		卷四：《寶鑒貽開叔》 卷一二：《和任開叔觀福嚴院舊題名》 卷一三：《又和開叔》
宋選，字子才	致仕官員	卷一二：《送稻醴與子才》《和宋子才致仕後歲旦見贈》 卷一三：《戲書宋子才止足堂》
宋迪，字復古	此二人爲兄弟，皆卜居洛陽，宋迪爲司馬光之鄰居。	卷五：《和復古大雨》 卷一三：《和鄰守宋度支來卜居，與南園爲鄰》 卷一四：《和復古小園書事》《復古詩首句云獨步復靜坐，輒繼二章》《又成二章》《閑居呈復古》《次韵和復古春日五句》
宋道，字叔達	宋道爲真率會成員。	卷五：《暮春同劉伯壽史誠之飲宋叔達園》 卷一四：《酬宋叔達卜居洛城見寄》
張景昱，字明叔	此二人爲兄弟，皆本地秀才。	卷四：《張明叔兄弟雨中見過弄水軒投壺賭酒，薄暮而散，詰朝以詩謝之》 卷一三：《還張景昱、景昌秀才兄弟詩卷》《酬張二十五秀才南園遣意》 卷一四：《喜雨八韻呈明叔》《和明叔九日》《和明叔游白龍溪》
張景昌，字子京		卷一三：《酬張三十秀才見贈》

根據表4,我們應當注意以下幾點:

1. 與司馬光有詩歌唱酬的本地士大夫,主要是一些已經致仕的退休官員,他們有些是元豐五年文彥博所組織的"耆英會"的成員①,有些則是司馬光自己組織的"真率會"的成員。也就是説,通過會社的方式,司馬光與洛陽本地的退休官員建立了某種親密的關係。

2. 相較之於司馬光與留司官員的頻繁唱和,司馬光與這些本地退休官員之間,較少進行詩歌唱和。除了王尚恭,司馬光與其他人的唱和詩歌相當稀少。尤其考慮到這些退休官員定居在洛陽,與司馬光長期相處的機會甚多,而且也曾多次聚會,這種情形就顯得尤爲奇怪。可以做出的推測:一是這些退休官員大多年事已高,多在七十歲以上,可能對於詩歌寫作這類文藝創作已經缺乏了興趣;二是這些退休官員除定期參加聚會之外,平時可能與司馬光并没有太多的私人交往。如果推測成立,那麽司馬光與這些本地退休官員的交往,更多是出於一種禮儀上的尊重,而他所組織的"真率會",也主要是出於娱樂、敬老之目的。反之,他與留司官員的交往,也許更多一些政治上相互援引的考慮。

3. 單從詩歌唱酬的層面來看,司馬光似乎很少與本地士人進行交往。但實際上,司馬光居洛時期,也經常進行講學活動②,還有邵伯温、劉安世這樣的年輕後輩相從問學,所以他與洛陽本地士人之間并不缺少交往,只是不與後進士人進行詩歌唱和罷了。從另外一個方面來説,司馬光居洛期間,在年輕的本地後輩士人面前,他主要是一個嚴肅的學者形象,而只有在與自己地位、年歲相當的人面前,他纔會選擇詩歌唱酬的方式進行交流,這一定程度上反映了代際差異如何影響交往方式。

在司馬光與洛陽本地士人的交往中,邵雍(1011—1077)是一個特殊的例外。雖然邵雍不過是一介布衣之士,却獲得了司馬光高度的尊敬。司馬光不僅與邵雍有着頻繁的詩歌唱酬,而且還時常贈送他禮物③,體現出一種特殊的關懷;并且兩人在詩歌裏所表露出來情感,也是隨意中帶着一種戲謔的味道,顯得與衆不同。

邵雍并非洛陽本地人,只是早年在洛陽做過家庭教師,因爲喜歡洛陽的風土人情,纔由衛州共城遷居於此。由於他并没有足够的經濟實力,所以他在遷居洛陽時,連他的住所、田地和庭園都是由富弼、司馬光等人共同出資購置的④。但是,邵雍作爲一個布衣學者,顯然以他的學識贏得了本地士大夫的認

---

① 《司馬光集》卷六五《洛陽耆英會序》,第1354—1356頁。
② 〔宋〕馬永卿《嬾真子》卷一"司馬端明講書"條,崔文印《嬾真子校釋》,中華書局,2017年,第1頁。
③ 按:《邵雍集》卷一三有《依韵和君實端明惠酒》《謝君實端明惠山蔬八品》《謝君實端明惠牡丹》數首詩,可資印證。
④ 〔宋〕邵伯温《邵氏聞見録》卷一八,第194—196頁。

可和尊重①,比如富弼就曾多次舉薦他出仕,但是遭到了拒絶②。正因爲他有這樣的聲望,司馬光在初到洛陽的數年裏,詩歌唱酬的對象主要就是邵雍,而且兩人之間的詩歌唱酬數量也最多(參看表5)。

表5　司馬光居洛期間與邵雍詩歌唱和一覽表③

時　間	司馬光	邵　雍
熙寧四年	卷四《花庵詩寄邵堯夫》	卷八《和君實端明花庵二首》
熙寧五年	卷一二《花庵獨坐》	卷九《和君實端明花庵獨坐》
	卷一二《贈邵堯夫》	卷九《和君實端明見贈》
	卷一二《秋夜》	卷九《和秋夜》
	卷一二《平日游園常策筇杖,秋來發篋復出貂褥,二物皆景仁所貺》	卷九《和貂褥筇杖二物皆范景仁所惠》
	卷一二《雲》	卷九《和雲》
	卷一二《閑來》	卷九《和閑來》
	卷一二《花庵多牽牛,清晨始開,日出已瘁》	卷九《和花庵上牽牛花》
	卷一二《和邵堯夫秋霽登石閣》	卷九《秋日登石閣》
	卷四《游神林谷寄邵堯夫》	卷一二《答君實端明游壽安神林》
熙寧六年	卷一二《和邵堯夫年老逢春》《再和堯夫年老逢春》《又和來韵》	卷一〇《年老逢春十三首》
	卷一二《送酒與邵堯夫》	卷九《和君實端明副酒之什》
	卷一二《獨步至洛濱》	卷一〇《依韵和君實端明洛濱獨步》
	卷一二《邵堯夫許來石閣久待不至》	卷一〇《和司馬君實崇德久待不至》
	卷一二《石閣春望》	卷九《和君實端明登石閣》
	卷一二《和邵堯夫安樂窩中職事吟》	卷一〇《安樂窩中吟》
	卷一三《酬邵堯夫見示安樂窩中打乖吟》	卷九《安樂窩中好打乖吟》
熙寧七年	卷一三《看花四句》	卷一三《和君實端明洛陽看花》
	卷一三《送酒與邵堯夫因戲之》	卷一三《和君實端明送酒》
熙寧十年	卷一四《邵堯夫先生哀辭二首》	

---

①　關於邵雍與洛陽士大夫的交游情況,比較深入系統的研究,可參看邵明華《邵雍交游研究——關於北宋士人交游的個案研究》,山東大學博士學位論文,2009年。
②　〔宋〕邵伯温《邵氏聞見録》卷一八,第197—198頁。
③　按:邵雍詩,依據郭彧整理本《邵雍集》,中華書局,2011年。但必須指出的是,郭彧整理本存在不少問題。如多將邵雍的一首詩,斷句成二首;又卷九中,將數首司馬光的原作誤認爲是邵雍之作。

如果説司馬光與洛陽本地士大夫的詩歌唱酬,主要是一種娛樂性質,那麽他與邵雍的詩歌唱酬,更多地帶有一種尋求精神慰藉的意味。對於剛從政治生活中退出的司馬光來説,他急於切掉斷與官場的聯繫,努力安頓自己的内心,使之平静下來。而與官場從未有過瓜葛的邵雍,恰好就是一個安於平静生活而又自得其樂的象徵,符合了他對自己的期待。與此同時,邵雍也很好地捕捉到了司馬光的心理,做出了恰如其分的回應。兩人因此在精神層面上實現了對話和溝通。比如司馬光初到洛陽不久,寫下了《花庵獨坐》一詩:

荒園纔一畝,意足已爲多。雖不居丘壑,常如隱薜蘿。
忘機林下鳥,極目塞鴻過。爲問市朝客,紅塵深幾何。①

這首詩表達了一種遠避塵囂、深隱凡世的精神渴求,似乎是退居洛陽的一個宣告。而邵雍的和詩顯然把握到了這一點:

静坐養天和,其來所得多。耽耽同厦宇,密密引藤蘿。
忘去貴臣度,能容野客過。系時休戚重,終不道如何。②

詩的後四句,不僅點出了司馬光昔日的重臣身份,也贊賞了他當下決然拋開政治的灑脱姿態,這就很巧妙地道出了司馬光隱而未説的心曲。在另一首詩中,司馬光試圖顯示自己已經全然適應了退居的生活,擺脱了官場身份的羈絆:

拜表歸來抵寺居,解鞍縱馬罷傳呼。
紫衣金帶盡脱去,便是林間一野夫。③

官員出行時的儀仗,以及象徵品級的官服,在司馬光看來一切都不過是外在之物,當他完成了官員應扮演的角色之後,他可以立即回復到作爲一個林間野夫的本真狀態。這是一種心靈的解放。對此,邵雍給予了高度的評價:

冠蓋紛紛塞九衢,聲名相軋在前呼。
獨君都不將爲事,始信人間有丈夫。④

通過這些詩歌唱和,司馬光似乎在洛陽找到了精神上的知己。當然,邵雍也不僅僅是扮演應和者的角色,他的詩歌也同樣可以引起司馬光共鳴。如邵雍曾寫下《年老逢春十三首》,司馬光就應和了三首。其中一首次韵之作如下:

年老逢春無用驚,對花弄筆眼猶明。不嫌貧舍舊來燕,喚起醉眠何處鶯。
一僕相隨幅巾出,群童聚看小車行。人間萬事都捐去,莫遣胸中氣不平。⑤

---

① 《司馬光集》卷一二《花庵獨坐》,第377頁。
② 《邵雍集》卷九《和君實端明花庵獨坐》,第305頁。
③ 《司馬光集》卷一二《獨步至洛濱》,第388頁。
④ 《邵雍集》卷一〇《依韵和君實端明洛濱獨步》,第336頁。
⑤ 《司馬光集》卷一二《又和來韵》,第391頁。

這首詩,大有"借他人酒杯,澆自己心中塊壘"之意。

正是在與邵雍的詩歌往還中,司馬光袒露了自己的心迹,獲得了精神的慰藉,同時也學會享受退居生活的閑適。甚至可以推測,司馬光熙寧六年(1073)營建"獨樂園",或許是受到了邵雍"安樂窩"的啓發與影響。熙寧十年(1077)邵雍去世,這段交往隨之結束。

(三) 外地友朋

雖然司馬光在居洛時期,主要是與西京的留司官員、本地名流保持交往,但是他并沒有切斷與外部世界的聯繫。他與一些在外地做官的朋友,如吳中復、韓維,仍然時有詩歌的寄贈[1];與一些已經致仕的朋友,如傅堯俞,也仍然互致問候[2]。不過,相較之於與這些外地朋友偶爾的聯絡,司馬光却與定居潁昌府的范鎮(1008—1088)保持了頻繁而緊密的聯繫,表現出了非同一般的深厚友誼。在他不間斷地寫給范鎮的詩歌中即有體現(參看表6)。

表6 司馬光居洛期間與范鎮詩歌往還一覽表

時間	司馬光詩	范鎮詩	出處
熙寧四年	《和景仁題崇福宫》		卷一一
熙寧五年	《平日游園常策筇杖,秋來發篋復出貂褥,二物皆景仁所貺》		
熙寧六年	《和景仁謝寄西游行記》		卷一二
	《和景仁聞蟬》	《聞蟬》	
	《和景仁宿憩鶴寺》	《宿憩鶴寺》	
	《游噴玉潭》	《和游噴玉潭》	
	《和范景仁游噴玉潭》	《游噴玉潭》	
	《游山呈景仁》		
	《和景仁游壽安》	《游壽安》	
	《噴玉潭》	《和噴玉潭》	
	《叠石溪》	《和叠石溪》	
	《和景仁叠石溪》	《叠石溪》	
	《應天院朝拜回呈景仁》	《明日相陪送客水北始次元韵奉呈居實》	
	《和景仁卜居許下》	《鎮卜居許下雖未有涯,先作五十六言》	
	《喜雨三首呈景仁侍郎兼獻大尹宣徽》	《和喜雨三首》	

---

[1] 寄給吳中復的詩歌,見《司馬光集》卷一二《寄成都吳龍圖同年》《仲庶同年兄自成都移長安,以詩寄賀》;寄給韓維的詩歌,見《司馬光集》卷五《和秉國招景仁不至》,卷一五《和秉國寄子駿堯夫二留臺》《再和秉國約游石淙》《和秉國芙蓉五章》。

[2] 寄給傅堯俞的詩歌,載《司馬光集》卷四《枕柏寄傅欽之》、卷一一《寄題傅欽之濟源別業》。

續表

時　間	司馬光詩	范鎮詩	出　處
熙寧六年	《景仁思歸,雨未克行,以詩留之》		卷一三
	《送景仁至丁正臣園寄主人》		
	《奉和景仁西湖泛舟》	《西湖泛舟輒用前韵寄呈居實》	
	《新買叠石溪莊,再用前韵招景仁》	《奉和新買叠石溪莊》	
熙寧七年	《早春寄景仁》		
熙寧八年	《酬君貺和景仁對酒見寄三首》		
熙寧十年	《八月十六日過天街懷景仁》		卷五
	《和景仁七十一偶成》		卷一四
	《六十寄景仁》		
元豐三年①	《聞景仁遷居許昌爲詩寄之》		卷五
元豐五年	《和景仁答才元寄示花圖》		卷一四
	《或謂光嗤景仁談禪而自談,又因用前韵爲景仁解禪》		
元豐六年	《景仁書云去冬因酒病耳病牙,遂不入洛,以詩寄呈》		
	《又云新鑄斛,與今太府寺尺及權衡若合符契,復次前韵》		
元豐七年	《陪致政開府太師、留守相公、致政内翰燕集》		卷一五
	《景仁將歸穎昌,輒爲詩二十韵紀贈》		
	《和景仁緱氏別後見寄,求决樂議》		卷五
	《和秉國招景仁不至,云方作書與光論樂》		
元豐八年	《春日思景仁》		卷一五

司馬光之所以與范鎮關係如此密切,無疑是因他們在政治出處方面保持了一致的步調,同時對於彼此的品格和學識都極爲欽佩。蘇軾對此有過一段評論:

  軾幸得游二公間,知其平生爲詳,蓋其用捨大節,皆不謀而同。如仁宗時,論立皇嗣,英宗時,論濮安懿王稱號,神宗時,論新法。其言若出一人,相先後如左右手。故君實常謂人曰:"吾與景仁兄弟也,但姓不同耳。"②

---

① 按:范鎮遷居穎昌時間,據陳小青《范鎮年譜》,《古籍研究》2015年第1期。
② 《蘇軾文集》卷一四《范景仁墓志銘》,第435頁。

司馬光將自己和范鎮視爲异姓兄弟,這確乎可以見出兩人之間牢不可破的友誼。熙寧三年十月,范鎮因爲反對王安石變法,自請致仕,數年之後,又從京城遷居到潁昌府,而潁昌府和洛陽相距不遠,這樣更在空間距離上提供了交往、聯絡的便利。正是因爲政治立場、出處的步調一致,以及地理上的便利條件,在司馬光居洛的十五年裏,他與范鎮保持了不間斷的詩歌往還,而且范鎮也至少兩度到洛陽來探望司馬光。司馬光的詩歌,正好提供了一個不錯的案例,來展示分處异地的退居士大夫如何進行交往。

首先,大約在熙寧六年初春的時候,范鎮曾到洛中與司馬光見面,司馬光陪他一同游覽了壽安縣的噴玉潭、叠石溪,司馬光的集子中保留了范鎮的唱和之作,可見兩人相處甚歡。如范鎮在游壽安時,曾作詩云:

> 錦屏山下錦江人,西去東來自在身。
> 正是春天好時節,枉遭風起作埃塵。

而司馬光的次韵之作是:

> 宜陽城下作游人,都爲衣冠不系身。
> 衆竅怒號成地籟,也勝終日在紅塵。①

有意思的是,范鎮回去之後,將此次游歷過程寫成《西游行記》,然後又寄贈給了司馬光②。另外,據邵伯溫記述,司馬光還曾陪同范鎮一同游覽嵩山、龍門等地的名勝古迹,同時也留下諸多詩作:

> 曾同范景仁過轘城,抵登封,憩峻極下院,登嵩頂,入崇福宮會善寺,由轘轅道至龍門,游廣愛、奉先諸寺,上華嚴閣、千佛岩,尋高公堂,渡潛溪,入廣化寺,觀唐郭汾陽鐵像,涉伊水至香山皇龕,憩石樓,臨八節灘,過白公影堂。凡所經從多有詩什,自作序曰《游山録》,士大夫争傳之。③

司馬光將兩人的此次共同游歷以及唱和之作,整理成《游山録》,恰好與范鎮的《西游行記》,先後呼應,説明兩人都很珍視在一起度過的時光。

其次,司馬光曾經邀約范鎮定居洛陽,范鎮一度答應,但後來却選擇定居許昌,這成爲兩人交往中的一段有趣的插曲。范鎮在選擇定居許昌之前,曾寫詩寄贈給久居此地的韓氏兄弟,而司馬光在次韵之作中毫不掩飾地表達了自己的不滿:

> 壯齒相約知歲寒,索居今日鬢俱斑。拂衣已解虞卿印,築室何須謝傅山。
> 許下田園雖有素,洛中花卉足供閑。它年决意歸何處,便見交情厚

---

① 《司馬光集》卷一二《和景仁游壽安》,同時附録范鎮《游壽安》,第396頁。
② 《司馬光集》卷一二《和范景仁謝寄西游行記》,第388頁。
③ 〔宋〕邵伯温《邵氏聞見録》卷一一,第117頁。

薄間。①

他在詩中不客氣地表示，雖然許昌這個地方可能適合置辦田産，但洛陽城的花卉也同樣值得觀賞，兩地難分優劣，范鎮最終選擇在哪里定居，就完全看他對自己感情的深淺了。他不僅在詩中發牢騷，甚至還在詩題之下加了一個自注："景仁見許居洛，今而倍之，故詩中頗致其怨。"他的失望之情於此可見。

特别有意思的是，司馬光後來又做了一次争取，他在兩人一同游覽過的叠石溪這個地方購置了田産之後，再次向范鎮發出了邀約，請他也來此地相隨作伴。他沿用前詩的韻脚，寫下了《新買叠石溪莊，再用前韻招景仁》一詩：

  一溪清水珮聲寒，兩岸莓苔錦綉斑。三徑誰來卜鄰舍，千峰我已作家山。

  鹿裘藜杖偏宜老，紫陌紅塵不稱閑。早挈琴書遠相就，放歌爛醉白雲間。②

范鎮也隨之寫了和詩：

  畫處始知蛇足剩，管中那識豹紋斑。從來有道須康世，未省升平却住山。

  學富名高難自晦，眼昏心悸始能閑。計君叠石溪邊景，不得從容歲月間。③

  （按："眼昏心悸"一句，自注：此句鎮自謂。）

范鎮的和詩頗具深意。他表示自己與司馬光不同，自己是因健康原因退居。但司馬光作爲學富名高、有大才幹的人物，在這個升平時代，理應出來爲國效力，怎麽能去隱居山林呢？而且他還預言，司馬光即使想隱居也做不到，要不了多久，他還要出來做官。顯然，范鎮對於當時政治形勢的判斷頗爲準確，後來果然被他言中。儘管范鎮没有定居洛陽，但并没有影響兩人的友誼，在范鎮元豐三年（1080）正式遷居到許昌的時候，司馬光還寄去詩歌表示了祝賀④。

再次，在司馬光、范鎮分别定居洛、許的歲月裏，他們還一直圍繞古代樂律的問題進行着學術上的争論，但直到最後，兩人也没有達成共識，誰也無法説服對方。北宋皇祐年間，因爲仁宗試圖恢復雅樂，從而引發了人們關於古代樂律的討論，不同學者都提出了各自的主張⑤。從那時起，范鎮與司馬光就各執一詞，争論不休。范鎮退居之後，不僅繼續撰寫樂論著述，而且還自行仿造了周䰗漢斛（古代的量器），試圖驗證自己觀點的正確。元豐六年初春，司馬光的

---

  ① 《司馬光集》卷一二《和景仁卜居許下》，第400頁。
  ② 《司馬光集》卷一三《新買叠石溪莊再用前韵招景仁》，第407頁。
  ③ 范鎮《奉和新買叠石溪莊》，見《司馬光集》卷一三，第408頁。
  ④ 《司馬光集》卷五《聞景仁遷居許昌爲詩寄之》，第136頁。
  ⑤ 范鎮《東齋記事》卷二，中華書局，1997年，第15—17頁。

兩首詩歌,就涉及了此事①。其一題爲《景仁書云去冬因酒病耳病牙,遂不入洛,以詩寄呈》:

  許昌携手盡時英,況復新開甲第成。醉裏都將春作達,老來不向酒藏情。
  齒疏無廢銜杯趣,耳病猶分度曲聲。舊友昔游渾忘却,可憐寂寞洛陽城。

詩中言及范鎮在許昌的交游,新建的宅第,牙齒不好但仍常飲酒,耳朵雖出了問題,也不妨礙分辨樂音。詩末略微帶有點調侃地説,只是他似乎把在洛陽的老朋友給淡忘了。另一首詩則題爲《又云新鑄黼斛,與今太府寺尺及權衡若合符契,復次前韵》:

  裁筩累黍久研精,況復新修黼斛成。豈校忽微争口語,本期淳古變人情。
  既言樂律符今尺,但恐簫韶似鄭聲。若欲世人俱信服,鳳凰再集潁川城。②

不同於前一首的輕鬆幽默,這首詩則顯得嚴肅認真。在詩中司馬光表示,雖然范鎮一直在精研古代樂律的問題,最近又仿造了古代的量器周黼和漢斛,但可能仍然無法恢復古代樂律的本來面貌,而且他認爲這幾乎是不可能實現的目標——除非有鳳凰聚集許昌的事情發生,人們纔會信服范鎮的觀點。言下之意,他認爲范鎮仿造周黼、漢斛簡直是白費工夫。

  可資印證的是,同一時期,范鎮與司馬光之間,還進行了頻繁的書信往來,討論的内容與詩歌所述幾乎如出一轍③。在現存的寫於元豐六年的四封信中,司馬光提到:"且云鑄周黼漢斛已成,欲令光至潁昌就觀之。"④這是范鎮邀請司馬光赴潁昌觀賞他新近仿造的古代量器。又言及:"至於景仁,去冬爲酒所困,發於耳,發於牙,是亦過中之所爲也。"⑤這即是詩中提及的范鎮因酒病牙病耳之事。由此可見,詩歌與書信幾乎是寫於同一時間。但在書信中,司馬光談論最多的,就是他不相信今人可以恢復古代樂律的原貌,他認爲范鎮仿造周黼、漢斛,"恐役心勞力,費銅炭而已"⑥。既然無法恢復古代樂律的原貌,司馬光提出,我們應該做的只能是去把握古代禮樂的精神,也即他所説的"中和論"。他説:"至於中和爲養生作樂之本,此皆見於經傳,非取諸光之胸臆,不可

---

  ① 按:這兩首詩之所以繫年於元豐六年初春,是因爲緊接其後,有數首詩言及三月二十六日舉行真率會之事,而其中一首詩,司馬光自言六十五歲,據此可斷定爲元豐六年。
  ② 按:兩首詩俱見《司馬光集》卷一四,第454頁。
  ③ 參看《司馬光集》卷六二《答范景仁論養生及樂書》《與范景仁書》《答范景仁書》,卷六三《范景仁書》。從其與詩歌内容的關聯來看,應該都寫於元豐六年。
  ④ 《司馬光集》卷六二《答景仁論養生及樂書》,第1288頁。
  ⑤ 《司馬光集》卷六二《與范景仁書》,第1293頁。
  ⑥ 《司馬光集》卷六二《答景仁論養生及樂書》,第1291頁。

忽也。"①他在這幾封書信中,都一再發揮自己的"中和論",勸告范鎮放棄恢復古代樂律的嘗試,轉而秉持"中和"精神,學會養生。而且,他還建議范鎮到洛陽走一趟,當面討論這些問題,"向謂景仁必入洛,庶得相與極論養生作樂之本"②。如此頻繁的書信、詩歌往還,説明兩人在元豐六年間圍繞古代樂律進行了激烈的文字討論。

或許是司馬光的邀請被接受,次年(元豐七年)清明節過後,也就是文彥博入覲神宗皇帝,回到洛陽的時節,范鎮果真到了洛陽,而且他也參加了西京留守韓絳爲慶賀文彥博入覲歸來而舉辦的盛大宴會。文彥博、司馬光、范純仁都在詩歌中記述了此事③。大概在這次見面過程中,兩人又談論起了古代樂律問題,所以當范鎮返回許昌之後,還寄來長詩,繼續要求司馬光發表自己的見解。於是,司馬光也回贈了一首長詩,題爲《和景仁緱氏别後見寄,求决樂議,雖用其韻而不依次,蓋以景仁才力高逸,步驟羣,非駑拙所能追也》。在詩的前半部分,主要是總結了此前在書信中表達的觀點,認爲古代音律的原貌難以恢復,但在詩的後半部分,却回顧了此次范鎮來訪的過程:

> 昨者清明出,榆火始改鑽。景仁從許來,傾都咸聚觀。諸公競邀迓,非獨惜春殘。議樂不復對,畫夕且窮歡。來時桃李穠,去日芍藥闌。三旬只須臾,馳若阪上丸。輥轅逢雨别,惝恍歸騎單。東西步步遠,回首祝加餐。仍冀勉中和,心廣體自胖。④

根據詩中所述,范鎮此次來訪,在洛陽先後待了近一個月時間,受到了西京士大夫的熱情款待,兩人雖涉及了古代音律的討論,但司馬光故意避而不談,也許是知道説服不了對方。但是在詩的末尾,他却希望對方能接受自己的"中和論",作爲養生之道。儘管司馬光已經厭倦了繼續爭論下去,但范鎮似乎并没有甘休的意思,在司馬光隨後寫給韓維的一首詩中,就透露了這點。詩題爲《和秉國招景仁不至,云方作書與光論樂》:

> 小桃佳李實如拳,西湖盡眼鋪芳蓮。景仁不從鄉賢飲,爲此樂論方窮研。周衰官失疇人散,鐘律要眇誰能傳。近人欺衆出私意,最可閔笑房生顛。如光初不辨宫羽,是非得失安敢專?每煩教諭累百紙,頑如鐵石不可鐫。王李阮胡相詆毀,各執所學何妨偏。景仁家居鑄鬴斛,欲除民瘼恐未然。要須中和育萬物,始見大樂之功全。⑤

---

① 《司馬光集》卷六二《答范景仁書》,第1295頁。
② 《司馬光集》卷六二《與范景仁書》,第1294頁。
③ 〔宋〕文彥博《留守相公和提舉端明作三壽公字之詩輒繼前韻》,載申利《文彥博集校注》卷七,第429頁;司馬光《陪致政開府太師、留守相公、致政内翰燕集,輒歌盛美,爲三公壽,皆用公字爲韻》,載《司馬光集》卷一五,第474頁;范純仁《和君實陪潞公子華景仁宴集各一首》,載《全宋詩》卷六二二,第7416頁。
④ 《司馬光集》卷五《和景仁緱氏别後見寄,求决樂議》,第142頁。
⑤ 《司馬光集》卷五《和秉國招景仁不至,云方作書與光論樂》,第143頁。

秉國即韓維,當時正在許昌家居①。詩中言及,范鎮無暇賞春,却忙着寫信與自己討論古代音律。但司馬光堅持認爲,今人已經無法得知古代音律的最初面貌,那些提出各種主張的人物,如房生(庶)、王(洙)、李(照)、阮(逸)、胡(瑗)②,也都不過是一面之詞,未必正確。儘管自己不懂音律,范鎮也給自己寫了很多書信來説服自己,但是自己始終無法接受。最後他説,雖然范鎮仿造了周鬴、漢斛,但是毫無用處,只有掌握了"中和"精神,纔能真正體會到音樂的功用。差不多同時,司馬光還給范鎮寫了一封信,信中説:兩人之間討論古代音律,前後有近三十年的時間,但都無法説服對方,再爭論下去,只會是陳詞濫調。自己所堅持的,仍是要掌握先王之樂的"中和"精神。所以,他打算終止討論。信的末尾説:"光之言止於此,自今景仁更以《樂論》相示,光亦不敢對也。"③大概從此以後,兩人就没有再繼續爭論古代音律的問題了。

最後,兩人之間還有過一段佳話,體現了彼此之間的深厚情誼,那就是他們相約生前互爲對方寫傳記,而後死者爲先死者作墓志銘。蘇軾説:"二公既約更相爲傳,而後死者則志其墓。"即指此事④。司馬光最先實踐了這一諾言,在范鎮自請致仕之後,曾寫了一篇《范鎮傳》,對其爲人進行了高度評價⑤。當元豐七年初春,范鎮即將離開洛陽的時候,在臨別的贈行詩中,司馬光提及了這一約定。詩中説:

> 久別眉俱白,重來眼更青。淹留弦與晦,游集醉還醒。有酒須相就,無歌不共聽。奇花喧夕市,疊鼓咽春亭。揚袂行辭洛,回車去望陘。往還天表雁,離合浪間萍。异日期同傳(自注:景仁嘗言:"他日與光若得在國史,必同傳"),窮泉約互銘。(自注:光與景仁約,後死者當爲先死者作墓銘)古今難得事,交分保頹齡。⑥

詩中叙述了在洛陽相聚的快樂時光,然後感慨分別的無奈。也許意識到了彼此年事已高,都會有離開人世的一天,所以他們約定後死者爲先死者撰寫墓志銘。兩年後,當司馬光去世之時,范鎮果然踐約撰寫了《司馬文正公光墓志銘》,在文中他動情地説道:"鎮與公出處交游,四十餘年如一日。"又説:"且約鎮,生而互爲之傳,後死者當作銘。公則爲鎮傳矣,鎮未及爲而公薨。嗚呼,鎮老矣,不意爲公銘也!"⑦毫無疑問,司馬光一生最好的朋友就是范鎮,而在各自退居的日子,他們的友情變得愈加深厚。

---

① 參看邵梅《韓絳韓維事迹著作編年》,杭州師範大學碩士學位論文,2011年。
② 各家論樂的不同觀點,參看范鎮《東齋記事》卷二,第15—16頁。
③ 《司馬光集》卷六三《答景仁書》,第1304—1305頁。
④ 《蘇軾文集》卷一四《范景仁墓志銘》,第435頁。
⑤ 《司馬光集》卷七六《范鎮傳》,第1385—1390頁。
⑥ 《司馬光集》卷一五《景仁將歸潁昌,輒爲詩二十韵紀贈》,第475頁。
⑦ 〔宋〕范鎮《司馬文正公光墓志銘》,見《司馬光集》附録一,第1826頁。

三 接續風雅——洛陽名流的賞花、游園與集會

洛陽是唐朝的東都,到了宋代,就變成了西京。它距離東京開封不過四百二十里的路程,沿途設了六座驛站,如騎乘驛馬,大約一天一夜就可到達京城①。從元豐四年(1081)之後,由於開通了水路,也可以從洛陽直接乘船抵達京城②。除了交通的便利,洛陽從唐代開始就是達官貴人的定居之地,雖然幾經戰火,到了宋初,經過重建,仍然是一座具有獨特魅力的城市③。

西京洛陽之所以獨特,是因爲它在三個方面得天獨厚:一是北宋政府的許多高級官僚,退休之後,都會選擇在這裏定居終老,因而成爲士大夫的聚集之地;二是這裏擁有衆多別致的私家園林,爲人們的消閒游覽提供了去處;三是洛陽的牡丹號稱天下第一,養成了遍及士庶的賞花習俗。正是這些獨特之處,使得退居洛陽的司馬光,在十五年的時光裏,得以與身邊的士大夫過從甚密,一同賞花、游園,舉行經常性的集會,從而享有了一段美好的生活體驗,這些同時也反映在了他的詩歌裏。

洛陽號稱士大夫彙聚之地,在宋人那裏似乎已經成爲一個共識,如曾在西京做官的歐陽修就説:"洛陽,天子之西都,距京師不數驛,縉紳仕宦雜然而處,其亦珠玉之淵海歟!"④連司馬光自己本人也説:"西都,搢紳之淵藪,賢而有文者肩隨踵接。"⑤在熙寧、元豐年間,更有一批從政治生活中退出的有聲望的士大夫聚集到了洛陽。據當時人邵伯溫的記述説:

> 熙寧中,洛陽以道德爲朝廷尊禮者大臣曰富韓公,侍從曰司馬温公、吕申公,士大夫位卿監以清德早退者十餘人,好學樂善有行義者幾二十人。⑥

透過司馬光的交游網絡看,當時居洛士大夫中,既有富弼、文彦博、吕公著這些原先在朝廷在身居高位的重臣,同時也有在留司擔任閑職的官員,如王拱辰、王陶、范純仁、鮮于侁、韓絳等,另外還有已經致仕退休的官員,如王尚恭、楚建中、劉幾等人。正是這些人構成了司馬光身邊的士大夫群體,也可以稱之爲洛陽的名流。

伴隨着士大夫群體在洛陽的聚集,私家園林的營建似乎也成爲一時的流

---

① 洪本健《歐陽修詩文集校箋·外集》卷二二《洛陽牡丹記·風俗記第三》,上海古籍出版社,2014年,第1900頁。北宋東西兩京之間的交通路綫,參看王文楚《北宋東西兩京驛路考》,《中華文史論叢》2008年第4期。
② 〔宋〕邵伯溫《邵氏聞見録》卷一〇,第104頁。
③ 關於北宋洛陽的概括性論述,可參看程民生《宋代洛陽的特點與魅力》,《河南大學學報》1994年第5期;周寶珠《北宋時期的西京洛陽》,《史學月刊》2001年第4期。
④ 洪本健《歐陽修詩文集校箋》卷一四《送梅聖俞歸河陽序》,第1715頁。
⑤ 《司馬光集》卷六六《竽瞻堂記》,第1379頁。
⑥ 〔宋〕邵伯溫《邵氏聞見録》卷一九,第210頁。

行風氣,從而使得西京的園林享有了很高的知名度①。洛陽本地的士人邵博(邵雍之孫)就宣稱:"洛陽名公卿園林,爲天下第一。"②而蘇轍在熙寧七年(1074)爲洛陽一座私家園林所撰寫的文章中,則對其盛況做了更爲細緻的描述:

>   洛陽古帝都,其人習於漢唐衣冠之遺俗,居家治園池,築臺榭,植草木,以爲歲時游觀之好。其山川風氣,清明盛麗,居之可樂。平川廣衍,東西數百里,嵩高少室,天壇王屋,岡巒靡迤,四顧可挹,伊、洛、瀍、澗,流出平地。故其山林之勝,泉流之潔,雖其閭閻之人與王侯共之。一畝之宮,上矚青山,下聽流水,奇花修竹,布列左右,而其貴家巨室園囿亭觀之盛,實甲天下。③

在蘇轍看來,歷史的遺風以及洛陽特有的地理條件,促成了洛陽私家園林的興盛。更爲著名的則是李格非撰寫於北宋末年的《洛陽名園記》,裏面記錄了當時他所見到的十九處園林,其中大部分都屬私人所有。根據他的細緻描述,可以略窺北宋洛陽私家園林的盛況④。在司馬光居洛的十五年裏,他也游覽了許多私家園林,有一些就見載於李格非的《洛陽名園記》(參看表7)。

表 7　司馬光詩歌裏的洛陽私家園林⑤

園　林	主　人	司馬光詩歌	《洛陽名園記》
水北園	楊希元	卷五《題太原通判楊郎中新買水北園》	
宋叔達園	宋　道	卷五《暮春同劉伯壽史誠之飲宋叔達園》	
平泉莊	李　靖	卷一一《游李衛公平泉莊》	
劉氏園		卷一二《游瀍上劉氏園》	
李太傅園		卷一二《題致仕李太傅園亭》	
丁正臣園	丁正臣	卷一二《送景仁至丁正臣園寄主人》	
董氏東園		卷一二《又和董氏東園檜屏石床》	董氏東園
楚諫議園	楚建中	卷一三《和潞公游天章楚諫議園宅》	
潞公東莊	文彦博	卷一三《和君貺題潞公東莊》	東田
任少師園	任　布	卷一三《和君貺任少師園賞梅》	

---

① 關於北宋洛陽私家園林,極其專業的研究成果,可參看賈珺《北宋洛陽私家園林考錄》,《中國建築史論彙刊》2014 年第 2 期;賈珺《北宋洛陽洛陽私家園林綜論》,《中國建築史論彙刊》2015 年第 1 期。
② 〔宋〕邵博《邵氏聞見後錄》卷二四,中華書局,1997 年,第 191 頁。
③ 〔宋〕蘇轍《欒城集》卷二四《洛陽李氏園池詩記》,見陳宏天、高秀芳點校《蘇轍集》,中華書局,1990 年,第 412 頁。
④ 李格非《洛陽名園記》,見邵博《邵氏聞見後錄》卷二四、二五,第 192—202 頁。
⑤ 部分園林的歸屬問題,參考賈珺《北宋洛陽私家園林考錄》,《中國建築史論彙刊》2014 年第 2 期。

續表

園　林	主　人	司馬光詩歌	《洛陽名園記》
環　溪	王拱辰	卷一四《君貺環溪》	環溪
		卷一五《和子華游君貺園》	
吳氏園		卷一五《又和游吳氏園》	松島
趙令園	趙　普	卷一五《又和游趙中令園》	趙韓王園
		卷一五《聞正叔與客過趙園歡飲，戲成小詩》	
		卷一五《陪子華燕醮廳，酒半過趙令園》	
		卷一五《和留守相公九月八日與潞公宴趙令園》	
獨樂園	司馬光	卷六六《獨樂園記》	獨樂園

通過司馬光游覽過的這些私家園林，可以想見，在當時的洛陽士大夫群體中，擁有一處自己的私家園林，已然成爲了普遍風氣。洛陽城裏遍布園林，以至於司馬光在詩歌中說："洛陽名園不勝紀，門巷相連如櫛齒。"① 例如，司馬光詩歌中提及的環溪，就是一處著名的私家園林，爲王拱辰所有。司馬光曾專門寫了一首詩來描述它：

　　地勝風埃外，門深花竹間。波光冷於玉，溪勢曲如環。
　　榮路回翔厭，華軒嘯詠閑。堪羞謝太傅，不復到東山。②

在另外一首涉及"環溪"的詩歌中，他還特意在詩中自注說："太尉公引水繞園，可以泛舟，名曰環溪。"③ 這不僅解釋了"環溪"的得名，也可看出這座園林面積之廣闊，竟然可以在裏面泛舟。如果參照李格非對於"環溪"的記述，更可看出這座園林的氣勢不凡：

　　環溪，王開府宅園。其潔華亭者南臨池，池左右翼而北，過涼榭，復匯爲大池，周回如環，故云。榭南有多景樓，以南望，則嵩高、少室、龍門、大谷，層峰翠巘，畢效奇於前；榭北有風月臺，以北望，則隋唐宮闕樓臺，千門萬户，岧嶤璀璨，亘十餘里；凡左太沖十年極力而賦者，可一目而盡也。又西有錦廳秀野臺，園中樹松檜花木千株，皆品別種列。除其中爲島嶼，上可張樂，各時其盛而賞之。涼榭、錦廳，其下可坐數百人，宏大壯麗，洛中無逾者。④

不止是王拱辰的私家園林如此繁麗，富弼、文彦博等退休的朝廷重臣也都擁有占地面積甚廣，同時又經過精心設計的園林，這足以説明居洛士大夫，尤其是

---

① 《司馬光集》卷五《題太原通判楊郎中新買水北園》，第 121 頁。
② 《司馬光集》卷一四《君貺環溪》，第 445 頁。
③ 《司馬光集》卷一五《和子華游君貺園》，第 467 頁。
④ 〔宋〕邵博《邵氏聞見後録》卷二四，第 193—194 頁。

那些致仕的退休官員們,大多過着相當安逸、舒適的生活。

如果説私家園林還只是屬於上層階級的奢侈享受,那麽洛陽城裏還有一種跨越了等級界限,風靡於不同階層的共同嗜好,那就是對於牡丹的狂熱喜愛。對於牡丹的喜愛,甚至到了不稱其名,而直接呼之爲"花"的地步,也即不將其他品種的花卉,如桃、李之類視爲真正的花①。尤其是到了牡丹盛開的時節,幾乎傾城出游賞花,成爲了洛陽城裏的一大盛事,時人對此多有記述。歐陽修就曾説:

> 洛陽之俗,大抵好花。春時,城中無貴賤,皆插花,雖負擔者亦然。花開時,士庶競爲游遨,往往於古寺廢宅有池臺處爲市井,張幄帟,笙歌之聲相聞。最盛於月陂堤、張家園、棠棣坊、長壽寺東街與郭令宅,至花落乃罷。②

他天聖、明道年間曾在洛陽做過官,所描繪的是司馬光至洛陽時四十餘年之前的盛況。而在司馬光居洛時期,洛陽本地士人邵伯温的記述最爲可信:

> 歲正月梅已花,二月桃李雜花盛開,三月牡丹開。於花盛處作園圃,四方伎藝畢集,都人士女載酒爭出,擇園亭勝地,上下池臺間引滿歌呼,不復問其主人。抵暮游花市,以筠籠賣花,雖貧者亦戴花飲酒相樂,故王平甫(安國)詩曰:"風暄翠幕春沽酒,露濕筠籠夜賣花。"③

邵伯温是邵雍的兒子,又從司馬光問學,有過長時間接觸的機會,他筆下的這種賞花盛況,應該也就是司馬光所能看到的景象。

通過與洛陽名流的交往,同時也受到這種牡丹觀賞風氣的薰染,在洛陽居住了兩三年之後,司馬光似乎已經完全融入了這種全新的生活中來。大約在熙寧七年,他曾寫一下組詩,題爲《看花四句》,來描寫洛陽城裏人們這種似醉如狂的賞花風氣:

> 洛陽相望盡名園,墻外花勝墻裏看。
> 手摘青梅供按酒,何須一一具杯盤。
>
> 洛陽相識盡名流,騎馬游勝下馬游。
> 乘興東西無不到,但逢青眼即淹留。
>
> 洛陽春日最繁華,紅綠陰中十萬家。
> 誰道群花如錦綉,人將錦綉學群花。④

這三首詩生動地描繪了洛陽城裏賞花時節的景象:在春光爛漫時節,西京城裏

---

① 〔宋〕歐陽修著,洪本健校箋《歐陽修詩文集校箋·外集》卷二二《洛陽牡丹記·花品序第一》,第1891頁。
② 〔宋〕歐陽修著,洪本健校箋《歐陽修詩文集校箋·外集》卷二二《洛陽牡丹記·風俗記第三》,第1900頁。
③ 〔宋〕邵伯温《邵氏聞見録》卷一七,第186頁。
④ 《司馬光集》卷一三《看花四句》,第425—426頁。

擠滿了熙熙攘攘的人群,他們到處游覽,體驗着賞花的樂趣。此後,每逢牡丹盛開的時節,他便常作賞花的詩歌。而且,他對於牡丹的觀賞似乎也變得更加内行,如他有詩云:

> 洛陽牡丹天下最,西南土沃得春多。
> 一城奇品推安國,四面名園接月波。①

詩中不僅肯定洛陽牡丹是天下之最,而且特別指出洛陽城的西南方向,這裏的土壤最適合牡丹的生長。進而他又指出,安國寺的牡丹有着最值得觀賞的品種,而月波堤(歐陽修也曾提及)的四周,則有很多著名的園林值得游覽。他的另外一首詩歌,則透露出了更多的消息,此詩題爲《其日雨中聞姚黄開,戲成詩二章,呈子駿堯夫》:

> 穀雨後來花更濃(自注:洛人謂穀雨爲牡丹厄,今年穀雨後名花始開),前時已是玉玲瓏(自注:前時與堯夫游西街,得新出白千葉花以呈潞公,潞公名之曰玉玲瓏)。客來更説姚黄髮,只在街西相第東(自注:園夫張八家在富相宅東)。
> 小雨留春春未歸,好花雖有恐行稀。勸君披取魚蓑去,走看姚黄判濕衣。②

這一天是元豐六年三月三十日③,剛好下起了雨,但聽説"姚黄"——牡丹中最珍貴的品種——開放了,於是他趕緊催促自己的兩位好友范純仁、鮮于侁冒雨前往觀賞,而且還特意交待了絶佳的觀賞地點,在富弼宅第東邊的名叫張八的園户家裏。更有意思的是,他還在詩中自注説,三天前他和范純仁一起去西街賞花④,發現了一種新的牡丹品種——白千葉牡丹,於是將它獻給文彦博,結果被文彦博賜予"玉玲瓏"這樣的美名。同時,他也順便解釋了,在穀雨時節,牡丹的開放往往會受到嚴重的影響,這是只有賞花愛好者纔會關注的氣象知識。一首短短的詩歌中,附注了如此多與賞花有關的消息,足以説明,他們都是十足的牡丹觀賞愛好者。

元豐三年(1080)九月,對於洛陽的士大夫來説,是一個重要的時間節點,因爲在這個月,文彦博到洛陽任西京留守。文彦博一到洛陽,就以他的聲望和熱情,組織了一系列退休官員的集會,從而推動了洛陽士大夫集會的頻繁舉行。可以説,因爲他的存在,從此西京的名流集會變得熱鬧起來。

那年九月,文彦博剛一到洛陽就任,就召集范鎮、張宗益、張問、史炤,組織了"五老會"⑤;接着於元豐五年(1082)正月,他又召集洛陽城裏年滿七十以上

---

① 《司馬光集》卷一三《又和安國寺及諸園賞牡丹》,第427頁。
② 《司馬光集》卷一四《其日雨中聞姚黄開,戲成詩二章,呈子駿堯夫》,第459頁。
③ 按:此詩前一首詩題爲《三月三十日微雨,偶成詩二十四韵書懷,獻留守開府太尉,兼呈真率諸公》,又之前幾首詩言及元豐六年三月舉行真率會一事,故能據此斷定準確時間。
④ 《司馬光集》卷一四《二十七日邀子駿堯夫賞西街諸花》,第457頁。
⑤ 申利《文彦博集校注》卷七《五老會詩》,第412頁。

的退休官員,如富弼、文彥博、王尚恭、楚建中等十人,再加上司馬光,組織了"耆英會"①。然後,他又於元豐六年,召集和自己同年出生,都已年滿78歲的致仕官員,有二程之父程珦、司馬光之兄司馬旦及席汝言,組織了"同甲會"②。也就是在這一年的年末,他向朝廷請求致仕,此後一直定居洛陽。簡言之,在西京留守的任上,文彥博組織了三次以洛陽退休官員爲主的集會。

召集年老退休官員在一起舉行不同名目的集會,并不是文彥博的創舉,在他之前也有過類似的活動,而且在整個宋代更是形成了一種風氣③。但是,毫無疑問地,在元豐年間,是文彥博將這種主題集會的方式引進到了洛陽。而且,就這種活動的形式和宗旨來說,主要是爲了接續一種洛陽本地早已有之的風雅傳統,即效仿唐代會昌五年(845)白居易在洛陽組織的"九老會"。作爲活動的參與者,司馬光曾特地撰文交待了集會的緣起:

> 昔白樂天在洛,與高年者八人游,時人慕之,爲《九老圖》傳於世。宋興,洛中諸公繼而爲之者凡再矣,皆圖形普明僧舍。普明,樂天之故第也。元豐中,文潞公留守西都,韓國富公納政在里第,自余士大夫以老自逸於洛者,於時爲多。潞公謂韓公曰:"凡所爲慕於樂天者,以其志趣高逸也,奚必數與地之襲焉?"一旦,悉集士大夫老而賢者於韓公之第,置酒相樂。賓主凡十有二人。既而圖形妙覺僧舍,時人謂之洛陽耆英會。④

當時身在洛陽的邵伯温,也對此事做了描述:

> 元豐五年,文潞公以太尉留守西都,時富韓公以司徒致仕,潞公慕唐白樂天九老會,乃集洛中卿大夫年德高者爲耆英會。……潞公以地主攜妓樂就富公宅作第一會,至富公會,送羊酒不出,餘皆次爲會。洛陽多名園古刹,有水竹林亭之勝,諸老鬚眉皓白,衣冠甚偉,每宴集,都人隨觀之。⑤

從這則記載可以看出,文彥博組織"耆英會"的目的,即是仿效白居易"九老會"的舊例,在洛陽恢復這一風雅傳統。

作爲"耆英會"成員之一的司馬光,受到這種聚會形式的啓發,隨即在元豐六年三月開始組織"真率會"⑥。其經常性成員大約有十人,可分爲兩類:一類

---

① 申利《文彥博集校注》卷七《耆老會詩》,第413頁;《司馬光集》卷六五《洛陽耆英會序》,第1354—1356頁。
② 申利《文彥博集校注》卷七《奉陪伯温中散程、伯康朝議司馬、君從大夫席於所居小園作同甲會》,第4255頁。
③ 關於宋代年老退休官員集會的研究,可參看歐陽光《宋元詩社研究叢稿》上編之《宋代怡老詩社》,廣東教育出版社,1998年;周揚波《宋代士紳結社研究》第五章《耆老會》,中華書局,2008年;中尾健一郎《古都洛陽と唐宋文人》第十一章《北宋の耆老会》,第311—352頁。
④ 《司馬光集》卷六五《洛陽耆英會序》,第1354—1356頁。
⑤ 〔宋〕邵伯温《邵氏聞見録》卷一〇,第104—105頁。
⑥ 關於北宋洛陽"真率會"研究,除歐陽光、周揚波、中尾健一郎的論著外,還可參看龐明啓《北宋元豐洛陽真率會考論》,《文學遺産》2015年第3期。

是留司官員,有范純仁、鮮于侁、祖擇之,另一類則基本是"耆英會"的老成員,如席汝言、王尚恭、楚建中、王慎言,另外兩人則是司馬光之兄司馬旦以及交往頗多的宋道。但與文彦博那種携妓樂宴飲的豪奢方式不同,"真率會"秉持的聚會原則,則是一切從簡,没有豐盛的菜肴,也没有繁縟的禮節,以一種返樸歸真的方式來實現身心的愉悅。據説還制訂了會約,共有八條:

1. 序齒不序官;2. 爲具務簡素;3. 朝夕食不過五味;4. 菜果脯醢之類,各不過三十器;5. 酒巡無算,深淺自斟,主人不勸,客亦不醉,逐巡無下酒時,作菜羹不禁;6. 召客共作一簡,客注可否於字下,不别作簡,或因事分簡者聽;7. 會日早赴,不待促;8. 違約者,每事罰一巨觥。①

從這些規定來看,無論是菜肴數量,還是邀約的形式,都是本着質樸、簡約的原則。成員之一楚建中就曾因爲擅自增加了菜肴的數量,而遭到了違約的處罰②。而行事風格迥然不同的文彦博,則被拒接納入會。據説有一次,他乾脆不請自來,携帶豐盛的菜肴强行與會,結果事後,司馬光還對人説:"吾知不合放此老入來。"③其實,文彦博曾寫詩肯定了"真率會"的操辦形式④,而司馬光在和詩中也再次闡明了"真率會"的旨趣:

洛下衣冠愛惜春,相從小飲任天真。
隨家所有自可樂,爲具更微誰笑貧。
不待珍羞方下筋,只將佳景便娱賓。
庾公此興知非淺,藜藿終難作主人。⑤

在司馬光看來,宴飲本身并不是目的,主要是讓大家能聚在一起,藉機欣賞一下春天的美景。據説同是發起者的范純仁,也寫了一首和詩,也表達了類似的觀點:

賢者規模衆所遵,屏除外飾貴全真。
盍簪既屢宜從簡,爲具雖疏不愧貧。
免事獻酬修末節,都將誠實奉嘉賓。
豈唯同志欣相照,清約猶能化後人。⑥

范純仁認爲,擯除一切繁文縟節,不追求外在的形式,不滿足口腹之欲,彼此坦誠相待,這縂是應當遵循的聚會原則,而且他相信這樣的聚會形式,對於後世也具有榜樣的作用。顯然,他更好地詮釋了"真率會"的宗旨。

---

① 〔宋〕蔡正孫《詩林廣記》,常振國、降雲點校本,中華書局,1982年,第412—413頁。
② 〔宋〕邵伯温《邵氏聞見録》卷一〇,第105頁。
③ 〔宋〕吕希哲《吕氏雜記》卷下,見《全宋筆記》第一編第10册,大象出版社,2008年,第285—286頁。
④ 申利《文彦博集校注》卷七《近聞有真率會呈提舉端明司馬》,第421—422頁。
⑤ 司馬光《司馬光集》卷一四《和潞公真率會詩》,第453頁。
⑥ 范純仁《和文太師真率會》,見《全宋詩》第11册,卷六二四,第7440頁。

雖説司馬光是"真率會"的發起人,但實際只持續了兩年,主要集中在元豐六年、七年期間,因爲到了元豐八年三月神宗去世,朝廷局勢變化,司馬光又重新被起用,投身政治生活去了。但在這兩年裏,因爲"真率會"的形式是成員之間輪流操辦,煞是熱鬧。尤其是元豐六年三月間舉行的"真率會",在司馬光詩歌裏有詳細的記述。通過這幾日不間斷的詩歌,大體可以得知:

三月二十五日,王尚恭通過詩歌的形式,向司馬光發出邀請,請他參加在自家組織的"真率會",但不巧的是,這天正趕上士兵去領取口糧的日子,無人爲司馬光抬籃輿(一種代步工具),所以他就没法去赴會。而且通過詩歌中所説:"真率由來無次第,經旬踰月不爲稀。"①可知"真率會"的舉行,有時會持續好多天,在不同的人家操辦。

爲了彌補這樣的遺憾,司馬光采用次韵詩的方式,向席汝言、王尚恭、楚建中、王慎言發出邀請,決定次日在自家南園也操辦一次"真率會"。詩中寫道:"真率春來頻宴聚,不過東里即西家。小園容易邀嘉客,饌具雖無亦有花。"②可見在春光明媚的日子,"真率會"輪流由不同成員不間斷地主持舉行。司馬光還謙遜地説,自家雖然拿不出像樣的菜肴,但幸好還可以觀賞一下自己庭園裏的花卉。

到了三月二十六日,"真率會"在司馬光的南園如期舉行,他作詩以記之,詩題爲《二十六日作真率會,伯康與君從七十八歲,安之七十七歲,正叔七十四歲,不疑七十三歲,叔達七十歲,光六十五歲,合五百一十五歲,口號成詩,用安之前韵》:

> 七人五百有餘歲,同醉花前今古稀。
> 走馬鬥雞非我事,紵衣絲髮且相暉。
>
> 經春無事連翩醉,彼此往來能幾家。
> 切莫醉斟十分酒,儘從他笑滿頭花。③

通過詩題,可以這次參會的成員有:司馬旦、席汝言、王尚恭、楚建中、王慎言、宋道,加上自己,一共是七人。主要都是原來"耆英會"的成員。緊接着,估計三月二十八日,在王慎言(字不疑)家中也舉行了"真率會",因爲司馬光在詩歌中提及在他家聚會、賞花之事④。這一系列詩歌表明,在幾天之内,就先後在王尚恭、司馬光、王慎言家中舉行了"真率會",大概正因爲秉持一切從簡的原則,纔能這樣頻繁地舉行聚會吧。

與洛陽名流一起賞花、游園、聚會,正是通過這樣的一系列的輕鬆、閑適而又令人愉快的活動,使得司馬光越來越適應洛陽的退居生活,也讓他愈發喜愛

---

① 《司馬光集》卷一四《三月二十五日安之以詩二見招作真率會,光以無從者不及赴,依韵和呈》,第455頁。
② 《司馬光集》卷一四《用安之韵招君從、安之、正叔、不疑二十六日南園爲真率會》,第455頁。
③ 《司馬光集》卷一四《二十六日作真率會》,第456頁。
④ 《司馬光集》卷一四《二十八日會不疑家席上紀實》,第458頁。

上了這座城市,以至於他寫下了這樣的詩句:

> 西都自古繁華地,冠蓋優游萃五方。
> 比户清風人種竹,滿川濃緑土宜桑。
> 鑿龍山斷開天闕,導洛波回載羽觴。
> 況有耆英詩酒樂,問君何處不如唐?①

在他看來,西京彙聚了來自各地的衣冠人物,又有着自然美景和歷史遺迹,再加上有"耆英會"這樣的聚會活動,今日的洛陽較之唐朝的東都,絲毫不見遜色之處。洛陽的獨特之處,終於深深地吸引了司馬光。

但有一點必須指出,無論是文彦博組織的"耆英會",還是司馬光後續組織的"真率會",主要還是出於聚會娛樂的性質,因爲其中的主要成員,都是那些已經退休的年老官員。然而,有學者却認爲這些聚會有着明顯的政治色彩,甚至認爲這是"洛陽反變法群體的一個鬆散組織",又説"洛陽可謂是反對變法的大本營,而這個大本營的核心無疑當推耆英會"②,這就顯然言過其實了。他們立論的主要依據,是從這些聚會中看到了文彦博、司馬光、范純仁、鮮于侁等反變法派人物的身影。但也應注意到:首先這些聚會的主要成員,都是已經退出官場的致仕官員,而且年齡幾乎都在七十歲以上,他們對於政治還能介入到什麼程度,是值得懷疑的;其次,當時同樣居住在洛陽的富弼、吕公著,并没有怎麼參加這些聚會,如果這些聚會帶有政治目的,他們二人必定是主要的吸納對象,然而他們幾乎都不參與這樣的活動;再次,從司馬光詩歌中的叙述來看,這些聚會主要以宴飲、賞花爲主,以娱賓遣興爲目的。所以,合理的解釋應該是,這些反變法派人物,只是碰巧聚集在了洛陽,他們通過這種聚會的形式來增進友誼,而并非要藉助這種聚會形式來達到什麼政治目的。

四　結語:熙、豐政局與北宋"退居文化"的形成

司馬光通常被視作政治家、學者,甚至是思想家,但幾乎不大可能被當作是詩人。因此,他的詩歌一向遭到歷史學者的忽視,極少被直接當成史料使用。另一方面,文學研究者似乎也不看重司馬光的詩歌,因爲相較於歐陽修、梅堯臣、王安石等人的詩歌,他的詩歌很難看出有什麼明顯的特色。然而,换一個角度,從詩歌作爲私人生活記録的視角,司馬光的詩歌却在很大程度上生動再現了十一世紀七八十年代那些洛陽退居士大夫們的生活世界,而這或許就是他詩歌的獨特意義之所在。

當然,有一點必須明確,司馬光退居洛陽,過了十五年近乎隱退的生活,這是他的自主選擇,而且也并非是一個孤立的行爲。隨着王安石入參大政,推行自己的新法舉措,一大批持有异議、拒絶合作的官僚士大夫主動辭去官職,離

---

① 《司馬光集》卷一四《和子駿洛中書事》,第460頁。
② 周揚波《宋代士紳結社研究》第五章《耆老會》,第101、107頁。

開官場,遠離政治中心,成了悠游林下的"退居士大夫"。之所以稱他們爲"退居士大夫",主要是因爲宋代的文獻中習慣上稱他們的隱退生活爲"退居"。這些從官場隱退的士大夫雖然以前也曾出現過,但是以一種政治上拒不合作的姿態而大量出現,却是熙、豐政局中的一個突出現象。洛陽作爲一個號稱"搢紳之淵藪"的特殊地域,聚集了衆多退居士大夫,從而爲我們瞭解他們的生活方式,提供了一個絶佳的視角。

在司馬光的詩歌中,他的交游對象大體可以分爲三種類型:一類是西京的留司官員,一類是洛陽本地名流,一類則是分處异地的親密朋友。相較而言,司馬光與留司官員交往十分密切,尤其是與那些在西京擔任閑職的舊党官僚,如范純仁、鮮于侁等,進行了頻繁的詩歌唱和,從而形成了一個交往相對密切的交游圈子;而對於本地名流,除了與邵雍有較多的精神交流,司馬光似乎更多是保持着一種禮儀性的尊重,雖然他會和當地的退休官員進行定期的聚會,但是詩歌唱和却比較少。令人稍感訝异的是,他與定居潁昌的范鎮却保持了密集而頻繁的詩歌往還。因爲政治立場、出處的步調一致,他們彼此之間顯然有着更多的共同語言和更爲深厚的朋友情誼。范鎮數次到洛陽探訪司馬光,司馬光不僅陪同游覽,而且還邀請對方到洛陽定居。雖然范鎮最終定居潁昌,但兩人依舊書信、詩歌往還不斷,甚至還圍繞古代樂律問題,進行了激烈的文字討論。最令人感動的是,他們曾經約定,生前相互作傳,如果有人先去世,則後死者爲之撰寫墓志銘。他們兩人的這段經歷,生動詮釋了分處异地的退居士大夫如何交往。

在與洛陽士大夫的交往過程中,司馬光逐漸融入他們的生活中去,在他的詩歌中,賞花、游園、集會,似乎成爲西京退居士大夫們共同的一種生活方式。因爲歷史遺風的影響以及有利的地理條件,在洛陽的退居士大夫中,營建園林已經成爲了一種時尚。居洛期間,司馬光不僅游覽了衆多私家園林,如王拱辰的"環溪"、文彦博的"東田",而且自己也構建了一處"獨樂園"。洛陽牡丹號稱天下第一,觀賞牡丹在西京成爲一種遍及士庶的普遍愛好,而從司馬光衆多的賞花詩中,則可見出他也受到了這種風氣的薰染。元豐三年之後,文彦博回到洛陽擔任西京留守,便開始恢復舊日的文雅傳統,即仿效中唐白居易組織的"九老會",召集洛陽的退居士大夫,先後組織了"五老會""耆英會""同甲會",正是在他的推動下,司馬光隨後也組織了"真率會"。但是無論是"耆英會",還是"真率會",其主要目的仍然是一種帶有敬老性質的娛樂集會,政治色彩并不明顯。

從某種意義上來説,王安石推行熙寧變法似乎創造了一個歷史契機,將一大批反對他的官僚士大夫安置到了洛陽,從而促成了退居士大夫的集中登場,而洛陽獨特的風土人情,也塑造了他們共同的生活方式。正是在賞花、游園、集會這些看似娛樂性質的活動中,一種"退居文化"正在浮現出來。

(作者單位:華中師範大學文學院)

論宋代程式化啓文的雷同、刪節與合并

李盛堯

　　啓文興起於魏晉之時,是一種禮儀屬性濃厚的公牘文體,《文心雕龍·奏啓》指出:"孝景諱啓,故兩漢無稱。至魏國箋記,始云'啓聞';奏事之末,或云'謹啓'。自晉以來盛啓,用兼表奏。陳政言事,既奏之异條;讓爵謝恩,亦表之别幹。"① 啓文在形式上兼用駢散,具體而言,六朝啓文以駢體爲絶對主流,而唐代啓文則多有以散體爲文者,如柳宗元《與湖南李中丞干廩食啓》②、杜牧《上知己文章啓》③ 等,皆爲其例。宋代是啓文發展的關鍵節點,與前代相比,宋代啓文在功能與形式兩個方面都呈現出新的面貌。就功能而言,啓文在宋代完成了從公牘到私書的轉變④,其應用日益頻繁,如四庫館臣所云:"至宋而歲時通候,仕宦遷除,吉凶慶吊,無一事不用啓,無一人不用啓。"⑤ 就形式而言,於唐代流行一時的散體啓文在北宋期間逐漸退場,而駢體啓文也被"定式"所籠罩,成爲典型的程式化文體。頻繁的書啓往來已使人疲於應付,嚴格的程式又進一步限制了自由書寫的空間。在這樣的雙重壓力之下,文人們往往自相蹈襲,使得宋代啓文呈現出一種普遍的雷同面貌,而文本的雷同又進一步導致了文獻層面的刪節或者合并。本文擬遵循以上思路,以宋代啓文的程式爲出發點,對宋代啓文的雷同、刪節、合并等現象加以梳理,以圖在進行文體分析的同時,解决一些文獻層面的切實問題。

一　文體背景:宋代啓文的程式化趨向

　　宋代啓文是一種高度程式化的文體,如謝伋《四六談麈》自序所云:"下至

---

① 〔梁〕劉勰著,范文瀾注《文心雕龍注》卷五,中華書局,1962年,第424頁。
② 〔唐〕柳宗元《柳宗元集》卷三十五,中華書局,1979年,第904頁。
③ 〔唐〕杜牧《樊川文集》卷十六,上海古籍出版社,1978年,第241頁。
④ 參見鄔志偉《從公牘到私書:論唐宋啓文的新變》,《海南大學學報》2016年第6期。
⑤ 〔清〕永瑢等《四庫全書總目》卷一百六十三《四六標準》提要,見《景印文淵閣四庫全書》第4册,臺灣"商務印書館",1986年,第297頁。

往來箋記啓狀,皆有定式,故謂之應用,四方一律,可不習知?"①所謂"定式",即指啓文需要遵循的固定程式。關於啓文的程式,宋元類書如《新編通用啓札截江網》《新編事文類聚翰墨全書》等均有涉及②,但最爲簡潔、系統的總結則見於元人陳繹曾的文話《四六附説》③:

> 啓,人間通問之辭。謝啓:一破題,二自叙,三頌德,四述意。通啓:一破題,二頌德,三自叙,四述意。陳獻啓:一破題,二入事,三頌德,四述意。訂婚啓:一合姓,二入事,三述意。聘婚啓:一破題,二入事,三述意。賀啓:一破題,二入事,三頌德,或後入事,四述意。小賀啓:一破題,二頌德,三述意。④

雖然《四六附説》爲元人所作,但通過對宋人文集的廣泛考察,可以確信上述的程式與宋代啓文的實際面貌是普遍契合的。兹舉王安石《除參知政事謝執政啓》爲例,以説明啓文程式的具體義涵:

> 此者登備近司,與聞大政,誤膺休命,良積愧懷。竊念某早以孤生,出階賤仕,稍蒙推擇,遂至叨逾。久於侍從之班,初乏論思之效。皇明繼照,符守外分,亟被召還,得參勸講。已污禁林之選,更陪宰席之延。據非其宜,知有所自。此蓋伏遇某官,貫行忠恕,啓佑善良,因令危拙之身,亦與訏謨之地。敢不自致進爲之義,庶以上同經濟之心。⑤

此篇謝啓自"此者"至"愧懷"概述除官參知政事一事,交代致謝的原因,是爲"破題";自"竊念某"至"所自"追述仕宦經歷,是爲"自叙";自"此蓋伏遇某官"至"之地"稱頌執政的恩庇,是爲"頌德";自"敢不"以下表白自己的心志,是爲"述意"。文中的"此者""竊念某""伏遇某官""敢不"均爲孤立於對句之外的發端套語⑥,用以領起相應的段落,在分析啓文程式時,可以利用這些套語來判斷各段落的起止。

依《四六附説》所言,在賀啓、婚啓的程式中,又應有一段"入事"。兹舉蘇軾《賀趙大資少保致仕啓》爲例,文中入事一段云:

> 竊謂富貴不爲至樂,功名非有甚難。樂莫樂於還故鄉,難莫難於全大節。歷數當今之卿相,或寓他邦;究觀自古之忠賢,少有完傳。錦衣而夜

---

① 〔宋〕謝伋《四六談麈》,見王水照編《歷代文話》第一册,復旦大學出版社,2007年,第33頁。
② 參見〔宋〕熊晦仲編《新編通用啓札截江網》甲集卷一"啓札式",静嘉堂藏宋麻沙本;〔元〕劉應李編《新編事文類聚翰墨全書》甲集卷四"諸式門"之"啓事"條,見《續修四庫全書》第1219册,上海古籍出版社,2002年,第401頁。
③ 參見侯體健《四六類書的知識世界與晚宋駢文程式化》,《文藝研究》2018年第8期。
④ 〔元〕陳繹曾《四六附説》,見王水照編《歷代文話》第二册,復旦大學出版社,2007年,第1272頁。
⑤ 〔宋〕王安石《臨川先生文集》卷七十九,見王水照主編《王安石全集》第七册,復旦大學出版社,2016年,第1404頁。
⑥ 此類套語并無固定的形式,宋代啓文中亦有用"近者""恭維某官""伏念某"等語領起諸文段者,亦有不用"某官""某"而直書其名者,其形態各异,而功用則彼此相通。

行者多矣,狐裘而羔袖者有之。①

　　這段文字以"竊謂"發端,就"致仕"這一主題加以發揮,以古今戀棧不去者反襯趙大資(與慧)的高風亮節,其位置介於破題與頌德之間,起到將文章引入正題的作用,故名"入事"。入事并不是一個不可或缺的環節,宋人賀啓中有相當一部分篇目不用入事連綴,而以頌德緊承破題,如歐陽修《賀文相公拜相啓》②、楊萬里《賀周子充察院啓》③等皆屬此類,《四六附説》所謂的"小賀啓",指的正是這些結構較簡的賀啓。

　　宋代的啓文程式有其强制性,但也爲文人留下了些許靈活調整的餘地。例如謝啓的自叙例應在頌德之前,但陳亮《謝留丞相啓》④《謝葛丞相啓》⑤等謝啓却將自叙置於頌德之後;又如自叙依常例僅有一段,但胡寅《代范仲達謝孟郡王薦章啓》⑥則有兩段自叙,一段位於頌德之前,一段位於頌德之後,分别以"如某者"與"重念某"領起,反復傾訴致謝者的孤苦境遇。至於那些篇幅短小的啓文,則往往壓縮程式,删繁就簡,如《四六附説》所云:"或不用解題,或不用自叙,或變自叙而叙他人,此又隨願變换者也。"⑦宋代啓文中的"隨願變换者"難以一一列舉,但萬變不離其宗,只要把握住了啓文的基本程式,也就不難理解那些形態各异的變種。

二　程式影響下的文段雷同現象

　　啓文程式固然是對創作的束縛,但對於那些疲於箋啓應酬的文人來説,這樣的程式却也爲他們提供了一條取巧省力的捷徑。宋代啓文的禮儀屬性極爲突出,而禮儀總要依靠文章的外在形式來體現,對啓文而言,禮儀的載體正是其特定的程式;反過來説,只要啓文的程式完整,便算得上禮數周備,至於文辭是否新穎、情感是否真摯,在禮儀層面反倒不甚重要。基於這樣的邏輯,宋代文人在面對相近的啓文題目時,往往會在保證切題的前提下,將同樣的段落反復使用,藉此以批量生産合乎程式的應用文章。這種集體的自我蹈襲,導致了宋代啓文普遍的文段雷同。

　　啓文的雷同可能出現在各個段落,破題雷同者如陳淵《除正言回楊通判》⑧《答蘭溪宰》⑨,其破題皆作:

　　　　糾違曠責,已慚六察之聯;掌諫非才,更預七人之列。超踰過分,感懼

---

① 〔宋〕蘇軾著,〔明〕茅維編《蘇軾文集》卷四十七,中華書局,1986年,第1346頁。
② 〔宋〕歐陽修著,李逸安點校《歐陽修全集》卷九十五,中華書局,2001年,第1455頁。
③ 〔宋〕楊萬里著,辛更儒箋校《楊萬里集箋校》卷四十九,中華書局,2007年,第2387頁。
④ 〔宋〕陳亮撰,鄧廣銘點校《陳亮集》卷二十六,中華書局,1987年,第289頁。
⑤ 《陳亮集》卷二十六,第290頁。
⑥ 〔宋〕胡寅《斐然集》卷八,岳麓書社,2009年,第179頁。
⑦ 〔元〕陳繹曾《四六附説》,見王水照編《歷代文話》第二册,第1270頁。
⑧ 〔宋〕陳淵《默堂先生文集》卷十一,《四部叢刊三編》本。
⑨ 《默堂先生文集》卷十一。

增深。

據《宋史》記載，陳淵於"(紹興)九年(1139)，除監察御史，尋遷右正言"①。宋代士大夫遷官，諸同僚例應修啓致賀，而遷官者也需要用啓文回復同僚，以表謝意。這兩篇啓文都是陳淵遷官右正言後的答謝之作，寫作背景完全一致，用於交代背景的破題文字自然也就不妨雷同。

述意雷同者如陳傅良《賀留左相》②《賀王樞使》③，其述意皆作：

> 某辱知最厚，頌美尤勤。况未免於驅馳，尚有煩於顧恤。雖多病早衰之故，欲陳力以無堪；然大書深刻之傳，或托名於不朽。

兩篇啓文均爲賀人遷官之賀啓。雖然左相與樞使官職不同，但這段述意不過是泛述作者的瞻仰依慕之情，與受啓人的官職并無直接關係，因此在兩篇啓文之間通用無妨。

上文所引的陳淵啓文僅有破題雷同，而陳傅良啓文的雷同也僅限於述意部分，并未波及其他文段。可以説，宋代程式化啓文的各個文段就好像一個個彼此獨立的構件，每個構件都可以單獨地從原文中拆解下來，移植入另一篇啓文。然而，獨立的構件也可能遭到集體的挪用，多個段落相互雷同的啓文在宋人文集中同樣是所在多有。以陸游啓文爲例，其《除編修官謝丞相啓》④與《謝參政啓》⑤的自叙、頌德部分各异其辭，而破題、述意兩段則完全一致；《答方寺丞啓》⑥與《與汪郎中啓》⑦則包含了自叙、頌德兩段雷同文字；《謝臺諫啓》⑧與《謝監司啓》⑨的雷同範圍更廣，兩篇謝啓僅頌德部分有异，其餘破題、自叙、述意的三段全部雷同。這種多文段的雷同包含着複雜的組合可能，但究其本質，不過是作者爲圖便利，在保證切題的情況下，儘可能多地襲用舊有的文段而已。

宋代啓文中又有所謂"泛用啓"，即可以同時投寄給多個對象的啓文，如强至《回泛與諸官啓》⑩、晁補之《揚州泛用賀冬啓》⑪等，皆爲其例。就本質而言，泛用啓可以視爲數篇完全雷同的啓文的總和，此類啓文一般較爲簡短，其程式也未必完全。例如陳師道《泛回賀正啓》：

> 司曆告時，君子慎始。未遑伸慶，先辱惠音。永惟天序之初，宜享吉

---

① 〔元〕脱脱等《宋史》卷三百七十六，中華書局，1985年，第11629頁。
② 〔宋〕陳傅良《陳傅良先生文集》卷三十四，浙江大學出版社，1999年，第441頁。
③ 《陳傅良先生文集》卷三十四，第442頁。
④ 〔宋〕陸游著，馬亞中、涂小馬校注《渭南文集校注》卷七，浙江古籍出版社，2015年，第202頁。
⑤ 《渭南文集校注》卷七，第203頁。
⑥ 《渭南文集校注》卷十一，第37頁。
⑦ 《渭南文集校注》卷十一，第40頁。
⑧ 《渭南文集校注》卷十一，第34頁。
⑨ 《渭南文集校注》卷十一，第35頁。
⑩ 〔宋〕强至《祠部集》卷二十三，見《景印文淵閣四庫全書》第1091册，第243頁。
⑪ 〔宋〕晁補之《濟北晁先生雞肋集》卷五十九，《四部叢刊》初編本。

> 人之報。區區之祝,卒卒奚殫!①

這篇啓文共有四聯,除表達慶賀之意外,又以"未遑申慶,先辱惠音"凸顯對對方賀啓的謝意,亦可謂切題。然而,此文并無專門的頌德段落,也沒有任何切合受啓人身份、履歷的内容,與其他程式完備的啓文相比,多少有些空泛不實的嫌疑。當然,正是這種相對的空泛,纔保證了這篇啓文的泛用性。

依廣義概念而論,"雷同"不僅意味着逐字相同、分毫不差,也應允許少量異文的存在。在宋代啓文中,也經常可以見到這種廣義的雷同。因爲題目的分歧,作者在挪用文段時,往往要略作改動,以保證内容的切當,例如陳著《答李知録召啓》,其破題作:

> 綱掾英游,借重東方之侯國;銅章小吏,倚爲北道之主人。祗役有期,通名敢後。②

陳著另有《通王司户應子啓》③《通吴司法紹元啓》④兩篇通啓,二者的破題部分與《答李知録啓》幾乎全同,僅開篇第一字有異:"綱掾",《通王司户應子啓》作"珠掾",《通吴司法紹元啓》作"墨掾"。按,"綱掾"即知録事參軍之别稱,《白氏六帖事類集》載:"紀綱掾,亦録事。"⑤"珠掾""墨掾"則分别代指司户參軍與司法參軍,《南部新書》載:"京兆户曹月俸一百八索,故謂之念珠曹。"⑥《通典》載:"司法參軍:兩漢有决曹賊曹掾,主刑法,歷代皆有,或謂之賊曹,或爲墨曹。"⑦"珠掾""墨掾"即由"珠曹""墨曹"衍生而來。三篇啓文的致啓對象官職各異,陳著爲此改换首字,以求契合,其餘内容可以通用,故不必另加改動。

在啓文的雷同文段中,局部的歧異不僅包括改易文字的情況,也可能表現爲文句的置换。例如洪适《移福州謝趙提刑啓》,其破題作:

> 輯粵空餐,既大何之幸免;掌閩出命,顧綿力之弗勝。惕拜絲言,喜投樾蔭。⑧

洪适另有《謝鄧建州啓》⑨,其破題與《移福州謝趙提刑啓》大段相同,而相異之處有二:一爲"既大何"作"偶大何",二爲"惕拜絲言,喜投樾蔭"作"惕拜詔綸,幸分鄰燭"。兩篇啓文均爲到任福州之謝啓⑩,前者致啓對象爲提點刑獄公事,職位較高,故有"喜投樾蔭"之語;後者致啓對象爲建州知州,而建州於福州爲鄰州,故以"幸分臨燭"爲言。至於"既"與"偶"的差異,則應當是出於偶然,

---

① 〔宋〕陳師道《後山居士文集》卷十三,上海古籍出版社,1984年,第636頁。
② 〔宋〕陳著《本堂集》卷五十九,見《景印文淵閣四庫全書》第1185册,第293頁。
③④ 《本堂集》卷五十九,見《景印文淵閣四庫全書》第1185册,第294頁。
⑤ 〔唐〕白居易《白氏六帖事類集》卷二十一,文物出版社,1987年。
⑥ 〔宋〕錢易《南部新書》卷戊,中華書局,2002年,第67頁。
⑦ 〔唐〕杜佑《通典》卷三十三,中華書局,1988年,第914頁。
⑧ 〔宋〕洪适《盤洲文集》卷五十六,《四部叢刊初編》本。
⑨ 《盤洲文集》卷五十六。
⑩ 洪适平生未嘗歷任福州,此二啓當屬代作。

不必深究。又如韓元吉《回殿試第一人啓》,其述意作:

> 某久聆雅譽,未覿清揚。辱騎氣之臨,已爲甚惠;荷函書之貺,非所敢承。感佩之悰,叙言奚既!①

韓元吉另有《賀第二人啓》②,其述意除"久聆雅譽,未覿清揚"作"早承雅契,獲際英標"外,其餘文字皆與《回殿試第一人啓》雷同。文題中的"第一人""第二人"究竟爲誰,已難詳考,但韓元吉與"第一人"素未謀面,而與"第二人"相識已久,則是可以確定的,正是這種結交與否的差異,導致了"未覿清揚"與"獲際英標"的异文。

三 雷同啓文的刪節與合并

對程式化的宋代啓文而言,文段的雷同是一種普遍現象,而出於節約篇幅的考慮,宋人在將此類啓文編纂入集時,往往會刪去雷同文段,僅存録其异文。例如許景衡《提舉張大夫賀正啓》,其題下有小注曰"上詞同前",其正文則云:

> 某官精忠許國,美利在民。茂對三朝,柏葉方傾於壽祝;前趨一節,茅茹行慶於彙征。進據要華,以究施設。某備員屬部,遠迹使臺。猥沿簿領之拘縻,莫綴門闌之慶謁。下情無任祝頌之至。③

此文在程式上并不完整,文中自"某官"至"施設"屬於頌德部分,而自"某備員"以下則爲述意部分,至於賀啓所應有的破題部分,則顯然是因爲與前文雷同遭到了刪略。《提舉張大夫賀正啓》載於許景衡《横塘集》卷十三,其前篇啓文爲《提舶蔡學士賀正啓》④,兩相對比,可知刪去的破題文字爲:"伏以歲元肇始,蓋禮交樂舉之時;陽德浸亨,有小往大來之吉。"將其與《提舉張大夫賀正啓》題下的刪餘文字相組合,便可得到這篇賀啓的原貌。

題目相近的啓文之間可能會有多個文段彼此雷同,這種多文段的雷同自然也會導致多文段的刪節,例如李劉《改官謝喬司業行簡》,其題下小注曰"同第七卷《除國録謝葛祭酒啓》頭",其正文則云:

> 伏遇某官道航聖瀆,材棟儒林。左史讀五典三墳,蓋將倚相;國子學九德六舞,暫假司成。當江濤如此之時,軫根本眇然之慮。欲作成於六館,以表厲於四方。有濯者淵,不嫌葭葦之衆;言刈其楚,蓋爲薪樗之儲。況素出於門牆,尤願承其模範。某敢不尊其瞻視,識所步趨?雖藻火粉米之不同,貴賤位矣;儻蘋蘩錡釜之可薦,左右芼之。⑤

題下注中所謂的"頭"似指破題而言,實則不然。將《改官謝喬司業行簡》與《梅

---

① ② 〔宋〕韓元吉《南澗甲乙稿》十二,見《景印文淵閣四庫全書》第1165册,第167頁。
③ ④ 〔宋〕許景衡《横塘集》卷十三,見《景印文淵閣四庫全書》第1127册,第278頁。
⑤ 〔宋〕李劉《梅亭先生四六標準》卷十,《四部叢刊續編》本。

亭先生四六標準》卷七之《除國錄謝葛祭酒洪》①相對照，不難發現前者不僅删去了破題部分，同時也删去了"如某者鹿鹿凡材，魚魚末學"以下的自叙部分，所餘者僅頌德、述意兩段而已。

在啓文的諸個文段中，頌德是與受啓人關係最爲密切的段落，理應具有較强的針對性，因此，宋代的雷同啓文往往呈現出首尾全同，僅中間頌德部分有異的面貌。這些啓文一旦經歷編刻者的删節，便會成爲孤立的頌德文字，例如劉克莊因丁卯歲生日而作的《回卓刑部啓》②：

> 上同。共惟某官，以黄甲名流，居紫陽補處。以仁政代暴政，不數罟以取魚；視畬民如省民，争解刀而佩犢。渤海之璽書甫下，中山之謗篋已興。有歌咏發乎性情，無幾微見於言面。古調鏗鎗於郢曲，高軒領袖於洛英。某自顧尪殘。下同。③

這篇啓文的破題及自叙均與前文《回林農卿啓》雷同，故皆遭删略。這種删略首尾、僅存頌德的情況在劉克莊的啓文中俯拾皆是，而許景衡《横塘集》、張孝祥《于湖居士文集》等別集中也存録着大量的此類文本。至於周必大《省齋文稿》則另創體例，徑將"頌德"二字寫入題目，例如《洪内翰頌德》：

> 某官代襲儒宗，望隆邦哲。泰山北斗，异時天下之三洪；常伯名郎，此日臺中之二妙。久徊翔於禁路，行勵翼於政塗。爰摛甚古之雄文，式訪當今之急務。隔弱水者三萬里，示以津涯；登瀛洲者十八人，進其步武。遂逃飲墨，來睹汗青。④

顯然，所謂的"頌德"并非獨立的文體，而是啓文經歷删節後餘下的頌德部分，其破題與自叙則均與前文《謝除官職啓》雷同。

此外，即使是那些看起來簡潔明了的注語，也可能會因爲片面而對讀者造成誤導，例如王洋《户部張侍郎沈侍郎元正啓》：

> 某官材猷通敏，宇量深沉，薦歷清塗，久持從橐。念宣王復文武之境，力振紀綱；而劉晏亞管簫之功，實裨用度。既方深於帝眷，諒即輔於政機。茂對三元，倍膺五福。某已下同。⑤

篇末小注"某以下同"意指"某"字以下的述意部分與前文《賀吏部侍郎元正啓》雷同，然而，通覽這篇啓文，不難發現其破題部分同樣遭到了删節。注語"某以下同"顧此失彼，未盡全面。李劉《代衛機宜謝樓提舉啓》⑥的情況則恰恰與此

---

① 《梅亭先生四六標準》卷七。
② 文題原作"卓刑部"，此據文意及前後文補全，下文《回林農卿啓》亦然。
③ 〔宋〕劉克莊著，辛更儒箋校《劉克莊集箋校》卷一百二十四，中華書局，2011年，第5080頁。
④ 〔宋〕周必大《省齋文稿》卷二十二，王蓉順、白井貫點校《周必大全集》，四川大學出版社，2017年，第210頁。
⑤ 〔宋〕王洋《東牟集》卷十一，見《景印文淵閣四庫全書》第1132册，第482頁。
⑥ 《梅亭先生四六標準》卷八。

相反,其題下注云"起語同前",但事實上,這篇啓文不僅刪去了破題、自叙這兩段位於篇首的"起語",同時也刪去了篇末的述意部分,"起語同前"的注語同樣是不全面的。

當然,縱使注語模糊、片面,也總要好過没有注語可供參考,而在宋人文集中,有部分啓文雖然經歷了刪節,但却并未附有任何關於刪節的説明。例如朱熹《與葉提刑啓》:

> 術略精明,材猷敏贍。頃屢將於使指,兹復謹於邦刑。深窮法令之原,吏無以肆;茂著平反之績,人用不冤。顧此妄庸,將依庇冒。修容以進,即伸巡屬之恭;奉教於前,預切簡書之畏。春和在序,淑氣方升。惟加厚於保綏,用對揚於休渥。傾瞻之悃,頌述奚殫。①

雖然没有相應的注語,但將《與葉提刑啓》與啓文的標准程式相比照,還是可以斷定這段文字并非全篇:文中自"術略"至"不冤"爲頌德,"顧此"以下爲述意,而啓文的前半部分則顯然已被刪去。前文《與江東張憲啓》②在主題上與此文相近,文中的破題、自叙兩個文段也都可以通用。可以想見,《與葉提刑啓》的前半部分正是因爲與《與江東張憲啓》雷同而遭到了刪節。這種刪節而不予注明的情況在王十朋的啓文中尤爲多見,例如《梅溪先生後集》卷二十二中,《及第謝宰相啓》以下的《與張參政綱》至《與孟郡王》③共十八篇謝啓皆屬此類。編者刪去了這些謝啓首尾的破題、自叙與述意,僅餘一段頌德文字,却并未出注説明,讀者若不細加考察,很可能會對這些啓文的文本形態產生整體性的誤解。

在宋人文集中,還時常可以見到雷同啓文的合并現象。例如王安禮《回安韓二樞密辭免啓》:

> 顯承中詔,進長安樞密作秉字。内樞,成命誕揚,輿情胥悦。某官性資宏遠,業履高華,應哲人之令名,值真王之休運。有猷有守,久推廊廟之才;是斷是遷,允協士民之望。側聞謙執,未即欽承。願回難進之誠,即副旁求之厚。④

此文的題目中包含兩個致啓對象:一爲安樞密,二爲韓樞密,而這篇啓文也正是由《回安樞密辭免啓》與《回韓樞密辭免啓》合并而成。韓樞密即韓縝,時任知樞密院事;安樞密即安燾,時任同知樞密院事。兩篇啓文的頌德、述意均完全雷同,僅破題部分有一字之差:韓縝爲長官,故云"進長内樞";安燾爲副官,故云"進秉内樞"。在合并後的啓文中,這樣的差异即表現爲"安樞密作秉字"的小注。又如李劉《回辛正奏守謙張正奏東寅啓》:

---

① 〔宋〕朱熹《晦庵先生朱文公文集》卷八十五,見朱傑人等主編《朱子全書》第24册,上海古籍出版社、安徽教育出版社,2002年,第4020頁。
② 《晦庵先生朱文公文集》卷八十五,見《朱子全書》第24册,第4019頁。
③ 〔宋〕王十朋《梅溪先生後集》卷二十二,《四部叢刊初編》本。
④ 〔宋〕王安禮《王魏公集》卷六,見《景印文淵閣四庫全書》第1100册,第59頁。

摘藻奏名,集英趣對。……恭惟某人玉津毓秀,磬水蜚聲。辛云周太史之雲仍,宜箴王闕;魏佐治之風烈,盍引帝裾。張云遥遥張叔之家,學固同於齊魯;岩岩孟陽之裔,銘遠綴於岷嶓。……某揭來石郭,獲讀《阿房》。説古戰場,幸免眼迷於日色;吟《高軒過》,尚幾手决於天章。①

顯然,這篇啓文是由《回辛正奏守謙啓》與《回張正奏東寅啓》合并而成的。合并之前的兩篇回啓僅頌德部分有一聯之异:前者以辛甲、辛毗切辛姓;後者則以張叔、張協切張姓。在合并後的啓文中,兩聯依次相承,分别以小注"辛云""張云"加以標識,以供讀者區分。這兩組啓文之間相异之處甚少,如果仍用删節之法,將雷同內容全部删去,那麽所剩的內容將僅有一字、一聯,完全不足以成文。相較而言,合并啓文不僅可以節約篇幅,同時也避免了支離破碎之弊,確有其可取之處。

這種合并現象本質上源於啓文的雷同,而多篇啓文的雷同自然也會導致多篇啓文的合并,例如文同《賀正益梓提轉知府啓》:

右,某伏以一氣遞時,三陽履旦,歲元肇正,曆紀惟新。……恭惟某官端莊敏文,敦願寬懿。挺此秀時之具,布爲康世之才。憲:獄犴攸司,多存仁恕;神明所佑,所畀休祥。諒接漕:持金穀之權,且資碩畫;下絲綸之命,即見褒升。諒接成都知府:殿邦西南,已著於蕃之效;還帝左右,即膺爰立之權。諒接梓知府:領劍外之雄藩,最書屢上;掌禁中之密命,舊物當還。諒接天之新元,必受國之重詔。群情仰祝,比屋同醉。某限守遠官,阻臨高屏,其諸頌咏,但此傾翹。②

此文實由多篇賀正啓合并而成,結合題目與正文,可以得知致賀的對象包括益州、梓州二路的提點刑獄公事與轉運使,以及成都府知府與梓州知州。這些批量創作的啓文高度雷同,彼此之間同樣僅有一聯之异,只要將這相异的一聯依次排列,并以"憲""漕"等語分別標明致啓對象,就可以實現多篇啓文的合并。

作爲處理雷同啓文的主要辦法,删節與合并不僅可以獨立使用,有時也會糾纏在一起,造成更爲複雜的文本面貌,例如陳著《通王憲幹鐸桂檢法康老啓》:

某官清擢薰蘭,秀分喬木。……峻倚霜臺,應喜星沉於貫索;清歸天閣,已看雲近於蓬萊。某占畢陳編,躋扳末第。鷺洲冷席,粗逃群弟之嘲;烏幕辟書,猥辱諸公之致。一昨叨班於漢闕,斯今問戍於剡溪。時异事殊,況涉縣灘之浩渺;雨凌風震,尚祈厦屋之帡幪。桂啓云:將令桃李之俱春,震風爲懼;所恃枌榆之有社,易地分陰。③

此啓由《通王憲幹鐸啓》與《通桂檢法康老啓》合并而成,桂檢法當爲作者之同

---

① 《梅亭先生四六標準》卷十三。
② 〔宋〕文同《丹淵集》卷三十二,見《景印文淵閣四庫全書》第1096册,第745頁。
③ 《本堂集》卷五十九,見《景印文淵閣四庫全書》第1185册,第298頁。

鄉,故文中有"枌榆社"之語,以叙鄉情。值得注意的是,合并之後的啓文在程式上并不完整,其篇首即爲頌德,而頌德之前應有的破題文字已被删去。若要獲得未經合并的啓文的原貌,不僅要正確選擇相應的异文,同時也要依據其前文《通劉憲幹仲益啓》①來補足被删節的破題部分。

在理清了宋代啓文的删節與合并現象之後,還有一系列問題有待於進一步的討論:這些針對雷同啓文的删節與合并究竟是何人所爲？宋代啓文的原件中,是否存在類似的删節或者合并？要圓滿地回答這些問題,自然應該全面地了解宋代啓文原件的面貌。然而,宋代的啓文多爲筆吏所代書,并非作者真迹,因此歷來不受收藏家的重視,流傳至今者甚少,僅《宋人佚簡》②中存有二十餘篇而已。在這樣的情況下,退求其次,依據僅有的原件作一番窺斑知豹式的推測,亦不失爲一種可取的辦法。《宋人佚簡》中所保存的啓文原件不僅首尾完具,且皆用正書端楷,其行距甚爲寬闊,呈現出嚴謹的書寫禮儀。可以想見,對於啓文這種以謙恭爲尚的儀式性文體而言,删節或者合并的做法在實際應用中并不適用。何況在書啓往來之時,受啓的一方并不可能像别集讀者那樣,依據相鄰的篇目來補足删去的文段,對啓文的删節意味着文本的徹底殘缺,而將由多篇啓文合并而成的文本寄給單獨的受啓對象,也無法起到節約紙墨的作用,反而是對精力的無端浪費。綜合這些理由,可以斷定删節與合并都不可能出現在啓文的原件之中,這些删縮文本的工作只能是在啓文被編入别集時,由編者所完成的。當然,對於不同的别集而言,編者的具體身份也各有不同,就本節所涉及的别集而論,《省齋文稿》爲周必大所自編,《後村先生大全集》爲劉克莊季子劉山甫所編,《梅亭先生四六標準》則爲李劉弟子所編,而《橫塘集》《東牟集》等則散佚已久,今本爲四庫館臣從《永樂大典》中所輯出。這樣看來,無論是作者本人,亦或是作者的子嗣、門生,都有可能在編集之時對啓文加以删并。對於那些從《永樂大典》中輯出的别集,還要考慮到《永樂大典》諸編修,甚至四庫館臣删并啓文的可能性。可見,對雷同啓文加以删并不是某一類編者的獨有行爲,而是身份各异的廣大編者在編纂别集時普遍做法。

總之,宋代啓文中存在着普遍的文段雷同現象,這種雷同招致了别集編者對啓文的删節或者合并。對於那些整段雷同的啓文來説,只要删去雷同的文段,保留相异的内容,就可以實現精簡的目的。但如果雷同的範圍進一步擴張,相异的範圍進一步縮小,縮小至僅剩一字一聯時,删同存异的精簡方式便不再適用,而合并之法則有了用武之地。其實,合并在本質上仍然是删節的一種,只不過删餘的少量内容不再單獨成篇,而是被吸納入前篇啓文,成爲合并文本的一部分而已。删節與合并都有可能導致讀者對啓文原貌的誤解,對於熟悉這一文體的宋代讀者來説,此種誤解或可忽略不計,但時過境遷,今人對宋代啓文已所知甚少,想要避免這些誤解,未嘗不是一件頗有困難的事。在這

---

① 《本堂集》卷五十九,見《景印文淵閣四庫全書》第 1185 册,第 297 頁。
② 《宋人佚簡》,上海古籍出版社,1990 年。

樣的困難面前,不僅要系統地了解宋代啓文的程式及其雷同現象,同時也要對那些位次相鄰、題目相近的啓文進行充分對比,以圖最大程度地避免删節與合并的干擾,恢復啓文的本來面貌。

餘　論

　　文段層面的雷同與删節不僅是宋代啓文的普遍文獻面貌,同時也是其區分於其他文體的重要特徵。啓文的雷同性與其程式化特徵密不可分,但文體的程式化却并不一定會導致文段雷同現象的普遍出現。在宋代,啓文以外的駢儷文體,如制、表亦皆有其定式,其中表文更是啓文的近親——除了啓文中面向士大夫的頌德在表文中要升格爲頌聖外,兩種文體的程式結構幾乎完全一致。在制、表二體中,也確實存在着零星的文段雷同現象以及相應的文段删節,如陸佃《皇太后遇同天節典入内東頭供奉趙諒可文思副使制》①即删去了與前文雷同的"腦詞",而史浩《建王謝移鎮加恩表》②則承前文省略了"兹蓋伏遇"以下的頌聖及述意部分,但此類情况在制文、表文中僅爲個例,遠不如在啓文中那樣常見。這種差異一方面是由於啓文應用頻繁,其數量遠遠超過制、表二體,另一方面則是因爲制、表作爲廟堂文體,其體制較爲尊嚴,而啓文多用於日常來往,相對而言具有較强的隨意性。《雲莊四六餘話》云:"大抵制誥箋表貴乎謹嚴,啓疏雜著不妨宏肆。"③啓文的隨意性固然可能醖釀出"宏肆"的藝術風格,但當寫作任務過重,作者力不能給時,這種隨意性也意味着敷衍爲文、自相蹈襲的可能。這樣看來,宋代啓文普遍而又獨特的雷同現象絶不是出於偶然,其背後潜藏着豐富的文體學動因。

　　作爲一種普遍的文體特徵,宋代啓文的雷同現象理應得到文論家們的重視,但在宋人的文論中,却鮮能見到針對這一現象的論述。當然,宋人對駢文的因襲之弊有着清晰的認識,如劉克莊《跋黄牧四六》即指出:"故(四六)有字面突兀不安者,有對偶偏枯者,有蹈襲陳腐者,有堆故事、泥全句而乏氣骨者,有涣散不相貫屬者。"④但駢文的"蹈襲陳腐"具有多方面的義涵,并非確指程式化啓文的文段雷同。明清兩代的文論家在論述啓這一文體時,時常能切中其死守程式、依樣套作的弊端,但却未能認識充分到宋代啓文的普遍雷同,繼而將套作的開端劃定在宋代之後。如明人方弘静的《千一録》即云:"十年以來,書札競用四六,非若宋人之工也,第取俳儷活套,相詒謾而已。"⑤清人孫梅亦稱:"四六至南宋之末,菁華已竭。元朝作者寥寥,僅沿餘波。至明代,經義興而聲偶不講,其時所用書啓表聯,多門面習套,無復作家風韵。"⑥方、孫二人

---

① 〔宋〕陸佃《陶山集》卷十,見《景印文淵閣四庫全書》第1117册,第137頁。
② 〔宋〕史浩《史浩集》卷二十一,浙江古籍出版社,2016年,第395頁。
③ 〔宋〕楊囦道《雲莊四六餘話》,見王水照主編《歷代文話》第一册,第119頁。
④ 《劉克莊集箋校》卷一百七,第4457頁。
⑤ 〔明〕方弘静《千一録》卷二十,見《續修四庫全書》第1126册,第397頁。
⑥ 〔清〕孫梅《四六叢話》凡例,人民文學出版社,2010年,第11頁。

指出啓文多用習套的弊端,確爲有見,但二人認爲啓文發展至明代始有套作之弊,則顯然有失確切。相較而言,四庫館臣"(四六文)一濫於宋人之啓札,再濫於明人之表判,剿襲皮毛,轉相販鬻"①的論斷雖然略嫌激切,但却更能反映宋代啓文的實際面貌。

(作者單位:南京大學文學院)

---

① 〔清〕永瑢等《四庫全書總目》卷一百八十九《四六法海》提要,見《景印文淵閣四庫全書》第 5 册,第 79 頁。

《唐詩品彙》的東傳與江户漢文學

陳鴻喆*

　　明初高棅所編的《唐詩品彙》是中國詩學史中最具影響力的唐詩選本之一,其中"四唐説""九品説""正變觀"等對明清詩學的尊唐復古思潮影響甚巨,而且其作爲唐詩選本的典範對後來的同類著作具有極大的示範意義,如舊題李攀龍《唐詩選》、唐汝詢《唐詩解》以及沈德潜《唐詩别裁集》等選本均受其沾溉。不僅如此,《唐詩品彙》還漂洋過海,影響日本和朝鮮,對兩國詩壇風氣的轉移、詩學的演進、唐詩理論的批判與討論等方面有推波助瀾之功。然而學界研究《唐詩品彙》的視野大多仍局限於國内,較少關注其在東亞漢文化圈内的影響。故筆者欲先從日本一國入手,考察《唐詩品彙》東傳日本的經過,并討論江户詩人對《唐詩品彙》的接受,進而折射江户時代漢文學的演進。

一　《唐詩品彙》東傳日本述略

　　《唐詩品彙》始編於明洪武十七年(1384),完成於洪武二十六年(1393),《拾遺》十卷完成於洪武三十一年(1398)。據筆者統計,該書現存共二十八種中國版本[①],其可考的最早版本爲明洪武初刻本[②]。《唐詩品彙》自刊刻後并未

---

　　*　本文爲國家社科基金重大項目"東亞古代漢文學史"(19ZDA260)階段性成果。本文的修改幸得劉芳亮老師、鍾卓瑩博士以及匿名評審專家的諸多建議,特此謹致謝忱。

　　①　金生奎《明代唐詩選本研究》(合肥工業大學出版社,2007年,第89—94頁)對《唐詩品彙》的主要版本作了較詳盡的考述,其中中國版本共計二十三種。申東城《〈唐詩品彙〉研究》(黄山書社,2009年,第78—80頁)亦列叙《唐詩品彙》版本十三種,然不出金書範圍。筆者據各類書目統計,在上述二十三種之外,尚有如下中國版本:《唐詩品彙》九十卷《拾遺》十卷,明成化十三年(1477)刻重修本,福建省圖書館藏;清抄本《唐詩品彙》二册(存《五絶》卷二至卷六,《七絶》卷三至卷七),溫州市圖書館藏;《唐詩品彙》九十卷《拾遺》十卷《詩人爵里詳節》一卷,明張恂訂,清抄本十一册,存四十六卷(卷一至卷四、十七至二十、二十九至三十八、五十三至五十七、六十五至六十九、七十四至九十、及《詩人爵里詳節》),臨海市圖書館藏;文津閣《四庫全書》本;文瀾閣《四庫全書》本。

　　②　金生奎據明鈕石溪《會稽鈕氏世學樓珍藏圖書目》和清佚名《自怡悦齋藏書目》考證,《唐詩品彙》最早版本爲洪武初刻本,標爲"未見"。然據筆者檢索,日本宫内廳書陵部藏有一部明洪武版(有補寫)的《唐詩品彙》,二十三册,可能爲此版本。

在詩壇引起多少反響,大約嘉靖以後,該書纔日漸流行①。《唐詩品彙》傳入日本的具體時間雖無法確考,但慶長九年(1604)時,林羅山(1583—1657)的《既讀書目》中便包含《唐詩品彙》一書②,故其傳入時間應在此之前。日本宮内廳書陵部現藏有一部明屠隆刊本《唐詩品彙》,二十三册,上有"江雲渭樹"一印,印主即林羅山,應爲其舊藏,其慶長九年所讀很可能即此版本。而據筆者考察,日本室町時代(1333—1573)的文獻幾乎没有提及《唐詩品彙》的,且日本現存該書之明本以萬曆後刻本爲主,加之《唐詩品彙》在中國大約嘉靖後纔日漸流行,因此該書於萬曆後(即日本安土桃山時代至江户初)傳入日本的可能性較大,具體時間可能在天正元年(1573)至慶長九年(1604)之間。

要瞭解《唐詩品彙》東傳日本的具體情況,我們應先對江户前期的《御文庫目録》《寬文書籍目録》、林羅山《既讀書目》等公私書目,及江户中後期的舶載書目加以考察。所謂舶載書目,是指記載日本江户時代中國典籍傳入日本的書目,主要包括記載貿易往來的簡目《商舶載來書目》(1693—1795)、《齎來書目》(1714—1805)、《書籍元帳》(1803—1855)、《直組帳》(1829—1830)、《内閣文庫購來書籍目録》(1835—1844)、《見帳》(1843—1844)和《落札帳》(1843—1862)等,以及《宮内廳書陵部藏舶載書目》(1694—1754)和《大意書》(1694—1860)兩種解題目録。據筆者統計,在上述書目中,《唐詩品彙》的數量達到五十部之多。其中具體的時間、數量等情況如下:

慶長九年(1604)前,《唐詩品彙》一部。③
寬永十六年(1639)前,《唐詩品彙》一部。④
正德二年(1712)四番船,《唐詩品彙》一部。
正德二年(1712),《唐詩品彙》一部。
正德二年(1712),《唐詩品彙》一部,二十四本。⑤
正德二年(1712),《唐詩品彙》一部,四套。
正德四年(1714),《唐詩品彙》一部,十六本,二套。
享保四年(1719),《唐詩品彙》一部。⑥
元文三年(1738),《唐詩品彙》一部,二套。⑦
寬延四年(1751),《唐詩品彙》四部,二套,二十本。
寶曆四年(1754),《唐詩品彙》兩部。一部,四套,三十二本(脱紙無シ

---

① 參陳國球《唐詩選本與明代復古詩論》,見《唐代文學研究》(第五輯),廣西師範大學出版社,1994年,第772—774頁。

②③ 〔日〕林羅山《羅山林先生集·附録》卷一,日本寬文二年(1662)序刊本。

④ 〔日〕大庭脩《東北大学狩野文庫架藏の御文庫目録》,《関西大学東西学術研究所紀要》,1970年3月。

⑤ 〔日〕大庭脩《舶載書目》上,關西大學東西學術研究所,1972年,第10册,第36、50、73—74頁。

⑥ 〔日〕大庭脩《江戸時代における唐船持渡書の研究·資料編》,關西大學東西學術研究所,1967年,第241、243、683頁。

⑦ 〔日〕大庭脩《舶載書目》上,第11册,第27頁。

朱點蟲入內一本寫本);一部,二套,二十本(脱紙五張)。解題云:"嘉靖十八年刊。"

　　寳曆九年(1759)一番船,《唐詩品彙》十五部,六十套。
　　寳曆九年(1759)十番船,《唐詩品彙》五部,二十套。
　　寳曆九年(1759)十二番船,《唐詩品彙》五部,二十套。
　　寬政十二年(1800)申二番船,《唐詩品彙》五部,四套。
　　文政十二年(1829),《唐詩品彙》一部。
　　天保十二年(1841)子一番船,《唐詩品彙》一部,四套。
　　天保十五年(1844),《唐詩品彙》一部,四套,一套五本。
　　天保十五年(1844),《唐詩品彙》一部,四包,五本入。
　　天保十五年(1844),《唐詩品彙》一部,四套。①

在上述記錄中,《唐詩品彙》輸入的數量以寬延、寳曆年間最多。但這些記錄或不甚完善,所以我們還需結合江户詩壇風氣的變遷以及相關文集、詩話、實物等加以印證②。江户初文人的文集中已有閲讀、接受《唐詩品彙》的記録,但當時詩壇不專主唐詩,該書影響有限(詳下)。直至元禄之際(1688—1703),《唐詩品彙》在木下順庵(1621—1698)的倡導下纔始流行於江户詩壇。久保善教《木石園詩話》云:"及元禄之際,錦里先生者出,始唱唐詩,風靡一世,然其所奉書僅止於《滄浪詩話》、《品彙》、《正聲》、滄溟僞《唐詩選》、胡氏《詩藪》而已。"③此後,蘐園學派的荻生徂徠(1666—1728)、服部南郭(1683—1759)等將該書推至學詩必讀書目的地位,這自然會促進該書從中國的輸入。寳曆後,蘐園學派逐漸衰落,江户詩壇漸趨"折衷化",《唐詩品彙》也因此受批判、冷落,其輸入的數量可能也相應減少。至於上述所傳《唐詩品彙》的版本,僅有正德二年的二十四册本和寳曆四年的兩部能明確具體版本④。雖然難以考證出每條記録對應的《唐詩品彙》版本,但我們可以由日本現存之《唐詩品彙》的中國版本大致推測其概貌。筆者據日本所藏中文古籍數據庫、日本漢文文獻目録、日本大學圖書館藏書等檢索系統統計,日本現存的《唐詩品彙》明刻本近五十部,明刊清修及清刻本十餘部,其主要版本如下:

　　《唐詩品彙》一百一卷,明洪武本(有補寫)。
　　《唐詩品彙》九十卷《拾遺》十卷,成化十三年(1477)序刊本。

---

①〔日〕大庭脩《江户時代における唐船持渡書の研究·資料編》,第248—250、254、277、322、454、584、598、616、622頁。

② 張伯偉先生《清代詩話東傳略論稿》第一章《漢文學東傳研究法舉例》(中華書局,2007年,第6—83頁)舉出了"據書目以考""據史書以考""據日記以考""據文集以考""據詩話以考""據筆記以考""據序跋以考""據書信以考""據印章以考""據實物以考"十種具體的方法,全面地揭示了漢文學東傳的研究方法,可參考。

③ 趙季、葉言材、劉暢輯校《日本漢詩話集成》第五册,中華書局,2019年,第2016頁。

④ 大庭脩《舶載書目》第10册載正德二年傳《唐詩品彙》二十四册之解題著録了清梅墅石渠閣本之序。

《唐詩品彙》九十卷《拾遺》十卷,明嘉靖十六年(1537)刻本。
《唐詩品彙》九十卷《首》一卷,明屠隆重刻本。
《唐詩品彙》九十卷《拾遺》十卷,明萬曆三十三年(1605)重刻本。
《唐詩品彙》九十卷,明汪宗尼校訂,明刻本。
《唐詩品彙》九十卷《拾遺》十卷《首》一卷,明張恂校,明京都文錦堂刻本。
《唐詩品彙》九十卷《拾遺》十卷,明汪宗尼校訂,清順治十四年(1657)梅墅石渠閣刻本。
《唐詩品彙》九十卷《拾遺》十卷《歷代名公叙論》一卷《詩人爵里詳節》一卷,明張恂重訂,清京都文錦堂修補印本。

據此,日本現存的《唐詩品彙》中國版本以明刻本爲主,即使是爲數不多的清刻本,也多是在明版的基礎上修補覆刻而來。其中明刻本又以張恂重訂本爲主,數量達到了近三十部。綜上,我們可以大致推測,《唐詩品彙》的東傳可能較集中於江户元禄至寶曆年間,其版本或以張恂重訂本爲代表的明刻本爲主。

這些《唐詩品彙》傳入日本後,一是進入私人收藏,如江户幕府大學頭林家,除了上述林羅山所藏的明屠隆重刊本,日本國立公文書館内閣文庫亦藏有一部林家收藏的明刻張恂重訂本;再如古賀家,宫内廳書陵部即藏有一部古賀家舊藏的明版《唐詩品彙》。二是進入天皇的收藏,服部南郭《南郭先生燈下書》云:"高廷禮《唐詩品彙》是御所所持之書,時得皇帝御覽。"①三是幕府大名的收藏,《聖堂文書》載向井元仲《御調撥書籍此次唐人持渡書中有之番號及部數》:"卯拾貳番持渡三部(朱書) 《唐詩品彙》,一部……右 壹岐守大人。"②壹岐守即水野壹岐守忠見,其於寶曆十年(1760)四月朔日至安永四年(1775)八月二十日任若年寄。四是進入官學,如内閣文庫藏有兩部舊歸德川幕府最高學府——昌平坂學問所的明版《唐詩品彙》;山梨縣圖藏有舊歸徽典館(即甲斐國學問所)的明版《唐詩品彙》。關於日本翻刻《唐詩品彙》的版本、數量及具體情況,鍾卓螢博士已指出日本國内現存江户本《唐詩品彙》共有三十四部③,而據筆者調查,《唐詩品彙》的和刻本共計五十八部,日本鈔本五部。需要指出的是,服部南郭翻刻《唐詩品彙》所依據的底本是明張恂重訂本④,而鍾文未提及的三種日本鈔本分别爲:

《唐詩品彙七言律詩》九卷,明張恂重訂本之鈔本,年代、鈔者不詳,宫城縣圖藏。

《唐詩品彙五言絶句》二卷,嘉永七年(1854)山本本明寫,弘前大學附

---

① 原爲日文,筆者譯。〔韓〕趙鍾業《日本詩話叢編》第二册,太學社,1992年,第502頁。
② 參〔日〕大庭脩著,戚印平等譯《江户時代中國典籍流播日本之研究》,杭州大學出版社,1998年,第354—355頁。
③ 鍾卓螢《高棅唐詩選本在日本——以江户後期對〈唐詩正聲〉的重新評價與定位爲中心》,載下東波編《域外漢籍研究集刊》第二十二輯,中華書局,2021年,第377—378頁。
④ 服部南郭翻刻的《唐詩品彙》保留了張恂之序,故知其底本爲張恂重訂本。

屬圖書館藏。

《唐詩品彙抄》，寫本，存卷三十八至四十、卷四十六至五十五，所抄爲五、七言絕句，年代、鈔者不詳，天理大學附屬天理圖書館藏。

由於《唐詩品彙》的體量較大，故此書在日本的翻刻與傳抄大多是分體進行的，而較大的體量也爲其廣泛流行造成了相當大的阻礙，以致其無法成爲舊題李攀龍《唐詩選》式的"暢銷書"。雖然《唐詩品彙》没有廣泛流行，但其依舊在江户文人中擁有較大影響力。與舊題李攀龍《唐詩選》被大量翻刻、注解不同，《唐詩品彙》是江户時代傳入日本數量最多的唐詩選本之一。就上述書目的記録來看，在所有東傳日本的唐詩選本中，《唐詩品彙》共傳入五十部，而《唐詩選》不足十部，由此可見二者在日本傳播方式的不同。

二　江户時代文人對《唐詩品彙》的閲讀與評論

日本學者松下忠將江户詩壇分爲四期①，很好地揭示了江户不同時期詩壇的風貌，而江户時代文人對《唐詩品彙》的閲讀和評論情況也與各時期詩壇風氣密切相關。

《唐詩品彙》在江户第一期詩壇中已經得到了一定程度的閲讀，且文人們也開始接受其中的詩學觀念，只是很少被人提及和評論。現知日本文人閲讀《唐詩品彙》最早的記録出自林羅山二十二歲時所編的《既讀書目》。但林羅山所處之時，"詩人們没有把唐詩、宋詩或者明詩這樣的特定時代的詩作爲理想"，因此"不界分特定的時代和人物"②，林羅山也不例外，他唐宋并尊，"本於唐詩，參于宋"，特别是對盛唐詩的提倡似受到《唐音》《唐詩品彙》等選本影響，但他并不完全認同《唐詩品彙》之唐詩觀③。而江户初期"存在着推崇唐詩的人"④，即松永尺五(1592—1657)、林鵝峰(1618—1680)、林讀耕齋(1624—1661)、木下順庵等人，他們不僅閲讀過《唐詩品彙》，還吸收了其中部分詩學觀念。如松永尺五作於慶安元年(1648)的《覆醬集序》對具體詩人的評價和對唐詩分期的稱謂，明顯受到《唐詩品彙序》的影響，而其將唐詩分爲三期，則與高棅差異較大⑤，似更近於《唐音》。

如果説林羅山、松永尺五等人對《唐詩品彙》僅停留在閲讀和批判地吸收書中部分觀點，那麽林鵝峰、林讀耕齋、木下順庵等下一輩詩人就已對其中的主要理論有所接受。如林讀耕齋喜好唐詩，家藏唐詩選本中便有《唐詩品彙》

---

① 第一期爲慶長八年(1603)至延寶七年(1679)；第二期爲延寶八年(1680)至寶曆九年(1759)；第三期爲寶曆十年(1760)至天保七年(1836)；第四期爲天保八年(1837)至慶應三年(1867)。參〔日〕松下忠著，范建明譯《江户時代的詩風詩論——兼論明清三大詩論及其影響》，學苑出版社，2008年，第7頁。

②④〔日〕松下忠著，范建明譯《江户時代的詩風詩論——兼論明清三大詩論及其影響》，第22頁。

③ 參張紅《江户前期理學詩學研究》，岳麓書社，2019年，第136頁。

⑤ 參張紅《江户前期理學詩學研究》，第168—169頁。

一書,其論唐詩也受《唐詩品彙》影響。其《書籍漫題二百首》跋云:"嗟夫唐家三百年,博聲文場,揚譽詩場者,不知幾百家也。初盛中晚,風體千變。"①所論唐詩"初盛中晚"明顯出自《唐詩品彙序》之"四唐説"。但其所咏集部書籍與諸書籍序跋中未見《唐詩品彙》,可能此書在當時尚未被奉爲經典,也不算膾炙人口。

歷來被認爲"始唱唐詩"的木下順庵也曾受到《唐詩品彙》的影響,其《三體詩絶句跋》云:"唐人絶句,以青蓮、龍標爲正宗,雖以少陵聖於詩者,有不逮焉。"②此評價明顯源於《唐詩品彙》,該書《七言絶句叙目》認爲"盛唐絶句,太白高於諸人,王少伯次之,二公篇什亦盛。今列爲正宗"③,而杜甫僅被列爲"羽翼"。上述文人雖受到《唐詩品彙》的影響,却没有直接對其發表評論,這也從側面印證了《唐詩品彙》在十六世紀末至十七世紀中葉尚未成爲日本詩壇中唐詩選本的主流。而這一現象的轉捩點應該正是久保善教指出的"元禄之際"。較早對高棅的唐詩選本加以評論的應屬伊藤仁齋(1627—1705),其作於元禄十一年(1698)的《蕉窗餘吟序》云:"近世善評詩者,莫嚴儀卿、劉會孟若也;善選詩者,莫高廷禮、李于鱗若也。然皆規規乎巧拙之間,而於詩之本則未之論。"④可見當時高棅的唐詩選本已在相當的程度上流行。

在江户第二期詩壇,隨着提倡唐詩的"木門"弟子和蘐園學派先後引領風騷,《唐詩品彙》也得到了更廣泛的閲讀與接受。該書不僅是"木門"詩人所尊奉的唐詩選本,也是蘐園學派主要推薦的詩學書籍。荻生徂徠《徂徠先生答問書》指導門人學詩,即以《唐詩選》和《唐詩品彙》爲範本;他給木公達開出的推薦漢書目中最不可缺的書也包括《唐詩品彙》。服部南郭《南郭先生燈下書》推薦的詩學書目中,《唐詩品彙》亦赫然在列。而林東溟(1708—1780)更是在《諸體詩則》卷下《書品》之"古今最上精選者"中將《唐詩品彙》列於《文選》之後,居第二位。但在蘐園學派看來,《唐詩品彙》在唐詩選本中的地位是不及舊題李攀龍的《唐詩選》的,服部南郭《唐詩選》附言云:"明興,高廷禮《品彙》《正聲》出,而唐人諸家玄黄不蔽。詩亦簡拔神駿,冀北遂空。滄溟繼興,蓋猶以廷禮爲多可旁通也,殳柞益嚴,掄選數百首,唐詩之粹森如。"⑤其言外之意爲《唐詩品彙》不及《唐詩選》精粹。而其《唐詩品彙序》又云:"則編輯者蓋其次也,非選也,所以不厭多也。"⑥在服部南郭看來,《唐詩品彙》只是將唐詩按照"四唐九品"的順序作了排列,并不能稱之爲選本,而更像是追求數量的總集。對《唐詩品彙》的評價,蘐園學派内部其實也存在不同聲音,如太宰春臺《新選唐詩六

---

① 〔日〕林靖《讀耕先生全集・詩集》卷十一,見王焱編《日本漢文學百家集》第 80 册,北京燕山出版社,2019 年,第 44 頁。
② 〔日〕木下順庵《錦里文集》卷十七,見王焱編《日本漢文學百家集》第 65 册,第 511—512 頁。
③ 〔明〕高棅編纂,〔明〕汪宗尼校訂,葛景春、胡永傑點校《唐詩品彙》,中華書局,2015 年,第 1510 頁。
④ 〔日〕伊藤仁齋《古學先生文集》卷一,見王焱編《日本漢文學百家集》第 82 册,第 197 頁。
⑤ 舊題〔明〕李攀龍編,〔日〕服部南郭校訂《唐詩選》,日本享保九年(1724)江户嵩山房刊本。
⑥ 〔日〕服部南郭《南郭先生文集二編》卷七,見王焱編《日本漢文學百家集》第 137 册,第 240 頁。

體集序》中便對《唐詩品彙》《唐詩選》有所批評:"如五言古詩,唐人出陳隋之下而未振,無足觀者也。李太白、王少伯七言律,皆其所短,而少伯殊甚。杜子美五七言絕句,皆極不佳,凡此皆不足觀,亦不足法者,而二氏之選乃取之。"①可見其對《唐詩品彙》的選詩標準頗有微詞。

在蘐園學派逐漸衰落之後,江户第三期詩壇主要以"新格調派"和提倡宋詩的詩人爲主。"新格調派"的詩人一般對《唐詩品彙》的評價都比較高,如芥川丹丘(1710—1785)《丹丘詩話》卷下云:"《滄浪詩話》之外,略可取者,陳師道《後山詩話》。雖其識非上乘,其論時入妙悟,故高廷禮《品彙》多收之。詩家最不可不讀也。"②其不但以《唐詩品彙》作爲評判詩學著作可讀與否的標準,而且在實際上承認《唐詩品彙》接受了《後山詩話》的詩學觀點——妙悟。而芥川丹丘又對《唐詩選》頗有批評:"李于鱗選唐詩,不可謂文無害也。"③與此同時,原田東岳(1729—1783)也有類似的觀點,其《詩學新論》卷上云:"因謂《唐詩品彙》《古今詩刪》,匹也,皆可覽觀。"作者將《唐詩選》換成了李攀龍所選的《古今詩刪》,并認爲二者可并駕齊驅。而作者又稱"于鱗氏《唐詩選》簡當嚴深,妙於摭捃矣。然屬眼太過,猶有遺珠之誚"④,對《唐詩選》不無微詞。中井竹山(1730—1804)《詩律兆》卷十一亦云:"《品彙》《正聲》,終明世館閣宗之者,史册可徵。……予於是編,以老杜爲主,從唐宋已還之公論,以復廷禮氏之舊云。"⑤更是明確地推崇高棅,貶抑李、王。熊阪台州(1739—1803)《白雲館近體詩式》在比較了高、李二人選本後更是明確提出宗法高棅之語——"是余所以不得不宗高廷禮也"⑥,在之後論述每一種詩體時也必引高棅之論。這一褒一貶之間正體現了江户第二、三期詩壇風氣的轉移。蘐園學派倡古文辭,推崇李、王"格調説",而詩壇師法古文辭流於李、王之剽竊模擬,"格調"掃地。"新格調派"仍然"師古",推崇"格調",但出於矯正時弊之需,不欲再推尊李、王,因此最佳方式是追溯"格調説"之源,以此廓清李、王遺毒。一般來說,嚴羽《滄浪詩話》中已有"格調説"的雛形,之後高棅《唐詩品彙》張大其勢,明前後七子及清沈德潛進一步發展,使之成爲明清時主流詩學思想之一。《唐詩品彙》既是李、王"格調説"之源,又是具有相當影響力的唐詩選本,地位提振自是必然選擇。

而同期詩壇提倡宋詩的詩人則對《唐詩品彙》多有指摘,如市河寬齋(1749—1820)《詩爐》"《品彙》之謬"條云:"劉方平《烏栖曲》、孟郊《臨池曲》、李賀《蝴蝶舞》,俱是七言四句而換韻,且不拘聲律,乃梁樂府之遺法也。必當屬之古體,而高廷禮編之絕句中,不知何謂。"⑦從辨體的角度批評高棅編選《唐

---

① 〔日〕太宰春臺《紫芝園後稿初編》卷五,見王焱編《日本漢文學百家集》第133册,第219—220頁。
② 趙季、葉言材、劉暢輯校《日本漢詩話集成》第二册,第854頁。
③ 趙季、葉言材、劉暢輯校《日本漢詩話集成》第二册,第852頁。
④ 趙季、葉言材、劉暢輯校《日本漢詩話集成》第三册,第1013頁。
⑤ 趙季、葉言材、劉暢輯校《日本漢詩話集成》第三册,第1281頁。
⑥ 趙季、葉言材、劉暢輯校《日本漢詩話集成》第三册,第1326頁。
⑦ 趙季、葉言材、劉暢輯校《日本漢詩話集成》第四册,第1476頁。

詩品彙》之抵牾。但市河寬齋并不是一味貶斥《唐詩品彙》，而是有選擇地加以肯定，如"唐五言古不可不學"條云："'唐無五言古詩，而有其古詩，不取也。'此言一出，近時奉其教者皆曰漢魏。……高廷禮編《品彙》，不欲爲漢魏黜唐之古。……拘拘守株一家，偏貴漢魏，非阿所好，則亦高叟之爲哉，何足謂大家？"①市河寬齋正以《唐詩品彙》之體例反駁李攀龍"唐無五古"的觀點。山本北山(1752—1812)曾多次批判《唐詩品彙》，斥《唐詩品彙》爲"妄書"，其《孝經樓詩話》卷上第三十、三十二、三十五、三十六條分別引閻若璩、錢謙益、楊慎等人觀點對《唐詩品彙》之選詩與分期大加抨擊②。菊池五山(1769—1853)因"不喜選集"的態度也對高棅《唐詩品彙》的選詩觀大加撻伐，其《五山堂詩話》卷六云："廷禮《品彙》，稍爲浩瀚，但廷禮選詩先立幾種階級，以區別四唐，任意黜陟。……此豈選詩之道哉？"③可謂從根本上否定了《唐詩品彙》作爲選本的價值。

時至江户第四期詩壇，隨着"新格調派"的退場，詩壇主要由"折衷詩派"所主導，但其中亦有推重唐詩者，如館機(1762—1844)、葛西因是(1764—1823)、賴山陽(1781—1832)等，他們藉助《唐詩品彙》之"四唐説"提振中晚唐詩的地位，如館機便編輯了較多中晚唐詩歌選本，賴山陽《唐絶新選》也側重中晚唐詩，但只有賴山陽在《唐絶新選》例言中明確説"唐詩之選，至廷禮氏始備"④。與此同時，尚有從文獻角度推崇《唐詩品彙》者，如野口蘇庵《詩規》卷上云："七言排律，唐人不多見。如太白《別山僧》、高適《宿田家》、子美《題鄭著》及《清明》二首、王仲初《寄韓侍郎》等作，雖聯對精密，而律調未純，終未脱古詩體段。若言從字順、音響冲和者，今録《品彙》集所載，以爲法式。"⑤同時代佚名《童蒙詩式》亦引用此段論述。可見《唐詩品彙》因其所收詩體廣博，數量衆多，在當時仍然是閲讀、學習唐詩的重要範本之一。

三 《唐詩品彙》之唐詩觀與江户時代的詩論

日本江户時代文人對《唐詩品彙》的閲讀和評論與江户詩壇風氣的轉移密切相關，但《唐詩品彙》之唐詩觀對日本江户詩人的影響却是持續的，這以"四唐説""九品説""正變觀"等理論最爲突出。《唐詩品彙》對日本江户時代漢詩論影響最大的當屬"四唐説"。高棅在繼承嚴羽、楊士弘等人唐詩分期的基礎上明確提出了"初盛中晚"四期的分法⑥，但這種分期方法在《唐詩品彙》傳到

---

① 趙季、葉言材、劉暢輯校《日本漢詩話集成》第四册，第1468頁。
② 參〔韓〕趙鍾業《日本詩話叢編》第五册，第641—644頁。
③ 趙季、葉言材、劉暢輯校《日本漢詩話集成》第五册，第1834頁。
④ 〔日〕賴山陽《唐絶新選》，日本文化七年(1810)幽蘭書屋刻本。
⑤ 趙季、葉言材、劉暢輯校《日本漢詩話集成》第九册，第3809頁。
⑥ 張健在《元代詩法校考》(北京大學出版社，2001年)中指出元代佚名《詩家模範》中已有明確的"四唐"分期；王順貴《〈唐詩品彙〉何以成爲典範的唐詩選本——論元代三種唐詩選本與〈唐詩品彙〉的關係》(《文學遺産》2013年第2期)一文認爲元人李存《唐人五言排律選》正式提出了"四唐説"。但不論《詩家模範》還是《唐人五言排律選》在中國產生的影響均極有限，也未見東傳日本的記載，因此基本沒有對日本詩壇發生影響。

日本之初却并未得到多少認同。這一方面與江户初期的詩人不以"特定時代的詩作爲理想"有關,如林羅山持有"唐宋并尊"的觀念,不以"四唐"論唐詩。另一方面可能因爲江户初詩壇對唐詩分期的認識仍以嚴羽《滄浪詩話》及楊士弘《唐音》爲主。如松永尺五在《覆醬集序》中將唐詩分爲"初唐之正體""盛唐之盛風"與"晚唐之變態"三期①,似與《唐音》中"始音""正音""遺響"的分期接近。不過到了林羅山與松永尺五的下一輩人,"四唐説"已經被部分文人真正認可,如林鵞峰、林讀耕齋等不僅以"初盛中晚"和"四唐"評論唐詩發展,而且林鵞峰編選《六十花唐詩屏風》時已經采用了"四唐"作爲編撰體例。但當時仍有人持"三唐説",如菊池耕齋(1618—1682)《中院通純卿亭講〈白氏文集〉初宴賦賀有其始以獻十二韵》云:"三唐删後盛,萬世仰成規。"②可見在江户第一期詩壇,《唐詩品彙》之"四唐説"的影響較爲有限。

　　至江户第二期詩壇,鼓吹唐詩的木門諸子和蘐園學派主導詩壇,《唐詩品彙》之"四唐説"的影響進一步展拓,這時的詩人不僅論及唐詩時多言"四唐",更在此基礎上加入了自己的理解。如荻生徂徠《唐詩訓解序》云:

　　　　蓋意初唐雅艷典麗,氣象超邁;盛則高華明亮,格調深遠;中則瀟灑清暢,興趣悠婉;晚則奇刻工致,詞藻精切。③

高棅《唐詩品彙序》中只是界定了"初盛中晚"的界限,并評論了各期代表詩人;而荻生徂徠則從大處着眼,將四唐各期詩歌的風貌分別概括爲八字,各期詩風并無高下之别,而其將中唐詩風概括爲"瀟灑清暢,興趣悠婉"則顯示出他不同於中國唐詩學的理解。之後,荻生徂徠又將明代詩壇盛行的"格調説"與"四唐説"連結起來:

　　　　蓋詩以格爲别:高華雄渾,古雅悲壯,是盛唐所尚也;……流暢圓美,宛切動人,是中唐所長也;……新奇尖巧,刮目快心,是晚唐所擅。
　　　　夫盛唐主格,中唐主情,晚唐主意,古人曰在可解不可解之間,可見情意二者非最上乘焉。④

此處唐代各期詩歌的八字評語與前述頗爲接近,只是明確標舉"格調",據此認爲主格的盛唐詩要勝於主情與主意的中晚唐詩,體現了蘐園學派鼓吹盛唐詩的觀念。至江户第三期詩壇,折衷詩派和提倡宋詩的詩人對"四唐説"多有非議,如山本北山、菊池五山等人便對其强烈批判。這一方面是對蘐園學派詩學主張的反撥,另一方面也受到明末清初詩學的影響,特别是接受了袁宏道、錢謙益等人反對"四唐説"的觀點。山本北山《作詩志彀》雖然反對"四唐説",但

---

　　① 〔日〕松永尺五《覆醬集序》,載〔日〕石川丈山《新編覆醬集》卷首,見王焱編《日本漢文學百家集》第 30 册,第 16—17 頁。
　　② 〔日〕菊池耕齋《耕齋先生全集》卷一,見王焱編《日本漢文學百家集》第 63 册,第 17 頁。
　　③ 〔日〕森銑三ほか《続日本隨筆大成》第 4 卷,吉川弘文館,1979 年,第 104 頁。
　　④ 〔日〕荻生徂徠《徂徠集》卷二十六《與江若水書》,見王焱編《日本漢文學百家集》第 117 册,第 460—461 頁。

其論詩又多以"四唐"爲名目,可見"四唐説"影響之深。江户末期,"四唐説"又被館機等人推重,藉以提振中晚唐詩的地位。其中理論性較强者,當屬大槻清崇(1801—1878)《三體詩絶句解序》,序中將"四唐"説與《詩經》之"變風變雅"聯繫起來:"詩之有四唐,猶風雅有正變歟?初盛唐猶正風雅也,中晚唐猶變風雅也,而所病乎中晚唐者,以其過婉麗織巧,而稍乏大雅之音也。其實婉麗織巧,雖變風雅亦有之。"①這實際上是以"正變"説闡釋"四唐",從而爲中晚唐詩辯護,提升其地位。

江户詩人不僅用"四唐説"評論唐詩,更對此説作了進一步遷移,將之用於其他時代的詩歌評論。如"新格調派"詩人芥川丹丘《丹丘詩話》卷下以"四明"之説論明詩發展:

> 明詩繼唐,只伯仲之間而已。然流派最多,故易眩人。有初盛、有中晚,而又非若唐詩界限暫然,大抵李本寧、胡元瑞之儔已入中唐樊圉,袁中郎、鍾伯敬、譚元春之徒深墜晚季疆畛,甚者傳薪宋人,詩道之衰甚矣!陳卧子、李舒章之徒唱義闢之,而力微任大,不能挽回,豈不惜乎?②

這種論調自然是受中日兩國"明詩比唐"觀念的影響而形成的,但芥川丹丘也指出了明詩不同於唐詩的特點——流派多與分期不明顯。芥川氏已明確指出李維楨、胡應麟爲中明,袁宏道、鍾惺、譚元春爲晚明,但并未提及初明、盛明。有學者指出,"芥焕所論,大約以劉基、高啓爲初明,以前後七子爲盛明"③,庶幾近之。再如葛西因是《晚唐十家絶句序》云:"宋詩,中、晚之影也,明詩,盛唐之影也,雖存形似,既非真物,觀之無色澤,聽之無聲調。"④以"四唐説"比附宋、明詩,認爲宋、明詩不過是唐詩之盛、中、晚三期的影寫,頗爲貶斥。不僅如此,"四唐説"還被江户詩人藉鑒用於評論本國漢詩與和歌的發展,如松村梅岡(1710—1784)《駒轂芻言》云:"戲言之,國初(江户開幕)以迄於今之詩之品彙,國初至天和、貞享爲正始,比之初唐;元禄、正德爲正宗,比之盛唐;享保以下爲接武,比之中唐;安永、天明爲餘響,比之晚唐。"⑤太宰春臺亦以"四唐"比附和歌⑥,雖不屬漢詩學範疇,亦可見"四唐説"之影響亦至和文學。

與《唐詩品彙》之"四唐説"關係最密切的當屬"九品説",這在日本江户詩

---

① 〔日〕大槻清崇《磐溪文鈔三集》卷上,日本明治三十年(1897)序刊本。
② 趙季、葉言材、劉暢輯校《日本漢詩話集成》第二册,第859頁。
③ 孫立《日本詩話中的中國古代詩學研究》,北京大學出版社,2012年,第133頁。
④ 〔日〕葛西因是《因是文稿》卷上,《天香樓叢書》本。
⑤ 原爲日文,筆者譯。〔日〕日本隨筆大成編輯部《日本隨筆大成》(第一期)第16册,吉川弘文館,1976年,第386—387頁。
⑥ 轉引自〔日〕深谷公幹《駁〈斥非〉》:"今夫以詩道準和歌,如《萬葉集》所載,則兼《三百篇》而下漢魏古詩,稍胚胎于盛唐詩矣。《古今集》所載者,正是似盛唐之詩,《後撰》《拾遺》二集,盛唐雜初唐者也。自《後拾遺集》及《新古今集》,似中唐晚唐雜宋詩矣,《新敕撰集》而下不足以言為。唐開元、天寶與我元正、聖武、孝謙之世蓋同時,而和歌亦自似唐詩矣。仲滿在唐《咏月歌》,全是盛唐之佳境,可與李白《峨眉山月》相頡頏矣。大曆以後氣格漸降矣,自《白氏文集》東來,愛之者多,而風調所移,和歌亦遂失古風矣。"趙季、葉言材、劉暢輯校《日本漢詩話集成》第二册,第628頁。

壇也産生了一定回響,但不及"四唐説"的影響深廣持久。而且在"九品"中,江户詩人偏好使用"正宗""大家""名家"三種。如林鵞峰在《八月十七夜序》中提出以杜甫爲詩家之祖、詩家"正宗"。而在《唐詩品彙》中,杜甫多被列爲"大家",視作變體,此處以"正"論杜甫,不以"變"視之。林鵞峰不僅用這些術語評價唐代詩人,更用來評論宋代詩人,如其《評詩色香》云:"山谷、簡齋俱是詩家之正法眼藏也。唐賢才子以詩名者甚多,少陵爲最,二公之詩同宗少陵,故宋朝之詩,於二公謂之大家,謂之名家。"①林鵞峰既以杜甫爲"正宗",黄庭堅、陳師道同宗杜甫,故只能居於"正宗"之後的"大家"或"名家"。蘐園學派的林東溟(1708—1780)則將這些術語賦予自己的理解,并用於評價其他時代的詩人,其《諸體詩則》卷上曰:

> 有大家,有名家。名家有所不爲所不能也,大家無所不爲所不能也。故又云:"清新秀逸,沖遠和平,流麗精工,莊嚴奇峭,名家所擅,大家之所兼也。浩瀚汪洋,錯綜變幻,渾雄豪宕,閎廓沉深,大家之所長,名家之所短也。"②

林氏以爲大家在名家之上,并能兼容名家之長,而大家之氣象與境界則爲名家所不及。之後林氏提出李白、杜甫、李夢陽、何景明、李攀龍、王世貞等爲大家,而王維、孟浩然、王昌齡、徐禎卿、高叔嗣、吴國倫次之,并認爲"唐多大家,明多名家"。此外,林氏又以曹植、李白、杜甫、王世貞爲"古今四大家",甚至認爲"徂徠先生亦大家也",可見已將這兩個概念用於評價曹魏、明代乃至日本詩人。

"正變觀"也是《唐詩品彙》中對日本江户詩壇影響很大的觀念,這不僅在於詩風之正變,更在於聲律之正變。如安積澹泊(1656—1737)《醯雞集序》云:

> 余非知唐詩者,然常喜讀唐詩,頗能辨其爲正爲變。唐之大家不可屈指而數,自王楊盧駱以至錢郎韋柳之徒,皆得其正者也。若元次山聱牙,王季友之率直,李長吉之瑰詭,孟東野之苦硬,皆得其變者也。③

此處所論即詩風之正變,其中"變者"大致以中晚唐詩人爲主,而"正者"則包括"四傑"至大曆詩人,與中國詩學有所不同。但日本詩壇對"正變觀"的接受以聲律之正變最爲突出,尤其是江户時期的漢詩詩律學著作將此説發揮得淋漓盡致。如宇野士朗(1701—1732)的《詩家聲律》不僅以《唐詩品彙》爲重要的引證文獻,更以探求詩歌聲律之正變爲主旨。其《序》云:"知律有正變,不知正有疏密,變有大小也。"④可見其將聲律正變的理論進一步細化。其中"句品"一節將七絶中的一至四句分爲"平起""仄起"兩大類,共三十一法,以"正變"論,

---

① 〔日〕林鵞峰《鵞峰林學士文集》卷五十八,見王焱編《日本漢文學百家集》第47册,第374—375頁。
② 趙季、葉言材、劉暢輯校《日本漢詩話集成》第二册,第711—712頁。
③ 〔日〕安積澹泊《澹泊齋文集》卷八,見王焱編《日本漢文學百家集》第111册,第414頁。
④ 趙季、葉言材、劉暢輯校《日本漢詩話集成》第二册,第653頁。

則細分爲"正正""次正""變正""正變"四種。"品證"一節則以"句品"所分之法對《唐詩品彙》等書中的七絕加以分析,分別統計出了具體的數字,并認爲:"唐詩之選,備諸體,正聲律,莫先於《正音》,高彥恢謂其能'別體制之始終,審音律之正變,而得唐人之三尺'也。《正音》之後,莫博於《品彙》,莫嚴於《正聲》,莫行於《選》焉。"①又有"韵法"一節專研用韵之"正變",統計了《唐詩品彙》中所用平聲三十韵中每一韵的數量,并將其分爲"正""小變""大變"三類。作者在該書最後得出最終結論:"聲律之有正變,譬猶兵也。正固常用,能用正然後能爲變。變得其所,雖變猶不變。"②可謂通達之論。此後,中井竹山《詩律兆》亦將詩律分爲"恒""變"二調,并以爲"華人固有此目"③,其"恒調"中又分"正格""偏格"兩類,仿照詞譜的形式作圖説明。中井氏還將聲律説與四唐分期聯繫起來,《詩律兆》卷十一《論一》云:"大氐聲律寬於初唐,完於盛唐,嚴於中唐,極於晚唐。"④谷斗南《全唐詩律論》則在中井竹山《詩律兆》的基礎上踵事增華,以"正格""偏格""變格""拗格"之分類論述唐詩聲律,亦將聲律之變化繫以四唐分期,其卷一《詩品論》云:"聲律者,初唐之所創制,而盛唐全奉其律,間極變格。至中晚,又有出其範圍者。如夫變格,乃怪异百出,是亦千古一定之法也。"⑤此處與中井氏所論不同,中井氏認爲從初唐到晚唐,聲律的規則漸趨嚴格,而谷斗南則認爲聲律漸趨於變,但變格也應被視爲"定法"。

四 《唐詩品彙》與江户時代的詩格、詩語及詩選

《唐詩品彙》對日本江户詩壇的影響不僅在於詩學觀念,還在於詩學著述的編纂。這些詩學著述主要包括詩格、詩語、詩選等。目前學界一般認爲,日本的詩話具有突出的詩格化的特點⑥,而這些詩話大多以"詩格""詩式"等命名,如大江玄圃(1729—1794)《盛唐詩格》、熊阪台州《白雲館近體詩式》、釋教存《續連珠詩格》、東條琴臺(1793—1878)、東條士階(1829—1897)《新唐宋連珠詩格》等。這些詩格大都將《唐詩品彙》作爲重要的徵引文獻。如大江玄圃《盛唐詩格》以"字格"爲主,附以九條"句格",該書實際上就是一部收集較多詩歌例句的"詞典",其引用書目中即包括《唐詩品彙》和《唐詩拾遺》。不僅如此,該書在編撰體例上也效仿《唐詩品彙》,其凡例云:"盛唐詩人之世次,大抵據於廷禮《品彙》而定之。"⑦再如熊阪台州《白雲館近體詩式》亦以《唐詩品彙》爲重要的文獻來源,其凡例云:

　　高李之選,所收五言律百六十一首,五言排律九十三首,七言律百三

---

① 趙季、葉言材、劉暢輯校《日本漢詩話集成》第二册,第669頁。
② 趙季、葉言材、劉暢輯校《日本漢詩話集成》第二册,第704頁。
③ 趙季、葉言材、劉暢輯校《日本漢詩話集成》第三册,第1068頁。
④ 趙季、葉言材、劉暢輯校《日本漢詩話集成》第三册,第1276頁。
⑤ 趙季、葉言材、劉暢輯校《日本漢詩話集成》第九册,第3910—3911頁。
⑥ 參張伯偉《論日本詩話的特色——兼談中日韓詩話的關係》,《外國文學評論》2002年第1期。
⑦ 趙季、葉言材、劉暢輯校《日本漢詩話集成》第三册,第960頁。

十一首,五言絕句百七十一首,七言絕句二百七十四首,此余所論法也。……若夫七言排律及六言律絕、六言排律,則二家之選所不取,則取諸《品彙》及明諸家以作式,庶乎學者知源委之所由矣。自注云:"若高李之選所不收,及雖收不多,而唐諸家多有之者,則取諸《品彙》,注於其下,使學者自擇焉。"①

"高李之選"爲高棅《唐詩正聲》與舊題李攀龍《唐詩選》,而二者所選詩亦均出自《唐詩品彙》,熊阪氏也對此有明確的認識:

> 高廷禮既窮數十年之力,廣搜博采,編《唐詩品彙》。……乃復窮精闡微,選其聲律純正,得性情之正者,名曰《唐詩正聲》。……乃知于鱗之選唐詩,以其英豪之氣,唯點撿《品彙》一過,批點於其合乎己者,遂命侍史錄之,即輒序而傳之也。②

而這兩部選本不僅所選詩體不全,數量亦有限,因此必須溯其源頭,引用《唐詩品彙》。此外,熊阪氏在論述各詩體的發展時亦引用《唐詩品彙》之觀點,如"七言絕句"條後:"高廷禮云:'七言絕句,始自古樂府《挾瑟歌》,梁元帝《烏栖曲》,江總《怨詩行》等作,皆七言四句,至唐初,始穩順聲勢,定爲絕句。'"③此語出自《唐詩品彙·七言絕句》之《叙目》,考鏡七絕之源流,爲熊阪氏所認同。除上述二書外,釋教存所編《續連珠詩格》與東條琴臺、東條士階所編《新唐宋連珠詩格》之采用書目中亦包括《唐詩品彙》。

所謂"詩語"類書籍,即分類比次、解釋中國詩歌語彙,供初學詩者選取詩材的書籍,與詩格中的"字格"有相類之處,但更成體系,規模更大。此類著作時代較早且影響較大的當屬荻生徂徠弟子鷹見爽鳩(1690—1735)所編之《詩筌》。該書共分天文、地理、時令等二十大類,一百二十二小類,以《唐詩品彙》爲主要參考書目。其凡例第一條便說:

> 凡唐詩之選,無出於滄溟氏者,而學者乃窘於取材。惟廷禮之《品彙》,浩博無遺,以世次則正始、大家、名家屬諸初盛,羽翼爲中,接武以下爲晚唐。此編專掇正始、大家、羽翼之字,分類彙集,萬無挂漏。彼接武以下,概無所收。④

作者承認當時最盛行的唐詩選本屬題爲李攀龍的《唐詩選》,然其體量難以滿足學者"取材"的要求,而《唐詩品彙》既"浩博無遺",又符合蘐園學派的詩歌主張,便於學者擇善而從,自然是編纂詩語類著作的最佳範本。

《唐詩品彙》除了是日本江户時代詩格、詩語類著作的文獻來源,也對這一時期唐詩選本的編纂產生了一定影響。雖然江户時代對日本唐詩選本編纂影

---

① 趙季、葉言材、劉暢輯校《日本漢詩話集成》第三冊,第1326頁。
② 趙季、葉言材、劉暢輯校《日本漢詩話集成》第三冊,第1325—1326頁。
③ 趙季、葉言材、劉暢輯校《日本漢詩話集成》第三冊,第1345頁。
④ 趙季、葉言材、劉暢輯校《日本漢詩話集成》第十二冊,第5486頁。

響最大的當屬舊題李攀龍的《唐詩選》,但《唐詩品彙》的部分體例仍被江户時代的唐詩選本採納。《唐詩品彙》的體例極爲成熟、規範,在正文之前,先後有《總叙》《歷代名公叙論》《凡例》《引用諸書》《詩人爵里詳節》,正文部分以五古、七古、五絶、七絶、五律、五排、七律爲序,每一種詩體前有《叙目》,對所選篇目和該詩體源流加以論説,詩人之次序按照"四唐九品"排列,其中偶有評論。在這些體例中,影響較大的當屬"四唐"分期。據筆者考察,日本江户時代最早採用"四唐"分期的唐詩選本應屬林鵞峰所編之《六十花唐詩屏風》,此書雖今已亡佚,但凡例仍存,《六十花唐詩屏風凡例》云:"六十花不拘四時次第,以作者之世次載之,以分四唐,但以李杜爲最首者,以爲詩家之冠也。"①這種按照作者世次,分爲"四唐"排列詩歌的做法無疑受到《唐詩品彙》的影響。值得注意的是,林鵞峰在大體遵循"四唐"順序的同時,將李杜二人置於最首,體現出林家推尊李杜的詩學取向。江户中期詩壇因被古文辭之説籠罩,題爲李攀龍的《唐詩選》等大行其道,直到江户後期詩壇纔又出現了一定數量的日人所編之唐詩選本。這些唐詩選本更側重中晚唐詩。如館機一人便編選了《中唐十家絶句》《中唐二十家絶句》《晚唐十家絶句》《晚唐十二家絶句》等多部選本,多以《唐詩品彙》之"四唐説"提振中晚唐詩的地位。如葛西因是所作《晚唐十家絶句序》云:"詩之有四唐,猶歲之有四時也。四時雖異氣,皆陰陽之正氣也;四唐雖異調,皆有唐之正格也。……唐詩難讀,初、盛竟難讀,中、晚稍易讀,捨難就易,亦進步一道也。"②雖然高棅於"四唐"中最重盛唐,但此處顯然將"四唐"等而視之,又指出中晚唐詩更易讀的特質。與此同時,賴山陽也有與《晚唐十家絶句序》相近的論調,其《唐絶新選》例言云:

> 我選中晚唐多,以其多也。汪鈍翁曰:"唐不可四。"余曰:"四唐如四時,春多春佳處,秋有秋佳處,獨取春廢秋,有此理乎? 然其盛衰榮枯,固有在焉,不察於此,而徒曰盛唐盛唐者,從人後嗟嘆耳。"③

可見賴山陽亦通過對"四唐説"的重新解讀從而提高了詩選中晚唐詩的比重。他又認爲"《品彙》失之繁,《正聲》失之簡。與其簡而有遺也,寧繁而過取。故今之選,取於《品彙》者爲多"④,因此,《唐絶新選》不僅在體例上效法《唐詩品彙》之"四唐"分期,還將其作爲主要的文獻來源。可見在江户末期,《唐詩品彙》對日本唐詩選本的編纂仍具有一定影響力。

《唐詩品彙》的影響并不局限於江户時代的唐詩選本,還涉及同時期日本漢詩選本。如江村北海(1713—1788)《日本詩選》之《凡例》對高棅《唐詩品彙》等選本加以評論,雖以其"無可尚焉",但《日本詩選》正文之前却附有《詩人爵里》與《引用書目》;安達清河(1726—1792)所編《響風草》附《詩人姓名爵里》;大江玄圃所編《玉振集》附《詩人姓氏爵里》。而詩歌選本中附有作者爵里及引

---

① 〔日〕林鵞峰《鵞峰林學士文集》卷九十一,見王焱編《日本漢文學百家集》第50册,第237頁。
② 〔日〕葛西因是《因是文稿》卷上,《天香樓叢書》本。
③④ 〔日〕賴山陽《唐絶新選》,日本文化七年(1810)幽蘭書屋刻本。

用書目之傳統，似由《唐詩品彙》所開創。宋代洪邁《唐人萬首絶句》、周弼《唐三體詩法》、元代方回《瀛奎律髓》等在日本產生很大影響的詩歌選本均未有此例，惟《唐詩品彙》有之，因此上述諸家可能在不同程度上學習了《唐詩品彙》的編纂體例。

五　結語

　　《唐詩品彙》約明萬曆後東傳日本，成爲日本江户時期從中國輸入的數量最多的唐詩選本之一。結合諸書目與日本現存《唐詩品彙》之版本，這些輸入的《唐詩品彙》版本當以明刻本爲主，尤以明張恂重訂本爲多，而此本也是和刻本《唐詩品彙》所選用的底本。和刻本《唐詩品彙》的翻刻主要以分體校刻的方式進行，服部南郭、中村廣、松平士軌等先後對《唐詩品彙》加以校對，并由江户嵩山房、曬書樓、忘憂館等書坊刊行。雖然自享保十八年（1733）後，《唐詩品彙》有了和刻本，但該書的中國刻本仍大量輸入，尤以寬延、寶曆年間輸入最多，這與古文辭派於詩壇鼓吹唐詩，對《唐詩品彙》多有提倡密不可分。《唐詩品彙》傳入日本後，主要被當時的大家族、天皇、大名以及幕府學府等收藏，其龐大的體量雖影響了其廣泛流通與普及，但其始終是江户文人學習唐詩的必讀書籍。

　　《唐詩品彙》在江户初期的詩人中已有一定程度的閲讀，只是限於當時的詩學風氣未得到廣泛接受，但其中的"四唐説""九品説"等已經潛移默化地影響了當時詩人的詩學觀點。之後隨着提倡唐詩的木門弟子及蘐園學派先後主導詩壇，《唐詩品彙》被奉爲學詩的必讀書目，得到了衆多詩人的推崇，"四唐説""正變觀"等更是深入人心。蘐園學派衰落之後，"新格調派"詩人進一步提升了《唐詩品彙》的地位，以高棅詩選中的"格調"補救盲從李、王復古剽竊之弊。而提倡宋詩的詩人則對《唐詩品彙》之選詩多有微詞。到江户時代中晚期，《唐詩品彙》的影響漸趨衰落，但仍有詩人藉推崇此書以提升中晚唐詩的地位。即使《唐詩品彙》所代表的詩學理念不再盛行，但因其所選詩體的齊備、數量的浩博，仍是文人閲讀唐詩經常選擇的讀物。

　　《唐詩品彙》不僅是江户時代文人閲讀、學習唐詩的重要讀物，其中的詩學觀念更對江户時代的漢詩學產生了極大影響。其中以"四唐説"和"正變觀"最具代表性。最早完整接受"四唐説"的應是江户大學頭林家的林鵞峰和林讀耕齋兄弟二人，他們在討論唐詩時已明確使用"初盛中晚""四唐"等語。之後以"四唐"討論詩歌的詩人漸多，其中荻生徂徠將"四唐説"與"格調説"融合；松村梅岡以"四唐説"比附江户漢詩之發展；太宰春臺以"四唐説"比附和歌的發展；芥川丹丘以"四唐説"比附明詩，闡述"四明説"；中井竹山、谷斗南等人將聲律與"四唐説"結合。《唐詩品彙》中的"正變觀"以詩風、詩體之正變爲主，而江户時期詩人多着眼於音律之正變，并將"正變"理論進一步細化。

　　《唐詩品彙》還對日本江户時期的詩格、詩語類著作以及選本產生了一定影響。詩格、詩語類著作不僅對《唐詩品彙》中的詩學觀有所接受，更以其爲重要的文獻來源;江户詩人所編的唐詩選本也受到"四唐"分期的影響,亦將其作爲選詩來源。一些日本漢詩選本也學習了《唐詩品彙》附有《引用書目》《詩人爵里詳節》等體例的做法。

　　總而言之,《唐詩品彙》與日本江户時期的漢文學密切相關,其流行程度雖不及舊題李攀龍的《唐詩選》,但也基本是在漢文學的正統框架内被討論,且影響力不容忽視,其詩學觀念、編纂體例、選詩篇目在相當程度上影響了日本江户時期漢文學的發展,可視爲中日詩學交流的極佳例證。

（作者單位:南京大學文學院）

删棄與修改：總集與別集對比下的王昶文學研究

劉　馳

　　删棄與修改是中國古代詩歌創作與詩集編纂過程中的常見現象。可以説，所有的詩作自誕生之時起，就面臨着可能被删棄或修改的命運。詩人年齡、身份、地位、創作技法與思想觀念的改變，都可能影響其看待舊作的態度。許多詩人甚至會在一生之中反復删棄、修改舊作，纔最終形成定稿。在此過程中，删棄、修改不但能決定具體文本的存亡與變化，還會影響相關别集、總集等文獻的編纂與校勘。

　　如果某些作品在被删、改成定稿之前就被傳抄或刊刻，就可能保留定稿所缺失的信息。在傳統文獻學視域之中，這些文獻往往被當作是校勘定本的參照。在定稿形成之後，它們大概率會被定本所遮蔽、淹没，甚至直接消散在歷史的長河之中。但這些文獻也是作者某一時段創作技法與思想觀念的反映，也是保存作者自我形象的活化石。

　　對於詩人與詩歌研究，定稿無疑最受重視。不過定稿所保存的，只是它被確定的那一刻所凝定的詩人形象。詩人思想觀念、創作技法的形成與穩定，往往需要經歷漫長的過程，并非生來如此且一成不變。定稿固然能代表當時之作者，却未必能代表過往之作者。甚至，當時之作者在創作技法、思想觀念等方面的取向可能與過往之作者截然相反、彼此矛盾。因此，若想尋求詩人更加完整的文學形象，那麽定稿之外的相關文本與文獻便顯得舉足輕重，它們不僅可以成爲校勘異文的參照，還可成爲勾勒詩人不同時期文學形象的依據。在定稿與未定稿、删棄稿的比對之中，探討詩人删棄、修改的具體内容與深層原因，或許就有可能還原出一個更加豐富、生動、處於變化之中的詩人形象。

　　清代大量詩歌總集、别集以及日記、題跋、書札等文獻的存世，適可爲這一問題的研究提供許多有趣的案例，王昶對自我詩歌的删棄與修改就是其中之一。乾隆十八年，沈德潛爲"吴中七子"（王鳴盛、吴泰來、王昶、黄文蓮、趙文

---

* 本文爲江蘇省社會科學基金項目研究成果"清代江蘇地域詩歌總集專題研究"（21WMB034）。

哲、錢大昕、曹仁虎）編選、刊刻了著名的詩歌總集《七子詩選》，所收皆七子少年時期的代表作。此後七子聲名日盛，創作技法、思想觀念多有變化，故他們在手定別集之時，難免會刪、改少作。趙文哲就曾自述其焚棄少作之事："予昔在吳中，與述庵及王光禄禮堂、吳舍人竹嶼、黄學博星槎、錢學士辛楣、曹編修習庵結吟社，沈宗伯歸愚先生序而刻之，詩皆少作，今已大半焚棄。"①吳泰來亦曾刪詩："已而貢入國子，謁選，得松滋文學官，舍直萬山中，君登臨吟眺，益抒寫其胸中之藴。既歸而卷帙愈富，造詣愈深，乃刪其前後諸作，爲《硯山堂集》若干卷。"②二人皆因少作不足以代表自己詩歌成就而有所刪棄。

王昶是"吳中七子"中刪、棄少作的典型。他早年因《七子詩選》名動一時，後又身居高位，執詩壇之牛耳，對自己別集的編纂格外重視。在編纂《春融堂集》時，王昶曾反復刪、改少作。《春融堂集》在嘉慶四年已初步完成，此後王昶還在持續調整作品。直到他去世後，《春融堂集》才被刊刻，即嘉慶十二年塾南書舍刻本③。今就嘉慶十二年塾南書舍刊刻的《春融堂集》與哈佛所藏乾隆十八年刊刻的《七子詩選》中《履二齋集》進行對比，以探討其晚年手定別集時對早年總集内少作的刪棄與修改情况。

一　刪詩手筆非無意：王昶對少作的刪棄

王昶部分少作曾被沈德潛選入《七子詩選》，名爲《履二齋集》。集中作品經過了王昶與沈德潛的篩選，是王昶早年詩歌的代表作。王昶晚年在編纂《春融堂集》時，又重新審視了這部分作品，并將其按年份先後分散編入各卷之中。在此過程中，他直接刪棄了二十餘首詩作，包括《雞鳴曲》《艾如張》《西門行》《白馬篇》《戰城南》《懷沈冠雲徵君》《秋懷寄吳澤君》《真州夜泊懷趙升之》《懷曹來殷》《送吳頡雲歸杭州》《秋懷》《渡江》《江上聞笛》《澄江夜泊》《秦淮水榭》《尚湖夜泊》，《秋夕》二首，《寄家鳳喈》其三，《送錢曉徵之淮南》其二、其三，《寄内》其四、其六，《吳閶雜感》其二、其八、其十二。王昶没有明言刪棄原因，但根據這些詩歌的特點，可推測一二。

被刪棄的詩歌中，一部分純屬擬古之作，或是王昶早年學詩時的練筆之作，模仿痕迹較重，《雞鳴曲》《艾如張》《西門行》《白馬篇》《戰城南》等皆屬於此類。如《雞鳴曲》乃樂府舊題，後人多有擬作。《七子詩選》所收王昶《雞鳴曲》云：

　　四更月始低，五更雞始啼。征人束裝別妻子，門前躑躅花驄嘶。霜風

---

① 〔清〕趙文哲《予與充齋既和述庵乞字韵詩，翼日述庵復出一章見示，且云此後當以一丸泥封函谷，任公等濟河焚舟矣。是直謂我不能更借一戰也，再以此詩挑之，并邀充齋同作》，《媕雅集》卷五，《續修四庫全書》編纂委員會編《續修四庫全書》第 1436 册，影上海辭書出版社圖書館藏清乾隆五十四年刻本，上海古籍出版社，2002 年，第 48 頁。
② 〔清〕惠棟《硯山堂集·序》，陳紅彦、謝冬榮、薩仁高娃主編《清代詩文集珍本叢刊》第 281 册，影清刻本，國家圖書館出版社，2017 年，第 1—2 頁。
③ 參見朱惠國、裴風順《王昶〈春融堂集〉版本考》，《國學》2015 年第二集。

吹衣泪如雨,執手相看不能語。勸君後夜聽雞鳴,莫憶此時離別苦。

此詩雖然敘事清晰,但模擬痕迹過重,自然不能爲晚年的王昶所看重。此詩風格與唐人李廓的《雞鳴曲》頗爲相似:

> 星稀月没上五更,膠膠角角雞初鳴。征人牽馬出門立,辭妾欲向安西行。再鳴引頸檐頭下,月中角聲催上馬。才分地色第三鳴,旌斾紅塵已出城。婦人上城亂招手,夫婿不聞遥哭聲。長恨雞鳴別時苦,不遣雞栖近窗户。①

兩詩一經對比,高下立判。李廓雖非知名詩人,但此詩敘事十分精彩,尤其是抓住了雞鳴時夫婦之間的具體動作細節,將離別時的不捨之情表現得淋漓盡致。最後一句寫婦人因怕雞鳴勾起離別之苦,故不讓雞靠窗栖息,立意十分新奇。反觀王昶此作,不少句子疑從李詩化出,尤其是末句的化用痕迹十分明顯,反不如李作精彩。

寄贈友朋之作也多遭刪棄,《懷沈冠雲徵君》《秋懷寄吳澤君》《真州夜泊懷趙升之》《懷曹來殷》《送吳頡雲歸杭州》等皆是。王昶認爲此類詩應從嚴選取:

> 若不論人之正譎賢否,雜然見於吾詩,而贈答唱和之章不能遽有所指斥譏貶,則於美刺奚當焉?吾詩不傳則已,詩苟傳,後賢必因詩以考人,考人而人不足稱,則鄙其人,因以鄙我之詩。且因鄙吾詩之諛,而吾之爲人亦將爲之所薄。②

吳泰來在《春融堂集・詩序》中也記録了王昶對於贈友之作的看法:

> 尊賢、友士、立懦、廉頑,後世誦詩所以尚論也,如少陵上哥舒翰、贈張垍與蘇涣,猶目以失言,况其下者。近代集中取友之嚴,莫如亭林、漁洋、竹垞三公,吾竊奉以爲法焉。③

王昶認爲寄贈對象最好是賢者,寫作也須十分講究。如此看來,早年一些藝術價值較低的寄贈之作被刪棄,也就不足爲怪。不過,其中也有明珠被棄,較爲可惜,如《秋懷寄吳澤君》:

> 清江白露下,萬户鳴哀砧。微雲卷淡月,耿耿明横參。徘徊不能寐,起坐彈玉琴。一彈懷舊曲,再彈悲秋吟。西風吹敗葉,助以孤蛩音。感此忽長嘆,濁酒聊自斟。亮無飛鴻翼,何從寄所欽。

單從藝術層面而言,此詩前四句興象玲瓏,近乎李白;後半情思淒楚,頗類阮籍,這或許便是其能被選入《七子詩選》的原因。缺點或在部分立意、表達與阮籍《詠懷》比較接近。

---

① 〔宋〕郭茂倩編撰《樂府詩集》,上海古籍出版社,2016年,第1009頁。
② 〔清〕王昶《與顧上舍禄書》,陳明傑、朱惠國、裴風順點校《春融堂集》,上海文化出版社,2013年,第592頁。
③ 〔清〕吳泰來《春融堂集・詩序》,《續修四庫全書》第1437册,影上海辭書出版社圖書館藏清嘉慶十二年塾南書舍刻本,第331頁。

還有一類被刪棄較多的是描寫江景之作,如《渡江》《江上聞笛》《澄江夜泊》《秦淮水榭》《尚湖夜泊》,筆法未臻上乘。《江上聞笛》其一:

> 孤舟遥泊楓林岸,何人明月吹羌管。才按涼州泪已零,再歌水調腸堪斷。

此詩一改七絕押平聲韵的慣例,選押仄聲韵,較爲獨特。最後兩句以對句作結,氣脉、情感略顯滯澀,未達絶句"流轉如彈丸"的境界,并且"涼州"與"水調"、"泪已零"與"腸堪斷"有合掌之嫌。

另外一些作品被刪棄,可能是由於立意遣詞與其他詩作較爲相似。如《七子詩選》收有《懷沈冠雲徵君》一詩:

> 雲水澹寒緑,吴江逢暮秋。遥知栖隱者,散髮卧林丘。漁火蘆中棹,經聲竹外樓。疏麻誰可寄,悵望迥含愁。

《春融堂集》未收此詩,不過收入了一首詞作《南柯子》:

> 野火山中屋,疏烟竹外樓。葦條風起送篷舟,又是一番霜信下沙洲。白髮高堂泪,青衫客子愁。蛛絲應是挂羅幬,早晚片帆歸去泖西頭。①

此詞與詩意境差似,"野火山中屋,疏烟竹外樓"與"漁火蘆中棹,經聲竹外樓"的遣詞造句也十分接近。二者比較而言,詞之神韵遠勝於詩,因此取詞棄詩不失爲明智之舉。

二　晚節漸於詩律細:王昶對少作的修改

通過《春融堂集》與《七子詩選》的文字互校,可以發現王昶對早年詩歌進行了大量細緻的修改。修改的具體情况較爲複雜,大略可以分爲三類:對詩題的修改、對詩歌正文的修改、對組詩順序的修改。一首詩或一組詩中經常還會出現多種修改情况。

(一) 修改詩歌題目

	《七子詩選》	《春融堂集》
增補人物信息	《題沈冠雲徵君登岱圖》	《題沈徵君冠雲彤登岱圖》
	《贈許丈子遜》	《贈許丈子遜廷鏶》
	《游虞山》	《游虞山同家碩夫大椿、蘇顯之去疾兩秀才作》
	《送凌祖錫、張鴻勛、褚摺升、錢曉徵、曹來殷赴金陵召試》	《送張鴻勛(棟)、凌祖錫、褚摺升、錢曉徵、曹來殷赴金陵召試》
	《答褚摺升見憶之作》	《答褚秀才摺升寅亮見懷之作》

---

① 《春融堂集》卷二五,《續修四庫全書》第1437册,第621頁。

續表

	《七子詩選》	《春融堂集》
增補人物信息	《沙斗初、黃芳亭、朱吉人、吴企晉、趙升之枉顧寓齋,同曹來殷過滄浪亭,至韋公祠而別,并訂西山之游》	《沙布衣斗初維枃、黃孝廉芳亭文蓮、吴企晉、趙升之及朱上舍吉人方藹枉顧寓齋,同曹來殷過滄浪亭,至韋公祠而別,并訂西山之游》
	《山塘雜詩同企晉、升之、來殷、升枚、澤均作》	《山塘雜詩同朱上舍適庭昂及企晉、升之、來殷作》
	《題東坡書春帖子詞後》	《題蘇文忠公書春帖子詞後》
增加物品信息	《虢國夫人早朝圖》	《虢國夫人早朝圖爲張丈擔伯錫爵題》
	《題畫》	《題黃尊古鼎小幀》
增加事件信息	《過陳黃門故居》	《皇甫林吊陳黃門(子龍)故居》
	《題翁朗夫徵君三十三山草堂圖》	《題翁丈霽堂三十三山草堂圖,兼送其北行》
增加地點信息	《寄家鳳喈》	《寄鳳喈武昌》
	《金陵遇吴企晉》	《秦淮客舍遇吴企晉》
增加人物信息、地點信息	《送錢曉徵之淮南》	《送曉徵舍人之淮南總河幕府》
增加地點、事件信息	《吴企晉宅喜晤趙升之,時余將往白下》	《璜川書屋喜晤趙升之,時余與企晉將往金陵》
减少人物信息	《自橫塘泛舟至木瀆,登靈岩,還宿企晉青瑤池館。晨與吴企晉、張崑南、沙斗初、朱適庭、錢曉徵、曹來殷暨過上沙水木明瑟園,抵天平,入龍門,歷法華洞諸勝》	《自橫塘泛舟至木瀆,登靈岩,還宿企晉青瑤池館。晨與企晉、適庭、斗初、來殷暨張布衣崑南崗過上沙水木明瑟園,抵天平,入龍門,歷法華洞諸勝》
	《錢曉徵枉過草堂夜話》	《曉徵枉過草堂夜話》
改變人物信息	《題汪蘅圃乘槎圖》	《題鄭上舍迂谷廷暘乘槎圖》
	《溧陽道中懷吴澤均》	《溧陽道中懷李布衣客山果》
	《旅夜懷張策時》	《旅夜寄凌祖錫》

如上表所示,詩題的改動,主要分爲增加信息、减少信息、修改信息三類。

增加信息又具體分爲增加人物信息、物品信息、事件信息、地點信息。增加人物信息主要是增加人物的姓名、字、號、官銜等。《七子詩選》所收王昶寄贈類詩歌較多,涉及不少江南地方文人。王昶早年寫作時,其潛在讀者群體主要是身邊的師友,自然不用將這些人物的信息記錄得過於詳細。從一名地域性小詩人逐漸成爲全國性文壇領袖後,王昶詩作的讀者群體大幅擴展,因此舊作中的地域性詩人就需要補上更加詳細的身份信息。如《七子詩選》在提及沈冠雲、張鴻勛、張崑南、褚摺升、沙斗初、黃芳亭等人時只用稱字或號即可,《春融堂集》則補上了名或官銜等重要信息。如此一來,也令詩題更加正式,凸顯出了詩歌的交際功能。

增加物品、事件信息的原因也與此類似,"吳中七子"及其師友彼此熟知,詩中提及的許多物品、事件相互之間并不陌生,因此無需詳述。而《春融堂集》讀者群體對此則不甚了解,故需要補充相關信息。如"吳中七子"大多曾受張錫爵之邀,爲《虢國夫人早朝圖》題寫詩作,他們在彼此唱和時便無需詳細道明事件原委;但《春融堂集》的讀者未必知曉此事,遂需補充"爲張丈擔伯錫爵題"這一信息。

還有一些詩作直接修改了題目中的人物,如《春融堂集》所收《題汪蘅圃乘槎圖》《溧陽道中懷吳澤均》《旅夜懷張策時》,内容與《七子詩選》基本一致,但詩題變爲:《題鄭上舍迁谷廷賜乘槎圖》《溧陽道中懷李布衣客山果》《旅夜寄凌祖錫》。其原因或是王昶晚年誤記,或是詩中所記録的事件不止一人參與,亦或是其他原因,如今已難以判斷。若後人根據這些詩題考證作者交游,就可能出現問題。其中,《題汪蘅圃乘槎圖》較之《題鄭上舍迁谷廷賜乘槎圖》,前者正確的可能性更大。汪蘅圃乃是畫家,沈大成①、趙文哲②等人都曾爲其畫作題辭,鄭廷賜則是一位書法家,未見其有畫作,因此汪蘅圃畫《乘槎圖》并請王昶題詩的可能性更高。

(二) 修改詩歌正文

王昶在編《春融堂集》時還十分細緻地修改了部分詩歌的正文,有的詩作幾乎經歷了一次重新創作的過程,《韓蘄王廟》一詩就是如此。《七子詩選》選録的版本爲:

> 韓蘄古廟傍城東,殘碣猶書舊日功。半壁江山留戰迹,一家婦女盡英雄。中朝冤獄悲三字,絕塞蒙塵痛兩宫。驢背歸來何限恨,靈旗日暮卷秋風。

《述庵詩鈔》所録版本爲:

> 貂蟬冕服古城東,忠勇猶鐫舊日功。湖上騎驢心未已,廟中墜馬恨何窮。旌旗横海兼三鎮,浮鼓臨江痛兩宫。獨有背嵬相對侍,靈帷日暮卷淒風。

《春融堂集》所録版本爲:

> 空堂神鬼半青紅,飄颺雲旗鬥朔風。五國君臣終陷没,一家婦女盡英雄。廟中墜馬仇難復,湖上騎驢恨未窮。聞說鐵山碑十丈,幾時剔蘚讀元功(墓在靈巖山下,有趙雄碑甚高)。③

---

① 〔清〕沈大成《汪蘅圃花溪釣綸圖》,《學福齋集》詩集卷三二《竹西詩鈔》,清乾隆三十九年刻本。
② 〔清〕趙文哲《題汪蘅圃華溪釣綸圖效五平五仄體》,《媕雅堂詩續集》卷三,清乾隆五十六年刻本。
③ 《春融堂集》卷二,《續修四庫全書》第1437册,第362頁。

這首詩對於王昶意義非凡。《韓蘄王廟》這一題目是沈德潛所出,用以考驗書院諸生。王昶之作得到了沈德潛的激賞:"(王昶)既長,補諸生,肄業紫陽書院。尚書沈德潛爲院長,試韓蘄王墓詩,有'半壁江山留戰迹,一家婦女盡英雄'之句,賞其文采。"① "一家婦女盡英雄"句後來還得到法式善《梧門詩話》的贊賞:"作如許雋語,可謂別有懷抱。"②

或許正是由於沈德潛等人贊賞,所以王昶對這首詩格外重視,以至於反復修改。《七子詩選》版開篇沉着大方,結尾仿效李商隱咏史懷古之法,以"靈旗""秋風"收束,頗爲靈動;只是頷聯結構不佳,出句泛言"半壁江山留戰迹",與首聯重複,對句論定韓家婦女功績,兩句之間缺乏意脈關聯;頸聯咏史,意思過於刻露,"莫須有"三字更切岳飛,而非韓世忠。或許正是鑒於原作的問題,王昶對其進行了多次修改。但觀《述庵詩抄》版,不覺進益,反覺退步,首聯點出"舊日功"後,頷聯没有順承其意描寫韓世忠的生平功績,却插入韓世忠騎驢終老西湖、兀朮墮馬逃亡之事,章法略顯混亂。相比之下,《春融堂集》版中間兩聯處理得最好,頷聯以"五國君臣終陷没"反襯"一家婦女盡英雄",悲壯有力,"五國"對"一家",尤覺工穩、巧妙;頸聯以兀朮墮馬逃亡之事暗示韓世忠晚年騎驢優游生活背後的無限悔恨與苦痛,"難復""未窮"四字能令志士扼腕嘆息;首、尾兩聯立意則是承襲《七子詩選》版首、尾兩聯而來,只不過是倒首爲尾、倒尾爲首,可惜首聯"空堂神鬼半青紅,飄飄雲旗鬥朔風"鬼氣太重,有失身份。王昶此作既寫韓世忠,又寫北宋一代亡國之史,兩相結合,倍增滄桑厚重之感,雖有小疵,畢竟瑕不掩瑜。這首作品總體上的成功,無疑與他細緻入微的修改態度有關。

《七子詩選》中《題東坡書春帖子詞後》一詩也經過了大幅修改,原本爲:

> 熙寧元祐多人文,一時臺閣皆名臣。廬陵文章已超邁,涑水勳業何嶙峋。堂堂坡老來巴蜀,落筆風生散珠玉。召對嘗恩賜紫緋,退朝每見携蓮燭。陽回芳律轉殘冬,帖子書成進兩宫。龍樓鳳閣春雲麗,玉署鑾坡曉日融。昇平此際多歡宴,高才自足雄三館。進御時邀明主知,題詩更得宣仁眷。一自明年社飯寒,南荒九死歷艱難。家鄉雲樹風濤外,官闕艫稜夢寐閒。可憐姓氏連鈎黨,詞章又見遭文網。玉鐉金題幾變更,鸑翔鳳翥仍蕭爽。撫卷徘徊太息深,汴梁臺殿久銷沈。只餘環翠亭中物,想見孤臣海外心。

《春融堂集》在收録時,將題目修改爲《題蘇文忠公書春帖子詞後》,詩的内容也發生了變化:

> 聚奎五緯昭人文,眉山蘇氏當其倫。錢唐召還掌制誥,强圉單閼逢新春。蒼龍挂闕農祥正,協風已有豐年慶。璇宫瑞雪獨承歡,椒寢仙雲凝譽

---

① 〔清〕錢林輯,〔清〕王藻編《文獻徵存録》卷九,清咸豐八年有嘉樹軒刻本。
② 〔清〕法式善《梧門詩話》卷一,稿本。

命。於時世運轉昇平,陰曀全消朝旭明。涑水名臣先入相,一時舊德盡充廷。惟公榮遇膺書局,落筆風生散珠玉。召對承恩先賜緋,退歸入夜還攜燭。陽回芳律轉殘冬,帖子書成進兩宮。龍樓鳳閣春雲麗,玉署鑾坡曉日融。一心一德多歡宴,高才自足雄三館。進御時邀明主知,題詩更得宣仁眷。一自明年社飯寒,南荒九死歷艱難。家鄉雲樹風濤外,宮闕舳艫夢寐閒。可憐姓氏連鉤黨,詞章又見遭文網。玉躞金題幾變更,鸞翔鳳翥仍蕭爽。撫卷徘徊太息深,汴梁臺殿久銷沈。只餘環翠亭中物,想見孤臣海外心。①

這首詩的修改,對於考察王昶前後詩風的變化較爲重要。其差別主要體現在詩的前半篇。《七子詩選》版在叙述蘇軾入宮的系列事件時,以蘇軾視角爲主,筆意恣肆,帶有強烈的主體意識,將蘇軾驚才絕艷、少年得志的情態描寫得酣暢淋漓,帶有十足的少年銳氣,甚至有目空天下之慨。但是《春融堂集》版則風格爲之一變,首先立論的基礎變成了熙寧、元祐年間天下昇平,文運昌盛,蘇軾不過適逢其會而已,主體意識大大削弱;其次,在具體描寫時,加入了許多華麗典雅的詞彙,如聚奎五緯、蒼龍挂闕、農祥、協風、豐年慶、璇宮瑞雪、承歡、椒寢仙雲、眷命、榮遇等。總體而言,原來恣意酣暢的筆力爲之一收,加入了大量富麗堂皇的詞彙,頓時呈現出一種典雅莊重的臺閣之風。這背後體現的既是少年到老年的心態變化,也是布衣到文臣的身份轉換,以及由此造成的詩歌風格的嬗變。

《過陳黃門故居》一詩的修改痕迹也十分明顯。《七子詩選》收錄内容爲:

> 湘真遺閣久飄零,烟柳風蒲滿夕汀。故里尚傳元亮井,行人猶識子雲亭。東吳賓客新壇坫,北地文章舊典型。太息華林殘劫後,荒祠落日泣英靈。

《春融堂集》將題目改爲《皇甫林吊陳黃門(子龍)故居》,内容調整爲:

> 湘真遺閣久飄零,細柳新蒲滿夕汀。正則懷沙魂未散,萇宏藏血墓誰銘。東吳賓客開壇坫,北地文章示典型。所惜玉樊俱泯滅,雲旗風馬共揚靈。②

首聯"烟柳風蒲"改爲"細柳新蒲",使用了杜甫《哀江頭》"江頭宮殿鎖千門,細柳新蒲爲誰綠"中的語典,便覺典雅,且暗藏"爲誰綠"三字,滿是蒼涼之意,却不道破,頓令詩意含蓄不盡。原詩第二聯模仿李商隱"萬里憶歸元亮井,三年從事亞夫營"句,但得其形而未得其神,只是以"元亮井""子雲亭"形容陳子龍的故居,類比并不恰切;修改後的第二聯則從對故居物質層面的描寫轉向了對陳子龍精神氣節的描寫,以屈原懷沙、萇弘藏血形容陳子龍,較爲妥帖。尾聯的修改,由實化虛,靈動有餘,氣象則有所不足。

---

① 《春融堂集》卷一,《續修四庫全書》第1437册,第354頁。
② 《春融堂集》卷一,《續修四庫全書》第1437册,第348頁。

在大篇幅修改之外,王昶還對一些字句進行了細緻推敲。如《七子詩選》中《破山寺夜宿止公山房》一詩頸聯云"斜陽生暝色,寒潤有餘音",對仗不工,《春融堂集》改之爲"斜陽生暝色,寒潤瀉清音"①。《七子詩選》中《送凌祖錫、張鴻勛、褚摺升、錢曉徵、曹來殷赴金陵召試》頷聯云"崔駰應上時巡頌,司馬無勞諫獵書",出、對句有合掌之嫌,王昶雖然是在勸幾位好友不要"諫獵書",但其勸友的話語本身就已經表現出對南巡不滿的態度,因此《春融堂集》將這句改成了"璇宫方上升恒頌,碧海頻傳賜復書",出句言上頌以"抒下情",對句言賜書以"宣上德",字裏行間洋溢着君臣合德的欣喜之情,非常符合王昶文臣的身份,體現出臺閣體的傾向。

內容修改部分另有一種十分特殊、難解的情形,即題目幾乎一樣,但詩作內容却完全不一樣。如《七子詩選》所收《贈許丈子遜》爲兩首五律,《春融堂集》所收《贈許丈子遜(廷鑅)》却是一首七律;《七子詩選》與《春融堂集》所收《清凉寺》一詩的內容也截然不同。這或許是後來有了同題新作而捨棄了前作所致。

(三) 組詩順序的調整和篇目的增删

《七子詩選》中收錄的王昶組詩,在被收入《春融堂集》時往往經過了順序上的重新編排,有的篇目還經過了增删的調整。《春融堂集》所收《塞上曲》六首的順序,就與《七子詩選》有所不同。《七子詩選》中順序爲:

> 其一:軍符昨日下西京,都護行邊事遠征。鼓角風高秋出塞,戈鋋月冷夜移營。
>
> 其二:風雲莽莽萬重山,醉把雕弓月下彎。回憶君恩身未報,不教兒女唱刀環。
>
> 其三:絕塞秋高萬馬霜,邊城寒色曉蒼蒼。夜深明月横滄海,獨上高臺望故鄉。
>
> 其四:羽林十萬盡横戈,不許天驕更請和。纔捲旌旗臨上郡,前軍已渡白狼河。
>
> 其五:颯颯風霜點鐵衣,親提一旅破重圍。沙場日暮黃雲合,獨斬樓蘭報捷歸。
>
> 其六:烽烟萬里憶從戎,欲寄征衣路未通。一片寒砧聲不斷,西風吹入建章宫。

《春融堂集》則將第二首改爲第三首,第三首改爲第五首,將第四首改第二首,將第五首改爲第四首。

相比之下,《春融堂集》的編排更加合理、整飭。前兩首寫出師。中間兩首寫征戰將士的雄心壯志。初出邊塞者大多懷揣着保家衛國的理想,然而隨着戰爭血腥、恐怖一面的展現,他們開始意識到個人的渺小與無奈,思鄉之情遂

---

① 《春融堂集》卷二,《續修四庫全書》第1437册,第361頁。

油然而生。因此第五首寫士兵在戰場上思念家鄉。第六首則是寫思婦在家中思念士兵,視角相反,而意脈相承,更能襯托戰爭的殘酷和人情的温暖。第六首最後一句,藉西風將寒砧聲吹入建章宫的想象,含蓄地表達出對皇帝的諷勸和對戰爭的厭惡,構思十分巧妙。如果説前四首歌頌的是國家意志,最後兩首關注的則是個體的情感。全詩内容基本未變,但順序一經調整,便如李光弼將郭子儀軍,號令一新,頓時精彩不少。

又如《七子詩選》中有《擬田家雜詩》組詩,《春融堂集》在收録《田家雜詩》時,也對原作順序進行了調整,先總寫田園村落之景,再分寫村中之風景、人物、事件,布置更加合理。

以上這類對詩歌字句篇章的斟酌、組詩順序結構的調整,都體現出王昶"晚節漸於詩律細"的藝術追求。

三 删改背後的學術、文學、政治觀念

如前文所述,王昶晚年在編選《春融堂集》時對早年舊作進行了大量删、改。從文本、文獻層面看,這些删、改往往是細碎的,甚至容易爲人忽略的。但這些删、改并非無意的、偶然的,而是一定程度上受到了晚年王昶學術、文學、政治觀念的影響。晚年的王昶身居高位,兼爲文壇領袖,已經形成了完整的學術、文學、政治觀念,正是這些觀念影響着王昶對舊作的删棄與修改,對舊作中自我形象的審視、接受與調整。

(一) 增補:題目修改背後的補史自覺與命題程式

王昶不僅是詩人,也是乾嘉時期著名的學者,他繼承并發揚了沈德潛的詩學理論,認爲詩歌應該根柢於學問①。前人論及學者詩時,往往偏重典故運用等部分,試圖從知識内容層面窺探學者型詩人"資學以入詩"的具體表現。若着眼於學問對詩人寫作觀念與程式的影響,或可爲這一問題的探討提供新的角度,王昶對詩題的增補即是一例。

王昶早年創作并不太講究程式,命題也較爲率意。在編選《春融堂集》時,則對《七子詩選》中作品的題目内容進行了大量的增補,尤其是題目中所涉人物、物品、事件、地點等信息,并且這些内容的增補絶非率性而爲,而是遵循着嚴格的寫作程式,體現出了一種强烈的補史自覺,這都是受乾嘉學術觀念影響日深的體現。

如《七子詩選》中許多詩作在稱謂方面不甚嚴謹,《春融堂集》修改後的稱謂主要爲"姓+名"的格式;對於任官之人,增補了官職;對於部分人物,在字後面還增補了名。如對《送凌祖錫、張鴻勛、褚揩升、錢曉徵、曹來殷赴金陵召試》

---

① 肖士娟《王昶詩歌及其詩學研究》就曾從詩歌創作的具體操作層面指出王昶詩歌重學的特徵:"王昶在創作實踐中將學才這一空洞的觀念轉化成了具體操作的創作要求,即詩文創作中即使是稱謂、官名、書名也要處處有依據",并列舉了王昶詩歌注釋繁多、以文字音韻和考據學問入詩、以佛語入詩等現象,并予以説明。肖士娟《王昶詩歌及其詩學研究》,華東師範大學碩士學位論文,2011年,第35—39頁。

一詩中的張鴻勛其人,《春融堂集》就特意以小字補充其名爲"楝";對《沙斗初、黃芳亭、朱吉人、吴企晋、趙升之枉顧寓齋,同曹來殷過滄浪亭,至韋公祠而别,并訂西山之游》中的沙斗初、黃芳亭、朱吉人等人,《春融堂集》也進行了補充,將詩題改爲《沙布衣斗初維杓、黃孝廉芳亭文蓮、吴企晋、趙升之及朱上舍吉人方藹枉顧寓齋,同曹來殷過滄浪亭,至韋公祠而别,并訂西山之游》。《春融堂集》詩題中物品的信息也進行了補充,如將《題畫》一詩的題目改爲《題黃尊古鼎小幀》,明確補充了畫的名字。地點信息亦是如此,如對《七子詩選》中《金陵遇吴企晋》《送錢曉徵之淮南》《吴企晋宅喜晤趙升之,時余將往白下》三詩中"金陵""淮南""吴企晋宅",《春融堂集》都進行了補充,改詩題爲《秦淮客舍遇吴企晋》《送曉徵舍人之淮南總河幕府》《璜川書屋喜晤趙升之,時余與企晋將往金陵》,後人依題考據,就可知作者遇吴企晋的具體地點是秦淮客舍,錢大昕曾赴淮南總河幕府,作者與趙升之晤面之處爲璜川書屋。

這些信息的增補與王昶的補史自覺,以及他對詩歌功能的認識密切相關,他在《與顧上舍禄百書》中就曾極力强調詩歌的"補史"功用:

> 詩與史,相表裏者也。史之體,善者傳之,惡者用以爲戒,故窮奇檮杌,不惜俱載於書,以蘄有禆於人心世道。三百篇亦然。惟今之所謂詩異是,善者引與爲友,因而有贈答酬和之章;其人不足與,而其名不足傳,則弗見於吾之詩也可,且弗克見於吾之詩,則爲惡者懼,爲庸衆者愧,用以力奮於善,是其所爲教,與史异而實同。①

詩與史體裁不同,却可互爲表裏,共匡人心世道。就此意義而言,詩歌無疑具有補史之不足的功能。在王昶眼中,詩歌不僅是文學藝術,更是歷史文獻,詩歌中所包含的一切信息,也是歷史信息,因此詩人在創作時應盡可能完備地記録相關信息,并且在寫作時要遵循一定的程式。

對前代著述義例與程式的總結,是乾嘉學術最爲突出的特徵之一。王昶受此影響,特别重視詩歌寫作的程式,他在《與吴二匏書》中詳細地總結了詩歌中使用稱謂的程式,這正是他修改詩題的理論依據:

> 孔子言:"名之必可言,言之必可行。"《爾雅》有《釋親》之篇。《爾雅》所無,必稽之諸史及唐大家之集而程式之。其餘書官、書名、書字或書行輩,尤當各有所本,不宜沿俗所云,以資應酬之具。某考晋宋五代人,以詩投贈唱和,率稱官、稱名、稱地,初唐人及少陵亦然⋯⋯而近之作者,信筆爲詩,亦信筆稱之,外姻之尊,屬同年之祖父,長官之親戚,牽率附會,羌無故實,蓋不待讀其詩而已,可嘔噦者也。夫字者所以尊名,有字不應號以代之。今置字不書,而惟號之行,雖三尺童子,莫不皆然⋯⋯百餘年來,惟亭林、漁洋、竹垞三先生詩文,稱謂皆有依據,爲承學者所當效。②

---

① 〔清〕王昶《與顧上舍禄書》,陳明傑、朱惠國、裴風順點校《春融堂集》,上海文化出版社,2013年,第592頁。
② 《春融堂集》卷三二,《續修四庫全書》第1438册,第21頁。

這段引文流露出王昶對詩歌中"書官、書名、書字或書行輩"等問題的重視,既涉及近於江西派"無一字無來處"的詩法問題,也涉及嚴謹的學術觀念問題。時人對此多不留意,王昶却總結出詩歌中"夫者字所以尊名,有字不應號以代之"的稱謂程式。上文所舉王昶晚年對詩題中人物信息的增補,正是對這一程式進行實踐的體現。

《春融堂集》對《七子詩選》中詩歌題目的增補,對命題程式的總結,對補史觀念的重視,其實都是王昶學者身份强化、受乾嘉考據學影響加劇的體現。以此爲基礎擴展開去,還可以發現不少學者都有這種以詩補史的觀念,并由此產生了詩歌中的一些自注類附文本,體現出學術與詩歌之間的複雜關係。

(二) 辨體、明法:從内容删改看創作技法與文學觀念

古詩、律詩、絶句等詩體各有其體式特徵與創作方法,因此詩人在學詩、寫詩的過程中往往需要辨體、明法,辨析不同詩體的體式特點、風格面貌,明察不同詩體謀篇布局、煉句下字的方法。對此,不同詩人的認識與實踐有所區別,同一詩人在不同階段的認識與實踐也有所變化。對舊作的删棄與修改狀況,適可在一定程度上反映出詩人創作技法與文學觀念動態發展的過程。

從前文王昶修改《韓蘄王廟》的例證可看出,王昶非常重視律詩對仗的工穩與精切。但有意思的是,其早年五律的中間兩聯中存在大量的非律句,并且他晚年在删改詩作時,没有完全删棄或修改這些非律句,甚至還保留不少非律句。以《破山寺夜宿止公山房》其一、其二爲例。其一頸聯"斜陽生暝色,寒澗有餘音"對仗不工,在《春融堂集》中被改爲"斜陽生暝色,寒澗瀉清音"。其二頷聯"永懷仙尉句,吟望思無窮"没有對仗,在《春融堂集》中却隻字未改。同樣是《破山寺夜宿止公山房》組詩中的作品,王昶對二者的態度與處理方法却截然不同,這顯然不是無意之舉。

究其原因是王昶有着獨特的辨體、明法觀念。王昶曾在《示朱生林一》中系統總結對古、律、絶各體詩歌的看法,在談及律詩時,他提到了一種特殊的體式:"若游覽、寄憶諸詩,即景會心,天然神妙,不可湊泊者,别爲一格,與五言古同其旨趣。"[1]這正是王昶修改五律舊作時所依據的重要原則。

這種獨特的體式被古人稱爲"以古行律",孟浩然、李白等唐人時有用之,其最爲典型的體現是在律詩中間兩聯中使用一聯非律句,以追求自然高妙之境。由於這種體式局部掙脱了律詩音律的束縛,因此常被視爲"變體"。許學夷對此有所論述:"古律之詩雖各有定體,然以古爲律者失之過,以律爲古者失之不及。唐人長於律而短于古,故既多以古爲律,而又多以律爲古也。"[2]

"以古行律"的缺點在於音律對仗不够謹嚴,其優點則在於"氣象風格自

---

[1] 《春融堂集》卷六八,《續修四庫全書》第 1438 册,第 331—332 頁。
[2] 〔明〕許學夷《詩源辯體》卷一七,人民文學出版社,1987 年,第 178—179 頁。

勝"①,正如潘德輿所論:"律不工而超出等倫。"②王昶的老師沈德潛就曾提倡律詩須得古風格:"古詩中不宜雜律詩體,恐凝滯也;作律詩正須得古風格。與寫篆、八分不得入楷法,寫楷書宜入篆、八分法同意。"③律詩欲得古風格,最直接的方法就是"以古行律"。偶爾以古句入律詩,便能收出其不意之功,造自然高妙之境。

　　王昶對待"斜陽生暝色,寒澗有餘音""永懷仙尉句,吟望思無窮"的不同態度,正是其堅持"以古行律"的體現。"斜陽生暝色,寒澗有餘音"是明顯的對仗句,但對仗并不工穩,若不修改則容易爲人所譏,因此王昶晚年將"有餘音"改爲了"瀉清音"。"永懷仙尉句,吟望思無窮"則根本不是對仗句,正是"以古行律"的典型體現,與李白"登舟望秋月,空憶謝將軍"句頗爲相似,都旨在追求自然高妙之境,不但不需修改,還要刻意保留。

　　此類"以古行律"的情形在王昶早年的詩中并不少見,如《寄鳳喈武昌》(其二)前兩聯云:"天際碧雲合,瀟湘春雁飛。知君官閣裏,終日對清暉。"④頷聯并未依常規對仗,首聯則似對非對(屬於寬對,可視爲"偷春格"),從整體上看前四句一氣而下,渾然天成,不可以不合律視之。又如《送錢曉徵之淮南》其一:"送子淮南去,迢迢千里程。北風吹五雨,幾日過蕪城。夜火明山縣,寒笳響戍營。到時秋汛急,辛苦念民生。"第三聯則對仗工穩,寫景精警,"明""響"二字堪稱句眼,可見其對仗功力之深;但前兩聯却渾不對仗,顯係刻意爲之,頗有古詩格調。這些情形皆是"以古行律"的體現,與王昶"若游覽、寄憶諸詩,即景會心,天然神妙,不可凑泊者,別爲一格,與五言古同其旨趣"的理念完全吻合,因此他對這類句子都進行了保留。

　　可見王昶早年就開始形成辨體、明法之意識,并在五律中嘗試"以古行律",但此時的創作技法尚未完全成熟,部分刻意對仗的句子并不工整。因此,他晚年編纂《春融堂集》時刪棄了那些對而不工的律句,却保留了另一些律詩中間兩聯中完全無意於對仗的句子,試圖通過"以古行律"的方式,避免律詩呆板凝滯之弊,以造自然高妙之境。這既體現出王昶晚年創作技法的提升,又體現出其"以古行律"文學觀念的一以貫之。

　　(三) 温柔敦厚:删改背後的政治考量與詩教思想

　　詩歌的刪棄、修改不僅涉及文學問題,還涉及政治、思想問題。是否需要對詩歌進行刪棄或修改,如何進行修改,既需要考量其文學效果,也需要考量其政治與思想因素。

　　《七子詩選》所選王昶之詩作皆爲少作,且多作於其認識沈德潛之前。在受沈德潛器重之後,王昶逐漸受到沈德潛的温柔敦厚詩教觀念的影響。他在

---

　　① 〔明〕許學夷《詩源辯體》卷一七,人民文學出版社,1987年,第227頁。
　　② 〔清〕潘德輿《養一齋詩話》卷二,郭紹虞輯《清詩話續編》,上海古籍出版社,1983年,第2035頁。
　　③ 〔清〕沈德潛撰,王宏林箋注《説詩晬語箋注》,人民文學出版社,2013年,第346頁。
　　④ 《春融堂集》卷二,《續修四庫全書》第1437册,第363頁。

爲張學仁《青苔館詩鈔》作序時,就曾論及沈德潛選刻《七子詩選》時所秉持的詩教觀念:

> 吾師沈文愨公(沈德潛)論詩以復古爲已任。予與西沚(王鳴盛)、竹汀輩從公游,刻《吳中七子詩》,一以不背於風雅,有合於體裁者爲宗。①

王昶處在文字獄頻發的時代,又身居高位,十分重視創作中的政治、思想問題,特別强調"不背於風雅,有合於體裁"的詩教觀念,不但以之爲創作宗旨,還以之爲删、改舊作的標準。

如前文所言,王昶早年的擬古之作多被删棄,但《練時日》《帝臨》《齋房》《景星》等擬古之作却得以保留。這些作品的文學成就相當有限,保留這些作品顯然不是出於文學層面考量,而是出於政治思想層面的需要。這幾首大多暗含對清王朝統治的歌頌之意,故而不但没被删棄,還被放置在了整部《春融堂集》的卷首②。

一些早年的窮愁困苦之作則被直接删棄,如《西門行》這首樂府古題,王昶并未將其當作純粹的擬古之作來創作,而是滲透了個人的生活經歷與情感體驗:

> 出西門,有所之。還入門,心中悲。人生長貧賤,坐愁慼迫將何爲。(一解)
> 拔劍事遠游,上堂辭慈親。欲別不忍言別,不覺泪下沾衣巾。(二解)
> 阿母撫我語,汝去何時還。家無兄與弟,汝父從黃泉。伶丁荼毒,門户艱難,汝去何時還。(三解)
> 病婦起謂我,君家婦難爲。盎中無斗米,桁上無完衣。賤妾不敢自言苦,但煢煢廓處誰因依。(四解)
> 我欲仰頭答,氣結不能揚。揮手出門去,愴惻摧中藏。(五解)

全詩共五首。第一首總寫,點出"貧賤"主題;第二首描寫自己辭親遠游時的複雜心態;第三首寫離別時阿母的絮語,藉阿母之口道出父親早亡、家無兄弟的凄凉身世;第四首寫離別時妻子的絮語,藉妻子之口説出缺米少衣的窮困家境;第五首寫自己辭別時的情景,所有痛苦、複雜的感受,都凝聚在不敢回答的心理和揮手的動作之中。王昶幼年喪父,家境貧寒,故而此類詩歌寫得哀切動人。或許是這些詩作過於凄苦,不能鳴家國之盛,因此被晚年的王昶所删棄,但它們却真實地保留了王昶想要刻意遮蔽的早年生活寫照與内心情感。

另有一些愁苦之作雖未遭删棄,也因不符合温柔敦厚之旨而被修改。《七子詩選》中的《錢曉徵枉過草堂夜話》對王昶和錢大昕早年坎坷遭遇有着詳細的刻畫:

> 其一:歲晚嚴風急,村荒積雪高。蒙君懷故舊,此夕到蓬蒿。失喜移

---

① 張學仁《青苔館詩鈔》卷首,清道光九年刻本。
② 《春融堂集》卷一前四首詩分别爲《練時日》《帝臨》《齋房》《景星》。

明燭,驅寒進薄醪。草堂同款語,慘淡首頻搔。

其二:貧賤多倉卒,生涯足苦辛。舟車長道路,書劍辱風塵。作客誰知己,還家愧老親。鄉田逢歲欠,一飽竟何因。

其五:少壯容顏改,窮愁意氣增。風塵悲趙壹,湖海憶陳登。時命無煩卜,文章或可稱。白雲謀送老,采藥我猶能。

《春融堂集》保留了這幾首詩作,不過將其一尾聯中的"慘淡首頻搔"改爲了"何用首頻搔"①;將其二頷聯中的"書劍辱風塵"改爲了"書劍雜風塵",尾聯中的"鄉田逢歲欠"改爲了"耦耕虛夙約"②;將其五頷聯中的"風塵悲趙壹"改爲了"詩書從季次"③,明顯淡化了胸中的怨懟不平之情。

《七子詩選》中《送錢曉徵之淮南》其二、其三對艱難的民間時事有所記載,暗含對朝廷的不滿與批判,也遭到了《春融堂集》的删棄:

其二:淮泗交流處,哀鴻未定居。雲梯誠可念,清口復何如。伐柳勞民力,增堤護歲儲。東南憂不細,悵望獨躊躇。

其三:聯床寒雨夕,相對共悲歌。一作銷魂別,相思奈遠何。白蘋江驛晚,紅樹楚山多。應有瑤華贈,臨風寄綠波。

在删棄這兩首詩後,《春融堂集》又在這一組詩之中特地增加了一首與錢大昕談詩論學的優游之作:

東閣開樽日,南樓點屐餘。新詩供嘯咏,妙理析元虛。三十三山客,憑君問起居。懸知對床處,詳晰考河渠。④

如此一來,這組詩原本凄苦悲愴的氛圍便大大減弱,還增加了一些文人談詩論學的閑適氣息。這種删棄、修改現象的出現,很可能就是因詩人晚年政治思想改變所致。

王昶在論詩時,曾明確提及身份、地位對詩學觀念和詩歌風格的影響:

昔鈍翁言詩有臺閣之體,有山林之體。磊落華贍,臺閣之詩也;悲嘑憤慨,山林之詩也。爲臺閣體者,宜貴,宜大其設施;爲山林體者,宜不偶,宜無所表見。信斯言以言詩,將畫爲兩戒,區爲兩人,離而不可相兼,且何以處非山林、非臺閣者歟?夫山林、臺閣,時之異也。所以爲詩,則豈有异哉?⑤

雖然王昶并不贊同山林、臺閣之詩的劃分,但他也十分敏銳地注意到了身份、地位變化對於詩歌的影響,并且試圖竭力抵抗這種影響。然而通過對比《七子詩選》與《春融堂集》可以發現,他早年的詩確實不乏"悲嘑憤慨"的山林之音,而這些作品後來或被删棄,或被修改,背後還暗藏著對"磊落華贍"臺閣式詩風

---

① ② ③ 《春融堂集》卷二,《續修四庫全書》第1437冊,第365頁。
④ 《春融堂集》卷三,《續修四庫全書》第1437冊,第372頁。
⑤ 《春融堂集》卷三九,《續修四庫全書》第1438冊,第70頁。

的追求。可見身份、地位的變化對王昶的詩風造成了實際的影響,并左右了他對待少作的態度。這背後隱藏着的其實是政治地位、政治思想對文學趣味、文學觀念的滲透。

可以說《七子詩選》一定程度上記録了王昶早年貧寒悽苦的家庭狀況、才高不遇的人生際遇、苦悶孤傲的心理特徵、激憤敢言的政治品格。隨着《春融堂集》對這些詩作的刪棄與修改,王昶昔日的形象也被有意淡化,并逐漸爲溫柔敦厚、忠君體國的晚年形象所遮掩。

綜上所論,刪棄與修改使得王昶早年詩歌的文本,從《七子詩選》中的最初面貌,改變并凝定成《春融堂集》中的最終面貌。透過這種文本與文獻層面的變動,可以看出王昶創作技法與思想觀念的發展歷程。就創作技法而言,無論是一聯詩的音律對仗、一首詩的謀篇布局,還是一組詩的排列組合,都有所精進。就思想觀念而言,對題目的補注體現了其補史心態與命題程式,這是其學術觀念對文學觀念滲透的結果;對律詩中間兩聯中非律句的處理策略,體現了其偏愛"以古行律"的創作特徵與文學觀念;對頌聖之作的保留和對窮愁困苦之音的刪改,體現了其帶有濃厚政治色彩的温柔敦厚的詩教觀念。隱藏在更深層處的則是王昶文學形象的變化,隨着王昶晚年中正平和、雍容華貴、忠君愛國形象的強化,那個曾經貧窮不遇却又意氣風發、慷慨激憤的少年形象則被逐漸淡化。

王昶刪棄、修改少作的痕迹,正是其審視自我,"以今日之我,難昔日之我"的記録。藉此有助於揭示其詩歌文本與文獻層累的歷史地層,勾勒其創作技法、思想觀念延續或演變的動態歷程,還原其有意遮蔽的生命片段與自我形象。

(作者單位:南京大學文學院)

清代律賦神韵論[*]

潘務正

唐宋兩朝,律賦創作勃興,而其理論尚處於草創期,主要關注以句法爲中心的具體技巧,唐無名氏《賦譜》、南宋鄭起潛《聲律關鍵》等興趣點即在於此;元明正值古典文學理論的發展階段,而律賦却受科考制度及"祖騷宗漢"賦學思想的影響,并未得到應有的重視,論及其體,仍局限在音律、對偶等層面的言説,祝堯《古賦辯體》、徐師曾《文體明辨》等是爲代表。清代翰苑試賦,影響所及,書院、家塾等場合普及律賦教育,對此體的理論探討成爲賦話、賦論等的主要内容。清人的律賦學理論,具體法度的研討仍是興趣所在;不過與前代不同的是,在技法之上,清人更爲重視律賦的神韵之美,明確提出"以傳神爲極致"[①],將"意外巧妙,事外遠致"的神韵之境奉爲"律賦之極軌"[②],可謂推崇備至。由前代的技法揣摩臻於清代的神韵追求,律賦最終完成自體理論的建構。

一 唐詩學的賦體旁衍

以神論賦,濫觴於揚雄,他學相如爲賦"弗逮,故雅服焉",便云:"長卿賦不似從人間來,其神化所致邪?"[③]以"神"與"人間"對舉,凸顯相如作賦的天縱之才。揚雄又以心釋神:"或問'神',曰:'心。'"[④]神具於心,帶有神秘的色彩,類似於司馬相如所云"賦家之心",有天賦之義,難以言明,故雖才高如長卿,也只能説"得之於内,不可得而傳"[⑤]。是後劉勰《文心雕龍・神思》將"淮南崇朝而賦騷,枚皋應詔而成賦"歸於"思之速"的"神";明代陳山毓演繹劉氏之説,論賦

---

[*] 本文爲國家社科基金重大招標項目"辭賦藝術文獻整理與研究"(17ZDA249)的階段性成果。

[①] 〔清〕余丙照《增注賦學指南》,王冠輯《賦話廣聚》第五册,北京圖書館出版社,2006年,第63頁。

[②] 〔清〕殷彭壽《四家賦鈔序》,〔清〕景其濬《四家賦鈔》卷首,踪凡、郭英德主編《歷代賦學文獻輯刊》第125册,國家圖書館出版社,2017年,第135頁。

[③] 《西京雜記》卷三"長卿賦有天才"條,中華書局,1985年,第21頁。

[④] 汪榮寶《法言義疏》卷七,中華書局,1987年,第137頁。

[⑤] 《西京雜記》卷二"百日成賦"條,第12頁。

家遲速工拙,以"神以静伸,思緣密緻"爲高標①,又由"心神"演化爲"精神"。以上所論爲古賦。至於清代,則以"神"論律賦,且轉變爲神韵之意。

以陸棻評選《歷朝賦楷》爲代表的清初賦論,偏重賦之"勢",風格上推崇雄奇瑰瑋之貌,但尚未提及神韵。考清代以"神"論律賦,起於乾隆中期,較典型者當爲完成於乾隆二十五年的湯聘評騭《律賦衡裁》。此書主要選唐宋律賦爲本朝賦家作示範,確立"尊唐"的藝術觀②。汤氏在評語中動輒以"神"品賦,綜其用例,其義有三:一是傳描寫對象之神,如宋言《教雞鳴度關賦》"能於虛處傳神,真有繪水繪聲之妙",范仲淹《臨川羡魚賦》中幅"虛處傳神,句句欲活,唐人無以過之"。二是有神、入神,闕名《垓下楚歌賦》中"兩雄較武,焉知劉氏昌乎;四面聞歌,是何楚人多也"兩句是"一點一拂,摇曳有神";金厚載《都盧尋橦賦》"拂雲端之縹緲,似欲升天;跨橦末之欹危,若有餘地"二句是"尋常語用得恰當,便覺敏妙入神"。三是丰神,王起《蒲輪賦》"振筆直書,丰神諧暢"③。此中"丰神"與神韵最爲相通,"傳神""入神"等亦是神韵之意,湯氏以唐李程《破鏡飛上天賦》中"意迢遞而難明,半生象外;豈别離之可贈,餘在人間"兩句爲"羌無故實,妙得神理",程祥棟於後批云:"雅切而有神韵。"④可知"妙得神理"就是"有神韵"。自湯氏之後,將神韵作爲律賦的最高境界逐漸成爲清代賦學家的共識。

清代神韵賦論來源於神韵詩論是毋庸置疑的。如果說漢大賦是古詩之流的話,那麼律賦則可謂律詩之流,清人視"律賦與律詩一般"⑤,徐承埰亦是在此點上論律賦與律詩的關係,他説:"謂之律者,格取其謹嚴,意取其精切,造語取其研鍊,屬對取其工麗,如詩中之有律體也。"⑥既然如此,藉用律詩的理論來豐富律賦之學就理所當然。以神韵論律賦,正是此種匯通的體現。乾隆二十二年(1757)規定鄉會試易表、判爲試帖詩,這一文化政策,不僅刺激了清代的詩學,也波及賦學,尤其是用作科考的律賦。由此律賦與試帖詩均再次成爲科制文體,二者關係進一步密切。程祥棟論律賦標舉"開合動宕,曲折頓挫"八字,至於其原因,他解釋説:

> 律賦肇自有唐,昭代斯稱極盛,久而必變,風氣使然。乾嘉以來,作者沉博絶麗矣。然自有正味齋、蘭修館兩先生賦出,風行海内,古峭生新,一洗從前平衍之習。非得力開合動宕,曲折頓挫者乎?⑦

---

① 〔明〕陳山毓《賦略序》,《賦略》卷首,《歷代賦學文獻輯刊》第 17 册,第 13 頁。關於辭賦形神的藝術鑒賞論,可參看許結《中國辭賦理論通史》,鳳凰出版社,2016 年,第 886—891 頁。
② 許結《湯稼堂〈律賦衡裁〉與清代律賦學考述》,收入《賦體文學的文化闡釋》,中華書局,2006 年,第 326 頁。
③ 〔清〕周嘉猷、〔清〕周鈴輯,〔清〕湯聘評騭《律賦衡裁》,《歷代賦學文獻輯刊》第 32 册,第 237、593、576、589、339 頁。
④ 〔清〕程祥棟《東湖草堂賦鈔》卷首,清同治丁卯(1867)刊本。
⑤ 〔清〕汪廷珍《作賦例言》,王冠輯《賦話廣聚》第三册,第 354 頁。
⑥ 〔清〕徐承埰《賦法梯程》附吳曉嵐《論賦十四則》,《歷代賦學文獻輯刊》第 136 册,第 39—40 頁。
⑦ 〔清〕程祥棟《東湖草堂賦鈔自序》,《東湖草堂賦鈔》卷首。

程氏以吴錫麒、顧元熙二人律賦得力於"開闔動蕩,曲折頓挫",改變"平衍"之風,故論律賦極推崇之。而此八字,清人曾用來評價唐詩及試帖詩。沈德潛評尤侗四十至六十歲之詩"開闔動蕩,軒昂頓挫",究其淵源,"實從盛唐諸公中出也"①,顯然沈氏是將此看作唐詩獨得之秘。唐代試律詩亦有此筆法,王士禎答人問排律之法云:"唐人省試皆用排律……其法則'首尾開闔,波瀾頓挫'八字,約略盡之。"②程氏所推崇的吴錫麒正是乾隆年間試帖詩的名家,黄培芳《香石詩話》云:"試帖五言長律,至國朝可謂極此體之能事,有非唐人所能及。近人有九家之選,九家中又以吴穀人爲最。"③不難發現吴錫麒賦作的筆法,正與試帖詩相通,詩法影響到律賦。

神韻論亦被清人從唐詩學遷移至律賦理論中。一方面,清人宗尚唐詩,已由七子派法度的模擬進至於神韻的體察,王士禎云:"善學古人者學其神理,不善學者學其衣冠、語言、涕唾而已。"④正因如此,王氏論詩力倡神韻之説。至於學賦之法,也是如此,鮑桂星云:"學者於古人,學其氣格神韻。"⑤他并未抛棄法度,但相比之下希冀更高層次的學古之方,即從氣格神韻中揣摩古人之作。另一方面,當法度研磨到一定程度之後,賦家也思考如何跳出法度,向更自由的境界挺進,於是渴望"神明乎律之中,化裁乎律之外"⑥,神韻賦學正是此種理論祈向的必然發展。成書於乾隆四十一年的朱一飛《賦譜》開宗明義提出賦論綱領云:

> 律賦之法有五:一辨源,二立格,三叶韻,四遣辭,五歸宿。其品有四:曰清、真、雅、正。其用工有九:曰起接,曰轉折,曰烘襯,曰鋪叙,曰琢煉,曰連綴,曰脱卸,曰交互,曰收束。其致則一,曰傳神。神傳,蔑以加矣。⑦

考其行文邏輯,實仿照嚴羽《滄浪詩話》的論詩總則。《詩辨》有云:

> 詩之法有五:曰體制,曰格力,曰氣象,曰興趣,曰音節。詩之品有九,曰高,曰古,曰深,曰遠,曰長,曰雄渾,曰飄逸,曰悲壯,曰凄婉。其用工有三:曰起結,曰句法,曰字眼。其大概有二:曰優游不迫,曰沉着痛快。詩之極致有一,曰入神。詩而入神,至矣,盡矣,蔑以加矣!⑧

"法""品""用工""致"諸端不僅用語相同,順序也一致,有差異者只是每項的具體内容。可以説,朱一飛構建律賦理論時,藉助嚴羽唐詩學的理論框架。嚴羽

---

① 《清詩别裁集》卷一一,上海古籍出版社,1984年,第438頁。
② 《帶經堂詩話》卷二九,人民文學出版社,1963年,第849頁。
③ 《香石詩話》卷四,清嘉慶十五年(1810)嶺海樓刻、嘉慶十六年重校本。
④ 《晴川集序》,《蠶尾文集》卷一,《王士禛全集》(三),齊魯書社,2007年,第1789頁。
⑤ 《賦則》凡例,王冠輯《賦話廣聚》第六册,第140頁。
⑥ 〔清〕蔣攸銛《同館律賦精粹自叙》,《同館律賦精粹》卷首,《歷代賦學文獻輯刊》第70册,第8頁。
⑦ 〔清〕朱一飛《律賦揀金録》,清乾隆壬子(1792)秋重刊本。
⑧ 郭紹虞校釋《滄浪詩話校釋》,人民文學出版社,1961年,第7—8頁。

認定唐詩的極致是"入神",而入神即神韵①;朱一飛將其改爲"傳神",雖有一字之差,實則也是強調神韵爲律賦的最高境界。

如果將朱一飛與湯稼堂的律賦學加以比較,不難發現二者的内在聯繫,朱氏所用之"傳神",賦體淵源在《律賦衡裁》,詩學淵源則爲王士禎之論,而王氏詩學得自於嚴羽的啓示,故其詩論中反復出現"傳神"一語,對達到此種境界者給予很高的評價,并自覺地追求之:

> 陸魯望《白蓮詩》:"無情有恨何人見,月白風清欲墮時。"語自傳神,不可移易。《苕溪漁隱》乃云:'移作白牡丹亦可。'謬矣。②

> 己未歲,同故友施侍讀愚山閲章訪華陰王徵士無异弘撰於昊天寺,出唐子華《水仙圖》共觀。予爲題長句,中有云:"青峰出没高歷歷,海天萬里回春潮。六銖衣輕逐風舉,飛龍决起横烟霄。"摹寫畫中意態,頗謂傳神,意欲仿佛二公於文句之外耳。③

凄慘的月光、清冷的晨風,既是白蓮生長的環境,也從側面烘托出白蓮之神采氣韵,故陸龜蒙之詩句能爲所咏之物傳神寫照。由第二例可以看出,王士禎所云傳神,是"於文句之外"得之的内在精神氣象,即他説的"意態",而"意態由來畫不成",故不能圖貌,只能傳神。王士禎的詩學衰微於康熙後期至雍正朝,至乾隆前中期在沈德潜的倡議下再度得到推崇④。在試帖詩以唐爲尚的氛圍中,神韵詩學復蘇亦是自然之事。

乾隆中期,詩學家在比較唐宋詩特徵時,進一步強化唐詩的神韵之境。翁方綱之論最有代表性,他説:

> 唐詩妙境在虚處,宋詩妙境在實處。……盛唐諸公,全在境象超詣,所以司空表聖"二十四品"及嚴儀卿以禪喻詩之説,誠爲後人讀唐詩之准的。……宋人之學,全在研理日精,觀書日富,因而論事日密。⑤

與書卷氣更重的宋詩之"實處"相比,唐詩的妙境在"虚處",即"境象超詣"。翁氏此處雖未直接用"神韵"概括唐詩之特徵,但他亦云"有虚處見神韵"⑥,就此説他肯定神韵乃唐詩的妙境所在并不爲過,翁氏之論代表當時翰林院的唐詩觀。而湯稼堂之詩"風調酷似中唐"⑦,可見其學唐求"風調"即追求神韵。他

---

① 錢鍾書《談藝録》云:"按滄浪《詩辨》則曰詩之法有五……詩之極致有一,曰入神……云云,可見神韵非詩品中之一品,而爲各品之恰到好處,至善盡美。"中華書局,1984年,第40—41頁。
② 《池北偶談》卷一四,《王士禎全集》(四),第3173頁。
③ 《居易録》卷一五,《王士禎全集》(五),第3972頁。
④ 昭槤《嘯亭雜録》卷九云:乾隆曾與沈德潜"談及近日詩道中衰,無復曩日之盛之語",沈德潜乘間曰:"因不讀王某之詩,蓋以其卒無謚法,無所羨慕故也。"乾隆命補謚,於是追謚"文簡"。中華書局1980年版,第273頁。
⑤ 〔清〕翁方綱《石洲詩話》卷四,郭紹虞編選《清詩話續編》,上海古籍出版社,1983年,第1428頁。
⑥ 〔清〕翁方綱《神韵論下》,《復初齋文集》卷八,《續修四庫全書》第1455册,第424頁。
⑦ 阮元輯《兩浙輶軒録》卷二九"湯聘條"云:"字莘來,號稼堂。……不以詩名,而風調頗似中唐。"浙江古籍出版社,2012年,第2055頁。

以唐詩之神韵論唐代律賦,且重"虛處傳神"的體物之法,與翁氏所論唐詩妙處相合。湯氏進士之後雖未入選翰林院庶吉士從而晋升詞臣,然其曾爲鄉會試考官,而清代考官亦具翰林性質,故《律賦衡裁》扉頁署"太史湯稼堂先生鑒定","太史"之稱賦予其翰苑詞臣的屬性。由此不難理解其奉行翰苑文學主張是身份角色使然。嗣後不僅朱一飛承湯稼堂賦論宗旨,李調元編纂《雨村賦話》時也多采其觀點,可見湯氏奠定清代律賦學之功績。

經乾隆中期賦論家的努力,神韵爲律賦之"極致"獲得廣泛認可,晚清李元度《賦學正鵠》分十類論律賦,其中層次、氣機是"入門第一義",風景、細切、莊雅、沉雄、博大是"應區之品目",遒煉、神韵"則駸駸乎近於古賦",高古"精擇古賦以爲極則"。在這個序列中,神韵與高古幾乎并列處於最高的序列。由於"高古"爲古賦之品第,則"神韵"爲律賦最高境界不言自明。晚清余丙照論律賦亦明言:"賦以傳神爲極致。"①與李元度一脉相承。不難看出律賦神韵自乾隆中期提出之後,直到晚清都在不斷發展成熟。清代律賦之學在日益成熟的唐詩學的影響下,也由技法的揣摩進而邁向神韵的至境。

二 應試文體的品位提升

清代律賦神韵論除藉助唐詩學資源外,也得到八股時文提升文體品位理論的啓發。制藝之文作爲博取功名的手段,在明清兩代蒙"俗學"之譏,呂留良尖鋭地批評道:"俗學者,今之講章時文也。"②爲改變這種狀況,時人從兩個方面推尊其體:一是"以古文爲時文",引入品位較高的文體以改變其"俗";一是引詩歌之神韵以雅化其體。關於前者,學界討論頗多。至於後者,則鮮有論及。方苞評孫慎行《"公叔文子之臣大夫僎"一節》云:"文以神韵别雅俗,不必有驚邁之思,而溶漾紆餘,自覺邈然絶俗。"③即有神韵的時文,品格自高,神韵是雅俗之别的重要表徵。他又説:"正嘉先輩皆以義理精實爲宗,蔑以加矣。故隆萬能手復以神韵清微取勝,其含毫邈然,固足以滲人心腑。"④在他看來,隆慶、萬曆時文作手與正德、嘉靖先輩不同之處,在於以神韵取勝。而與神韵相伴隨的則是"清",即所謂"神韵清微",抑或"溶漾紆餘"的"絶俗"之風貌。也就是説,神韵是與清代時文的衡文標準"清真雅正"之"清"緊密結合的。

律賦亦是科制文體,同樣不免俗學之譏。在元明"祖騷宗漢"的文學思潮之下,加以場屋不試律賦,於是時人鄙棄此體,正如徐師曾所云:"至於律賦,其變愈下,始於沈約'四聲八病'之拘,中於徐庾'隔句作對'之陋,終於隋唐宋'取士限韵'之制。"⑤進入清代,此種狀況得以扭轉,康熙十八年試博學宏詞諸公

---

① 〔清〕余丙照《增注賦學指南》卷二"傳神",《賦話廣聚》第五册,第63頁。
② 《天蓋樓四書語録》卷一《大學》,清康熙金陵玉堂刻本。
③ 〔清〕方苞編,王同舟、李瀾校注《欽定四書文校注》之《欽定隆萬四書文》卷三,武漢大學出版社,2009年,第284頁。
④ 《欽定四書文校注》之《欽定隆萬四書文》卷三,第288頁。
⑤ 〔明〕徐師曾《文體明辨序説》,人民文學出版社,1962年,第101頁。

以律賦,此體再度獲得重用,此後終清之世,律賦長時間作爲甄别翰林院、詹事府人才美惡的文體。因此,必然不容鄙薄之,尊其體亦勢在必然。

與時文相同,律賦尊體也是通過兩條途徑,一是融合古律,以古賦爲律賦。陸葇《歷朝賦格》從理論上泯滅古律之爭,他説:"古賦之名始於唐,所以别乎律也,猶之今人以八股制義爲時文,以傳記詞賦爲古文也。……若由今而論,則律賦亦古文矣,又何古賦之有?"①由此拉開古律融合的序幕。鮑桂星極力主張以古賦爲律賦,他説:"夫賦有古有律……爲律而不求之古,徒事取青妃白,弊且至於龐雜窒塞,其於律何有焉?"爲此,他的學賦策略是"溯源於周漢,沿流於魏晉齊梁,律則以唐爲準繩,而集其成於昭代"②,這是清代最有代表性的古律融合的觀點。以古賦提升律賦的文體品位,從而改變其應試之體的世俗氣息。

二是以"清"爲核心的神韵雅化律賦之體。爲此,清人一方面賦予唐宋律賦以"清"的品格,如李調元論唐代律賦云:"李程、王起,最擅時名;蔣防、謝觀,如驂之靳,大都以清新典雅爲宗。"并將此推爲"律賦之正宗"。又云宋代律賦"大率以清便爲宗"③,在他看來,唐宋經典律賦都具有"清"的品格。萬青藜亦云:"李唐中葉,裴、白、王、黄,宛轉清切,爲律賦正宗。"④"清"不僅是唐宋律賦共同的品格,也是其所以爲正宗的根本所在。另一方面,清人論時賦也以清爲貴。余丙照將律賦風格歸納爲四品,首貴"清音嫋嫋,秀骨珊珊"的"清秀品",并云此爲"近時風尚"⑤。李元度亦云:"今功令以詩賦試士,館閣尤重之。試賦除擬古外,率以清醒流利、輕靈典切爲宗。"⑥不論是"清秀"還是"清醒",貫穿其中的都是"清"。在評價具體作家作品時,此語亦時常出現。同時,清人的賦學追求亦離不開清,潘遵祁云:"作賦不由唐人律賦尋取門徑,雖有沉博絶麗之觀,猶木衣綈錦、土披朱紫耳。……取徑自清,進以沉博絶麗,庶乎免塗附之誚矣。"⑦將唐宋律賦之"清"與漢大賦之"沉博絶麗"兩種風格融爲一體,是以潘氏爲代表的清人的賦學理想。而"取徑自清"也可以看出他們是將此作爲律賦最根本的特質,由此加以散體大賦的風格,這也是一種"以古賦爲律賦"的方式。

清代律賦重"清"的神韵,其理論資源當是八股時文的衡文標準,潘世恩説《瀛奎玉律賦鈔》所選"近時館閣以及直省試牘、書院課藝"中之"尤者",其賦風

---

① 《歷朝賦格凡例》,〔清〕陸葇評選《歷朝賦格》卷首,《四庫全書存目叢書》集部第399册,第275頁。
② 〔清〕鮑桂星《賦則序》,《賦則》卷首,王冠輯《賦話廣聚》第六册,第135—136頁。
③ 〔清〕李調元著,詹杭倫、沈時蓉校證《雨村賦話校證》卷一、卷五,新文豐出版公司,1993年,第3、74頁。
④ 〔清〕萬青藜《選注六朝唐賦序》,〔清〕馬傳庚《選注六朝唐賦》卷首,清同治十三年(1874)京都玉燕書巢馬氏刻本。
⑤ 〔清〕余丙照《增注賦學指南》卷六,王冠輯《賦話廣聚》第五册,第211頁。
⑥ 《賦學正鵠序目》,《賦學正鵠》卷首,《歷代賦學文獻輯刊》第128册,第3頁。
⑦ 〔清〕潘遵祁《唐律賦鈔序》,《唐律賦鈔》卷首,《歷代賦學文獻輯刊》第101册,第3頁。

"一歸清真雅正"①,就是以時文標準作爲律賦標準。前舉朱一飛《賦譜》論律賦綱領中有云:"其品有四:曰清、真、雅、正。"他解釋道:"四品之目,曰清,以氣格言也;曰真,以典實言也。所謂詩人之賦麗以則,則者法之。煉字必取其雅,用意必歸於正。所謂詞人之賦麗以淫,淫者謹之。"②所云"四品",正是清代八股時文的衡文標準,朱氏將其挪用至律賦理論中,其以"則"釋"清真",重在賦家的品格之正。而清人之所以用八股時文的衡文標準規定律賦,就在於二者作爲場屋之文的共同特性,且有着一致的源頭,正如陸奎勛訓士時所云:"照得制義以清真雅正爲宗,詩歌以典麗和平爲則,本院業經明切曉示矣。至律賦一道,在前代爲程試之篇,本嚴聲病;在今日儲館課之用,尤貴雅馴。要厥由來,出於場屋,實與制義同源。"③既然律賦與制義功用相同,源頭一致,則八股時文的風格標準也可以用在律賦之體中,因此"清"也可以用來作爲其評判的尺度。

而將"清"與神韵相聯繫,其淵源則在王士禛神韵詩學。王氏詩學雖本於明代胡應麟,但又對其進行改造。胡氏云:"詩最可貴者清。然有格清,有調清,有思清,有才清,王、孟、儲、韋之類是也。若格不清則凡,調不清則冗,思不清則俗。王、楊之流麗,沈、宋之豐蔚,高、岑之悲壯,李、杜之雄大,其才不可概以清言,其格與調與思,則無不清者。"④在胡氏的詩學體系中,"清"體現在詩人之格、思、才及詩歌之調四個層面,調由格及思主導,有何種格、思,就能產生何種調。至於才,根據胡氏的論述,可以分爲清才與雄才,然即使是雄才,其格、思及調亦須至"清"方能成家。不過,他雖是晚明最爲推崇"清"的詩學的理論家,但"清"與神韵尚未被其聯繫在一起:"唐初承襲梁、隋,陳子昂獨開古雅之源,張子壽首創清澹之派。盛唐繼起,孟浩然、王維、儲光羲、常建、韋應物,本曲江之清澹,而益以風神者也。"⑤可見,清澹與神韵互爲獨立。至於王士禛,則以爲"清"之妙處即神韵。他引明人孔天胤及薛蕙之言云:

> 汾陽孔文谷云:詩以達性,然須清遠爲尚。薛西原論詩,獨取謝康樂、王摩詰、孟浩然、韋應物,言:"'白雲抱幽石,綠篠媚清漣',清也;'表靈物莫賞,蘊真誰爲傳',遠也;'何必絲與竹,山水有清音','景昃鳴禽集,水木湛清華',清遠兼之也。總其妙在神韵矣。"⑥

在王士禛看來,"清"或"清遠兼之"中具有神韵⑦,故云"總其妙在神韵"。這段

---

① 〔清〕潘世恩《瀛奎玉律賦鈔序》,〔清〕高敏《瀛奎玉律賦鈔》卷首,《歷代賦學文獻輯刊》第93册,第6頁。
② 〔清〕朱一飛《律賦揀金録》卷首。
③ 《考試古學示》,〔清〕陸奎勛《寶奎堂集》卷六,清道光二十九年(1849)陸成沅刻本。
④ 《詩藪·外編》卷四,中華書局,1958年,第185頁。
⑤ 《詩藪·內編》卷二,第35頁。
⑥ 《池北偶談》卷一八,《王士禛全集》(四),第3275—3276頁。
⑦ 王士禛的理論中,不僅清遠有神韵,豪健亦有神韵,不過清代時文及律賦所用之神韵,偏於清遠一路。

文字，胡應麟《詩藪》亦曾引用，只是引文有异，尤其關鍵者無最末一句①；許學夷《詩源辨體》所引與之相同。也就是説，明代詩學中清與神韵是二而非一，但王士禛認爲"清"及"清遠"即神韵。清代制藝之文秉承王氏之神韵説，其所提倡的"清真雅正"之"清"往往與神韵相連出現。律賦延續時文的尊體之舉，故而提倡以清爲核心的神韵。

神韵提高律賦文體品位，變追逐科舉功名之俗體爲賦家生命境界呈現的雅製。律賦既然是選拔人才的科舉文體，由其觀人之才能品質乃至胸襟是選拔中最爲重要的途徑。宋真宗好文，"雖以文詞取士，然必觀其器識。每御崇政殿，賜進士及第，必召其高等三四人，并列於庭。更察其形神磊落者，始賜第一人及第，或取其所試文辭有理趣者"②。察人與觀文并舉，由此對所取之士作全方位的考量。當然考官閲卷時只能由文而見人，律賦的命句構思中可以見出士子的爲人，以此作爲入選或罷黜的依據，不失爲一種方式，宋人孫何在《論詩賦取士》中有云："唯詩賦之制……觀其命句，可以見學植之深淺；蹟其構思，可以見器業之小大。"③這是最直觀的依據，陸贄、裴度、李紳、范仲淹等均是通過律賦被試官慧眼所識的，後來的成就印證他們在律賦中展現出來的"救時宰相"之抱負、"出將入相"之資質誠爲不虚④。清代自童生即試律賦，意在"儲館閣之用"，爲翰苑培養人才，尤重道德操守的涵養。以賦觀人的功能進一步擴大，由文風而見人品是這項考試制度的關鍵所在。

明清兩朝以程朱解釋的儒家經典考試士子，以此塑造即將步入仕途的士子道德品質，而如若應試者道德修養高尚，其文自然與衆不同。清人特別看重人品與文品關係，所謂"有第一等襟抱，第一等學識，斯有第一等真詩"⑤即是，而"清"就是一種"超凡絶俗"的生命境界的體現⑥。程朱理學的思想體系中，得天地清淑之氣者爲聖爲賢，得濁臭之氣者爲愚爲惡⑦。時文代聖賢立言，士子模仿聖賢的口吻作文，并追求"清"的境界，從而成聖成賢。而辨別作文者是否達到聖賢之境界，或成聖成賢之潛質，觀其文是否具有清淑之氣即可知。這是"清真雅正"被標舉爲清代衡文標準的根本原因所在⑧。詩中之神韵亦是如此，王士禛弟子伊應鼎云："詩之有神韵者，必其胸襟先無適俗之韵也。"⑨"無

---

① 《詩藪·外編》卷二，第 151 頁。
② 《雨村賦話校證》卷五，第 75 頁。
③ 〔宋〕沈作喆《寓簡》卷五引，《景印文淵閣四庫全書》子部第 864 册，第 132 頁。
④ 分别見《律賦衡裁》（《歷代賦學文獻輯刊》第 32 册，第 577 頁）、〔宋〕鄭起潛《聲律關鍵·琢句》（《歷代賦學文獻輯刊》第 186 册，第 292 頁）。
⑤ 〔清〕沈德潜《説詩晬語》卷上，〔清〕沈德潜撰，潘務正、李言編輯點校《沈德潜詩文集》（四），人民文學出版社，2011 年，第 1910 頁。
⑥ 〔明〕胡應麟《詩藪·外編》卷四，第 185 頁。
⑦ 見《二程集》卷二二上，中華書局 1981 年版，第 291—292 頁；黎靖德編、王星賢點校《朱子語類》卷四，中華書局，1986 年，第 73 頁。
⑧ 關於此，可參看拙撰《"清真雅正"衡文標準與清代文風的官方建構》，《湖南師範大學學報》2022 年第 3 期。
⑨ 周興陸編《漁洋精華録匯評》卷三《皇廠河道中》評語，齊魯書社，2007 年，第 218 頁。

適俗之韵"正是"清",神韵以"清"爲核心,其能"别雅俗",就在於"清"的絶俗品質。

無論是唐代律賦還是清人時賦,均以"辭氣清新,最易豁人心目;風骨秀逸,自能爽我精神"①,"清新"的賦作之所以能感染讀者,主要在於賦家的精神境界。姚鼐評好友蘇園公之詩的言論可藉以佐證,他説:"大抵高格清韵,出自胸臆。……使人初對,或淡然無足賞;再三往復,則爲之欣忭惻愴,不能自已。此是詩家第一種懷抱,蓄無窮之義味者也。"②"高格清韵"即以"清"爲核心的神韵,此是第一等胸襟的體現。其雖意味無窮,然以平淡出之,故初無足賞,但真正領悟到其中的至味之後,便不能自已地被感動。正因如此,在以"清真雅正"爲衡文標準的清代,律賦花樣也"斷推此種"③。

三 六朝賦的神韵體認

清人不僅從唐詩學、八股時文理論中汲取資源以豐富律賦學,也從律賦之先聲,即六朝之賦學中獲得啓發。六朝駢賦在元明兩朝飽受批評,祝堯云其"辭愈工則情愈短,情愈短則味愈淺,味愈淺則體愈下"④,指責六朝賦因追求辭藻工麗,導致其在情、味、體等方面一無是處,其言論代表了祖騷宗漢的賦家鄙薄六朝的立場。不過清人因主張古律交融,故將漢魏六朝賦視爲律賦之源頭,於六朝尤爲關注,李元度云:"蓋嘗論賦學,有源有流,漢魏六朝之古體,源也;唐宋及今之律賦,流也。將握源而治,則必先學漢魏六朝,而後及於律體;將循流以溯源,則由今賦之步武唐人者,神而明之,以漸躋於六朝、兩漢之韵味。"⑤既然古賦爲律賦之源,則學律賦必學古賦。如果説漢賦是律賦的遠源的話,則六朝駢賦是律賦的近源,李調元云:"古變爲律,兆於吳均、沈約諸人;庾子山信衍爲長篇,益加工整,如《三月三日華林園馬射賦》及《小園賦》,皆律賦之所自出。"⑥六朝駢賦是由古賦變爲律賦的過渡階段,欲學律賦,其初非研習六朝不可,正如吴坦所云:"初學於先秦漢魏讀之,既苦浩瀚;有宋元明,稽之不勝繁多。惟六朝徐庾諸家,音節恬雅,體制清新,其詞壯而不佻,其氣流而不滯,洵初學之矩矱也。"⑦六朝駢賦并不僅僅是數量少而好學,更重要者在其風格,即兼具音節的"恬雅"與體制的"清新",適宜初學者仿效。

清人以神韵品評六朝賦,認爲是其獨得之秘。李元度云:"神韵類者,其妙不可言傳,但覺字裏行間,别有一種騷情逸韵,芬芳悱惻,秀絶人寰,此妙惟六

---

① 〔清〕余丙照《增注賦學指南》,《賦話廣聚》第五册,第213頁。
② 《答蘇園公書》,《惜抱軒詩文集·文集後集》卷三,上海古籍出版社,1992年,第294頁。
③ 《增注賦學指南》卷六,第213頁。
④ 〔元〕祝堯《古賦辨體》卷五"三國六朝體上",《歷代賦學文獻輯刊》第1册,第245頁。
⑤ 〔清〕李元度《賦學正鵠序》,《賦學正鵠》卷首,《歷代賦學文獻輯刊》第128册,第4頁。
⑥ 《雨村賦話校證》卷一,第1—2頁。
⑦ 〔清〕吴坦《六朝唐賦英華序》,《六朝唐賦英華》卷首,《歷代賦學文獻輯刊》第88册,第5—6頁。

朝人獨擅。"他又説："惟六朝鮑、謝、徐、庾諸家,鍊格鍊句,秀韵天成。"①其言有三重意思：一是神韵的根基是"騷情逸韵","芬芳悱惻"即"騷情","秀絶人寰"即"逸韵",體現賦家的生命境界；二是其表現效果爲"不可言傳"之妙；三是神韵乃"六朝人獨擅",其中最主要的是鮑照、謝朓、徐陵、庾信四家。高敏《瀛奎玉律賦鈔》收賦秉持"有合於漢魏風裁,六朝神韵,三唐格律"的宗旨②,亦將神韵歸之於六朝,而非漢魏及唐代。可以看出清人比較一致地認爲六朝賦洋溢着神韵之美。

六朝賦的神韵,在清代賦學家看來是以"清"爲核心。李元度評點六朝賦時,亦喜用清字。他以"變漢魏瑰琦奥衍之氣,而出以綺麗清醒"評庾信《三月三日華林園馬射賦》,是綺麗與清醒的結合；梁簡文帝《采蓮賦》"清麗纖眠,生香活色",是"小品中聖",因二文均具有"清"的風貌而倍加推崇。吴坦概括六朝賦體制之特色則以"清新"一語,亦不脱一"清"字。"清"是六朝名士風度的體現,灌注着他們的生命體驗與精神追求,這種生命力投射在作品中,就形成一種飄渺悠遠的神韵之美。

清人對六朝賦之"清"的體認,與文學批評史的實際狀況并不相符。六朝是一個重"清"的時代,六朝名士氣質尚"清"(如《世説新語》的《賞譽》《品藻》兩篇中,出現三十一例以"清"組合的詞),由人物品評進而至於文學批評,文學理論亦重"清"。陸機《文賦》出現七次"清",其中六次是作爲文章學的審美概念使用；劉勰《文心雕龍》由"風清骨峻"的美學追求派生出衆多以清爲骨幹的概念；鍾嶸《詩品》則有"清"多達十七次。不過他們主要用"清"評詩,《詩品》如此,《文心雕龍》也是如此,其中《明詩》篇用"清"最多,尤其强調"五言流調,清麗居宗",確立"清"爲五言詩的理想風格③。六朝人評賦較少用"清",因爲此"清"與簡約省净爲一體,所以形成"雅好清省"(《文心雕龍·鎔裁》)的審美趣味；而其時的駢賦却追求辭藻的縟麗華美,與"清省"之趣味相背離。同時,重詞藻又易纖弱,從而與崇尚風骨的文學興致不侔,正如劉勰《文心雕龍·風骨》所云："風骨乏采,則鷙集翰林；采乏風骨,則雉竄文囿。"辭藻與風骨在不可調和的狀態下,"風清骨峻"的美學理想就同駢文并無太多糾葛。後人對六朝賦的批評,主要也集中於此。

不過自晚明始,辭藻與"清"之間的緊張關係得到緩解。其時竟陵派尚"清",聲言詩爲"清物"④,因其反對前後七子效法的高華朗麗的唐詩風貌,故折而入於荒寒凄凉的意境,"清"與之相關。胡應麟并不反對這種"清",但同時

---

① 〔清〕李元度《賦學正鵠序目》,《賦學正鵠》卷首,《歷代賦學文獻輯刊》第128册,第24、22頁。
② 〔清〕高敏《瀛奎玉律賦鈔序》,《瀛奎玉律賦鈔》卷首,《歷代賦學文獻輯刊》第93册,第9頁。
③ 關於六朝重"清"的論述,可參看蔣寅《古典詩學的現代詮釋》,中華書局,2003年,第41—42頁。
④ 〔明〕鍾惺《簡遠堂近詩序》,〔明〕鍾惺撰,〔明〕陸雲龍評選《翠娱閣評選鍾伯敬先生合集》卷二,《續修四庫全書》集部第1371册,第300頁。

也強調其"非專於枯寂閑淡","子建、太白,人知其華藻,而不知其神骨之清"①,意謂華藻之中也可見出"清",劉勰期待的美學理想,在曹植與李白的創作中得以實現。而清人進一步在六朝駢文的藻麗之中發現"清",由此確立"於綺藻豐縟之中,能存簡質清剛之制"的駢文理論②,邵齊燾的這種觀點,與常州駢文派對六朝的推崇一致。以此觀照文學史,六朝駢文并非藻采與清氣的對立,而是融合統一。顯然,這一美學追求極大地啟發了清代律賦之學,尤其是對六朝駢賦的審美認同。祝堯批評六朝賦因辭工而導致體制卑下,清人則從六朝賦的豐藻之下發現"清音娜娜"的神韻之美。他們推崇六朝賦,其中一些用語就是來自陸機等人對詩歌的評價,如"清麗芊眠""清新""清綺""清剛"等。由於具備"清"的神韻,六朝賦便不再是批判的對象,而成為研習的典範。

在清代駢文復興的歷程中,儘管自始至終都激揚迴旋著一股六朝風③,但賦學領域對六朝的推崇,尤其是賦予其神韻之美,則要到乾隆中後期。其中最得六朝神韻者為吳錫麒、鮑桂星、顧元熙等人。在李元度看來,吳錫麒與六朝神韻"為化"。其《賦學正鵠》"神韻類"收賦16篇,吳作就有7篇,如《秋聲賦》"不寫題之面貌,而寫題之神理","純以六朝為宗,實賦家之正則也",《采菱賦》"神韻骨色,卻無一非六朝人吐屬"④,強調吳賦之神韻得自於六朝,故為賦家正宗。顧元熙賦作中的神韻與吳氏有同樣的來源,殷壽彭云:

> 《有正味齋正集》《外集》諸賦,清而不浮,麗而不縟,其幽雋之思,雄邁之槩,實為律賦中獨闢之境。《蘭修館》視《有正味齋》,氣象之廣狹固不相侔,然一種冷秀遒爽之致,亦時出穀翁之右。二家皆深得力於六代三唐者。⑤

吳錫麒之"清而不浮",顧元熙之"冷秀遒爽",即是神韻之風,而其來源則在六朝及唐代。鮑桂星論律賦亦重神韻,尤為推崇謝惠連的《雪賦》與謝莊的《月賦》,認為後者"神韻淒惋,風調高秀"⑥。其賦作亦規模六朝,文遠皋評其《鳥嚶歌來賦》云:"秀韻天成,子山遺響。"⑦可知其神韻得自於謝莊及庾信等六朝賦家。

如果說清代前期重六朝、尚延續晚明遺風的話,乾隆中期以後對六朝的崇尚則是出於更為複雜的原因。一是此時宋儒理學受到考據學的挑戰和衝擊,

---

① 《詩藪·外編》卷四,第185頁。
② 〔清〕邵齊燾《答王芥子同年書》,《玉芝堂文集》卷五,《四庫全書存目叢書》集部第281冊,第504頁。關於清代駢文的這一理論,可參考呂雙偉《清代駢文理論研究》,人民出版社,2011年,第119—123頁。
③ 曹虹《清代文壇上的六朝風》,《安徽大學學報》2017年第1期。
④ 〔清〕李元度《賦學正鵠》卷九,《歷代賦學文獻輯刊》第129冊,第289—290、296頁。
⑤ 〔清〕殷壽彭《四家賦鈔序》,〔清〕景其濬《四家賦鈔》卷首,《歷代賦學文獻輯刊》第125冊,第136頁。
⑥ 《賦則》卷一,《賦話廣聚》第六冊,第203頁。
⑦ 《四家賦鈔》之《覺生賦鈔》,《歷代賦學文獻輯刊》第125冊,第435頁。

在學術界的地位有所下滑。出於對理學的反駁,時人轉而仰慕六朝。在二者的思想體系中,雖於"清"有不同的理解,但其中所蘊含的人格境界則是相通。甚至在理學表面上仍爲統治思想的形勢下,"清"反而是一種保護傘,既可以應付朝廷尊崇理學的文化舉措,又可以契合内心深處對六朝的心源遥接。二是文字獄的高壓,士人需要緩解精神的緊張,而六朝士人逃避現實,以"清"爲高的思想又給他們提供精神庇護所。三是統治者對翰林詞臣道德修養的要求讓他們仰慕六朝隱士的精神境界。清代詞臣是官場的蓄水池,他們的道德修養是被關注的重點。但理學家的種種作爲,讓康熙帝對他們的道德修養產生懷疑,不僅以"理學真僞論"試翰詹諸官,且告誡他們道:"翰林乃侍從清要之官……邇來翰林官内……遇一缺出,不肯安分静守,鑽營奔競,覬覦升遷。此等之人深爲可鄙!"①既然是"清要"之官,那就須有"清要"之襟懷,而不能沾染"奔競"的習氣。康熙對那些身居清要之職而懷有江湖之想的詞臣大加贊賞,據《郎潛紀聞初筆》記載,查慎行就是由此而受到表彰:

  初白從聖祖駕幸南海,捕魚賦詩,先成有"臣本烟波一釣徒"之句。翼日,内侍傳旨,呼爲"烟波釣徒查翰林"。②

詩句出於查慎行《連日恩賜鮮魚恭紀》,全詩云:"銀鬣金鱗照坐隅,烹鮮連日賜行厨。感逾學士蓬池繪,味壓詩人丙穴腴。素食餘慚留匕箸,加餐遠信慰江湖。笠簑蓑袂平生夢,臣本烟波一釣徒。"③詩人一方面深感詞臣的職親地禁之榮耀,另一方面又不安享尊寵,高居廟堂而不廢退隱江湖之念,正符合康熙對翰苑詞臣道德操守的要求,因此能得到他的嘉許。此後,這種情懷成爲詞臣詩歌表現的重要内容,顯然,此與六朝名士風度相通。而吴錫麒、顧元熙、鮑桂星等均爲翰苑出身,他們在律賦中提倡"清"的神韵,很顯然也是身份角色使然。同時,在應試、應制之體中彰顯出符合衡文標準的風格,也爲他們在各類考試中獲雋提供保證。

四　神韵與律賦傳統新構

  元明兩朝於律賦的認識,同唐宋時期并無多大差異。無名氏《賦譜》主要討論律賦句法、結構、用韵、題目等,尤其是壯、緊、長、隔、漫、發、送等幾種句法,可以看出其對律賦的體認主要在技藝層面。鄭起潛《聲律關鍵》着重探討律賦之"五訣",即認題、命意、擇事、琢句及押韵,顯然也是將格法看作律賦的核心。這種觀點延續至元明時期,吴訥論律賦云:"律賦起於六朝,而盛於唐宋。凡取士以之命題,每篇限以八韵而成,要在音律諧協、對偶精切爲工。"④其中言律賦之體的"音律諧協、對偶精切"八字也被徐師曾襲用,只是後者因之

---

① 《康熙起居注》,中華書局,1984年,第1331頁。
② 〔清〕陳康祺《郎潛紀聞初筆》卷三"烟波釣徒查翰林"條,中華書局,1990年,第53頁。
③ 《敬業堂詩集》卷三〇《隨輦集》,上海古籍出版社,2015年,第825頁。
④ 《文章辨體序説》,人民文學出版社,1962年,第55頁。

批評律賦"情與辭皆置弗論"①。也就是説,歷唐宋元明,對律賦之體的看法并未有實質性變化,着眼點都在其"律"的方面,作爲科舉文體,技巧和法度最受關注實屬必然。

至於清代,神韵成爲文學乃至一切藝術形式都具有的審美特徵,不僅詩、文、詞及《楚辭》,王士禎論及《世説新語》及米芾書法亦用神韵推崇之②。但他并未以之論賦。直至雍乾之世,賦家和理論家一方面仍關注律賦之律即技法,另一方面又跳出這些純粹形式的層面,以神韵的美感論律賦。縱觀由"神化"的漢大賦到"神韵"的清代律賦,賦學經過一段遺神取貌的漫長時段,似乎又回到原初的起點。當然,"神韵"與"神化"之間有着根本的不同,由於神韵理論的引入,律賦建立了一種與散體大賦乃至抒情小賦大相徑庭的審美範式。

首先,由形似到傳神。漢賦之體物,重在物體之外在形態的刻畫與描摹,且以"似"爲描寫目標,故沈約云:"相如巧爲形似之言。"③其言化用鍾嶸評張協詩所云"巧構形似之言",所謂"形似",乃"寫形渾似"的簡稱,如鏡取形、燈取影般的相合④。以司馬相如爲代表的漢賦作家,在"寫物圖貌"之時,力求把握外物的形態,劉勰《文心雕龍·詮賦》以"蔚似雕畫"總括漢賦體物的特徵⑤,將漢賦比擬爲繪畫,無疑也是重在其逼似外物的描寫成就。其體物的方法,明人陳繹曾總結有六種,不用説實體、比體、相體、量體及連體爲正面描寫,即使其中之虛體,因所重在"聲色高下飛步是也"⑥,亦以繪形求似爲主。至於律賦,清人則追求體物的"神似"境界。唐人王棨《綴珠爲燭賦》寫道:"風來不動,凝四座之清輝;夜久逾明,貯一堂之虛白。"湯稼堂贊其爲"羌無故實,妙得神理"⑦。題既爲"綴珠爲燭",則必摹珠及燭之物態,然王棨并未如漢人從正面刻畫,而是從風吹不動、夜長不滅的清輝着手,略其形而傳其神。此即余丙照所總結的律賦傳神之法:"蓋不呆詮題面,只於無字處攝取題神,空中摹寫。然亦須帶定題意,使語在環中,神游象外方妙。"扣定題意,又不死於題面,覷定虛處渲染,若即若離,如此詮題,乃能傳物之神。爲此,律賦體物之時,需"善於形容,方爲寫生妙手"。余丙照特別強調幾種筆法,尤其是陪襯與烘托,"明藉他題陪出本題,或反或正,或旁面",此爲陪襯之法;"但就題之四面渲染,而題之正面自見。如畫家畫月,只在四面渲染雲色,而月自見,所謂烘雲托月"⑧,此爲烘托之法。從虛處傳物之神,而不全向實處呆詮,如此方能遺貌而取神,得

---

① 〔明〕徐師曾《文體明辨序説》,第101頁。
② 張健《清代詩學研究》,北京大學出版社,1999年,第425頁。
③ 〔南朝梁〕沈約《宋書·謝靈運傳論》,中華書局,1974年,第1778頁。
④ 〔南朝梁〕鍾嶸著,曹旭集注《詩品集注》,上海古籍出版社,1994年,第149、152頁。
⑤ 關於"蔚似雕畫"的闡釋,可參看許結《漢賦"蔚似雕畫"説》(《濟南大學學報》2018年第4期)。
⑥ 〔元〕陳繹曾《文詮》,《續修四庫全書》第1713册,第504頁。關於漢賦這方面的論述,可參看許結《漢賦"象體"論》(《文學評論》2020年第1期)。
⑦ 〔清〕湯稼堂《律賦衡裁餘論》,《歷代賦學文獻輯刊》第32册,第580頁。
⑧ 分别見《增注賦學指南》卷二"傳神""體物""陪襯""烘托",《賦話廣聚》第五册,第63、67、79、85頁。

物之神理。清人不再單純地追求狀物之貌,而在傳物之神。

其次,由客觀到主觀。漢賦體物重形似,自然帶有客觀的色彩。正如李澤厚所云,漢人對世界的直接征服和勝利,使文學和藝術也不斷要求全面地肯定、歌頌和玩味自己存在的自然環境、山岳江川、宮殿房屋、百土百物以至各種動物物件,"人這時不是在其自身的精神世界中,而完全溶化在外在生活和環境世界中,在這種琳琅滿目的對象化的世界中"①。漢賦所體之物,表現出時人對外在之世界的驚嘆與臣服,故鋪排之時,力求與客觀之物外在形態的相符。漢賦在描寫中不免有誇飾之嫌,左思批評漢賦"考之果木,則生非其壤;校之神物,則出非其所。於辭易爲藻飾,於義則虛而無徵"(《三都賦序》)。然這種誇飾,也并未超出客觀的範疇,程大昌論司馬相如《上林賦》云:"亡是公賦上林,蓋該四海言之。……彼於日月所照,霜露所墜,凡土毛川珍,孰非園囿中物? 叙而置之,何一非實?"②如果就上林苑而言,相如所賦之物不免誇飾;但若就上林所代表的漢帝國而言,則園中之物又屬實有。晋人批評漢賦之虛妄,在求賦作的徵實方面更甚於漢人,觀左思等人之賦及賦論可知。抒情小賦雖已開將外物主觀化的端倪,不過這只是藉外物以抒情,物與情仍屬兩分,情景交融的技藝尚未成熟③,客觀之物仍未完全主觀化。而清人以神韵論律賦,所體之物與賦家的精神境界已經融而爲一,賦家以己之精神觀照外物,外物經過賦家之眼的過濾,主客合一,賦家"清"之風貌洋溢在物象中,物亦具有人之精神境界。伊應鼎言詩之神韵與外物的關係,可移用來論律賦,他説:

> 詩之妙在於神韵,而神韵之妙存乎性情。性情正大者,所見之景寫來無不正大;性情高曠者,所見之景寫來無不高曠;性情幽閒者,所見之景寫來無不幽閒;性情恬適者,所見之景寫來無不恬適。本乎性情,徵於興象,發爲吟咏,而精神出焉,風韵流焉。④

性情的狀貌與所寫景物的風貌達到高度融合,這與藉景抒情有本質的不同。李元度言神韵之中包含"騷情逸韵",其評吴錫麒《采菱賦》《燈花賦》、尤侗《蘇臺覽古賦》等,均施以此語,而此數賦都以咏物爲主。又尤侗《泪賦》"極纖小題,却寫得淋漓盡致,一群嬌鳥共啼花,百丈游絲争繞樹",李元度不禁感嘆:"凡體物之工,非親歷者不能到此種柔情憨態,試問渠從何處得來。"⑤賦家的經歷越豐富,則體物越工,人格境界賦予外物以獨特的精神面貌。律賦所體之物,與其説是情感的寄寓,不如説是賦家"逸韵"的客觀化。因此,物不再僅是客觀之物,而是主觀精神世界的投射。

---

① 李澤厚《美學三書·美的歷程》,安徽文藝出版社,1999年,第85頁。
② 《演繁露》卷一一,清《學津討原》本。
③ 根據蔣寅先生的研究,"情景交融"的意象結構方式是在中唐詩歌意象化表現逐漸定型的背景下形成的,見其《情景交融與古典詩歌意象化表現范式的成立》(《嶺南學報》第十一輯)一文的論述。詩歌如此,則賦在中唐以前亦很難做到"情景交融"。
④ 《漁洋精華録匯評》卷三《皇廠河道中》評語,第218頁。
⑤ 〔清〕李元度《賦學正鵠》卷九,《歷代賦學文獻輯刊》第129册,第338頁。

再次,由"瀏亮"到"不可言傳"。陸機《文賦》云:"賦體物而瀏亮。"所謂"瀏亮",李善以"清明"釋之,方庭珪云"達而無阻"之意①。陸機所言,特指六朝小賦,要求描繪清楚明亮,意義表達通暢無障礙,寓含"清省"之義②。六朝賦之體物,在明物之理,故須明白曉暢。對"清"的向往,重在明晰省净、殆無長語的層面。清人論律賦溯源六朝,亦尚"瀏亮",全紹銥云:"陸平原之論賦曰:'體物而瀏亮',似爲今小試者發。蓋'體物'者,切題之敷陳也,'瀏'狀其清且駛,'亮'取其顯而明,操斯術以制勝,蔑不獲售有司矣。"③其意緊承李善,只是將六朝賦的特徵轉移至律賦。然在繼承之時,亦有所變化,李元度以"細切"解"瀏亮",認爲"不細不切,斷不能體物"④,并未逸出本義。不過神韻詩學反對咏物太過細切⑤,王士禎云:"大抵古人詩畫,只取興會神到,若刻舟緣木求之,失其指矣。"⑥館臣評白居易《題遺愛寺前溪松》云:"咏物善取神韻,故著題而不呆板。若過於求切,轉蹈剪彩爲花之弊。"⑦均反對體物"過於求切",之所以如此,是因爲"切而無味,則象外之境窮"⑧,體物細切容易着於題,難以產生無盡的意味,與神韻相悖。正因如此,李元度在強調體物細切的同時,又要求"總貴有巧思,而復運以妙筆,斯能不脱不粘,學者可以隅反"⑨,只有"不粘不脱"方能產生"不可言傳"之妙,清代律賦所推崇的不只是清楚明白的描繪,更是無法用語言明確表達的言外之意,即一種悠遠縹緲的審美感⑩。清人論律賦,尤重"不可言傳"的神妙之境。李元度評吴錫麒《春陰賦》云:"落花依草,游絲颺空,起滅無端,俯仰自失,此妙不可言傳,但凝神閉目,密咏恬吟,覺全題恰在箇中,不必定是此題,却無一非此題神韵也。"又評江淹《別賦》云:"篇中'春草碧色,春水緑波'及'怨復怨兮遠山曲,去復去兮長河湄'等語,皆係情至語,風韵獨絶千古,如'池塘生春草''明月照積雪'詩句,其妙不可言傳。學者當寢饋於斯,細領其神韵,吐屬自然風雅。"⑪可以看出,李氏尤其看重律賦神韵"不可言傳"的屬性。顯然,清人一方面繼承六朝賦體物清省之法,另一方面又以悠遠的美感加之律賦,從而在傳統之上,形成律賦新的美學風格。

清代律賦體物重神似而非形似,是賦家生命境界的投射而非純客觀描繪,追求縹緲幽遠的境界而非著於題的細切,三者構成清代律賦神韵論的意涵。從表現手法來説,神韵多由"興"的方式產生,故清代賦論重"興"。因"比"的功

---

① 張少康《文賦集釋》,人民文學出版社,2002年,第112頁。
② 許結《中國辭賦理論通史》,第300—301頁。
③ 《律賦先春序》,程廷獻《律賦先春》卷首,《歷代賦學文獻輯刊》第95册,第3頁。
④⑨ 《賦學正鵠序目》,《賦學正鵠》卷首,《歷代賦學文獻輯刊》第128册,第17頁。
⑤ 關於此論述,可參見蔣寅《王漁洋"神韵"的審美内涵及藝術精神》,《中國社會科學》2012年第3期。
⑥ 《池北偶談》卷一八,《王士禎全集》(四),第3282頁。
⑦ 《御選唐宋詩醇》卷二三,《景印文淵閣四庫全書》集部第1448册,第474頁。
⑧ 〔清〕汪師韓《詩學纂聞》之"四美四失"條,《清詩話》(上),第452頁。
⑩ 張健《清代詩學研究》,第434頁。
⑪ 《賦學正鵠》卷九、卷一〇,《歷代賦學文獻輯刊》第129册,第303、447頁。

用往往涵蓋賦的美刺兩端,使其在賦中的作用越來越大,故形成古賦"比"多"興"少的局面①;而"興"是神韵產生的根本,李重華云:"興之爲義,是詩家大半得力處。……不實説人事而人事已隱約流露其中。故有興而詩之神理全具也。"②"興"能觸發詩人和讀者産生難以名狀的複雜情緒,故其爲創造神韵必備的手段。古賦"比"多"興"少,故神韵不足;而清代律賦理論提倡神韵,必然重"興"。李元度評吴錫麒《蘆花賦》之神韵云:"兼葭秋水,感物懷人,興往情來,深得風人之旨。"即是以"興"論之。謝莊《月賦》"洞庭始波等句,何嘗一字涉月,却滿紙是月情月意,所謂道以神理超也",此亦是由其善言"興感之情"的緣故③。余丙照論"繪景""寫情""體物"均重神韵。如論"繪景"云:"繪景貴乎雅與題稱,如花草雪月等題,是實景也,描實景不可至於堆垛,要有實而虚之之妙;如春陰、秋陰等題,是虚景也,描虚景不可陷於空疏,要有虚而實之之妙。"論"寫情"云:"詩發乎情,而賦者古詩之流也,則駢四儷六,亦宜隱寓深情,作者揮毫,務必寄情綿邈,令人一往情深,方得文生情、情生文之妙。觀江淹《恨》《别》二賦,可以悟矣。"論"體物"云:"凡咏物題,最忌膚泛,然用典沾滯,毫無生動之趣,又一病也。須要細心體會,善於形容,方爲寫生妙手。"④至於手法,除前所論及之陪襯、烘托外,尚有"點染法":"正面有難於刻畫者,只連點題字,四面渲染,令如花如錦,采色滿前,而題面又極醒豁,自令閲者目爽。""旁襯法":"題後旁襯數聯,然後折入本題,頗覺舒展。總要折落清楚,抬高本題爲是。"⑤無論是"實而虚之""寄情綿邈"還是"善於形容",也無論是"四面渲染"還是"旁襯數聯",都是"興"的另一種説法,由此律賦能更好地"傳神",從而産生味之不盡的神韵。

對於賦之"興"的認識,清人亦與前人亦有所不同。祝堯論咏物之賦亦注意"興"的功能,他認爲《九辨》其一、其三是"賦兼比興",禰衡《鸚鵡賦》、張華《鷦鷯賦》也是賦中兼有"比""興"之義,并云:"凡咏物之賦,須兼比興之義,則所賦之情不專在物,特借物以見我之情爾。……要必以我之情,推物之情;以我之辭,代物之辭。因之以起興,假之以成比,雖曰推物之情,而實言我之情;雖曰代物之辭,而實出我之辭。本於人情,盡於物理,其詞自工,其情自切,使讀者莫不感動,然後爲佳。"⑥祝氏所言之"興",乃爲《詩經》之"興"體,與情感相關聯,施補華云:"必光景中隱含感慨,即'三百篇'之興體也。"⑦宋人段昌武釋《詩》云:"賦、比多出於志,興多動於情。"⑧祝氏就是在這層意義上言"興",

---

① 許結《賦體用"比"的批評意涵》,《南國學術》2022年第1期。
② 〔清〕李重華《貞一齋詩説》,《清詩話》(下),第964頁。
③ 《賦學正鵠》卷九、卷一〇,《歷代賦學文獻輯刊》第129册。
④ 《增注賦學指南》卷二,《賦話廣聚》第五册,第51、55、67頁。
⑤ 《增注賦學指南》卷八,《賦話廣聚》第五册,第291、327頁。
⑥ 〔元〕祝堯《古賦辯體》卷二"楚辭體下"、卷五"三國六朝體上",《歷代賦學文獻輯刊》第1册,第107、267頁。
⑦ 〔清〕施補華《峴傭説詩》,《清詩話》(下),第1026頁。
⑧ 〔宋〕段昌武《毛詩集解》卷一,《景印文淵閣四庫全書》經部第74册,第442頁。

且往往與"比"合在一起,故一言"賦須兼比興",再言"因之以起興,假之以成比"。劉熙載也同前人相似兼論"比興",他說:"風詩中賦事,往往兼寓比興之意。……賦兼比興,則以言內之實事,寫言外之重旨。故古之君子上下交際,不必有言也,以賦相示而已。不然,賦物必此物,其爲用也幾何!"其所云"言外之重旨",既有"比"所創造的"意義",也有"興"所創造的"意味",而不只是在情感上論"興"。他又説:"春有草樹,山有烟霞,皆是造化自然,非設色之可擬。故賦之爲道,重象尤宜重興。興不稱象,雖紛披繁密而生意索然,能無爲識者厭乎?"此處所論雖針對描寫景物之賦,但由之上升到"賦之爲道"的普遍規律在"重象尤宜重興",由"春草""烟霞""設色"諸語可知,此"象"即物象之意,強調在描寫物象之時,需要灌注"興"之"生意",故他又説:"在外者,物色。在我者,生意。二者相摩蕩而賦出焉。若與自家生意無相入處,則物色只成閑事,志士遑問及乎?"①"在外"之"物色"浸潤着"在我"之"生意",如此物色不再是單純的外物,而是賦家精神情志的凝聚,此即由"興"而呈現"神韵",已與祝堯有根本的差異。劉氏所論重在古賦,清人對古賦之體的認識由前代之"比"多"興"少轉變爲"興"之不可或缺。而究其原因,則在於隨着律賦之神韵理論的豐富,進而擴張至古賦領域,故清人視古賦亦具神韵之美。

  李日華論馬遠《水圖》時云:"凡狀物者,得其形,不若得其勢;得其勢,不若得其韵;得其韵,不若得其性。"②賦之"體物"相當於畫之"狀物",由此是論亦可移以論賦;賦家與天地萬物之"性"爲一體,故能感而起"興",因此神韵在某種程度上與"性"相通。由漢大賦到清代律賦,亦經歷從得形、得勢到得韵、得性的發展歷程。清代律賦融合與之體制相近的唐詩(包括試帖詩)、八股時文等文體特性,又兼鎔六朝駢賦的傳統,完成其體的理論構建。在律賦神韵理論形成之後,時人再以此種觀點規範古賦,儘管神韵是絶句、律詩等短章的專利,而漢大賦之類的巨制天生與神韵無緣,不過由於律賦之體的影響,古賦在清人的理論視野中也被神韵化。清人一方面揣摩律賦寫作的具體技法,另一方面又捕捉超越法度的神韵,追求更高層級的審美境界。由此,律賦依附科制而又力圖擺脱科舉文體的局限,從而與詩文等體并駕齊驅,實現文體品位質的提升。

(作者單位:安徽師範大學中國詩學研究中心)

---

  ① 〔清〕劉熙載撰,袁津琥校注《藝概注稿》,中華書局,2009年,第454、455、457頁。
  ② 〔明〕李日華撰,郁震宏、李保陽點校《六研齋筆記·三筆》卷二,鳳凰出版社,2010年,第196頁。

駢文選本的生成與變格：
南圖藏稿本《駢文博鈔》考論[*]

楊　珂

清人嘗自詡有清一代駢文著述之盛云："國朝文治昌明，曠越前代。駢儷之文，跨徐、庾而迫潘、陸。陶冶性情，杼柚尺素，爲不乏矣。"[①]在類似於此的諸多論說中，清代駢文有"集大成"之氣象，這一結論亦得到近代以來文人學者的不斷響應，如錢鍾書云："駢文入清而大盛，超宋邁唐。"[②]然就目前學界所留意到的清代駢文選本而論，其文獻規模似尚未能與明代拉開距離[③]，一個重要原因即清代駢文選本的文獻發現與整理工作仍未完成，各處散落的稿抄本材料爲經典選本如《駢體文鈔》《駢文類纂》等所遮蔽。這些經典選本自然具有重要影響，但因它們多以刻本形式廣爲流傳，文本已基本"凝固"，而選集經典化的過程也伴有去除"雜音"的效果，原本蕪雜的文獻面貌被"有序"與"經典"遮掩。因此，稿抄本有必要進入駢文選本的研究視野當中，只惜大多亡佚。

今南京圖書館藏稿本《駢文博鈔》（索書號 800649）因稀見的文本樣態與較龐大的規模體量，可作爲研究晚清駢文發展與文獻生態的重要選本材料，却長期爲人忽視。《駢文博鈔》成於清季，是時課藝集等集群文獻層見叠出，《申報》等報刊媒介步入文人日常，文獻的更新拓寬了選家的閱讀世界，有別於擇取正宗的"博鈔式"選錄原則，令此書在選目路徑、選篇範圍及選文評點等方面別具特色，可視爲傳統駢文選本之"變格"。兹對《駢文博鈔》一書加以考論，於

---

[*] 本文爲江蘇省研究生科研創新計劃"文學社會學視域下的清代駢文發展研究"系列成果，項目號 KYCX21_0015，並受南京大學優秀博士研究生創新能力提升計劃 B 資助，項目號 202202B009。

① 郭嵩燾序，載王先謙《國朝十家四六文鈔》卷首，南京圖書館藏光緒十五年（1889）刻本。

② 錢鍾書與朱洪國手札，載朱洪國《中國駢文選》卷首，四川文藝出版社，1996 年。

③ 據洪偉、曹虹《清代駢文總集編纂述要》，明人編纂的駢文總集達 60 餘種，清代選本亦有 60 種以上，而重要者僅列出 28 種（清初期 7 種、中期 10 種、晚期 11 種）；路海洋統計清代駢文選本約有 62 種（初期 17 種，中期 25 種，晚期 20 種）。分別見洪偉、曹虹《清代駢文總集編纂述要》，《古典文獻研究》第十三輯，2010 年 6 月，第 224—256 頁；路海洋《清代中葉駢文選本纂輯的三大特徵》，《青海社會科學》2021 年第 4 期，第 173 頁。

歷史語境中重新審視晚清的駢文發展,并闡析這一稿本爲駢文選本研究提供的新視角。

一 《駢文博鈔》的文獻價值與文本樣態

正如李兆洛《駢體文鈔》總結先秦至隋的駢文經典,許槤《六朝文絜》與彭元瑞《宋四六選》萃集六朝、宋代的儷體佳作等,唐宋及以前的駢文作家作品在文學史發展中藉由選本的篩選,被不斷地進行文獻的整合與經典化,至晚清近代時已基本有蓋棺之論;而爲時代所囿,清代的駢文作品缺少這一過程。若對清代的駢文成就作一整體觀照,除需必要的別集作品,清人選清文駢體總集更能體現他們對"國朝"駢文的自我體認與歷史定位,但就目前常見的選本來看,這種自選不可避免地對後世研究產生三方面的遮蔽:

其一,經典作家對普通作者的遮蔽。如曾燠《國朝駢體正宗》及張鳴珂《續編》只收錄數十位作家的作品①,至於吳鼒《八家四六文鈔》以及張壽榮所選"後八家"、王先謙所選"十家"等更是將範圍"壓縮"至寥寥數位,原本的"喧嘩衆聲"變爲小規模的"協律合唱"。其二,正宗觀念對"非正宗"文章的遮蔽。"選"即意味"删",而"正宗"亦出於主觀判斷,如姚燮《皇朝駢文類苑》、王先謙《駢文類纂》與屠寄《國朝常州駢體文錄》等,在作者與作品數量上雖仍具相當規模,却因選家有自己的文章正宗觀與選編原則,衆多別具特色的文章被芟除,文學價值的衡量標準也趨於單一。其三,刻本的凝固形態對選本生成過程的遮蔽。刻本只能提供選的結果,然選本的生成過程自具意義,選家通過何種路徑選裁及加工文章,體現其如何從閱讀、接受轉化爲表達、再生產。以是欲拓深乃至更新清代駢文選本的研究方式與路徑,亟需可還原蕪雜文獻面貌的稿本選集,南京圖書館藏《駢文博鈔》即在一定程度上具有去蔽之效。

《駢文博鈔》共十册,其中《初鈔》四册以"元""亨""利""貞"編目,《續鈔》《三鈔》《四鈔》各二册,以"乾""坤"爲次。經統計,《初鈔》"元集"錄文 45 篇,"亨"46 篇,"利"43 篇,"貞"43 篇,《續鈔》"乾"58 篇,"坤"51 篇,《三鈔》"乾"73 篇,"坤"62 篇,《四鈔》"乾"85 篇,"坤"94 篇,共計文章 600 篇。因 13 篇作者未詳,暫不統計,此外有作者 339 人,清以前 21 人 34 篇(南北朝時期 2 人 2 篇,唐 7 人 9 篇,宋 8 人 19 篇,明代 4 人 4 篇),故共收錄有清一代 566 篇,作者達 318 人以上。將此規模與其他清人選清文的駢體總集作一比對,成表如下:

---

① 下文涉及的諸選本所錄作家、作品數量參表 1"清人選清文駢體總集作家作品數據統計"。

表 1　清人選清文駢體總集作家作品數據統計①

選本性質	選本名稱	清代作者數量	清代文章數量	總體作者及文章數量	清文占總體百分比
通代之屬	《駢文博鈔》	318 以上	566	339 以上/600	94%
	《駢文類纂》	65	536	290/2177	24%
斷代之屬	《皇朝駢文類苑》	105	495	—	—
	《國朝常州駢體文錄》	43	569	—	—
	《國朝駢體正宗》	42	171	—	—
	《國朝駢體正宗續編》	60	149	—	—
	《八家四六文鈔》	8	169	—	—
	《後八家四六文鈔》	8	113	—	—
	《十家四六文鈔》	10	152	—	—

　　由表 1 可見《駢文博鈔》的文獻價值：同爲通代類型的選本，相較於《駢文類纂》，《博鈔》更側重於選錄當代文章，以反映"國朝"創作之盛。從選文數量上看，《博鈔》所錄文章規模僅次於屠寄《國朝常州駢體文錄》，但涉及的地域範圍却遠超後者，可較全面地表現清人的駢文成就。以選文作者數量而論，《博鈔》一書甚至超過斷代之屬七部選集的數字之和，遑論七部選集中作家多有重複；且若粗略計算，《駢文類纂》所錄作者平均每人約有 8 篇作品，《博鈔》則人均不到 2 篇，使大量中下層文人、非知名作手的作品有機會被選入其中，可映顯不同於其他選集的文獻生態。對此，將於次節中詳加論説，而首需解决的問題是，這部駢文選本巨製出自何人之手。

　　因今見稿本缺少序跋，僅有目録與選文，作者身份只得從細節中尋找綫索。《博鈔》封面有二印，"胡宗泰印""琦沅"，而在書中幾乎每篇題下及部分篇末評語中，又有"淇園居士""紅豆詞人""琦沅翰墨""奇園""琦""沅"等印章及"淇元""奇元"等落款，是以纂録此書的作者當爲胡宗泰無疑，但其人其事却少有聞見。徐雁平《清代家集叙録》著録有《兩齋花蕚遺稿》一書，是胡宗泰、胡宗憲二人的詩作合集②，書前有松江朱肇昇序："奉賢胡君若雲之子永齡持其大父昆季《兩齋遺詩》來謁余曰：'……獨念吾祖子原公、伯祖琦沅公遺詩若干卷，散佚於家大人隨使出國之年，歸而搜求補録，猶幸有數十篇之存，竊欲付之手

---

　　①　《駢文類纂》并非嚴格意義上的"清人選清文"，但有取以比較的必要；《皇朝駢文類苑》的統計數據見下東波《〈皇朝駢文類苑〉的編選特色與清代的駢文新風》，《暨南學報（哲學社會科學版）》2017年第 1 期，第 32 頁。此外，據洪偉、曹虹《清代駢文總集編纂述要》，另有《駢體文林類鈔》一書，爲清人朱啓勛所選，成於光緒十五年(1889)左右，共六十三卷（其中清人十卷），作者五百餘人，作品一千四百餘篇，體量龐大，但似未出版，現存僅有選目與叙録，故暫不列入統計，見洪偉、曹虹《清代駢文總集編纂述要》，第 253 頁。

　　②　徐雁平《清代家集叙録》，安徽教育出版社，2017 年，第 728 頁。

民傳世行遠……'"①由是可知，胡宗泰爲江蘇奉賢人，與胡宗憲爲兄弟；胡宗憲之子胡德望的跋語中亦提及胡宗泰生平著述之大概：

> 先伯琦沅公清光緒己卯恩貢，門下極盛，著《福喜堂隨筆》數十卷、《莊子集解》四卷、《蚓吟集詩稿》一卷、《福喜堂詩稿》兩卷，卒年六十有六。時適德望候試京師，嗣又隨使東西各國，所藏遺稿遂至散失。②

今《福喜堂隨筆》等四種均未查見，或已亡佚。至於胡宗泰更多的生平信息，仍需根據胡宗憲與胡德望的相關文獻來加以推斷。據《清代硃卷集成》，胡宗泰爲胡宗憲的從堂兄："胡宗憲，字葆廉，號子原，行二。道光辛丑年八月廿八日生，江蘇松江府奉賢縣廩膳生民籍。……從堂兄弟宗泰（奉廩生）。……子德言、德來、德熏、德望。"③《奉賢縣志》記載胡德望生平道："胡若雲（1874—1960），又名德望，光明鎮人。……26 歲赴北京候試，27 歲任京漢路學習站長。光緒二十八年考取保定大學，未及就讀，隨孫寶琦公使去法國爲使館學生。"④參之以《兩齋花萼遺稿》跋語，胡宗泰卒於胡德望候試京師與隨使東西各國之際，即在 1900 至 1902 年間；又因他"卒年六十有六"，則生年得以推知。至此，可對此書選者的生平作一大致總結：胡宗泰，江蘇奉賢人，約生於道光十五（1835）至十七年（1837）間，卒於光緒二十六（1900）至二十八年（1902）間，光緒己卯（1879）恩貢，琦沅、淇元、淇園居士、紅豆詞人等爲其字號，室名曰福喜堂，所著有《福喜堂隨筆》《莊子集解》《蚓吟集詩稿》《福喜堂詩稿》等，今皆未見，《駢文博鈔》或是除家集《兩齋花萼遺稿》外他唯一傳世的作品集。

值得關注的是，胡宗泰《駢文博鈔》所錄時間最晚的文章爲《四鈔》"坤集"中的《光緒皇帝庚子三月恩詔》（1900 年 4 月），此時已是胡氏晚年，這一節點雖不意味全書的最終完成，却可作爲時代參照。比較其他三部大型駢文選集，姚燮《皇朝駢文類苑》初版於光緒七年（1881），再版於光緒十二年（1886）⑤，稍早於是書；屠寄《國朝常州駢體文錄》緊隨其後，編成於光緒十六年（1890）⑥；王先謙《駢文類纂》成書於光緒二十七年（1901）⑦，與《博鈔》時間相近。雖然各具特色，但包括《博鈔》在内的四部具有總結性質的駢文選本都成於晚清時期，不啻折射當時的駢文選集風氣，更表明晚清駢體文獻規模已達相當體量，這是選本"涌現"的必要前提。除選錄原則不一外，因版本形態的不同，選本之間樣貌迥異。相比於以刻本傳世的三部駢文選集，稿本《駢文博鈔》不僅體現

---

① 朱肇昇序，載胡宗泰、胡宗憲《兩齋花萼遺稿》卷首，南京圖書館藏民國二十四年（1935）鉛印本。
② 胡德望跋，載胡宗泰、胡宗憲《兩齋花萼遺稿》卷首。
③ 顧廷龍主編《清代硃卷集成》第 409 册，成文出版社，1992 年，第 409—414 頁。
④ 上海市奉賢縣志編修委員會編著《奉賢縣志》，上海人民出版社，1987 年，第 949 頁。
⑤ 卞東波《〈皇朝駢文類苑〉的編選特色與清代的駢文新風》，第 32 頁。
⑥ 路海洋《屠寄〈國朝常州駢體文錄〉的編纂特點與價值》，《蘭臺世界》2015 年第 20 期，第 153 頁。
⑦ 鑫鑫《〈駢文類纂〉研究》，遼寧大學博士學位論文，2019 年，第 15 頁。

選本的原始狀態或階段特徵，還映顯選集的生成過程。

具體言之，《皇朝駢文類苑》等以刻本形式傳播的選集大多有明確的編次凡例，或以文體分編、分卷，或以作者爲中心聚合篇目，《博鈔》純以文章摘錄的先後排列而未經重新編次，只據文章數量作以簡單分册。以《初鈔》"元集"的前 10 篇文章爲例，依次爲：程鴻詔《兩江總督武英殿大學士曾侯六旬壽序》、吴錫麒《隨園前輩八十壽言》、黄金臺《齊武王論》、張預《募栽六橋楊柳引》、徐賓《綠珠墓志銘》、尤侗《先妻十周追薦疏》、袁枚《重修少保于忠肅公廟碑》、尤侗《陳次山和香奩詩序》、梁紹壬《致趙秋舲同年書》、尤侗《平蜀頌(序)》。就文體而言，這首 10 篇文章已涉及壽序、論、引、墓志銘、疏、碑、序、書等 8 種文體；就作者而論，不僅同一作家的作品如尤侗的 3 篇文章分散收錄，而且 8 位作家身份地位、時代先後不一，難以察見規律；就選文性質來看，這些文章或用於贈予他人，或出於課藝所需，又或是應制之作，總之用途各異。《博鈔》文本的豐富而雜亂可見一斑。胡宗泰纂錄《駢文博鈔》持續到晚年甚至可能是逝世之前，那麼他是否曾有重新編排此書的意圖却未能如願？答案無人知曉，但此書確實有被進一步"加工"的條件。

舉例言之，如圍繞清人麟慶所著的《鴻雪因緣圖記》，胡氏共選錄 6 篇文章，分别爲《初鈔》"元集"中許乃普《鴻雪因緣圖記序》，"亨集"中鍾世耀《河帥麟見亭先生鴻雪因緣圖記序》、祁寯藻《鴻雪因緣圖記序》、金安瀾《鴻雪因緣第二圖記序》，以及"利集"中但明倫《鴻雪因緣圖記三册序》與李肇增《鴻雪因緣第三集序》。這 6 篇文章雖爲同一主題，在書中位置却相隔較遠，表明選家胡宗泰曾不斷搜集這一系列的作品。此外，還有圍繞《聊齋志異》《諧鐸》等書籍以及如慶祝袁枚八十生辰等文學事件而形成的散布的"系列文章"，若以它們爲中心對《博鈔》作重新編次，最終會凝成全新的選本面目。如果説刻本是"固態"的、無法輕易變更的，則稿本可説是"液態"的、具有不確定性，也因此給閱讀者留下想象空間。

除反映選集的階段特徵與具有可塑性，稿本的價值還在於能部分還原選本的生成過程。胡宗泰不僅選錄文章，還對它們予以圈評。據統計，《博鈔》所錄 600 篇文章中，有評點者達 181 篇，近全書的三分之一。這些圈點、評點并非一次性完成，通過墨筆、朱筆的差異比較，可見有不同層次：墨筆的圈點雖較少，但據字體及分頁可判斷，墨筆末評爲文章纂錄時就有的"原生評點"，或摘自前人，或自己點評。朱筆則是後期所加，一是補充選文的相關信息，如尤侗《爲筠上人募静室疏》一文題下有朱字"尤悔庵集"，即注明選文出處，又如《平蜀頌(并序)》一文篇末朱筆題"頌不錄"等，説明文章去取等；二是對墨筆圈點作大量擴充，顯明作者在錄文之後還曾反復細讀；三是接續墨筆末評與添補其闕漏，以闡發選文時的不盡之處，如《初鈔》"貞集"中黄金臺《魏司徒崔浩論》一文，篇末原有墨筆評語，云："持論平允，氣機暢達。琦沅讀。"其後又有朱評，對前評補充道:"清道婉折,情文相生,視楦麒麟、販鳳皇者有别。"①倘若付諸棗梨,最終展示給讀者的即經過整合的静態文本,則原本層次分明、動態化的評點過程也便不得而知。

至此,《駢文博鈔》的作者情况與文本樣態已基本述明,此書對經典作家的去蔽之效與對作品的輯存之用也通過規模體量的比較揭櫫如上,稿本樣態所具有的推勘選本生成過程等功用亦有所闡説,藉由分析《博鈔》的選目路徑、選篇範圍與具體的評點實踐,其文獻價值也將進一步展現。

二 博鈔式選本與晚清江南駢文生態

雖然胡宗泰并非以"正宗"爲矩矱來打造選本,但多次的評點行爲表明他有自己的選文旨趣,而非泛濫無歸。在缺少序跋的情况下,可通過選目及評點來蠡酌選家的隱秘心曲。常見的駢文選本因規模有限且所録作家多爲知名文士,故文章往往取摘自他們的個人别集或已有的經典選集,選目路徑較爲單一,故而"選誰"與"選何篇"等問題在以往研究中更受人關注。胡宗泰的博鈔式選文,不僅令選篇的來源路徑分析成爲探究《駢文博鈔》的重要視角,也折射出晚清駢文發展的新變。

如前所言,《駢文博鈔》收録清人文章共 566 篇,作家却有 318 位以上,實可稱爲"博鈔"。其中,多數作家只録 1 篇,且在"精英"行列之外。經統計,除選家胡宗泰本人外②,《博鈔》中選文數量達 5 篇及以上的作者僅有 9 人,依次爲:黄金臺(37)、尤侗(29)、袁枚(21)、吴錫麒(12)、陳維崧(12)、嚴鋆(11)、徐賓(9)、鄒弢(9)、俞樾(5)。據此數字或可認爲,他們的作品較受選家青睞,被評點的文章數量亦可佐證此結論,被評點最多的依舊是黄金臺,37 篇駢文中有評點者 24 篇,其他依次爲:袁枚(13)、尤侗(12)、吴錫麒(11)、嚴鋆(7)、陳維崧(6)、徐賓(5)、俞樾(3)、鄒弢(2)。

就此 9 人而論,從清初陳維崧到晚清俞樾,各時段皆有代表,説明選家視域之廣。須留意的是,此 9 人均爲江浙人士。在《駢文博鈔》316 位清代作家之中,有 266 人的地域籍貫切實可考,根據數量排序,江蘇(107)、浙江(86)、安徽(15)三地位於前列。除因江南爲清代的人文淵藪外,這一現象也與晚清文人對本朝駢文地域傳統的認識有關。胡宗泰在評點中有意强調"地方",如全書共有四處使用"××多材"這一句式:

　　熟於宋廣平本傳,故縱横揮霍,投之無不如志。武林多材,斯爲卓絶。(徐振聲《宋文貞公論》)

　　能縱横馳驟,頗有沉博絶麗之觀。陽羨多材,讓渠獨步。(陳維崧《徐

---

① 本文涉及的《駢文博鈔》内容皆出自南京圖書館所藏稿本,不一一出注。另,此處朱筆評語是"改造"自徐熊飛所作序文,詳見本文第三節。
② 此處暫時將胡宗泰排除在外,同時他也有"竊取他人作品"之嫌。《博鈔》目録中署名"胡宗泰"者有 44 篇,經筆者核察,至少有 25 篇爲他人所作,原因有待察考。

昭華詩集序》)

　　結構謹嚴，藻不妄抒。武林多材，此其翹楚。(章藻功《謝王瞻蕘惠水池啓》)

　　心兵結構，筆陣縱橫。毗陵多材，斯爲翹楚。(鄒弢《弢園王紫詮夫子六秩壽叙》)

　　武林、陽羨、毗陵分别指江南地區的杭州、宜興與蘇州，此文本語境下的"多材"，當指此三地有突出的駢文創作成果，陳維崧等便是傑出代表。江南之於清代駢文發展的重要意義早已多有論説①，江浙地區確實有普遍創作駢文的風氣，若視之爲較廣闊地域範圍内的駢文"大傳統"，則在其籠罩下，杭州、宜興、蘇州等府縣與毗鄰城市聚合形成的網絡，又分别構建出各具特色的地方駢文"小傳統"②。經典作家作品會在一定的空間範圍内產生規範性效果，成爲本地方後來作家的學習典範，如胡宗泰評吴錫麒《少保樞密副使岳武穆王論》一文時指出，吴氏與袁枚、章藻功爲杭州駢文史上的鼎立三足："縱橫上下，如數家珍，妙在排偶之中，仍不失單行之氣。鄉先輩如豈績、如隨園，鼎峙而三矣。"胡宗泰作爲江蘇奉賢(今上海)人，他對袁枚、尤侗等江浙文人駢文作品的推崇以及廣泛收録這一區域的駢文制作，在一定程度上受江南駢文"大傳統"的影響；而他選評前賢文章，以"××多材，斯爲翹楚"等話語形式建立各地作家典範，實際上也對駢文地方"小傳統"有推揚、再塑之效。

　　《駢文博鈔》的特點在於，除上述地方經典作家作品，它還廣泛摘録中下層文人的作品，甚至有些作者可説是"無名之輩"，生平身世無從查考。大多以"正宗""正聲"爲標榜的選本往往拒絶這些不爲人知的普通作家作品，因爲它們會削弱選本的權威："作者的名字包含着一個文學人物的形象……假如人們只知道每一部作品，而不知其作者，那麽，傳統的形成過程將支離破碎，混亂不堪。"③是以在選文層面上，"經典"與"非經典"的共存實對《駢文博鈔》造成了"割裂"，選本自身要實現經典化也因此具有難度。然而，從另一角度看，《博鈔》大量選録"經典行列"之外的作家作品，亦是從不同維度凸顯江南駢文成就的諸多面相，還原本就複雜多樣的駢文創作生態，實現對單一地域傳統塑造的超越。夷考《駢文博鈔》選目路徑的拓伸，從以下三個角度作以總結。

　　第一，從書院課藝集中選取篇目，呈現江南學緣網絡中的駢文生產與互動，展示清代書院中的駢文教育傳統。

---

①　如楊旭輝將清代的水陸交通網絡與駢文發展結合分析，指出清代江南駢文的大興與"環太湖人文圈"與"江南運河文化帶"的存在不無關係，路海洋更是直接總結道："清代駢文的中心是江南……清代江南駢文的發展進程，即構成了整個清代駢文史的主體。"分别見楊旭輝《清代駢文史》"緒論二：清代駢文家時空分布之研究"，人民出版社，2013 年，第 13—23 頁；路海洋《清代江南駢文發展研究》"緒論"，中國社會科學出版社，2016 年，第 1 頁。

②　清代江南駢文"大、小傳統"概念的提出受〔美〕羅伯特・雷德斐爾德《農民社會與文化》一書啓發，原多用於對上層精英文化與下層大衆文化的區分，此處就空間範圍加以闡説，核心詞義不同，概不贅述。

③　〔美〕愛德華・希爾斯著，傅鏗、吕樂譯《論傳統》，上海人民出版社，2014 年，第 159 頁。

除培養弟子應試科考，清代書院還是推進地域文學生產與文人交流的機制性場所，是一個地方的"文學公共領域"。書院山長的文學觀念會對門人弟子產生直接影響①，課藝集即其教育成果的物質表現，其中不乏駢體佳作，阮元之子阮福輯録的學海堂弟子所作諸篇《文筆考》即其中典範。《駢文博鈔》從江南各地書院課藝集中選録文章，經初步考察，主要來源有《詁經精舍三集》（杭州詁經精舍）、《敬修堂辭賦課抄》（杭州崇文書院）、《龍山書院課藝》（山陰龍山書院）、《雲間小課》（松江雲間書院）等，選文達 50 篇以上。一方面或受制於客觀條件，胡宗泰能看到的課藝集有限，這些書院基本分布於其所在的江浙地區，尤其集中於杭州、上海等地；另一方面，之所以這些書院有駢文制作，也與它們的山長、掌教推崇駢文有關，阮元即典型之例。

詁經精舍爲阮元所創，在他嘉慶十四年（1809）離開浙江後一度荒輟。書院重振之後，馬新貽在同治六年（1867）爲《詁經精舍三集》題序時仍强調阮氏倡首駢文對書院教育的陶染之效："文達以宿儒大師，當乾嘉之際，出入將相，獨以通經爲天下倡。一時孳孳於文字訓詁之异同，與夫沉博絶麗之文章者，家許、鄭而人枚、馬，流風遺韵，至今猶存。"②"沉博絶麗"一詞肇始於揚雄，强調作文須兼重學、文，乾嘉之後成爲清代駢文風格批評的代表話語，甚至成爲駢儷文的代名詞③，此處即指駢文。縱向而論，在阮元之後，擅製駢儷文的俞樾也在此地擔任數年掌教，其間課藝集中多有駢體之作，實現對阮氏標舉駢文的接力，構建起書院内部的駢文教育傳統④；横向來看，阮元的影響還延展至浙江其他書院如崇文書院等："浙會城三書院，例以制藝課士，鮮有道及詞賦者。將謂詞賦非科名所亟，因置不講歟？……吾師朱文正、阮儀征兩相國尤憑是拔取人才，非徒宏講風流，蓋備他日承明著作之選也。"⑤由是可見，阮元等對駢儷文體的推崇，不僅推動學海堂、詁經精舍等書院形成創作駢文課藝的風氣，更以學緣爲脉絡不斷延伸，由點及面，發展出重視駢文培養的書院集群，進而爲江南駢文的繁榮提供驅動力。《博鈔》對此類課藝作品的選録，也從教育維度對駢文地域傳統的内涵有所拓深。

第二，關注"文章正宗"之外的諸多文類、題材，從筆記小説等通俗文學作品中摘録篇章，揭示晚清文人如何看待駢文"被壓抑的傳統"。

受正宗觀念制約，常見的駢文選本往往提倡"風骨""典雅"，追求"搜集宏富"的同時，强調"持擇謹嚴，約而不濫"⑥。以序跋爲例，由駢體創作的筆記小

---

① 如蔣彤《暨陽答問》中記載李兆洛擔任暨陽書院山長時和書院弟子有諸多關於詩文的交流討論，參楊珂、徐雁平《清代書院答問的文獻價值與文化意義——以李兆洛〈暨陽答問〉爲中心》，《蘇州大學學報（哲學社會科學版）》2020 年第 1 期，第 164—166 頁。
② 馬新貽序，載俞樾等編《詁經精舍三集》卷首，南京圖書館藏清同治刻本。
③ 吕雙偉《清代駢文研究》，上海古籍出版社，2018 年，第 398—404 頁。
④ 詁經精舍延請的教師與培養的學生多有駢文名手，詳參宋巧燕《詁經精舍與學海堂兩書院的文學教育研究》第三章"阮元的駢文理論與兩書院的駢文教育"，齊魯書社，2012 年，第 139—182 頁。
⑤ 胡敬序，載《敬修堂辭賦課抄》，南京圖書館藏刻本。
⑥ 繆德葇序，載張鳴珂《國朝駢體正宗續編》卷首，南京圖書館藏清光緒十四年（1888）寒松閣刻本。

説序跋大多被詩文掩抑,難入選家法眼,但却是清代駢文成果的重要組成部分。有學者指出,清代小説序跋"爲清代駢文中興提供了有力的佐證和豐富的案例。……不僅文言小説序跋用駢文,通俗小説序跋中,也有不少篇駢文或駢散相兼之文"①。蒲松齡《聊齋自志》、鈕琇《觚賸自序》《觚賸續編自序》與馬薏《諧鐸序》等爲此中代表,也皆被胡宗泰選録。綜觀《駢文博鈔》中的《〈聊齋志异〉卷十席方平題文》《〈聊齋志异〉卷十馬介甫題文論斷》與原載於《諧鐸》的黄之駿《討懶猫檄》等作品,不難發現,小説文獻的闌入不僅是對傳統選本"文章正宗"觀念的突破,更勒顯選家對通俗文學的閲讀實踐。

在晚清時局與地方風氣的雙重影響下,具有時代與地域特色的政論文集《時事新編》與狹邪筆記《秦淮艷品》《秦淮畫舫録》《海天餘話》等,紛紛"闌入"胡宗泰的閲讀世界。前者收録數篇甲午戰爭之後報紙上刊載的主戰輿論②,彰示當時文壇的民族主義浪潮,後者則記録江南的烟花勝事。此二類書籍的流行受嘉道以降上海、南京等地社會風氣所浸染,其序跋亦由駢體作成,但與《聊齋自志》等文章命運相似,因文類、題材緣故,被清中前期的駢文選本斥於"正宗"之外,成爲經典作家作品背後的"執拗低音"。它們被《博鈔》接受,反映晚清文人的駢文正宗觀念在一定程度上有所鬆弛。而在當下的駢文史書寫中,無論是通俗文獻中的駢文作品,還是《駢文博鈔》這一略顯另類的駢文選本,都需引起研究者更多的注意,以重現清代駢文創作的廣闊天地。

第三,對晚清新興的報刊文獻進行"實時性"摘録,顯映近代閲讀方式"大衆化"轉型下駢文生産與傳播的變遷。

姚燮、王先謙與屠寄等人與胡宗泰生活在同一時代,可他們編纂的駢文選本與《駢文博鈔》形態迥异,選文原則與個人喜好的差异固然是重要因素,但還有一點不容忽視,即選家所處地域環境的不同。胡宗泰所在的江蘇奉賢即今上海地區,晚清時中西文化交匯,領時代風氣之先,市民的日常社會生活也在不斷變化,反映在傳播媒介方面即《申報》等新型報刊文獻的興起。在對《駢文博鈔》的選篇來源作初步考察後,發現除書籍外,《三鈔》《四鈔》中還有上百篇駢文抄自上海地區的各種報刊雜志,其中《申報》93篇、《寰宇瑣記》2篇、《瀛寰瑣記》1篇、《益聞録》8篇、《字林滬報》1篇、《新聞報》6篇③。這些文章在《博鈔》中基本按刊載的時間先後排列,如《三鈔》"乾集"主要抄録刊於1875—1877年間的文章,共18篇,"坤集"則是在1877—1881年間,有24篇;《四鈔》"乾集"1881—1886年25篇,"坤集"1886—1900年31篇。比較每册的總體篇數(分别爲73、62、85、94),原載於報刊的駢文約占總體的三分之一,可知《申報》等刊物已成爲《駢文博鈔》的重要文獻來源;而時間上的綫性則表明,胡宗泰在1875到1900這二十五年間,有持續的、"實時性"的駢文輯録工作,《駢文

---

① 顏湘君《清代駢文中興與小説序跋》,《明清小説研究》2005年第4期,第184—186頁。
② 參雷家聖《引狼入室:晚清戊戌史事新探》,中西書局,2019年,第76—77頁。
③ 筆者藉助"《申報》數據庫""全國報刊索引"等報刊數據庫,將《駢文博鈔》所録文章與《申報》等原始材料一一進行比對統計,然因客觀條件所限,恐尚有遺漏,特此説明。

博鈔》即爲他近三十年累積的成果①,這一工程不可謂不艱巨。爲進一步分析其中細節,將這些作品在書中的位置及原刊載時間列舉成表,因《申報》所錄文章較多,僅列出其他報刊。

表2 《駢文博鈔》所錄報刊文章一覽(除《申報》)

書中位置	篇 名	作 者	出 處	原載報刊時間
三編·乾集	保陽題辭憶韵仙校書詩序	閭妙香	寰宇瑣記	1876年第8期
三編·坤集	廣樂志論	俞樾	瀛寰瑣紀	1873年第16期
	散花集自序	金亮	寰宇瑣記	1876年第8期
	益聞館辭年小啓	管城	益聞錄	1880年第36期
	上洋益聞錄敬賀新年啓	李杺	益聞錄	1880年第37期
	中國電報創始記	桂馨	益聞錄	1881年第119期
	約同人消寒小集啓	鄒弢	益聞錄	1881年第133期
	許太夫人傳後序	鄒弢	益聞錄	1882年第137期
	長春花館存稿序	孫康	益聞錄	1882年第136期
四編·乾集	辭年小啓	鄒弢	益聞錄	1883年第228期
	恭賀新禧啓	無名氏	益聞錄	1883年第229期
	勸人家婦女弗纏足小引	浙東悟香子	字林滬報	1884年11月27日
四編·坤集	剿日本檄文	無名氏	新聞報	1894年10月30日
	五花妙判	江峰青	新聞報	1895年6月7日
	春雯閣詩序	無名氏	新聞報	1895年6月1日
	擬上青帝劾天看侍者疏	高瑩玉	新聞報	1894年3月2日
	贈秦淮某錄事叙	求志居士	新聞報	1894年3月15日
	游滬上名園記	何閬樵	新聞報	1899年6月15日

細察選篇的具體路徑,胡宗泰摘錄報刊文章雖主要以時間爲次,但也有"回顧"舊刊的行爲,這一細節有助於還原其閱讀與抄錄的真實過程。各報刊所錄的文章體類不一、題材各异,而如《中國電報創始記》《勸人家婦女弗纏足小引》《游滬上名園記》等選文使《駢文博鈔》具有鮮明的時代與地域特色,這自然與報刊在上海地區的發行密切相關,更令此選本在文學價值外兼有史料性質:其不啻藉助報刊來記錄晚清的"新事件"(甲午海戰的失利)與"新事物"(電報),還折射士人群體中的"新思想"與"新文化"(女性解放意識)。十九世紀末梁啓超、黄遵憲等曾力倡"詩學革命",梁啓超總結其精義道:"過渡時代,必有

---

① 經考察,《申報》創刊於1872年4月30日,《初鈔》"貞集"中所錄《滬城狎游棒喝文》一文原載於《申報》1872年7月27日第76號第一版,或可推測,《駢文博鈔》開始纂錄的時間或與之相去不遠。

革命。然革命者,當革其精神,非革其形式。"① 若以之類比晚清的駢文創作,似隱約可見"駢文革命"的萌動。胡宗泰對這些"新文"的關注,亦可見駢文發展的近代潮流。

此外,傳統的駢文選本多摘選文人別集或經典選集,可視爲選家"精英閱讀"的成果,而《駢文博鈔》對《申報》《益聞錄》等新興報刊的抄錄則是"大衆閱讀"的產品。一篇駢文能否刊載於報刊、是否爲"傑作",其標準已非少數精英所能决定,須交由更龐大的普通讀者群體來判斷,與之相應的,作者對文章題材的把握、對文字風格的斟酌也需不斷迎合報刊市場需求的變化。如此一來,純粹從文學經典的角度對《駢文博鈔》進行評價已非公允,因其所選文章既有源自經典之篇,也有屬於大衆、時興的一面——此書的特殊價值正在於此,它彰顯的是其他駢文選本所不具有的"精英"與"大衆"的交織,呈現的是晚清江南,尤其是上海這一特定時空背景下駢文創作與傳播的特殊面貌。

三　打造評點本:選家的經典化意圖

胡宗泰從何處摘選駢文以及此行爲過程本身所藴含的文化意義等,至此已基本顯明。然則選抄只是選本生成的第一步,在此基礎上,選家又往往以各種手段來"干預"文本,將之打造爲自己的獨創性成果。胡宗泰對選文所作的圈點與品評是《駢文博鈔》重要的"副文本"②,他策略性地轉化、製造、利用各類駢文評點的術語、套語,意圖使選本獲得經典化,這一現象也爲考察選本中評點文字如何生成并影響讀者的閱讀體驗提供契機。

在今見清代駢文選本當中,如李兆洛《駢體文鈔》等保留有選家自己的評點,但因多是刻本傳世,難如《駢文博鈔》一般可通過朱、墨筆的差異樣態窺見文本生成的動態層次。如前文統計,《博鈔》600 篇駢文中有評點者達 181 篇,接近三分之一,這些被評的文章當經過選家的二次或多次篩選,即在胡氏眼中有特別價值。清中期以前的袁枚、尤侗、吴錫麒、陳維崧等人至晚清時已有相當知名度,他們的作品自然屬經典行列。此外,《博鈔》所收録的清以前 21 人的 34 篇作品中,被評者有 17 篇,比重遠超清代部分,這些作家作品早已實現經典化,如孔稚圭《北山移文》、庾信《三月三日華林園馬射賦序》等均爲駢文史上的著名篇目,《北山移文》更是書中唯一有墨筆眉批分析全篇結構的文章,胡氏對它的重視程度可見一斑。然而,在這些具有經典性的作家作品外,胡宗泰還對摘選自書院課藝集、通俗筆記小説以及新興報刊讀物的文章等施以評點。

以《申報》爲例,現已察見的抄自《申報》的 93 篇文章中,共 16 篇有評語,

---

① 梁啓超《飲冰室詩話》,人民文學出版社,1959 年,第 51 頁。
② 熱拉爾·熱奈特解釋"副文本"道:"副文本如標題、副標題、互聯型標題;前言、跋、告讀者、前邊的話等;插圖;請予刊登類插頁、磁帶、護封以及其他許多附屬標志,包括作者親筆留下的還有他人留下的標志……它大概是作品實用方面,即作品影響讀者方面的優越區域之一。"駢文選本中的圈點、眉批、旁批、章評等皆屬"副文本"的範疇。參〔法〕熱拉爾·熱奈特著,史忠義譯《熱奈特論文集》,百花文藝出版社,2001 年,第 71 頁。

經核對原報刊可知，它們皆爲選家後加，內容詳表 3：

表 3 《申報》來源文章被評點情況

篇 名	作 者	篇末評語	落 款
無題賦	懺花僧	哀感頑艷，溫李遺聲。	淇元
洋烟序	時將泰	慮周藻密，無義不搜。	淇元
奏擬大行皇帝廟號尊諡摺子	李鴻章	高華典貴，骨重神寒。	一
沈文蘭眉史小影題詞序	浣花生	哀感頑艷，直逼六朝。	淇元
一年明月今宵多賦	秦費堯	玉潤珠圓，作賦妙手。	淇元
伍烈婦殉節記	印山堂	神清骨俊，駢文正軌。	琦沅
許翰香六十新婚合壽序	寧碧仙	駢文工整流逸，賦筆清言霏玉屑，合人與事觀之，可云三絕。	琦沅
婦女燒香受辱記	李 誠	聊述情由，兼資勸戒云。	一
記得詞序	冬 岑	哀感頑艷，使人之意也消。	琦沅
紉秋吟序	管秋初	爵伊善感，溫李遺聲。	泰讀
湖州太守勸官紳移春盤作賑啓	郅 馨	圓轉自如，成如容易却艱辛。	琦
陳校書鳴謝詩序	陳玉卿	風致嫣然，逸情雲上。	琦
弢園王紫詮夫子六秩壽叙	鄒 弢	心兵結構，筆陣縱橫，毗陵多材，斯爲翹楚。	一
論洋烟文	痛恨居士	感慨淋漓，無微不至。	琦
創設海上百花冢募捐啓	朱昌鼎	裁箋作錦，潑墨成花。	琦
陸陸	伴花居士	詞花春蔓，意蕊晨飛，語軟香溫，非深於言情者不能道其隻字。	吳葭笙

對《駢文博鈔》中的評點予以溯源，無論墨筆、朱筆，凡是過錄他人所評者，書中或署人名，或記爲"元評"，總之會有明確標識。在表 3 所列的 16 篇《申報》文中，僅有 1 篇是過錄吳葭笙的評語，其餘題署"淇元""琦沅""琦""泰"或未見落款者，依據常理，當爲胡氏原創。胡宗泰對這些篇目的評點是對其作者創作水準的認可，承認它們有成爲經典的可能。若更深入地揣摩其心理，這一舉措或是在證明摘錄報刊文這一"非常規"選文路徑的正當性與合理性。如"哀感頑艷"一詞，還用於評陳韶《歷朝名媛尺牘序》（"哀感頑艷，悱惻動人"）與沈咏樓《寄贈程寶雲女史詩自序》等篇章，如此，自是將它們與《申報》所載文章等價齊觀。察表 3 中的胡氏評語，或受個人語言習慣影響，多由兩組四字句構成，形式接近；而"哀感頑艷"一詞的頻繁出現也令人聯想到書中五次使用的"××多材，斯爲翹楚"句式。事實上，與之相似的例子在《駢文博鈔》中還有很多。這些術語在評點中彷彿一個個不同的"構件"，在微調與組合後可移用於不同的駢文作品，而在多次重複使用的過程中，它們也逐漸成爲一種"評點套語"。

總結《博鈔》評點中多次出現的詞句,可依文本性質如淵源論("熟精××""熟於××")、文體論("以駢儷行其論斷")、風格論("哀感頑艷")、駢文史論("駢文正軌""方軌齊梁""××多材,斯爲翹楚")等,分作若干大類,不一而足。以淵源論類中的"熟於""熟精"爲例:

  熟於宋廣平本傳,故縱橫揮霍,投之無不如志。(徐振聲《宋文貞公論》)
  熟於班椽漢書,信手寫來,無不如意。(趙銘《倪寬論》)
  熟精史事,以駢儷行其論斷,偉煉之妙,可與論世。(袁枚《重修少保于忠肅公廟碑》)
  縱橫上下,如數家珍,而持論却屬不易,非熟精隨園先生全集者不辦。(黃金臺《與許德水先生書》)

"熟於""熟精"與各種文獻、文體的組合搭配,不僅是胡宗泰對各篇文章創作取資淵源的分析,也暗示特定文體自有發展脉絡,如對於《宋文貞公論》等"論"體駢文而言,史傳經典如《漢書》等便是其取法對象。如果説"熟於××""熟精××"等形式在各類選本評點中皆屬常見,那麽比較之下,風格論類的重複詞句更能體現駢文文體特質。除"哀感頑艷"外,胡宗泰還常用"沉博絶麗""雅韵欲流""生氣遠出""裁箋作錦,潑墨成花""涵綿邈於尺素,吐滂沛於寸心"等來評價文章的風格面貌,其中,他對"慮周藻密"的使用最能體現重複詞句的"構件化"效果:

  慮周藻密,鋒發韵流。(袁枚《餘杭諸葛武侯廟碑》)
  慮周藻密,曲折有致。(唐太宗《帝范後序》)
  慮周藻密,氣盛詞昌,吕公當之,庶幾無愧。(蘇軾《吕公著加司空同平章軍國事制》)
  慮周藻密,結構謹嚴。(張預《跋顏魯公爭座位帖後》)
  慮周藻密,鋒發韵流。方軌齊梁,讓渠獨步。(陳維崧《毛西河新納姬人序》)
  慮周藻密,無義不搜。(時將泰《洋烟序》)

所謂"慮周藻密",即考慮周到、辭采細密,就文章品評而言,這一術語的適用範圍較廣,當之與"鋒發韵流""曲折有致""氣盛詞昌""結構謹嚴""無義不搜"等分別搭配,便能衍生更多意涵,以適配碑、序、跋等不同文體以及主題、風格各異的諸篇文章。如"鋒發韵流",源自《文心雕龍·體性》"安仁輕敏,故鋒發而韵流"一句,指文章鋒芒顯露,音節流暢[①],是在"慮周藻密"基礎上對字句音節加以評説,而"氣盛詞昌""無義不搜"等又有不同的意義指向。這些四字詞組,便如可組合拆卸的構件一般,在不同的文本語境中組成各種樣式,詞義也便各有側重,如在"慮周藻密,結構謹嚴"一句中,"慮周"便可能被理解爲就文章結

[①] 參周勛初《文心雕龍解析》,鳳凰出版社,2015年,第480頁。

構而論。正像韋勒克所説:"一個詞的含義,是在它的語境中表現出來的,是由它的使用者强加給它的。……一個專門術語,尤其是應用在像文學批評這樣一個難以捉摸的研究對象中的術語,是不可能凝固不變的。"①評點術語、套語的内涵意義隨語境變化而流動不居,而它的出現也有多種可能,如使用人所共識的術語以便他人體悟,又如通過反覆强調突出選本的美學旨趣等。須强調的是,當"慮周藻密""沉博絶麗"等文章風格術語被廣泛使用,其概念外延不斷擴伸的同時,原本内涵也隨之縮小,最終成爲特定文體的通用標簽——當"慮周藻密"被反復用於與其他詞語組合時,這一詞匯本身的意義反而容易被後者掩没。

評點套語的頻繁使用能較高效地幫助選家完成對文章的品評,却也難免"炮製"之嫌。或許胡宗泰意識到評點套語的形式、内容過於單一,他結合另一手法完成對評點本的製造,即對原集序跋文字的綴合。《駢文博鈔》的評點套語當中,有些是專對某一作者而用,如"不苟爲炳炳烺烺者"一句,只在對黄金臺文章的評點中出現:

> 論古有識,與時不乖,是不苟爲炳炳烺烺者。淇園。(黄金臺《宋陸左丞相冠帶舊箴記》)

> 於縱横跌宕之中得密咏恬吟之致。屬詞比事,妙在層出不窮。名手擅場,洵不苟爲炳炳烺烺者。淇園。(黄金臺《誥授振威將軍福建水師提督浙江總統壯烈伯李忠毅公傳》)

"不苟爲炳炳烺烺者"一句源自柳宗元《答韋中立論師道書》,批評作文只重形式的不良風氣:"始吾幼且少,爲文章,以辭爲工。及長,乃知文者以明道,是固不苟爲炳炳烺烺,務采色、誇聲音而以爲能也。"②"炳炳烺烺"意指文章光亮鮮明,與"沉博絶麗""哀感頑艷"等皆表現駢文的華美特質。姚瑩將之與"鏗鏗鏘鏘"并用,形容文章兼有辭采聲韵之美:"千載而下,仰其風者猶將奮起。況其發之爲炳炳烺烺之辭,誦之有鏗鏗鏘鏘之聲者也。"③但值得玩味的是,胡宗泰在評點中不直接取用其褒義,而轉采柳文中的批貶義,若非是出於對柳宗元的特别推崇?稽核黄金臺《木鷄書屋文初集》原書,答案簡單明瞭,此句非援引柳文,而是改造自書前許河的序文:"集中如史論别傳諸作,合彦和、知幾爲一手,固非摘艷熏香之苟爲炳炳烺烺者比也。"④

《木鷄書屋文初集》書前分别有道光六年(1826)徐熊飛與道光五年(1825)許河、方坰所作序文。經比照得見,在胡宗泰評點的 24 篇黄氏駢文中,有 8 篇評語是對這 3 篇序文加以改造的成果。就具體手法而言,有的是直接裁剪原

---

① 〔美〕勒内·韋勒克著,羅鋼、王馨鉢、楊德友譯《批評的諸種概念》,上海人民出版社,2015年,第 44 頁。
② 柳宗元撰,尹占華、韓文奇校注《柳宗元集校注》,中華書局,2013年,第 2178 頁。
③ 姚瑩《復楊君論詩文書》,載《東溟外集》卷二,《清代詩文集彙編》第 549 册,上海古籍出版社,2010年,第 396 頁。
④ 許河序,載黄金臺《木鷄書屋文初集》卷首,南京圖書館藏咸豐年間刻本。

序,刪繁就簡,如《楊忠烈公論》一文:

  其文比詞屬事,議論層出不窮,曠然有陵轢前古之志,近世作者未能或先也。(徐熊飛序)
  比詞屬事,層出不窮,有陵轢前古之志,近時作者未能或之先也。(胡宗泰評)

有的則是在提取原文關鍵詞後,再進行文字的調整與次序的重組,如其評《林雪岩鞠泉山館詩集叙》一文時,還通過替換原序中的主語使表達更爲凝練:

  《雕龍·章句》篇云:"四字密而不促,六字格而非緩。"……我友鶴樓黃君以殫見洽聞之學,發而爲沉浸醲郁之文,亦既高攀徐、庾,上薄《風》《騷》矣。(許河序)
  殫見洽聞,沉浸醲郁,高攀徐、庾,上薄《風》《騷》。劉舍人云密而不促,格而非緩,斯文有焉。(胡宗泰評)

更隱秘的手法則是在綜合利用前兩種手段的基礎上,又將不同的序文加以拼合,如《魏司徒崔浩論》一文的評語便同時改造自方坰與徐熊飛兩人的序文:

  類能於莊雅豐贍之中寓清道婉折之致。(方坰序)
  顧今之爲駢體者,雕繪塗澤,不能情文相生……柳河東所謂楦麒麟、販鳳凰者也。(徐熊飛序)
  清道婉折,情文相生,視楦麒麟、販鳳皇者有別。(胡宗泰評)

直接援引他人文字而不注明出處,這一現象在傳統批評史上絕非少見。但是,相比於其他篇目的評點中明確題署評點者姓名以及標注"元評"等行爲,此處的改造手法顯得尤爲"心口不一",同時又不易引起讀者的懷疑,自是選家有意爲之。這是否也是選集評點本的某種不足爲外人道的"傳統"?除此問題外,還可引發對批點行爲與評點本體的更多思考。

  在當下的選本、評點本研究中,評點文字與符號等多被視爲選本中的"副文本",是所選篇目"正文"的附屬,其自身主體性也便被削弱乃至爲人所忽視。而將考察的重點移向評點本體,在内容之外,再分析其語言的淵源出處、形式流變以及跨文本的影響等,或可深化接受批評的研究。如果將選本的評點研究區分層次,由外及内,可逐漸深入:第一層,通過考察評點的外在樣式,如筆迹顔色與被評文章數量等,勾勒評點在書中的大致情況與總體規模;第二層,經由細讀評點的具體内容,揭示選家的文論觀念與批評旨趣;第三層,剖析評語的語言形式,還原其内容出處,即關注評語本身如何生成,如此方能入其腠理,也可避免對選本評點作水平高低的簡單判斷。羅傑·夏蒂埃指出:"讀者所面對的,從來就不是憑空存在的理想抽象文本,他們接觸的和感知的是實物和形式,後者的結構和形態將支配閱讀(或接受)活動,將左右他們對所讀(或所聞)之文本的可能理解。"①胡宗泰對評點術語、套語的製造、轉化與利用,實意於引導讀者發現選文的精妙之處,進而期待選本成爲經典。

總之,在對原集序文進行割裂與重新綴合後,本屬題序者的批評話語最終轉歸爲選家所有,而配合套語的使用,胡宗泰完成打造評點本的任務,《駢文博鈔》也方告竣工。

結　語

就文獻性質而論,《駢文博鈔》既是文本生成環節中的"稿本",也是作爲手段類型的"抄本"。美國學者薛龍曾指出,在晚清民國時期的平民日常中存在一種"抄本文化",雖然他所説的"民間抄本"與《駢文博鈔》有所區别②,但"抄"這一行爲確實早已融入文人日常,那麽"如何在具體的時空、社會文化脈絡中,對抄本進行富有想象力又經得起史實考驗與邏輯推敲的解讀"③,也值得不斷深入思考。從文獻規模上看,《駢文博鈔》所收録的清代駢文數量僅以 3 篇之差稍遜於《國朝常州駢體文録》,而選録作者數量遠超其他諸多駢文選本。除取資文人别集,胡宗泰還從書院課藝集、通俗筆記小説以及晚清新興報刊如《申報》等處摘録文章,搜集清代尤其是晚清各層次文人所作的各題材類型作品。這種特異的博鈔式選文法顯示選家的獨特視野,不僅使此選本具有重要的文獻輯存價值,還有助於在文學研究方面突破舊見選本造成的三重遮蔽:

首先,大量中下層乃至不知名文人作品的録入,可去除經典選本對普通作家作品的遮蔽,小規模"協律合唱"背後的"喧嘩衆聲"得以重現;其次,選録晚清江南地區諸多别具特色的文章,在突破傳統文章正宗觀念、擴大文章題材範圍的同時,可更真實反映出駢文生産、傳播與閲讀的真實生態;再者,"無序"而"有層次"的稿本樣態、多路徑的文章選裁,以及選家對選本的加工如製造評點等,突顯出選本生成過程中的階段特徵與具體細節,彌補了刻本選集在選本研究上的不足。

因此,《駢文博鈔》雖不同於舊見的各種選本,是"正宗"的"變格",且尚未來得及實現經典化,但它無疑可成爲清代駢文乃至各類文章選本研究中的重要材料,爲相關的諸多重要問題提供參照。

(作者單位:南京大學文學院)

---

① 〔法〕羅傑·夏蒂埃著,吴泓緲、張璐譯《書籍的秩序:14—18 世紀的書寫文化與社會》,商務印書館,2013 年,第 88 頁。

② "作者所説的抄本,并非圖書館收藏的那些珍本、善本,而是以往不堪登大雅之堂,流通於具有一定讀寫能力的讀書人中間的手寫文本。……其一,它們并非大部頭的史部、子部或集部著作,知識精英和殷實人家不感興趣。其二,傳抄這些抄本的目的,并非爲了收藏或在學者中間流通。其三,傳抄目的有時并非爲了將重要著作傳之後世,因爲經常抄録的只是文本的部分内容。"劉永華《何爲抄本? 誰之文化? ——抄本的解讀方法及其問題》,《近代史研究》2021 年第 6 期,第 133 頁。

③ 劉永華《何爲抄本? 誰之文化? ——抄本的解讀方法及其問題》,第 142 頁。

《史記·傅靳蒯成列傳》不亡考論

方發亮

　　《史記·傅靳蒯成列傳》屬於所謂的《史記》十亡篇之一。"十篇有録無書"之説,目前最早見於東漢班固父子①,然而没有列舉篇目,三國魏人張晏始注出十篇篇名②,其中一篇就是《傅靳蒯成列傳》。今本《史記·傅靳蒯成列傳》傳文與"太史公曰"俱存,除"太史公曰"與《漢書》"贊曰"大异,傳文與《漢書·樊酈滕灌傅靳周傳》後三人傳幾乎相同。於是,主張亡而後補説者,或以爲抄自《漢書·樊酈滕灌傅靳周傳》後三人傳,或以爲他人補撰,且舉出相關論據,然而成立與否有待商榷。主張不亡説者代有其人,只是少有論證。雙方争論多是各執一詞,歷來没有展開討論,是存是亡,至今懸而未决。經《史》《漢》兩傳文本對勘可知,《史記·傅靳蒯成列傳》體例與全書體例相合,并且有《漢書·樊酈滕灌傅靳周傳》没有的變例、史實、文筆以及藴含司馬遷思想的獨特用詞。把"太史公曰"與傳文、《太史公自序》放在一起分析可知,"太史公曰"合於傳意,契於《自序》,通於全書,非後人妄補。況且,張晏亡篇篇目是否爲確論,亦值推敲。綜合而言,《史記·傅靳蒯成列傳》傳文和"太史公曰"皆爲司馬遷原作,不亡説幾無疑義。

一　亡説商榷

　　現存《史記·傅靳蒯成列傳》和《漢書·樊酈滕灌傅靳周傳》後三人傳幾乎

---

① 《漢書·司馬遷傳》云"十篇缺,有録無書",見《漢書》卷六十二,中華書局,1962年,第2724頁。《漢書·藝文志》把《太史公》列於"六藝略"《春秋》類之下,班固自注云"十篇有録無書",見《漢書》卷三十,第1714頁。《後漢書·班彪傳》引彪"略論"云"太史令司馬遷……作本紀、世家、列傳、書、表百三十篇,而十篇缺焉",見《後漢書》卷四十上,中華書局,1973年,第1325頁。《漢志》删潤《七略》而成,"十篇有録無書"是指西漢劉向父子校書時已亡十篇,還是説至東漢班固父子時方亡佚,因語義模糊,《别録》《七略》今又不存,後世有不同主張。偏向今本十篇皆亡者主前説(余嘉錫、趙生群等),偏向今本不全亡者主後説(張大可等),諸家皆信班固父子非虚語。

② 張晏十亡篇説,裴駰《集解》、司馬貞《索隱》、《漢書·司馬遷傳》顔師古注皆有轉引,詳情見第四節。

一致,張晏説此傳早亡,於是有人懷疑今本《史記》乃後人所補,如傅斯年、余嘉錫、趙生群等。傅斯年説:

> 《傅靳周列傳》,此全抄《漢書》者,末敷衍毫無意義之贊以實之。稍多於《漢書》處,爲封爵。然此均見《史記》《漢書》諸表者。《周傳》高祖十二年以緤爲蒯成侯在擊陳豨前,然擊豨在十年,《漢書》不倒,抄者誤也。①

若要主張《史記·傅靳蒯成列傳》抄自《漢書》,就必須解釋《史記》顯然多出的部分,即爲何多出"太史公曰",以及爲何《史記》三人封爵年歲記載詳於《漢書》。傅斯年是直接否定"太史公曰"意義,并以爲封爵詳細紀年可抄於諸表。反過來思考,《史記》存在《漢書》沒有的"太史公曰",三侯立年又與功臣表同,爲何不能是不亡之證據? 如清代尚鎔《史記辨證》懷疑此傳不亡而説道:"況篇末而有太史公論贊也。"②賀次君亦云:"三侯立國之年,俱與《高祖功臣侯表》合,似亦非亡佚。"③傅斯年并未去領會"太史公曰"用意,也沒有注意《史》《漢》人物傳中封爵記年爲何詳略不同,爲了支持亡説,遂斷然否定之。待文本對勘分析後,即可知《史記》多出《漢書》部分的意義。

至於《史記》先叙周緤高祖十二年(前 195)封侯,再叙十年(前 197)擊陳豨,此非後人抄寫顛倒,乃司馬遷有意倒叙。《史記》叙至"以緤爲信武侯,食邑三千二百户",接叙"高祖十二年,以緤爲蒯成侯,除前所食邑",是綜叙其爵;後補寫周緤泣諫劉邦毋要自擊陳豨,雖然事情發生在高祖十年,在封蒯成侯之前,實乃另起一笔記逸事,以見周緤之忠貞和高祖對其之寵愛。顧炎武曾説"《史記》於叙事中寓論斷"④,司馬遷常於傳末記叙逸事,以小見大。《陳涉世家》在陳勝被御者殺之後,末尾補記生前斬庸耕故人以見其衆叛親離致敗,即是此法。蒯成傳末尾叙哭諫,有太史公論斷寄寓其間,即點出獲封之由,如徐孚遠説"蒯成侯戰功無可紀者,殆以恩倖侯"⑤。可見,司馬遷叙事有序,非後人抄寫《漢書》顛倒所致。班固把倒叙調整爲順叙,反而證明《漢書》抄自《史記》。

《傅靳蒯成列傳》亡而後補,若不抄自《漢書》,還有另外一種假説,即班固之前的人補作。余嘉錫認爲列傳叙周緤粗略,不符合《太史公自序》所説的"欲詳知秦楚之事,維周緤常從高祖,平定諸侯,作《傅靳蒯成列傳》",因爲讀蒯成侯傳不足以"詳知秦楚之事",遂斷定今所見爲僞,繼而推測:

---

① 傅斯年《十篇有録無書説叙》,見《傅斯年文集》卷二《〈史記〉研究》,中華書局,2017 年,第 385 頁。王叔岷以爲"孟真師《史記十篇有録無書説叙》云……是已",亦完全贊成其師説,見氏著《史記斠證》,中華書局,2017 年,第 2819 頁。
② 〔清〕尚鎔《史記辨證》,見孫曉編《〈史記〉考證文獻彙編》第 5 册,巴蜀書社,2010 年,第 242 頁。
③ 賀次君《史記書録》,中華書局,2019 年,第 109 頁。
④ 〔清〕顧炎武著,黄汝成集釋,欒保群、吕宗力校點《日知録集釋》,上海古籍出版社,2014 年,第 562 頁。
⑤ 〔明〕陳子龍、徐孚遠《史記測議》,見《〈史記〉研究文獻輯刊》第 4 册,國家圖書館出版社,2014 年,第 309 頁下。

此傳之文雖未嘗不佳,而在百三十篇中,未爲特出。西漢人文辭類皆
高古,劉氏父子及馮商、揚雄之徒,其筆力自足以及此。若以敘事有法爲
出於太史公之證,豈補史者必如武帝紀之荒陋而後可耶?①

余嘉錫爲了解釋此傳爲何敘事有法而堅持是西漢人所補②。假使是西
漢人所補,一種情況是西漢補作至張晏時又亡,非反抄《漢書》又非亡佚復
出,那麼今本爲何又具存? 另一種情形是補傳至張晏時仍存,無續補痕迹,
那麼張晏如何斷其爲亡? 西漢人補説不能調和《漢書》抄《史記》而張晏又説
亡的矛盾。

趙生群同意余氏的論據,説"余嘉錫以其傳文與《自序》不合斷爲後人所
補,誠爲有識",并且另舉一條論據:

《史記》中凡立傳人物,必敘其所出,詳其爵里,漢代人物尤其如
此。……傅寬、靳歙二人不載籍貫,顯然與作史體例不合。……據此可知
《史記》此篇既亡。③

《史記》不載傅、靳二人籍貫確屬特例,然《漢書》傅寬、靳歙二人亦不記籍
貫,錢大昕認爲這是"史失其所居郡縣"④。或許司馬遷當時已無從得知,不然
班固不會不補作,因而不能據此以及"三人事迹僅千許言"⑤就斷其爲後人補
作。至於余嘉錫以爲傳文與《自序》不合的疑問,張大可解釋道:"'欲詳知秦楚
之事',是司馬遷一句諷喻的話,并不是傅靳傳的内容提要。因秦楚之事已詳
在秦漢頭等人物傳之中。"⑥余、趙兩先生的論據,皆有商榷空間。

從宋至今持不亡説者不乏其人。王應麟《漢藝文志考證》引吕東萊語曰:
"《傅靳蒯成列傳》,此其篇具在,而無剥缺者也。"⑦歸有光曰:"《傅蒯傳》不類
補者。"⑧王鳴盛曰:"《傅靳傳》俱是子長元文,并無補續,不知張晏何以云
亡。"⑨李長之説:"《傅靳蒯成列傳》就更看不出是後人補作之迹了,假若張晏
不提及恐怕誰也不會這樣懷疑過。"⑩可惜衆人并没有翔實的論據。明代柯維
騏曾點出此傳敘戰功:"文體變化與《樊酈滕灌》相類,非太史公不能作也。《漢

---

① 余嘉錫《太史公書亡篇考》,見《余嘉錫文史論集》,中華書局,1963年,第62頁。
② 余嘉錫以爲"十篇除《武紀》外,皆元、成及王莽時人之補作也"。參見《余嘉錫文史論集》,第74頁。
③⑤ 趙生群《〈史記〉亡缺與續補考》,見《〈史記〉文獻學叢稿》,江蘇古籍出版社,2000年,第45頁。
④ 〔清〕錢大昕《廿二史考异》,《續修四庫全書》第454册,上海古籍出版社,2002年,第95頁。
⑥ 張大可《史記研究·〈史記〉殘篇與補竄考辨》,商務印書館,2011年,第186頁。
⑦ 〔宋〕王應麟《漢藝文志考證》,《景印文淵閣四庫全書》第675册,臺灣"商務印書館",1982年,第38頁。
⑧ 〔明〕歸有光《歸震川評點史記》,《〈史記〉文獻研究輯刊》第7册,國家圖書館出版社,2014年,第229頁。
⑨ 〔清〕王鳴盛《十七史商榷》,上海書店出版社,2005年,第7頁。
⑩ 李長之《司馬遷之人格與風格》,天津人民出版社,2015年,第137頁。

書》仍其文,少所删潤,説者乃謂此書原缺,豈後人采《漢書》補之耶?"①柯氏從文體一致性認定非太史公不能作,旋即又懷疑抄自《漢書》。此皆因泛泛而論,没有細緻分析文本所致。

二　傳文對勘:《漢書》抄自《史記》

《史記·傅靳蒯成列傳》在漢人物傳中篇幅最短,傅寬傳 255 字,靳歙傳 571 字,周緤傳 189 字,"太史公曰"82 字,共計 1097 字。《漢書·樊酈滕灌傅靳周傳》傅寬傳 218 字,靳歙傳 534 字,周緤 173 字,共計 925 字②。去掉論贊不數,《漢書》比《史記》少 90 字。兩書逐字對比,異處可分三種情況:第一爲《漢書》傳寫脱訛者,第二爲《漢書》省改者,第三即《漢書》改封爵記法。三表分析如下:

表 1　《漢書》傳寫脱訛者

	《史記·傅靳蒯成列傳》	《漢書·樊酈滕灌傅靳周傳》	備　注
傅寬傳	從攻安陽、杠里,擊趙賁軍於開封,及擊楊熊曲遇、陽武。(3261/1—2)	從攻安陽、杠里,趙賁軍於開封,及擊楊熊曲遇、陽武。(2085/4—5)	"擊"字,《漢》似脱似省③。
	爲齊右丞相,備齊。五歲爲齊相國。四月,擊陳豨,屬太尉勃,以相國代丞相噲擊豨。(3262/倒5—3263/1)	爲齊右丞相,備齊。五歲爲齊相國。四月,擊陳豨,屬太尉勃,以相國代丞相噲擊豨。(2085/倒2—2086/3)	"爲齊相國"兩書似俱誤,"以相國代丞相噲擊豨"兩書似有脱。
靳歙傳	擊秦軍亳南、開封東北。(3263/8—9)	擊秦軍開封東。(2086/7)	《漢》疑脱"亳南""北"④。
	三年,賜食邑四千二百户。(3264/8)	食邑四千二百户。(2087/3)	《漢》疑脱"三年賜"。
	别之河内,擊趙將賁郝軍朝歌。(3264/倒4)	别之河内,擊趙賁軍朝歌。(2087/5)	趙賁爲秦將,此爲賁郝,《漢》誤⑤。
	下七縣。(3264/倒3)	下十縣。(2087/6)	"十"與"七",有一者形誤。

---

① 〔明〕柯維騏《史記考要》卷九,國家圖書館藏,善本號 14105。《史記題評》卷九十八中楊慎云"此叙戰功處,與《曹相國世家》并《樊酈滕灌列傳》,同一凡例",楊氏已注意文體一致,只是没聯係存亡問題討論。
② 字數統計和文字對勘,《史記》用中華書局點校本二十四史修訂本(2013 年版 2014 年印次),《漢書》用中華書局點校本(1962 年版第 19 次印),方便查找,括號内標出頁碼與行數。
③ 王先謙也只是注出與《史記》不同,不貿然下結論。參見《漢書補注》卷四十一,影清光緒二十六年虚受堂本,中華書局,2006 年,第 1006 頁下。
④ 《史記》樊噲傳作"從擊秦軍,出毫南,河間守軍於杠里,破之。擊破趙賁軍開封北",灌嬰傳作"從攻秦軍亳南、開封、曲遇",《漢書》樊噲、灌嬰傳抄《史記》,有"亳南""北",此時靳歙與樊噲、灌嬰等皆是從沛公攻秦,故推測《漢書》靳歙傳脱誤。
⑤ 此條唐時已誤,黄善夫本旁批《正義》曰"按言'别之河内',疑《漢書》誤也",見《宋本史記》第 22 册,國家圖書館出版社,2018 年,第 42 頁。王先謙亦云"趙賁乃秦將,後復爲章邯將,爲曹参、樊噲所破",見《漢書補注》卷四十一,第 1006 頁下。

續表

	《史記·傅靳蒯成列傳》	《漢書·樊酈滕灌傅靳周傳》	備注
靳歙傳	所將卒斬兵守、郡守各一人。（3264/倒2）	所將卒斬兵守郡守一人。（2087/7）	兵守、郡守疑爲二職，《漢》疑奪"守""各"二字。
	及別擊破趙軍。（3264/倒1）	又別擊破趙（郡）〔軍〕。（2087/7—8）	"及"訛爲"又"。
	虜百三十二人。（3265/倒1）	虜百四十二人。（2088/1）	《漢》疑抄寫訛誤①。

　　《漢書》武帝前歷史抄自《史記》，然有刪潤，二者間遂略有不同，這些又與傳寫刻印中的訛誤混雜在一起，一一辨別，殊非易事②。從表1分析可知：《史》《漢》的不同，有的似脱似省，如"擊"字；有的是疑抄寫脱誤，如"亳南"、"北"、"三年賜"、"七"與"十"、"三"與"四"等涉及方向、年份、數據的字詞；僅有一處是對勘所據底本訛誤③，"及"今本《漢書》訛爲"又"，其底本爲王先謙補注本，參校本有宋景祐本、汲古閣本、武英殿本、金陵書局本④，除北宋景祐本外皆訛爲"又"，因點校者未及曾參校其他宋元間諸本⑤，故有此疏漏。另有三處涉及史實性訛誤值得注意。

　　傅寬"五歲爲齊相國。四月，擊陳豨"，《史》《漢》相同，然與他處史文不盡合。梁玉繩以爲"豨反在高帝十年九月，此則'四月'誤"⑥。王先謙解釋爲"四月"乃"爲齊相國四月而擊豨"，可通⑦。然《曹相國世家》高祖六年（前201）"高帝以長子肥爲齊王，而以參爲齊相國"，高祖十年（前197）"以齊相國擊陳豨將張春軍"，高祖十一年（前196）"黥布反，參以齊相國從悼惠王將兵車騎十二人，與高祖會擊黥布軍"⑧，至"孝惠帝元年（前194），除諸侯相國法，更以參爲齊丞相"⑨，終高祖之世，曹參未曾去齊相國之位，似與傅寬爲齊相國不合。王先謙曰："據《周勃傳》，勃遷爲太尉，擊陳豨，盧綰反，勃以相國代樊噲擊綰，此文'以相國'上當有'勃'字，擊豨當爲擊盧綰，史文脱誤也，《史記》亦誤。"⑩

　　《史記》作"斬兵守、郡守各一人"，《漢書》作"兵守郡一人"。《史記集解》

---

①　靳歙捕虜數，《史記》靳歙傳一云"捕虜七十三"，再云"捕虜五十七"，合計實爲百三十人。《史記》衆本作"三"，內部版本間無誤，"百三十二人"更接近前文記載總數。《漢書》作"四"，恐訛誤。
②　參辛德勇《〈史記〉新本校勘》，廣西師範大學出版社，2017年，第70頁。
③　此外三表所列《史》《漢》不同者，二史衆版本內部皆不誤，訛誤者另有校對記，此文不附。
④　參見《漢書》"出版説明"，第4頁。
⑤　南宋蔡琪家塾刻本、慶元間建安劉元起刻本、元白鷺洲書院本等皆作"及"。
⑥　〔清〕梁玉繩《史記志疑》卷三十二，中華書局，1981年，第1351頁。
⑦　〔清〕王先謙《漢書補注》卷四十一，第1006頁下。
⑧　《史記》卷五十四《曹相國世家》，第2449頁。
⑨　《史記》卷五十四《曹相國世家》，第2450頁。
⑩　〔清〕王先謙《漢書補注》卷四十一，第1006頁下。

"孟康曰將兵郡守"①,注中無"各一人"之意,然《漢書》作"兵守郡"亦不通。沈欽韓《漢書疏證》曰"《墨子·號令篇》'非時而行者,惟守及操太守之節而使者',是守與太守爲二也"②,似乎兵守、郡守於義可通,《史記》不誤。此種史實性不同,涉及古代官制,一字千金,暫且存疑。

《漢書》把趙將"貢郝"誤作秦將"趙賁",這是史實性訛誤,確鑿無疑。雖然不排除後人不明就裏刪改所致,但假使《漢書》原本如此,則班固抄錯《史記》無疑。

從表1脫訛看,《史》《漢》相同的疑誤處,以及前面趙生群提到的不記傅、靳籍貫,至少說明《史記·傅靳蒯成列傳》和《漢書·樊酈滕灌傅靳周傳》三人傳俱有文本同一性,而《漢書》疑誤處則大大增加了其抄自《史記》的可能性。

表 2　《漢書》省改者

	《史記·傅靳蒯成列傳》	《漢書·樊酈滕灌傅靳周傳》	備　注
傅寬傳	陽陵侯傅寬,以魏五大夫騎將從。(3261/1)	傅寬,以魏五大夫騎將從。(2085/4)	省爵稱"陽陵侯"。
	從至霸上。沛公立爲漢王,漢王賜寬封號共德君。(3261/2—3)	從至霸上。沛公爲漢王,賜寬封號共德君。(2085/5)	省"立""漢王"③。
	從入漢中,遷爲右騎將。從定三秦,賜食邑雕陰。(3261/4)	從入漢中,爲右騎將。定三秦,賜食邑雕陰。(2085/5—6)	省"遷",承前省"從"。
	封爲陽陵侯。(3262/倒5)	封陽陵侯。(2085/倒2)	省"爲"。
	一月,徙爲代相國,將屯。二歲,爲代丞相,將屯。(3263/1—2)	一月,徙爲代相國,將屯。二歲,爲丞相,將屯。(2086/3—4)	承前省"代"。
	孝惠五年卒,諡爲景侯。(3263/6)	孝惠五年薨,諡曰景侯。(2086/4)	改"卒"爲"薨"、"諡爲"作"諡曰"。
靳歙傳	信武侯靳歙,以中涓從,起宛朐。(3263/8)	靳歙,以中涓從,起宛朐。(2086/7)	省爵稱"信武侯"。
	賜爵封號臨平君。(3263/9)	賜爵封臨平君。(2086/8)	省"號"④。
	至霸上。沛公立爲漢王。(3263/倒4)	至霸上。沛公爲漢王。(2086/9)	省"立"。
	遷爲騎都尉。(3263/倒3)	遷騎都尉。(2086/9)	省"爲"。
	去擊反者王武等。(3264/6)	擊反者王武等。(2087/1)	省"去"。

---

① 《史記》卷九十八,第3265頁。
② 〔清〕沈欽韓《漢書疏證》卷二十七,見《續修四庫全書》第266册,2002年,第775頁上。
③ 李人鑒以爲《史記》"漢王"二字因上衍,見氏著《太史公書校讀記》,蘭州人民出版社,1998年,第1346頁。《史記》樊噲傳、酈商傳、夏侯嬰傳皆重"漢王",《漢書》樊噲傳重"漢王",酈商傳、夏侯嬰傳省,可知傅寬傳《史記》非衍,乃《漢書》省。
④ 《史》《漢》二書中樊噲、酈商傳"賜爵封號""賜爵封""賜爵"三種都用,故此處應爲省而非脫。

續表

	《史記·傅靳蒯成列傳》	《漢書·樊酈滕灌傅靳周傳》	備 注
靳歙傳	略梁地，别將擊邢説軍菑南。(3264/6—7)	略梁地，别西擊邢説軍菑南。(2087/1—2)	改"將"爲"西"①。
靳歙傳	從攻下邯鄲。(3264/倒2)	從降下邯鄲。(2087/6—7)	改"攻"爲"降"。
靳歙傳	破項冠軍魯下。(3265/1)	破項冠魯下。(2087/8—9)	省"軍"。
靳歙傳	還擊項籍陳下。(3265/2)	還擊項籍軍陳下。(2087/9)	改爲"項籍軍"②。
靳歙傳	别定江陵，降江陵柱國。(3265/2)	别定江陵，降柱國。(2087/9—10)	承前省"江陵"③。
靳歙傳	身得江陵王，生致之雒陽。(3265/2—3)	身得江陵王，致雒陽。(2087/10)	省"生""之"。
靳歙傳	號信武侯。(3265/3—4)	爲信武侯。(2087/倒5)	改"號"作"爲"。
靳歙傳	定食五千三百户。(3265/倒1—2)	定食邑五千三百户。(2087/倒1)	改"食"爲"食邑"④。
靳歙傳	高后五年，歙卒，謚爲肅侯。(3266/4)	高后五年，薨，謚曰肅侯。(2088/4)	省"歙"，改"卒"爲"薨"、"謚爲"作"謚曰"。
周緤傳	蒯成侯緤者，沛人也，姓周氏。(3266/7)	周緤，沛人也。(2088/5)	省爵稱"蒯成侯"。
周緤傳	常爲高祖參乘，以舍人從起沛。至霸上，西入蜀、漢，還定三秦，食邑池陽。(3266/7—8)	以舍人從高祖起沛。至霸上，西入蜀漢，還定三秦，常爲參乘，賜食邑池陽。(2088/5—6)	《漢》改字序，句意不變⑤。
周緤傳	東絶甬道，從出度平陰，遇淮陰侯兵襄國，軍乍利乍不利，終無離上心。以緤爲信武侯，食邑三千三百户。(3266/8—9)	從東擊項羽滎陽，絶甬道。從出度平陰，遇韓信軍襄國，戰有利不利，終亡離上心。上以緤爲信武侯，食邑三千三百户。(2088/6—7)	《漢》多"從擊項羽滎陽"，改"淮陰侯兵"爲"韓信軍"、"乍"爲"有"、"無"爲"亡"。《史記》無"上"。

---

① 《史記》酈商傳"别將攻旬關，定漢中"，《漢書》酈商傳作"别將攻旬關，西定漢中"，補"西"字，可知班固有時補出進攻方位。

② 《史記》有"項籍軍"用法，灌嬰傳"從擊項籍軍於陳"，靳歙傳似乎是因前有"項冠軍"，行文避重複"軍"，故徑稱"項籍"，而《漢書》正相反。

③ 梁玉繩以爲臨江王都江陵，《史記》"江陵"疑似"臨江"之誤，見氏著《史記志疑》，第1352頁。舊題爲沈欽韓實爲杭世駿所作的《史記疏證》引金甡曰"按共尉嗣臨江王，此乃目其所都而以臨江稱之"，見《〈史記〉考證文獻匯編》第6册，第273頁下。《史記疏證》作者考證，參考董恩林《佚名〈史記疏證〉〈漢書疏證〉作者考》，《歷史研究》，2010年第3期；巢彦婷《杭世駿作〈史記疏證〉〈漢書疏證〉補考》，《古典文獻研究》第二十輯下，2017年。

④ 《史記·樊酈滕灌列傳》"食""食邑"兩種皆用，《漢書》抄《史記》，或增或减。《史記》夏侯嬰傳"賜嬰食沂陽"，《漢書》即改作"賜嬰食邑沂陽"，與此處同。

⑤ 李慈銘曰："案此傳《史記》多脱文，班氏因之，如'遇韓信軍襄国'上下皆有佚脱，即'賜食邑池陽'，亦必先有賜爵之文。"見〔清〕王先謙《漢書補注》，第1007頁下。

續表

	《史記·傅靳蒯成列傳》	《漢書·樊酈滕灌傅靳周傳》	備 注
周緤傳	高祖十二年，以緤爲蒯成侯，除前所食邑。(3266/倒5—4)上欲自擊陳豨，蒯成侯泣曰："始秦攻破天下，未嘗自行。今上常自行，是爲無人可使者乎？"(3267/6—7)	上欲自擊陳豨，緤泣曰："始秦攻破天下，未曾自行，今上常自行，是亡人可使者乎？"(2088/倒4)十二年，更封緤爲鄸城侯。(2088/倒2)	《漢》改倒叙爲順叙，省"除前所食邑"，改"蒯成侯泣曰"爲"緤泣曰"，"嘗"爲"曾"，"無"爲"亡"。《漢》似衍"更"字①。《史記》作"蒯"疑誤②。
	賜入殿門不趨，殺人不死。(3267/7)	賜入殿門不趨。(2088/倒3)	省"殺人不死"。
	至孝文五年，緤以壽終，謚爲貞侯。(3267/8)	孝文五年薨，謚曰貞侯。(2088/倒2)	省"至"，改"壽終"爲"薨"，"謚爲"作"謚曰"③。

歸納表2可知，《漢書》省的情況，一則是從前省略，"漢王""從""代""江陵"等字皆是如此。二則是精簡用詞而省，"遷爲"或省作"遷"或省作"爲"、"封爲""封號"省作"封"、省"至"字等即是此例。改的情況，多是用詞習慣不同，"謚爲"作"謚曰"、"邑"作"食邑"、"號"作"爲"、"淮陰"作"韓信"、兩"無"作"亡"、"嘗"作"曾"等。這些省改都是字句間的細微不同，多與《漢書·樊酈滕灌傅靳周傳》前四人傳對《史記》的刪改類似，此正是《漢書》傅、靳、周三傳抄自《史記》的很好例證之一，更重要的是還有三種省改情況更能體現《漢書》抄自《史記》：

第一，因體例而省改，其中顯而易見的是開頭之稱謂和結尾之書死。《史記》傅寬、靳歙、周緤三傳開頭冠有爵稱，書死皆曰"卒"。書"緤以壽終"爲變例，有其用意，反襯被殺之功臣。《漢書》傅、靳、周傳則直稱姓名，死書"薨"。《史記》叙功臣則多稱爵，或者帶尊職，功臣侯死多稱卒。《漢書》傳人直稱姓名，功臣侯死稱薨。此處《史記·傅靳蒯成列傳》和《漢書·樊酈滕灌傅靳周傳》各合《史》《漢》全書體例，而"緤以壽終"更見司馬遷下筆圓融，體例靈活。

體例不同還有一處反映在用詞上，很少引起注意，却關係頗大，即《史記·傅靳蒯成列傳》"沛公立爲漢王"，《漢書·樊酈滕灌傅靳周傳》皆省"立"字。

---

① 王先謙曰，先封某邑，後改封某邑爲更封，緤爲信武君乃名號爵，至此爲鄸城侯，是新封邑，不得稱"更封"。見〔清〕王先謙《漢書補注》，第1007頁下。

② 陳直謂黄賓虹藏有似"鄸成侯"之帶鉤，"知《史記》作'蒯'爲誤文"。參見陳直《史記新證》，中華書局，2006年，第153頁。

③ 《史記》多用"謚爲"，如"樊噲卒，謚爲武侯"，"商卒謚爲景侯"，夏侯嬰"謚爲文侯"；《漢書》皆改作"謚曰"。

《史記·樊酈滕灌列傳》四傳皆有"立"字,《漢書》亦省"立"字①。例如,《史記》酈商傳曰"項羽滅秦,立沛公爲漢王",夏侯嬰傳曰"至霸上,項羽至,滅秦,立沛公爲漢王",《漢書》酈商傳刪爲"沛公爲漢王",夏侯嬰傳刪爲"至霸上,沛公爲漢王"。班固刪掉"立"字,盡量抹除沛公爲漢王乃項羽所立之痕迹,這和有意同時刪掉《史記》的"項羽滅秦"句相應。《漢書》爲斷代史,宣漢意味濃,項羽入傳,故有改作;《史記》是通史,通古今之變,項羽入本紀,遂不避諱。此雖一字之差,却反映班固與司馬遷對項羽的不同態度,這是思想上的大不同。"立"字必《史記·傅靳蒯成列傳》原有而《漢書·樊酈滕灌傅靳周傳》抄刪之。

第二,求簡導致文意略有區別,其中三處刪改,可較出《漢》《史》史筆、文筆之優劣。《史記》"漢軍敗還,保雍丘,去擊王武反者等",《漢書》刪掉"去"字,則無敗退甫定又趕赴平叛之意。《史記·曹相國世家》曰:"擊項籍軍,漢軍大敗走。參以中尉取雍丘。王武反於外黃,程處反於燕,往擊,盡破之。"②"往擊"即"去擊"之意。班固爲求簡而刪"去"字,於義無大損,終不如《史記》準確豐富。《史記》靳歙傳說擒得江陵王而"生致之雒陽",《漢》改爲"致雒陽",省"生"字,不僅語氣局促,且丟失部分歷史信息。李光縉評曰:"'身得江陵王'一句足矣,乃加'生致之'三字,便快人。且生得其王比司馬以下者不同,故獨詳。"③《史記》周緤傳說"軍乍利乍不利,終無離上心",《漢書》改成"戰有利不利",則遠不如《史記》。"乍"正見秦楚之際勝負瞬息萬變之勢,而此情形下,周緤始終無二心,更見其忠誠。班固一改則筆意削弱。幾處刪改使文字失色,這和班固刪改《史記》常致筆意索然的情況相符。故牛運震曰:"語極其錯落生動,只此二句,便非太史公不能爲,而謂後人補耶?"④

第三,刪减史實。例如,《史傳》謂高祖賜周緤"殺人不死",《漢傳》無此句。梁玉繩引范楷所說"四字可疑,《漢書》無此句,是也。'殺人者死',入關初約已有明條,豈於周緤破格乎?諸大臣未聞有此賜"⑤,而懷疑《史記》此句爲後人妄增。李笠《史記訂補》以爲高祖即位遂不復守三章舊約,且曰:"緤爲曋臣,或受特恩,安可以諸大功臣比乎?"⑥《正義》曰:"《楚漢春秋》云上令殺人不死,入庭不趨也。"此條《正義》點校本及其修訂本皆無,存於日本所藏黄善夫刊本上批注⑦,瀧川資言曾抄録⑧。日本古本上批注是否即爲《正義》佚文,有待討論,此條言《楚漢春秋》有"殺人不死"語,即便非佚文,亦必言之有據。《史記》有此

---

① 《漢書》樊噲傳曰"項羽入屠咸陽,立沛公爲漢王",保留"立"字,因前面有"項羽屠咸陽"作襯托,故班固不改。
② 《史記》卷五十四《曹相國世家》,第2445—2446頁。
③ 參見〔明〕李光縉增補林稚隆《史記評林》卷九十九,日本内閣文庫藏本。
④ 〔清〕牛運震《史記評注》,三秦出版社,2011年,第257頁。
⑤ 〔清〕梁玉繩《史記志疑》卷三十二,第1353頁。
⑥ 〔清〕李笠《史記訂補》卷七《傅靳蒯成列傳》,見《四庫未收書輯刊》陸輯五册,北京出版社,2000年,第76頁。
⑦ 《宋本史記》第22册,國家圖書館出版社,2018年,第47頁。
⑧ 〔日〕瀧川資言《史記會注考證》卷九十八,文學古籍出版社,1955年,第4223頁。

史實,不應看作是後人抄《楚漢春秋》所補,或者説是注文亂入正文,因爲此條史實反應高祖對周緤的寵愛,與周緤傳前後文相符,服務於作傳意圖。班固爲何删掉,或如中井積德所説:"賜殺人不死,是許人作惡也,可謂亂政矣。《漢書》削此四字,蓋諱之也。"①或者如李笠所説:"班固不書,蓋是闕疑。"②不管是避諱,還是闕疑,《漢書》無此,亦證《史記》非抄自《漢書》。

對表2的不同分析可知,《漢書》傅、靳、周三傳尋常字眼的省减與"樊酈滕灌"四人傳省减《史記》情况相似,足見其全傳删自《史記》,而不可能是《史記》亡後反抄補自《漢書》;《史記·傅靳蒯成列傳》諸體例合乎全書,又存在《漢書》没有的史筆、史實,更能證明此傳非補自《漢書》。并且,通過《史記》《漢書》各自版本内部史文校對可知③,表2所列《史》《漢》間不同,非對勘所據底本訛誤所致,用此不同分析得出的結論可以排除版本訛誤的干擾。

表3 《漢書》改封爵記法

	《史記·傅靳蒯成列傳》	《漢書·樊酈滕灌傅靳周傳》	備注
傅寬傳	子頃侯精立,二十四年卒。子共侯則立,十二年卒。子侯偃立,三十一年,坐與淮南王謀反,死,國除。(3263/6—7)	傳至曾孫偃,謀反,誅,國除。(2086/4)	兩傳記載與《史記·高祖功臣侯者年表》《漢書·高惠高后文功臣表》相符④。
靳歙傳	子亭代侯。二十一年,坐事國人過律,孝文後三年,奪侯,國除。(3266/4—5)	子亭嗣,有罪,國除。(2088/4)	兩傳與兩表相符。
周緤傳	子昌代侯,有罪,國除。至孝景中二年,封緤子居代侯。至元鼎三年,居爲太常,有罪,國除。(3267/8—9)	子昌嗣,有罪,國除。景帝復封緤子應爲郻侯,薨,謚曰康侯。子仲居嗣,坐爲太常有罪,國除。(2088/倒2—1)	《史傳》記侯嗣有缺誤,缺周昌弟康侯周應,且把周緤孫仲居誤作其子。

表3的主要問題有二:《史記·傅靳蒯成侯列傳》叙述周緤嗣侯爲何有缺誤,以及爲何《史記》傅、靳、蒯成三人傳中封爵記侯國立年詳於《漢書》。前者應是《史記》此處傳寫訛誤所致,不應看作是後人誤抄,因爲《史表》《漢表》不誤;若如傅斯年所説是抄諸《表》而成,反不應有誤。後者則是《史》《漢》體例如

---

① 〔日〕瀧川資言《史記會注考證》卷九十八,第4223頁。
② 〔清〕李笠《史記訂補》卷七《傅靳蒯成列傳》,第76頁。
③ 《史記》是正史之首,版本亦最複雜,據不完全統計,現存抄本有十七件,刻本有六十種左右。把2014年中華書局修訂本和各個時期、各類型重要的近四十種版本對校,《史記·傅靳蒯成列傳》各時期版本的刊刻訛誤總計二十條,這些内部版本的刊刻訛誤,對應的《漢書》皆不誤,中華書局修訂本亦已修正。《漢書》版本複雜程度在正史中僅次於《史記》,重要版本亦有十多種。把1962年中華書局點校本和各時期十五種版本對校,《漢書·樊酈滕灌傅靳周傳》後三人傳各版本間差異較少,有五條,對應的《史記》皆不誤,點校本僅表1提到的"又别擊破趙軍"之"又"未曾訂正。總之,表2所列《史》《漢》間各條不同,其各自版本皆不誤,以此不同作出的分析可排除對勘所用底本訛誤的干擾。
④ "頃侯精",《史表》作"頃侯靖"、《漢表》作"頃侯清";"共侯則",《史表》作"恭侯則"。"精""靖""清","共"與"恭",或爲傳寫形誤,或爲音近相通。

此。《史記》曹參、陳平等世家及樊、酈、滕、灌、傅、靳、蒯成等列傳,之所以詳叙封侯在位年歲,是因爲《史記·高祖功臣侯者年表》以侯國名爲經,諸帝紀年爲緯,只記侯立之元年,享爵年歲總數需前後推算相加而得。《漢書·高惠高后文功臣表》記載整個西漢二百多年爵位存廢,多至曾孫、玄孫,甚至十世、十一世,故以號謚姓名爲經,子孫爲緯,既記侯立之元年,又詳載享國年歲。所以享國總年數,《史記》表略而傳詳,《漢書》爲避免重複拖沓,則表詳而傳略。傅斯年雖然知道"稍多於《漢書》處,爲封爵,然此均見《史記》《漢書》諸表",想把《史記》多出《漢書》的封爵看成是後人據表補作,却忽視了《史》《漢》列傳與諸表在記載列侯享國年歲詳略互補而各成體例的事實。另外,李人鑒曰:"按《傳》文不云'子某侯代某侯'而云'子某侯某立',與史公書例不合,此必後人所妄增竄也。《漢書·傅寬傳》作'傳至曾孫偃,謀反,誅,國除'。此《傳》之舊當略同之。"①李氏以爲《史記》記爵嗣應同《漢書》,亦没有注意《史》《漢》記載爵嗣不同的體例原因;又謂不云"代",而云"立",即必爲後人所作,亦難成立。《史記》夏侯嬰傳即云"子某侯某立",若謂此亦非史公之舊②,則是必繩《史記》以一例矣。從表三分析可知,《史記·傅靳蒯成侯列傳》漏記康侯應一世爲傳寫所致,而詳記侯國立年符合全書體例。

三 "太史公曰"之分析:非他人補作

認爲《史記·傅靳蒯成列傳》已亡的人常常避談"太史公曰"。趙生群以爲"無法看出後人續補的痕迹,暫存而不論"③。這是因爲"太史公曰"太似司馬遷手筆。崔適説"傳或從《漢書》補録,贊乃班氏所無,文亦似太史公作"④。如果把"太史公曰"和《太史公自序》、正文、以及其他"太史公曰"聯繫起來看,探究司馬遷作傳用意,就很難相信《傅靳蒯成列傳》"太史公曰"是他人補作。

《太史公自序》曰:"欲詳知秦楚之事,維周緤常從高祖,平定諸侯。作《傅靳蒯成列傳》第三十八。"余嘉錫質疑周緤傳,以爲叙事籠統粗略,不足以詳知秦楚,與《自序》不符,此説没有理解《自序》所表達的作傳用意。秦楚之事,已詳於高祖、項羽本紀和彭越、韓信、魏豹等列傳之中,難道還有更重要、更曲折之事在周緤傳交代? 司馬遷説"詳秦楚之事",實際是指通過蒯成侯周緤"終無離上心"而"以壽終"之事,可以反觀秦楚風雲變化之際,功臣將士艱難之抉擇與成敗之命運。秦楚之際,與任何亂世一樣,一次選擇,一次轉向,或許就意味迥异的命運。例如,漢二年(前205)劉邦劫五諸侯兵伐楚,兵敗則諸侯亡去,魏豹乘隙即叛⑤,而後項羽將破之際,韓信、彭越不見獲封則不發兵,後來諸人皆不得善終。周緤傳末尾略帶一筆"殺人不死",又略變體例而曰"緤以壽終",

---

① 李人鑒《太史公書校讀記》,第1347頁。
② 參見李人鑒《太史公書校讀記》,第1321、1324頁。
③ 趙生群《〈史記〉亡缺與續補考》,《〈史記〉文獻學論叢稿》,第49頁。
④ 崔適《史記探源》卷八,中華書局,1986年,第203頁。
⑤ 《史記》卷八《高祖本紀》,第465頁。

不像前面那樣稱"卒",皆非無意。此種服務作傳意圖的閑筆記史與小變體非補者所能及。《漢書》删"殺人不死",爲了體例統一,改作"薨",已不能兼顧司馬遷作傳之意。

《史記·傅靳蒯成列傳》是列傳較短一篇,周緤傳不足二百字,其人無戰功可記,司馬遷爲何要爲周緤作傳？高祖曾作十八侯之位次,依次爲"蕭何、曹參、張敖、周勃、樊噲、酈商、奚涓、夏侯嬰、灌嬰、傅寬、靳歙、王陵、陳武、王吸、薛歐、周昌、丁復、蟲達"①。其中,蕭、曹、周勃已作世家,張敖附見於張耳傳,樊、酈、滕、灌合傳,奚涓早亡,在傅、靳和侯次爲二十二的周緤間隔着很多功臣,司馬遷單挑出蒯成侯,正是看重其"終無離上之心"。此意從論贊中可以讀出,太史公曰:

> 陽陵侯傅寬、信武侯靳歙皆高爵,從高祖起山東,攻項籍,誅殺名將,破軍降城以十數,未嘗困辱,此亦天授也。蒯成侯周緤操心堅正,身不見疑,上欲有所之,未嘗不垂涕,此有傷心者然,可謂篤厚君子矣。

司馬遷稱"陽陵侯傅寬、信武侯靳歙皆高爵"②,"蒯成侯周緤操心堅正",此處已經點明周緤是憑藉其忠貞方可與高爵功臣合傳的。《漢書·樊酈滕灌傅靳周》合二傳爲一,論贊綜論七人,主要用《史記·樊酈滕灌列傳》"太史公曰"所說附驥驥之尾意,對於《史記·傅靳蒯成列傳》論贊一字未取。班固删此論贊,則司馬遷選周緤入傳之意隱晦不明。

司馬遷選周緤入傳,可算作是對高祖功臣的總結。蒯成侯的"操心堅正,身不見疑"而"以壽終",反照前面魏豹、彭越、黥布、淮陰侯、韓王信、盧綰等見疑被殺。李景星謂:"贊語曰'身不見疑',曰'此有傷心者然',又隱隱爲韓信、彭越、黥布等作一反射,見漢高祖固是寡恩。彼韓信等亦不如傅、靳等之善處也。嗚呼！此太史公之微意。"③由此可見,"太史公曰"和《自序》小序所蘊含的作傳用意相通。而此種前後照應,通盤考慮,恐非補者所能念及。

再則,"太史公曰"說傅寬、靳歙"破軍降城以十數,未嘗困辱,此亦天授也",同司馬遷論其餘漢將相是一種筆調。《史記》論贊於蕭何則曰"碌碌無奇節,依日月之末光",於曹參則曰"以與淮陰侯俱",於樊酈滕灌則曰"豈自知附驥之尾,垂名漢廷",於傅寬、靳歙則曰"此亦天授",皆以成功委之於命。此論調,不管是曾國藩所說的司馬遷"不能忘情功名,故時時以命字置諸喉舌間"④,還是劉咸炘說的"探究天人之際"⑤,至少可說明《傅靳蒯成列傳》論贊與

---

① 《漢書》卷十六《高惠高后文功臣表》,第 527—528 頁。
② 《集解》引"徐廣曰":"一無'高'字,又一本'皆從高祖'。"似乎六朝抄本一脫"高"字,剩"爵"字不通,後人以爲衍誤,故另一本連"爵"字亦删。即便原文無"高爵"二字,亦不妨礙傅寬、靳歙爵次遠高於周緤之事實。
③ 李景星《史記評議》,上海古籍出版社,2008 年,第 187 頁。
④ 〔清〕曾國藩《求闕齋讀書錄》卷三《史記》,見《續修四庫全書》第 1161 册,上海古籍出版社,2002 年,第 158 頁。
⑤ 劉咸炘《太史公書知意》,見《推十書》丙輯第 1 册,上海科學技術文獻出版社,2010 年,第 122 頁。

全書思想統一。論贊又云周緤"此有傷心者然,可謂篤厚君子矣",《集解》引"徐廣曰":"'此'一作'比'。"王叔岷曰:"案此字當從一本作比,比猶如也。《袁盎傳》:'如有馬驚車敗,陛下縱自輕,奈高廟、太后何?'《漢紀》七如作比,即比、如同義之證。"①《集解》下注處常可作句讀,此注在"者"下,全句似可標點爲"比有傷心者,然可謂篤厚君子矣",司馬遷說周緤常爲高祖垂泣好像有傷心者,這就略帶懷疑、譏諷,"然"連後句表轉折,評語復歸於忠厚。此語意句式又見於《萬石張叔列傳》論贊云:"塞侯微巧,而周文處讇,君子譏之,爲其近於佞也,然斯可謂篤行君子矣。"稱周緤謂"篤厚君子",并全非是諷刺其愚忠②,亦非全屬感動其忠厚③,而是與《萬石張叔列傳》一樣褒貶兼具,甚至寄寓着超越褒貶的歷史悲慨。"太史公曰"這兩細微處所展現的思想與情感同全書相合,這也非他人輕易所能補作。

結合《太史公自序》、傳文甚至全書來分析"太史公曰"的真僞,對於論證全篇是否爲原作十分重要④。從《史記·傅靳蒯成列傳》的"太史公曰"所傳達的作傳意圖與思想情感來說,不僅可以說明它本身非他人所作,亦可進一步證明全傳即司馬遷原筆。

四　張晏十亡篇説述疑:推論之辭

經過《史記·傅靳蒯成列傳》的史文對勘與"太史公曰"分析,知此傳爲司馬遷原作,班固又抄之作《漢書》,則不應在"十篇有録無書"之列,至此回到爭論的源頭,怎樣解釋張晏說此傳已亡?

吕祖謙曰:"武帝特能毀其副在京師者,藏之名山固有他本也。"⑤《漢書·藝文志》:"《夾氏傳》十一卷,有録無書。"沈欽韓疏曰:"《後書·範升傳》:'《春秋》之家,又有《騶》《夾》。如今《左氏》得置博士,《騶》《夾》并復求立。'則秘府雖亡,而其私學未絶也。"⑥沈欽韓以《夾氏傳》爲例,說明《漢志》所謂秘府"有録無書"并不代表此書即亡。古籍亡而復出,今人見之多矣,《史記》有些篇章曾亡而復得亦非不可能。亡而復出之說,非無道理。《史記·傅靳蒯成列傳》爲司馬遷原作,非後人抄自《漢書》,亦非班固之前人補撰,在班固時未曾亡佚,所以亡而復出説不能充分説明問題。

張晏十亡篇説,今見於《史記》三家注和《漢書》顔師古注,略有不同,俱轉

---

① 王叔岷《史記斠證》,第2823頁。
② 張大可以爲,司馬遷作周緤傳是爲了暗諷韓信等功臣被殺,"周緤等人靠的是愚忠和迎逢來保爵禄,所以説司馬遷用此以諷喻"。參考《史記研究·史記殘缺與補竄辨》,第187頁。
③ 町田三郎以爲,遷稱周緤爲忠厚君子,是對"卑微忠義者感佩"。參考《〈史記·傅靳蒯成列傳〉研究》,《北京師範大學學報(人文社科版)》1992年第3期。
④ 參考趙生群《〈史記〉亡缺與續補考》,《〈史記〉文獻學叢稿》,第37—40頁。趙先生提出這個方法,然而囿於張晏亡説,故對《史記·傅靳蒯成列傳》"太史公曰"暫存而不論,沒有進一步分析。
⑤ 〔宋〕王應麟《漢藝文志考證》,第37頁。
⑥ 〔清〕沈欽韓《漢書藝文志疏》,見《二十五史藝文經籍志考補萃編》第二卷,清華大學出版社,2011年,第52頁。

引於晉初傅瓚《漢書音義》。

　　《集解》：《漢書音義》曰"十篇缺，有録無書"。張晏曰"遷没之後，亡《景紀》《武紀》《禮書》《樂書》《律書》《漢興已來將相年表》《日者列傳》《三王世家》《龜策列傳》《傅靳蒯列傳》。元、成之間，褚先生補闕，作《武帝紀》《三王世家》《龜策》《日者列傳》，言辭鄙陋，非遷本意也"。①

　　顏師古注：張晏注曰：遷没之後，亡《景紀》《武紀》《禮書》《樂書》《兵書》《漢興以來將相年表》《日者列傳》《三王世家》《龜策列傳》《傅靳列傳》。元、成之間褚先生補缺，作《武帝紀》《三王世家》《龜策》《日者傳》。言辭鄙陋，非遷本意也。②

　　《索隱》：《漢書》曰"十篇有録無書"。張晏曰"遷没之後，亡《景紀》《武紀》《禮書》《樂書》《兵書》《將相表》《三王世家》《日者》《龜策傳》《傅靳》等列傳也"。案：……③

　　《正義》：《史記》至元、成間十篇有録無書，而褚少孫補《景紀》《武紀》《將相年表》《禮書》《樂書》《律書》《三王世家》《蒯成侯》《日者》《龜策列傳》。《日者》《龜策》言辭最鄙陋，非太史公之本意也。④

　　總體而言，裴駰、顏師古幾乎是原樣抄録；司馬貞隨後要闡釋張晏判斷爲亡篇的依據，故僅節録前部分；張守節粗疏⑤，把元、成間褚少孫補《史記》理解成《史記》亡於元、成，又把褚補四篇擴大成十篇，大失張晏原意。

　　裴駰《史記集解序》曰："《漢書音義》稱'臣瓚'者，莫知氏姓，今直云'瓚曰'。又都無姓名者，但云'漢書音義'。"⑥"臣瓚"，《索隱》考出姓傅，爲西晉校書郎⑦。裴駰自注引《漢書音義》之體例，傅瓚之己説者仍稱"臣瓚"，無姓名者統稱"漢書音義"，有題名者亦保留其名。此處轉引標出張晏，即不没其名之例。列出張晏所注是《漢書·司馬遷傳》條文，可知傅瓚《漢書音義》"但摘字作注"⑧。據顏師古《漢書叙例》介紹，臣瓚《漢書音義》又稱《漢書集解音義》，誤題應劭撰⑨，東晉蔡謨全取《漢書音義》散入《漢書》，至此《漢書》始有注本，顏師古在其基礎上重新作注。故顏師古所引張晏説亦來自傅瓚。司馬貞引《漢書》遷傳，亦知如此。也就是説，我們今天看到的張晏所列十亡篇篇目，經過了從張晏到傅瓚，再到裴駰、顏師古、司馬貞、張守節等人的二次轉抄。

　　因爲是轉抄，故略有不同。一是《律書》原本是否爲《兵書》。裴駰、張守節

---

①③　《史記》卷一百三十《太史公自序》，第 4001 頁。
②　《漢書》卷六十二《司馬遷傳》，第 2724 頁。
④　《史記》卷一百二十八《龜策列傳》，第 2795 頁。
⑤　余嘉錫曰："知其以十篇爲褚先生所補，直是讀書不仔細，非有所見而云然也。"見《余嘉錫文史論集》，第 6 頁。
⑥　《史記》附録一《史記集解序》，第 4010 頁。
⑦　《史記》附録一《史記集解序》，第 4011 頁。
⑧　參余嘉錫《余嘉錫文史論集》，第 2 頁。
⑨　《隋書·經籍志》："《漢書集解音義》二十四卷，應劭撰。"《隋志》題爲"應劭撰"者，即臣瓚所集。

抄爲亡《律書》，顏師古、司馬貞抄爲亡《兵書》。今本《兵書》題《律書》，然《太史公自序》小序與《律書》皆言兵，故知《史記》原有《兵書》①，張晏原注亦應爲《兵書》。二是"傅靳蒯成列傳"篇名問題。裴駰抄作"傅靳蒯列傳"，顏師古抄爲"傅靳列傳"，司馬貞節略成"傅靳"，張守節改爲"蒯成侯"。晚清吳承志《橫陽札記》認爲"傅"與"傳"、"蒯"與"列"字形相似，涉上下文誤而衍"靳"字，"傅靳蒯三字，又傳寫訛舛，并非晏舊"②。若以諸人所抄篇名詳略不同，便認爲張晏十亡篇說原本無《傅靳蒯成列傳》，從而說明此傳不亡，論據不充分。諸人所抄幾乎一致，實則說明《漢書音義》中張晏說原有此傳，當然也不排除一開始傅瓚抄輯張晏有誤。三是十亡篇順序問題。司馬貞把《日者列傳》換至《三王世家》之前，使日者、龜策、傅靳等三列傳可連稱。張守節按《史記》原篇序重新羅列。司馬貞調整次序只是爲了行文便利，張守節亦是以己意重叙，不說明任何問題，却提醒我們注意張晏十亡篇篇名的順序。

張晏十亡篇篇序，前六篇依《史記》本紀、書、表次序羅列，後四篇中《三王世家》插入《日者列傳》《龜策列傳》之間，《傅靳蒯列傳》獨在最後，看似毫無秩序。張晏熟讀《史》《漢》而作注，不應如此草率，不然讓人懷疑他的準確性。張晏排序可分爲三組：《景紀》《武紀》《禮書》《樂書》《兵書》《漢興以來將相年表》六篇爲一組，有似續補痕迹而無"褚先生曰"；《三王世家》《龜策列傳》《日者列傳》三篇有"褚先生曰"爲第二組；《傅靳蒯列傳》無補痕迹、無"褚先生曰"，自成一組。如果我們去探究張晏判斷諸篇爲亡的依據，此次第實透露他的十亡篇篇名是推論所得。

在《史記》的傳播與研究過程中，從東漢至魏，只有衛宏③、王肅④指出《景紀》《武紀》有錄無書，列出十篇完整篇名的只有張晏。張晏的十亡篇說，是孤說。雖然不應厚誣古人，至少有三個疑問：張晏指認四篇爲褚先生補的依據是什麼？爲何褚先生另外所補六篇不提及？其他六亡篇判斷依據又是什麼？

前兩個問題密切相關。《史記》續補標有"褚先生曰"者共九篇⑤，另外六篇爲：《三代世表》《建元以來侯者年表》《外戚世家》《梁孝王世家》《田叔列傳》《滑稽列傳》。高步瀛以爲"張晏不數之者，以不在十篇之目，又未嘗羼入原書也"⑥。高說不確。《建元以來侯者年表》褚先生曰"修記孝昭以來功臣侯者，編於左方"；《三王世家》褚先生曰"謹論次其真草詔書，編於左方"；《滑稽列傳》

---

① 臧庸《拜經日記》、王鳴盛《十七史商榷》等皆主此說。
② 〔清〕吳承之《橫陽札記》卷九"有錄無書"條，民國十一年(1922)劉求恕齋叢書刊本。
③ 衛宏《漢舊儀注》曰："司馬遷作《景帝本紀》，極言其短及武帝過，武帝怒削去之。"參見《史記》卷一百三十，第4001頁。
④ 王肅曰："漢武帝聞其述史記，取景紀及己本紀覽之，於是大怒，削而投之。於是今此兩紀有錄無書。"參見《三國志》卷十三《魏書·王朗傳》所附王肅傳，中華書局，2013年，第349頁。
⑤ 《陳涉世家》引賈誼《過秦論》爲贊，今題"褚先生曰"，然徐廣謂一作"太史公曰"，且班固說司馬遷取賈誼《過秦論》上下篇爲《秦始皇本紀》《陳涉世家》贊文，《漢書》陳涉傳贊亦仍之，故知徐廣說是。今本"褚先生曰"乃後人妄題，不算在褚補之內。
⑥ 見高步瀛《史記舉要》，轉引自余嘉錫《余嘉錫文史論集》，第15頁。

褚先生曰"復作故事滑稽之語六章,編之於左……以附益上方太史公三章";《龜策列傳》褚先生曰"寫取龜策卜事編於下方"。"編於左方""附益上方""編於下方"即謂附驥《史記》流傳,可知褚少孫補篇附於《史記》而以"褚先生曰"區别原文。此褚補六篇或發議論、或補逸聞、或補武帝以後事①,被張晏當做續補,非亡補,故不提及。

今本《三王世家》《龜策列傳》在"褚先生曰"前皆有"太史公曰"一節文字,"褚先生曰"編於左方、下方,可知前面這節文字在張晏時已經存在,也就説張晏看到的《三王世家》《龜策列傳》與今本没有什麼大的不同,那麽張晏真如堅持者所説"必有確鑿可據"而斷其爲亡嗎?兩篇"褚先生曰"中有求其世家、求其列傳而不得之語,此實爲張晏判斷依據,他并非"必有所受"②。這也是爲何《三王世家》《龜策列傳》在十亡篇和褚四補篇中都放在一起羅列的原因。《日者列傳》前有司馬季主傳文,"褚先生曰"以其作論,故張晏把它和《龜策列傳》同作爲褚補亡篇。《三王世家》抄録封王策文,《龜策列傳》抄録龜策卜事,在張晏看來"言辭鄙陋",《孝武本紀》抄録《封禪書》與之相類③,亦被其歸爲褚補亡篇。張晏説四亡篇爲褚少孫補,《孝武本紀》先存而不論,其所見《三王世家》《龜策列傳》《日者列傳》與今本無異,其判斷依據實從"褚先生曰"而推論,并非另有所受。

第三個問題,高步瀛解釋道:"其他六篇不言補,則當時之本與今十篇具在者又不同。"④高步瀛以爲三國時張晏見到的版本與今本不一樣,是缺六篇的本子,故據此斷其爲亡,何人所補者則不可知。今本《禮書》《樂書》前文皆有"太史公曰"一節文字,後綴荀子《禮論》《樂論》;《律書》也有"太史公曰",而後綴八風與律數。此三篇與《三王世家》《龜策列傳》《日者列傳》一樣,其"太史公曰"文字在張晏時亦應具存。張晏判斷《禮書》《樂書》《律書》爲亡篇,并没有其他所謂確鑿的依據,仍是以其有補作痕迹而推論。《索隱》引完張晏亡篇説後,對他的注解也是如此分析。進而不得不讓人懷疑,張晏所見版本與裴駰、司馬貞所注解版本没有大的不同。《漢興以來將相年表》無表序,續至成帝元嘉元年(前 20);《景紀》衛宏、王肅早説其亡,又與《漢書·景帝紀》相似;故張晏據此推斷二篇爲亡。

---

① 《三代世表》"褚先生曰"設主客問答,言爲民請命之帝有萬世之福;《建元以來侯者年表》"褚先生曰"續武帝之後的功臣侯,至元帝初元(前 48 年)而止;《外戚世家》《梁孝王世家》《田叔列傳》《滑稽列傳》"褚先生曰"補司馬遷未載之漢家故事與逸聞。

② 張舜徽曰:"張晏,魏人,去漢未遠,所言遷没後亡十篇,必有所受,宜可保信。"見氏著《漢書藝文志通釋》,湖北教育出版社,1990 年,第 71 頁。

③ 錢大昕以爲褚少孫所補,"未有移甲以當乙者也,或魏晋以後少孫補篇亦亡,鄉里妄人取此以足其數爾"。參見《廿二史考异》卷一《史記》,第 10 頁。鄭樵《通志》卷五下《景紀》前引張晏説:"惟《武帝紀》遷没其書殘缺,褚少孫補之,所謂褚先生是也。"參見《通志》,中華書局,1987 年,第 83 頁。此張晏説僅見於此,似乎張晏所見《武紀》與今本不同,即便如此,亦根據《武紀》有"褚先生曰"而判斷其爲褚補。

④ 見高步瀛《史記舉要》,轉引自余嘉錫《余嘉錫文史論集》,第 15 頁。

以上分析可知,張晏所見亡篇版本與今本大體相同,前九篇皆依據所見文本特徵推論而得。《景紀》《武紀》有衛宏、王肅之亡説在前,《漢興將相名臣年表》《禮書》《樂書》《兵書》依補作痕迹,《三王世家》《龜策列傳》《日者列傳》依"褚先生曰"。據此而論,最後一篇《傅靳蒯成列傳》,與《漢書》相似,又爲漢人物傳最短,不得不懷疑張晏是依此而推論,然無前説、無"褚先生曰"、無補作痕迹,遂放在十亡篇之末自成一組。這也解釋清楚十亡篇分三組打亂次第羅列的原因。

張晏還有另一處判斷褚少孫續補者,可旁証其判斷多屬推論。張晏謂《漢書·匈奴傳》"自狐鹿姑單于已下,皆劉向、褚先生所録,班彪又撰而次之,所以《漢書·匈奴傳》有上下兩卷"①。今本《史記·匈奴列傳》叙至太初四年(前101)後,又記有征和三年(前90)李廣利因巫蠱案降匈奴之事。《漢書·匈奴傳》前面抄録《史記》,接續李廣利降匈奴而叙至神爵四年(前58)呼韓邪單于得匈奴,此爲上卷,下卷接叙至王莽之亂。張晏以史稱褚少孫、劉向等人續《史記》,遂以武帝之後的匈奴事爲褚少孫等人續補而班固父子最後總成,此仍是據《史》《漢》文本對比判斷,無其他依據。

如何對待張晏注説,是後世《史記》十亡篇相關研究繞不開的問題。對於張晏注的懷疑始於劉知幾《史通》,以爲《史記》十篇未成,有録而已,"張晏《漢書》注云,十篇遷殁後亡失,此説非也"②。《太史公自序》有全書字數統計,非未完成之作。劉知幾説張晏注爲非的依據雖然不正確,但他的懷疑實源自對史籍研究的深入。余嘉錫是張晏注的堅定支持者,以爲:

> 張晏魏人,去漢不遠,其言必有所受之,故臣瓚、蔡謨皆引以爲注,別無他説,知自晉宋諸家以及小顏,胥無异議。乃清儒多不信之,紛紛自爲之説,其實毫無佐證,殊無以見其必然也。③

根據對張晏亡篇説的分析,他實依文本推斷而得,而且大家并非"胥無异議"。顏師古就不全信張晏説,曰:"序目本無《兵書》,張晏云亡失,此説非也。"④雖然顏師古説《史記》無《兵書》不正確,但是還是依據所見的《遷傳》只載《律書》序目而以張晏亡説爲非。張晏没説《漢興以來將相名臣年表》《兵書》爲褚少孫補,司馬貞《索隱》亦推而論之⑤。且不論正確與否,他們都没有固守張晏之説,而是根據所見版本情況分析而定。後來的清人研究亦是如此。今本《孝武本紀》全抄《封禪書》,補意淺陋不堪,且篇中無"褚先生曰",余嘉錫以

---

① 《史記》卷一百一十卷《匈奴列傳》,第3503頁。
② 〔唐〕劉知幾撰,〔清〕浦起龍釋《史通通釋·古今正史》,上海古籍出版社,2013年,第313頁。
③ 余嘉錫《余嘉錫文史論集》,第4頁。
④ 《漢書》卷六十二《司馬遷傳》,第2725頁。
⑤ 《漢興以來將相名臣年表》"太始元年"表格下《索隱》云:"後人所續,即褚先生所補也。"參見《史記》卷二十二,第1347頁。《太史公自序》"兵權"下《索隱》:"兵權,即《律書》也(黃善夫版本系統"律書"爲"兵書"),遷殁之後亡,褚少孫以《律書》補之,今《律書》亦略言兵也。"見《史記》卷一百三,第4000頁。

爲"今之《武紀》,并無褚先生字,晏安得漫指而厚誣之乎"。余嘉錫亦根據情况,而以張説爲非。《史記》亡篇的異議,并非單純因爲後人無視前人説法,實同《史記》流傳過程中的複雜性和研究不斷深入密切相關。

可見,張晏所列十亡篇是其一家之説,不應等同班固所説的"十篇有録無書"。没有張晏列出篇名,後人對於班固的"十篇有録無書"問題就無從入手;盡信張晏列出的篇名,又很難同流傳至今的《史記》真實文本情况相合。余嘉錫説:"凡考古事,當徵之前人書,不可以臆見説也。"① 此説甚是,然亦不可囿於前説。對與張晏的孤説,應保持謹慎的信從和小心的懷疑態度,從文本與事實的具體與切實分析中去判斷今本的真僞。

結 論

綜上所述,首先前人《史記·傅靳蒯成列傳》亡説值得商榷,傅斯年所説的周緤傳抄倒封侯與擊陳豨年歲,余嘉錫所説的傳文不合《自序》,趙生群所説的不載傅、靳二人籍貫等論據,皆可解釋,不能作爲《史記·傅靳蒯成列傳》亡補的論據。

其次分析《史》《漢》文本對勘三表可知:表一中同誤處可證《史記·傅靳蒯成列傳》與《漢書·樊酈滕灌傅靳周傳》後三人傳具有文本同一性,而《漢書》的訛誤則增添了抄自《史記》的可能性。進一步而言,表二、三中《史記·傅靳蒯成列傳》稱名冠爵,書死曰卒,詳記侯國立年,可證其符合《史記》全書體例;《漢書》傅、靳、周三傳一些省改,也符合樊、酈、滕、灌四傳删改《史記》的特點;而"緤以壽終"之變例、"去擊反者王武等"之史筆、"軍乍利乍不利"之文筆、"殺人不死"之史實都非《漢書》所有;更隱秘的是"沛公立爲漢王",班固因史學思想不同而删"立"字。三表所得論據加在一起足證《史記·傅靳蒯成列傳》傳文非抄自《漢書·樊酈滕灌傅靳周傳》,實爲司馬遷原作。

最後分析"太史公曰"可知,論贊謂傅、靳高爵而周緤操心堅正,點明三人合傳之原因;"身見不疑"暗應被誅之功臣,此與《傳》文"緤以壽終"之微意、《自序》小序所説"欲詳知秦楚之事"意藴相通;謂傅靳"天授"、周緤"篤厚"亦合於全書思想情感。作傳意圖、思想議論、情感寄寓皆無形之物,而與《自序》、傳文相合,可知"太史公曰"爲司馬遷原筆,並進一步論證全傳不亡。

此傳爲司馬遷原著,班固抄之爲《漢書》,則不應在亡書之列。張晏十亡篇篇名見於《史記》三家注與《漢書》顏師古注,皆轉引自西晉傅瓚所輯《漢書音義》,是二次轉抄。張晏十亡篇次序看似混亂,實際藴含他的判斷是依據文本做出的推論。十篇大致可分爲三組:《景紀》《武紀》《禮書》《樂書》《兵書》《漢興以來將相年表》有補續痕迹而無"褚先生曰",《日者列傳》《三王世家》《龜策列傳》既有補迹又有"褚先生曰",《傅靳蒯列傳》補迹與"褚先生曰"皆無。《三王世家》《龜策列傳》"褚先生曰"既説編於左,則此兩篇前面所謂的亡補部分"太

---

① 余嘉錫《余嘉錫文史論集》,第72頁。

史公曰"已經存在,與今本無异。同樣前面有"太史公曰"的《日者列傳》《禮書》《樂書》《兵書》及《孝景本紀》《漢興將相名臣年表》篇亦應與今本無异。張晏所見版本與裴駰、司馬貞時大體相同,他是根據這些續補痕迹與"褚先生曰"推斷亡篇篇目的。因而《傅靳蒯成列傳》已亡之説,亦恐是據篇幅短又與《漢書》相似的特徵而得出的推論之辭。班固的"十篇有録無書"説不等同於《史記》整個歷史中的流傳情況,張晏的十亡篇目亦不等同於班固的"十篇有録無書"。張晏注是《史記》亡補研究的起點而非終點,他所説十亡篇篇目應根據文本與事實的具體分析而定其真僞存亡。

總之,《史記·傅靳蒯成列傳》傳文與"太史公曰"皆是司馬遷原筆,此傳不亡。通過此傳的存亡考論,亦可更深入理解司馬遷所謂"觀所以得尊寵及所以廢辱"之作傳用意矣。

(作者單位:同濟大學人文學院)

《朝野僉載》史源爲開元唐國史考

趙庶洋

張鷟所撰《朝野僉載》(以下簡稱"《僉載》")一書廣泛記載南北朝、隋至唐各種朝野事件,一直被認爲出於張鷟本人"耳目所接"(《四庫全書總目》語),是現存唐人筆記中非常有價值的一種。然而,此書也因語言多有誇飾及"媟語"(洪邁《容齋隨筆》語)受到較多批評,故學者對此書記載的真實性持有戒心。這兩種看似矛盾的態度均源自對張鷟本人及《僉載》的傳統認識,直到現在仍影響着很多學者對此書的評價與利用。

在此書現存文字中,有部分内容與《舊唐書·五行志》(以下簡稱"《舊志》")相關甚至重合,曾經有學者專門討論,但是受限於對《僉載》及唐國史的認識程度,所得結論不盡恰當,未能對二者之間的關係準確定位。有鑒於此,本文對二書相關内容重新比對,檢討此前學者的觀點,發現《僉載》一書的真正史源當爲唐開元年間的國史,這對於重新評估此書的史料價值以及探討唐國史早期編纂過程等問題都有重要意義。

一 《僉載》《舊志》相關文字詳情

《僉載》與《舊志》之間相關文字的數量,不同學者之間統計略有出入,今綜合此前學者和筆者本人研究統計,共得二十六條,分别是:《僉載》"唐建昌王武攸寧别置勾使"條、"唐調露之後有鳥大如鳩"條、"唐長安四年陰雨雪"條、"開元五年洪潭二州復有火災"條、"唐開元八年契丹叛"條、"唐將軍黑齒常之鎮河源軍"條、"唐開元三年有熊晝日入廣府城内"條、"唐景龍四年洛州凌空觀失火"條、"西京朝堂北頭有大槐樹"條、"唐永徽年以後人唱桑條歌"條、"唐龍朔已來人唱歌名突厥鹽"條、"唐調露中大帝欲封中嶽"條、"周如意已來始唱黄麞歌"條、"周垂拱已來東都唱挈苾兒歌詞"條、"唐龍朔已來百姓飲酒作令"條、"唐神武皇帝七月即位東都白馬寺鐵像頭無故自落於殿門外"條、"唐上元年中令九品以上佩刀礪算袋紛帨"條、"張易之爲母阿臧造七寶帳"條、"安樂公主造百鳥毛裙以後"條、"唐逆韋之妹馮太和之妻號七姨"條、"永昌年太州斅水殿南西坡白日飛四五里"條、"唐先天年洛下人牽一牛"條、"開元四年六月郴州馬嶺山側有白蛇長六七尺"條、"唐文明已後天下諸州進雌鷄變爲雄者甚多"條、"唐開元二年衡州五月頻有火災"條①、"唐景龍中洛下霖雨百餘日"條②。

這些記載之間的重合程度很高，如《僉載》"唐建昌王武攸寧別置勾使"條載：

> 唐建昌王武攸寧任置勾使，法外枉徵財物，百姓破家者十而九，告冤於天，吁嗟滿路。爲大庫，長五百步，二百餘間，所徵獲者，貯在其中。天火燒之，一時蕩盡。衆口所咒，攸寧尋患足腫，蠱於甕，其酸楚不可忍，數月而終。（《僉載》卷二、《太平廣記》[以下簡稱"《廣記》"]卷一二六）③

《舊志》作：

> 則天時，建昌王武攸寧置内庫，長五百步，二百餘間，别貯財物以求媚。一夕爲天災所燔，玩好并盡。④

又如《僉載》"唐逆韋之妹馮太和之妻號七姨"條載：

> 唐逆韋之妹，馮太和之妻，號"七姨"，信邪術，作豹頭枕以辟邪，白澤枕以去魅，作伏熊枕以爲宜男。太和死，嗣虢王娶之。韋之敗也，虢王斫七姨頭送朝堂。即知辟邪之枕無效矣。（《僉載》卷五、《廣記》卷二八八）

《舊志》作：

> 韋庶人妹七姨，嫁將軍馮太和，權傾人主，嘗爲豹頭枕以辟邪，白澤枕以辟魅，伏熊枕以宜男。太和死，再嫁嗣虢王。及玄宗誅韋后，虢王斬七姨首以獻。⑤

二書所記之事幾乎完全相同。

二書相關文字數量如此多且重合度如此高，不可能出於巧合，必定存在密切關係。這種關係有兩種可能：一種是其中一書抄錄另一部書，《舊志》成書時間晚於《僉載》，自然是《舊志》抄錄《僉載》；另一種是二者有共同的史源，即它們都抄錄了同樣的史料。馬雪琴《評〈朝野僉載〉》一文最早提出這一問題，她

---

① 此條中華書局點校本《朝野僉載》未收，見《説郛》卷二引。
② 此條中華本《僉載》未收，見《詩話總龜》卷三五引。
③ 中華本《僉載》以明人刻《寶顏堂秘笈》本爲底本，此本出於後人輯佚，根據的就是《太平廣記》，然多有訛誤，有待重新輯佚整理，故今於每條之後注出今本《僉載》的卷數及其所見《廣記》及他書的卷數。另，本文所引《僉載》文字皆經筆者以《廣記》爲底本，據他書校訂，故與中華書局點校本稍有不同，特予說明，下文不影響討論者不再另注。
④〔後晉〕劉昫等撰《舊唐書》卷三七《五行志》，中華書局，1975 年，第 1366 頁。
⑤《舊唐書》卷三七《五行志》，第 1377 頁。

認爲應是二者同源，均源自唐國史、實錄舊文①；嚴杰《〈朝野僉載〉與〈舊唐書·五行志〉相同記載考》（以下簡稱《相同記載考》）同意馬氏文中提出的部分觀點，認爲二者有部分同源自史館材料，但在此基礎上又進一步指出《舊志》"詩妖""服妖"等類幾乎都與《僉載》相合，而"中宗朝以後之事幾乎沒有記載"，這更可能是《舊志》采自《僉載》②，與馬氏觀點產生分歧。

二説均結合對《僉載》《舊志》文本的比對以及對唐國史、實錄等的認識而提出，但是唐國史、實錄原書早已不存，僅能根據各自認識加以推測，而未能通盤考慮《僉載》的情況，對唐國史、實錄的認識也不完全準確。下文擬對以上二説重新檢討，以準確認識二書關係。

二　"《舊志》采自《僉載》"説辨析

《相同記載考》認爲《舊志》采自《僉載》有兩個關鍵證據。

第一，《僉載》云：

> 西京朝堂北頭有大槐樹，隋曰唐興村門首。文皇帝移長安城，將作大匠高熲常坐此樹下檢校。後栽樹行不正，欲去之，帝曰："高熲坐此樹下，不須殺之。"至今先天一百三十年，其樹尚在，柯葉森竦，根株蟠礴，與諸樹不同。承天門正當唐興村門首，今唐家居焉。（《僉載》卷一、《廣記》卷一六三）

而《舊志》作：

> 隋文時，自長安故城東南移於唐興村置新都，今西内承天門正當唐興村門。今有大槐樹，柯枝森鬱，即村門樹也。有司以行列不正，將去之，文帝曰："高祖嘗坐此樹下，不可去也。"③

《相同記載考》謂"《舊志》當據《僉載》删改而成，然而改動草率，次序不清，以致將高熲誤作高祖。這可能不是《舊唐書》流傳中的刻寫錯誤。唐初史臣不會將高熲此事當作國史材料，五代修《舊唐書》史臣應是見到《僉載》此文而產生誤解，寫入《五行志》"。

該文也注意到中華書局點校本校勘記中云"葉校本'高祖'作'高熲'"，然仍認爲"可能不是《舊唐書》流傳中的刻寫錯誤"。但是葉石君校《舊唐書》根據的是宋本，中華書局點校本的底本則是清岑建功懼盈齋刻本，宋本《舊唐書》今存已無全本，賴葉校保存亡佚部分異文，懼盈齋本雖經劉文淇等名家校勘，然

---

① 馬雪芹《評〈朝野僉載〉》，《古典文獻研究集林》第一集，陝西師範大學出版社，1989 年，第 63 頁。趙翼《廿二史札記》、黃永年《〈舊唐書〉與〈新唐書〉》均論定《舊唐書》之史料多出唐國史、實錄，馬氏之説本此。

② 嚴杰《〈朝野僉載〉與〈舊唐書·五行志〉相同記載考》（以下簡稱《相同記載考》），《古典文獻研究》第五輯，江蘇古籍出版社，2002 年，第 66—72 頁。此外，嚴杰《唐代筆記對國史的利用》（《文獻》2004 年第 3 期）和《〈朝野僉載〉考》（《唐五代筆記考論》，中華書局，2008 年）兩篇論文中也有類似觀點。

③ 《舊唐書》卷三七《五行志》，第 1375 頁。

訛誤不少,且多誤改①。此處葉校作"高熲",是宋本《舊志》與《僉載》一致,《册府元龜》卷二一《帝王部·徵應門》注引此事也作"高熲",説明《舊唐書》原本不誤,作"高祖"者乃是流傳中産生的錯誤。至於爲何《舊唐書》中會記載隋代事,應是將此事中涉及的"唐興村"村名當作唐王朝興盛的預兆,故而載於《五行志》中,隋文帝、高熲事只是連類而及。既然《舊志》原本不誤,也就無法説明其采自《僉載》。

第二,《僉載》云:

> 唐將軍黑齒常之鎮河源軍,城極嚴峻。有三口狼入營,繞官舍,不知從何而至,軍士射殺。黑齒惡之,移之外。奏討三曲党項,奉敕許,遂差將軍李謹行充替。謹行到軍,旬日病卒。(《僉載》卷六、《廣記》卷一四三)

《舊志》則作:

> 永徽中,黑齒常之戍河源軍,有狼三頭,白晝入軍門,射之斃。常之懼,求代。將軍李謹代常之軍,月餘卒。②

《相同記載考》云黑齒常之高宗儀鳳三年(678)降唐,永徽中(650—655)不可能鎮河源軍,當是《僉載》本未記載年月而《舊唐書》誤增。考《唐代墓誌彙編續集》垂拱〇〇六號《大唐故右衛員外大將軍燕公(李謹行)墓誌銘》載李謹行"以永淳二年七月二日薨於鄯州河源軍,春秋六十有四",因此《舊志》的"永徽中"當爲"永淳中"之誤③。《新唐書·五行志》記載此事亦作"永徽中",與《舊志》同,可見《舊志》之誤由來已久。

然而,這個證據也只能説明《僉載》較《舊志》記載更爲原始,却并不能説明《舊志》一定就是根據《僉載》。因爲《僉載》未載具體時間,《舊志》若果真以之爲據并且增加時間,必當參據黑齒常之傳記等資料,絶不會憑想象就加上"永徽中"三字。所以,《舊志》較《僉載》多出的"永徽中"三字,恰恰説明它根據的不是《僉載》,而是另有根據。據《李謹行墓誌》,此事乃在永淳中,"永淳"與"永徽"均爲高宗年號,不排除傳寫中發生錯誤的可能,雖然《新唐書·五行志》同作"永徽",但也只能説明這個錯誤在五代、北宋年間即已存在,無法證明《舊唐書》纂修之前是否如此,畢竟五代之前唐國史的流傳全靠手抄,出現文字訛誤本是平常之事,今本《舊唐書》訛誤衆多,一部分是因爲後世刻本發生的訛誤,但是也有很大一部分是其纂修所據底本已經多有訛誤。

由此看來,因爲存在《舊志》源頭已誤的可能,《僉載》不誤而《舊志》誤者并不能作爲《舊志》源自《僉載》的充分根據。《相同記載考》忽略了這一可能,故

---

① 武秀成《舊唐書辨證》(上海古籍出版社,2003年)第三章《至樂樓抄本與葉石君校本研究》詳細介紹了葉石君校本的情況和價值,第十章《舊唐書校讀》舉出懼盈齋本誤改者多例。中華書局原點校本以懼盈齋刻本爲底本,然學者指出其中有衆多妄改之處,故修訂本接受學者建議改以由宋本和源出宋本的明聞人詮刻本配補的百衲本爲底本。

② 《舊唐書》卷三七《五行志》,第1369頁。

③ 嚴杰在另一篇論文《舊唐書·五行志辨誤》(《中國史研究》2001年第4期)中已經指出。

未曾加以討論。究竟兩種可能中何者更接近事實，還需要其他證據方能確定。

《僉載》時代遠早於《舊志》，其記載較《舊志》原始不足爲奇。值得注意的是，《舊志》也有相當一部分記載與《僉載》明顯不同，這些差異纔是確定二者之間關係的關鍵證據。

例如"長安四年十月陰雨雪"事，《僉載》記其應驗云"明年正月，誅逆賊張易之、昌宗等，則天廢"，《舊志》則作"至神龍元年正月五日，誅二張，孝和反正，方晴霽"①，較之《僉載》無"則天廢"句，多"孝和反正，方晴霽"句，時間作"神龍元年正月五日"，更加詳細。

"開元五年洪潭二州復有火災"事，《舊志》"火延燒郡舍"一句，《僉載》無。

"唐開元八年契丹叛"關中兵於澠池遇水事，《舊志》"逆旅之家，溺死死人漂入苑中如積。其年六月二十一日夜，暴雨，東都穀、洛溢"，"畿内諸縣，田稼廬舍蕩盡。掌關兵士，凡溺死者一千一百四十八人"等句②，《僉載》均無。

其他如"唐景龍四年洛州凌空觀失火"事，《舊志》"火自東北來"句③；"唐龍朔已來人唱歌名突厥鹽"事，《舊志》"挾之入寇"句④；"唐調露中大帝欲封中岳"事，《舊志》"累草儀注"句⑤；"周如意已來始唱黃麞歌"事，《舊志》"契丹乘勝至趙郡"句⑥；"唐神武皇帝七月即位東都白馬寺鐵像頭無故自落於殿門外"事，《舊志》"後姚崇秉政，以僧惠範附太平亂政""午後不出院，其法頗峻"句等⑦，均爲《僉載》所無。

以上所列《舊志》多出字句均關涉到相關史實，絕無可能出自毫無根據的信手添加，必是其史源有如此記載。《僉載》中没有相關文字，所以應非采自《僉載》⑧。

《舊志》與《僉載》在同一叙述中的差異更能説明問題。

如"唐龍朔已來人唱歌名突厥鹽"事，《僉載》僅云"若來，突厥必至。後則無差"，而《舊志》則云"邊人相驚曰：'突厥雀南飛，突厥犯塞之兆也。'至二年正月，還復北飛，至靈夏已北，悉墜地而死，視之皆無頭"⑨，《僉載》文字極略，《舊志》則較詳，除多邊人相驚之語外，還增加了調露二年之事。

又如"唐景龍四年洛州凌空觀失火"事，《僉載》云"萬物并盡"，《舊志》則作"其金銅諸像，銷鑠并盡"⑨，《僉載》下文云"惟有一真人巋然獨存，乃泥塑爲

---

① 《舊唐書》卷三七《五行志》，第1363頁。
② 《舊唐書》卷三七《五行志》，第1357頁。
③ 《舊唐書》卷三七《五行志》，第1366頁。
④⑤⑥⑨ 《舊唐書》卷三七《五行志》，第1376頁。
⑦ 《舊唐書》卷三七《五行志》，第1374頁。
⑧ 由於今本《僉載》文字都是靠《太平廣記》等典籍引用方留存至今，存在引用時删略原本文字的可能，但此處所舉《舊志》多於《僉載》之文字，并非一二處，不可能有如此多巧合。而且如調露中高宗封嵩山事《僉載》云"大帝欲封中岳，屬突厥叛而止。後又欲封，吐蕃入寇，遂停。至永淳年，又駕幸嵩岳"，叙高宗封中岳之事屢因外侵中止，句意連貫，恐原文中并無叙"累草儀注"句之處。又如白馬寺鐵像頭落事中，《僉載》云"自姿捉搦僧尼嚴急，令拜父母等"，《舊志》之"後姚崇秉政，以僧惠範附太平亂政"句顯然無法原樣插入其中。因此，這一可能性基本可以排除。
⑨ 《舊唐書》卷三七《五行志》，第1366頁。

之",與《舊志》所謂"金銅諸像銷鑠并盡"者恰相印證,相比之下,《僉載》所謂"萬物并盡"反而顯得泛而無當,《舊志》此句顯示出更加原始的面貌。

再如"唐龍朔已來人唱歌名突厥鹽"事,《僉載》釋其應驗云"自後廬陵徙均州,則'子母相去離'也;'連臺拗倒'者,則天被廢、諸武遷放之兆",《舊志》則作"即中宗廢於房州之應也"①,與《僉載》之"廬陵徙均州"不同,且無"則天被廢,諸武遷放之兆"。《僉載》後一句乃是記酒令後半句之事應,并非無關緊要之事,《舊志》"中宗廢於房州"實際只解釋了酒令前半句"子母相去離",後半句"連臺拗倒"成爲無着落之語,若其所據爲《僉載》,恐不會將其中後半句的事情貿然刪去。

雖然《舊志》某些條目有疑似沿襲《僉載》而誤的迹象,但二者之間大部分記載并不完全吻合,甚至《舊志》有相當部分史實爲《僉載》所無,即使記載相同的史實《舊志》也多有異於《僉載》的細節,説明《舊志》當在《僉載》之外另有史源,而且這一史源較《僉載》更加原始。至於《僉載》不誤而《舊志》錯誤的情況,并不能作爲《舊志》采用《僉載》的充分證據,相反,恰恰説明正是《舊志》源出文獻原本就出現了錯誤,未能采用《僉載》校正。因此,《舊志》采自《僉載》這一可能性當予排除。

三 《舊志》《僉載》同源於唐國史、實錄説辨析

排除《舊志》采用《僉載》之後,剩下的可能就是二者同源。上節討論中也可以看出,二書記載雖有細節差异,但大致相同,只有同源纔可能出現這種現象。但是綜合考慮《僉載》及唐國史、實錄的特點,筆者并不同意《評〈朝野僉載〉》一文所謂同源於"唐代的國史、實錄"。

《舊唐書》的史源已經有比較充分的討論,清代史學家趙翼指出"《舊唐書》前半全用實錄國史舊本"②,所謂"前半",乃是武宗會昌以前,趙翼討論的重點是紀、傳兩部分,對於志的史源如何并未論及。此後學者大多認可他的觀點,馬雪芹推測《舊志》與《僉載》均源自唐國史、實錄,就是將此觀點進一步擴展到《五行志》。從《舊唐書》的整體編撰情況來看,後晉史臣修《舊唐書》既然紀、傳均以唐國史、實錄爲本,志書部分採取同樣的做法也順理成章,在有現成依據的情況下旁求他書顯然不太明智而且操作難度較大,恐怕不在當時史臣的考慮之中。同理,若唐國史中的《五行志》已有較爲詳備的記載,後晉史臣應當也不會大費周折地從各朝實錄中另行搜集相關史事。

後晉史臣修《舊唐書》時利用了唐人所修國史,這部國史至宋代仍存世,并著録於《崇文總目》中,作"《唐書》一百三十卷",解題云:

> 唐韋述撰。初,吴兢撰《唐史》,自創業訖於開元,凡一百一十卷。述因兢舊本,更加筆削,刊去《酷吏傳》,爲紀、志、列傳一百一十二卷。至德、

---

① 《舊唐書》卷三七《五行志》,第 1376 頁。
② 〔清〕趙翼著,王樹民校證《廿二史札記校證》卷一六,中華書局,1984 年,第 345—348 頁。

乾元以後，史官于休烈又增《肅宗紀》二卷，而史官令狐峘等復於紀、志、傳後隨篇增緝，而不加卷帙。今書一百三十卷，其十六卷未詳撰人名氏。①

《太平御覽》大量引用了這部《唐書》的內容，持與《舊唐書》之文字相較，二者文字非常接近，以致有學者認爲這應當是未經後人修訂的《舊唐書》原本②。唐國史《五行志》的大致情況，可從後晉史臣相關敘述中略作推測，《五代會要》載後晉天福六年趙瑩奏修唐史云：

> 律曆五行，天文災异，史書實錄，前代具書。自唐季亂離，簡編淪落，太史所奏，不載冊書。請下司天臺，自會昌已來，天文變异，五行休咎，曆法更改，更據朝代年月，一一條錄，以憑撰集《天文》《律曆》《五行》等志。③

當時搜求的只是"會昌已來天文變异、五行休咎、曆法更改"，換言之，會昌以前史書都已經有了詳細記載，無須再行搜求。

唐代實錄多已散佚，各書具體情況如何不得而知，僅有收入韓愈文集的《順宗實錄》存世，爲我們考察唐代實錄的情形提供了難得的實例。《順宗實錄》編年紀事，所記以朝廷政事爲主，涉及《五行志》相關內容者極少，其他實錄之情形可據此類推。實錄編年紀事的體例決定了其無法集中、系統地記載此類史事，從中抄錄《五行志》相關材料有相當難度。《僉載》《舊志》相關內容涉及高祖、太宗、高宗、武后、中宗、睿宗、玄宗數朝，若是張鷟和後晉史臣分別從數部實錄中輯錄，恐怕很難有如此高比例的內容重合。從後晉史臣修書的實際情況來看，更有可能是根據現成的國史編成《五行志》，不會捨國史不用而去搜羅散落在實錄中的零散史料。張鷟生平只出任過岐王府參軍、長安縣尉、鴻臚卿、監察御史等職，未曾入史館任職。作爲一位普通官員，他獲得一部國史尚有可能，而以一己之力系統閱讀、抄錄唐代前期的國史、實錄的可能性則較低。

其實《評〈朝野僉載〉》雖然持多源論，但應當也認爲國史是《僉載》的主要

---

① 錢東垣等《崇文總目輯釋》卷二，《粵雅堂叢書》本，解題輯自《文獻通考》卷一九二。

② 關於《太平御覽》引《唐書》的性質，目前學界尚有不同意見。吳玉貴在《唐書輯校》（中華書局，2008年，第11—12頁）前言中判斷所輯《唐書》的性質云："《太平御覽》引用的《唐書》既不是韋述《唐書》，也不是柳芳《唐曆》，更不是唐朝歷朝實錄，實際上它就是劉昫領銜修撰的《舊唐書》，只不過《太平御覽》引《唐書》保留了《舊唐書》早期的面目，與我們今天見到的刻本《舊唐書》有較大的差異。""我們今天只能見到被宋人修改後的《舊唐書》，而《太平御覽》引《唐書》則直接引自未經修訂的《舊唐書》。"這一觀點引起一些學者的反駁，溫志拔在《〈太平御覽〉引"唐書"性質之考論》（《史學史研究》2010年第2期）中認爲，"'唐書'是一個通名，既包含了《舊唐書》，也有唐國史實錄、《通典》、《唐會要》，甚至唐代雜史筆記的內容在內"；與之觀點相近的，唐雯在《〈太平御覽〉引"唐書"再檢討》（《史林》2010年第4期）中認爲"并不是一部書的專名，而是包括劉昫《唐書》、吳兢等所編一百三十卷本《唐書》及歷朝實錄在內的官方史料文獻的通名"。後溫志拔又發表《〈太平御覽〉引"唐書"爲國史〈唐書〉考論》（《中國典籍與文化》2020年第3期）通過考察唐國史修撰下限、晚唐部分史源等，改正前說，認爲《御覽》所引《唐書》就是國史《唐書》。目前看來，所謂北宋人"修訂"《舊唐書》的說法缺乏文獻依據，而且北宋人既然決定重修《新唐書》，絕不會又對《舊唐書》另加删改，因此起碼可以確定《太平御覽》引《唐書》中不見於今本《舊唐書》的內容當出自另一部《唐書》，也就是唐國史。

③ 〔宋〕王溥《五代會要》卷一八，上海古籍出版社，2006年，第297頁。

史源,只是囿於此前學者觀點,爲求全面、謹慎而增加實録一源,實際並未舉出任何源出實録的證據。

儘管唐國史原書已不存,但通過《舊志》和《僉載》相關内容比對獲得的信息,基本可以確定它們應源自各自所見唐國史,具體來說:張鷟所見爲開元年間的國史舊本,《舊志》所據則是五代時期流傳的國史《唐書》。二書之同是因爲其史源均爲唐國史;异是因爲《僉載》所據國史年代更早,保存了早期唐代國史的面貌,所以能夠糾正後來國史流傳中的錯誤,而《舊志》中與《僉載》相似但又有溢出内容,這一現象則說明國史《唐書》更加系統地保存了這一部分史實,《僉載》屬於個人著述,雖然從國史中取材,但也會進行剪裁修改,不會嚴格保持所據國史全貌。

四 《僉載》源出唐國史的其他證據

從上文所舉《僉載》與《舊志》重合的二十六條文字可以看出,張鷟應當系統地抄録了他所見國史中這部分内容。問題是,張鷟所抄國史内容是否僅止於此?《僉載》其他文字的史源是否可以依此類推?筆者近日在重新校理《僉載》的過程中發現此書其他文字也有與《舊唐書》重合或相關者,如《僉載》:

> 周侍御史侯思止,醴泉賣餅食人也。羅告,准例酬五品,于上前索御史,上曰:"卿不識字。"對曰:"獬豸豈識字,但爲國觸罪人而已。"遂授之。凡推勘,殺戮甚衆,更無餘語,但謂囚徒曰:"不用你書言筆語,止還我白司馬。若不肯來俊,即與你孟青。"横遭苦楚非命者不可勝數。"白司馬"者,北邙山白司馬坂也。"來俊"者,中丞來俊臣也。"孟青"者,將軍孟青棒也。後坐私畜錦,朝堂決殺之。(《僉載》卷二、《廣記》卷二六七)

《舊唐書·酷吏·侯思止傳》所載大體相同:

> 侯思止,雍州醴泉人也。……判司教思止説游擊將軍高元禮,因請狀乃告舒王元名及裴貞反,周興按之,并族滅。授思止游擊將軍。元禮懼而曲媚,引與同坐,呼爲侯大,曰:"國家用人以不次,若言侯大不識字,即奏云:'獬豸獸亦不識字,而能觸邪。'"則天果如其言,思止以獬豸對之,則天大悦。天授三年,乃拜朝散大夫、左臺侍御史。……嘗按中丞魏元忠,曰:"急認白司馬,不然,即吃孟青。"白司馬者,洛陽有坂號白司馬坂。孟青者,將軍姓孟名青棒,即殺瑯琊王冲者也。思止間巷庸奴,常以此謂諸囚也。①

值得注意的是,《廣記》同卷引《僉載》吉頊告發綦連耀事亦見載於《舊唐書·酷吏·吉頊傳》,可見《僉載》二事當即源自唐國史的《酷吏傳》。

又《僉載》:

---

① 《舊唐書》卷一八六,第4844—4845頁。

> 唐左僕射韋安石女適太府主簿李訓。訓未婚以前有一妾,成親之後遂嫁之,已易兩主。女患傳尸瘦病,恐妾厭禱之。安石令河南令秦守一捉來,榜掠楚苦,竟以自誣。前後決三百以上,投井死。不出三日,其女遂亡,時人咸以爲寃魂之所致也。安石坐貶蒲州,太極元年八月卒。(《僉載》卷二、《廣記》卷一二九)

《舊唐書·韋安石傳》載:

> 太常主簿李元澄,即安石之子婿,其妻病死,安石夫人薛氏疑元澄先所幸婢厭殺之。其婢久已轉嫁,薛氏使人捕而捶之致死。由是爲御史中丞楊茂謙所劾,出爲蒲州刺史。①

雖然二書所載韋安石婿一作"李訓",一作"李元澄"有所不同(疑名訓字元澄),但是史實基本一致,且《僉載》更詳。

又如《僉載》:

> 唐長孫昕,皇后之妹夫,與妻表兄楊仙玉乘馬二十餘騎,并列瓜撾,於街中行。御史大夫李傑在坊内參姨母,僮僕在門外。昕與仙郎使奴打傑左右,傑出來,并被頓。須臾,金吾及萬年縣官并到,送縣禁之。昕妻父王開府將二百百騎劫昕等去,傑與金吾、萬年以狀聞上,奉敕斷昕殺,積杖至數百而卒。(《廣記》卷二六三)

此事亦見《舊唐書·玄宗本紀》:

> (開元)四年春正月癸未,尚衣奉御長孫昕恃以皇后妹婿,與其妹夫楊仙玉毆擊御史大夫李傑,上令朝堂斬昕以謝百官。以陽和之月不可行刑,累表陳請,乃命杖殺之。②

二書所記大致相同,然《僉載》云"奉敕斷昕殺,積杖至數百而卒",語焉不詳,《舊書》云"上令朝堂斬昕以謝百官。以陽和之月不可行刑,累表陳請,乃命杖殺之",其間曲折更加清晰。

再如《紺珠集》卷三引《僉載》:

> 馬周微時入都,至新豐逆旅,遇貴公子飲酒,不顧周。周即市斗酒,獨飲之,餘以濯足。衆异之。

此事亦見於《舊唐書·馬周傳》:

> 馬周……西游長安。宿於新豐逆旅,主人唯供諸商販而不顧待周,遂命酒一斗八升,悠然獨酌,主人深异之。③

上舉《僉載》諸條與《舊唐書》均能吻合,參照上文與《舊志》相關部分的討論,這

---

① 《舊唐書》卷九二,第2857頁。
② 《舊唐書》卷八,第176頁。
③ 《舊唐書》卷七四,第2612頁。

些記載的史源應當也都是唐國史。

除整體記載相同者外,其他細節記載與《舊唐書》能互相印證者也不勝枚舉,可見《僉載》源出國史之記載尚多,絶不止本文所舉諸條,篇幅所限,不再贅述。

五　發現《僉載》史源爲開元唐國史的意義

本文通過對《舊志》和《僉載》大量相似内容的重新討論,發現在相關内容中《舊志》又有溢出《僉載》者,從而否定《舊志》曾以《僉載》爲史源的假設,認爲二者重合的内容當因有共同史源;又進一步對共同史源究竟是多元還是單一源頭進行探討,認爲應當是二者均源自唐國史,而非如此前學者推測的國史、實録等較爲模糊的範疇,并從《僉載》現存其他文字中找到其源自國史原文的證據,基本解決了《舊志》與《僉載》相似内容之間的關係。據學者研究,張鷟卒於開元十年(722)前後①,《僉載》是他晚年所撰,因此他根據的應當是開元年間的唐國史。就筆者視野所及,這一發現起碼有兩方面的意義。

第一,有助於重新評估《僉載》的史料價值。

宋人洪邁曾批評《僉載》"紀事皆瑣尾摘裂,且多媟語"②,《四庫全書總目》既承認洪邁所云,又爲之辯護云"耳目所接,可據者多,故司馬光作《通鑒》亦引用之",這種持平的態度於古人來說難能可貴,但論定其價值仍不過是"兼收博采,固未嘗無裨於見聞"③,對《僉載》史料價值未有深刻認識。馬雪芹《評〈朝野僉載〉》一文通過考察《資治通鑒考異》對《朝野僉載》的采用情況來判斷其史料價值,已經開始重視並試圖從公認的史學名著《資治通鑒》對此書的態度來證明其價值,但以後人的評價與采用作爲判斷的標準,仍未能真正認識《僉載》的價值。

只有從《朝野僉載》本身的史料來源出發,揭示出其所據史料爲何,纔能對其價值進行準確判斷。確定《朝野僉載》中大量記載源自開元唐國史之後,即可看出前人對此書史源認識不足,嚴重低估了它的史學價值。《僉載》一書中的相當一部分記載并非張鷟的個人見聞,而是他抄録所見的國史,這些記載有非常高的價值。

其實唐代筆記體著作多與國史關係密切,如劉肅《大唐新語》全書幾乎皆鈔撮當時國史而成,胡璩《譚賓録》也多抄國史原文④。《僉載》對國史的利用

---

① 張鷟生平附見《舊唐書》卷一四九《張薦傳》。關於張鷟卒年,劉真倫《張鷟事迹繫年考》(《重慶師範學院學報》1987 年第 4 期)據《桂林風土記》等記載推斷爲開元十年前後一年間,馬雪芹《張鷟生平經歷與生卒年考釋》(《河北師範大學報》2001 年第 3 期)根據《僉載》書中紀事有年代可考者推斷"最晚不會超過開元九年",與劉真論説接近。
② 〔宋〕洪邁《容齋隨筆》續筆卷一二,中華書局,2005 年,第 364 頁。
③ 〔清〕紀昀等《欽定四庫全書總目》卷一四〇,中華書局,1997 年,第 1836 頁。
④ 賈憲保《從〈舊唐書〉、〈譚賓録〉中考索唐國史》,《古典文獻研究集林》第一集(陝西師範大學出版社,1989 年)。

情况與《大唐新語》類似，只是張鷟本人極富才華，書中多雜有議論以表達其史觀，帶有強烈的個人特色，或許正是這種個人特色誤導了後人，使之以爲書中的記載也不過是張鷟個人的見聞而已。

所以，對《僉載》的内容需要區別看待：其中的議論作爲張鷟個人的觀點固然可備一説，而其中的歷史記載却不能等閑視之，應作爲相當可靠的唐代早期官方記載看待。

第二，研究爲早期唐國史編纂情況提供了一份重要文本。

唐代從建國初期就建立了史館，由專人負責編纂國史，留下較爲完備的國史記載，成爲後世編纂唐代正史的依據。唐代國史修撰的大致過程，清人趙翼、美國杜希德以及李南暉等學者均曾做過深入研究並梳理出大致脉絡①。然受限於唐國史原本早已亡佚，這些學者在研究中根據的基本都是史籍中對唐國史修纂的零星記載，無法系統利用文本進行深入研究，故而僅能概括性描述，難以有更大突破。深入研究唐國史的修纂需要拓寬研究視野，通過與唐國史有關的唐代文獻相互印證，發現新的綫索。《僉載》源出開元年間唐國史這一發現，可以爲更加深入地研究唐國史早期的形成過程提供嶄新的視角。

《崇文總目》著録的國史《唐書》一百三十卷由吴兢、韋述等人修成，也是纂修《舊唐書》所依據的唐國史舊本。張鷟年長於吴兢、韋述等人，他所見的國史舊本時代更早，能反映更早期的唐國史面貌，《僉載》與《舊唐書·五行志》重合者説明這些内容在張鷟所見國史中即已具備，而且這些内容涉及玄宗之前的歷朝帝王，記載有緒，未曾間斷，可見此前的唐國史中即有《五行志》等志書；又如《僉載》記玄宗、崔日用誅韋氏時濫殺諸杜事不見於《舊唐書》和《新唐書》，應該就是玄宗時史臣爲當朝所諱而删，既能反映出睿宗時太平公主與玄宗兩黨鬥争延及國史修纂，又能反映出玄宗即位後對國史多有修訂；再如《僉載》記張説任并州刺史時"諸事特進王毛仲，餉致金寶不可勝數。後毛仲巡邊使，説於天兵軍大設。酒酣，恩敕忽降，授兵部尚書、同中書門下三品。説謝訖，便把毛仲手起舞，嗚其靴鼻"，此事亦見於宋佚名撰類書《古今類事》卷二〇引《唐史》，但是兩《唐書》均不載此事，張説在玄宗時任宰相時曾監修國史，致仕後仍奉命在家修史②，他對國史修撰傾注了大量心力，這種對他不利的記載在他所主持

---

① 趙翼在《廿二史札記》"唐國實録國史凡兩次散失"條中將唐國史修纂總結爲四次：第一次爲吴兢所修六十餘篇；第二次爲開元天寶間韋述所撰一百一十三卷并史例一卷；第三次爲肅宗命矧芳、韋述共同整理吴兢書，韋述死後，由柳芳寫成，起唐高祖訖肅宗乾元年間；第四次爲唐宣宗詔崔龜從、韋澳等人分年撰次，至憲宗元和年間（《廿二史札記校證》卷一六，第 342—345 頁）；杜希德所考有姚思廉修國史、長孫無忌等修《武德貞觀兩朝史》，許敬宗修國史、李仁實修國史、牛鳳及撰《唐書》一百卷、吴兢等撰《唐書》八十卷、吴兢撰《唐書》、韋述撰《唐書》一百十三卷、柳芳撰《國史》一百三十卷等，更爲詳細（《唐代官修史籍考》，上海古籍出版社，2010 年，第 146—165 頁）；李南暉對"天寶以前紀傳體國史的修撰""紀傳體國史的下限"兩個問題進行了重點探討，尤其是引用《史通》《集賢注記》等文獻，對國史的早期修纂細節有了更多發現，挖掘了貞觀初姚思廉撰紀傳三十卷、高宗顯慶元年長孫無忌等修《武德貞觀兩朝史》八十卷、武周長壽中牛鳳及撰《唐書》一百一十卷等唐代早期國史修纂的細節（《唐紀傳體國史修撰考略》，《文獻》2003 年第 1 期，第 32—39 頁）。

② 《舊唐書》卷九七《張説傳》，第 3055 頁。

修撰的國史中自然會遭刪落。由此三例即可看出,今存《朝野僉載》中與唐國史相關的文字可以看作是開元年間唐國史未定稿的珍貴"斷面",能够爲我們了解唐國史的早期面貌提供重要證據。

據筆者新近完成的重輯本統計,《僉載》一書現存尚有近五百條文字,雖無法恢復張鷟原本的面貌,但是在明確其中部分記載的史源爲國史後,通過這些文字與兩《唐書》等相關史料對比,當可獲得關於早期唐國史纂修與初唐史事的嶄新認識。

(作者單位:南京大學古典文獻研究所)

唐德宗時期對外政策李泌決定説辨正

王 東

引 言

唐王朝在安史之亂後，國力持續衰落，對外政策方面，肅宗與回紇和親，并藉助其力量平定國内叛亂；面對吐蕃，儘管其再三侵占領土，但肅宗仍以和爲主，采取交往、盟誓等策略，延其攻勢，從而專注於國内叛軍。代宗時期，沿襲肅宗策略，對外以和爲主。但此時唐王朝持續衰落，回紇更加强勢，甚或侵擾。而吐蕃在基本完成河隴地區侵占後，開始威脅唐廷腹地，因此，迫使代宗分出精力面對吐蕃。對於吐蕃，代宗儘管以和爲主，却仍采用集重兵、設關隘、劍南西川的主動出擊等策略，變其父的消極防禦爲積極防禦，最終，有效地抵禦吐蕃進攻。德宗即位後，爲能專心在國内推行削藩政策，對外以和爲主，但隨着削藩政策失敗，吐蕃又發動進攻，德宗對外政策不得不做出調整。一般認爲，宰相李泌在此時發揮了決定性作用。關於此，《資治通鑒》（下簡作《通鑒》）有載：

> （貞元三年九月）回紇合骨咄禄可汗屢求和親，且請昏，上未之許。會邊將告乏馬，無以給之，李泌言於上曰：「陛下誠用臣策，數年之後，馬賤於今十倍矣！」上曰：「何故？」對曰：「願陛下推至公之心，屈己徇人，爲社稷大計，臣乃敢言。」上曰：「卿何自疑若是！」對曰：「臣願陛下北和回紇，南通雲南，西結大食、天竺，如此，則吐蕃自困，馬亦易致矣。」上曰：「三國當如卿言，至於回紇則不可。」泌曰：「臣固知陛下如此，所以不敢早言。爲今之計，當以回紇爲先，三國差緩耳。」上曰：「惟回紇卿勿言。」泌曰：「臣備位宰相，事有可否在陛下，何至不許臣言！」上曰：「朕於卿言皆聽之矣，至於回紇，宜待子孫，於朕之時，則固不可！」泌曰：「豈非以陜州之恥邪？」上曰：「然。韋少華等以朕之故受辱而死，朕豈能忘之！屬國家多難，未暇報之，

---

* 本文係教育部社科基金一般課題"唐代回鶻汗國漢文史料編年匯證"（20YJA870016）階段性成果。

和則決不可,卿勿更言!"……上曰:"容朕徐思之。"自是泌凡十五餘對,未嘗不論回紇事,上終不許。……上謂李晟、馬燧曰:"故舊不宜相逢。朕素怨回紇,今聞泌言香積之事,朕自覺少理,卿二人以爲何如?"對曰:"果如泌所言,則回紇似可恕。"……上從之。……上曰:"回紇則既和矣,所以招雲南、大食、天竺奈何?"(李泌)對曰:"回紇和則吐蕃已不敢輕犯塞矣,次招雲南,則是斷吐蕃之右臂也。雲南自漢以來臣屬中國,楊國忠無故擾之使叛,臣於吐蕃,苦於吐蕃賦役重,未嘗一日不思復爲唐臣也。大食在西域爲最強,自葱嶺盡西海,地幾半天下,與天竺皆慕中國,代與吐蕃爲仇,臣故知其可招也。"①

據此,南宋章如愚《群書考索續集》卷四八《漢唐備禦之策》、明代胡廣《胡文穆雜著·牛李維州事》均指出德宗采納李泌觀點,通回紇、雲南、大食而困吐蕃,從而有效抵禦吐蕃入侵及并取得對外政策勝利。今人王仲犖、徐才安、劉玉峰、翁獨健、林冠群、袁志鵬、馬勇、賈發義等亦據《通鑒》此則材料,持是論②。據《實錄》,回紇默啜達干八月丁酉來請和親,九月癸亥歸,《通鑒考異》載:"又泌論回紇凡十五餘對,須半月以上……自丁酉至癸亥纔二十六日耳。"③可見,《資治通鑒》儘管用了此則材料,亦提出疑問,因此,必須對李泌之論重新加以審視。

一 唐德宗即位後的對外政策

關於德宗即位後的對外政策,學界根據《通鑒》卷二三三李泌之論,一般認爲是"絶回紇,和吐蕃"。

關於回紇,我們首先來追溯代宗末年唐與回紇的關係。大曆十年(775)後,回紇屢次入侵,儘管代宗待之如初,但唐、回之間官方往來記載非常少,目前史料僅見《册府元龜》"(大曆)十二年十月,追贈九姓回紇宰相曹密粟亡妻石氏爲岷國夫人"④,可見雙方關係還是大幅度下降。德宗即位後,"使中官梁文

---

① 〔宋〕司馬光《資治通鑒》卷二三二,中華書局,2011年,第7623—7627頁。
② 王仲犖、劉玉峰、翁獨健與章如愚、胡廣的觀點同,徐才安、林冠群、袁志鵬則進一步指出德宗即位後便調整對外政策,絶回紇、和吐蕃,隨着削藩失敗,外加吐蕃入侵,迫使德宗放下個人恩怨,接受李泌政策,最終成功抵抗住吐蕃的入侵。(見王仲犖《隋唐五代史》,上海人民出版社,2009年,第601頁;徐才安《略論中唐民族調整政策的執行者——韋皋》,《四川師範學院學報》1991年第4期;劉玉峰《唐德宗與中唐民族關係的改善》,《雲南社會科學》1993年第3期;翁獨健《中國民族關係史綱要》,中國社會科學出版社,2001年,第264頁;林冠群《中唐時期李唐"聯回抗蕃"政策之檢討》,《陝西師範大學學報》2011年第2期;袁志鵬《李泌与唐德宗民族政策的转变》,《唐山師範學院學報》2014年第1期)而後,馬勇將其歸納爲"困吐蕃計畫"(馬勇《從危機到中興——論唐德宗時期民族關係及其影響·摘要》,雲南大學博士學位論文,2006年),賈發義、郭藝嬌則從"安內""攘外"兩方面探討李泌政策的重要性(《"安內"與"攘外":論唐德宗統治政策的轉變》,《山西大學學報》2017年第5期)。
③ 《資治通鑒》卷二三三,第7627頁。
④ 〔宋〕王欽若等編纂,周勛初、武秀成等校訂《册府元龜》卷九七六,鳳凰出版社,2006年,第11294頁。

秀告哀於回紇,且修舊好"①,對唐友好的頓莫賀掌權後,派建達干入唐,德宗於是派遣源休出使册封可汗。可見,德宗即位後對回紇繼承了代宗友好政策,并未因陝州之辱而斷絶關係。究其原因,德宗專心處理内部藩鎮矛盾,推行削藩政策。

但建中元年(780),振武軍使張光晟劫殺回紇歸國使,使唐、回關係受到衝擊。其實在此之前,亦發生劫殺回紇使團事件,《舊唐書·代宗紀》載:"(大曆十三年)三月甲戌,河陽將士劫回紇輜重,因與相鬥,縱兵大掠,久之方定。"②《通鑒》卷二二五略同。此事未見任何處理結果,疑不了了之。究其原因,在唐回紇極端貪横,如廣德元年(763)閏正月,回紇十五人犯含光門,突入鴻臚寺,門司不敢遏;大曆六年(771)正月,回紇於坊市掠人子女,所在官奪返,毆怒,以三百騎犯金光門、朱雀門;等等。這些引起唐廷極大不滿,再加上唐、回關係處於低谷期,故此事不了了之。但張光晟事件發生於頓莫賀可汗掌權時期,頓莫賀爲友唐派,事件對回紇國内政治自信造成極大打擊,故反應强烈,《册府元龜》載:"後回紇遣使來訴,帝不欲甚阻蕃情,徵拜(張光晟)右金吾將軍。回紇猶怨懟不已,又降爲(陸)[睦]王傅。"③陸贄曰:"自爾已來,絶無虜使,其爲嫌怨,足可明徵。"④可見,張光晟事件嚴重破壞唐、回之間關係。建中年間,唐王朝内部形勢急劇惡化,梁崇義及河北藩鎮等相繼反叛,朝廷於是派李晟、馬燧、李懷光等將兵東下,西北地方軍事力量處於真空狀態,此時對外和平極爲重要,出使安撫回紇便提上日程。建中三年(782)六月,派源休與李涵出使回紇,《通鑒》載:"可汗使人謂之曰:'國人皆欲殺汝以償怨,我意則不然。汝國已殺突董等,我又殺汝,如以血洗血,汗益甚耳。今吾以水洗血,不亦善乎!唐負我馬直百八十萬匹,當速歸之。'遣其散支將軍康赤心隨休入見。"⑤此時回紇内部政治及教派鬥爭較爲激烈,外加吐蕃侵擾,故選擇與唐保持友好。唐廷又於興元元年(784)八月,以右武衛將軍周皓宣慰回紇。

關於吐蕃,代宗時期,面對吐蕃進攻,由繼承肅宗時期消極防禦變爲積極防禦。總的來説,採用三種措施,首先選取良將,廣德元年吐蕃進入京師後,代宗將郭子儀、李抱玉、馬璘、渾瑊等名將均置於唐、蕃邊界,并將兵力適當傾斜,如大曆九年八月甲辰"詔諸軍分統防秋將士:其淮西、鳳翔防秋兵士,馬璘統之;汴宋、淄青、成德軍兵士,朱泚統之;河陽、永平兵士,子儀統之;揚、楚兵士,抱玉統之"⑥。同時,在此基礎上,給予統兵者一定權力,這樣可以靈活調動軍隊,有力反擊吐蕃,如李抱玉爲鳳翔節度使,據《舊唐書》卷一三二《李抱玉傳》:

---

① 〔後晋〕劉昫等撰《舊唐書》卷一九五《回紇傳》,中華書局,1975年,第5207頁。
② 《舊唐書》卷一一,第314頁。
③ 《册府元龜》卷四四八,第5049頁。
④ 〔唐〕陸贄著,劉澤民點校《陸贄集》卷一一《論關中事宜狀》,浙江古籍出版社,2013年,第101頁。
⑤ 《資治通鑒》卷二二七,第7449頁。
⑥ 《册府元龜》卷九九二,第11493頁。

"時吐蕃每歲犯境,上以岐陽國之西門,寄在抱玉,恩寵無比,遷同中書門下平章事,又兼山南西道節度使、河西隴右山南西道副元帥、判梁州事,連統三道節制,兼領鳳翔、潞、梁三大府,秩處三公。"①其次在邊疆要地設置州縣,并派兵駐守,如大曆五年(770),徙置當、悉、柘、靜、恭五州於山險要害之地;八年夏,築城奉天縣。最後就是劍南西川節度使主動出擊,以緩解吐蕃在西北攻勢,如廣德二年十月,吐蕃在唐西北腹地徘徊,嚴武出擊,拔當狗城及鹽川城,這樣就變相緩解了唐廷西北壓力。又如大曆三年,吐蕃入侵邠、靈等州,崔寧主動出擊,破吐蕃萬餘衆。通過這幾種策略,大曆年間,吐蕃對唐廷雖然存在威脅,但無力發動大的攻勢。

德宗即位後,一改代宗對吐蕃消極友好一面,主動示好。大曆十四年八月,命韋倫出使,并歸還吐蕃五百戰俘。而吐蕃此時三道攻蜀,唐廷派朱泚、李晟等增援西川,大破其衆。在軍事進攻失敗情況下,吐蕃很快接受唐廷示好,并互派使者。建中四年,雙方進行了盟誓。

建中年間唐、蕃之間友好,雙方邊界安寧,這種安寧,給唐廷造成一種麻痹,如建中元年(780)楊炎《諭涇州將士詔》:"況吐蕃和使,見在闕下;回紇可汗,來受册命,積年外患,今既底寧。"②亦在這種麻痹下,德宗專心國內削藩,全力應對東部地區叛亂。但關中地區軍隊東調,致使京畿防衛空虛,陸贄曰:"今朔方、太原之衆遠在山東,神策六軍之兵繼出關外,儻有賊臣啖寇,點虜窺邊,伺隙乘虛,微犯亭障,此愚臣所竊爲憂者也,未審陛下其何以禦之。"③德宗迫於東部藩鎮叛亂,未予重視。其實,德宗即位後,便逐步破壞代宗留下的對吐蕃積極防禦基石。首先,德宗爲化解朔方節度擁兵自重,析置河中、振武、邠寧三節度,後又於貞元三年(787),置夏州節度使,進一步分解朔方權力。將帥方面,郭子儀去世,李懷光接任朔方節度,不久崔寧接任,宰相楊炎與崔寧矛盾重重,便分離崔寧權力,致朔方軍心渙散。崔寧逝後,李懷光接任,東進平叛還朝後又發動叛亂,被平後,朔方軍便分爲韓游瓌與渾瑊兩部,這樣,京畿無核心統帥,而此種情況一直持續。陸贄於貞元八年分析曰:"良以中國之制節多門,蕃醜之統帥專一故也。"④楊炎、盧杞任相後,排除异己,致朝廷內部矛盾重重。最後,崔寧離川後,張延賞接任,在其任職期間,尤其在軍事上無甚作爲,故貞元元年韋皋接任後,不能在短時間內組織有效力量對吐蕃構成打擊,以緩吐蕃西北攻勢。

故建中四年朱泚叛亂,吐蕃揮師內助後,對唐廷軍事實力便有充分了解。貞元二年八月,吐蕃寇邠、寧、涇、隴等州,并陷鹽、銀、夏等州,一如陸贄所料,唐廷無力組織反抗。三年閏五月,雙方於平涼結盟,但吐蕃於盟誓中突然發動進攻,殺殿中侍御史韓弇,俘副使崔漢衡等。此次詐盟,使雙方關係降到冰點,

---

① 《舊唐書》卷一三二,第3646頁。
② 〔宋〕宋敏求編《唐大詔令集》卷一一八,商務印書館,1959年,第619頁。
③ 《陸贄集》卷一一《論關中事宜狀》,第102頁。
④ 《舊唐書》卷一三九《陸贄傳》,第3812頁。

迫使唐廷必須全面考慮唐、蕃之間關係。

可以看出，德宗即位後，繼承代宗對回紇的友好政策，即使張光晟事件給唐、回關係帶來陰影，但建中三年修復後，二者關係迅速升溫。以此來審視德宗《通鑒》所載"至於回紇，則不可"，"惟回紇卿勿言"，"至於回紇，宜待子孫，於朕之時，則固不可"等言論，與德宗的回紇政策嚴重不合。顯然，此處李繁爲修飾其父李泌形象而誇大陝州之憾，《通鑒》用此則材料發現與德宗回紇政策嚴重不合，故《通鑒考異》曰"心恨回紇，而外迹猶羈縻不絕"①。德宗對於吐蕃，一改其父消極友好局面，積極示好，并想通過盟約等使邊界和平，這樣，朝廷便能專心推行削藩政策。唐、蕃之間的友好假象便將代宗時期對吐蕃積極防禦基石逐步破壞，當吐蕃突然發難，唐廷便陷入極爲被動局面。因此，德宗即位後的對外政策是專心消弭内患，與回紇、吐蕃修好。

二 《資治通鑒》李泌對外政策材料辨析

關於李泌的"困吐蕃"計畫，《新唐書·回鶻傳》載："後三年，使使者獻方物，請和親。帝蓄前志未平，謂宰相李泌曰：'和親待子孫圖之，朕不能已。'泌曰：'陛下豈以陝州故憾乎？'帝曰：'然。朕方天下多難，未能報，且毋議和。'……"②與《通鑒》内容高度一致，因此，《新唐書·回鶻傳》與《通鑒》應爲同源。據《通鑒考異》，德宗拒婚及李泌之論《實録》未載，《唐會要》《舊唐書》《册府元龜》《太平御覽》等均不見載。《通鑒考異》曰："其月數之差，則恐李繁記之不詳。"③羅寧經過考證，認爲《資治通鑒》涉及李泌事迹段落絶大部分來自李繁《鄴侯家傳》④。則《通鑒》此事應出自《鄴侯家傳》，由此推之，《新唐書》所載亦是。

關於《鄴侯家傳》，《新唐書》贊曰："繁言多浮侈，不可信，掇其近實者著於傳。"⑤《直齋書録解題》："《新》《舊史》本傳稱繁無行，漏言裴延齡以誤陽城，師事梁肅而烝其室，殆非人類。然則韓公無乃溢美，而所述其父事，庸可盡信乎？"⑥因此，李繁品行爲人所詬，其《鄴侯家傳》所載亦多浮誇修飾，但《新唐書》及《通鑒》"掇其近實者"録之。對此，龔向農曰："繁述其父自多溢美之詞，即温公《考异》所謂近實者，或亦不無緣飾。"⑦此事記載是否存在誇飾？是否如《鄴侯家傳》所載，李泌提出的政策决定了德宗對外政策的走向？對此，必須全面考證。

---

① 《資治通鑒》，第7627頁。
② 〔宋〕歐陽修、宋祁撰《新唐書》卷二一七上，中華書局，1975年，第6122頁。
③ 《資治通鑒》卷二三三，第7627頁。
④ 羅寧、武麗霞《〈鄴侯家傳〉與〈鄴侯外傳〉考》，《四川大學學報》2010年第4期，第69頁。
⑤ 《新唐書》卷一三九，第4639頁。
⑥ 〔宋〕陳振孫撰，徐小蠻、顧美華點校《直齋書録解題》卷七，上海古籍出版社，1987年，第198頁。
⑦ 龔向農撰《舊唐書札迻》卷五，四川大學出版社，1990年，第135頁。

關於請婚時間,各書記載不一,《舊唐書·回紇傳》:"貞元三年八月,回紇可汗遣首領墨啜達干、多覽將軍合闕達干等來貢方物,且請和親。"①《册府元龜》:"德宗貞元三年八月丁酉,回鶻可汗遣首領墨啜達干、多覽將軍合(關)[闕]達干等來貢方物,且請和親。帝許以咸安公主嫁之。"②但《舊唐書·德宗紀》:"(貞元三年九月)癸亥,回紇可汗遣使合闕將軍請昏於我,許以咸安公主降之。"③《通鑒》卷二三三同。考《唐會要》"(貞元)三年九月,遣回紇使合闕將軍歸其國"④,《通鑒考异》引《實錄》:"八月丁酉,回紇遣默啜達干來貢方物,且請和親。九月癸亥,遣回紇使合闕將軍歸其國。初,合闕將其君命請婚,上許以咸安公主嫁之,命見於麟德殿,且令齊公主畫圖就示可汗,以馬價絹五萬還之,許互市而去。"⑤因此,八月丁酉,回紇前來請婚,九月癸亥,回紇使歸國,《舊唐書·德宗紀》及《通鑒》記載有誤。以此來審視《通鑒》卷二三三"自是泌凡十五餘對,未嘗不論回紇事,上終不許",回紇自八月丁酉入長安後,唐廷要完成覲見、許婚、齊公主畫圖、議馬價、議互市等,《通鑒考异》亦曰"自丁酉至癸亥纔二十六日耳","泌論回紇凡十五餘對,須半月以上",言下之意,德宗拒和回紇及拒婚達半月以上,則其餘事項不可能在十天内完成,此細節恐未爲實。

《鄴侯家傳》關於此事記載,《通鑒考异》有簡單引用:"九月,泌請與回紇和親;十月,與回紇書;十二月,回紇遣聿支達干上表謝恩。皆請如宰相約和親。"據上可知,合闕將軍已於九月歸國,則九月李泌請和親,十月與回紇書明顯有誤。對此,《通鑒考异》辨析曰:"其月數之差,則恐李繁記之不詳,或者聿支即默啜與合闕,皆不可知也。"⑥按,"與回紇書""聿支達干上表謝恩"之事,未見其他史料記載。關於"聿支達干",《唐會要》載:"(貞元七年)四月,回鶻遣使律支達于等來朝,且告小寧國之喪。"⑦"律支",《新》《舊唐書》同,《四庫》本《唐會要》作"聿支"。這兩件事李繁記載是否有誤已不可考,但李繁置於"泌請和親"事件下叙述,明顯是爲"皆請如宰相約和親"作鋪墊,從而誇飾李泌的卓越見識。

由此來審視德宗拒絶和親之事。貞元二年四月李希烈伏誅,内憂暫時解除。但據《册府元龜》"(興元元年)八月甲子,以右武衛將軍周皓爲太僕卿兼御史大夫、宣慰回紇使"⑧,可見,内亂未平之時,德宗便開始與回紇修好。作爲回報,回紇派遣了踏本啜黑達干隨周皓回訪,踏本啜回蕃,德宗回信曰:

> 況累代以來,繼敦姻戚,與弟俱承先業,所宜遵奉令圖。自兹以還,情契彌固,垂之百代,永遠無窮,緬想至誠,當同此意。所附踏本啜奏,請降

---

① 《舊唐書》卷一九五,第 5208 頁。
② 《册府元龜》卷九七九,第 11336 頁。
③ 《舊唐書》卷一二,第 358 頁。
④ 〔宋〕王溥《唐會要》卷六,中華書局,1955 年,第 76 頁。
⑤⑥ 《資治通鑒》卷二三三,第 7627 頁。
⑦ 《唐會要》卷九八,第 1747 頁。
⑧ 《册府元龜》卷九八〇,第 11347 頁。

公主,姻不失舊,頗叶通規。待弟表到,即依所請,宣示百僚,擇日發遣。緣諸軍兵馬收京破賊,頻立功勳,賞給數多,府藏虛竭,其馬價物且付十二萬匹,至來年三月,更發遣一般,餘并續續支付,弟宜悉也。①

據此可推知頓莫賀可汗在信中强調姻親的重要性,并由此奏請降公主。德宗於是曰"待弟表到,即依所請,宣示百僚,擇日發遣",并未加以拒絶。另據《唐會要》"貞元二年四月二十九日,太常卿董晉奏公主出降蕃國,請加玉册,制曰可"②,"公主出降蕃國"絶非吐蕃,此應唐廷爲公主出降回紇做準備,故董晉縷有此論。

由此來審視《通鑒》卷二三三所載德宗拒絶回紇請婚,興元元年《與回紇可汗書》,回紇可汗提出降公主,德宗曰"即依所請";貞元二年,董晉奏公主出降蕃國,請加玉册,德宗亦表認可,這一切均表明德宗對降公主之事并未有異議。因此,李泌的十五次勸諫,明顯有誇飾成分。疑回紇前來求婚,德宗象徵性提出反對,李泌等人提出諫議,隨之應允。

三 貞元中李泌"對外政策"辨析

李泌的所謂對外政策,乃"北和回紇,南通雲南,西結大食、天竺",據上可知,前賢們認爲這決定了德宗貞元後對外政策,是否如此,仍須辨析。

其實,貞元三年前德宗就一直考慮外患問題,典型如上節提及建中三年派源休及興元元年派周皓出使回紇,貞元元年任命韋皋劍南西川節度使。

貞元二年兩河地區安靜後,韓滉便就邊患問題進言:

> 滉上言:"吐蕃盜有河湟,爲日已久。大曆已前,中國多難,所以肆其侵軼。臣聞其近歲已來,兵衆寖弱,西迫大食之强,北病回紇之衆,東有南詔之防,計其分鎮之外,戰兵在河、隴五六萬而已。國家第令三數良將,長驅十萬衆,於凉、鄯、洮、渭并修堅城,各置二萬人,足當守禦之要。臣請以當道所貯蓄財賦爲饋運之資,以充三年之費。然後營田積粟,且耕且戰,收復河、隴二十餘州,可翹足而待也。"上甚納其言。③

在進言中,韓滉對吐蕃形勢進行分析:吐蕃爲了對抗回紇、大食、南詔,兵力分散,在河隴地區僅五六萬。爲了對抗吐蕃,進而收復河隴,韓滉提出派良將、修關隘、蓄戰資的策略。將韓滉之策與代宗大曆年間對吐蕃政策比較,幾乎是其積極防禦政策的翻版。德宗對此非常贊賞,亦積極實行。據《舊唐書·韓滉傳》,韓滉推薦劉玄佐任邊事,後韓滉生病,劉玄佐意怠,此事便罷。可見"貞元三年李泌之論",只是韓滉策論的一面。李泌"北和回紇",實際上不待李泌建策,德宗一直在積極進行中。"南通雲南",韋皋貞元元年入蜀後,便積極進行

---

① 《陸贄集》卷一〇《與回紇可汗書》,第88頁。
② 《唐會要》卷六,第76頁。
③ 《舊唐書》卷一二九,第3602頁。

此事,《通鑒》載:"(貞元三年正月)皋奏:'今吐蕃棄好,暴亂鹽、夏,宜因雲南及八國生羌有歸化之心,招納之,以離吐蕃之黨,分其勢。'上命皋先作邊將書以諭之,微觀其趣。"①李泌之論在八月,故"南通雲南"與李泌之策無甚關聯。"西結大食、天竺",關於唐與大食,《楊良瑤碑》載:"(興元初)公乃感激出涕,請使西戎;乞師而旋,遮寇以進。……貞元初,既清寇難,天下乂安,四海無波,九譯入覲。……以貞元元年四月,賜緋魚袋,充聘國使於黑衣大食,備判官、內謙,受國信、詔書。奉命遂行,不畏厥遠。"②可見楊良瑤出使大食乃在吐蕃出師助唐後。可以推測,興元後,德宗感覺吐蕃不可制約,為預防事態激化,便考慮聯合大食對抗吐蕃。

因此,連回紇、大食、南詔以制約吐蕃的思想早在興元前後便已形成,而李泌在貞元三年六月方入相,從時間先後來說,李泌不可能決定德宗對外政策,因此,貞元三年八月李泌之論在德宗朝對外政策中的作用,則必須重新審視。

貞元三年後,德宗開始對吐蕃進行全新布局,"(貞元四年正月)壬戌,以左龍武大將軍王栖曜為麟州刺史、鄜坊丹延節度使。……(庚午)以宣武軍行營節度使劉昌為涇州刺史、四鎮北庭行軍涇原等州節度使。……甲戌,以華州潼關節度使李元諒兼隴右節度使、臨洮軍使。……秋七月庚戌,以左金吾將軍張獻甫為邠寧節度使;陳許防禦兵馬使韓全義檢校工部尚書,充長武城及諸軍行營節度使"③。除將領調整外,并修築關塞,如劉昌復築連雲堡,李元諒築良原城,又於貞元九年復築鹽州城。但仍如陸贄所言,無統帥進行全域指揮。《通鑒》載:"諸州皆城守,無敢與戰者,吐蕃俘掠人畜萬計而去。"④但諸將恪守城邑,嚴防以待,吐蕃入寇并未能撼動唐統治根基。正如陸贄所曰:"是以修封疆,守要害,塹蹊隧,壘軍營,謹禁防,明斥候,務農以足食,練卒以蓄威,非萬全不謀,非百克不鬥。寇小至則張聲勢以遏其入,寇大至則謀其人以邀其歸,據險以乘之,多方以娛之。使其勇無所加,衆無所用,掠則靡獲,攻則不能,進有腹背受敵之虞,退有首尾難救之患。"⑤以上所為,與韓滉"派良將、修關隘"之策相吻合。而韋皋經過多年準備,於貞元四年十月破吐蕃於清溪關外,五年收復嶲州。這樣,便重新形成代宗時期南北積極防禦局面。與此同時,德宗對吐蕃亦恩威并用,貞元六年十一月下詔:"吐蕃比虧信約,自失通和,邊鎮之間,事資備禦,因其犯境,累獻俘囚。既切懷歸之心,復加幽縶之苦,永言覆育,豈間華戎。應所獲吐蕃生口見在者,一切放歸本國,仍并差人送至界首,量事資遣,使得自全。"⑥

―――――――――

① 《資治通鑒》卷二三二,第7600頁。
② 《楊良瑤碑》轉引自榮新江《唐朝海上絲綢之路的壯舉:再論楊良瑤的聘使大食》,《新絲路學刊》,2019年第3期,第8頁。
③ 《舊唐書》卷一三《德宗本紀》,第363—365頁。
④ 《資治通鑒》卷二三三,第7635頁。
⑤ 《舊唐書》卷一三九《陸贄傳》,第3808頁。
⑥ 《冊府元龜》卷四二,第457頁。

吐蕃在東面毫無進展,於是從貞元五年冬開始,對西域發動大規模進攻,六年攻陷北庭,八年攻陷西州①。亦從貞元五年開始,吐蕃與回紇展開激烈戰爭。關於吐蕃與大食,《唐會要·大食國》:"貞元二年,遂與吐蕃爲勁敵,蕃兵大半西禦大食,故鮮爲邊患,其力不足也。"②同年韓滉向德宗諫議亦曰"西迫大食之強",經過王小甫考證,吐蕃與大食應有一定的軍事接觸,但曰"蕃兵大半西禦大食"觀點不穩③。可以説,自貞元五年始,伴隨唐廷積極防禦局面形成,吐蕃東面軍事期望消失,便將軍事中心放在西域,而此時,韋皋利用南詔與吐蕃的矛盾,爭取南詔倒戈,故貞元末年,唐廷便對吐蕃形成一定攻勢。十二年,尚結贊、贊普棄松德贊相繼去世後,吐蕃局面不穩,便只有向唐廷請和了④。

四　結論

總的來説,德宗即位後,與回紇的外交沿襲其父代宗的政策,積極修好,同時主動向吐蕃示好;然而向吐蕃示好,使代宗時期南北積極防禦局面便遭到破壞,致貞元二年吐蕃入侵時無力反擊。貞元五年,隨着唐廷南北積極防禦局面形成,吐蕃東面戰綫失利,便在西域展開積極進攻,這也造成吐蕃東部兵力不足,加上南詔倒戈,故貞元末年,唐王朝對吐蕃形成一定攻勢。此種歷史現象,與《鄴侯家傳》所載"北和回紇,南通雲南,西結大食、天竺,如此,則吐蕃自困"有一定吻合,而後《通鑒》《新唐書》再加轉載,便給後世學者形成錯覺,認爲德宗即位後"絶回紇、和吐蕃",而後在李泌影響下進行對外政策的重大調整。其實,德宗即位後全力應對内患,便與回紇、吐蕃積極修好,隨着吐蕃威脅加大,又回到了對吐蕃積極防禦的局面,與所謂李泌之論無甚關聯,更不是自李泌提出後方改變對外政策。

關於李泌事迹,《新唐書》卷一三九《李泌傳》較《舊唐書》卷一三〇《李泌傳》增添很多,所增事迹唐宋時期史書一般無載,乃誇李泌智謀及體現其於唐廷重要性的内容,顯然出自《鄴侯家傳》。《新唐書·李泌傳》增添後,於贊疑曰:"觀肅宗披榛莽,立朝廷,單言暫謀有所寤合,皆付以政。當此時,泌於獻納

---

① 關於貞元五年吐蕃對西域發動強大攻勢,參見王小甫《唐吐蕃大食政治關係史》,中國人民大學出版社,2009年。關於吐蕃在安史之亂後對外攻勢,岑仲勉在《隋唐史》第三十節《吐蕃乘虚攻陷河隴及安西北庭》曰:"吐蕃往日以我河、湟一帶用以備充實,故用兵側重爭取周邊(如安西四鎮),及安史亂起,偵悉河西兵内調,守備空虚,於是改計從内圍進攻,河隴先陷,西方斷路,安西、北庭遂爲囊中之物。"(商務印書館,2015年)據此,反之,德宗貞元年間積極防禦政策形成後,吐蕃於東方無甚作爲,於是便加強西域用兵,故北庭、西州陷落,及與回紇劇戰則在情理之中了。
② 《唐會要》卷一〇〇,第1790頁。
③ 參見《唐吐蕃大食政治關係史》第二節《吐蕃與大食抗爭的若干迹象》,第209—211頁。
④ 吐蕃政權不穩從棄松德贊晚年便已開始,如《新唐書》卷二二二上《南詔傳》異牟尋寫信與韋皋曰:"天禍蕃庭,降釁蕭墻,太子弟兄流竄,近臣横污,皆尚結贊陰計,以行屠害,平日功臣,無一二在。訥舌等皆册封王,小國奏請不令上達。""太子兄弟流竄"指棄松德贊第二子牟茹贊普殺那囊氏武仁,後被流放。

爲不少,又佐代宗收兩京,獨不見録,寧二主不以宰相器之耶?……繁言多浮侈,不可信,掇其近實者著於傳。"①言下之意,肅、代二宗時期,李泌功勞甚大,但不見諸史。據上文可知,李繁於《鄴侯家傳》言多誇飾。龔向農曰《通鑒》所謂"近實者",亦不無緣飾②。如今評價李泌,多根據《新唐書》《通鑒》,二書相關材料又多出自《鄴侯家傳》。因此,重新審視《新唐書》《通鑒》李泌相關記載,對李泌的歷史地位進行重新評價,便很有必要。

(作者單位:宿遷學院中文系)

---

① 《新唐書》卷一三九,第4639頁。
② 《舊唐書札迻》卷五,第135頁。

《永樂大典》引《莊子》考校

鄧子翔

《永樂大典》正本纂成於明永樂六年(1408)[①],在現存的《永樂大典》殘本中共有《莊子》文本一百三十七條[②],其間多見成玄英疏文。成玄英《莊子疏》單疏本已不存,疏文依靠注疏本流傳,然而注疏本的版本缺環十分嚴重,永樂六年以前的刻本僅存宋理宗寶慶三年(1227)壽春魏峴所刻一種,且篇卷已有殘闕。由是,《永樂大典》所引成疏自然具有較高的版本價值。但爲判斷《永樂大典》所引成疏的來源究爲單疏本抑或注疏本,尚需結合引文中的《莊子》正文與郭象注文部分進行探索。

隨着《永樂大典》副本殘本的陸續公布,近年來《永樂大典》徵引古書情況的個案考察漸多[③],但《永樂大典》徵引《莊子》的情況尚未有專門研究。《永樂大典》編纂古書的方式分爲兩種,或鈔録一篇全文,或節録部分文句,《永樂大典凡例》對此有詳細解説:

---

① 永樂二年(1404)解縉等人編成《文獻大成》。因《文獻大成》成書僅用時一年,文辭疏略,明成祖再命重修,是爲《永樂大典》。嘉靖四十一年(1562),高拱等人遵從明世宗之命依照《永樂大典》正本重録一部副本。副本體式一仍正本,今尚殘存八百餘卷,而正本已下落不明。參見郭伯恭《永樂大典考》,山西人民出版社,2014年,第8、10、103頁;張升《〈永樂大典〉流傳與輯佚新考》,社會科學文獻出版社,2019年,第239—434頁。

② 中華書局1986年影印出版七百九十七卷《永樂大典》,據書前《重印説明》所言,該書囊括《永樂大典》百分之九十以上的殘本;上海辭書出版社2003年影印的《海外新發現永樂大典十七卷》一書反映二十世紀八十年代以後的新發現,可補中華書局影印本未備;近年來書格網所收集的散本《永樂大典》又間有兩書未收者:本文即以上述三者爲《永樂大典》殘本的利用範圍。見《永樂大典》,中華書局,1986年;《海外新發現永樂大典十七卷》,上海辭書出版社,2003年;書格網:https://new.shuge.org/view/yong_le_da_dian/2022—03—27。

③ 瞿林江《新見〈永樂大典〉殘卷引"禮記類"諸書及版本考》,《文獻》2018年第1期,第78—86頁;馮先思《〈永樂大典〉引〈玉篇〉版本考》,《文獻語言學》第六輯,2018年,第43—54頁;張良《南宋官藏本〈續資治通鑒長編〉傳續考》,《文史》2021年第2期,第143—164頁。董岑仕《〈永樂大典〉之〈崇文總目〉〈四庫闕書〉考——兼論〈永樂大典〉中四十二卷書目彙編》,《古典文獻研究》第二十一輯下卷,2018年,第173—203頁;趙昱《〈全元詩〉輯補——以新發現〈永樂大典〉(卷2272—2274)中的元人佚詩爲中心》,《長江學術》2019年第1期,第69—75頁。

《易》《書》《詩》《春秋》《周禮》《儀禮》《禮記》,有序文,有篇目,有諸儒傳授源流及論一經大旨者,今皆會粹于各經之下。其諸篇全文,或以篇名,或從所重字收。若傳注,則取漢、唐、宋以來名家爲首,餘依世次各附其後。其間有事于制度名物者,亦分采入韵……諸子書亦仿此①。

《永樂大典》所引一百三十七條《莊子》文本中,卷八五八七"生"字下收錄《養生主》全篇,卷一五九五五"運"字下收錄《天運》全篇,是爲全錄文本。其餘一百三十五條則由節錄而成,節錄文本的分布如下:

篇名	卷數	葉數	篇名	卷數	葉數	篇名	卷數	葉數
逍遙游	2259	2B	在宥	8526	6A	達生	2949	27B
逍遙游	3584	26A	在宥	8569	35A	達生	7756	20B
逍遙游	13202	13A	天地	2406	12A	達生	8526	2A
逍遙游	14537	2A	天地	2948	22A	達生	8842	2A
齊物論	541	2B	天地	2949	20B	山木	8842	2B
齊物論	2337	2A	天地	2949	20B	山木	12148	25B
齊物論	2973	6A	天地	2973	6A	山木	19636	17B
齊物論	8022	4B	天地	3582	4A②	山木	19636	24B
齊物論	8022	4B	天地	7756	1B	田子方	2406	10B
齊物論	11001	17A	天地	7756	1B	田子方	19636	3A
人間世	2408	6A	天地	8526	6A	知北游	2406	3B
人間世	8526	6A	天地	8844	1B	知北游	2973	6A
人間世	10812	5A	天地	19636	17B	知北游	7756	10A
人間世	11951	1B	天地	19637	18B	知北游	7756	16A
德充符	7756	14A	天道	2407	9A	庚桑楚	14707	7B
德充符	7756	15A	天道	2806	2B③	庚桑楚	2605	11B
德充符	7756	20B	天道	2973	6A	庚桑楚	2978	12A
德充符	10814	17B	天道	7756	15A	徐無鬼	2337	3A
德充符	12017	11B	天道	13082	2A	徐無鬼	2408	4B
大宗師	662	27A	天運	2337	1B	徐無鬼	2973	6A
大宗師	7756	17B	天運	2949	20A	徐無鬼	13453	4B
大宗師	8023	2B	天運	8845	5B	徐無鬼	19636	25B

---

① 《永樂大典凡例》,《永樂大典》第十册,中華書局據清道光二十八年(1848)靈石楊氏刻《連筠簃叢書》影印,1986年,第3頁。

② "百年之木"至"失性均也"爲《天地》篇,"純樸不殘"至"安取仁義"二十四字爲《馬蹄》篇(已互見於下)。

③ "夫尊卑先後"至"神明之位"爲《天道》篇,"夫尊今"至"失其原矣"爲《外物》篇(已互見於下)。

續表

篇名	卷數	葉數	篇名	卷數	葉數	篇名	卷數	葉數
大宗師	8569	33A	刻意	2949	17B	則陽	2408	4B
	10813	11B		2949	27B		2806	4B
	10814	14B		2973	6A		8845	4A
	11615	3A		8526	5A	外物	2806	2B
	12017	15A		13082	8A		8845	4A
	12018	7B		13453	12B		13139	14A
	12148	17A		13453	13A	寓言	8022	3B
	14125	25A		13453	13B		8842	3B
應帝王	2949	12A		13453	18B	讓王	7756	18A
	2973	6A		13453	29B		8569	16B
	3000	2A	繕性	2406	5B		13453	30A
	10309	6A		13450	21A	盜跖	19636	15B
駢拇	2973	6A		13495	19B	漁父	2973	6A
	19637	18A		2344	15B	列御寇	662	26A
馬蹄	2973	6A		2973	6A		2406	3B
	3582	4A	秋水	7756	10A		8844	19A
在宥	2949	20B		8845	1B	天下	2344	15B
	2973	6A		13453	6B		2973	6A
	2973	6A	至樂	7756	1B		11076	14B
	7756	17A		7756	17B		13202	2B
	7756	17A		7756	18A		14707	3A
	8024	22B		2605	11B		14707	5B
	8526	2A	達生	2949	26A			
	8526	6A		2949	26A			

因編纂方式不同,下文將分別考察全録、節録兩種文本的來源。

一 全録文本的來源

全録文本是《永樂大典》館臣(下稱"館臣")自《莊子》書中鈔録的完整篇目,篇内文本來源統一,是考察《永樂大典》徵引《莊子》文獻情況的最佳切入點。在探察館臣所依據的《莊子》文本前,需先簡要介紹《莊子》各種文本形態的源流,作爲論述背景。

(一)《莊子》文本形態述略

敦煌遺書中有《莊子》寫本十八件①,成規模的傳世《莊子》文本以此爲最早②。諸件敦煌寫本雖成於衆手③,却皆爲郭注本。是知早在寫本時代,白文本《莊子》已不通行。王國維先生對經書"六朝以後行世者只有經注本,無單經本"的判斷④,用在《莊子》一書上亦當成立。

傳世宋刻本《莊子》的文本形態可分爲郭注本、郭注附釋文本、注疏本三種,後世刻本、鈔本的文本形態不出其外。北宋景德二年(1005),真宗敕令國子監校勘《莊子》:

> (景德)二年二月國子監直講孫奭言:"諸子之書,《老》《莊》稱首……《莊子》注本前後甚多,率皆一曲之才,妄竄奇説。唯郭象所注特會莊生之旨,亦請依《道德經》例差官校定雕印。"詔可,仍命奭與龍圖閣待制杜鎬等同校定刻板。⑤

北宋國子監所刻《莊子》即爲郭注本。宋刻郭注本、郭注附釋文本《莊子》存世情況如下:

序號	存藏單位及書名	存闕情況	簡稱
1	國家圖書館藏海源閣舊藏《南華真經》十卷⑥	存全帙	海源閣本
2	法國國家圖書館藏《南華真經》十卷	存卷一至五	法圖本
3	國家圖書館藏涵芬樓舊藏《南華真經》十卷	存卷七至十	涵配本
4	俄羅斯科學院東方研究所藏黑水城所出《南華真經》十卷	存二十八葉	黑水城本
5	臺北"傅圖"藏南宋安仁趙諫議宅刊《南華真經》(附釋文)十卷	存全帙	趙諫議本
6	國家圖書館藏涵芬樓舊藏《南華真經》(附釋文)十卷	存卷一至六	涵芬樓本

---

① 孫猛先生曾在《日本國見在書目録詳考》中列舉十六件敦煌唐寫本《莊子》的館藏號(參見孫猛《日本國見在書目録詳考》,上海古籍出版社,2015年,第1024—1025頁),此處所稱"十八件"即在此基礎上擴充而來:S. 0077、S. 0615、S. 0796、S. 1603、S. 3395V、P. 2495、P. 2508A、P. 2508B、P. 2531、P. 2563、P. 2688、P. 3204、P. 3789、P. 4988、散0868、散0905(散號見寺岡龍含編,《敦煌本郭象注莊子南華真經輯影》,福井漢文學會,1960年,第27、114頁)、BD14634、Дх00178。

② 阜陽雙古堆所出土的漢簡中有現存最早的《莊子》文本,其圖版及録文可參見胡平生《阜陽雙古堆漢簡〈莊子〉》,《出土文獻研究》,2013年總第12輯,第188—201頁。

③ 〔日〕寺岡龍含《敦煌本郭象注莊子南華真經研究總論》,福井漢文學會,1966年,第149—191頁。

④ 王國維《五代兩宋監本考》,《海寧王忠慤公遺書二集》,民國十六年海寧王氏排印石印本,第三葉B。

⑤ 劉琳等校點《宋會要輯稿》第五册,上海古籍出版社,2014年,第2816頁。

⑥ 《莊子》又稱"南華真經"之例可溯至南北朝,《隋書·經籍志》著録《南華論》二十五卷,梁曠撰,本三十卷""《南華論音》三卷"二書,參見〔唐〕魏徵、令狐德棻《隋書》卷三十四,中華書局,1973年,第1002頁。唐玄宗在天寶元年(742)正式下詔將《莊子》尊稱爲"南華真經",乃以官方身份認可"南華"之名,參見〔後晉〕劉昫等《舊唐書》卷二十四,中華書局,1975年,第926頁。

續表

序號	存藏單位及書名	存闕情況	簡稱
7	國家圖書館藏海源閣舊藏《分章標題南華真經》(附釋文)十卷	存全帙	分章標題本
8	上海圖書館藏宋刻元明遞修《纂圖互注南華真經》(附釋文)十卷	闕卷八	纂圖互注本

四種郭注本均刻於南宋。將宋刻郭注本與敦煌唐寫本、宋刻郭注附釋文本相校,宋刻郭注本之間的文本相對統一①,應有一個共同的文本來源,即北宋國子監本。郭注附釋文本是書商在郭注基礎上的叠加複合之作,趙諫議本與北宋國子監本有親緣關係,其餘三種郭注附釋文本則有一定的同源性②。

成書於永樂六年之前的注疏本,存世者舉凡有三:

序號	存藏單位及書名	存闕	簡稱
9	日本靜嘉堂文庫藏宋理宗寶慶三年(1227)壽春魏峴刻《莊子注疏》十卷,書後附釋文(現藏日本天理圖書館)	存卷一、七至十	魏峴本
10	日本宮內廳藏室町(1336—1573)鈔本《南華真經注疏解經》三十三卷	存全帙	宮內廳本
11	日本足利學校藏室町(1336—1573)鈔本《南華真經注疏解經》三十三卷	闕十三篇	足利本

此外,《莊子注疏》主要傳本尚有明正統十年(1445)內府刻正統《道藏》所收《莊子注疏》三十五卷(下稱"道藏本")及日本萬治四年(1661)中野小左衛門刻《南華真經注疏解經》三十三卷(下稱"中野本")兩種。據澀江全善校勘,魏峴本與道藏本同源③。宮內廳本、足利本、中野本皆爲日人鈔刻,文本具有一定的同源性④,下文或將三者簡稱爲"日系傳本"。

《永樂大典》中的兩篇《莊子》全錄文本,皆錄有郭象注、陸德明《莊子音義》、成玄英疏三種前人注釋成果。考察全錄文本的來源,需從同一注釋成果在不同文本形態下的差異入手。

---

① 馬鴻雁《〈莊子〉宋刻郭注本考述》,《版本目録學研究》第六輯,國家圖書館出版社,2015年,第245—260頁;高樹偉《法國國家圖書館藏宋本〈南華真經〉發微》,《國學季刊》總第十期,2018年,第152—166頁;秦樺林《絲綢之路出土漢文刻本研究》,浙江大學博士學位論文,2014年。
② 馬鴻雁《宋刻〈莊子〉郭注附音義本考述》,《古籍研究》2016年第2期,第58—66頁。
③ 〔日〕澀江全善、森立之編《經籍訪古志》,影清光緒十一年徐承祖聚珍排印本影,北京圖書館出版社,2003年,第340—342頁。
④ 宮內廳本、足利本有不少共同訛誤的文字,現舉兩例於下(以魏峴本爲底本):(1)《齊物論》疏:"緩、翟二人,親則兄弟,各執一教,更相是非。緩恨其弟,感激而死。"道藏本同,宮內廳本、足利本"二人"誤作"一","執"上脱"各"字。(2)《齊物論》疏:"前則假問有無,待奪不定;此則重明彼此,當體自空。"道藏本同,宮內廳本、足利本"前"下脱"則"字。

(二) 兩篇全錄文本所録《音義》

北宋國子監所刻陸德明《音義》本來單行①，建陽書坊在拆散陸德明《音義》附入郭注本時，往往節略、改造《音義》出文。單行本《音義》與郭注附釋文本《音義》出文的差异，可以作爲判斷全録文本《音義》所出的根據。

《天運》篇"猶猨狙之异乎周公也"句，兩種宋刻單行本《音義》出文"猨狙"，云："上音袁，下七餘反。"②大典本同，趙諫議本將此段全部刪節，涵芬樓本、分章標題本、纂圖互注本則作"猨音袁，狙七餘反"。再如《養生主》篇"官知止而神欲行"句，兩種宋刻單行本《音義》出文"官知止"，大典本同，趙諫議本無出文，涵芬樓本、分章標題本、纂圖互注本出文節略作"官知"；"批大郤"句，兩種宋刻單行本《音義》出文"大郤"，云："徐去逆反，郭音却，崔、李云'間也'。"大典本同，趙諫議本出文同，但僅注"去逆反"三字，涵芬樓本、分章標題本、纂圖互注本出文節略作"郤"。

由出文形態的版本規律可知，大典本《音義》與單行本接近，似非鈔自郭注附釋文本。全録文本中與此規律一致的异文甚多，不盡舉。而大典本與郭注附釋文本的《音義》所出位置的不同則可進一步證實二者之間確實存在版本系統上的差异。今以《養生主》篇首句、末句爲例，將相關文本列成一表（趙諫議本將首句相關《音義》全部刪節，末句僅作"火傳，直專反"）：

大典本	涵芬樓本、纂圖互注本、分章標題本
吾生也有涯，而知也無涯，以有涯隨無涯，殆已。已而爲知者，殆而已矣。 陸德明《音義》：<u>有涯</u>，本又作崖，魚佳反。<u>而知</u>，音智，注下同……	吾生也有涯， ○涯，本又作崖，魚佳反。 而知也無涯。 ○知，音智，注下同。
指窮於爲薪，火傳也，不知其盡也。 陸德明《音義》：……火傳，直專反，注同。<u>也傳</u>（引按：也當作火）者，相傳繼續也。	指窮於爲薪，火傳也， ○……傳，直專反，注同。<u>火傳</u>者，相傳繼續也。 不知其盡也。

大典本以一段正文爲單位，將相關《音義》附於整段之後。郭注附釋文本則以小句爲單位，將相關《音義》附於小句之後。由大典本所出《音義》位置的方法逆推，編連《音義》時需提前爲《莊子》劃分段落，其間必然涉及對《莊子》義理的理解。而郭注附釋文本所出《音義》位置的方法僅依靠斷句即可解决，處理方式相對機械。前者對編纂者學術水平的要求自然高於後者，這亦暗合大典本與郭注附釋文本編纂群體的區別。

相較於《養生主》篇，大典本和郭注附釋文本在《天運》篇中的《音義》差別

---

① 虞萬里《〈經典釋文〉單刊單行考略》，《榆枋齋學術論集》，江蘇古籍出版社，2001年，第732—759頁。

② 〔唐〕陸德明《日藏宋本莊子音義》，影南宋理宗寶慶三年(1227)壽春魏峴刻本，上海古籍出版社，1996年，第129頁；〔唐〕陸德明《經典釋文》，影國家圖書館藏宋刻本，上海古籍出版社，1985年，第1490頁。

更爲顯著。大典本《養生主》篇的《音義》尚且散附於正文之下,而《天運》篇的《音義》却整體鈔寫於篇末,此舉恰能説明館臣據以纂録《莊子音義》的版本是單行本《音義》。《天運》正文篇幅遠超《養生主》(以海源閣本爲例,《養生主》所占葉面有三,而《天運》則占十一葉),館臣因此將單行本《音義》的内容直接鈔於《天運》整篇之後,不再拆分,以減省鈔録步驟。

在今存《永樂大典》殘本中,儒家經書的全録文本凡纂録《音義》者①,《音義》均散附正文之下,與《養生主》篇體例相同。若館臣所據本爲郭注附釋文本,在編纂《天運》篇時反而需要將郭注附釋文本的《音義》全部鈔撮而出,另行彙編於篇末,此種舉動與全書體例不合,是知館臣并未利用郭注附釋文本。

(三) 兩篇全録文本所録注文與疏文

郭注附釋文本有《音義》,但全録文本的《音義》却不出自郭注附釋文本,是館臣并不據郭注附釋文本鈔録相關内容。因此全録文本的正文、郭注、成疏來源得以限定爲兩種可能:一者或直接源出注疏本,一者或自行拼合郭注本與單疏本。

注疏本亦屬合編郭注本與單疏本而來,因拼合不審,注疏本的《天運》篇中存在將疏文誤入正文的情形:

> (宫内廳本)【正文】北門成問於黄帝曰:"帝張咸池之樂於洞庭之野。【疏】(略)。【正文】吾始聞之懼,復聞之怠,卒聞之惑。【疏】(略)。【正文】蕩蕩默默,乃不自得。"【注】(略)。【疏】(略)。【正文】帝曰:"汝殆其然哉!<u>吾奏之以人,徵之以天,行之以禮義,建之以太清</u>。【疏】殆,近也。奏,應也。徵,順也。禮義,五德也。太清,天道也。黄帝既見北門成第三聞樂,體悟玄道,忘知息慮,是以許其所解,故云:"汝近於自然也。"【正文】<u>夫至樂者,先應之以人事,順之以天理,行之以五德,應之以自然,然後調理四時,太和萬物</u>。"【疏】雖復行於禮義之迹而不忘自然之本者也,此是第一奏也。

日本書道博物館所藏敦煌唐寫本《天運》的正文不見"夫至樂"至"太和萬物"三十五字②。宋刻郭注本存《天運》篇者有二,海源閣本、法圖本皆與唐寫本同。

正文"帝曰"以下有五句正文,這五句正文下的疏文部分極不協調:訓釋字詞時則至五句之末"建之以太清"句之"太清",但疏通文義時却僅疏通首句"汝殆其然哉"便戛然而止,前後範圍不一。而注疏本所謂"正文"的"夫至樂"至"太和萬物"三十五字又恰與僅被訓釋但未被疏通的正文部分意義重合。正文

---

① 《永樂大典》卷二二五八、七四五三録有《禮記·投壺》《雜記》,卷三五〇七、一三八七二、一五一四二録有《周易》坤貫兑三卦,卷七六七七、八〇二五、八〇二六、二〇四二六録有《尚書·盤庚》《泰誓》《益稷》,卷一一九〇三録有《毛詩·周南·漢廣》。

② 〔日〕寺岡龍含編《敦煌本郭象注南華真經輯影》,第32—33頁。

云"吾奏之以人",疏訓"奏"爲"應",則所謂"正文"的"先應之以人事"原本應是疏通正文大義的疏文(以下三句可類推)。

宫內廳本較唐、宋郭注本在正文處增多"夫至樂"至"太和萬物"三十五字的現象,乃是合編時將疏文誤入正文所致,而大典本亦誤將疏文中的此三十五字當作正文,是知大典本源出注疏本。此外,在兩篇全錄文本的郭注中存在三條獨與注疏本同的異文,可爲上述判斷提供旁證:

大典本《養生主》:"安時而處順,哀樂不能入也。"注:"夫哀樂生於失得者也。"宫內廳本、足利本同,海源閣本、法圖本、涵芬樓本、趙諫議本、分章標題本、纂圖互注本"得"下無"者"字。

大典本《天運》:"至富,國財并焉。"注:"除天下之財者也。"宫內廳本同,海源閣本、法圖本、涵芬樓本、趙諫議本、分章標題本、纂圖互注本"財"下無"者"字,足利本不存。

大典本《天運》:"而一不可待,汝故懼也。"注:"懼然悚聽也。"宫內廳本同,海源閣本、法圖本、涵芬樓本、趙諫議本、分章標題本、纂圖互注本"聽"下無"也"字,足利本不存。

敦煌唐寫本《莊子》較之刻本時代的文本,語句末"者""也"一類的虛詞多有增減,此乃寫本時代的文獻通例①。注疏本中即不乏在虛詞上與宋刻郭注本、郭注附釋文本《莊子》不同,而與敦煌唐寫本獨同之處②。《養生主》一篇今無敦煌唐寫本存世,唐寫本《天運》"財"下無"者"字、"聽"下無"也"字,正與大典本、諸注疏本一致,是知注疏本郭注中的虛詞確有較早的文本來源,而大典本獨與注疏本同的現象則可説明二者的同源關係。

二 節錄文本的來源

《永樂大典》共引一百三十五條《莊子》節錄文本。節錄文本各條之間并無統一格式:有以朱書"莊子"二字起始者(如卷一九六三六,葉15B),有以"莊子某篇"樣式起始者(如卷八五二六,葉6A),亦有以"莊子內篇(外篇/雜篇)某篇"樣式起始者(如卷八五二六,葉5A);所錄文本短則數字(如卷八八四四,葉1B),長則數百字(如卷一四五三七,葉2A);或正文注文皆作單行書寫(如卷八〇二三,葉2B),或正文單行而小注雙行(如卷三五八四,葉26B)。節錄文本格式複雜,分析其來源時既需關注個案,更應歸納共性。

(一)節錄文本的個案分析

在一百三十五條節錄文本中,可因文本校勘明其出處者有以下三條:

1. 節錄文本中有出自《莊子》注疏本者。卷一三四五三,葉三十A引《讓

---

① 張涌泉《敦煌寫本文獻學》,甘肅教育出版社,2013年,第438、510頁。
② S.0796《胠篋》:"好智之亂天下也。"注:"夫吉凶悔吝,生於動者也。"宫內廳本、中野本、道藏本同,海源閣本、法圖本、涵芬樓本、趙諫議本、分章標題本、纂圖互注本注文"動"下無"者"字,魏峴本、足利本此卷不存。

王》:"負妻戴携子以入海。"宮内廳本同,海源閣本、涵配本、黑水城本、趙諫議本、分章標題本、纂圖互注本"入"下有"於"字,涵芬樓本、法圖本、魏峴本此卷雖不存。正文無"於"字乃注疏本系統的文本特徵。

2. 節録文本中有轉鈔自《韵府群玉》者。《韵府群玉》乃陰幼遇(字時夫)編纂於宋元之間的一部類書,大致依照平水韵編次古書中的典故與辭藻。陰復春爲《韵府群玉》作注。

明成祖對《韵府群玉》一書較爲熟悉,永樂元年(1403)成祖諭解縉等曰:

> 嘗觀《韵府》《回溪》二書,事雖有統而采摘不廣,紀載大略。爾等其如朕意,凡書契以來經史子集百家之書,至於天文、地志、陰陽、醫卜、僧道、技藝之言,備輯爲一書,毋厭浩繁。①

此詔諭即爲編纂《永樂大典》前身《文獻大成》之緣起,其中"韵府"之稱即指《韵府群玉》。今《永樂大典》卷八五六九,葉十六B"鋒生"詞條下即引有《韵府群玉》一書,可證《韵府群玉》確爲編纂《永樂大典》時的取材。

《永樂大典》卷八八四五,葉四A引《外物》篇曰:

> 心有天游,室無空虛,則婦姑勃溪。心無天游,則六情相攮(原注:天游,謂不繫心。雖不係而無空虛以容其和,則反戾共鬬。若無天游,則六情愈相攮奪矣)。

涵芬樓本、法圖本此卷不存,其餘校本"情"字皆作"鑒"。節録文本下附注文發揮"情"字義理,可知節録文本作"情"并非訛誤,而是鈔自與今校諸《莊子》版本不同的文本所致。考四庫本《韵府群玉》在卷八十一尤"天游"條,其中所引《外物》篇正文及注文正與此段節録文本相合②。是知此段節録文本鈔自《韵府群玉》,所附注文是《韵府群玉》的陰復春注③。

3. 節録文本有轉録自《太平御覽》者。《太平御覽》是宋太宗敕修的類書,成書於太平興國八年(983)。今將《永樂大典》卷八五二六,葉六A引《在宥》篇的文本與《太平御覽》卷三六四、宮内廳本的對應内容相比較④,列成一表:

---

① 《明太宗實録》卷二一,臺灣"中央研究院"史語所,1962年,第393頁。
② 《景印文淵閣〈四庫全書〉》第九五一册,第300頁。
③ 《韵府群玉》一書現存最早版本爲國家圖書館藏元代元統二年(1334)梅溪書院刻本。據《四庫全書總目》及文淵閣《四庫全書》卷前提要,《四庫》本《韵府群玉》的底本"爲大德中(1297—1307)刊版,猶時夫原書也",則《四庫》本《韵府群玉》底本成書時間早於國圖所藏元統二年本。元統二年本"情"作"鑒",但"情相攮"三字有修版痕迹,應爲後人刊刻時據《莊子》改"鑒"爲"情"所致,已失《韵府群玉》本真。四庫底本成書早於元統二年本,此時尚未經修補,故仍作"情"。且正文若作"鑒",與陰復春注文"六情"并不相應,亦足證《四庫》本作"情"者爲是。
④ 〔宋〕李昉等編纂《太平御覽》卷三六四,《四部叢刊三編》據宋蜀刻本影印,商務印書館,1935年,第二葉。

宮内廳本	《太平御覽》	《永樂大典》
雲將東<u>游</u>,過扶摇之枝,而適遭鴻蒙。鴻蒙方將拊脾雀躍而游。<u>雲將見之,倘然止,贄然立,曰:"叟何人邪？叟何爲此?"鴻蒙拊脾雀躍不輟,對雲將曰:"游。"雲將曰:"朕願有問也。"鴻蒙仰而視雲將曰:"吁!"</u>雲將曰:"天氣不合,地氣鬱結,六氣不調,四時不節。今我願合六氣之精以育群生,爲之奈何?"鴻蒙拊脾雀躍掉頭曰:"吾弗知,吾弗知。"（劃綫文本爲《御覽》所無）	雲將東過扶摇之枝（原注:雲將,<u>雲之主師也</u>;扶摇,木名,<u>生海東</u>）,而適遭鴻蒙（原注:<u>鴻蒙自然元氣</u>）。雲將曰:"天氣不和,地氣鬱結,<u>六氣不調</u>,四時不節,今我願合六氣之精以育群生,爲之奈何?"鴻蒙拊脾雀躍掉頭曰:"吾弗知,吾弗知。"（劃綫文本爲《大典》所無）	雲將東過扶摇之枝（原注:雲將,雲師也;扶摇,木名）,而適遭鴻蒙。雲將曰:"天氣不和,地氣鬱結,四時不節。今我將合六氣之精以育群生,爲之奈何?"鴻蒙拊脾雀躍掉頭曰:"吾弗知,吾必弗知。"

類書引書多刪減原文,《永樂大典》全部襲用《太平御覽》刪減後的《莊子》文本,并在此基礎上再次減省。《永樂大典》沒有在《太平御覽》的範圍外新增有實際意義的文本,正説明二者之間的承襲關係。

《永樂大典》此段引文與《太平御覽》有同誤異文,亦可證二者的關係。《太平御覽》的原注乃隱括陸德明《音義》所引諸家古義而來,陸德明《音義》原作:"雲將,李云:'雲主帥也。'……扶摇,李云:'扶摇,神木也,生東海。'……鴻蒙,司馬云:'自然元氣也。'"①"雲將"一詞李氏解爲"雲主帥",《太平御覽》在概括李氏此注時將"主帥"之"帥"字誤作"師",録爲"雲之主師",《永樂大典》在《太平御覽》的基礎上又將此注刪減作"雲師",使得文義愈發不通。由上述錯誤異文的傳遞現象,可知此段節録文本鈔自《太平御覽》。

（二）節録文本中的"領起詞"

除上舉三條外,節録文本中沒有異文的條目、異文不符合版本規律的條目占比更多。針對此類節録文本,利用録文格式,結合《永樂大典》編纂時未寫進《凡例》中的隱含體例,可以在校勘之外另闢蹊徑,考證出一批與全録文本同源的内容。

在全録文本中,館臣纂録前人注解時會以領起詞來提示注語所屬的前人成果。比如《養生主》篇每段皆以"郭象注"三字領起注文,以"成玄英疏"四字領起疏文,以"陸德明音義"五字領起《音義》,以"林希逸口義"五字領起《莊子鬳齋口義》,以"劉辰翁點校"五字領起劉氏《南華真經點校》。《天運》篇在首句下以"注"字領起注文,以"疏"字領起疏文,此後注文雖不再出字領起,但疏文前仍以"疏"字區隔。

一百三十五條節録文本中有三十一條録有小注。三十一條中復有二十條同樣標有"注""疏"二字作爲領起詞。現將有小注的節録文本列成一表:

---

① 〔唐〕陸德明《日藏宋本莊子音義》,第106—107頁。

編次	卷數	葉數	篇名	小注來源	領起詞
(1)	662	27A	大宗師	注	有
(2)	2259	2B	逍遙游	疏	有
(3)	2337	2A	齊物論	疏	有
(4)	2973	6A	徐無鬼	疏	有
(5)	3000	2A	應帝王	疏	有
(6)	3584	26A	逍遙游	疏	有
(7)	7756	1B	天地	疏	有
(8)	8024	22B	在宥	疏	有
(9)	8526	2A	在宥	疏	有
(10)	8845	4A	則陽	疏	有
(11)	11001	17A	齊物論	疏	有
(12)	11076	14B	天下	疏	有
(13)	12018	7B	大宗師	疏	有
(14)	13139	14A	外物	疏	有
(15)	14125	25A	大宗師	疏	有
(16)	14537	2A	逍遙游	疏	有
(17)	19636	25B	徐無鬼	疏	有
(18)	19637	18A	駢拇	疏	有
(19)	19637	18B	天地	疏	有
(20)	13453	6B	秋水	注與疏	有
(21)	2806	2B	外物	與郭注同	無
(22)	8023	2B	大宗師	與郭注同	無
(23)	13202	13A	逍遙游	與《音義》同	無
(24)	19636	24B	山木	與《音義》同	無
(25)	19636	3A	田子方	似引自《太平御覽》	無
(26)	8526	6B	在宥	《太平御覽》	無
(27)	8845	4A	外物	《韵府群玉》	無
(28)	2407	9A	天道	不明	無
(29)	2949	26A	達生	不明	無
(30)	2973	6A	刻意	不明	無
(31)	8842	2B	達生	不明	無

由上表可見,節錄文本中凡引成玄英疏文者皆冠有領起詞。在沒有領起詞的節錄文本中,(26)(27)兩條上文已證,(28)至(31)四條内容與郭注、成疏不同,且無法明確其來源。第(21)至(25)條文本情況相對複雜,逐一考述如下:

第(21)條,"天尊地卑"詞下,《永樂大典》引《莊子》作"夫尊今而卑古,學者之流也。古無所尊,今無所卑,而學者尊古而卑今,失其原也","學者之流也"五字及前文爲《外物》正文,以下爲郭象注語。第(22)條,"不雄成"詞下,《永樂大典》引《莊子》作"不雄成,不恃其成而處物先"。"不雄成"三字是《大宗師》正文,"不恃其成而處物先"八字是郭象注。第(24)條,"大目"詞下,《永樂大典》引《莊子》作"目大運大(引按:當作寸),可回一寸也"。"目大運寸",是《山木》正文,"可回一寸",與《音義》所引司馬彪注同。上述三段節錄文本不標明篇目,將正文與郭注、司馬彪注不加區別地一同録爲大字,應當是轉鈔自相同的一部書籍所致,《莊子注疏》中無司馬彪注,故知上述三條文本不鈔自《莊子注疏》。

第(23)條,"大材小用"一詞下,節錄文本引《逍遥游》作"大才不可小用□今夫犛牛,其大若垂天之雲,此能爲大矣,而不能執鼠",其下録《音義》注文。"大才不可小用"六字不見於今本《莊子》,"小用"二字下還有一空格來與真正的《莊子》文本相區隔。此段文本應當是館臣鈔自另一部類書又保留原書格式所致,"大才不可小用"即是原書對犛牛"能爲大矣,而不能執鼠"一事的概括,故加一空格以作區分。

第(25)條,此段《田子方》引文的小注作:"司馬班彪(引按:'馬'下衍'班'字)注曰:'醯鷄,酒上飛蚋。'"而單行本《音義》所引司馬彪注實作:"若酒上蠛蠓也。"① 則可知此段節錄文本的小注并不出自《音義》。《莊子注疏》對應處不引司馬彪注,是知此段節錄文本亦不出自《莊子注疏》。考《太平御覽》卷三九五引《田子方》文本與此條節錄文本重合,且下方亦録有小注曰:"司馬彪注曰:'□鷄,酒上飛蚋。'"《太平御覽》的小注與此條節錄文本高度相似,此條或即從《太平御覽》轉鈔而來。

總之,凡沒有領起詞的節錄文本,其文本來源皆與《莊子注疏》一書無涉。《永樂大典》卷八〇二二,葉四 B 處所引的兩則《齊物論》末尾均注有"見物字"三字,據《永樂大典目録》,卷二一一五二卷"物"字下正全録有《齊物論》一篇②。從此細節看出,館臣相當注重一部分節錄文本與全録文本之間的聯繫,二者有一定的整體性。將節錄文本與全録文本一同標示領起詞之舉,即爲整體性的體現之一。

正文下附有小注的節錄文本,可以通過領起詞的有無來判斷其是否與全録文本同出一部《莊子注疏》。小注有領起詞的節錄文本與全録文本出自同一

---

① 〔唐〕陸德明《日藏宋本莊子音義》,第 177 頁。
② 《永乐大典凡例》,《永樂大典》第十册,第 658 頁(國圖藏鈔本《永樂大典目録》所載卷數同)。

部《莊子注疏》。有小注但無領起詞的節錄文本似多爲館臣在編纂《永樂大典》時據其他類書鈔寫，又隱其出處而成。前者具有與全錄文本一樣的文獻價值，需要在節錄文本中將其甄別而出，加以利用。

需要額外提及的是，節錄文本不同種類的來源亦可爲探索《永樂大典》的編纂過程提供實例①：

同出一部《莊子注疏》的文本與轉錄自其他類書的《莊子》文本似隸屬兩個相對獨立的編纂過程。前者的工作條例蓋即如《永樂大典凡例》所言，將同一部《莊子注疏》的各篇按篇名進行全錄，又按篇中典故拆分全文進行節錄，此一過程中凡錄注文、疏文，館臣皆爲其添加領起詞。而後者的自類書鈔撮之法不見於《永樂大典凡例》，似乎是短時間内編纂成書的《文獻大成》時所用。《文獻大成》成書較快，文辭闕略，也當與其直接依其他類書鈔撮的工作方法有關。

三 大典本《莊子注疏》的樞紐作用

《莊子注疏》在清代一度瀕臨失傳，阮元在正統《道藏》中發現道藏本時如獲至寶，不但將道藏本刻入《宛委別藏》，還予以特別表揚："唐人著書，傳世日少，此唐初之書，至今首尾完具，尤爲罕得。"②不幸，《宛委別藏》所收《莊子注疏》今復亡佚。

版本無多的現狀使得《莊子注疏》的文本存在一個懸而未決的問題：魏崐本和日系傳本在文本上各成系統，但是兩個系統間的疏文却存有不少義可兩通的異文，究竟哪個系統的文本纔能反映原貌？另一個系統看似合理的文本又是如何產生的？因爲缺乏版本依據，學界對此類問題的考察尚爲空白。《永樂大典》中的兩篇全錄文本和節錄文本中凡小注有領起詞者，皆爲館臣據一部《莊子注疏》鈔寫而來，利用此部《莊子注疏》中的文本作爲樞紐，恰能解决上述問題。

大典本與宫内廳本同樣誤將疏文混入正文的現象可證二者具有親緣關係。而通過分析校勘記，大典本與道藏本也有同誤的七處異文，可證大典本與魏崐本亦關聯緊密。以下略舉四例文辭較著者，并作簡略考證：

1.《養生主》："每至於族，吾見其難爲。"疏："節骨交聚磐結之處名爲族也。"道藏本同，宫内廳本、足利本、中野本疏文"節"作"筋"，魏崐本此卷不存。按，日系傳本是，大典本、道藏本蓋涉上句正文"彼節者有間而刀刃無厚"一句而形誤。

2.《養生主》："老聃死，秦失吊之，三號而出。"疏："老君降生行數昇天備

---

① 考察《永樂大典》的編纂過程，除利用記述性史料外，還應結合《永樂大典》引書實例進行考察。與編纂《永樂大典》相關的史料記載可見郭伯恭先生《永樂大典考》一書所引；林鵠先生從《永樂大典》所引《宋會要》文本的多樣性入手考察《永樂大典》的編纂流程，則是注重利用實例的代表（參見林鵠《〈永樂大典〉編纂流程瑣議——以〈宋會要輯稿〉禮類群祀、大禮五使二門爲中心》，《文史》，2020 年第 1 輯，第 279—288 頁）。

② 〔清〕阮元撰，鄧經元點校《四庫未收書提要》，《揅經室集》，中華書局，第 1209 頁。

載者,經不具言也。"道藏本同,宮内廳本、足利本、中野本疏文"數"作"教"、"者"作"諸"屬下句,魏峴本此卷不存。按,日系傳本是,其句讀當作"老君降生、行教、昇天,備載諸經,不具言也"。

3.《天運》:"幽昏而無聲。"疏:"至樂寂寥,趣於視聽。故幽冥昏闇而無聲響矣。"道藏本同,宮内廳本、足利本、中野本疏文"趣"作"超",魏峴本此卷不存。按,日系傳本是。

4.《天運》:"名譽之觀,不足以爲廣。"疏:"唯恐遺名譽,方可稱大耳。"道藏本同,宮内廳本、足利本、中野本疏文"恐遺"作"忘遺",魏峴本此卷不存。按,日系傳本是,大典本、道藏本文義與正文意旨相左。

在大典本疏文與兩個系統文本皆有緊密聯繫的結論指引下,可發現日系傳本、大典本、道藏本之間存有一條清晰的文本演變綫索。此類情況共計十二處,列舉如下:

編次	日系傳本	大典本	道藏本
(1)	雖復游刃爲空,善見其理,而每至於交錯之處,未嘗不留意艱難。	雖復游刃爲空,善見其,而每至於交錯之處,未嘗不留意艱難。	雖復游刃爲空,善見其却,每至於交錯之處,未嘗不留意艱難。
(2)	操刀既久,頗見理間。	操刀既久,煩見理間。	操刀既久,頻見理間。
(3)	因其眼見耳聞,必不妄加分別也。	因其眼見耳聞,必不妄加分然也。	因其眼見耳聞,必不妄加刀然也。
(4)	黄帝既見北門成第三聞樂	黄帝既元門成第三聞樂	黄帝既允門成第三聞樂
(5)	夫聖人者譬幽谷之響,明鏡之象。對之不知其所以來,絶之罔知其所以往。	夫聖人者譬幽谷之響,明象之象。對之不知其所以來,絶之因知其所以往。	夫聖人者譬幽谷之響,明象之照。對之不知其所以來,絶之不知其所以往。
(6)	不知由西施之姝好也。	不知由西施之姝好也。	不知由西施之姝好也。
(7)	總會後文,結成先旨。	總會後文,結成知旨。	總會後文,結成其旨。
(8)	令譽全名,天下共用。	令譽若名,天下共用。	令譽善名,天下共用。
(9)	博愛應物而用裁非。	博愛應物而用人非。	博愛應物而用人群。
(10)	豈能闚見玄理。	豈能問見玄理。	豈能聞見玄理。
(11)	怨敵必殺,恩惠須賞。	怨敵必教,恩惠須賞。	怨敵必救,恩惠須賞。
(12)	論主發憤而傷嘆也。	論王發憤而傷嘆也。	論正發憤而傷嘆也。

今對上表所示的(1)(5)兩條涉及文本較多者略加梳理,其他條目自可因而推之。

第(1)條出自《養生主》,正文曰:"每至於族,吾見其難爲。"疏:"雖復游刃爲空,善見其,而每至於交錯之處,未嘗不留意艱難。"成《疏》上文有"庖丁善能解牛,見其間理""始學屠宰未見間理"(諸校本無异文)諸語,則知成玄英習用"見理"一詞。自大典本底本脱"理"字,致使文義不通,後人便妄改下文"而"字爲"却"以求合乎前文"牛骨節素有間却"一語,道藏本所載即是。

第(5)例出自《天運》,"幽谷之響"與"明鏡之象"本爲成玄英習用的對仗之語。《齊物論》正文"已而不知其然謂之道",疏云"夫至人無心,有感斯應;譬彼明鏡,方兹虚谷";"而不知其所由來",疏云"譬懸鏡高堂,物來斯照",皆其證。自大典本底本涉下"象"字而誤"鏡"爲"象",致使文辭滯澀,後人因此妄改"明象之象"後一"象"字爲"照",道藏本所載即是。校改者不能正確地回改前一"象"字,亦足見其校勘時手邊别無善本可據,多出私見而已。

成玄英疏文在後世的傳鈔、傳刻過程中衍生出不少"魯魚亥豕"之誤,此類訛誤必然干擾文本閱讀,後人欲求文辭通順,故憑己意妄改底本。後人妄改畢竟屬於贗鼎,對照之下日系傳本的疏文顯然義理曉暢,較爲接近成玄英所撰疏文的原貌,大典本尚存有成玄英疏文在流傳中迭生脱文、形訛的狀態,而道藏本則反映後人妄改的結果。

大典本的存在説明魏峴本系統曾對疏文進行過一次水平不高的校改活動,日系傳本自身訛誤較少又未經此次校改,在版本系統中應居前位。爲進一步完善《莊子注疏》中疏文的演變過程,還需考察魏峴本和大典本底本的前後關係。

雖然魏峴本現存的卷數與大典本全録文本并不重合,但得益於上文的論證,在與全録文本同出一源的節録文本中可找到一處寶貴證據:

《永樂大典》卷一一〇七六,葉十四 B 引《天下》:"鑿不圍枘。"疏:"鑿者,孔也;枘者,内孔中之木也。"宫内廳本、足利本、中野本同,魏峴本、道藏本正文、疏文二"枘"字皆作"柄"。按宫内廳本、中野本《在宥》(足利本此卷不存)曰:"仁義之不爲桎梏鑿枘也。"注:"桎梏以鑿枘爲用……何鑿枘桉榴之爲哉?"疏:"以物内孔中曰枘。"《在宥》正文、注、疏皆作枘,《經典釋文》於《天下》篇亦出"不圍枘"三字①。可知《天下》篇日系傳本作"柄"乃誤字。

大典本繼承日系傳本的誤字,而魏峴本已經校改作"枘",説明大典本的底本應在魏峴本之前。下文再舉出一例,以作旁證:《永樂大典》卷八八四五,葉四 A 引《則陽》"栢矩學於老聃曰'請之天下游'",疏:"栢,姓;矩,名。懷道之士,老子門人也。請由行宇内,觀風化察物情也。"魏峴本疏文"也請由"三字處作墨丁。大典本底本有許多無心之誤,其文本并未經過細緻校勘。在此種情況下,大典本的文本仍能不受魏峴本墨丁的影響,亦可證明在文本演變過程中大典本底本當在魏峴本之前。

大典本作爲成玄英疏文流傳過程中承上啓下的關鍵樞紐,可藉以明確今

---

① 〔唐〕陸德明《日藏宋本莊子音義》,第 285 頁。

存諸本《莊子注疏》版本演變的先後順序：日系傳本→大典本底本→魏峴本→道藏本。

四 結語

通過上文三部分的論述，可以得出如下認識：

（一）《永樂大典》卷八五八七"生"字下所收《養生主》全篇、卷一五九五五"運"字下所收《天運》全篇，均出自一部成書於南宋末年以前的、業已亡佚的《莊子注疏》。

（二）除兩篇全錄文本外，今存《永樂大典》殘本中有一百三十五條節錄文本。部分節錄文本與全錄文本同出一部《莊子注疏》，部分節錄文本爲《永樂大典》轉錄自《韵府群玉》《太平御覽》等類書而成。

（三）魏峴本是現存最早的《莊子注疏》刻本，大典本的文本早於魏峴本。大典本底本的疏文在傳鈔時已經產生大量的脱訛，爲現在學界廣泛使用的魏峴本系統文本是後人不明上述脱訛的致誤之由，憑己意妄改疏文的產物。

（作者單位：北京大學中文系）

古代私家收藏整理類書謏論

周生傑　袁春楊

　　春秋時期，周王室衰微，各種原有制度逐漸遭到破壞，在舊政權不斷更迭的過程中，典籍隨着舊貴族一同散落民間，"學在官府"的局面被打破，百家學説流行，私家藏書隨即出現。士階層把藏書作爲重要的文化儲備，從中獲取學問，游説諸侯時便有了豐富的應對知識，從某種意義上説，藏書是他們取得成功的關鍵，是人生轉型的重要法寶。隨着各種新編圖書的不斷出現，藏書家密切關注，設法收貯篋中，在豐富藏品的同時也擴展自己對社會和歷史的認知。幾千年來，這種成功"秘訣"代代相傳，私家藏書成爲中國文化史的重要篇章。

　　私人藏書家對典籍抱有异乎尋常的熱情，每有新書出現，他們便會千方百計獲取。三國魏曹丕敕令臣子編纂皇皇巨帙《皇覽》，開啓類書編纂先河，此後歷朝歷代編纂不絶。在工具書匱乏的時代，類書"網羅天下之見聞，包括古今之故實"[①]，少者盈百卷，多者溢至千餘卷，一部書不啻一座小型書城，由於分類嚴格，并注明資料來源，因而十分便於尋檢資料。類書編纂和刊刻逐漸流行後，私人藏書家百計購求，積極從事於類書的典藏與整理，大大豐富了古代藏書文化的内涵。

一　充盈書樓：從統治者獨占到私家收藏

　　類書出現後很長一段時間，其主要服務對象是最高統治集團，在印刷術没有發明的時代，抄纂部帙浩大的類書是一件异常艱苦的工作，因其切於實用，皇室頗有類書編纂與收藏之舉，一般士大夫或士人則力不能逮。史料上關於私家藏有類書的明確記載已經到了五代時期，《焦氏筆乘》説："蜀相毋公，蒲津人。先爲布衣，嘗從人借《文選》《初學記》，多有難色。公嘆曰：'恨余貧不能力致，他日稍達，願刻板印之，庶及天下學者。'後公果顯於蜀，乃曰：'今可以酬宿

---

* 本文爲國家社科基金重大課題"中國古代類書叙録、整理與研究"（19ZDA245）階段性成果。
① 李桓《玉海序》，《玉海》卷首，清光緒九年（1883）浙江書局刻本，第25頁。

願矣.'因命工日夜雕板,印成二書。"①這則記載没有交待秘藏《初學記》者何人,但是毋公(昭裔)其時爲"布衣",想來那位藏書家的身份也不是太高貴。《初學記》僅 30 卷,私人藏書家可以通過抄纂而藏,面對《修文殿御覽》《北堂書鈔》等大部頭的類書,私人藏書家恐怕只能望洋興嘆了。

宋代是文化昌明的時代,讀書、藏書成爲時代的文化主流。雖然此時印刷術已經廣泛應用,衆多典籍得以版刻行世,但是受限於交通、財力、刷印數量等因素,多數藏書家還是通過抄纂的方式獲取藏書。因此,具體到私家藏書,其數量則并不可觀,藏量過萬卷者不過是李淑、田偉、宋綬、王欽臣、趙明誠(包括李清照)、晁公武、陳振孫、尤袤、周密等人,"那些被稱爲藏書家的,他們的個人藏書一般都在數千卷左右,近萬卷的已經是規模較大的了"②。而類書動輒百千卷,一般藏書家抄纂而藏并非易事,誠如《却掃編》記載説:"予所見藏書之富者,莫如南都王仲至侍郎家。其目至四萬三千卷,而類書之卷帙浩博如《太平廣記》之類,皆不在其間。"③這個記載足以説明,除官府典藏外,一般士大夫少有收藏類書。不過,對於視藏書如性命的宋人來説,還是有人設法將類書收進自家藏書樓中的。《宋史》記載:

(趙安仁)尤嗜讀書,所得禄賜,多以購書。雖至顯寵,簡儉若平素。時閲典籍,手自讎校。三館舊闕虞世南《北堂書鈔》,惟安仁家有本,真宗命内侍取之,嘉其好古,手詔褒美。④

趙安仁嗜書若癡,將薪俸大量用於購書,居然典藏三館都没有的《北堂書鈔》,被真宗"手詔褒美",榮耀之至。史料明確記載另一位典藏類書的宋人爲東平朱氏,周紫芝《朱氏藏書目序》説:

文林郎朱君軒,世居大梁,其祖官東平,因徙居焉。虜人犯順,東平陷殁,君方以事在江南,遂與其家不相聞,今既十年矣。一日,與僕言,爲之出涕。且曰:吾家藏書萬卷在東平,今所存惟書目。因出以示僕,皆其祖朝議君所藏。自《五經》、諸子、百氏之書,皆手校善本。其餘异書小説,皆所未嘗知名。秦漢以來,至於有唐,文人才士,類書家集,猶數千卷。嗚呼! 可謂富矣哉。⑤

朱氏藏書非常龐雜,經史子集皆有,最可貴者乃"類書",不過遺憾的是,由於該書目亡佚不傳,所藏類書的具體名稱難以考知。

到了明清時期,官刻、家刻和坊刻極爲繁榮,帶來了類書編纂和版刻的興盛,收藏類書不像前代那樣艱難,藏書家們主要通過購買和抄寫兩種途徑將類

---

① 焦竑《焦氏筆乘》,上海古籍出版社,1986 年,第 302 頁。
② 〔日〕井上進《中國出版文化史》,華中師範大學出版社,2015 年,第 114 頁。
③ 徐度《却掃編》,《叢書集成初編》第 2791 册,商務印書館,1935 年,第 210 頁。
④ 脱脱等《宋史》卷二百八十七《趙安仁傳》,中華書局,1977 年,第 9659 頁。
⑤ 此段文字轉引自葉昌熾《藏書紀事詩》卷一《東平朱氏》引,上海古籍出版社,1989 年,第 44 頁。

書充實進自家藏書樓中。

購買類書是藏書家較爲常用的收藏途徑。清初錢曾藏有一部舊抄本《事類賦》，嘉慶年間被蘇州袁廷檮五硯樓收藏，黄丕烈與袁廷檮爲姻親，目驗此書，印象很深。嘉慶十八年（1813），書估携來一本宋刻補抄《事類賦》過黄宅，經過一番細細鑒定，黄丕烈認爲之前所見錢氏藏本實爲影抄宋本，版本價值極高。黄氏素有"佞宋"美譽，但是書估開價太高，這次交易没有達成。書估離開後，黄丕烈十分不捨地説：

  古書難得，且兩本相得益彰，非錢本無以補宋本之闕，亦非宋本無以正錢本之誤，今幸而遇之，倘不幸而失之，非余之咎而誰咎耶？①

一段時間的衡量後，黄丕烈還是在第二年設法找到書估，購入囊中，入藏百宋一廛。這本夾雜補抄的宋本《事類賦》，并非全本，僅有 40 葉，存 24516 字，黄丕烈竟然花費 5394 文銅錢，請書工修補又花費一大筆。按照當時的米價，每斤米約 26 文，則黄氏用於購買這部殘本類書的錢可以買到 13 斗米（1 斗重 16 斤），而在那時兩三斤米可以换一種有一定厚度的近人詩文集②。

汲古閣是古代著名私家藏書樓之一，精明的主人毛晋懸榜收書，最多時積書至 8 萬 4 千餘册，樓中有大量的類書，皆力購而得。毛晋卒後，幼子毛扆檢樓中所藏，編成《汲古閣珍藏秘本書目》一册，該目的特色在於標注各書購買價格，便於後人瞭解當時圖書的流通情况，如："宋板《册府元龜》四本。二百四十九卷起，至二百五十四，又二百六十一，二百六十二，二百七十六，有緝熙殿寶，御府圖書，宋内府印，乃宋内府所藏，又有文淵閣印，有明亦入内府。三兩二錢。""元板《啓札青錢》六本。二兩四錢。""《紀原》三卷一本。鄧汝舟，字弘載。舊抄。五錢。""《多能鄙事》一本。舊抄。六錢。""《事林廣記》十二本。内府朱腔抄本。十二兩。""《海録碎事》十六本。綿紙舊抄。八兩。"③上述 6 部類書，共計 26 兩 7 錢，除殘缺不全者價低外，全者差不多每册一兩，在板刻流行、書價較低的明代，毛氏不惜花費重金充實書樓，也爲類書的留存做出了貢獻。

抄寫更見古代藏書家爲典藏類書的用心之癡、用力之勤。古代官修大型類書動輒上百千卷，雕板一次花費巨大，誠屬不易，故藏書之家多抄録以存，如皇皇千卷的《太平御覽》全書近 500 萬字，在明代有多部抄本，流傳至今的尚有 7 部，一書之抄成，花費的時間和人工之多無法想像。對於卷帙較小的類書，明清藏書家盡其所能，能抄則抄。明顔茂猷自述抄寫《經史匯纂》情形説：

  《經史類纂》者，余曩時所手抄以爲舉業之資者也。蓋占畢帖括，殊無當於不朽，當纂時所主獨經耳，而心性之旨鮮有宏儷，因以老管補之，天文地理散布於經書者，又無幾何，因以《天文志》《戰國（策）》《（國）語》足之，其初意如是而止，直付之篋中藏，慮無敢當大方之一盼耳。乃諸友競相傳

---

① 黄丕烈《蕘圃藏書題識》，上海遠東出版社，1999 年，第 402 頁。
② 參見徐雁平《清代的書籍流轉與社會文化》，南京大學出版社，2021 年，第 143—144 頁。
③ 毛扆《汲古閣珍藏秘本書目》，《叢書集成初編》第 34 册，商務印書館，1935 年，第 20—23 頁。

寫亘數百部。寒士手錄,彌覺其艱,因請余付梓以傳,余謝曰:噫! 是揭余短也,然余雅無私藏隻字片語堪爲學士津梁者,社中友無不能罄之,必介介然護短,猶有蓬之心在,因爲許之。夫鳧鶴异脛,珠礫雜噴,則任觀者之所自取焉。宗璧居士顔茂猷題。①

因爲舉業需要,顔茂猷抄纂經史中的精華部分,彙編成書,共 8 卷,因爲分類詳明,主題一致,衆學子紛紛轉抄,一時竟有"數百部"抄本存世。但是,"寒士手錄,彌覺其艱,因請余付梓以傳",考慮到方便更多的讀書人,顔茂猷遂出資版刻,嘉惠學人。

清人高士奇"發現"并抄録《編珠》一事堪稱傳奇:

曩直大内南書房,奉命檢閱内庫書籍,於廢紙堆中得隋著作郎杜公瞻《編珠》一册,原目凡四卷,遺其半,遍覓不可得。因手鈔之,藏笥篋間。己巳歸寓平湖,端居多暇,出而校讎,愛其精粹,輒因原目,補爲四卷。②

翻看明清私家藏書目録,則會發現衆多藏書家已經有實力典藏多部類書,上面提到的黄丕烈士禮居藏書樓中即藏有抄本《古唐類苑》(即《北堂書鈔》)160 卷、殘宋本《太平御覽》360 卷、《事類賦》30 卷、明刻本《事物紀原事類》20 卷、校明抄本《姬侍類偶》1 卷、明活字本《小字録》不分卷、影抄金本《增廣類林》15 卷、明刊本《書叙指南》12 卷、道藏本《太平御覽》3 卷等 9 部類書。而另一位大藏書家朱彝尊《竹垞行笈書目》"山字號"著録《藝文類聚》《事文類聚》《北堂書鈔》《山堂考索》《唐類函》《類林》《類略》《事物紀原》《太平治迹統類》等類書。此外,"生字號""涯字號""雪字號""待字號""還字號"還零星記載了《异物匯苑》《謝華啓秀》《廣博物志》《韵府群玉》《玉海》《焦氏類林》《職官分紀》等類書,可謂皇皇多矣。

經過各種機緣,類書終於從統治者獨占的藏書樓中解放出來,并"飛入尋常百姓家",成爲私人藏書家中的"名品"。這是古代藏書史上極具價值的標志事件,爲讀書人科舉考試和詩賦創作提供了極大幫助,也爲古代科學技術緩慢向前發展提供了資料參考,使私人藏書家在之後典藏叢書等體量更大的典籍時也有了足够的藉鑒。

二 不斷升格:古代私家書目中的類書

書目與學術的關係最爲密切,所謂"辨章學術,考鏡源流"是也。目録對於類書著録的變化,一定程度上反映了類書分類思想的發展完善。在歷代書目中,對類書的著録和歸類是一個循序漸進的過程,以"類書之祖"《皇覽》爲例,該書編纂完成後,晉荀勖《中經新簿》隨即在丙部(即後來的史部)辟有"皇覽簿",惜這部第一次使用四分法的目録學著作早在宋代即亡佚,因而無法考知

---

① 顔茂猷之序,載《經史匯纂》卷首,明崇禎間刻本,北京大學圖書館藏。
② 高士奇《編珠序》,《景印文淵閣四庫全書》第 887 册,臺灣"商務印書館",1982 年,第 40 頁。

"皇覽簿"所包含的具體書目。《隋書·經籍志》將《皇覽》及其他類書附於子部雜家,分類標準不得其詳,因爲類書畢竟又不同於雜家,它在四部中具有非常特殊的地位。當類書進入私家藏書樓後,受官修目録和史志目録的影響,私人編修目録時亦把類書作爲一項重要的内容著録進去。但是,隨着人們對於類書價值認識的不斷提高,類書在古代私家目録中的地位亦不斷變化。

一是從子部雜家類中分離出來。

洪業先生説:"荀勖之《中經新簿》以《皇覽》自爲一門,與史記、舊事、雜事,并隸丙部。則其初不但無類書之稱,且并不屬子部書也。南北朝時,《華林遍略》《修文殿御覽》之流踵武繼作,蔚爲大觀;梁齊書目區分何部,今無可考,唯《隋書·經籍志》中,《皇覽》《書苑》之屬,已聯翩入子部雜家矣。《舊唐志》析而出之,使隸類事,仍居子部,《新唐志》又廣類事爲類書,蓋類書之目,起於是耳。顧自雜家而類事而類書,增益疏合之間,頗有可注意者。"①魏晋時期的官方目録是把類書放在史部的,但是由於這時期的目録多亡佚,具體情況不可考知。唐初官方編纂《隋書·經籍志》,把類書由史部移入子部雜家類,説明當時學者對於類書性質有了新的認識,但是類書究竟屬於何種體裁還是難以判斷。

我國古代私家目録編纂始於魏晋,但唐及以前私家所撰目録皆不傳,因此類書著録情況不可得知。宋代私家藏書漸成規模,私藏編目流傳至今者有《直齋書録解題》《郡齋讀書志》和《遂初堂書目》3種,皆在子部設立"類書類",顯然是受到歐陽修《新唐書·藝文志》的影響。其中,《郡齋讀書志》著録54部3751卷,《直齋書録解題》著録53部3652卷,《遂初堂書目》著録70部,不載卷次。三目對於類書的認識是一致的,共同把類書放在子部中,與儒家、道家、卜筮、雜藝等同列,其地位不言而喻。《郡齋讀書志》和《遂初堂書目》把《通典》《唐會要》等政書也當作類書,這是因爲唐宋時期,唐代史館和宋代三館同時編纂類書和政書,二者的區别在於政書是在已有資料的基礎上作融會貫通的記述,而類書則完全是"述而不作",但晁公武和尤袤不察,把兩者混同爲一,需要釐清。

二是脱離子部,單獨成類。

目録學史上,唐代毋煚《古今書録》子部專辟"事類"目,宋代《崇文總目》首次用"類書"作爲部類名稱,而鄭樵《通志·藝文略》首倡類書獨立爲一級類目。鄭樵是古代著名的學者,在文獻學理論方面多有建樹,他的這一理論在明代私人藏書家那裏得到落實。《藏書紀事詩》卷二《陸文裕深》"昌熾案"説:

> 文裕《書目》世無傳本。……其著録之例:《十三經》第一,理性第二,史第三,古書第四,諸子第五,文集第六,詩集第七,類書第八,雜史第九,諸志第十,韵書第十一,小學、醫藥第十二,雜流第十三。以小學、醫藥合

---

① 鄧嗣禹《中國類書目録初稿》卷首,臺北古亭書屋,1970年,第Ⅱ頁;又見洪業《洪業論學集》,中華書局,1981年,第134頁。

爲一類，爲諸家所未有。①

"文裕"是藏書家陸深去世後朝廷封的謚號。嘉靖三年(1524)，陸深致仕家居，營造多處土崗假山，因自號儼山。他熱愛藏書，爲官各處，搜集當地圖籍，久之則積數十萬卷之多，爲此，他編寫《江東藏書目》（一名《陸文裕藏書目》），將類書單列一類，可知典藏多種類書，可惜該目失傳，後人無法考知所藏類書種類和數量。

幾乎與陸深同時的藏書家晁瑮，晚年根據家藏圖書編《晁氏寶文堂書目》（又稱《寶文堂書目》），收書7829種，該書於分類體系上，打破了傳統的四部分類法，以卷系目，共分作上中下三卷。其中，中卷分類書、子雜、樂府、四六、經濟、舉業等六目②，晁瑮不僅將類書單獨成類，而且放在中卷之首，可知其對類書看重如此。但是，需要說明的是，該書目"類書"下列127種，除真正的類書外，部分總集、別集、詩文評也被收錄在內，説明晁氏對於"類書"概念有自己的理解。

同樣地，明代著名文學家、出版家茅坤留給孫子茅元儀的藏書閣"規模浩大，藏書豐富，茅元儀的著述中很多地圖、圖表注釋可能就出自這一藏書閣"③。茅氏晚年編其家藏書爲九學十部之書目，曰《白華樓書目》。所分九類指的是經學、史學、文學、説學、小學、兵學、類學、數學、外學，類學與經學、史學、文學等同等地位。茅元儀把類書提升到"類學"的高度，這是看到了類書在古代學術體系中的獨特地位，似已認識到類書對於古代學術研究的重要性。

除上述三家外，古代私家書目不按四部分類法，把類書單獨列類的還有孫樓《博雅堂藏書目錄》、沈節甫《玩易樓藏書目錄》、錢謙益《絳雲樓書目》、錢曾《述古堂書目》《讀書敏求記》、鄭寅《鄭氏書目》、祁承㸁《澹生堂藏書目》等。客觀地説，把類書從子部抽出，單獨成類的目錄實踐并不爲學術界所認可，原因是類目太多，分類依據有些牽強。不過，他們不約而同將類書單列出來，這是看到了類書不同於四部的特點，也是對類書重要性的肯定，對學術界認識類書的地位和價值有着重要影響。

三是"類書"作爲總類目，其下又分小類。

這種分類法見孫星衍《孫氏祠堂書目》，是孫星衍根據自家平津館所藏典籍而編，著錄藏書2227種，2613個版本。孫星衍與專嗜宋元舊本的藏書家黃丕烈、吳騫不同，"他的藏書中既有大量通行本，也有不少宋元秘笈；他的收藏既重視前人著述，也關注時人成果，比較典型地體現了相容并蓄、古今并重的藏書特色"④。正是因爲秉持相容并蓄、古今并重的藏書思想，故孫氏藏書數量多，種類龐雜，他在藏書目錄的編寫上也下了很大功夫，所分12部爲經學、

---

① 葉昌熾《藏書紀事詩》，上海古籍出版社，1989年，第146頁。
② 晁瑮《晁氏寶文堂書目》，古典文學出版社，1957年，第86—90頁。
③ 〔美〕富路特《明代名人傳》，北京時代華文書局，2015年，第1427頁。
④ 焦桂美《孫星衍研究》，上海古籍出版社，2017年，第331頁。

小學、諸子、天文、地理、醫律、史學、金石、類書、詞賦、書畫、小説。類書類下又分事類、姓類、書目 3 類，其中，事類收書 29 種，姓類收書 10 種，書目收書 21 種。孫氏對於類書類又細分爲 3 類有自己的理解，他説：

> 先以事類，次以書目，古書亡佚，賴唐宋人采錄，存其十五，非獨獵祭詞章，實亦羽翼經史，謂之事類；譜學之傳，自東晉板蕩，南宋播遷，周秦世系，不可復尋，或多僞托，唐宋學有專家，傳書幸在，故爲姓類；流傳書籍，自有淵源，以各家著錄，僞書缺帙，不能妄托，宜存其目。①

《孫氏祠堂書目》爲孫星衍指導家族子弟讀書用的書目，全部圖書分爲 12 類，這是應"歲周之數"，便於族中子弟按 12 個月的時曆循序誦習，當然，能否嚴格按照此種順序習讀又當別論，至少，這是一種將讀書與歲時對應起來的做法，文化意義十分明顯。孫星衍撰寫書目之前，《四庫全書總目》已經問世，但是紀昀等館臣對於所收類書尚未進行明確細分，而是按照年代收錄 282 種類書。相較於紀昀等人，孫星衍"大膽地將此類從子部中脱離，獨立爲一大類，雖非首創（將類書類獨列一大類的最早實踐者是鄭樵），但他不依附於當時權威，別出新見，可謂有膽有識。尤其是類書類下設事類、姓類、書目三子目，則比鄭樵又勝一籌"②。隨着類書編纂的不斷增多，類書内部確實有再行分類的必要。到了現代學術階段，學術界開始思考類書的分類問題，先後提出了多種分類方法③，但是，如果追溯類書分類研究問題，則不能抹殺孫星衍的開創之功。

三　相與有成：類書與藏書家的文獻交際

類書進入私人藏書樓後，成爲藏書家間文獻交際與友誼傳承的重要組成部分，他們借閲、校勘、板刻……進一步推動了類書的流通和利用，使之成爲古代基層文化信仰與知識普及的重要載體。

（一）藏書家與類書借閲

古代藏書公私對立，往往在戰亂和易代之際繞有相互流通的機會。和平之時，公藏以其權威性壟斷大量世不經見和卷帙超大的典籍，私人藏書家爲豐富藏書和獲取知識，則抱團取暖，對稀見及大型圖書互通有無，這其中就包括古代類書。

清乾嘉時期，蘇州城内涌現衆多藏書家，最負盛名的有周錫瓚、袁廷檮、黄丕烈、顧之逵等，四人號稱"乾嘉四大藏書家"。其中周錫瓚和黄丕烈生年相近，同處一城，早年却未曾交往，連結二人友情的是一部殘宋本《太平御覽》。黄丕烈記載説：

---

① 孫星衍《孫氏祠堂書目》，商務印書館，1935 年，第 3 頁。
② 陳甯《〈孫氏祠堂書目〉分類方法解析》，《圖書情報工作》2007 年第 5 期。
③ 現代學術界關於類書的分類問題，主要有鄧嗣禹的"十分法"、劉咸炘的"五分法"、夏南强的"三分法"和劉全波的"六分法"。參見劉全波《類書研究通論》第五章《類書的分類》，甘肅文化出版社，2018 年，第 79—95 頁。

《太平御覽》爲類書淵藪,近時講實學者尤重之。余於數年前曾蓄三四部,非活字即宋字本,最後得一舊抄本,十三行爲半葉者,較諸本爲佳,然以未見宋刻爲憾。聞郡城香岩書屋周君錫瓚家有宋刻殘本,遂因友人獲交周君,并得請觀其書。①

不過,兩位藏書大家在借閱《太平御覽》過程中出了一場小"風波"。周錫瓚出於相信黃丕烈的人品,有感其對藏書事業的癡迷,所以大方相借。這部《太平御覽》雖然僅存 360 卷,但畢竟是宋版,在清代,藏書家視宋本爲球璧,黃丕烈本人即有"佞宋"之稱,所以周錫瓚千叮嚀萬囑咐,要黃丕烈保守秘密,不爲外人所知。誰承想黃丕烈得到書後馬上邀請好友抄録,好友不慎走漏消息,一時多位藏書家來士禮居借閲。此事很快傳到周錫瓚那裏,周十分生氣,二人之間產生了芥蒂,黃丕烈懊悔不已。不過,看到黃丕烈如此喜愛《太平御覽》,周錫瓚很快轉變觀念,開價 240 兩白銀售於黃丕烈。黃丕烈央求中人討價還價,最後以所藏其他宋板書成功交換。得到《太平御覽》後,黃丕烈欣喜异常,他拿出 10 兩銀子酬謝中間人,又花費 10 兩銀子認真裝潢。這件事後,周錫瓚和黃丕烈的芥蒂消除了,友誼反而加深了,他們經常互通有無,一人得秘本,必通知對方,相互借閱。交往既久,黃丕烈對周錫瓚由衷敬佩,稱"香岩識古書,爲吾儕巨擘"②。

類書爲媒,通過借閱,藏書家間的文化友誼進一步提升,他們惺惺相惜,出於對典籍的共同愛好和心理,圍繞類書借閱發生了太多感人故事。如道光間藏書家張履祥記載說:

> 《稽瑞録》,子准陳君之秘本,余親見其得之書船,狂喜累日,以爲唐人著作,自來藏書家所未見,殆將刊而公諸天下也。無何,陈君卒,书散去十之七。余時訓其子,因檢點其書,幸《稽瑞録》等書尚存,遂爲照式影抄,中有空闕脫落一二字或數字,無從增入,又有舛誤字甚多,俱未敢妄改,悉依原本寫之,以仍其舊,俟明者當校而正焉。③

"子准"是藏書家陳揆的字,其藏書冠吴中,藏書樓曰"稽瑞樓",就是購得這部類書後而更名的。陳揆對《稽瑞録》向來珍藏樓中,秘不示人,但陳氏故去後,藏書隨之星散,張履祥館其家,借此書以讀,并"照式影抄",該書得以流傳下來。張履祥出於對稀見類書的保護之情,對陳氏典藏類書的崇敬心理,故而不惜花費大量精力影抄,以求典籍原貌,實在難得。

(二) 藏書家與類書校勘

隨着時代不斷向前發展,類書編纂愈加繁多,在編纂、刊刻或抄纂以傳的過程中,不可避免地出現文字訛誤問題。針對這種現象,古代藏書家在收藏過程中做了大量校勘糾謬的工作,使流傳多年的類書更接近原貌,便於後人

---

① 黃丕烈《黃丕烈藏書題跋集》上,余鳴鴻、占旭東點校,上海古籍出版社,2015 年,第 303 頁。
② 黃丕烈《黃丕烈藏書題跋集》上,第 61 頁。
③ 瞿良士《鐵琴銅劍樓藏書題跋集録》,上海古籍出版社,1985 年,第 197 頁。

利用。

一方面，去僞存真，以還舊觀。古代藏書家學識多淵博，他們中多有集藏書、編書、校書和刻書於一身者，對古代典籍整理十分深入。在類書校勘上，古代藏書家用力很多，經過他們校勘後的類書，漸漸接近真容，後人閱讀和使用十分便利。如明代著名學者、藏書大家胡震亨，曾借閱同鄉鄭忠材所藏《歲華紀麗》一書，該書乃抄自宋刻，訛誤尤多。胡震亨一邊閱讀，一邊"從原本校正，凡改易增減千三百字。汝納及友人姚孟承又改五百許字，然後可讀"①。《歲華紀麗》4卷，唐韓鄂著，此書按一年四季的順序，記載前代賢人的美好言語和故事，體例略似《北堂書鈔》和《白氏六帖》。該書宋代有刻本，但是流傳不多，世間難以見到，傳到清代的即胡震亨校勘本。清人王士禛在《居易錄》中直言"《歲華紀麗》乃海鹽胡震亨孝轅所造"②，這是不明白該書來歷所致，不過稱胡氏所造，正可見胡震亨校勘之精審。

無獨有偶，嘉慶六年(1801)四月，著名學者兼藏書家孫星衍，在蘇州書肆購得元末明初陶宗儀傳鈔宋本《北堂書鈔》，爲該書現存鈔本中最古之本。孫氏獲之如至寶，稱"此書訛舛，俟手校一過，抄存佳本，匯以進呈，或募好事刊刻，務須寶之……嘉慶七年正二月，又屬王石華兄手校一過"③，孫星衍校勘過的《北堂書鈔》版本價值極高，受到時人追捧。同治四年(1865)，藏書家周星詒以重金得此本，十分興奮，遂自榜其藏書室爲"書鈔閣"。至光緒十年(1884)，該本爲藏書家蔣鳳藻花3000金而得，蔣馬上改自家藏書樓"心矩齋"爲"書鈔閣"，書寫了類書文化史上的一段佳話。

另一方面，總結方法，提升理論。古代文獻校勘歷史悠久，人們在校勘實踐中不斷總結經驗，豐富理論。類書校勘也一樣，從事校勘的古代藏書家在長期的實踐中善於思考，勤於總結，歸納出行之有效的校勘方法和理論。如晚清南海藏書家孔廣陶，以鹽業起家，富於財，鋭意收購圖書字畫，所藏極富。藏書處稱三十三萬卷樓，宋元精槧，充盈其中，尤以藏清代殿本、名人校鈔本爲特色。孔廣陶對於類書收藏十分用心，多部類書歸其所有。他曾認真校勘《北堂書鈔》一過，并在校勘中深有感慨地説："校近書易，校古書難；校完整書易，校未成書難；校現存書易，校亡佚書難！"④孔廣陶校勘之後，還出資刊刻，歷史上《北堂書鈔》的刻本主要有兩種，一種是明人陳禹謨所刻，另一種即孔氏所刻。陳本所據底本脱誤甚多，校勘不精，而孔本由於校勘精細，後人讚賞有加，稱之爲"目前可以看到的最好的版本"⑤。

孔氏稱校勘類書之難，對後人有很大觸動，清人黃廷鑒幫助張海鵬校勘《太平御覽》，并撰寫文章，提出了一套行之有效的校勘理論和方法，對學者更

---

① 胡震亨識語載韓鄂《歲華紀麗》卷首，《四庫全書存目叢書》子部第166册，齊魯書社，1997年。
② 胡震亨《居易錄》卷六，《景印文淵閣四庫全書》第869册，第374頁。
③ 孫星衍之語載虞世南《北堂書鈔》卷首，天津古籍出版社，1988年，第2頁。
④ 孔廣陶《校刊北堂書鈔元本序》，虞世南《北堂書鈔》卷首，天津古籍出版社，1988年，第6頁。
⑤ 王燕華《中國古代類書史視域下的隋唐類書研究》，上海人民出版社，2018年，第115頁。

有藉鑒意義。他說:

> 自當以宋本舊抄爲主,明刻本雖劣,其中有義可兩通,及似是而實非者,當并存之。注云"刻本作某",或"一本作某",非以辨別之。舊抄與宋本异者,同此例。至於抄刻皆同,而核之經史百家古本,原文互异者,如顯然謬誤,人所共知,既經新刻改正,無庸注明。其餘如人名姓氏、山川郡縣、典章制度,以及文義脱落乖謬處,皆當一一詳注"《御覽》原文作某""原脱幾字""今據某書正"云云,以存宋本之舊。其《御覽》似誤,而句意略有可通者,即當仍《御覽》本文,而別引所引之本書以疏通之,此乃作此書考异之體例也。至引證諸書之例,亦不可雜,如所引之書,本書見存,總以見存之本書爲據,旁参唐、宋以前經史注文,已足徵信。惟其書既佚者,自不得不摭及類書,然總以唐代爲斷。蓋《御覽》一書,成自宋初,其所摭拾,唐初以上,居十之九,大抵即據隋、唐類書爲藍本,則證以唐代類書,尚可得其彷佛也。至明人《天中記》諸書,轉向販鬻,或妄易字句,全失古書面目,倘據以校刊,是猶以漢法況周制也。至《淵鑒類函》爲本朝敕撰之書,囊括古今,爲自古類書之冠,謹繹其爲書體例,就明俞氏之《唐類函》而損益之。凡所引隋、唐以前故實,除已見於唐類書者外,若唐類書所未載,別據古書采入者。又如標題《太平御覽》,而其文與今本有异者,皆當一一恭錄,以定折衷。……①

黄廷鑒校勘《太平御覽》遵循通行的原則,又針對明人校勘不精的問題,認爲校勘《太平御覽》這樣的大型類書一定要做到:一、异文兩存;二、原文與注文皆注明;三、似誤者以《太平御覽》爲准;四、證之古書以唐代爲斷。這樣的校勘原則可保存《太平御覽》的原貌,在"明人好刻古書而古書亡"②的局面下,有着很大的積極意義。

(三) 藏書家與類書刊刻

類書按類編排,收羅繁富,便於查閱,在没有辭典的時代,一書在手,尋檢資料十分方便;但是,因爲類書卷帙龐大,如果没有豐厚的財力支持則難以刊刻。刻書盛行的兩宋時期,從事類書的刊刻主體爲官府,政府出資,學者出力,大型類書以印本的形式便於流傳後世。明清時期,滿懷文化使命精神的藏書家,克服各種困難從事類書刊刻,大大促進了類書的流傳。

刻類書往往是一次規模宏大的"文化盛會"。《册府元龜》編成後,宋廷爲之刊刻,但是很長一段時間不爲學術界重視,個中原因大概在於《册府元龜》所采多爲常見書,又不注明資料出處,加上主編之一是被史傳及後世視爲奸佞的

---

① 黄廷鑒《第六弦溪文集》卷二《答張若雲州司馬論太平御覽考异》,《叢書集成初編》第 2461 册,第 47—48 頁。
② 語見魯迅《且介亭雜文》之《病後雜談之餘——關於"舒憤懣"》。按,清人陸心源《儀顧堂題跋》卷一《六經雅言圖辨跋》對明人妄改亂刻古書,説過這樣的話:"明人書帕本,大抵如是,所謂刻書而書亡者也。"

王欽若,因而該書流傳不廣,明朝幾乎不見該書有藏書家典藏的史料記載。到了晚明,江西南昌藏書家黄國琦等以楊慎的校抄本爲底本,又據劉應秋、孫承宗、劉一燝、傅冠、曹學佺、邵捷春、倪元璐、朱謀䯄、鄧纘皇9家所藏抄本反復校勘,參校者百餘人,用了20多年時間,於崇禎十五年(1642)刊刻印行。該書1 000卷,1 000多萬字,體量實在龐大,刊刻需要大量資金,福建巡按李嗣京等人得知後,出官俸相助,最後玉成此事。一書之刻,參與者衆,在古代類書刊刻史上十分罕見。

刻先人所編類書是家庭文化傳承的最好體現。明嘉靖間,河南滑縣人耿隋朝,進士出身,官至山西按察副使。致仕後編纂《名物類考》4卷,分15門,詮釋名物,闌入大量故實,書成不久,未及刊刻而謝世。子如瑾是當地著名學者,藏書5萬卷。他細心整理《名物類考》,決心將之付梓,説:"不肖即椎愚,且得藉手以不朽先大人矣!歸乃謀壽諸木,就吾兄孝廉共相訂校,仍取諸奇僻字,檢篇韵注之,儳依爾雅例,各附本篇之後,俾覽者不致聱牙焉耳,前後三閲月,剞劂工竣。"①

刊刻類書也是一次珍稀版本的集中展示。如清代常熟人張海鵬,出生於文獻世家,父親張仁濟、哥哥張光基、侄子張金吾皆積極從事文獻整理工作。他自幼穎異,刻苦讀書,爲人端正方直,曾出2萬金設從善局,賑濟鄉里孤寡。屢試不中後,遂絶意仕途,篤志墳典,搜宋金兩代遺集,儲於"借月山房"中。他在嘉慶九年至十四年(1804—1809)刊刻《太平御覽》之事,爲其一生中最值得紀念的文化事業。爲保證文字接近原貌,張海鵬利用自己深厚的人脉關係,借來了何元錫抄周錫瓚藏宋刻本366卷、黄丕烈藏舊抄本519卷又序目16卷、範氏天一閣舊鈔23卷,上述3家全部是明清時期江南最著名的藏書之家,他們精心收藏的《太平御覽》雖非全帙,但是版本價值極高。以黄丕烈爲例,其所收藏的殘卷在明代初歸中山王邸,上面蓋有"南州高士""東海豪家"兩印,後入内府,爲文淵閣插架之物。到了清初,該書輾轉歸昆山徐氏傳是樓,嘉慶間,由黄丕烈購得,列於士禮居珍貴古籍中。因爲參校的版本精善,所以時人黄廷鑒説:"(海鵬)又念六朝古籍罕存,惟《太平御覽》中徵引頗多。是一書傳,而群書之崖略以傳,允稱類書之冠。舊刻訛謬,宗人觀察燮藏有明人舊鈔,據爲主本,讎校再三,付梓未半;複從何上舍家,得影宋鈔本,詳加覆勘,已刊者不憚刓改。中有兩册,爲兩本俱闕者,復屬上舍泛海至寧波範氏天一閣中鈔補,是書始臻完善。"②始"臻完善"是對張海鵬刻《太平御覽》的高度評價,也道出了取得這一成果的條件,那就是有足够的善本作爲校本,保證了校勘的品質。

結　語

縱觀幾千年的古代社會,任何一個時代都有屬於自己的文化理想,任何時

---

① 耿如瑾《附言》,耿隋朝《名物類考》卷後,明萬曆三十九年(1611)東郡耿氏刊本。
② 黄廷鑒《第六弦溪文鈔》卷四《朝議大夫張君行狀》,《叢書集成初編》第2462册,第83頁。

代的人也都有屬於自己的精神依托,而類書在承載文化理想和精神依托方面起到了重要的作用。類書是傳統中國獨具範式的典籍,也是中華民族豐富文化的結晶。歷代類書的編纂綿延不斷,呈現出強大的生命力,對中華文明的延續和發展起到了重要的推動作用①。"書"是藏書文化的內核,而作爲分類詳細、資料齊全、用途廣泛的類書,一旦進入私家藏書文化的視域,其價值便有多方面的呈現:第一,隨着商品經濟的發展,雕板印刷流行,市民文化興起,類書從最初的"帝王家物"逐漸成爲私家藏書樓中的"貴品"或文人的案頭書;第二,有了類書,尤其是大型類書的入藏,私家藏書開始從追求藏書數量朝向追求品質轉换;第三,宋代以後,藏書家在收藏的基礎上有條件對類書進校校勘、輯佚、編纂和版刻等整理工作,類書數量蔚爲大國,古代衆多的史料,尤其是那些正經正史之外的"邊角料"(主要指百姓日用史料類)得以保存下來,古代典籍文化纔得以全方位流傳。

(作者單位:蘇州大學文學院)

---

① 桑良志《中國藏書文化》,中國財政經濟出版社,2012年,第2頁。

"想象"的概念史析論[*]

王鑫羽

"近幾十年來,人們對'語言'在理解'現實'方面的重要性日譄增長的認可,已經急劇地改變了人文社會科學研究中心和研究方法。"[①]這種改變的主要表現之一就是"概念史"的研究。"概念"作爲人類日用而不自知的生存要素,是簡化的現實及詞化的經驗,也是學術史研究中最基本的要素。例如,中國文論中的"想象"概念,在"中—西—日—中"的學術交流中,經歷時間化、民主化、意識形態化的過程,衍生出新的意涵并逐漸穩固化,其概念史的研究亟需梳理、拓展,追尋其流變軌跡,不僅可以提供古典文論與詩學現代轉換的鮮活例證,也可從中探視現代中國文論話語共同體的形成路徑,進而也可爲我國當下甚至未來的文學理論建構提供有益的參考與藉鑒。接下來本文以"想象"概念爲例,試圖運用德國著名學者科塞雷克(Reinhart Koselleck)用以指導概念史研究的四種研究假設中的三種作爲重點,即時間化(Verzritlichung)、民主化(Demokratisierung)及意識形態化(Ideologisierbarkeit),輔以政治化(Politisierung),探求中國文論"新學語"概念史研究的基本路向。其中,政治化主要指概念逐漸成爲實現政治目的工具的過程,不作爲論述重點,其與民主化同指"概念增長的政治意涵、概念日益擴大的社會邊界"[②]的部分,將一并進行討論。

一 "想象"概念之時間化

"想象"概念的古今嬗變過程是一種"時間化"過程,"時間化"是一種不斷變化的時間觀念。"概念"具有了回溯性和前瞻性的維度,具有"過去"與"未

---

[*] 本文爲教育部人文社會科學重點研究基地項目資助,北京師範大學文藝學研究中心重大項目"跨文化語境中的中國文論概念古今之變研究"(22JJD750013)階段性成果。

[①] 〔英〕伊安·漢普歇爾-蒙克《比較視野中的概念史》,周保巍譯,華東師範大學出版社,2010年,引言第1頁。

[②] 〔英〕伊安·漢普歇爾-蒙克《比較視野中的概念史》,周保巍譯,第7頁。

來"。幾乎所有的歷史定義又在"過去"與"未來"之間產生連續不斷的交互作用,這種交互作用中不斷引起概念能指的改變①。中國古代文化典籍中,"想象"一詞并不鮮見,但具有的多是"回憶""設想"等相關的意思,并不具有現代意義上"想象"概念之意涵,即西方所強調"創造性"的意涵,也并未進入古代的詩文評當中。在西學東漸的過程中,"imagination"最終固定在"想象"之上,漢語中的"想象"概念開始在一定程度上被賦予了創造性等多種意味,并逐步取代"神思""妙悟"等詞。

(一)"想象"的原初意義

在中國古籍中,"想象(想像)"一詞較早地出現在《楚辭·遠游》中:"思舊故以想像兮,長太息而掩涕。"②聯繫上下文語境可知,這裏的"想像"表達的是"回憶""回想"之意。"想象"出現較早的另一處是東晉時,張湛輯録增補的《列子》:"子之聽夫!志想象猶吾心也。"其中的"想象"是鍾子期根據抽象的聲音聯想其中反映的內容,是一個據音賦形的過程,具有"設想""聯想"之意。另外,嵇康《嵇康集》中也出現"想象"一詞:"四牡一何速,征人告路長。顧步懷想象,游目屢太行。"③"想象"在這裏表示"回憶"的意思。之後漢代《太平經·事死不得過生法》有:"人由親而生,得長大,見親終去……念念想象,不能已矣"④,其中"想象"也爲"回憶""緬懷"之意。唐代李商隱"下苑經過勞想象,東門送餞又差池"等也以"想象"表達"設想"之意。此外,"想象"在晉葛洪《神仙傳》中"乃謝遣門人,入山精思至道,想象神仙,於是夜常聞左右山間有誦書聲者"⑤,表達的基本上是空想、虛構神仙的意思,但表達這一含義的用例很少。可見,在中國古籍中,"想象"基本固定於"回憶""緬懷""設想""聯想"的意涵之上。而在中國古代詩文評中表達與"想象"(imagination)相近所指時,歷代文論家則使用了不同的能指。如,孔子"興"、韓非子"意想"、劉勰"神思"、昭明文選"沉思"、嚴羽的"妙悟"等⑥。

從詞源學角度來説,英文中"imagination"(想象)一方面來源於拉丁語"imaginatio",另一方面來源於法語"ymaginacioun"。拉丁語中的"imaginatio"前綴中的"-im"原本就具有"虛擬"的意思⑦。古希臘時期,亞里士多德首先在心理活動範疇中注意到了"想象"一詞:心靈中包含着"想象"與"記憶",任何能夠想象的東西實際上都存在於記憶當中。又説:任何感覺都是真實的,但

---

① 〔英〕伊安·漢普歇爾-蒙克《比較視野中的概念史》,周保巍譯,第8頁。
② 〔宋〕洪興祖撰,白化文等點校《楚辭補注》卷一,中華書局,1983年,第13頁。
③ 〔三國魏〕嵇康撰,戴明揚校注《嵇康集校注》卷一,中華書局,2014年,第121頁。
④ 王明編《太平經合校》卷三十六,中華書局,2014年,第52頁。
⑤ 〔晉〕葛洪撰,胡守爲校釋《神仙傳校釋》卷四,中華書局,2010年,第124頁。
⑥ 牛月明《中日文論互動研究以"象"根詞的考察爲中心》,中央編譯出版社,2014年,第121—123頁。
⑦ 黨聖元《中西文論中"神思"與"想象"的比較及會通》,《探索與爭鳴》2017年第1期,第28頁。

一些想象却是不實的……想象可能荒謬的,所以不能與知識、理智相提并論①。亞氏這裏使用的"想象"概念是一種虛假的空想,是低於感覺和理智依附於記憶的再現活動。這一階段,想象(imaginatio)和記憶(memoria)、幻想(phantasia)不做嚴格區分,而是經常一同地被使用。源於希臘文的"phantasia"是英文"fantacy"的詞源,古希臘的哲學家僅將其視爲感覺與思維結合的能力。

羅馬學者阿波羅琉斯的觀點似乎是"想象"開始強調創造性含義的理論起源。他將"想象"和"摹仿"區別開來,意識到了"想象"概念具有創造性意味,是基於現實創構新事物的過程,并給予"想象"很高的地位。他認爲摹仿只能以見過的事物爲依據進行塑造,而想象却可以創造出没有見過或體驗過的事物,在與現實的聯繫中調動大腦完成對理想的構思②。在這裏,"想象"意涵中雖具有了一種創造性能力,但此時的創造須在現實的基礎上纔能得以實現。後來出現的觀點基本受到上述兩種論點的影響:一部分人認爲"想象"是文學創作中的重要因素;但更多的一部分人將其與錯覺、瘋狂等同起來,認爲"想象"是理智的冤家。"想象"的"創造性"意義在這一時期并没有得到過多關注,中世紀大多學者也仍認爲"想象"是一種放肆的譫妄癥。十六世紀時,"想象"甚至被釋作"家里的瘋婆子"③。

直至文藝復興的後期,由於但丁在《神曲》中贊賞了"崇高的想象","想象"的地位在一定程度上得以提高。一些學者開始有意無意地強調并使用具有創造性含義的"想象"。至十七世紀下半葉,萊布尼茨發現在思維中存在着包含或不包含形象的兩種觀念,"想象"此時在表面上,成爲一個與現代文論中的"形象思維"具有相似性的詞語④。十八世紀初維柯指出想象力依靠人的本體發揮作用,他們充分調動崇高的氣魄去創造,這一崇高的氣魄便是"想象",而調動"想象"實現創造的便是"詩人"⑤。另外,霍布斯"複合的想象"、伏爾泰"積極的想象"等論述實際上體現了"想象"創造性與主動性在思維中的重要作用。

至十九世紀,"想象"理論建構開始受到各國學者的重視,并進入文學理論的核心。受浪漫主義影響,文學理論中愈加重視主體精神,"想象"也被賦予了一種不受現實規約的超越意志。柯勒律治在批評實踐中,評價莎翁的戲劇主要是想象力在起作用,想象力能够突破時間與空間界限,不再被外界所束縛,

---

① 中國社會科學院外國文學研究所,外國文學研究資料叢刊編輯委員會《外國理論家、作家論形象思維》,中國社會科學出版社,1979年,第8頁。
② 中國社會科學院外國文學研究所,外國文學研究資料叢刊編輯委員會《外國理論家、作家論形象思維》,第9頁。
③ 中國社會科學院外國文學研究所,外國文學研究資料叢刊編輯委員會《外國理論家、作家論形象思維》,第6頁。
④ 中國社會科學院外國文學研究所,外國文學研究資料叢刊編輯委員會《外國理論家、作家論形象思維》,第18頁。
⑤ 〔意〕維柯《新科學上》,朱光潛譯,商務印書館,1989年,第182頁。

僅需要遵守腦中想象力活動的規律①。柯勒律治在這里肯定了"想象"在文學創作中的重要作用,并把它當作是文學作品的靈魂。至德國的黑格爾對"想象"進行了更爲系統和完整的論述,他將"想象"與幻想截然分開,并認爲判斷"想象"與幻想最重要的依據就是是否具有創造性。十九世紀,"想象"在文學創造中的重要作用得到了普遍的認可,"想象"的内涵得到了更爲辯證的界說,外延的劃分更爲準確,價值意義也在這一時期凸顯出來②。

(二)"imagination"(想象)概念的西學東漸

東、西的"想象",有着兩種完全不同的發展路徑,中國古代的"想象"具有"回憶""設想"等意思,而西方"想象"則在發展過程中,由最初虛假的空想之意逐漸發展出了主動性與創造性的含義。中國文學理論中開始使用具有創造性意涵的現代性"想象",與西學東漸中西方的"imagination"(想象)一詞的意涵"嫁接"到漢語"想象"之上是分不開的,即日本在幕末或明治時期藉鑒了入華傳教士編撰的英漢詞典中的詞匯,這些詞匯又在近代以"和製漢語"重新進入中國。重審中國的"想象"概念,增加學術知識的透明度,探明西方的"imagination"是如何"嫁接"於中國"想象"之上的是必不可少的。這也就離不開對早期的漢英、英和詞典的考察。

近代一些傳教士采用雙語互注的形式編纂詞典,很多外語詞匯的漢譯名稱就在這時出現。其中一些漢譯詞典東傳至日本,很多由傳教士移植、創化的詞匯經過日語的借用再傳回中國,纔真正開始流行并被廣泛使用,"想象"就是其中之一。從目前掌握的材料來看,清末傳教士編纂的雙語詞典主要是漢英與英漢詞典,這些詞典是掌握重要概念的一手材料,也是解釋英語詞匯與概念漢譯史的重要例證,有着非同尋常的意義。依據雷蒙德·威廉斯(Raymond Williams)的關鍵詞研究觀念,詞語是語言中最爲活躍的因素。而詞語作爲知識與觀念的載體,與文化觀念及思維方式有着十分密切的聯繫。在清末傳教士譯介的過程中,隨新詞匯一同進入漢語的還有外域的知識與觀念,他們在漢語語境中逐漸被合法化。近代傳教士編纂的雙語詞典數量不少,據吳義雄《在宗教與世俗之間》統計,新教傳教士編纂的有17種③。本文選擇其中影響較大且涉及"想象"一詞的詞典,力圖厘清西方"imagination"移植、嫁接到中國"想象"的過程,及兩種不同語言間是如何建立起類同(equivalence)關係的。

在較早的華英詞典中,"想象"未被直接翻譯作"imagination"。至十九世紀二十年代第一部英漢雙語字典《華英字典》(馬禮遜),以及十九世紀四十年代的麥都思的《漢英字典》,對"想象"一詞的英譯都是"the image of a thought, an idea(思想形象、想法)"。但同時馬禮遜用英語"the thoughts of

---

① 孫家綉《莎士比亞詞典》,河北人民出版社,1992年,第328頁。
② 黨聖元《中西文論中"神思"與"想象"的比較及會通》,第29—31頁。
③ 吳義雄《在宗教與世俗之間:基督教新教傳教士在華南沿海的早期活動研究》,廣東教育出版社,2000年,第500—502頁。

the mind,denotes something of an inventive imagination(心靈、思想,指一個創造性思想的事情)"解釋漢語"心思",强調"imagination"是"心思"的意涵之一;麥都思也將"imagination"漢譯爲"思想之才"。麥都思基本不再使用馬禮遜使用漢語句子解釋英文單詞的方式,而是運用字或詞組的方式進行解釋。這兩本詞典中雖未實現直接對譯,但都賦予漢語"想象"一詞的創造性意味。1868年羅德存的《華英字典》較早地實現了"imagination"與"想象"的明確對譯。這本詞典在收詞量、特别新詞語的收録是當時最多的,也是對日本影響最大的一部詞典。在這里,開始明確將"imagination"對照翻譯爲"想象",其"imagination"詞條下還包含"想象、幻想、意思、虚想"幾個釋義,并於"想象"前加注:"conception image in the mind"。從十九世紀二十年代馬禮遜《華英字典》直至十九世紀六十年代羅存德的《華英字典》,近四十年的時間中,"imagination"雖開始與漢語中的"想象"相對照,但始終没有實現單向對譯。但在實現對譯的過程中,不僅實現了詞語上的連接,其背後所藴含的新知識、新觀念乃至文化思潮也對中國産生了影響[1]。

幕末至明治年間,羅存德、麥都思等人編撰的辭書東傳至日本,這些辭書被日本很多英和、和英詞典所藉鑒,成爲日本"漢譯洋學"的譯詞的重要來源。1967年齊藤静《日本語に及ぼしたオランダ語の影響》曾對"想象力"的來源進行論述,認爲"想象力"是オランダ語(荷蘭語)"verbeeldingskracht"的直接翻譯。第一次出現在1857年印行的《扶氏經驗》,其意涵與德語"phantasia"相似。1872年印行的《和英语林集成》中"想象"對應的譯語爲"fany, imagination or imagine of anything in the mind, idea"。至1881年井上哲次郎編撰的《哲學字匯》中"imagination"的譯語就只有"想象力"一詞,至此實現了二者的單向對譯。織田純一郎在同一年的著作《花柳春話》中,也將"想象"明確對譯爲"imagination"。至1906年《普通術語辭匯》中,對"想象"一詞的闡釋更加詳盡,用四頁解釋與其相對應的德語"Einbilaungskraft""Phantasie"及英語"Imagination",這意味着"想象"(imagination)在日本成爲一個關鍵的概念并固定下來[2]。"想象"這一重要概念在日本固化後首先進入文學概論領域。1916年本間久雄的《文學概論》,也是西學東漸至日本的産物,其中引文多達236次,論及的理論家、作家等多達101個[3]。將其與亨德《文學概論》(1906)、温徹斯特的《文學評論之原理》的章節相比較,能夠發現西方學術思想一定程度上影響了本間久雄,藉鑒并發展了其學術方法。在文學定義上,也展示了"imagination"與"想象"的淵源關係:

> 文学とは、想像、感情及び趣味を通じての、思想の書かれたる表現であつて、而もそは一般の人々に容易に解り易く、又興味を牽くやうな

---

[1] 牛月明《"想象"的中日之旅》,《中國中外文藝理論研究》2011年第1期,第283—285頁。
[2] 牛月明《"想象"的中日之旅》,《中國中外文藝理論研究》2011年第1期,第286頁。
[3] 李郡《近代中國文學史觀的發生日本影響》,湖南大學出版社,2016年,第342頁。

非專門的形式においてあらはされたものである。①
　　Literature is the written expression of thought, through the imagination, feelings, and taste, in such an untechnical form as to make it intelligible and interesting to the general mind. ②

　　另外在章節設置上，《文學概論》中的第三章《美的情緒與想象》也与温徹斯特《文學評論之原理》的第四章《想象》實現了對應。而我國之後的文學理論教材幾乎都是參照着本間久雄的模式來發展，其內容也與其相似，不僅將"想象"作爲關鍵字來定義文學，更是將"想象"單列一章專門來論述。由此可知，作爲中國現代文學理論範疇的"想象（imagination）"是經由日本藉鑒入華傳教士漢譯辭書、由日本再次傳入中國的產物，是"imagination"的日語漢化譯詞。作爲一個新的概念出現，"想象"具有以下幾個特徵："首先，'想象'不同於現實存在，其是一種具有創造力的、逾越現實的境界，在這一層面與'空想'一詞相似。其次，'想象'不同於記憶、思考、知覺等心理活動，想象是一種自覺能動的創造性活動，而後者則與現實存在相近并被動地掌握或重現現實經驗的活動。"③

二　"想象"概念之民主化

　　"概念"之民主化，即過去僅爲受教育者所知曉的"概念"也被其他社會階層所知曉。"想象"這一概念也由最初僅被有着良好國學功底并經歷西學浸染熏陶的少數人使用，慢慢獲得并變成了廣泛的社會知識認同。清末民初，一部分渴求西學的中國學生東渡日本。這時日本的基本詞彙經過十幾年的篩選已經定型，且在日譯西書與日本人編寫的論著中穩固。以漢字爲主的日譯西書和日本人編寫的西方論著，成了中國進步知識分子研習西學的最佳途徑。這一部分年輕人深刻認識到語言對於思維方式、思想觀念、精神塑造的重要性，開始引進"新學語"，"想象"作爲最具有代表性的新學語之一，或被少數人使用在譯介的日籍書中，或被使用在他們的行文筆間④。

表1　1898（甲午中日戰爭）至1914年"想象"的使用情況

作者	作品	時間	內容
斂之	《益聞錄》（近代報刊）	1894年	彭翁詩字從不留迹，凡寫過稿紙俱重複寫之，紙成墨色而後已，故詩甚多而人罕得之。兹錄二首，乃從叠字二層中模糊仿佛刻意想象摹擬出之者。

---

①〔日〕本間久雄《文學概論》，東京堂書店，1941年，第13頁。
② Theodore W. Hunt, *Literature: Its Principles and Problems*, Funk & Wagnalls Company, 1906, p. 24.
③ 牛月明《"想象"的中日之旅》，《中國中外文藝理論研究》2011年第1期，第287頁。
④ "想象"概念在中國概念民主化過程的初期尚未實現固化，這一時期"想象"與"想像"并用，含義相同，皆爲"imagination"的漢譯詞彙，有時甚至出現於同一著作中，如蔡元培《哲學要領》。這裏不做區分，統一寫作"想象"。

續表

作者	作品	時間	内容
〔德〕科培爾講,〔日〕下田次郎述,蔡元培譯	《哲學要領》	1903年	吾人之意志,實自由耶？或所謂自由者,不過吾人之想象耶？ 合理之心理學及神學,皆托於想象,康德所指爲必難發明者也。
王國維	《叔本華之哲學及其教育學説》	1904年	真正的知識,唯存在於直觀,即思索(比較概念之作用)時,亦不得不藉想象之助,故想象之思索,而無直觀爲之根柢者,如空中樓閣,中非實在之物也。
王國維	《屈子文學之精神》	1906年	由此觀之,北方人之情感,詩歌的也,以不得想象之助,故其所作遂止於小篇……而但是個之處,必須俟北方人之情感,與南方人之想象合而爲一……
黄人	《中國文學史》	1904年左右	文學定義:通過想象,將自然理想化而成美的製作。
魯迅	《摩羅詩力説》	1907年	文學的功用是"以涵養吾人之神思耳"。 古民神思,接天然之閱宫閣,冥契萬有,與之靈會,道其能道,爰爲詩歌。 而戰場在前,復自知不可避,於是運其神思,創爲理想之邦……
周作人	《論文章之意義暨其使命因及中國近時代論文之失》	1908年	原泰西文章一語,系出拉體諾文 Litera 及 Literature 二字,其義至雜糅……舉其著者,則如倭什斯多(Worcestor)曰:"文章者,學問(Learning)知識(Knowledge)意象(Imagination)之果,藉文字爲存者也。"

　　1894年甲午中日戰爭至新文化運動之前,中國文學理論中使用"想象"還比較少見,其作爲"新學語"新增的創造性意涵未被强調。如1894年在近代報刊中出現《益聞録》中的"想象"仍爲"聯想""設想"之意。蔡元培、王國維等早期著作中的"想象"也都是對西方哲學、教育學理論的譯介,表達的多爲初期的"空想"含義。1903年《哲學要領》中:"合理之心理學及神學,皆托於想象,康德所指爲必難發明者也。"①而在一些文學領域的文章中,"想象"與"imagination"并未實現對譯,如《論文章之意義暨其使命因及中國近時代論文之失》以"意象"與"Imagination"聯接、《摩羅詩力説》中以"神思"對應"imagination"。僅有黄人、王國維等少數幾人將"想象"與"imagination"對應,注意到了其創造性的意涵,并與文學相互闡釋。如1904年左右黄人的《中國文學史》"文學定義:通過想象,將自然理想化而成美的製作"。由此可見,這一時期"想象"尚未成爲慣用語。

---

① 〔德〕科培爾講,〔日〕下田次郎述《哲學要領》,蔡元培譯,商務印書館,1903年,第12頁。

表 2　1915 至 1923 年①

類別	作者	作品	時間	頁碼/內容
文章	蔡元培	《哲學大綱》	1905 年	① 吾人意識中有種種印象,非經驗界所供給者,非特童牛角馬,瑤草琪花,純爲想象力所構造者然也。 ② 知識者,形容力與想象力之結合也。
	胡　適	《建設的文學革命論》	1918年 4 月	個人所經驗的、所觀察的,究竟有限。所以必須有活潑精細的理想(Imagination)把觀察經驗的材料……從觀察的推想到不可觀察的。這纔是文學家的本領。
	傅斯年	《再論戲劇改良》	1918年 10 月	劇本裏的事迹,總要是我們每日的生活,縱不是每日的生活,也要是每年的生活,這樣纔可以親切;若果不然,便生幾種流弊:第一,引人想入非非,破壞人精密的思想想象力……
	康白情	《新詩底我見》	1920年 3 月	① 普通做詩,照前面說過的,是把情緒的,想象的意境,音樂的,刻繪的寫出來。 ② 就內容說,有情緒的和想象的兩種意境。 ③ 再次則神秘固不是詩裏必須的東西,但……可以興起一種美感,所以有時因想象而涉於神秘,也正不必排去的。
	雁　冰	《〈歐美新文學最近之趨勢〉書後》	1920年 9 月	藝術之至高格,在兼觀察與想象而能諧和,寫實文學偏重觀察而屏棄想象……其弊則在豐肉而枯靈。
	葉聖陶	《文藝談》	1921年 3 月	① 兒童文藝要有一種質素,淺見的人或者會以爲無妨用神怪,神怪也類乎想象。 ② 那些痕迹一經文藝家和畫家的手已蛻化面爲情緒想象了。 ③ 一兩句和一墨點即足以破壞名作家表現渾然的有機的情緒想象的作品而有餘。
	西　諦	《論散文詩》	1922年 1 月	① 在詩裏面,所包含的元素是……想象。許多人都定義詩爲"想象的文字"。 ② 有詩的本質、詩的情緒與詩的想象而用散文來表現的是"詩"。

---

① 參見于瀟嵩《王國維"新學語"與中國古代文論的現代轉型》,中國海洋大學碩士學位論文,2010 年,第 33 頁。

續表

類別	作者	作品	時間	頁碼/内容
近代報刊	星海	《小說叢報》	1916 年	小説海：哀情短篇：《想象當年》（按：題目）
	休白拉克原著，陳霆鋭譯	《青年進步》	1918 年	《釋想象》：想象二詞常受二重的誤解，其一是關於文字的。其二關於思想的……吾人行文中所稱想象之事物，常指虚無及不確實者，而言所謂空中樓閣，即想象所得事物之代名詞，按之真意相去甚遠，此即文字上之誤解也。
文學理論教材	吕雲彪	《新文學研究法》	1920 年 9 月	① 新文學的根本觀念：引用近人對於新文學所下的界定，"羅志希先生説：'文學是人生的表現和批評，從最好的思想裏寫下來的，有想象，有情感，有體裁'……" ② 羅志希先生更説文學有八種要素："三、想象：論述一件事，總要捨身處地的設想，以自己的想象唤起他人的想象。"

　　隨着西方文學思潮、文學觀念的不斷涌入，以及新文化運動的興起，陳獨秀、李大釗、胡適等一批先進知識分子發起了文學革命，旨在批判封建主義思想與舊文學，并大力倡導建立新文學。他們意識到西方文學理論對於新文學話語權建立的重要作用，更加積極藉鑒外國文學理論。如 1918 年胡適《建設的文學革命論》："個人所經驗的、所觀察的，究竟有限。所以必須有活潑精細的理想（Imagination）把觀察經驗的材料……從觀察的推想到不可觀察的。這纔是文學家的本領。"①此後，"想象"一詞的使用頻率極大提高，不僅出現在早期先進的赴日學習的知識分子筆下，也在代表大衆的近代報刊中被頻繁使用，"想象"在文學中的創造性作用也開始被強調。如陳霆鋭於《青年進步》中翻譯休白拉克《釋想象》："吾人行文中所稱想象之事物，常指虚無及不確實者，而言所謂空中樓閣，即想象所得事物之代名詞，按之真意相去甚遠，此即文字上之誤解也。"②至章錫琛 1919 年用文言文翻譯《新文學概論》，1921 年 10 月倫達如據日本太田善男編譯的《文學理論》編著《文學概論》等論著的出版後，更多的文章與教材中強調"想象"的創造性作用，將是否具有想象作爲評價文學的重要標準。1920 年吕雲彪的《新文學研究法》："羅志希先生説：'文學是人生的表現和批評，從最好的思想里寫下來的，有想象，有情感，有體裁。'"③此外，還有很多文章與教材中在對"文學是什麽這一問題""文學四要素"的闡釋中都提及"想象"，并對其進行專門論述，"想象"一詞開始泛化。

---

① 胡適《胡適文存》，段雅校注《胡適文集》第四册，燕山出版社，2019 年，第 1040 頁。
② 休白拉克原著，陳霆鋭譯《釋想象》，《青年進步》1918 年第 11 期，第 10 頁。
③ 戴渭清、吕雲彪《新文學研究法上》，新文學研究社，1924 年，第 5 頁。

表 3　1924 年至今①

類别	作者	作品	時間	頁碼/内容
文章	王統照	《散文的分類》	1924 年 4 月	358—361、364
	蘇雪林	《沈從文論》	1925 年 9 月	416
	郁達夫	《小説論》	1926 年 1 月	423—427、430、434
	沈起予	《報告文學簡論》	1927 年 11 月	532
	馮乃超	《藝術與社會生活》	1928 年 1 月	568
	梁實秋	《文學的紀律》	1928 年 3 月	602、604、610—613
		《論散文》	1928 年 10 月	621
文學理論教材	〔英〕温徹斯特著,景昌極、錢堃新譯,梅光迪校	《文學評論之原理》	1923 年	第四章《想象》想象之種類
	夏丏尊	《文學論》	1924 年	第五章《經驗與想象》
	〔日〕厨川白村著,魯迅譯	《苦悶的象徵》	1924 年	對於常人的眼睛所没有看見的人生的或一狀態"提出未知的事物的形象來,作爲想象的物體";抓住了空漠不可捉摸的自然人生的真實,給與"居處與名"的是創作家……所謂"造"即創作者……"提出未知的事物的形象來,作爲想象的物體,即賦與以定形"的事……這并非立即訴於感覺本身,乃是訴於想象底作用,或者唤起感覺底的心像來。
	沈天葆	《文學概論》	1926 年	操縱人情之力叫想象、三種想象的不同
	馬仲殊	《文學概論》	1930 年	文學之動力全在想象力
	夏炎德	《文藝通論》	1933 年	拉思金論三種想象力、想象的作用和意義

---

① 參見于瀟嵩《王國維"新學語"與中國古代文論的現代轉型》,第 33 頁。

续表

類別	作者	作品	時間	頁碼/內容
近代報刊	禦風	《文學月刊(北平)》	1932 年	《想象南方》(按:題目)
	〔法〕Alain 著,傅雷譯	《中央時事周報》	1933 年	《譯述:想象論》想象在它的本質上瘋狂的,無規則的。第一,判斷和身體的騷亂不斷地相互激蕩。
	侍桁	《文藝月刊》	1933 年	《文藝簡論》:他使用了"寫實的想象力"不必非親身一切事情不必非親身經驗過便不能寫作,作家應當用它的寫實的想象而填補一切的不足。現今中國文藝著作家的最大缺陷,詩在於不會利用寫實的想象力。
	程千帆	《詩帆》	1934 年	《想象》:想象才情的海浪淹死幾個詩囚:昌黎玉川東野浪仙太白與長吉。(按:詩歌)

  至 1923 年《文學評論之原理》、1924 年《苦悶的象徵》、1925 年《新文學概論》出版後,中國知識界有了更加全面瞭解現代文論的入門讀物。我國這一時期的文學理論教材幾乎都是參照着本間久雄的模式來發展,内容也與其相似,不僅將"想象"作爲關鍵詞來定義文學,更是將"想象"單列一章專門來論述。實際上,正是從 1924 年前後開始,"想象"開始作爲文學理論的重要概念在論述文學的文章中與文學理論教材中頻頻出現,并產生了廣泛的影響。如王統照《散文的分類》、蘇雪林《沈從文論》、郁達夫《小説論》、沈起予《報告文學簡論》、馮乃超《藝術與社會生活》、梁實秋《文學的紀律》與《論散文》、沈天葆《文學概論》、夏炎德《文藝通論》等。在二十世紀三十年代頻繁出現在近代通俗的大衆報刊中,報刊中不僅理論層面上論述"想象",也開始在文學創作中以這種思維方式"指導"實踐。如侍桁《文藝月刊》"他使用了'寫實的想象力'不必非親身一切事情不必非親身經驗過便不能寫作,作家應當用它的寫實的想象而填補一切的不足"①。近代報刊中將"想象"作爲題目的詩歌、小説也經常出現,以想象連接情感進行文學創作。如程千帆《詩帆》"想象才情的海浪淹死幾個詩囚:昌黎玉川東野浪仙太白與長吉"②。具有自由自發創造性意涵的"想象"已不僅是赴日留學的先進知識分子使用的"專屬名詞",而是逐漸獲得并變

---

① 侍桁《文藝簡論》,《文藝月刊》1933 年第 1 期,第 67 頁。
② 程千帆《想象》,《詩帆》1934 年第 5 期,第 8 頁。

成了廣泛的社會知識認同。

三 "想象"之意識形態化

"詞語"(words)具有"生命年輪"(life-span)和"生命特質"(vital peoperties),并具有一種"實踐性的内在結構"(temporal internal structure)①。二十世紀初,中國文論中對於"文學"的一種新認知出現,"想象"(imagination)這個概念成爲中國文學現代性轉型中的一個關鍵要素和標志。從"想象"的使用頻率可以看出,它獲得了某種自我强化。但表達"想象"這一概念的措辭如同與其相關聯的思維活動一樣,仍然是"多維的與不確定的"(vielshichtig und enklar wie die Emotionen die sich an ihn hangen)。在"想象"作爲一種重要的意識形態被應用於文學創作,特别是小説中,并隨小説地位的提高而被强調時,這個概念被描述爲"具有超越現實的創造性活動""自由自發的創造性活動",在意義的界定與意義的探求方面都變得含混不清、模棱兩可,并且可以與"虚構""幻想""創造""思維之形象"等詞語相互替换。

"小説"一詞的英文"fition",源於拉丁語中的"fictio",原本就具有"虚構或編造"之意。《韋伯斯新世界詞典》將其解釋爲"A making up of imaginative happenings"(虚構屬於想象範疇的事件)②。柯登在《文學術語詞典》中這樣界定小説,"An imaginative work"③。由此可見,小説是一種以"創作"(即通過想象)爲特徵的文學藝術形式。隨着西洋小説及其理論的傳入,小説的社會作用在中國開始被人們漸漸重視,隨之極大地推動了小説的現代化轉型。梁啓超的《論小説與群治之關係》,較早地對小説的地位和作用進行了系統而專門論述。他指出要改變當時的社會狀況首先需要讓百姓瞭解"身外之身,世界之外世界",而小説則是最有力的武器,因爲小説能夠將其"所懷之想象,所經閲之境界""和盤托出,徹底而發露之"④。在實踐上,由梁啓超等知識分子發起的"小説界革命",以實現啓蒙思想、開啓民智的目的,從而改變了過去幾千年小説在中國文學系統中被邊緣化的處境,也提高了傳統文人的地位,增强了文人創作的主體意識。

傳統的小説問題觀念,大多是將經學價值觀念作爲作品的核心,文人在創作時題材多難逃"實有其事"的窠臼,幾乎没有虚構性的發揮。但近代以來,隨着西方小説與理論的傳入與中國小説地位的提升,文人的創作主體意識也越來越强烈。熱衷於使用文學的手法虚構一種生動的、似乎可感覺到的生活的幻象,在創作過程一定程度上接受了内在形象與邏輯的控制,以實現對於素材

---

① 〔英〕伊安·漢普歇爾-蒙克《比較視野中的概念史》,周保巍譯,第 8 頁。
② Neufeldt, Victoria, and Andrew N. Sparks, eds. *Webster's new world dictionary*. Simon and Schuster, Inc. 2002, p. 502.
③ J. A. Cuddon, *A Dictionary of Literary Terms and Literary Theory*, John Wiley & Sons, Inc. 2012, p. 270.
④ 梁啓超《飲冰室合集》第十册,中華書局,2015 年,第 6 頁。

的有效處理和審美再創造。爲讀者們提供了外界的生活經驗以及與通常想象都有着很大距離的陌生場景與話語世界。"想象"這一概念的原有意義,以及其之前所提供的無法重複的堅固的意涵已不存在,而是在對小說的"創造性"强調及在寫作實踐的過程中,進入到一種可欲的、多樣性意涵的含混之中,一定意義上可以與"虚構""創造""形象之思維"等詞語相互替換。"想象"具有了通過事物的觀念或情緒與情緒上類似於此的心象聯合而生的境界之意,另外特别是具有了以經驗中的各種分子,加以選擇組合,創造新的境界的意思,突出了"創作性"的因素。這種構型的過程,使得"想象"一詞成爲了具有自己生命的實體。

四 "想象"成爲中國文論核心術語的意義

"概念"既是社會發展的"指示器",也是社會歷史發展的"推進器",可以說"概念"在社會中實施了行動①。"基本概念"一方面可以看作是正在變動着的社會結構的"指示器",可以通過研究這一概念的發展過程理清歷史事件的結構和語境。另一方面,"概念"作爲歷史發展的"推進器","總是'從社會的視野對經驗進行内在地思考',且總在對'處於社會互動中的語言'加以影響"②。新的"概念"也會對社會群體施加一種聚合力與影響力,這種"力"在一定程度上促進了社會結構中某種組成部分的跨時代變遷。"想象"作爲一個重要的概念在反映民國初複雜狀況的同時,也對這一時期進步青年施加了一種影響力,使其將文學作爲載體以想象的方式推動了社會的變遷。

"想象"并非只是理論概念的自足空轉,而是與時代政治經濟、社會文化等多方面因素有着密切聯繫的意義共同體。對於中國來說,甲午中日戰爭之後的這段歷史時期,構成了一個"分水嶺"或"鞍型期",即這時期的轉型是趨於"現代性"的歷史轉型③。在此期間,伴隨着亡國滅種危機的出現,"概念"的社會—政治世界也經歷了根本性的變革,而這些根本性的變革促進了"現代社會"的誕生。

甲午戰爭後中國的國家地位一落千丈,使中國人終於開始將目光轉向了明治時期依靠"富國强兵"政策一躍而起的日本。新式教育中培養的學堂學生接受了西方的社會科學、自然科學,他們對於世界局勢以及中國在世界上的地位有着更高的敏感性,始終帶有着"對現代的憧憬和民族的屈辱感"。在這種現實危機之下,激發出他們對於"共同體"的想象,并多將其承載於文學之中。這時期,文學出現了大量的新題材、新事物以及前所未聞的新觀念,創造了一

---

① 〔英〕伊安·漢普歇爾-蒙克《比較視野中的概念史》,周保巍譯,第73頁。
② 〔英〕伊安·漢普歇爾-蒙克《比較視野中的概念史》,周保巍譯,第95頁。
③ 爲了追溯概念的邏輯性、合理性、說明概念的向前延伸展望性(Perspektivbegriff),科塞雷克藉"鞍形山體"(兩座山峰之間地勢較低之處)(Bergsattel)這一意象,提出了"鞍型期"(Sattelzeit),又稱"界限期"(Schwellenzeit)這一理想型(ideatype)分期,用以指代時代中的過渡期或現代性轉型的重要階段。

個極大程度上超出讀者經驗和"想象"的嶄新的審美世界,如《新石頭記》《新中國未來記》《月球殖民地小説》等。這些作品在叙事中采用了西方科幻小説似的"未來完成時"叙事,倒叙之後可能會發生的事情。這些文學作品往往通過對理想世界的想象,戲劇性地介紹西方的各種科技文明,通過對理想中國的"想象",力圖勾勒出未來國家的藍圖,對現實中國缺乏的現代性展開想象性的描繪,用純粹的"想象"來彌補現實的空白。這時期文學作品從各個方面對未來關於現代性的公共性想象,并隨之開啓了啓蒙、革命、理性等主題。雖"想象"一詞在文學領域的使用并不常見,但已然運用這種思維方式"通過文學與一個突然出現的'新'世界發生着想象性的聯繫"①。

　　隨着西學的盛行,新鮮而陌生的文學形式與題材逐漸傳入中國,呈現給了讀者們一種與原有的閱讀體驗、生活經歷和慣有世界完全不同的場景和話語世界。中國的文學接受中也開始强調創造性的想象力,而中國傳統文論用語嚴重不足并缺乏創造力,難以對此準確判斷和評析。在王國維、梁啓超等人的影響下,中國學人開始將目光轉向西方,大量引進西方學術用語并對其進行分析,力圖尋找新的理論資源爲新文學獲得話語權提供有力支持。具有創造性意涵的"想象"作爲文學理論的關鍵詞也開始出現在一些介紹文學觀念的文章中,如周作人《論文章之意義暨其使命因及中國近時代論文之失》:"舉其著者,則如倭什斯多(Worcester)曰:'文章者,學問(Learning)知識(Knowledge)意象(Imagination)之果,藉文字爲存者也'"②。

　　但一些進步青年們更期待能有系統的文學理論著作出現,以便重新認識并從整體上把握文學。育德中學爲潘梓年《文學概論》作的引言也説:"新文學的聲浪傳入我們的耳鼓中,已有數年了! 但'文學是什麽'?'文學的對象是什麽'? 尚在中學的我們,一點兒也不明白。"③爲滿足青年學子對系統文學知識的渴求,很多學校相應設立了文學理論講座或課程,并通過教師譯介外國文論或自編講義作爲文學教材。這些文學理論教材中不僅將"想象"作爲關鍵詞來定義文學,更是强調其創造力,并使用很大篇幅將"想象"單列一章專門來論述,在論述中引用西方學者觀點并區分不同種類想象之間的細微异同,以期更好的評價與指導文學寫作和文學接受。創造性"想象"概念由此進入我國文學理論,并逐漸成爲中國文論的核心術語。"想象"概念在中國發展的過程,體現的是人們在不同時代中的"自我認知"(self-image),及這種"自我認知"是怎樣反應并體現在"想象"概念中,又是怎樣被表達的過程,即人們在思想上對不同社會現象進行應對和反應的過程④。

　　"概念總是'從社會的視野對經驗進行内在地思考',且總在對'處於社會

---

① 牛月明《"想象"的中日之旅》,《中國中外文藝理論研究》2011 年第 1 期,第 290 頁。
② 周作人著,鍾叔河編《周作人文類編》第三卷,湖南文藝出版社,1998 年,第 1 頁。
③ 毛慶耆、董學文、楊福生《中國文藝理論百年教程》,廣東高等教育出版社,2004 年,第 47 頁。
④ 〔英〕伊安·漢普歇爾-蒙克《比較視野中的概念史》,周保巍譯,第 93 頁。

互動中的語言'施加影響。"①新的"概念"也會對社會群體施加一種聚合力與影響力,這種"力"在一定程度上促進了社會結構中某種組成部分的跨時代變遷。"想象"是西方學者談論文學時最常使用的概念之一,雖然"想象"與"文學"在中國文化中都成詞較早,但在中國古代詩文評中却鮮見二者相互闡釋。在西學東漸的影響下,中國學者在新的文學形勢與觀念的衝擊中意識到傳統學術用語嚴重不足的情况,大力宣導新文學,力圖引進"新學語"并將其與中國傳統術語相結合,移植、創化出更適合於中國文論"新學語"。於是,創造性"想象"在這一歷史背景的框架下被投射到中國語言結構中,作爲關鍵性的範疇進入中國文學理論體系,促進了文學走向自覺。

其一,推動了舊有文學觀念的更新。中國傳統的詩文觀念與具有現代意義的譯詞"文學"(literature)最大的不同,就在於對具有創造性的"想象"概念的强調。在中國的傳統文論中强調聲色性情,而"想象"是受到西方文學觀影響新加入的"概念"。所以探討中國"文學"觀念的現代性,應當從"文學"與"想象"概念的相互闡釋開始。二者的相互闡釋,一方面標志着對新的文學觀念的接受;另一方面,也使得新的文學理論實踐成爲可能,中國文論的轉化也就從這里開始産生。賴大仁曾就現代文論的特點表達了自己的看法,認爲其首先需要具有現代文學觀念,其次要形成相對完備的理論體系,要能够體現出文學理論的科學化、學科化與系統化②。

表 4　文學四要素③

著　作	内　容
〔英〕温徹斯特《文學評論之原理》	想象(The imagination)。感情僅可間接由想象引起。 想象一語用以包括相似而不相同之心理作用,主要者三種:一、創造的與幻想相鄰;二、聯想的與幻想相鄰;三、解釋的體物之想象。
〔日〕本間久雄《文學概論》	文却斯德在他的文學批評原理中,分這文學構成的要素爲四:情緒、想象(imagination)、思想、形式。 文却斯德分文學的要素的想象爲三來説明:創造底想象、聯想的想象、解釋底想象。
沈天葆《文學概論》	文學的要素:情感、思想、想象、經驗、形式。 這操縱人情的力,即叫作"想象",想象不獨爲文學底重要要素,且爲一切文學家所必具的條件……綜之,想象豐富者,則情感必强,思想必深。 把想象分爲三類:創造的想象,聯想的想象,解釋的想象。

---

① 〔英〕伊安·漢普歇爾-蒙克《比較視野中的概念史》,周保巍譯,第 95 頁。
② 賴大仁《20 世紀中國文論的現代轉型與發展》,《學習與探索》2001 年第 5 期,第 97 頁。
③ 毛慶其、譚志圖《文藝理論教材史料彙編》,暨南大學中文系文藝理論教研室,1981 年,第 143—144、162—168 頁。

續表

著　作	内　容
馬仲殊《文學概論》	文學之能動人,全在作者的想象力如何…… 創造的想象,是以經驗中所得的各種分子,爲自發的選擇,而加以組合,造成新的境界。 聯想的想象,是以事物的觀念或情緒與情緒上類似於此的心象聯合而生的境界。 解釋的想象,是以一物的精神上的價值與意義,而將此種精神的價值所存在的部分或性,表現而說明之。
趙景深《文學概論》 (按:在解釋温徹斯特的觀點基礎上結合了自己的認識。)	三種想象之具體解釋: 創造的想象……是綜合的……創造的……需要選擇和組合……須本之經驗,不能無中生有。 聯想的想象……其實就是修辭學上的明喻(simile)……不過聯想不一定是明喻,盛衰之感也是聯想。 解釋的想象……是由現在真實的一物一事解釋爲某種真理……是抽象的比喻。
夏炎德《文藝通論》	拉思金論三種想象力:聯想的想象力、洞察的想象力、冥想的想象力。 想象的作用和意義:文藝由同情而成立的,而同情又有待於想象,是想象的産物,故想象是文藝的要素而應該重視了。文學……所貴在創造和發現的精神。

　　學科建立需要有一系列的概念、術語、範疇,中國現代文學理論同樣需要一套能够言説文學觀念的概念與規範的範疇體系。二十世紀初,經由西方、日本移植、創化而來的基本術語、概念開始進入中國文學理論領域,"想象"概念就是其中之一。近代時期對"想象"概念的使用,爲中國文學理論發展作出了很好的示範作用。之後本間久雄的《文學概論》被譯成中文進入中國,其中將"想象""情感"等作爲原質的新文學觀念也進一步促進了中國文論的轉型。很多文學理論教材開始重新論述"文學"的定義,"想象"作爲"文學"的重要特徵,也隨之進入文學理論。如趙景深《文學概論》中將文學總結爲"文字、感情、想象、思想與藝術的總和",并給文學下了定義"文學是創作者將想象結合感情,使用藝術的手法創作而成的文字"[①]。田漢《文學概論》認爲"文學之所以能够成爲文學,其中的原因之一就是能够讓人感動,可以讓讀者感受到創作者的'想象''情感'。"此外,張長弓的《文學新論》、戴叔清的《文學原理簡論》、曹百川的《文學概論》等著作在對文學定義時,也普遍重視"想象""情感"的作用。在這一過程中"想象"概念逐漸進入中國文學理論成爲體系的核心要素之一,從根本上更新了文學觀念,推動了中國文學理論轉化的進程。

　　其二,突破了傳統的文學批評方式。近代的社會思想文化一直呈現出複雜的狀態,這與"中—西—日—中"的學術交流活動是分不開的。交流的過程中産生了新的學術用語,而新學語的出現本身就意味着越界,其使用者就要跨

---

① 趙景深編《文學概論》,世界書局,1932年,第9頁。

越更多的界限,其中包括歷史文化、語言修辭、時間空間上的界限,"想象"概念也就在學術交流與越界的過程中發生了創造性叛逆。那些經過交流過程而隨"想象"概念重新輸入中國的西方觀念與知識,對中國來説既是進行再造的新成分,也是中國學者所依據其進行"想象"西方世界的本文空間與描繪未來藍圖的觀念框架,推進其在實際批評中,逃脱出過去文學批評標準窠臼,爲傳統文學批評方式帶來新的活力。

中國古代傳統文論中重視"妙悟""情景""氣韵""寫意""興觀群怨""文質""韵外之致""滋味"等範疇,以及感悟、評點式的言説方式①。而通過這樣注重感悟、注重經驗的概念、術語很難建構綜合性的理論與文學理論研究,難以爲新的文學形式提供理論上的依據、推動文學產生新的發展。另外,在中國傳統文論的知識體系中,存在一種納涵、批評一切事物存在方式的元理論,即"道"。而中國古代文論基本是附着於這一終極理論思想觀念、價值體系下的批評方式。在"天不變,道亦不變"的傳統歷史觀制約下,以"文以載道""以道觀物"爲主的評判標準相對脱離於具體現實,呈現出一種較爲明顯的理論自足性、封閉性,始終不具有自己的地位與價值。

表 5　早期文學理論教材中的關鍵概念②

著　作	時　間	概念、術語
C. T. Winchester, Some Principles of Literary Criticism	1899 年	Literary, Emotional, Imagination
姚永樸《文學研究法》	1917 年	性情、狀態、神理、氣味、格律、聲色
本間久雄《文學概論》章錫琛譯,發表於《新中國》	1920 年	文學、情緒、想象、趣味、人格
戴謂清《新文學研究法》	1920 年	想象、情感、體裁
沈天葆《文學概論》	1926 年	文學、感情、想象、思想、人格,品格、價值
潘梓年《文學概論》	1925 年	文學、永久性、個性、情感、真實、想象、情緒
田漢《文學概論》	1927 年	文學、永久性、個性、普遍性、想象、思想、情緒、情感、快感、空想
錢歌川《文藝概論》	1930 年	文學、永久性、個性、普遍性、感情、情緒、興味
戴淑青《文學原理簡論》	1931 年	文學、永久性、興味、普遍性、感情、情緒、快感、美感、想象、空想、思想、形式

不同於中國傳統將"以道觀物"作爲標準、將以評點、考證與注疏等作爲主要批評方式,近代開始使用的"想象"概念促進了中國現代文學批評轉爲一種

---

① 彭修銀《中國現代文藝學、美學形成過程中的"日本因素"》,《陝西師範大學學報(哲學社會科學版)》2012 年第 2 期,第 22 頁。
② 毛慶其、譚志圖《文藝理論教材史料彙編》,第 338—342 頁。

"西化"的"理論批評",開始以邏輯主義作爲綫索,以構建較爲理論化、體系化的批評方式。這種文學批評的特徵是在某一"理論"基礎上展開文學批評,文學文本被看作是具有特殊"理論"含義的"確證"與"例證",這種文學批評話語的基礎詞匯不再是"經驗術語",而是以某一"理論術語"替代[1]。可以將其稱作是中國文論的轉型的關鍵點,即能够在特定時段將已有的科學、認識論形態,甚至是形式化系統的話語實踐貫穿起來的關係的整體[2]。通過"想象"概念,在全新的現代視野中革新了傳統的文學批評方式。

(作者單位:南京大學文學院)

---

[1] 饒芃子《中國文藝批評現代轉型的起點——論王國維的〈紅樓夢評論〉及其它》,《文藝研究》1996年第1期,第58—60頁。

[2] 〔法〕米歇爾·福柯《知識考古學》,謝强,馬月譯,生活·讀書·新知三聯書店,2003年,第214頁。

學術自述

許　結

　　接到《古典文獻研究》的邀約，要我寫一篇《學術自述》，意味着我已辦理了退休手續，爲自己做個學術的"終結篇"。其實我一生與學術没太多的緣分，至少與經典學術有些隔膜，因爲没有按部就班的"學歷"，對所謂的"學術"只是一種愛好，美其名曰"游於藝"而已。我在某年寫的《元旦抒懷》詩中有這樣的句子，"秀句游書海，清言泛墨池"，又説"陰晴天意决，至境在心癡"，因這一"癡"一"游"，也就成就了與學術相關的著作幾十種，論文幾百篇。正巧着手撰此"自述"時，收到《新華文摘》寄來的2022年第15期新刊，封面有我的文章《漢賦的文運與史述》（原載《社會科學》2022年第3期），這"文運"與"史述"，或許也切合我已融織於生活與生命的個人"學術"經歷。

　　記得小時候家居的大雜院來了位盲人算命相者，家人爲我算了一下，結果是"兩星"：曰"灾星"（會給家裏帶來灾難），曰"文星"（俗稱"文曲星""文昌星"）。這"灾"的印證，大概就是我一歲時父親以教師的身份被劃爲"右派"，三歲時母親病逝，十三歲時隨父被"遣送"鄉下諸經歷，但有時想來也冤枉，如果不是我的"命"，父親就不被劃"右派"了嗎？又想假如没我的"命道"就没有了那場"反右運動"，那真情願没有"我"。至於"文"，或不限於相命者的囈語，其初始發軔宜與"家學"有關。近讀鳳凰出版社出版的"鳳凰枝文叢"諸多佳美之文，莫礪鋒先生的《寧鈍齋隨筆》（鳳凰出版社2022年版）中多次提及本人，有兩處談到我的家學：一則是《挽聯中的故人身影》文中，記述了他當年作爲系主任爲外聘教員先父撰寫的挽聯："梁溪學派，桐城文脉，筆底波瀾承麗澤；忠厚門庭，詩禮家風，階前玉樹繼清芬。"并釋義云："上聯指許先生乃桐城人士，又曾在無錫國專就學。下聯指許先生教子有方，在打成右派回鄉勞動的艱難歲月裏竟然將多個子女培養成才。"一則是《我家的"詩書傳統"》開篇云："南京大學文學院不乏出身詩書家庭的同仁，比如許結教授即生於桐城望族，其詩書家風淵源有自。"歷數本人家世，確實已有四代教書，尤其是曾祖父許商彝（希白公）應吴摯父之請有在保定蓮池書院任教的經歷，説有些家學，或亦不爲過。

然而到我出生時,所謂"書香門第"一說早已蕩然無存,就是終身以教師爲職守的父親,也是歷經世亂,迭遭打擊,乃至艱難困苦,潦倒絕望,著述焚毀,家破人亡,何談"家學"傳承？我曾在爲紀念父親寫的《詩囚：父親的詩與人生》(鳳凰出版社 2009 年版)書中引《莊子》"涸轍之鮒"典故與托名孔子語"魚相造乎水,人相造乎道；相造乎水者穿池而給養,相造乎道者無事而生定",感嘆"無水之魚,焉能給養？無道之人,何談生定"！所謂學問,必依附於世道,當然作爲一種歷史的言說,莫先生的話不僅述及我們父子的傳承,還涉及作爲桐城"黃華許氏"一支的文脉。然"家學"也必待"文運"而興,於是我想起某年北京某文化機構組織編寫"百家姓賦",《許姓賦》邀我執筆,因姓氏榮光,未敢推托,因成賦曰：

皇天后土,命厥元子,建德賜姓,族聚生民。臨之於上,立宗心使不忘本；責望於下,厚風俗乃可得真。吁嗟許氏,或秉火德,爲姓則姜,奉神農之初祖；或系玄帝,命氏曰姬,步顓頊之遥塵。唐堯禪讓,道開却天子尊極,邈潁水之響；伯夷清名,文叔因立國寵榮,顯蓮城之珍。萃族一堂,正心、致知、誠意；嗣響百代,治國、齊家、修身。

粤稽昆吾封域,高陽郡望,祖德流芳,孫支挺秀。宗法高明,鮮談貴冑。戰國雲湧,疆失籍存,秦漢一統,庭院廣授。三國六朝,因亂世而南移；隋唐宋明,仍根深而葉茂。時序變遷,閩粤漸布分支；國門開啓,南洋競陳俎豆。萬象更新,初心依舊。於是汝南、河南,直系旁裔,皆奉元公之神靈；潁陽、睢陽,隱逸忠烈,同瞻太岳之遠岫。

觀夫庭苑芝蘭,修竹馨香。許行倡神農吉言,并耕以食,饔飧而治；叔重明漢學奇字,五經無雙,通閱有章。子將月旦評,仲康渭南戰,偉君水脉術,知可普濟方。玄度尚玄,追風逐月,輒思蘭亭酬唱；魯齋習魯,濯洙浴泗,遥登游夏殿堂。秋江魚艇,道寧畫醉數尺；溪雲初起,丁卯詩濕千行。竹筠海防之論,逸叟封神之疑,蘊千鈔幣之説,叔夏文絜之編,丹青垂范,史策昭彰。太傅、右傅、少傅,三朝宰相,高士、名士、道士,幾代仙鄉。(以下寫當代許姓人物,從略)數一門之俊傑,乃舉國之榮光。

許者聽也,從言聲午,義取禦進,日暮執中。緒衍箕山,願兒孫也賢也肖；仰觀泰岱,緬祖宗有德有功。寶樹春回,思勤國却因國成姓；錦江瑞靄,大報天則法天爲公。噫嘻！江漢朝宗,共襄中華盛事；咸親向善,同謳昭代雄風。

作爲許姓分支,桐城黃華許氏諸宗親因盛世修史,在民國初年舊譜(我曾祖爲主修人之一)基礎上再造新譜,又邀我題語於端首,因成《黃華許方氏統譜序》云：

戊戌冬月,黃華許方氏修譜辦宗親數人涖金陵,與余會商統譜修纂將告成事,并囑爲序,以冠冊首。余甚惶恐,豈欲綴名大賢,敢縱筆述臆哉！然慨想古德之風徽,流韵悠永,宗親之心力,蕆事維艱,尊畏之意,誠敬之心,又安能不蘊內而宣外,感懷以寄文。

余觀中華文治,明德爲本,行己有孝,孝則親親,德則尊賢。《禮大傳》曰:"人道親親也。親親故尊祖,尊祖故敬宗,敬宗故收族,收族故宗廟嚴,宗廟嚴故重社稷。"《禮記·大學》曰:"大學之道,在明明德,在親民。"行己之法於正心、誠意,因修身而齊家;明德之教於格物、致知,以治國而平天下。職是之故,昔賢憂親盡而族散,族散則本失,嘗讀蘇明允《族譜引》"情見於親,親見於服,服始於衰,而至於緦麻,而至於無服","無服則親盡,親盡則情盡,情盡則喜不慶,憂不吊,則途人也",豈不耿耿於懷,戚戚於心,孝悌之念,油然而生矣。家譜國脉,能不慎乎!

夷考氏族之興,源自上古,祝融、燧人,大庭、有巢,部落同於神話,殷民六族,周室傳宗,始如《春秋》隱公八年左氏傳云"因生以賜姓,胙之土而命之氏",尊祖敬宗,族系漸然昭晰。迨至漢晉六朝,因家族之變遷,有譜牒之肇作,然吳姓之於東南,僑姓緣自渡江,皆強宗之大族,非百姓之榮光。唐宋以降,宗族共同,家譜牒,長幼序,重人倫,厚風俗,非特惻然於胞澤之情,且有所嚴憚而不敢瀆其職分也。夷考許氏,奉神農之初祖,步顓頊之遙塵,此乃遠古傳聞,固未足徵信。文叔遷徙,都在許昌,高陽郡望,史冊漸彰。於是祖德流芳,孫支挺秀,汝南河南,潁陽睢陽,河北江南,分支流裔,不可盡悉矣。姚惜抱桐城望族,其《族譜序》稽考先祖遷自餘姚,追溯其源,因故家殘滅,代遠年湮,無復傳者,故謂修譜牒"不可知則闕,以爲愈於誣托者之愚",旨哉斯言!黃華許氏自初祖明易公遷自婺源,居桐城黃華而立宗,溯前源乃世居徽州許村,或謂璟公之裔,然文獻不足徵,付闕可也;觀後承則經二世、三世、四世,至五世樸庵公、靜庵公、寧庵公、怡庵公爲四房,前三公成支譜,怡庵公傳六世畏齋公、西村公、桂軒公復爲三支譜,計六譜分修,上敬祖禰,下次子孫,旁治昆弟,派聯系屬,分支熾蕃,歷歷可數而呈其大觀。

余生於江南都邑,與家山隔江遙望,述譜系朦朧未得其朕,然幼承庭訓,嘗聞先君子談鄉梓故事,先賢之嘉言懿行,潛德幽光,心向慕之深焉。木必有本,枝葉附爾,吾族以耕讀爲業,不在簪纓甲第;植蘭於庭,自然清淑之氣。余未及成童,隨先君子蒙難歸鄉,土茅敗圮,何見清淑?饑寒困頓,禮義不彰!遇親則不敢言情,尋宗又何來譜迹。始知家國一體,榮辱與共,孔聖富而後教之訓,良有以也。今時代開新,歲曆呈祥,譜雲初之蕃衍,聯族誼於親疏,熙皞淳風,敢弗敬宗?荒陬遐滋,盡沾文教。收舊譜以存文獻,成新編而彰宗風,所由昉也。

《詩》云:"靡不有初,鮮克有終。"又云:"無念爾祖,聿修厥德。"欣悉宗親諸先生耗數載之精力,整舊帙,纂新篇,成《黃華許氏統譜》。余觀此譜之修,有三難:自民國修譜以來,近百年散佚淆亂,爬羅剔抉,尋古搜殘,此一難也;舊帙均爲支譜,分修六部,今爲統編,合渙萃離,聚散爲整,此二難也;方今世界,生民流動,族人遍布海內外,尋訪以歸宗,或跋山涉水,或電訊往來，其間甘苦，不言而喻，此三難也。閑覽舊譜諸序，張硯齋公叙譜有三長，不爲勢所怵，不爲利所動，不爲議論所摇奪，此或修譜諸君之所遵循者歟！馬抱潤翁贊述許氏宗族，以爲"平淡之久，必有炫爛在其後"，諸君統譜之修撰，一視而同仁，寫近而舉遠，貽謀德澤，寄望來者，亦此之謂歟！余感於事而頌其成，謹奉數語，企報諸宗親功德於萬一，且爲貢獻祖靈之心香一瓣耳。

録此兩文，意欲明家學之淵承，然追述自己治學的開端，仍茫然而未得其朕。

如果説我的學術經歷是從"家學"開始，那也是在父親有關家鄉故事與書本知識的談吐中耳濡目染，没有任何的系統訓練。所以在我青少年下鄉勞作期間，只要陰雨天有空閑，什麽書都看，家中有一套繁體本《毛選》，從頭看到尾，很早認識繁體字大概得益於此。後來通過關係認識了縣圖書館的管理員，這繞海闊天空的亂翻書，比如魯迅的書、中外各種小説，在某夜晚於一小書庫中悄悄弄到了一套《紅樓夢》，漫無目地閲讀，仿佛看書就是在充實自己的生命。直到讀書興趣漸漸轉向如《史記》《資治通鑒》等，纔與後世治"學"有了點淵契。自1979年回城到1984年調入南京大學這段時間，我在南京一中學做校工，開始把一些讀書的想法形諸筆墨，在《新華日報》《南京日報》上連載了我的系列"讀史隨筆"，因其所好，也開始寫點學術論文，發表的第一篇應該是刊發在《光明日報》1983年1月25日的《文學遺産》欄目的《"披髮下瀛洲"考辨》，相繼又發表了《〈閑情賦〉的思想性與藝術特色》(《江漢論壇》1983年第8期)、《詩法鑒衡·鈎玄昭昧——方東樹詩論述評》(《江淮論壇》1984年第1期)等一系列文章，由於當時期刊與編輯根本不考慮作者出身，所以我發表論文是一路"緑燈"，并無障礙。或許是因爲幼年在父親身邊的"耳食"之言，朦朧間於家鄉桐城有些述聞，又有隨父被遣返桐城鄉間的多年經歷，以致初始撰寫論文時於桐城派作家的研究頗多關涉。在二十世紀八十年代初中期，繼方東樹詩論研究後，又發表了《方東樹〈漢學商兑〉的通經致用思想》《桐城文學觀的反省與變异——劉開文論特色探》《説桐城派之"神"》等。對此，王思豪博士曾撰文説我的桐城派研究是"内心深契的家學淵源"，并認爲我的學思經歷"以桐城派最專，賦學最精"，乃"横通"之本源；"以文學思想最瞻，文化學最博"，爲"縱通"之綱領(詳王思豪《學問途上的"會通"者——許結教授的學思經歷》，載《國文天地》第29卷第8期)，雖多美譽，亦有知言。緣此發端，在後續的治學生涯中，桐城文學的研究工作仍爲興致所在，未曾停息。例如相繼發表《〈桐舊集〉與桐城詩學》《從〈桐舊集〉到〈耆舊傳〉》《明末桐城方氏與名媛詩社》《區域與輻射——桐城古文小議》《徐璈〈詩經廣詁〉考述》《姚永樸與〈文學研究法〉》《有關〈古文辭類纂〉一則言談的解讀》等文章，主編出版《方苞、姚鼐文》《〈文學研究法〉講評》《桐城文選》(前兩種爲鳳凰出版社2009年版、後一種鳳凰出版社2012年版)。由於對桐城派略有研究，也就於桐城文學頗有領悟，從學理來講，我曾在《桐城文選·前言》中梳理其文派的産生意義及發展階段後，提出了兩點思考：一是由學統到文統，桐城派確立了基本統一的傳法定祖的統緒，就是由《春秋》義法經《史記》《漢書》到唐宋八家、明代唐宋派文人,再到桐城"古文"的正統觀。這其中對《史記》、韓愈、歐陽修、曾鞏、歸有光、桐城"三祖"(方苞、劉大櫆、姚鼐)的推尊,尤爲正統中之嫡宗。然文派源自學派,中國學術自韓愈《原道》發生一重大變化,先前之原道(如劉勰《文心雕龍》首篇《原道》)僅本土經義之傳承,而韓文公則藉釋氏之"判教"方法糾正佛教,歸復儒學,梳理道統(如孔、孟、荀、揚),其倡"古文",亦當作如是觀。桐城古文家也如此,是以"判教"之判別真僞、傳法定祖,來審視古文傳統,所以既要"尊體"(古文之體),又主"禁體"(古文不可摻雜他體)。二是由學術到文章,其中最值得注意的是姚鼐提出的"義理、考證、文(詞)章"三者兼濟而"得其大美"(《述庵文鈔序》)的觀點,是由平亭當時漢、宋學之爭而移於評騭文章的。桐城學人強調"義理"與其尊崇理學有關,而強調"考證"顯然是應對當時人有關詳於詞章而略於考證的批評。然而在三者之間,桐城文派最本質的特徵仍以詞章見勝。對此,姚永朴《答方倫叔書》認爲"義理之文或失則質,考證之文或失則碎","惟詞章足通二家之郵而息其詬",原因在詞氣欲盛,必明義理;詞文欲古,必通考證。由此也可見桐城學人於文學修辭之功的重視。2015年我應臺北政治大學"潘黄雅仙人文講座"特邀作系列演講,其中一講就是《從"因聲求氣"談桐城古文創作及批評》,當時我還特地帶了一片桐城中學內姚惜抱手植銀杏樹的葉子,展示於堂上,以示其學術與情緣。蘇州大學羅時進教授一直以爲我專治清代文學,後見我研究漢賦有點影響,還很詫異,然其"初心"未變,去年相逢,仍特約我爲其主編的學報"明清近代詩文研究"名欄撰文,因撰《論清賦的正統觀及其嬗變》(《蘇州大學學報》2022年第1期)以報,算是我諸多清代文學研究論文中的最新成果。

  問題意識應是學術研究必備的,而對我這個當時寫論文與工作績效毫無關係的人來説,没有"問題"更無需爲文。我是1984年由一中學調動到南京大學中文系擔任圖書室資料員的,到1989年破格轉崗教師系列,其間長達五年功夫是工作之餘,隨興閲書,但却夜以繼日,可謂平生最集中攻讀古典書籍的時段。業餘寫作也是有感而發,興致所至,例如讀《漢書》至《揚雄傳》,於是轉習揚雄《法言》《太玄》以及揚雄文集,覺得有問題成想法就寫,在《學術月刊》相繼發表《〈劇秦美新〉非"諛文"辨》(1985年第6期)、《論揚雄融合儒道對其文論的影響》(1986年第4期),在《中國社會科學》上刊發《論揚雄與東漢文學思潮》(1988年第1期)等論文。二十世紀八十年代,在這類刊物上發文好像很不易,而以一個資料員身份發文更屬罕見。記得當年寫好的文章,因稿紙太厚用綫縫訂後挂號寄出,根本没考慮發不發,只擔心丢没丢。某日住在同樓的李開先生遇見我,説他投寄一篇有關語言哲學的論文給《中國社會科學》,正好有事去北京到該雜志社詢問稿件處理情況。之後,他雖得到了否定回答,却爲我帶有一則訊息,我的文章擬刊用,這使我知道了寄文未丢,後來文章發表前責編相繼寄來四封信,分別通知"四審"的情況與結果。這種認真態度在我學術經歷中,印象是深刻的。也正是在這種漫無目的的讀書過程中,感受"問題"

中,更是"游於藝"過程中,我完成了平生第一本學術著作《漢代文學思想史》。這本書完成於二十世紀八十年代,1990年由南京大學出版社出版,2010年又由人民文學出版社列爲"中國斷代專題文學史叢刊"之一種加以重版,并用一段文字説明重版的意義:"選擇二十世紀以來,學術界關於中國古代文學某一時期、某一文體之興衰歷史的代表著作,精心編輯,匯爲叢刊,把這些經過時間檢驗、在學界有定評的經典之作,集中呈現給讀者。""經典"是他説,"興趣"倒是自己的,因此我在《重版後記》記述了當時寫作的緣起,大意是當時中國人經歷了一段"思想缺失"到"思想解放"的過程,"文學思想"作爲一個似新實舊的課題被凸顯,於是有了羅宗強先生的開荒之作《隋唐五代文學思想史》,我賡續其後而爲此書。至於寫作心態,則是"全憑滿腔熱情,乃讀書所得,興之所至,不自覺而宣發於筆端,其間既無'工程'之約制,也無'項目'之規範,更無'利益'之驅使,雖或放言蹈虚,則不乏天真浪漫"。因爲《漢代文學思想史》的出版,自己又擬訂了撰寫"文學思想三書"的構想,就是繼"漢代"後再作"宋代"與"清代"文學思想的研究。這一構想的本意,在《漢代文學思想史》的原版《後記》中有所記述:"我對漢代文學思想之興趣,又緣於兩點原因:其一,漢代經學昌盛,文學籠罩於經學氛圍,故使後代研究家囿經學之迷障,而忽略其文學思想之審美價值;其二,目前文學批評多重魏晋時代人之覺醒、文之自覺,而視漢代爲先秦至魏晋一過渡,故其文學思想之時代特徵與歷史貢獻,均隱而未聞。"我所以選"漢""宋""清"三代爲其研究對象,就是想挖掘與彰顯學術昌明期的"文學"思想。然則因一些偶發機遇與興趣轉移,這一想法均未實現。若僅就"漢代"一卷之成,前引王思豪文章歸納了三點,分别在是"文學思想史"作爲文學的學科之一得以確立的過程中發揮了積極的作用,提供了豐富的文學思想可藉鑒的研究方法,與"問題意識"明確。我想最後一點提到的"問題意識",是我研究文學思想的初衷。由此發軔,繼而在文學思想與文學理論方面,我發表了一系列專注於某一問題有感而發的文章。例如《明人"唐無賦"説辨析》(《文學遺産》1994年第4期)、《論詩、賦話的粘附與分離》(《東南大學學報》2003年第6期)、《從京都賦到田園詩》(《南京大學學報》2005年第4期)、《説"淵懿"——以西漢董、匡、劉三家奏議文爲例》(《文學遺産》2008年第5期)、《西漢韋氏家學詩義考》(《文學遺産》2012年第4期)、《論考賦"取人以言"的批評意義》(《文學遺産》2015年第1期)、《賦體駢句"事對"説解》(《文學遺産》2017年第1期)、《漢賦"蔚似雕畫"説》(《濟南大學學報》2018年第4期)、《漢賦"象體"論》(《文學評論》2020年第1期)、《漢代"文術"論》(《文學遺産》2020年第6期)、《賦爲"漆園義疏"説》(《文學評論》2022年第1期)等。在上述諸多論文中,多數爲古人提及而無研究的"話語",比如論漢代"文術",是我在以爲中國特色文論更重"文法史"而非"文學史"的前提下,對有漢一代"文法"重"術"的認知,所以提出漢代文章經歷的是一個重"術"的時代,也是中國文法發展與變遷史上的重要階段。這不僅因爲漢代經"周"過"秦"以整飭舊籍、更造新篇,而且是肇造宗法君主制一統文化與文學格局的歷史時期。正因爲這一時期形成的以宫廷文學爲代表的文章體系,依附於帝國政教思想的構建,所以呈現出文術又與數術、經術緊密聯繫,鑄就了特定的致用模式,并影響到其鋪陳構象、取譬華詞與曲終奏雅的書寫方法與創作風格。後世有關漢代文章的評論,也印證了漢代"文術"的存在價值,以及文學批評史的意義。又如劉勰《文心雕龍·時序》"賦乃漆園之義疏"一語,人皆耳熟,却無人解説,我結合晉人注《莊》與辭賦創作,其中適性自然的人生觀及逍遥義,正可視爲其説的闡釋。對比"柱下旨歸"之於玄言詩,"漆園義疏"之於晉人賦,其體道詞語、問答方式與鋪陳描寫,尤爲相類,賦家以物態、景候、情志喻理,呈現出晉賦用《莊》的主要特徵。而由晉代到唐代,賦家用《莊》例證極多,但前者亂世憂患的"逍遥"義與後者藉用其"逍遥"詞的創作迥異,則形成了《莊》學盛於賦史而衰於賦義的歷史走向。這裏特別應該提及的是我對文學批評中"淵懿"一詞研究,源於二十世紀九十年代程千帆先生示學於我的一次談話。當時聊到桐城文學,程先生説你們桐城人和受其影響者論學極重"淵懿",從姚惜抱説到張廉卿、吳摯父,我謹記於心,十多年後纔寫了《説"淵懿"》這篇文字。經過研究,我認爲"淵懿"一詞始於漢人論"經"説"聖",魏晉以後漸由品人旁及於評文,至明代學者用以評價西漢董仲舒、匡衡、劉向三家奏議文,更確定了這一詞語的文學化表述。作爲中國古代散文史與文論史的一個被人忽略的重要範疇,"淵懿"對西漢奏議文的創作規範,主要體現在"經義""學問""義理"與"雅正"諸端,而作爲一種文學風貌,又具有三大特徵:一是屬於散文而非駢儷文;二是屬於議論文而非叙事文、抒情文;三是屬於典雅醇厚之文,而與膚廓輕儇、桀驁狂狷之文不侔。而作爲"王言"代表的奏議之文,其"淵懿"風格在西漢的興盛,又顯示出由諸子文風向經術文風的變移。中國古代文論的詞語如"風骨""意象"等言述極多,而像"淵懿"等則鮮有專論,這類文章略有思考與開闢,也是自己治學的點滴體會。

在上述有關頗有問題意識的論文中,已涉及我的另一研究——賦學。如前舉有關"唐無賦""象體""事對""取人以言""蔚似雕畫""漆園義疏"等,均爲辭賦研究領域。因問題而有所開拓,我的一些賦學文章被譯介傳播海外,如《歷代論文賦的創生與發展》(原載《文史哲》2005 年第 3 期,譯文載 *Frontiers of Literary Studies in China.* Volume 1, Issue 4[2007])、《論揚雄賦的建德觀》(原載《文學遺産》2019 年第 5 期,譯文載 *Journal of Chinese Humanities.* Volume 8, Issue 1[2022])。有關進入賦學研究的緣起,我曾在《中國賦學歷史與批評》的"後記"中有段叙述:"我的賦學研究之起始,可以説是'無心插柳',追溯因緣,已屬二十世紀八十年代,記得當時我正沉潛於漢代文學思想的研究,雖必然涉及漢賦,但却未能深入,故無甚專論。"所言涉及漢賦,指的是《漢代文學思想史》的第二章第三節《義尚光大的賦體文學觀》和第三章第四節《漢賦流變與儒道思想》等。如果確切地説,賦學作爲我研究重鎮的真正起點,則是八十年代末與九十年代初的兩件事:一件是拜讀當時的賦學研究大家馬積高先生的《賦史》與龔克昌先生的《漢賦研究》,興致所至寫了兩篇書評,即《〈賦史〉异議》(《讀書》1988 年第 6 期)與《〈漢賦研究〉得失探》(《南京大學學報》1988年1期),尤其是後者我提出了"漢賦學"的構想,也引起了臺灣賦學研究大家簡宗梧先生的極度關注,認爲"早在許結的《〈漢賦研究〉得失探——兼談漢賦研究中幾個理論問題》中,就見到深刻的自省能力,以及構建系統而完整理論體系的理想"(《1991—1995年中外賦學研究述評》)。也因爲這兩篇與前輩學者略帶商榷的文章,贏得兩位先生的青睞,以及後來進入賦學會參加學術活動與研討,乃至多少年後繼兩位先生擔任全國賦學會會長,均與此"文運"或"機緣"有着密切關聯。另一件是1991年前輩學者郭維森先生主持國家教委科研項目"中國辭賦史",邀我加盟參加唐以後賦史的撰寫,於是大量品讀當時還很少有人詳細研究的唐宋以後的辭賦作品,雖有點取法乎"下"的味道,但却不無"填補空白"的功用,也因此在各學術期刊發表的一系列相關的論文。這項工作幾閱寒暑,終於完成并出版了七十萬言的《中國辭賦發展史》(江蘇教育出版社1996年版)。繼此之後,我個人又出版了十餘種賦學研究書籍,包括《中國古典散文基礎文庫·抒情小賦卷》(廣西師範大學出版社1999年版)、《中國賦學歷史與批評》(江蘇教育出版社2001年版)、《體物瀏亮:賦的形成拓展與研究》(遼海出版社2001年版)、《賦體文學的文化闡釋》(中華書局2005年版)、《賦者風流:司馬相如》(上海文化出版社2008年版)、《賦學講演錄(初編)》《賦學講演錄(二編)》《賦學講演錄(三編)》(北京大學出版社2009年、2018年、2022年版)、《賦學:制度與批評》(中華書局2013年版)、《中國辭賦理論通史》(上、下,鳳凰出版社2016年版)、《歷代賦彙校訂本》(十二册,鳳凰出版社2018年版)、《中國賦》(許結主編、孫曉雲書寫,鳳凰美術出版社2019年版)、《香草美人:許結講辭賦》(鳳凰文藝出版社2022年版)等。另有以賦名世的作家傳記如《張衡評傳》(南京大學出版社1999年版)與《司馬相如傳》(天地出版社2022年版)。這其中有文獻整理與研究,有作家作品研究,有理論批評研究,也有普及賦學知識的圖書。當然,在完成諸多賦學著作的同時,我在學術期刊發表了大約近二百篇賦學研究論文,也算是"雕蟲小技"的"大觀"了。

  我曾在《二十世紀賦學研究的回顧與瞻望》(《文學評論》1998年第6期)一文中提出賦學研究的三個走向:一是賦學研究的基礎工程與基礎理論的建設;二是賦學研究領域的開拓;三是賦學的交叉與邊緣研究。在學術研究上,自己提出的構想往往也會落實到實踐的層面,我當時提出的三個賦學走向同樣在自己的具體研究中部分的呈現。例如第一個走向,我的研究主要在兩方面:一則是對《歷代賦彙》這部經典的賦學總集進行整理與點校,這也是我組織的一次長達十年的學生科研學術實踐。一則是曾應張伯偉教授邀約主持《中華大典·文學典·理論分典》中"騷賦論"的搜集與整理,正是這項工作爲我積累了大量的賦論材料,也爲我後來撰寫《中國辭賦理論通史》奠定了文獻基礎。第二個走向,體現出我三十餘年來辭賦研究最明顯的特徵,涉及包括賦史、賦論史、賦學制度史,以及"賦話"與"講演錄"等,涉及面是極廣的。僅以我爲博士生開設的賦學課程并見載於三本"講演錄"的三十講爲例,就包括:賦源、賦體、賦用、賦集、賦史、賦話、漢賦、律賦、批評與方法、當代賦學(初編十講);賦韵、賦法、賦辭、賦藝、賦家、賦序、賦注、賦類、考賦、習賦(續編十講);辭賦諷諫、六義入賦、賦迹賦心、賦體麗則、曲終奏雅、古詩之流、不歌而誦、體物瀏亮、祖騷宗漢、賦兼才學(三編十講)。概括地說,初編重在賦學知識,續編重在賦學體類,而三編則重在賦學批評範疇,幾乎涵蓋了目前賦學研究的主要方面。至於第三個走向,我對賦學的交叉研究有較多嘗試,僅舉其中一例,就是辭賦與圖像關係的研究。這項研究最初是指導一位研究生撰寫楚辭與圖像論文的"試水"之作,或者是爲該生"示範"而作,文章題目是《一幅畫・一首歌・一段情——張曾〈江上讀騷圖歌〉解讀與思考》(《文藝研究》2011年第2期),其對騷辭與騷圖關係研究作出嘗試。而這項研究的真正展開,是因趙憲章教授擬主編多卷本《中國文學圖像關係史》,邀我加盟,一則擔任"漢代卷"主編,一則擔任叢書的副總主編,負責"中國古代"諸卷的審稿工作。因此工作的需要,我對文學圖像的認知又轉向自己熟悉的辭賦研究,於是相繼申報并獲得立項有國家社科重點項目"辭賦與圖像關係研究"(2016年)與重大項目"辭賦藝術文獻整理與研究"(2017年)。近年來發表文圖關係的論文多篇,如《漢代文學與圖像關係叙論》(《社會科學》2017年第2期)、《論老莊語言圖像的擬人化系譜》(《求索》2017年第4期)、《宋代楚辭文圖的學術考察》(《湖北大學學報》2018年第3期)、《王會賦・圖:帝國形態的歷史影像》(《社會科學研究》2018年第6期)、《論題畫賦的呈像與體義》(《江海學刊》2019年第2期)、《賦體與圖像關係的文學原理》(《天中學刊》2019年第2期)、《〈豳風〉文圖與詩賦傳統的演變》(《文藝研究》2019年第7期)、《歷代賦論中的圖像意識》(《文藝理論研究》2019年第5期)、《唐代圖像叙事的歷史價值》(《社會科學》2019年第12期)、《無逸圖・賦:對一個文學傳統的探尋》(《華中師範大學學報》2020年第1期)、《漢唐圖像叙事與帝國書寫》(《現代傳記研究》第14期)、《"赤壁"賦圖的文本書寫及其意義》(《河北大學學報》2020年第2期)、《"洛神"賦圖的創作與批評》(《安徽師範大學學報》2020年第4期)、《李公麟〈九歌圖〉的意涵與批評》(《安徽大學學報》2021年第1期)、《騷辭與圖的傳統與體義》(《齊魯學刊》2021年第1期)、《〈程氏墨苑〉中的題圖賦》(《遼東學報》2021年第1期)、《論寶泉〈述書賦〉的創作與藝法》(《南藝學報》2021年第3期)等,已然成爲我辭賦研究的一個重要組成部分。

回到我的治賦經歷,如果說以早年協助郭維森先生完成《中國辭賦發展史》爲肇端,那麼由唐宋以後辭賦的探討回歸到被稱爲"一代文學之勝"之漢賦的研究,又成爲主要之路徑。有趣的是,當初分工寫作唐以後的賦史,是因爲文獻需要發掘而具有難度,又因爲少有人問津存有"空白"而便於"游刃",所謂唐宋元明清,從古走到今,這讓我很便捷地獲得了很可觀的成果。相反,分工寫漢代的賦史,獲取材料已較方便,但因研究者衆而增加了研究的難度,於是我的工作失去了"取法乎上"的機會。但是,由於從後期賦史着眼,體味到與前期賦史不可分割的聯結,其"反哺"研究反而改變了已有漢賦研究的路徑,取得了一定的成果,這也許是我回歸漢賦研究的意義所在。在諸多漢賦研究論文中,諸如《漢大賦與帝京文化》(《辭賦研究論集》,中國文史出版社 2003 年版)、《漢賦祀典與帝國宗教》(《南京大學學報》2004 年第 4 期)、《漢賦造作與樂制關係考論》(《文史》2005 年第 4 期)、《漢代賦論的文學背景考述》(《江海學刊》2006 年第 2 期)、《論漢賦"類書説"及其文學史意義》(《社會科學研究》2008 年第 3 期)、《論東漢賦的歷史化傾向》(《文史哲》2016 年第 3 期)、《漢賦建德:文本與傳統》(《江海學刊》2022 年第 1 期)、《漢賦的文運與史述》(《社會科學》2022 年第 3 期)等,均有一定的開拓意義。例如漢賦與"帝京文化"問題,是我提交第五屆國際辭賦學研討會的論文,文章從漢賦"尊都城與帝京現實風采""崇王道與帝京政治理念""尚禮制與帝京倫理精神"與"明朝貢與帝京文化交流"四部分展開,以説明漢大賦興起的背景與原因。當時參會的天津社科院的趙沛霖先生聽完我的報告後,説他曾研究楚辭興起的原因,今天聽我的報告,對漢賦興起的原因也有了清晰的瞭解。我曾與自己的學生開玩笑説,只要你的文章好,期刊采用是他們的"幸運",不用是他們的"無知",在我將《漢賦造作與樂制關係考論》一文投寄《文史》雜誌時,又與學生玩笑説:此文必用。不到半個月,編輯來函告知:不要投寄別刊,我們决定采用了。該文异於前人研究的不同處,在於對"賦者古詩之流"的樂教淵源的發現,進而開解"漢代樂制與獻賦之風""從樂府功能看漢賦造作""楚風樂舞與影寫鄭聲"諸端,歸結於漢賦作家"象德綴淫"與"欲諷反諛"的原因與義理。在研究過程中,一種思想的觸發或引領,會産生一系列的成果,比如這篇文章提出樂制"象德"與漢賦的關聯,在我多年後的漢賦研究文章中又得到進一步的推闡,就是《漢賦建德:文本與傳統》。該文的主旨是:漢賦創作不僅在"鋪采摛文"的詞章價值,更當關注其"體物寫志"的思想意義,其中"建德"觀的形成尤爲重要。漢賦建德的根源在建漢統,又因漢統繼周統,所以賦家追奉"周德"以構建"漢德",并在思想上取效《詩》《書》經義,特别是以揚雄《長楊賦》爲代表的創作對周代文本的擬效,改變了漢初司馬相如的創作形態而構成新模式,并對東漢班、張京都大賦的寫作産生了巨大的影響。考查《詩》《書》入賦及"揚·班模式"的成型,又與緣飾儒術及師保制度相關,喻示了一代賦學觀的變遷。唐宋以後圍繞"無逸圖""豳風圖"而創製的《無逸圖賦》《豳風圖賦》以及其并合呈現,不僅彰顯了漢賦德教觀的歷史傳統,而且形成《詩》《書》呈像於賦體的經典化,表現了賦體致用的意義。一件事物的發展,往往在肯定與否定之間,當年馬祖説佛,先則"即心是佛",後則"非心非佛",尊漢賦在"一代文學",而質疑其説亦見諸"漢賦",我的《漢賦的文運與史述》一文,以漢賦作爲一代文學的説法乃至受到學界關注,只是淺層的記憶,如果通過歷史的叙述凸現"賦"體"蔚然大國"於漢世的史事與氣運,則不能比同於其他時代文本的作用及意義,而具漢帝國的個性化特徵。緣此,我的文章主構與結論是:漢賦文本具有强烈的時代特徵,以騁漢勢,明漢統,建漢德,成就"一王法"的文學化書寫。漢賦中"游獵""郊祀""京都"三大題材,無論是因楚風、變秦氣的創作技藝,還是聚焦歷史事件如"削藩"與"抗匈",均可觀覘其筆力與氣象;前人以"體國經野"評漢賦,又緣自描寫漢業與漢禮以明漢統,特別是宣、元以後賦家對漢統的擔憂與贊述,又轉向宮廷內"戚宦"干政的焦慮;而賦家重視"漢統",外現爲"漢勢",內斂在"漢德",是緣飾經術的反映,并根植於兩個歷史節點,即秦亡教訓與王莽篡統。賦家論"漢勢",首在武帝功勛(功德),論"漢統"則溯高祖開闢創建(天德),而通過賦寫"過秦"與"非莽",又聚焦文帝的仁治(儉德)與明帝的禮制(禮德)。反思漢賦"一代文學"説,是文體論的"窄化"認知,倘關注文運與史實,可發現其"一王法"的禮儀書寫對後世的影響及價值。

如果説前引文章於漢賦研究略有新的進展,那麽其中比較突出的問題是從文化學與制度史的視域探尋漢賦文本與理論的價值,而由此延伸到辭賦史與賦論史的考述,這又與本人的教學經歷以及"教學相長"關聯。記得二十世紀九十年代,教育部規定高校必開本科生"中國文化"課程,於是系裏派我去北戴河參加教育部主辦的文化課程培訓,這又開啓了我爲本科生、研究生主講"中國古代文化專題"的教學歷程。雖然游離專業(古代文學)的教學對專業研究必有負面(占用時間)影響,然經自我轉化或又有正面作用,對我而言就是賦文與學術文化制度關係的研究。受此影響,我的兩部論文集與此相關,分別是《賦體文學的文化闡釋》與《賦學:制度與批評》,例如前者就涉及賦與帝國宗教、亞歐交流、外交文化、都市文明、地理價值、科技創造、藝術內涵的方方面面。另一教學相長的實例,就是博士論文之選題與研究的指導。如對王思豪博士論文的指導,我於其在讀期間就與之合作研究,成果有《漢賦用經考》與《漢賦用〈詩〉的文學傳統》。前者是五萬字的長文,刊《文史》2011年第2期卷首。我們通過"漢賦承載經義之特殊形態""賦家用經地歸復王言""通諷諭之用《詩》精神""明治亂之《春秋》大義""美制度之《禮》義主題"與"經賦互文與文本抒寫"等六個方面展開,以闡釋漢賦用經的現實價值與歷史意義。後者是對漢賦用《詩》一端的具體而微的研討,完成後一個月內被《中國社會科學》雜志採用(當年刊發)。我們認爲:漢賦用《詩》以詞章解讀經義,內涵修辭、諷喻、引述、經傳四方面,彰顯了漢賦的時代特徵與用《詩》的文學傳統。漢賦用《詩》"以文引言",通過"直引""論詩""樂歌""取義""取辭"諸方法,表現出修辭藝術由言詞向文本轉化的趨勢;漢賦於《詩》兼取"三詩",而以《風》《雅》爲主,體現其偏重"言情""陳義"而略於"述德"的諷喻功能;漢賦引《詩》由"斷章取義"到"取辭見義"的轉變、對文學意境空間的重構,也使文章的意義得以增强;漢賦用《詩》有着以"傳"解"經"的意義,內涵"賦"詞與《詩》義的互文性,決定了漢賦對《詩》的摹寫特徵。漢賦首次以文章文本形式用《詩》,其引詩、解詩、化詩的文學化表現,以及常見的"公式套語"與"舉一例百"之法,既隱含了賦體中"經義"與"詞章"的矛盾,又爲《詩》進入後世文學創作領域奠定了基礎。又如漢賦研究回到文本是我對蔣曉光博士論文的要求,結果他以六篇獨立論文構篇,前後均發表在國內重要期刊上,其中《賓祭之禮與賦體文本的構建及演變》一文經我的參與和修改,發表於《中國社會科學》2014年第5期。該文以古代的"賓祭之禮"與"賦體文本"的關係,爲賦體發源及賦史研究提供了一個新視角。

考察賦體的形成有着悠久的歷史,其中内含的"瞍賦""六義之賦"及"體物之賦",源頭則在宗廟獻賦,尤其是漢大賦的文本結構及演變均與賓祭之禮有着緊密的關聯。其一,宗廟獻物及辭不僅是賦體立名的因緣,而且使這一文體始終具有"宗廟性"與"禮儀性"的特徵。其二,在宗廟貢獻中賓祭執禮的告廟"先君"制度和辭令之用,影響着賦體以逞辭爲主要特徵的結構機制。其三,賓祭禮中的備物享神方式,以"物"爲中心,以"德"爲旨歸,其物、辭、義三端,影響了賦體托物、陳辭、兼義的修辭方法。其四,賓祭禮的媚神觀德,是賦體"欲諷反勸"的宗教根源。西漢賦表現出的因"省禍福"以"訓戒""改作",東漢賦表現出的"觀威儀"以"昭德""宣威",爲賦體文本諷勸傳統中的兩種最重要的書寫模式。這是該文的大略内容,雖非定論,然不無發現。由我寫作如《漢賦與禮學》的論文,到上引"教學相長"的師生研討成果,即是在指導學生完成學業的同時,也拓展了自己的視野,例如我刊發於《中國社會科學》2016年第10期上的《從"禮法"到"技法"——賦體創作論的考述與省思》一文,就是對這一問題的新開闢,以一條重"法"的綫索對賦史發展規律作出思考。賦作爲一種特殊文體,歷代批評文獻載體、"體類"探尋與對賦修辭認知的變移,已喻示了賦體創作論由"禮法"到"技法"的批評綫路。這一批評綫路的形成,源自漢代賦家的"賦論尚禮"與"以禮衡賦"的創作實踐與理論思考。隨着魏晉賦創作主流由宫廷獻賦向士族寫作、賦作者由皇帝侍從向文士的轉變,尤其是由文人賦作到唐宋科場考賦的衍化,賦體技法得到了制度性的規範。而唐宋以後學者論古賦的"祖騷宗漢"與論律賦的"尊唐尚時",進而融合古、律以審視"體國經野"的氣象與"音律合度"的詞章,是融禮法於技法、歸技法於禮法的理論構建。由此考察從漢人"賦做什麽"、到魏晉以降"賦是什麽"、再到唐宋時代"賦怎麽寫"的賦論三階段變遷,以及元明清賦論呈示的由"賦怎麽寫"回歸"賦做什麽",立足於"賦怎麽寫"而示範以"賦是什麽"的"經典",是省思賦體創作論的意義與價值。

或許正是撰寫了大量的賦學研究論文,所以在我爲完成國家社科基金"一般項目"的《中國辭賦理論通史》時,興致驟起而下筆不休,不知覺間已近百萬字,可能因其體量之大,結項時匿名評審專家以極高分全優通過,乃至國家社科辦直接電示我申報"國家社科基金文庫",但因該書早應允鳳凰出版社出版,當時該社又不在"文庫"出版社之列,我毫不猶豫地選擇"承諾"與"友情",謝絕了社科辦的好意。據坊間傳言,入"文庫"的著作參加省社科獎評審可得"一等",結果該書申報省獎確實是"二等",僥倖的是申報教育部人文社科獎,得了"一等",這也算是冥冥之中對我賦學研究的一點回報吧。

依據我國的思想傳統,好像没有純粹的文學研究者,所謂"文史不分家",古之"經學",後之"國學",今之"哲學"亦然,未有不略通其道者可以述文。治文者乃文化人,也是文化學者,只是我的文化研究更明顯地體現於工作需要,或者説因教學需要而從事研究的。因此也相繼出版了一系列的教材與撰述,如《中國文化史論綱》(研究生教材)、《新編中國文化史》(本科生教材)、《插圖本中國文化史》、《中國文化制度述略》、《中國文化史二十二講》等。卞孝萱先生曾爲《中國文化制度述略》一書作《序》云:"古人説'賦兼才學',作賦固須才學,而研究賦更需要廣博的學識。因爲每一篇大賦就是一個系統的文化工程,在這層意義上,作者的辭賦研究與文化研究正是相得益彰。"指的是我從事賦學研究而轉習文化,其實我的文化研究又轉而影響辭賦研究,中華書局出版的《賦體文學的文化闡釋》就是一個例證。就教材而言,我對中國文化也有自己的説道,如《中國文化史論綱》2002 年初版《後記》云:

> 自從 1992 年開始相繼爲南京大學中文系作家班、本科生、研究生、教師進修班以及海外中文碩士班講授中國文化史專題課,一晃已十多年了。在不短的教學過程中,特別是對研究生授課時,由於中國文化的博大精深,我嘗困惑於求周備而難專精,求專精又難周備,於是萌生編寫一本適合於自己教學工作的"文化史專題研究"的教材,力圖既能拓展文化視域,又能增添文化知識,更期有助諸生的"專業"學習與研究。於是在 2001 年的冬季,我將講義整理編寫,完成了這部書。然而面對手札,擱筆沉思,又不由想起清人劉熙載《古桐書屋札記》所説:"學者蔽二,曰俗曰僻。俗者專好與人同,僻者專好與人異,是皆由不窮理耳,窮理,則能以是非定同異矣。"對照諸多文化史著,拙編難免落"俗";倘略陳新見,又恐入"僻",所以捫心自問,其真實擁有的,是課堂上與諸生沉浸於中國文化之流的那份感動。

又如 2018 年高等教育出版社新版《中國文化史二十二講》的《後記》云:

> 今年春節,南京清涼山東麓建於明朝的古"崇正書院"重修開學,我應邀爲書院正門題聯:"崇丘萬物儒爲道,正氣千秋樂即詩。"錢穆曾説,中國文化的最高境界就是"天人合一",我所説的"儒爲道"正取其意。然儒、道之不同在於儒家將自然道德化,如《易傳》謂"天行健,君子以自強不息;地勢坤,君子以厚德載物";道家將人生自然化,如《老子》説"人法地,地法天,天法道,道法自然";然究其本質,即對人與自然的關注,則是一致的。"同"是中國文化的本根,"异"是中國文化的衆相,由此又回想到近二十多年來講授中國文化史專題,成《中國文化史論綱》一書,且被遴選爲教育部推薦"研究生教學用書",所謂"專題",正爲"衆相",而其"論綱",又意爲殊途同歸的道理。

這是我對中國文化的基本態度。如果説其編撰有何特色,我想除了以"專題"形式開掘較爲深入之外,就是職守"文學"的本位觀,拙編文化史著中大量引述詩詞歌賦乃至戲劇、小説,以印證古代的文化制度與思想。當然,我對文化史的關注,也與我對諸子學的興趣有關,比較多地閱讀了先秦及漢晉諸子的學術文本,這也爲我以後在全國各地諸"講壇"爲聽衆叙述文化理脉,提升思想境界奠定了基礎。比如《光明日報》的"光明講壇"走入南大,邀我講述的"經典閱讀與人文情境",後以整版的篇幅刊登在《光明日報》2016 年 9 月 29 日,又被《新華文摘》2017 年第 1 期作爲封面文章全文轉載。而這方面的研究成果,除了撰述有《老子講讀》與《莊子注評》,也發表了一些相關的論文,如《揚雄與兩漢思想》(《中國哲學史研究》1988年第4期)、《〈老子〉與中國古代哲理詩》(《學術月刊》1990年第2期)、《從創作論看老子的文藝思想》(《中州學刊》1992年第3期)、《〈老子〉與中國古典詩論》(《古代文學理論研究》第16輯)、《"玄"與"禮"的交織——論張衡的宇宙人生觀》(《中州學刊》2001年第5期)、《論東漢周禮學興起的文化問題》(《古典文獻研究》第11輯)、《老子人生哲學的藝術思考》(《中國哲學史》季刊1993年第2期)、《〈老子〉的文學史意義考論》(韓國《中國研究》第46卷)、《被享受的莊子》(《王蒙研究》2010年第11期)、《老子人生哲學與智慧》(《中國德育》2017年第8期)、《莊子體道詞語的文論意涵》(《湖北大學學報》2022年第1期)等。作爲一段學術記憶,《中國哲學史》季刊發表我的有關老子的文章值得一提:該文發表於1993年,由於編輯的疏忽既没寄樣刊,又没寄稿酬,我也忘記了投稿的事,一直到2008年一位博士生説到此文,我茫然不知,結果在"知網"上查到,函詢編輯部,説老編輯早已退休,這期刊物編輯部也僅有一本存檔,於是複印一份"舊文"寄給了我。人生得失,往往就在不經意間,"史述"可矣,"文運"難測。

回憶我的學術經歷,由"游於外"而"入乎内",雖受到諸多工程與項目的約制,然助力亦多,如參與授課而得到"教學相長"的獲益,在學術"團隊"中相互砥礪的受益,尤其是前輩學者如程千帆、周勛初、卞孝萱、郭維森諸先生的愛護與提攜,特別是周先生爲我"轉崗"以及推薦入"古代文論"學會的往事,還有程先生撫着我後背説"年輕人好學我都喜歡",以及叫我做博士生論文答辯秘書以引領進入學術程式與制度的情形,令人難忘。當然,與我們的父輩相比,較好的學術環境是如我之愚亦能取得若干成果的原因。近日收到張新科教授寄贈的《爲山集》,取用《論語》"譬如爲山,未成一簣,止,吾止也;譬如平地,雖覆一簣,進,吾往也"之意。這又使我想起一件往事,當年我與先父栖居於南大南園十六舍斗室,某日程千帆先生送家兄總手書詩卷一幅,尾端留白甚多,先父興起題詩於後,前兩句好像是"少年積簣老爲山,絶頂登臨未解鞍",并挂壁存賞。又某日,山東大學殷孟倫先生携衆研究生來訪,用手指此詩卷,叫諸生手抄熟記,以爲治學指南。往事如烟,却歷歷在目。年届"退休",可謂"爲山"之齡了,然"積簣"若何? 未必"得失寸心知",好在我的所謂"學術"初心自適的習慣,不敢登臨"絶頂",只願信馬由繮。

(作者單位:南京大學文學院)